Escales Verlag

Impressum

HANDICAPPED-REISEN, 33. vollständig überarbeitete Auflage
Titelbild: © kovaciclea

Ferienregionen, Hotels, Pensionen, Ferienwohnungen, Ferienhäuser, Ratgeber
und Reiseveranstalter für Rollstuhlfahrer/Menschen mit Behinderung.
33. vollständig überarbeitete Auflage, Dezember 2021, Ausgabe 2022.

© Verlag: Escales GmbH, Auf dem Rapsfeld 31, 22359 Hamburg
Tel.: 040 261 00 360
www.escales.de

Druck: DCM, Druck Center Meckenheim GmbH D-53340 Meckenheim, Printed in Germany

Alle Rechte im In- und Ausland sind vorbehalten.
Das Manuskript ist Eigentum der Escales GmbH. Nachdruck, Kopien, Verwertung, Wiedergabe,
Übersetzungen, Nachahmungen des Konzeptes, Einspeichern oder Verarbeitung in EDV-Systeme,
in Datenbanken und im Internet, auf externen Datenträgern und sonstige Vervielfältigungen und
Abschriften des Gesamtwerkes oder einzelner oder mehrerer Adressen oder Texte,
auch auszugsweise, gewerblicher oder nichtgewerblicher Art, dürfen nur mit ausdrücklicher
schriftlicher Genehmigung erfolgen.

Für die Richtigkeit und Vollständigkeit der Informationen über Hotels und andere Beherbergungs-
betriebe, Reisevermittler, Reiseveranstalter, sonstige in diesem Nachschlagewerk aufgeführten
Anbieter, Inhalte des Ratgebers und von Ferienregionen übernimmt der Verlag trotz sorgfältiger
Recherchen keine Gewähr. Der Verlag verweist ausdrücklich darauf, vor dem Gebrauch dieses
Nachschlagewerkes die Einführung aufmerksam zu lesen.

Mitwirkende
Umschlag- und Covergestaltung: Margarethe Quaas
Satz- und Layout: Katharina Harms
Ferienregionen: Burkhard Bujotzek
Ratgeber: Pascal Escales
Projektleitung: Burkhard Bujotzek
Projektbüro: David Newton
Administration: Susanne Wennekers
Design: Margarethe Quaas, Katharina Harms
Lektorat: Anja Stürzer, Gabriele Wittmann, Pascal Escales

© Escales GmbH, Dezember 2021
ISBN 978-3-9819045-7-4
Preis Inland: 24,80 €
Preis Ausland: 30,20 €

Handicapped Reisen

Urlaub für Alle. Der Reiseguide.

Escales Verlag

INHALT

- 07 **Vorwort**
- 09 **Einführung**
- 14 **Reisevorbereitung und Tipps für Menschen mit Behinderung**
- 21 **Ferienregionen und Unterkünfte**
- 22 **Deutschland**
  - 22 Baden-Württemberg
    - 28 Bodensee
    - 34 Heilbronn Franken
    - 38 Schwarzwald
  - 56 Bayern
    - 64 Allgäu Bayerisch Schwaben
    - 80 Franken
      - *92 Ochsenkopf*
    - 96 Niederbayern
      - *98 Arberland Bayerischer Wald*
      - *102 Bad Füssing*
      - *104 Kehlheim Altmühltal*
    - 108 Oberbayern
      - *114 Alpenregion Tegernsee Schliersee*
      - *124 Chiemsee Alpenland*
      - *126 Stadt Dachau*
    - 130 Ostbayern
  - 134 Berlin
  - 142 Brandenburg
    - 148 Havelland Fläming
    - 152 Spreewald Lausitzer Seenland
    - 160 Ruppiner Seenland
  - 164 Bremen
    - 168 Bremer Haven
  - 172 Hamburg
  - 180 Hessen
    - 182 Lahntal
    - 186 Vogelsberg
  - 188 Mecklenburg-Vorpommern
    - 194 Insel Rügen
    - 202 Insel Usedom
    - 206 Mecklenburgische Seenplatte
    - 208 Ostsee
    - 218 Güstrow
    - 220 Schwerin
  - 222 Niedersachsen
    - 228 Harz
    - 230 Lüneburger Heide
      - *232 Bad Bevensen*
    - 242 Nordsee Nordfriesland
    - 252 Oldenburger Münsterland & Emsland
  - 254 Nordrhein-Westfalen
    - 256 Dortmund
    - 268 Münsterland
      - *274 Vreden*
    - 282 Niederrhein
  - 288 Rheinland-Pfalz
    - 294 Eifel-Ahr Mittelrhein
    - 300 Rheinhessen Hunsrück Mosel Saar
  - 306 Saarland
  - 314 Sachsen
    - 320 Dresden Elbland
    - 326 Vogtland Erzgebirge
  - 332 Sachsen Anhalt
    - 332 Magdeburg
  - 336 Schleswig-Holstein
    - 338 Insel Amrum
    - 342 Nordsee Nordfriesland
    - 352 Ostsee Holsteinische Schweiz
  - 364 Thüringen
    - 370 Eichsfeld
    - 372 Erfurt
    - 376 Wartburg-Hainich

392	**Italien**		**432**	**Schweiz**
	392 Latium			432 Bodensee
	396 Südtirol		**434**	**Spanien**
402	**Kenia**			434 Costa Blaca
	402 Diani Beach			436 Kanaren
404	**Niederlande**			
	404 Nordholland			
410	**Österreich**			
	410 Kärnten			
	418 Steiermark			
	426 Tirol			

444 Reiseveranstalter

459 Reise-Ratgeber

- 460 Barrierefreie Anreise- und Fortbewegungsmöglichkeiten
- 490 Berichte über barrierefreie und rollstuhlgerechte Reisen
- 494 Urlaub mit Pflege und Betreuung
- 512 Schwerbehindertenausweis in Deutschland und Europa
- 515 Parkausweise für Menschen mit Behinderung
- 518 Medikamente im Urlaub
- 524 Impfen: Reisemedizinische Beratung
- 530 Auslandskrankenversicherungen für Menschen mit Behinderung
- 536 Anbietervergleich Auslandskrankenversicherung
- 542 Reiserücktrittskosten-Versicherungen
- 552 Reiseabbruchsversicherung
- 556 Das richtige Hilfsmittel für den Urlaub
- 574 Hilfsmittel für den Urlaub mieten
- 578 Euroschlüssel und Toiletten für Rollstuhlfahrer
- 580 Freizeitgestaltung mit Handicap
- 582 Freizeitgestaltung und Sport
- 590 Das richtige Gepäck für Mobilitätsbehinderte

594 Verzeichnisse

- 594 Unterkünfte mit Pflege und Betreuung
- 597 Unterkünfte für Gruppen
- 601 Ortsverzeichnis
- 605 Quellenverzeichnis Bild- und Text

Vorwort zur 33. Auflage

Liebe Leserinnen und Leser,

mit diesem Reiseguide möchten wir Menschen mit Behinderung einladen und ihnen Mut machen, sich im Familienverband, als Mitglied einer Gruppe oder auch allein auf Reisen zu begeben. Auch wenn vieles zu fordern und zu wünschen bleibt, finden die Belange behinderter und älterer Menschen im touristischen Bereich mehr und mehr Beachtung. Ihnen aufzuzeigen, wo ein Urlaub oder eine Reise durch die Beseitigung oder Minimierung von Barrieren möglich geworden ist, haben wir uns zur Aufgabe gemacht.

Nach der Neukonzipierung und Erweiterung von Handicapped-Reisen im letzten Jahr haben uns zahlreiche Zuschriften und Danksagungen erreicht. Noch nie hatten wir mit einer Neuauflage so viel Arbeit, weshalb sich das Team unseres kleinen Verlages diesmal über jedes einzelne Feedback ganz besonders gefreut hat. Herzlichen Dank!

Für die vorliegende 33. Auflage wurde das Buch erneut komplett überarbeitet und erweitert. Die Informationen zu Unterkünften wurden ebenso wie der Ratgeber und die Beschreibungen der Ferienregionen aktualisiert und ergänzt.
Viel Spaß beim Stöbern und Reisen wünscht Ihnen Ihr

Pascal Escales

Anzeige

Einführung

Im Folgenden finden Sie einleitend einige Informationen zu Inhalt und Aufbau des Ratgebers sowie zum Erhebungsumfang der Daten und zu unserem Qualitätsstandard.

Ratgeber Reisen mit Behinderung

Ein 2021 neu hinzugekommenes Element im Buch „Handicapped-Reisen" ist der ausführliche Reiseratgeber. Die meisten behandelten Themen sind für alle Behinderungsformen relevant. Zusätzliche Schwerpunkte setzen wir jedoch in den Bereichen Mobilitätsbehinderung, Pflegebedarf und seltene bzw. chronische Krankheiten. Für die vorliegende Auflage wurden alle Themen, Kontakte und Hilfestellungen auf Aktualität geprüft und neue Artikel zur Reiseabbruchversicherung und zum Freizeitsport im Urlaub hinzugefügt.

Auch für Menschen, die schon seit vielen Jahren auf einen Rollstuhl angewiesen oder in anderer Form behindert sind, lohnt sich ein Blick auf die vorgestellten Themen – nicht zuletzt deshalb, weil der eine oder andere Hinweis sich auch finanziell bemerkbar machen kann. So nimmt beispielsweise ein Drittel aller Pflegebedürftigen ihnen zustehende Leistungen der Verhinderungspflege nicht in Anspruch, mit denen Urlaub mit Pflege in Höhe von 1.612 Euro im Jahr finanziert werden kann.

Ferienregionen

Ebenfalls neu seit 2021 ist die ausführliche Vorstellung von Ländern, Städten und Regionen, die den Zugang von Sehenswürdigkeiten sowie die Nutzung des Freizeitangebots barrierefrei ausgestaltet haben. In dieser Ausgabe sind zehn weitere Präsentationen dieser Art dazu gekommen, so dass Sie sich nunmehr über 28 Urlaubsziele in Deutschland und Österreich ausführlich informieren können.

Neben den mit zahlreichen Fotos anschaulich illustrierten Beschreibungen der jeweiligen Sehenswürdigkeiten werden insbesondere barrierefrei zugängliche Freizeiteinrichtungen vorgestellt und weiterführende Informationsquellen angegeben. Einige der vorgestellten Regionen sind mit Piktogrammen der Organisationen „Leichter reisen" und „Reisen für Alle" gekennzeichnet. Wie auch unser Verlag definieren diese Organisationen Qualitätsstandards im Bereich der Barrierefreiheit für Urlaubsregionen bzw. Unterkünfte. Unabhängig von dieser zusätzlichen Kennzeichnung können Sie sich darauf verlassen, dass alle Angaben im Buch zutreffend sind. Menschen mit Behinderung sind in allen hier vorgestellten Regionen und Häusern willkommen und gut aufgehoben.

Unterkünfte

Sie finden in dieser Ausgabe 190 barrierefreie bzw. rollstuhlgeeignete Hotels, Pensionen, Bauernhöfe, Ferienwohnungen, Ferienhäuser und Appartements. Diese Unterkünfte sind jeweils einer Ferienregion zugeordnet, alphabetisch sortiert nach Land, Bundesland und Region.

Alle Beherbergungsbetriebe in diesem Buch werden ausführlich hinsichtlich ihrer barrierefreien Eigenschaften beschrieben. Aufgeführt werden beispielsweise Informationen über Türbreiten, stufenlose Eingänge, rollstuhlgeeignete Badezimmer und zusätzliche Hilfsmittel vor Ort.

Die Unterkünfte erfüllen dabei grundsätzlich zwei Mindestanforderungen: Sie sind ohne Barrieren zugänglich und die Badezimmer sind für Rollstuhlfahrer nutzbar. Schwellenlos befahrbare Duschen und Toiletten mit Haltegriffen an mindestens einer Seite gehören zum Standard. Außerdem wird auf Hilfs- und Pflegedienste z.B. für Pflegebedürftige, Behinderte und Ältere hingewiesen, die entweder von den Beherbergungsbetrieben selbst oder von örtlichen Pflegedienstleistern angeboten werden.

Das breite Spektrum der verzeichneten Beherbergungsbetriebe reicht von Hotels mit einem einfachen rollstuhlgeeigneten Zimmer bis hin zu vollständig barrierefreien Integrationsbetrieben, so dass für jeden Bedarf und Geschmack die passende Unterkunft dabei ist. Alle Anbieter in „Handicapped-Reisen" heißen Menschen mit Behinderung besonders willkommen und sind grundsätzlich für Rollstuhlfahrer geeignet.

Einführung

Allerdings kann es bei einigen Hotels und Unterkünften vorkommen, dass einzelne Einrichtungen, z.B. das hauseigene Hallenbad, nur über Hindernisse (Stufen, schmale Türen) erreichbar sind. Was Sie vor der Buchung einer Unterkunft beachten sollten, wird ausführlich im Ratgeber beschrieben. Im hinteren Teil des Buches finden Sie neben einem Verzeichnis von Unterkünften mit Pflege auch eine Liste von Unterkünften, die besonders für Gruppen mit Rollstuhlfahrern geeignet sind. Leider gibt es im Ratgeber bislang nur vereinzelt Angebote, die sich ausdrücklich an Seh-, Hörbehinderte oder geistig behinderte Menschen richten. Hier werden wir in den kommenden Jahren nachbessern.

Wichtig vor Buchung

Auch wenn viele Betriebe in „Handicapped-Reisen" die DIN für barrierefreies Bauen erfüllen oder nur geringfügig davon abweichen, sollten Sie grundsätzlich die aufgeführten Informationen zu barrierefreien Details im Hinblick auf Ihren eigenen Bedarf überprüfen. Dazu gehören beispielsweise Türbreiten und Bewegungsspielräume. Fehlen Informationen, beispielsweise zu Hilfsmitteln, so muss das nicht heißen, dass diese nicht vorhanden sind. Der Platz zur Beschreibung der Angebote im Buch ist begrenzt, so dass nicht immer auf zusätzliche Details eingegangen werden kann, die für behinderte Menschen wichtig sein können. Sollte in der Beschreibung beispielsweise der Hinweis auf einen Duschrollstuhl fehlen, zögern Sie nicht, persönlich beim Vermieter nachzufragen, ob ein entsprechendes Hilfsmittel vorhanden ist oder vor Ort ausgeliehen werden kann.

Reservierungs- und Buchungswünsche richten Sie bitte direkt an die Beherbergungsbetriebe. Beachten Sie dabei, dass die aufgeführten Hotels oder Pensionen zum Teil mehrere rollstuhlgeeignete Zimmer anbieten. Beziehen Sie sich daher bei Anfrage oder Buchung immer auf das Inserat in „Handicapped-Reisen", ansonsten kann eine abweichende Beschaffenheit des Zimmers oder ein Bad mit anderen Maßen und Bewegungsspielräumen die Folge sein. Wenn Sie auf ein bestimmtes rollstuhlgeeignetes Zimmer oder auf eine ganz bestimmte, behindertenspezifische Eigenschaft angewiesen sind, sollten Sie sich diese bei der Reservierung und vor Reiseantritt unbedingt schriftlich bestätigen lassen.

Rabatt für Abonnenten vom Magazin "Rollstuhl-Kurier"

Einige Unterkunftsbetreiber bieten in Kooperation mit unserem Verlagshaus Sonderrabatte für Abonnenten des Magazins „Rollstuhl-Kurier" an. Bei diesen 17 Unterkünften finden Sie einen entsprechenden Hinweis im „Handicapped-Reisen"-Inserat.

Die Sonderrabatte gelten exklusiv für Abonnenten der Zeitschrift sowie für ihre Mitreisenden und können unter Vorlage der Kundenkarte in Anspruch genommen werden.

In der ersten Heftausgabe im Jahr 2022 präsentieren wir unseren Lesern diese Angebote in einer gesonderten Beilage. Interessenten schicken wir auf Anfrage gern ein Probeexemplar mitsamt Beilage zu.

Unsere Definition von rollstuhlgeeignet

Als „rollstuhlgeeignet" (gleichbedeutend mit dem Begriff „rollstuhlgerecht") gelten nach unserer Definition Beherbergungsbetriebe, welche die Kriterien der DIN für behindertengerechtes Bauen 18024/18025 (bzw. Neufassung DIN18040) vollständig oder in den wesentlichen Punkten erfüllen. Dazu gehören folgende Mindestanforderungen:

- Der Eingang muss stufenlos oder mit Rampe stufenlos erreichbar sein.

- Die Gästezimmer müssen stufenlos oder mit dem Aufzug erreichbar sein.

- Die Türen sollten mindestens 80 cm breit sein (wobei in diesem Verzeichnis bei vielen Betrieben die Türen über 90 cm breit sind; die meisten Rollstuhlfahrer kommen aber auch mit Türbreiten von ca. 72 cm zurecht).

- Alle Gänge vom Eingang bis zum Zimmer und Badezimmer müssen mindestens 120 cm breit sein.

- Der Freiraum vor dem Bad/WC muss 120 x 120 cm groß sein.

- Der Bewegungsfreiraum oder Freiraum im Bad/WC (d.h. die Fläche, die ohne Hindernisse mit dem Rollstuhl genutzt werden kann) sollte ca. 140 x 140 cm betragen. Geringfügige Abweichungen (z.B. 120 x 120 cm) sind je nach Anordnung der sanitären Einrichtungen im Bad akzeptabel.

Behinderte Menschen mit schweren, großen bzw. überbreiten Elektrorollstühlen benötigen allerdings zum Passieren von Türen bisweilen Durchgangsbreiten von 90 bis 100 cm und erheblich größere Freiräume zum Wenden des Rollstuhls. Unterkünfte, die bei bestimmten Kriterien von der DIN für barrierefreies Bauen abweichen, sind nicht grundsätzlich ungeeignet. Mit jeder Behinderung gehen unterschiedliche Anforderungen einher, und was für den einen nicht passt, kann für den anderen wunderbar geeignet sein.

Die DIN 18040 stellt das Optimum dar, welches jedem die Nutzung aller Einrichtungen ermöglicht. DIN-genaue Umsetzungen sind jedoch gerade bei Altbauten, die nachträglich behindertengerecht gestaltet wurden, nicht immer möglich. Die Annäherung an die Norm stellt dennoch eine Verbesserung für unsere Community dar, die wertvoll und in vielen Fällen ausreichend ist.

Informationsstand

Auch für die 33. Auflage gilt, dass nur aktuell recherchierte Informationen veröffentlicht werden. Damit weisen alle Angaben ein Höchstmaß an Zuverlässigkeit auf, wie es in keinem anderen gedruckten Nachschlagewerk zu finden ist. „Handicapped-Reisen" ist der umfangreichste und ausführlichste Unterkunfts- und Reiseratgeber für Menschen mit Behinderung in gedruckter Form im deutschsprachigen Raum. Bitte beachten Sie, dass wir trotz sorgfältiger Recherche keine Gewähr für die Richtigkeit aller Angaben leisten können. Sollte es doch einmal Anlass zur Beschwerde geben, zögern Sie bitte nicht, den Verlag zu kontaktieren. Für konstruktives Feedback und Hinweise auf Verbesserungspotential sind wir ebenso dankbar wie für positive Rückmeldungen undErfahrungsberichte.

Qualitätsstandards

Die Qualitätsanforderungen, die allein zur Aufnahme in das hier vorliegende Buch berechtigen, wurden bereits ausführlich dargestellt. Hiernach können wir Ihnen den Aufenthalt in allen vorgestellten Unterkünften und Regionen ausdrücklich empfehlen. Auch andere mit unserem Verlagshaus kooperierende Institutionen prüfen Unterkünfte und Ferienregionen auf Eignung für Menschen mit Behinderung. Deshalb sind einige Regionen und Unterkünfte zusätzlich mit den Piktogrammen dieser Institutionen gekennzeichnet. Mehr dazu erfahren Sie in den beiden folgenden Kapiteln.

Arbeitsgemeinschaft „Leichter Reisen"

Grenzenlose Reiseerlebnisse bieten die Mitglieder der Arbeitsgemeinschaft „Leichter Reisen – Barrierefreie Reiseziele in Deutschland". Alle Mitgliedsregionen der Arbeitsgemeinschaft bekennen sich deutlich zum Barrierefreien Tourismus für Alle und haben entsprechende Angebote entwickelt.

Ob in der Stadt, in den Bergen oder an der See – jede der Urlaubsregionen hat ein unverwechselbares Profil. Natur, Kultur, aktive Erholung oder einfach nur Entspannung – vielfältige Eindrücke sind für die Gäste garantiert. Reiseangebote für Besucher mit Mobilitätseinschränkungen, Hörbehinderungen oder gehörlose Besucher, Gäste mit Sehbehinderungen und blinde Gäste sowie für Menschen mit Lernbehinderungen sind buchbar. Vielfältige barrierefreie Unterkünfte,

Reiseveranstalter und Vereine

Wie gewohnt finden Sie im hinteren Teil des Buches ein Verzeichnis von Veranstaltern und Vereinen, die sich auf die Organisation behindertengerechter Einzel- und Gruppenreisen spezialisiert haben. Wer sich den Aufwand der Reiseorganisation lieber sparen möchte und bereit ist, für die entsprechende Dienstleistung einen kleinen Aufpreis zu zahlen, ist hier an der richtigen Adresse.

Einführung

Serviceeinrichtungen und Möglichkeiten der aktiven Erholung stehen in diesen Regionen zur Verfügung. Auch fur die jüngsten Besucher und die ganze Familie finden Sie dort passende Angebote. Noch vorhandene Barrieren werden in den Regionen aktiv abgebaut. Ziel der Arbeitsgemeinschaft ist es, dass sich alle Gäste in den Mitgliedsregionen wohlfühlen und einen Aufenthalt entsprechend ihrer Wünsche und Bedürfnisse selbstbestimmt realisieren können.

Eine der zehn Regionen ist die Sächsische Schweiz, wo sich auch die Geschäftsstelle der Arbeitsgruppe befindet. Weitere Mitgliedsregionen sind die ebenfalls in diesem Buch ausführlich vorgestellten Städte Erfurt und Magdeburg wie das Lausitzer Seenland. Mehr Informationen über die Arbeitsgemeinschaft finden Sie unter

www.leichter-reisen.info.

„Reisen für Alle – Deutschland-barrierefrei-erleben.de:

Reisen für Alle
c/o Deutsches Seminar für
Tourismus (DSFT) Berlin e. V.

Tel.: 030/ 23 55 19-0
E-Mail: info@dsft-berlin.de

Verlässlich unterwegs mit „Reisen für Alle"

„Reisen für Alle": Eine bundesweit einheitliche Kennzeichnung. „Reisen für Alle" liefert detaillierte und verlässliche Informationen, die von externen Erhebern vor Ort erhoben wurden und geprüft sind. Grundlage bildet ein umfangreicher Kriterienkatalog, der gemeinsam mit Betroffenenverbänden und Akteuren der Tourismuswirtschaft erarbeitet wurde. Die Kennzeichnung ist drei Jahre gültig. So können Reisende sichergehen, dass die Informationen aktuell und umfassend sind.

Vom barrierefreien Angebot zur barrierefreien Region

Gerade für Menschen mit einer Gehbehinderung und Rollstuhlfahrer prüft „Reisen für Alle" nicht nur Unterkünfte nach umfangreichen Qualitätskriterien, wie z.B. ausreichend Bewegungsfläche, unterfahrbare Tische und Haltegriffe im Bad, sondern auch Museen, Rad- und Wanderwege, Baumwipfelpfade, Freizeitparks u.v.m. So kann der gesamte Aufenthalt zu einem barrierefreien Erlebnis werden. Aktuell werden auf www.reisen-fuer-alle.de rund 2.500 zertifizierte Angebote und Urlaubsinspirationen präsentiert. Zunehmend werden auch ganze Orte und Regionen mit dem Siegel „Barrierefreiheit geprüft" ausgezeichnet. Die Angebote können nach bestimmten Kriterien, wie stufenlose Erreichbarkeit, Breite von Türen und Durchgängen etc., durchsucht werden.

Zu finden sind die Informationen zur Barrierefreiheit auf www.reisen-fuer-alle.de und bei vielen Partnern (ADAC Maps, Germany.travel, Tourismusmarketing-Organisationen der Bundesländer usw.), die ihre Angebote teilweise auch in gedruckten Broschüren veröffentlichen.

Einführung

Legende für die zertifizierten Anbieter / Erläuterung der Kennzeichnung

Die Kennzeichnung im Überblick

 Das Kennzeichen „Information zur Barrierefreiheit" signalisiert, dass detaillierte und geprüfte Informationen zur Barrierefreiheit für alle Personengruppen vorliegen.

 Das Kennzeichen „Barrierefreiheit geprüft" basiert auf „Information zur Barrierefreiheit" und bedeutet, dass zusätzlich die Qualitätskriterien für bestimmte Personengruppen teilweise oder vollständig erfüllt sind.

Das Logo „Barrierefreiheit geprüft" wird um Piktogramme ergänzt. Sie signalisieren, für welche Personengruppen die Qualitätskriterien ganz oder teilweise erfüllt werden:

 Menschen mit Gehbehinderung

 Rollstuhlfahrer

 Menschen mit Hörbehinderung

 Gehörlose Menschen

 Menschen mit Sehbehinderung

 Blinde Menschen

 Menschen mit kognitiven Beeinträchtigungen

Die Kennzeichnung „Barrierefreiheit geprüft" gibt es in zwei Qualitätsstufen:

„Barrierefreiheit geprüft: teilweise barrierefrei": Die Qualitätskriterien sind für die dargestellte Personengruppe teilweise erfüllt, d. h. das Angebot ist für Rollstuhlfahrer teilweise barrierefrei. Das „i" im Piktogramm signalisiert, dass man noch einmal genauer nachlesen sollte, ob das Angebot den eigenen Ansprüchen genügt.

„Barrierefreiheit geprüft: teilweise barrierefrei": Die Qualitätskriterien sind für die dargestellte Personengruppe teilweise erfüllt, d. h. das Angebot ist für Rollstuhlfahrer teilweise barrierefrei. Das „i" im Piktogramm signalisiert, dass man noch einmal genauer nachlesen sollte, ob das Angebot den eigenen Ansprüchen genügt.

Musterkennzeichnung „Barrierefreiheit geprüft":

Musterkennzeichnung „Barrierefreiheit geprüft". Die Piktogramme zeigen, für wen das Angebot vollständig oder teilweise barrierefrei (Piktogramm mit „i") ist: Menschen mit Gehbehinderung (Abbildung 2), Rollstuhlfahrer (3), Menschen mit Hörbehinderung (4), Gehörlose Menschen (5), Menschen mit Sehbehinderung (6), Blinde Menschen (7), Menschen mit kognitiven Beeinträchtigungen (8).

Ratgeber / Reisevorbereitungen

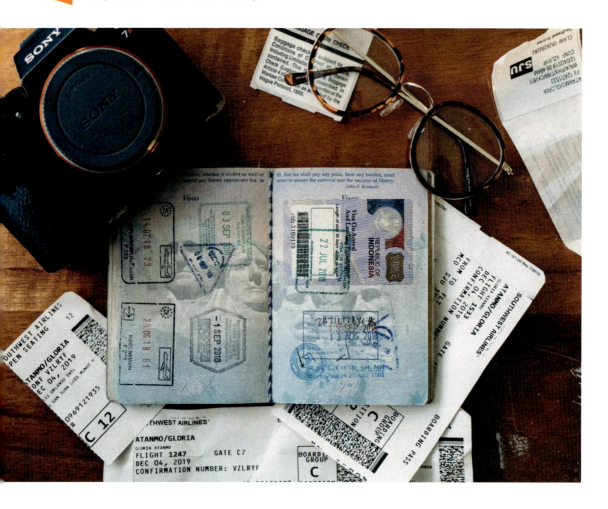

Reisevorbereitung & Tipps für Menschen mit Behinderung

Wie bereite ich mich als Mensch mit Mobilitätsbehinderung oder als Pflegebedürftiger am besten auf eine Reise vor? Eine Checkliste gehört für viele Menschen vor der Reise zur Planung und Organisation dazu. Punkte, die unserer Meinung nach nicht fehlen dürfen, finden Sie in diesem Kapitel.

Wer beim Reisen auf einen Rollstuhl angewiesen oder aufgrund einer Behinderung in seiner Mobilität eingeschränkt ist, muss bei der Urlaubsplanung mehr Dinge bedenken als ein Fußgänger. Eine gute Reisevorbereitung ist für Menschen mit Handicap das A und O, wenn es darum geht, einen erholsamen und gelungenen barrierefreien Urlaub zu erleben. In den folgenden Beiträgen erfahren nicht nur Neuzugänge in der Rolli-Community, worauf sie achten müssen, damit es vor Ort nicht zu bösen Überraschungen oder Enttäuschungen kommt. Auch für alte Hasen in Sachen Reise mit Handicap haben wir noch den einen oder anderen Tipp parat. Die meisten Themen werden in weiterführenden Kapiteln im hinteren Teil des Buches detaillierter behandelt.

Ratgeber / Reisevorbereitungen

Checkliste Reiseplanung mit Behinderung

Prüfen Sie die nachfolgende Liste vor einer Reise am besten Punkt für Punkt. Welche Relevanz die einzelnen Themen haben, bleibt jedem selbst überlassen. Im besten Fall verlieren Sie lediglich ein paar Minuten, gewinnen dafür aber die Sicherheit, auch wirklich an alles gedacht zu haben.

Packliste: Menschen gehen bei der Urlaubsplanung meist nicht nach einem bestimmten System vor. So fallen einem häufig erst vor Ort Dinge auf, an die man besser im Vorfeld hätte denken sollen.

Es bietet sich daher an, rechtzeitig eine Packliste zu erstellen – oder noch besser, eine solche Packliste als wiederverwendbaren Vordruck auf dem Rechner zu speichern. Damit stellt man sicher, dass alle wesentliche Dinge – Medikamente, Ausweise, Ladekabel ... – im Gepäck sind.

Auch wenn eine solche Liste anfangs schnell gefüllt ist, fallen einem i.d.R. mit der Zeit weitere nützliche Dinge ein, die man im Urlaub nicht missen möchte. Einige wichtige Gegenstände, die unbedingt auf die Liste gehören, finden Sie auch in unserer Checkliste.

Barrierefreie Unterkunft: Ein gelungener Urlaub steht und fällt mit der Wahl der Unterkunft. Insbesondere mobilitätsbehinderte Menschen sollten auf Nummer sicher gehen und prüfen, ob die barrierefreien Eigenschaften der gebuchten Unterkunft zu den eigenen Bedürfnissen passen.

Dabei ist es egal, ob man den Urlaub in der Ferienwohnung im Allgäu, auf einem Bauernhof im Schwarzwald oder im Stadthotel verbringt: Auf jeden Fall sollte im Vorfeld sichergestellt werden, dass Zimmer und Badezimmer sowie alle anderen relevanten Bereiche den eigenen Bedürfnissen entsprechend eingerichtet sind.

Auch wenn Sie, beispielsweise hier im Buch Handicapped-Reisen oder auf unserem Portal www.rolli-hotels.de, Angaben zu Abständen, Haltegriffen oder Bewegungsspielräumen finden, sollten Sie klären, ob das Zimmer mit den beschriebenen Eigenschaften tatsächlich zur Verfügung steht. Viele Beherbergungsbetriebe haben mehrere rollstuhlgerechte Zimmer im Programm, können aber aus Umfanggründen nur die Eigenschaften einzelner Bereiche oder Zimmer beschreiben. So kann es vorkommen, dass in einem anderen rollstuhlgeeigneten Zimmer etwas weniger Platz neben der Toilette ist oder dass diese statt von rechts nur linksseitig anfahrbar ist.

Auch wenn solche Unterschiede für manchen kein Problem darstellen, sollte man daran denken, sich bei der Anfrage oder Buchung von vornherein auf die rollstuhlgerechten Objekte zu beziehen. Dies gilt auch für alle anderen behinderten Reisenden, bei denen gewisse Hilfsmittel, Bewegungsspielräume oder andere barrierefreie Eigenschaften zwingend gegeben sein müssen: In jedem Fall sollte man sich diese im Vorfeld telefonisch oder am besten per Email bestätigen lassen.

Auslandskrankenversicherungen für Menschen mit Behinderung: Wer sich auf eine Reise ins Ausland begibt, sollte sich in jedem Fall mit dem Thema Auslandskrankenversicherung beschäftigen. Was viele Reisende, ob mit oder ohne Handicap, nicht wissen: Innerhalb der Europäischen Union werden Kosten von der gesetzlichen Krankenversicherung nur bis zur Höhe der in Deutschland üblichen Regelsätze übernommen. Die tatsächlichen Kosten im Ausland liegen aber häufig weit darüber.

Weiter gilt: Die Kosten vervielfachen sich, je komplizierter die Behandlung wird und je öfter vor Ort ein Arzt aufgesucht werden muss. Vor allem für Reisen in Drittländer ist eine Auslandskrankenversicherung Pflicht, hier werden Behandlungskosten, mit wenigen Ausnahmen, wie z.B. in der Schweiz, ohne Zusatzversicherung in aller Regel überhaupt nicht übernommen.

Doch nicht nur in Sachen Behandlungskosten lohnt eine Auseinandersetzung mit dem Thema. Im weiterführenden Beitrag „Welche Leistungen bieten Auslandskrankenversicherungen" haben wir uns die Angebote deutscher Versicherer genauer angeschaut und auch die Risiken dargestellt, auf die Sie sich einlassen, wenn Sie ohne Auslandskrankenschutz verreisen.

Im schlechtesten Fall (z.B. bei einem besonders schweren Unfall oder Krankheitsverlauf) kann ein unversicherter Auslandsaufenthalt Sie finanziell sogar in die Privatinsolvenz führen. Ob eine Behinderung im Spiel ist oder nicht, spielt dabei keine Rolle: Jeder Reisende ist besser mit Versicherung beraten. Gerade Menschen

Ratgeber / Reisevorbereitungen

mit chronischen Erkrankungen, Immunschwächen oder Pflegebedürftige sollten aber auf die Zusatzversicherung nicht verzichten, zumal diese in aller Regel nicht teuer ist. Zwar finden sich hier häufig Leistungsausschlüsse in den Versicherungsbedingungen – „häufig" heißt allerdings nicht immer. Es empfiehlt sich daher, einen Versicherungspartner zu suchen, der den eigenen Fall versichert. Worauf Sie besonders achten müssen, beschreiben wir im Beitrag „Nachgefragt: Für chronisch Kranke und Pflegebedürftige".

Nicht selten werden auch völlig gesunde Menschen im Urlaub krank. In einer Umfrage der DAK betraf dieses „Leasure-Sickness" genannte Phänomen immerhin jeden zehnten Versicherten im Sommerurlaub. Der Grund liegt in einer verzögerten Immunreaktion: Vereinfacht gesagt blockiert Stress den Ausbruch einer Krankheit. In Stressphasen steigt der Cortisolspiegel im Körper an. Dies bewirkt, dass man sich zwar leichter mit Viren und Bakterien infiziert, der Körper die Immunreaktion und damit auch Infektzeichen wie Fieber aber unterdrückt.

Die Infektionen brechen dann häufig erst bei sinkendem Cortisolspiegel aus, etwa bei Stressabbau im Urlaub. Dann heißt es nicht selten: Freie Fahrt für unterdrückte Infektionen, weil sich der Körper die Bewältigung nun erlauben kann. Gut dran ist, wer in diesem Fall auch im Ausland sorgenfrei medizinische Hilfe in Anspruch nehmen kann.

Reiserücktrittskosten-Versicherungen: Wer trägt die Kosten einer gebuchten Reise, falls diese aus zwingenden Gründen nicht angetreten werden kann? Die Antwort lautet ganz klar: Sie selbst, sofern Sie sich für diesen Fall nicht mit einer Reiserücktrittskosten-Versicherung abgesichert haben.

Im schlimmsten Fall müssen Sie für die Kosten der lang ersehnten Traumreise aufkommen, ohne diese jemals anzutreten. Und: Da man in der Regel nicht allein reist, sondern mit Familie, Bekannten oder Freunden, summiert sich der Schaden nicht angetretener Reisen schnell.

Setzen Sie sich vor Reisebeginn also unbedingt rechtzeitig mit dem Thema Reiserücktrittskosten-Versicherung auseinander. Für die meisten Eventualitäten, die Sie am Antritt einer Reise hindern, können Sie sich absichern. Eine plötzlich eintretende Erkrankung kurz vor Reisebeginn oder ein verpasster Flieger aufgrund eines ausgefallenen Zuges sind häufige Ursachen, die Ihnen einen Strich durch die Reiseplanung machen können. Nach wie vor herrscht auch große Unsicherheit wegen der anhaltenden Corona-Pandemie. Auch hierfür bieten Versicherer Absicherungsoptionen an, die beispielsweise Kosten erstatten, sollten Sie sich kurz vor der Reise in Quarantäne begeben müssen.

Alle Details und Informationen, wann Versicherungen greifen, für wen sie sich lohnen und was sie als Pflegebedürftiger oder chronisch kranker Mensch beachten sollten, lesen Sie im weiterführenden Kapitel „Reiserücktrittskosten-Versicherung".

Impfen, Reisemedizinische Beratung: Eine reisemedizinische Beratung durch versierte Ärztinnen und Ärzte vor der Reise ist wichtig, um die Risiken am Zielort einschätzen und sich optimal schützen zu können. Die Beratung sollte lange vor der Reise geplant werden, um Zeit für notwendige Impfungen und ggf. weitere Erkundigungen zu haben.

Entgegen der Behauptung von Impfgegnern sind die Risiken bei Impfungen äußerst überschaubar. Eine Impfung schützt Sie vor schweren oder tödlichen Krankheiten, die je nach Reiseland und Vorhaben mit unterschiedlicher Wahrscheinlichkeit auftreten können. Krankheiten können in bestimmten Fällen auch zu Behinderungen führen, die ein Leben lang bleiben.

Mit der Frage, wann und wo eine Impfung sinnvoll ist, haben wir uns im Kapitel „Impfen: Reisemedizinische Beratung" auseinandergesetzt. Die entsprechenden Beiträge wurden von einer Fachärztin für Allgemeinmedizin mit langjähriger reisemedizinischer Erfahrung verfasst.

Ratgeber / Reisevorbereitungen

Die Anreise planen: Wer nicht mit dem eigenen behindertengerechten PKW anreisen möchte oder kann, sollte sich rechtzeitig mit der Organisation der Anreise beschäftigen. Im Kapitel „Barrierefreie Anreisemöglichkeiten" befassen wir uns ausführlich mit den einzelnen Verkehrsmitteln.

Generell gilt, dass je nach Verkehrsmittel Fristen bei der Anmeldung des besonderen Beförderungsbedarfes eingehalten werden müssen. Auch bestehen unterschiedliche technische Voraussetzungen, die Ihr Hilfsmittel, je nach öffentlichem Verkehrsträger, für den Transport erfüllen muss und die es zu überprüfen gilt. Allgemein gilt: Menschen mit Behinderung, vor allem Rollstuhlfahrer, können leider nicht so spontan mit der Bahn, dem Flugzeug oder dem Fernbus reisen, wie es Fußgänger tun können. Vermeiden Sie Stress und klären Sie sehr frühzeitig vor Reiseantritt die Details der Beförderung mit Ihrem Hilfsmittel.

Das richtige Hilfsmittel für den Urlaub: Mit diesem Thema beschäftigen wir uns in dem Kapitel „Das richtige Hilfsmittel für den Urlaub" genauer. Vor jeder Reise sollten Sie sich unbedingt die folgenden Fragen stellen: Welche geographischen Eigenschaften erwarten mich vor Ort? Gibt es etwa Berge, Hügel, unbefestigte Wald- und Wanderwege, Sand oder Dünenlandschaften, Kopfsteinpflaster in Städten usw.? Eignet sich mein Hilfsmittel im Hinblick auf die besonderen geographischen Eigenschaften und kann es meine Mobilität vor Ort sicherstellen?

Sollten Sie die zweite Frage im Hinblick auf Frage eins mit „Ja" beantworten, können Sie sich mit gutem Gewissen anderen Organisationspunkten widmen. Falls nicht, müssen Sie im Vorfeld aktiv werden. Kontaktieren Sie den Vermieter, um zu klären, was Sie in Sachen Umfeld und Bodenbeschaffenheit konkret erwartet.

Auch wenn Sie selbst kein passendes Hilfsmittel beispielsweise für einen Aufenthalt in den Bergen besitzen, sollte dies kein Ausschlusskriterium sein. Viele von uns gelistete Betriebe arbeiten mit örtlichen Sanitätshäusern zusammen, so dass Sie sich für Ihren Aufenthalt passende Hilfen hinzumieten können. So kann ein Aufenthalt in den bayerischen Bergen mittels einer elektrischen Zughilfe zum problemlos gemeisterten Erlebnis werden. Mitunter bieten Unterkünfte auch eigene Hilfsmittel an. Gerade größere Einrichtungen sind nicht selten gut ausgestattet.

Medikamentenversorgung im Urlaub: Falls Sie auf Grund chronischer Erkrankungen oder einer Behinderung auf spezielle Medikamente angewiesen sind, gehören diese unbedingt auf die Packliste und natürlich ins Gepäck. Wer doch einmal ein Medikament vergisst, braucht sich zumindest in Deutschland keine Sorgen zu machen. Suchen Sie in diesem Fall einen Arzt in der Nähe auf und lassen Sie sich für diesen Notfall ein Ersatzmedikament verschreiben.

Im Ausland ist die Sache etwas komplizierter. Neben erhöhten Kosten besteht hier auch das Risiko, dass Ihr Medikament in der benötigten Dosierung, im Zweifel auch mit den Wirkstoffen selbst, nicht verfügbar ist. Zu diesem Thema finden Sie ausführlichere Infos, Tipps und Empfehlungen zur gesundheitlichen Absicherung im Kapitel „Medikamente im Urlaub".

Behindertenausweis und Parken: Ebenfalls immer ins Gepäck gehören Ihr Schwerbehindertenausweis und Ihr deutscher- bzw. europäischer Behinderten-Parkausweis. Mit dem Schwerbehindertenausweis erhalten Sie häufig attraktive Rabatte bei Freizeiteinrichtungen. Auch wenn eine Behinderung offensichtlich zu erkennen ist und Sie den Ausweis nur selten vorzeigen müssen, sollte dieser im Zweifel die Schwerbehinderung belegen können. Rabatte erhalten Sie beispielsweise in Form eines vergünstigten Eintritts oder der kostenlosen Mitnahme einer Begleitperson.

Für Reisen mit dem eigenen behindertengerechten PKW im europäischen Ausland benötigen Sie unbedingt den blauen europäischen Behindertenparkausweis. Innerhalb Deutschlands können Sie auch den deutschen Parkausweis für behinderte Menschen nutzen. Allerdings sollten Sie sich über die Unterschiede beider Parkausweise im Klaren sein.

Mehr zu diesen Unterschieden, wann man welchen Ausweis beantragen kann und warum die europäische Version vorteilhafter ist, lesen Sie in den Kapiteln über Park- und Schwerbehindertenausweise. Dort haben wir uns auch mit der anstehenden europäischen Lösung in Sachen Schwerbehindertenausweis ausführlicher beschäftigt.

Ratgeber / Reisevorbereitungen

Euroschlüssel und Toiletten: Gerade auf Reisen stellt sich oft die Frage: Wo finde ich rollstuhlgerechte Toiletten? Ein unverzichtbares Zubehör für Rollstuhlfahrer und andere Menschen mit Mobilitätsbehinderungen ist in diesem Zusammenhang der Euroschlüssel. Dieser sollte immer greifbar und, wie Haustür- und Autoschlüssel, am besten am selben Schlüsselbund, mit dabei sein.

Mit dem Euroschlüssel erhalten in ganz Europa ausschließlich Menschen mit Behinderung den Zutritt zu bestimmten behindertengerechten Toiletten. Was es mit dem Euroschlüssel auf sich hat und wo Sie diesen bestellen können, erfahren Sie im weiteren Verlauf dieses Kapitels. Auch für den Fall, dass sich einmal kein öffentliches Behinderten-WC findet, geben wir Ihnen Tipps an die Hand, damit Sie auch längere Reisen oder Ausflüge mit Alternativen planen können, ohne in Not zu geraten.

Das richtige Gepäck für Mobilitätsbehinderte: Gerade Senioren mit Mobilitätsbehinderungen oder Rollstuhlfahrer stellen sich beim Thema Reisen häufig die Frage nach dem richtigen Gepäck: Wie bringt man Taschen oder Koffer am geschicktesten zum Ziel?

Wenn Sie eine oder mehrere tatkräftige Begleitungen dabeihaben, kann man sich i.d.R. gut arrangieren. Entweder teilt man sich gemeinsam einen großen Koffer oder die Begleitperson schafft es, auch zwei Trollis oder Rollkoffer hinter sich herzuziehen. Sollten Sie allerdings allein verreisen und auf dem Weg zum Bahnhof, Flughafen oder Hotel Kilometer sammeln wollen, muss eine alternative Lösung her.

Machen Sie sich in diesen Fällen rechtzeitig Gedanken, denn passende Lösungen benötigen Vorbereitung und etwas mehr Zeit. Mehr zu den Möglichkeiten für Rollstuhlfahrer oder andere Mobilitätsbehinderte, ihr Gepäck stressfrei zum Urlaubsziel zu bekommen, lesen Sie im weiterführenden Beitrag „Das richtige Gepäck für Mobilitätsbehinderte".

Freizeitgestaltung mit Handicap: Den- oder diejenigen, deren Traumurlaub aus mehr als einem hotelinternen Freizeitbereich mit All-Inclusive-Leistungen besteht (was natürlich auch seinen Charme haben kann), empfehlen wir, sich vor der verbindlichen Unterkunfts- oder Reisebuchung über die Freizeitmöglichkeiten und Aktivitäten zu informieren, die mit Handicap machbar sind.

Wie man hier vorgehen kann, beschreiben wir detailliert im Kapitel „Freizeitgestaltung mit Handicap". In jedem Fall kommt hier etwas Rechercheaufwand auf Sie zu, den Sie wohl oder übel in Kauf nehmen müssen. Alternativ können Sie gegen Gebühr Spezialreiseveranstalter mit der Reiseorganisation beauftragen.

In unserem Ratgeber finden Sie eine Liste von Anbietern, die Erfahrung bei der Organisation von Reisen mit Menschen mit Handicap haben. Im Angebot dieser Veranstalter finden sich viele erprobte Reisen, z.T. mit Reisebegleitung, die auch Aktivitäten und Ausflüge für behinderte Menschen beinhalten.

REGIONEN UND UNTERKÜNFTE

BADEN-WÜRTTEMBERG

Die abwechslungsreichen Landschaften im Süden eröffnen viele Möglichkeiten für schöne Urlaubstage. Ganz gleich, ob man lieber in den Trubel der Stadt eintaucht oder gerne die Ruhe in der Natur erlebt, vorbei an Fachwerkhäusern bummelt oder die Aussicht übers Land genießen will.

In Schlössern, Gärten, Burgen, Kirchen und Freilichtmuseen kann man in die Vergangenheit reisen, in modernen Museen einen Blick in die Zukunft werfen. Entspannte Stunden erlebt man in den Thermen und in Gasthäusern und Restaurants, die mit regionalen Spezialitäten locken.

Um Besuchern die Wege zu ebnen, wurden dabei viele Ziele in Baden-Württemberg gemeinsam mit reiseerfahrenen Rollstuhlfahrern geprüft.

Deutschland / Baden-Württemberg

Baden-Württemberg sagt Hallo

Jede Region in Baden-Württemberg hat ihren besonderen Reiz. Naturliebhaber zieht es in die Höhenlagen des Schwarzwalds, wo der erste Nationalpark des Landes liegt. Von seinen Gipfeln geht es hinunter Richtung Rhein – und zu bekannten badischen Weinorten, in denen es sich hervorragend Trinken und Essen lässt.

Das gilt im Übrigen fürs ganze Land: Nirgendwo sonst in Deutschland gibt es so viele Sternerestaurants wie in Baden-Württemberg. Dabei muss es nicht immer ein Feinschmeckermenü sein. Gemütliche Landgasthöfe und urige Weinstuben bieten gute Küche aus besten regionalen Zutaten an, für die auch Hohenlohe im Nordosten Baden-Württembergs bekannt ist: In der Genießerregion sind viele qualitätsvolle Erzeuger und hervorragende Köche am Werk.

BW Barrierefrei © Tourismusverband Baden-Württemberg

Urlaubsregionen

Am Ufer des Bodensees und im angrenzenden Oberschwaben mit seiner hügeligen Landschaft, wird Entspannung großgeschrieben: Ins Wasser tauchen lässt sich nicht nur am See, sondern auch in einer der zahlreichen heilsamen Thermen und Wellnesshotels. Zu den besonders lohnenswerten Ausflugszielen gehören hier die Blumeninsel Mainau, die als UNESCO-Welterbe ausgezeichnete Klosterinsel Reichenau und die vielen barocken Prachtkirchen und -schlösser, die überall zu finden sind. In der Region rund um die Landeshauptstadt Stuttgart liegen all diejenigen richtig, die sich auf die Spuren der Automobilgeschichte begeben, hochkarätige Kunstausstellungen sehen und moderne Architektur betrachten wollen. Kurzum: Ein pralles Kulturleben lockt, wobei die Natur nie weit ist.

Die Schwäbische Alb liegt hier quasi vor der Haustür: Zahllose Burgen mit spektakulären Aussichten säumen die Traufkante im Norden des Mittelgebirges. Sie ist auch eine der höhlenreichsten Regionen Deutschlands – einige davon zählen zu den Fundstätten der ältesten Kunstwerke der Menschheit, die man heute in Museen bewundern kann. Fachwerkstädtchen und von Weinreben gesäumte Flüsse prägen das Heilbronner Land, in dem mehr als die Hälfte des Württemberger Weins produziert wird. Bei Erlebnisführungen und Verkostungen lässt sich die Landschaft mit allen Sinnen erleben. Das gilt auch für die Region Kraichgau-Stromberg: Eine hügelige, uralte Kulturlandschaft voller Streuobstwiesen und Reben, Winzerhöfen und Besenwirtschaften.

Im Lieblichen Taubertal ist ebenfalls der Wein zuhause – und obendrein viele sehenswerte Burgen und Schlösser. Dasselbe gilt auch für die Kurpfalz mit Heidelberg und der Spargelstadt Schwetzingen. Alle, die sich für Kultur und Kulinarisches interessieren, sind hier gut aufgehoben, wobei auch die Landschaft entlang der Flüsse ihre Reize entfaltet. Im Norden des Landes liegt außerdem der Odenwald – auch dies eine Region, in der Besucher in die Natur eintauchen oder die burgenreiche Landschaft vom Neckar aus betrachten können.

Wandern und Naturerlebnisse

Ob eine Weinbergwanderung um Hagnau oder eine Tour durch das Lautertal auf der Alb: Viele Regionen des Landes haben barrierefreie Wanderwege ausgewiesen, die man auch auf der Internetseite der Tourismus Marketing GmbH Baden-Württemberg findet. Besonders zahlreich sind die Routenvorschläge in der Wanderregion Schwarzwald, wo es auch Touren mit Gebärdensprache und weitere Angebote im Nationalpark gibt.

Deutschland / Baden-Württemberg

„Komfortwege" heißen die barrierearmen Wandertouren, die die Stadt Isny im württembergischen Allgäu gemeinsam mit dem benachbarten Maierhöfen ausgearbeitet hat. Auf der Biesenweiherrunde kann man auf Stegen über die Teiche und das Moor spazieren und unterwegs Wissenswertes rund ums Thema Wasser und Weiherwirtschaft erfahren.

Die Hengelesweiherrunde eröffnet Einblicke in ein Naturschutzgebiet mit Teichrosen, Zwergtauchern und anderen geschützten Arten. Die Wege sind bereits vom bundesweiten Zertifizierungssystem „Reisen für Alle" geprüft und auch der Landesverband für Menschen mit Körper- und Mehrfachbehinderung Baden-Württemberg hat Isny schon mehrfach als „barrierefreie Gemeinde" ausgezeichnet.

 Aussichtsreiche Ausflugsziele

Es ist ein herrliches Gefühl, einen weiten Blick über das Land zu haben. Das kann der Fernsehturm in Stuttgart sein, von dem aus man an schönen Tagen sogar die Alpen entdeckt, oder auch der spektakuläre, über einen Kilometer lange Baumwipfelpad in Bad Wildbad im Schwarzwald. Mit seinem Rundumblick und seiner besonderen Architektur ist er ein beliebtes Ausflugsziel. Er liegt auf dem Sommerberg, wurde barrierearm gestaltet und ist für Rollstuhlfahrer geeignet – inklusive behindertengerechter Toilette.

Die Feldbergbahn zum höchsten Gipfel des Schwarzwalds ist ebenso wie die Schauinslandbahn, die von Freiburg aus hinauf zum Hausberg der Stadt führt, nach den Kriterien von „Reisen für Alle" geprüft worden.

Bei der seit 1930 bestehenden Schauinslandbahn musste vieles umgebaut werden, doch nun sind das Café und die Panoramaterrasse an der Bergstation barrierefrei zugänglich, ebenso die Kabine der Bahn und eine „Toilette für alle" gibt es außerdem.

 Schlösser, Burgen und Gärten

Eindrucksvolle Monumente zeugen von Vergangenheit. Das Kloster in Maulbronn gilt als die am besten erhaltene mittelalterliche Anlage nördlich der Alpen und zählt zum UNESCO-Weltkulturerbe – ein perfekter Ort, um mehr über das einstige Leben der Zisterziensermönche zu erfahren.

Im Schloss Schwetzingen flanieren Besucher durch den berühmten Garten und staunen über die Künste früherer Landschaftsarchitekten. Innerhalb vieler historischer Gemäuer, die von den Staatlichen Schlössern und Gärten Baden-Württemberg verwaltet werden, gibt es bereits Führungen für Gehörlose in Gebärdensprache und für Sehbehinderte. An der Grabkapelle für Königin Katharina auf dem Württemberg, die vom Architekten nach dem Vorbild eines römischen Tempels gestaltet wurde, steht ein Bronzemodell des Bauwerks zum Anfassen mit Braille-Beschriftung.

Die Pflastersteine im Kloster Bebenhausen, das auch von den württembergischen Herrschern als Jagdschloss genutzt wurde, sind abgeschliffen, damit man mit dem Rollstuhl gut vorankommt. Im prachtvollen barocken Residenzschloss Ludwigsburg gibt es Aufzüge und auch eine „Toilette für alle".

Stuttgart Fernsehturm © Tourismusverband Baden-Württemberg

Deutschland / Baden-Württemberg

Übernachten

Es sind viele Kleinigkeiten, die aus einem normalen Hotel eine Unterkunft ohne Barrieren machen: Wenn Gäste die Rezeption erreichen, ohne eine Stufe erklimmen zu müssen. Wenn sie im Foyer auf hohen Sesseln Platz nehmen können und nicht in einer Couch versinken. Wenn die Beschriftung der Räume groß und gut lesbar ist und im Aufzug die Etage angesagt wird.

Menschen mit einem Handicap brauchen Sicherheit darüber, was sie vor Ort erwartet – und Familien, Senioren und viele andere Gäste finden ein barriere- freies Haus einfach bequemer.

In verschiedenen Regionen Baden-Württembergs liegen Hotels, die vom bundesweiten Zertifizierungssystem „Reisen für alle" geprüft wurden, wie zum Beispiel das Hofgut Himmelreich im Schwarzwald. Das Haus hat eine lange Geschichte und wurde schon um das Jahr 1300 urkundlich erwähnt. Heute warten hier gemütliche Hotelzimmer und ein uriges Restaurant mit Kachelofen und guter Küche auf die Gäste. Seit 2004 wird das Hofgut Himmelreich als integrativer Betrieb geführt und es ist Mitglied bei „Embrace", einem Verbund inklusiv arbeitender Häuser, die auf Barrierefreiheit Wert legen.

Diesem gehört auch das Green City Hotel Vauban in Freiburg an, ein modernes Drei-Sterne-Haus, das mit viel Holz, Glas und Beton gestaltet ist. Es liegt im ökologischen Vorzeigeviertel Vauban und hat nicht nur eine begrünte Fassade, sondern wurde komplett nach strengen Umweltkriterien gestaltet.

Am Bodensee zählt das Gasthaus Seehörnle in Gaienhofen zum Embrace-Verbund und bietet allen Komfort, den Menschen mit einem Handicap brauchen. Seine herrliche Lage inmitten eines Naturschutzgebiets nur 500 Meter vom Bodenseeufer entfernt auf der Halbinsel Höri macht es zu einem besonders erholsamen Ziel. Das moderne Haus ist zudem ein zertifiziertes Biohotel, das seinen Gästen vom Frühstück bis zum Abendessen regionale Köstlichkeiten in Bio-Qualität serviert.

Mit dem Hotel St. Fridolin hat der Embrace-Verbund ein weiteres, barrierearmes Haus in Baden-Württemberg, und zwar in Bad Säckingen, das am Hochrhein und in unmittelbarer Nachbarschaft zur Schweiz liegt.

Weithin bekannt wurde der Ort durch das Werk „Der Trompeter von Säckingen", das Joseph Viktor von Scheffel Mitte des 19. Jahrhunderts verfasst hat und auf dessen Spuren man heute durch die Stadt spazieren kann.

In Hohenlohe bietet das Hotel Anne-Sophie in Künzelsau einige barrierefreie Zimmer an, die bequem mit dem Rollstuhl, dem Rollator oder auch dem Kinderwagen zugänglich sind. Der integrative Betrieb wurde in zwei historischen Gebäuden mitten im Ort eingerichtet und hat dadurch ein ganz besonderes Flair. Zum Hotel gehört auch ein ausgezeichnetes Gourmet-Restaurant: Im „Handicap" kochen und bedienen Menschen mit und ohne Behinderungen gemeinsam und als es 2014 mit einem Michelin-Stern ausgezeichnet wurde, war dies weltweit der erste integrative Betrieb, der das geschafft hat.

Weitere Informationen/ Kontakt

Weitere Informationen zum barrierefreien Reisen und eine Übersicht über die barrierefreien Wanderwege gibt es bei der Tourismus Marketing GmbH Baden-Württemberg auf der Webseite www.tourismus-bw.de unter dem Stichwort Service.

Über Rollstuhlwandern informiert außerdem der Landesverband für Menschen mit Körper- und Mehrfachbehinderung Baden-Württemberg auf seiner Seite www.rollstuhlwandern-in-bw.de.

Die verschiedenen Embrace-Hotels in Baden-Württemberg findet man auf der Webseite des Verbands www.embrace-hotels.de

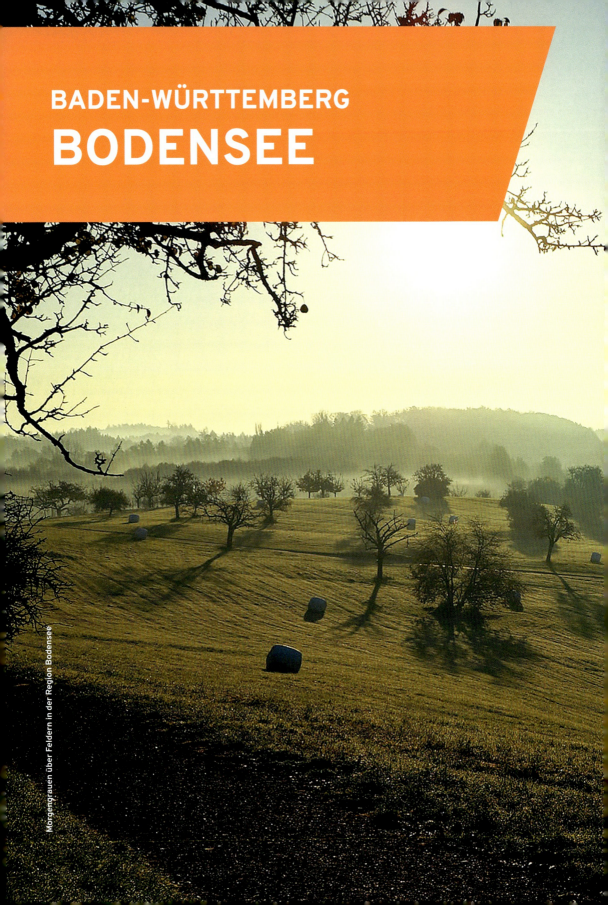

BADEN-WÜRTTEMBERG
BODENSEE

Morgengrauen über Feldern in der Region Bodensee

Deutschland / Baden-Württemberg / Bodensee

Landgasthof + Hotel „Zum Sternen" ★★★
78345 Bankholzen-Moos / Bodensee

Schienerbergstr. 23
Tel.: 07732 24 22
E-Mail: info@zum-sternen.de
Web: www.zum-sternen.de

Allgemeines: Herzlich Willkommen im Sternen! Der Sternen ist ein traditionsreicher Landgasthof mit ★★★Hotel im Herzen der Halbinsel Höri am westlichen Bodensee.

Qualität, gepaart mit der sprichwörtlichen badischen Gastfreundlichkeit und Herzlichkeit bestimmen die Philosophie unseres Hauses.
Bei uns fällt es Ihnen leicht abzuschalten und zu genießen, denn bei der Chefin Brigitte und Ihrem Team sind Sie in besten Händen.

Der Heimathof der Familie Bohner war im 19. Jahrhundert das „Haus überm Bach" mit einem Gastwirtschaftsbetrieb. Erbaut wurde der Hof 1830 von Johann Evangelist Bohner und eröffnet wurde das heutige Sternen 1883 von Sebastian Bohner, dem Urgroßvater der heutigen Wirtin.

Seit 1981 ist Brigitte Bohner-Seibold die Wirtin und führt, ganz im Sinne der Vorfahren, die Tradition einer gemütlichen Gastlichkeit fort.

Seit Mai 2001 zählt der heutige Landgasthof zu den besten Häusern auf der Höri und wurde mit 3 Sternen ausgezeichnet.

Unser Landgasthof ist ebenfalls in dem Projekt „Historische Gasthäuser in Baden" vertreten.

Küche: Im Biergarten unter alten Kastanien oder in unserer gemütlichen Gaststube genießen Sie kulinarische Gaumenfreuden.
Unsere jungen „Wilden" aus der Küche interpretieren alte badische und schwäbische Spezialitäten zu neuen gelungenen Kreationen.

Unsere Zutaten werden frisch und saisonal in Bio-Qualität von unseren Partnern aus der Region geliefert. Erleben Sie unsere Gastfreundschaft zu jeder Jahreszeit.

Zimmer & Bad: Die 18 modern eingerichteten Zimmer sind alle mit massiven Fichtenmöbeln, WC/Dusche, Radio und Sat-TV ausgestattet. WLAN-Zugang ist im ganzen Haus vorhanden.

Geeignet für: Es sind spezielle Zimmer für Rollstuhlfahrer vorhanden.
Türbreite WC/Dusche 90 cm und Bewegungsfreiraum 160 x 160 cm, Dusche 120 x 180 cm stufenlos befahrbar, Duschhocker und Wandgriff vorhanden,

Deutschland / Baden-Württemberg / Bodensee

Waschtisch unterfahrbar,
Bettenhöhe 52 cm.

Freizeit & Umgebung: Zwei Bushaltestellen sind im Ort vorhanden. Mit der Gästekarte können die Gäste den kostenlosen Busverkehr nutzen.

Es gibt Wandervorschläge für Rollis, Wanderwege sind eben und leicht hügelig, geteert.
Ausflüge zur Insel Mainau und Reichenau sind möglich. Segeln, Schwimmen, Tennis, Golfen und Reiten in unmittelbarer Nähe sowie die Sauna-Landschaft „BoRa".

Ausstattung: Für Rollstuhlfahrer gibt es einen eigenen Parkplatz und einen separaten stufenlosen Eingang.

Rezeption, Frühstücksraum, Restaurant und behindertengerechtes WC (Notruf) im EG stufenlos erreichbar. Die Zimmer sind über Aufzug zu erreichen. Waschmaschine und Trockner stehen zur Verfügung.

Lage: Zum Bodensee, zum Freibad, zur Post, zum Einkaufszentrum, Zahn- und Allgemeinarzt sind es knapp 2 km.
Zum Bahnhof (Radolfzell) Krankenhaus, Apotheke, Dialyse und Shopping-Center knapp 5 km.

Bankholzen ist ein idyllischer, staatl. anerkannter Ferienort, ausgezeichnet mit der Goldmedaille „Unser Dorf soll schöner werden" und liegt am Fuß des Schienerberges (708 m).

Zwischen Radolfzell und Stein am Rhein (CH) liegt das Dorf auf der schönen Halbinsel Höri am Bodensee.

Preise: Barrierefreies Zimmer
für 2 Personen pro Nacht 102,- €,
ab 3 Nächte 100,- €/Nacht,
ab 7 Nächte 96,- €/Nacht.
Alle Preise inkl. Frühstück.

Wir freuen uns auf Sie!

Deutschland / Baden-Württemberg / Bodensee

Urlaubshof Scherer
88693 Deggenhausertal

★★★★

Unterhomberg 7
Tel.: 07555 428, Fax: 07555 58 07
E-Mail: albert-scherer@t-online.de
Web: www.scherer-urlaub.de

Allgemeines: Urlaubshof mit 4 Sternen mit eigenem Hallenbad und Wellnessbereich. Der Urlaubshof Scherer liegt im Luftkurort Deggenhausertal im Hinterland des Bodensees.

Mit viel Komfort und sehr persönlicher Betreuung können Sie sich herrlich entspannen und erholen. Sie relaxen in angenehmer Behaglichkeit unserer schönen Landschaft und dem großen Hofgelände und genießen einen atemberaubenden Blick auf die freie Natur.

Frühstück und Halbpension können gebucht werden (großer Speiseraum).

Auch für größere Gruppen und Rollifahrer bestens geeignet. Ein vorbildlich behindertenfreundlicher Ferienhof zum Wohlfühlen!

Freizeit & Umgebung: Zahlreiche Sport- und Spielmöglichkeiten für die Kinder gibt es direkt im und am Hof oder in der 1.000 m² großen Spielscheune, die auch für Menschen mit Handicap einiges bereithält.

Zimmer & Bad: Alle Wohnungen sind barrierefrei. Es gibt Wohnungen für bis zu 12 Personen mit 187 bis 210 m² und Wohnungen für bis zu 4 Personen mit 66 bis 79 m². Alle Wohnungen haben eine voll ausgestattete Küche, TV und eine Terrasse oder einen Balkon.

Alle Räumlichkeiten sind hell, freundlich und modern eingerichtet. Jedes Schlafzimmer verfügt über eine Nasszelle mit einer stufenlos befahrbaren Dusche, ein WC mit Stütz- und Stützklappgriffen sowie ein unterfahrbares Waschbecken. Alle Betten sind 52 cm hoch und haben verstellbare Kopf- und Fußteile.

Pflegebetten, Lifter, Duschstuhl und sonstige Hilfsmittel sind vorhanden und werden bei Bedarf kostenlos zur Verfügung gestellt.

Lage: Höhenlage 730 m NN umgeben von Wiesen, schönes Alpenpanorama und Sicht zum Bodensee (ca. 20 km entfernt). Das Hofgelände und die Wohnungen sind gut mit dem Rollstuhl befahrbar.

Preise: Übernachtung ab 37,- € / Person und Nacht. Frühstück täglich: 11,- € / Person und Tag. Abendessen am Dienstag (Pizza) und am Donnerstag (Grillen): 13,- € / Person und Tag inkl. Tischgetränken.

Deutschland / Baden-Württemberg / Bodensee

Landhotel Allgäuer Hof
88364 Wolfegg-Alttann

★★★
nach DTV

Waldseer Str. 36
Tel.: 07527 290, Fax: 07527 29 519
E-Mail: info@landhotel-allgaeuer-hof.de
Web: www.landhotel-allgaeuer-hof.de

Zimmer & Bad: Herzlich Willkommen im Landhotel Allgäuer Hof! Unser Hotel bietet 57 Doppelzimmer (alle auch als Einzelzimmer belegbar).

Alle Zimmer sind barrierefrei, mind. 30 m² groß, besitzen ein großes Bad mit Dusche und WC, Radio, TV, Telefon, Zimmersafe sowie Balkon oder Terrasse. Notruf im Zimmer, Bettenhöhe 50 cm, Türbreite von Zimmer und Badezimmer 94 cm. Bewegungsfreiraum im Bad 170 x 90 cm. Freiraum links neben WC 100 cm, davor 150 cm. WC-Höhe 50 cm, Toilettenaufsatz/WC-Erhöhung vorhanden. Dusche befahrbar, flexibler Einhängesitz im Duschbereich. Waschbecken unterfahrbar.

Pflegedienst kann gegen Aufpreis bestellt werden. Alle Zimmer sind barrierefrei mit unserem großzügigen Aufzug (90 cm Türbreite) stufenlos erreichbar.

Wellness & Spa: Außerdem steht Ihnen unser Wellnessbereich mit Schwimmbad (6 x 12 Meter, 1,15 Meter Wassertiefe, 28 Grad Wassertemperatur), finnischer Sauna, Infrarotkabine, sowie ein Fitnessraum zur freien Nutzung, zur Verfügung. Der gesamte Wellnessbereich ist ebenfalls barrierefrei und mit Rollstuhl zu erreichen.

Ein Schwimmbadlifter ist vorhanden. Auch unsere hauseigene Massage- und Kosmetikabteilung verwöhnt Sie gerne.

Küche: Genießen Sie Ihr Frühstück, sowie Ihr Abendessen, im Rahmen der Halbpension, in unserem modernen, hellen Restaurant. Bei schönem Wetter haben Sie die Möglichkeit unsere Sonnenterrasse sowie unseren gemütlichen Biergarten zu nutzen.

Lage: Fernab vom Großstadt-Trubel befindet sich unser 3-Sterne Superior Hotel in ruhiger Lage zwischen Bodensee und Allgäu im heilklimatischen Kurort Alttann in der Gemeinde Wolfegg.

Unser Hotel bietet den idealen Ausgangspunkt für abwechslungsreiche Ausflugsmöglichkeiten in unserer Umgebung. Ob Berge, Seen oder Städte – bei uns finden die Gäste Entspannung, Ruhe und Abwechslung aus dem Alltag.

Entfernungen: Bahnhof 600 m, Arzt und Apotheke 3 km, Badesee 3 km, Freibad 8 km, Krankenhaus 12 km, Bodensee 45 km.

Unser Team freut sich auf Sie!

BADEN-WÜRTTEMBERG
HEILBRONN-FRANKEN

Deutschland / Baden-Württemberg / Heilbronn-Franken

Ferienhof Schwab
97980 Bad Mergentheim-Herbsthausen

Alte Kaiserstr. 5
Tel.: 07932 81 01, Fax: 07932 74 02
E-Mail: info@ferienhof-schwab.de
Web: www.ferienhof-schwab.de

Allgemein: Urlaub inmitten der Natur.

Zimmer & Bad: Der Ferienhof hat drei für Rollstuhlfahrer geeignete Ferienwohnungen: 3 Zimmer, Küche, Dusche/WC. Parkplatz und Eingang stufenlos. Türbreiten: Eingang 100 cm, Zimmer und Bad 80 cm. Bettenhöhe 46 cm. Bewegungsfreiraum in Du/WC 120 x 130 cm. Freiraum links neben WC 35 cm, rechts 130 cm, davor 110 cm. WC-Höhe 48 cm. Haltegriffe an Dusche und WC.
Unsere Wohnungen sind alle mit folgender Ausstattung versehen: Handtücher, Bettwäsche, Fön, Wasserkocher, Kaffeemaschine und Toaster (komplett ausgestattete Küchen), WLAN, Radio, TV, Telefon.

Lage: Der Hof liegt über dem Lieblichen Taubertal, idyllisch umgeben von Wald und Wiesen, in unmittelbarer Nähe der traditionsreichen Kur-und Badestadt Bad Mergentheim.
Zur Ortsmitte Herbsthausen 500 m, Arzt, Apotheke, Krankenhaus und Hallenbad 11 km, Freibad 6 km.
Das Haus liegt in leichter Hanglage, die Ferienwohnung hat eine ebene Terrasse .

Einen Besuch lohnt auch Bad Mergentheim, 11 km entfernt, eine über 800 Jahre alte Deutschordensstadt mit Landgasthöfen, Biergärten, Straßencafés. Neben der historischen Altstadt und dem Deutschordensschloss bietet die Kur- und Badestadt Bad Mergentheim herrliche Parks und Kuranlagen, die Solymar Therme, Wildparks und vieles mehr.

Preis: Für 2 Personen pro Tag 45,- bis 50,- €.

Deutschland / Baden-Württemberg / Heilbronn-Franken

BSK-Gästehaus
74238 Krautheim

Altkrautheimer Str. 20
Tel.: 06294 428 160, Fax: 06294 428 169
E-Mail: Gaestezimmer@bsk-ev.org
Web: www.bsk-ev.org

Allgemeines: Unmittelbar am rollstuhl- und auch teilweise handbike-geeigneten Kocher-Jagst Radweg gelegen, befindet sich das barrierefreie Gästehaus des Bundesverbandes Selbsthilfe Körperbehinderter e. V. in Krautheim an der Jagst. Krautheim ist ein kleiner ruhiger Ort mit rund 2.500 Einwohnern, idyllisch an der Jagst gelegen und zentraler Ausgangspunkt für Ausflüge in die wunderschöne Natur des Hohenloher Landes.

Zimmer & Bad: Das Gästehaus bietet für 25 Personen Platz und hat insgesamt 16 Zimmer. Die Zimmer sind rollstuhlgerecht eingerichtet, verfügen über TV und WLAN. Barrierefreier Aufenthaltsraum für bis zu 30 Personen ist vorhanden und kann für Bildungsveranstaltungen genutzt werden. Parkplatz, Eingang, Rezeption, Gruppenraum und Zimmer sind stufenlos erreichbar. Geeignet für Rollstuhlfahrer/innen / Menschen mit Behinderung: 7 Doppelzimmer mit Dusche/WC, 1 Einzelzimmer mit Dusche/WC. Einfache Zimmerausstattung, alles Nichtraucherzimmer.

Türbreite der Zimmer und von Dusche/WC 94 cm. Elektrisch Höhenverstellbare Betten vorhanden (54 bis 60 cm). Freiraum in Dusche/WC mindestens 150 x 150 cm. Freiraum links neben WC 150 cm, rechts 50 cm, davor 150 cm. Haltegriffe links/ rechts neben WC. WC-Höhe 46 cm (bei Bedarf steht Toilettenaufsatz zur Verfügung). Duschhocker vorhanden, Waschbecken unterfahrbar. Bei Bedarf besteht die Möglichkeit, einen Pflegedienst und einen Rollstuhlreparatur-Service in Anspruch zu nehmen. Physiotherapie im Haus.

Lage: Das Gästehaus liegt 300 m zur Ortsmitte entfernt; ebenso weit bestehen Einkaufsmöglichkeiten; die Apotheke ist 500 m entfernt, ein Arzt 2 km; das Krankenhaus 19 km; Freibad/Hallenbad 19 km. Nächste Bahnhöfe: Bad Mergentheim 19 km (nicht barrierefrei), Lauda 27 km (barrierefrei), Möckmühl 31 km (nicht barrierefrei), Würzburg Hbf 70 km (barrierefrei).

Preise: Barrierefreies DZ/EZ mit Bad/WC 39,- €; DZ mit Etagenbad /-WC 29,- €; barrierefreies EZ mit Etagenbad /-WC 25,- €. Preisermäßigung für Mitglieder. Gruppenpreise auf Anfrage. Wöchentliche Reinigung der Gästezimmer. Integratives Frühstück im Eduard-Knoll-Wohnzentrum zubuchbar. Preiswerte und gute Unterkunft, besonders für Gruppen geeignet.

Das Gästehaus ist von 18.12. bis zum 06.01. geschlossen. Ab dem 07.01. ist das Gästehaus wieder geöffnet.

Deutschland / Baden-Württemberg / Heilbronn-Franken

Hotel-Restaurant Anne-Sophie
74653 Künzelsau

Hauptstraße 22-28
Tel.: 07940 934 60, Fax: 07940 934 677
E-Mail: info@hotel-anne-sophie.de
Web: www.hotel-anne-sophie.de

Allgemeines: Das Hotel-Restaurant Anne-Sophie ist ein Ort des Miteinanders, an dem Menschen mit und ohne Handicap Hand in Hand arbeiten. Initiiert wurde dieses besondere Projekt von Frau Carmen Würth.
Mitten im Herzen von Künzelsau bietet das Hotel modernen Komfort in historischen Gebäuden.
49 individuell und mit Liebe zum Detail eingerichtete Zimmer, zwei Restaurants und das Café Auszeit laden zum Verweilen ein.

Zimmer & Bad: Mehrere Zimmer sowie alle öffentlichen Räume sind barrierefrei zugänglich. An den Eingängen befindet sich eine Rampe, Ihr Zimmer erreichen Sie bequem mit dem Aufzug (Türbreite Aufzug 90 cm, Tiefe 120 cm).
Türbreite der Zimmer 75 bis 90 cm. Die Betten haben eine Höhe von 60 cm und bieten ausreichend Raum zu beiden Seiten. Die Duschen sind befahrbar und verfügen über Duschstuhl und Haltegriffe, auch am WC wurden Haltegriffe angebracht. Das Waschbecken ist unterfahrbar. Jedes unserer Badezimmer ist mit einem Zimmernotruf ausgestattet.

Wellness & Spa: Ein kleiner Fitness- und Wohlfühlbereich sowie der Hotelgarten mit Blick auf das Schloss ergänzen das Angebot stimmig.

Ausstattung: Mehrere Tagungs- und Veranstaltungsräume mit Platz für bis zu 100 Personen stehen zur Verfügung. Parkplätze stehen am Haus kostenfrei zur Verfügung entweder in unserer Tiefgarage oder auf dem nahegelegenen Wertwiesen-Parkplatz.
Am Haupteingang an der Künzelsauer Hauptstraße steht ein Check-in/Check-out Parkplatz zur Verfügung.

Küche: Das Restaurant Anne-Sophie am Schlossplatz bietet regionale Küche und im Gourmet-Restaurant Handicap genießen Sie Gerichte auf höchstem Niveau. Zur Kaffeezeit servieren wir Ihnen hausgemachte Kuchen und Torten.

Lage: Zentral in der Tourismusregion Hohenlohe gelegen, ist das Hotel Anne-Sophie ein geeigneter Ausgangsort für Ausflüge zu den zahlreichen Sehenswürdigkeiten, Freilichtbühnen oder Museen.

Preise: Einzelzimmer 79,- bis 140,- Euro (je nach Kategorie und Reisezeitpunkt). Doppelzimmer 110,- bis 170,- Euro (je nach Kategorie und Reisezeitpunkt). Alle Preise verstehen sich inklusive Genießer-Frühstück, Parkplatz, WLAN sowie freier Nutzung des Fitness- und Wohlfühlbereichs.

BADEN-WÜRTTEMBERG
SCHWARZWALD

Deutschland / Baden-Württemberg / Schwarzwald

Das Bad Peterstal GesundheitsHotel
77740 Bad Peterstal-Griesbach

Schwarzwaldstr. 40, Steffen Nork
Tel.: 07806 986 600, Fax: 07806 986 107
E-Mail: info@dasbadpeterstal.de
Web: www.dasbadpeterstal.de

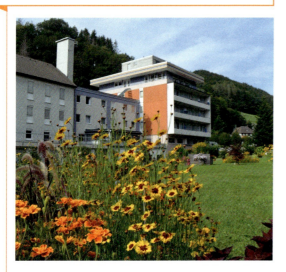

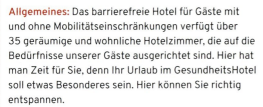

Allgemeines: Das barrierefreie Hotel für Gäste mit und ohne Mobilitätseinschränkungen verfügt über 35 geräumige und wohnliche Hotelzimmer, die auf die Bedürfnisse unserer Gäste ausgerichtet sind. Hier hat man Zeit für Sie, denn Ihr Urlaub im GesundheitsHotel soll etwas Besonderes sein. Hier können Sie richtig entspannen.

Ausstattung: Das Hotel verfügt über ein klimatisiertes Restaurant mit Terrasse, Tagescafé, Aufenthaltsraum mit Dachterrasse, großzügige Hotelhalle mit Kneippbecken, kostenloses WLAN, Gruppenräume, Physiotherapie mit Kassenzulassung, Heilbad (medizinische und Wohlfühl-Wannenanwendungen), Friseursalon und Fußpflege, Sauna, Fahrstuhl, hoteleigener Park mit Kleintiergehege, kostenfreie Parkplätze direkt am Haus und ausgewiesene Behindertenparkplätze direkt am Eingang.

Zimmer & Bad: Türbreite von Zimmer und Badezimmer: 90 cm. Bettenhöhe: 54 cm. Bewegungsfreiraum in Dusche/WC 120 x 120 cm. Ausreichender Freiraum links bzw. rechts neben WC – je nach Zimmer. Dusche ist schwellenlos befahrbar, Duschhocker vorhanden. Das Waschbecken ist unterfahrbar, der Spiegel ist auch für Rollifahrer gut einsehbar.

Jedes Zimmer ist ausgestattet mit Kabel-TV, Radio, Telefon mit Notruftaste, Wasserkocher mit Teeauswahl und Kaffee, Dusche / WC, Haartrockner und WLAN. Auf Wunsch steht ein Bademantel zur Verfügung. Zum Teil haben die Zimmer einen Balkon (nicht barrierefrei).

Hilfsmittel: Pflegebett (elektrisch), Rollator, Dusch- und Toilettenstuhl stehen kostenlos zur Verfügung. Weitere Hilfsmittel (z.B. Lifter) auf Anfrage und gegen Gebühr. Unser ambulanter Pflegedienst kann auf Wunsch organisiert werden. Benötigte Hilfsmittel bitte direkt bei der Buchung mitbestellen.

Therapie & Pflege: Mit den natürlichen Heilmitteln unseres Hauses helfen wir Ihnen, Ihr Wohlbefinden und Ihre Lebensqualität zu erhalten. Genießen Sie Entspannungsbäder oder Therapiebäder (Wannenanwendungen) mit Wasser aus hauseigenen Quellen. Dazu bietet die Physiotherapiepraxis fachlich fundierte Gesundheitsanwendungen wie physiotherapeutische Behandlung, Krankengymnastik, manuelle Therapie, Wohlfühlmassagen oder Wärmebehandlungen. Hier sind Sie immer in guten Händen. Physiotherapie und Heilbad haben eine Kassenzulassung für alle Krankenkassen (bitte rechtzeitig anmelden).

Deutschland / Baden-Württemberg / Schwarzwald

Ambulante Vorsorgemaßnahme (früher Badekur): Nach Antrag und Genehmigung bei Ihrer Krankenversicherung werden übernommen: Kurarztkosten und Kurmittel bis zur gesetzlich festgelegten Eigenbeteiligung von 10,- € für die Verordnung und 10% der Kurmittelkosten. Der Zuschuss für Unterkunft, Verpflegung und Kurtaxe beträgt bis zu 16,- € pro Tag. Mit unserem einzigartigen Konzept bieten wir Ihnen vielfältige Möglichkeiten Kuranwendungen, Urlaub und Pflege, auch die ihres Angehörigen, bedarfsgercht und individuell zu kombinieren. Während Sie sich im Hotel erholen oder im Heilbad physiotherapeutisch behandeln lassen, kann Ihr pflegebedürftiger Angehöriger im Haus von qualifizierten Fachkräften betreut werden. Gerne können Sie auch einzelne Angebote von Hotel, Heilbad und Seniorenzentrum gezielt nutzen.

Freizeit & Umgebung: Beliebte Ausflugsziele sind die berühmte Kurstadt Baden-Baden, die Erlebniswelt Mummelsee, das 2021 eröffnete Nationalparkzentrum Ruhestein, Freudenstadt mit dem größten Marktplatz Deutschlands, das Freilichtmuseum „Vogtsbauernhof", die Glasbläserei. Für diejenigen, die es etwas aktiver mögen, empfehlen wir neben dem Europapark Rust, den Baumwipfelpfad in Bad Wildbad oder aber eine Weinprobe in Oberkirch. Sie erhalten jeden Morgen unsere aktuellen Veranstaltungshinweise der Region.

Lage: Bad Peterstal-Griesbach liegt im romantischen Renchtal. Der Kneipp-Kurort ist ein staatlich anerkanntes Mineral- und Moorheilbad.

Entfernungen: Zur Ortsmitte 700 m, Einkaufen 300 m, Arzt 700 m, Bahnhof 1 km, Freibad 1,3 km, Hallenbad 20 km, Krankenhaus 20 km.
täglicher Apothekenlieferdienst.

Besonderes: Uns ist völlig bewusst, wie aufwendig es sein kann, mit all dem Gepäck und einem Handicap mit dem Zug anzureisen. Das müssen Sie nicht.
Gern holen wir Sie mit unserem Rollibus zum Zeitpunkt Ihrer Wahl von zuhause (barrierefrei bis Fahrzeug!) ab und bringen Sie nach Ihrem Urlaub wieder zurück. Unsere Kosten berechnen sich je Fahrzeug. Wenn Sie also noch weitere Urlaubsgäste aus Ihrem Bekanntenkreis mitnehmen möchten/können, reduziert sich Ihr Preis je Fahrgast deutlich.

Preise: Je nach Zimmerkategorie, Saison und Aufenthaltsdauer 41,50 – 60,50 € für Übernachtung mit Frühstück. VP und HP sind möglich.
Außerdem schenken wir Ihnen bei längeren Aufenthalten jede 7. Nacht.

Wasserfälle bei Triberg

Deutschland / Baden-Württemberg / Schwarzwald

Landgasthof „Adler-Pelzmühle"
79215 Biederbach bei Freiburg

Pelzmühle 1, Herr Frank-Georg Herr
Tel.: 07682 255, Fax: 07682 671 78
E-Mail: adler-pelzmuehle@t-online.de
Web: www.adler-pelzmuehle.de

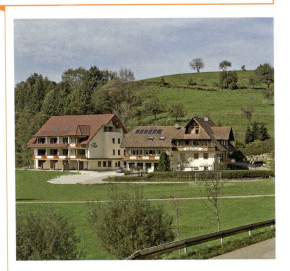

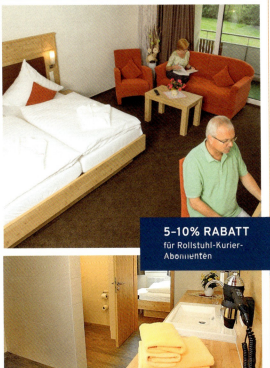

5–10% RABATT
für Rollstuhl-Kurier-Abonnenten

Allgemeines: Der Landgasthof Adler-Pelzmühle liegt idyllisch im Südschwarzwald, mitten im Grünen, am leisen fließenden Frischnau-Bächlein, mit herrlicher Aussicht auf die Schwarzwaldberge. Hier sind Menschen ohne und mit Mobilitätseinschränkung herzlich willkommen.

Zimmer & Bad: Die modern eingerichteten Gästezimmer sind mit Dusche / WC, Sat-TV, Telefon und Südbalkon mit wunderbarem Blick ausgestattet. Es gibt 13 barrierefreie Einzel-, Doppel- und Mehrbettzimmer, sowie 2 große Suiten. Türbreite Aufzug 90 cm; Innenmaße: Tiefe 150 cm, Breite 120 cm. Türbreiten der Zimmer und Badezimmer 100 cm. Freiraum in Dusche/WC 180 x 120 cm. Freiraum links neben WC 30 cm, rechts 200 cm. WC-Höhe 48 cm. Haltegriff am WC ist vorinstalliert; weitere lassen sich bei Bedarf einfach und fest anbringen. Duschbereich schwellenlos befahrbar, stabile Haltegriffe und Duschsitz sind vorhanden. Waschbecken unterfahrbar.

Parkplatz, Eingang, Rezeption, Frühstücksraum und Restaurant sowie die rollstuhlgeeigneten Zimmer im Erdgeschoss und in den Etagen, sind per Aufzug stufenlos erreichbar.

Freizeit & Umgebung: Zum Entspannen lädt die hauseigene Saunalandschaft mit finnischer Sauna, Tischtennis, Liegewiese, Kinderspielplatz. In der Nähe befinden sich Bäder, Massagen und Kuranwendungen. Gut beschilderte Wander- und Radfahrwege. Gerne können Sie mit der Gästekarte kostenlos mit dem Bus und der Bahn im ganzen Schwarzwald fahren.

Lage: Der Landgasthof liegt „mitten im Schwarzwald", unweit von Elzach, mit herrlichen Ausflugsmöglichkeiten zum Beispiel ins Kinzigtal, nach Hornberg, Triberg, Titisee, Furtwangen, nach Freiburg, ins Elsass, nach Colmar oder Straßburg.

Entfernungen: Bushaltestelle nur 120 Meter vom Haus entfernt. Zur Ortsmitte vom Städtchen Elzach mit Einkaufsmöglichkeiten, Bahnhof, Arzt, Apotheke und Freibad 3 km. Krankenhaus, Hallenbad 15 km, Badesee 20 km, Europapark Rust 45 km, Freiburg i.Brsg. 28 km, Freilichtmuseum in Gutach 18 km.

Preise: Pro Person im Deluxe Zimmer Ü/F: EZ ab 73,00 €, DZ ab 58,00 € und MBZ ab 52,00 €; Suiten ab 62,00 €. HP pro Tag 20,- €, VP 26,- €. Garage 6,50 € / Tag.

Deutschland / Baden-Württemberg / Schwarzwald

Green City Hotel Vauban
79100 Freiburg

superior

Paula-Modersohn-Platz 5
Tel.: 0761 888 57 40, Fax: 0761 888 574 44
E-Mail: info@hotel-vauban.de
Web: www.hotel-vauban.de

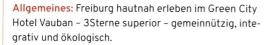

Allgemeines: Freiburg hautnah erleben im Green City Hotel Vauban – 3Sterne superior – gemeinnützig, integrativ und ökologisch.

Die 48 Doppelzimmer und eine Familiensuite verfügen über ein modernes Design mit viel Naturholz und bieten Gastlichkeit mit Blick auf den Schönberg oder den Lorettoberg. Sie sind modern designt und mit viel Holz aus der Region eingerichtet. Die Rezeption ist rund um die Uhr besetzt und mit einer Induktionsschleife für Hörgeschädigte ausgestattet.

Parkplätze stehen in der Sonnenschiff Garage für 9 € die Nacht zur Verfügung. Die Solargarage verfügt über einen Aufzug mit den Maßen: Türbreite 89 cm, Tiefe x Breite 209 x 110 cm. Außerdem gibt es einen Tagungsraum mit modernster Technik.

Erleben Sie das Miteinander von Mitarbeiterinnen mit und ohne Handicap sowie das Miteinander von Gästen mit und ohne Handicap. In diesem Integrationsbetrieb haben 10 der insgesamt 20 MitarbeiterInnen eine Behinderung. Die Kolleginnen und Kollegen arbeiten auf Augenhöhe miteinander. Das Hotel ist eine gemeinnützige GmbH und verfolgt keine Gewinnerzielungsabsicht. Das Miteinander der MitarbeiterInnen und das Schaffen von Arbeitsplätzen am 1. Arbeitsmarkt für Menschen mit Behinderung steht im Vordergrund.

Das Hotel verfügt über einen Konferenzraum für 30 Personen, ausgestattet mit modernster Tagungstechnik und einer Induktionsschleife für hörgeschädigte Menschen. Da das Green City Hotel Vauban über kein separates Vollrestaurant verfügt, wird das Essen für Tagungsgruppen über 15 Personen vom Hofgut Himmelreich zubereitet. Tagungsgruppen mit weniger als 15 Teilnehmern nutzen zu Tischzeiten das Angebot des schräg gegenüberliegenden Restaurants „Der Süden", welches eine frische Vollwertküche bietet.

Besonderes: Das Angebot an Snacks und Getränken stammt, wenn möglich, aus der Region und/oder aus Integrationsbetrieben. Auf Kleinverpackungen wird zugunsten der Müllreduktion weitestgehend verzichtet. Die Hotelbar hat rund um die Uhr für Hausgäste geöffnet und bietet neben einer breiten Auswahl an Getränken auch kleine Speisen.

Zimmer & Bad: Das Green City Hotel Vauban verfügt über 3 behindertengerechte Zimmer. Türbreite der Zimmer 104 cm, der Badezimmer 105 cm. Bettenhöhe 52 cm.

Deutschland / Baden-Württemberg / Schwarzwald

Bewegungsfreiraum in Dusche/WC 164 x 190 cm. Freiraum links neben WC 29 cm, rechts 94 cm, davor 134 cm. WC-Höhe 49 cm, Haltegriffe links und rechts neben WC. Duschbereich schwellenlos befahrbar, festmontierter Duschsitz und stabile Haltegriffe vorhanden, Duschstuhl auf Anfrage. Waschbecken unterfahrbar, Notruf vorhanden. Die übrigen 46 Zimmer sind mit dem Aufzug stufenlos erreichbar.

Lage: Direkt am „Eingangstor" zum ökologischen Vorzeigestadtteil Vauban gelegen, fügt sich das Hotel mit einer Fassade aus natürlich begrünten Holzlamellen perfekt in das Stadtbild ein. Alles ist mit dem Rollstuhl gut zu befahren. Die Freiburger Innenstadt ist vom Hotel aus in zehn Minuten mit dem ÖPNV zu erreichen.

Entfernungen: Stadtmitte Freiburg 3 km, Bahnhof 4,5 km, Einkaufen, Arzt und Apotheke in unmittelbarer Nähe (10 m), Krankenhaus 3 km, Hallenbad 6,6 km.

Freizeit & Umgebung: Ob auf den Mundenhof, den Schauinsland oder ins benachbarte Elsass – viele Orte in und um Freiburg sind mindestens einen Ausflug wert. Auf der Seite der Stadt Freiburg finden Sie Tipps zu verschiedenen Zielen für fast alle Geschmäcker.

Preise: Doppelzimmer ab 129,- € pro Nacht inkl. Bettensteuer, Frühstück pro Person 14,- €. Einzelzimmer ab 99,- € pro Nacht inkl. Bettensteuer, Frühstück pro Person 16,- €.

Komfortzimmer als EZ 129,- €, als DZ 149,- € pro Nacht inkl. Bettensteuer, Frühstück pro Person 16,- €.

Suite ab 250,- € pro Nacht für 4 Personen inkl. Bettensteuer, Frühstück pro Person 16,- €,

Appartement ab 199,- € pro Nacht inkl. Bettensteuer, ohne Frühstück. Frühstück pro Person 16,- €.

Parkplatzgebühr 9,- Euro pro Tag. Kostenfreies W-Lan im ganzen Hotel verfügbar.

Kinder bis 6 Jahre übernachten im Zimmer der Eltern im Baby/Zustellbett kostenlos. Für das Frühstück wird nichts berechnet. Kinder ab 7 Jahre übernachten im Zimmer der Eltern gegen einen Aufpreis. Das Frühstück wird separat berechnet.

Hunde sind herzlich willkommen. Preis pro Hund und Nacht 9,- €.

Deutschland / Baden-Württemberg / Schwarzwald

Hofgut Himmelreich gGmbH
79199 Kirchzarten

Himmelreich 37
Tel.: 07661 986 20, Fax: 07661 986 240
E-Mail: info@hofgut-himmelreich.de
Web: www.hofgut-himmelreich.de

Allgemeines: Der historische Schwarzwaldgasthof mit ökozertifiziertem Restaurant Hofgut Himmelreich ist ein Inklusionsunternehmen, in dem sich Menschen mit und ohne Beeinträchtigung gemeinsam um das Wohl der Gäste kümmern.

Hofgut Himmelreich ist Gründungsmitglied der Embrace-Hotelkooperation.

Zimmer & Bad: Der Gasthof verfügt über 12 komfortable, davon 4 barrierefreie Nichtraucherzimmer mit Bad/Dusche/WC, Schreibtisch, Telefon und Flachbild TV, darunter auch mehre Gästezimmer mit Himmelbetten und charmanter und moderner Ausstattung im Black-Forest-Style.

Auch die 4 rollstuhlgerechten Zimmer sind modern ausgestattet und liegen ebenerdig. Türbreiten der Zimmer und Badezimmer 95 cm breit. Bettenhöhe 50 cm. Bewegungsfreiraum in DU/WC 150 x 150 cm. Freiraum links neben WC 70 cm, rechts 90 cm, davor 180 cm (in anderen Zimmern spiegelverkehrt, bzw. genau andersherum).

WC-Höhe 48 cm, Haltegriffe links und rechts neben WC. Duschbereich befahrbar, Duschhocker, Haltegriffe und Fön vorhanden. Waschbecken unterfahrbar.
Auf Wunsch wird Ihnen kostenlos ein Duschhocker bereitgestellt. Weitere Hilfsmittel sind über den regionalen REHA-Fachhandel auszuleihen.

Frühstücksraum mit Rampe.
Türbreite vom Eingang 104 cm breit.

Ausstattung: Außerdem stehen zwei Tagungsräume für 10 bis 25 Personen mit moderner Tagungstechnik zur Verfügung, einer davon ist barrierefrei zugänglich. Das Haus verfügt über Parkplätze direkt am Hotel, davon sind 2 speziell für Rollstuhlfahrer ausgewiesen. Wireless-LAN ist kostenlos.

Therapie & Pflege: Ein Pflegedienst kann über die örtliche Sozialstation organisiert werden. Der Betrieb ist nach „Reisen für alle" zertifiziert.

Deutschland / Baden-Württemberg / Schwarzwald

Gastronomie: Ökozertifiziertes Restaurant mit saisonaler, regionaler und frischer Küche, gerne auch auf der Sonnenterrasse.

Frühstück, Mittag- und Abendessen im hauseigenen barrierefreien Restaurant in historischem Ambiente mit rollstuhlgerechten Toiletten.

Lage: Das Hotel-Restaurant Himmelreich liegt traumhaft außerhalb von Kirchzarten, direkt unter dem Hochschwarzwald und 9 km vor Freiburg.

Unmittelbar am Bahnhof Himmelreich (50 m) und an der B31 gelegen, bietet das Haus eine optimale Verkehrsanbindung.
Kiosk und Shop im eigenen Bahnhof mit Reisebüro, etwa 50 m entfernt.
Einkaufen, Arzt und Apotheke 1-5 km,
Krankenhaus 15 km, zur Ortsmitte 5 km,
Bahnhof 50 m,
Freibad 5 km,
Hallenbad 16 km.

Freizeit & Umgebung: Ausflugsziele im Schwarzwald (Titisee, Schluchsee, Feldberg und vieles mehr) oder ein Stadtbummel durch Freiburg. Tagesausflüge nach Frankreich und der Schweiz gut möglich.
Das Ticket für den öffentlichen Personennahverkehr (Konus Karte) ist im Übernachtungspreis inbegriffen.

Geeignet für: Rollstuhlfahrer, Menschen mit Behinderung: Eingang, Rezeption, Restaurant und Zimmer sind stufenlos erreichbar.

Preise: EZ ab 79,00 €, DZ ab 115,00 € zzgl. der aktuellen Kurtaxe

Deutschland / Baden-Württemberg / Schwarzwald

Ferienbauernhof Breigenhof
77784 Oberharmersbach

Billersberg 1, Familie Jilg
Tel.: 07837 615, Mobil: 0151 708 088 11
E-Mail: fewo@breigenhof.de
Web: www.breigenhof.de

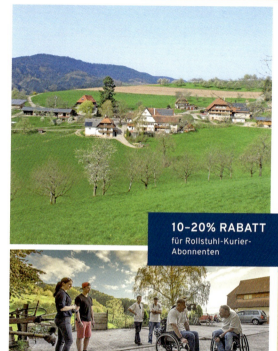

10–20% RABATT
für Rollstuhl-Kurier-Abonnenten

Allgemeines: Ferienbauernhof 1 km entfernt vom Dorf in ruhiger, freier Lage, umgeben von Wald und Wiesen. Vom Haus aus hat man einen herrlichen Panoramablick hinüber zur Burgruine Geroldseck und auf die Berge des mittleren Schwarzwaldes.

Der große Grillplatz mit Pavillon und Kinderspielplatz lädt zu gemütlichen Sommerabenden ein. Es gibt große und kleine Tiere auf dem Hof. Genießen Sie bei Ihrem Ferienaufenthalt die landwirtschaftlichen Produkte aus dem Hofladen: Bauernbrot, frische Milch und selbst gemachte Butter, herzhafte Wurst aus eigener Schlachtung, Äpfel, Karotten und vieles mehr.
Parkplatz, Eingang und alle Räume stufenlos erreichbar.

Geeignet für: Rollstuhlfahrer (2 FeWos) und Familien mit geistig behinderten Angehörigen, auch für Gruppen bis 30 Personen.

Zimmer & Bad: 5 Ferienwohnungen, 2 davon rollstuhlgerecht, 80 bis 100 qm groß für bis zu 7 Personen. Helle und freundliche Einrichtung der Wohnungen, die allen Komfort bieten: Wohnküche, Balkon oder Terrasse, Schlafräume für je 2 Personen, Kinderbetten nach Bedarf, Dusche/ WC, Waschmaschine und Sat-TV. W-LAN kostenlos.

Türbreite von den Zimmern und Du/WC im Leibgedinghaus 93 cm. Türbreite Ferienhaus 82 cm. Freiraum in Du/WC 120 x 160 cm; Freiraum rechts neben WC 110 cm, davor 120 cm; Waschbecken und Dusche ebenerdig unterfahrbar. Kippspiegel, Lifter, stabiler Duschhocker und stabile Haltegriffe an Dusche und WC vorhanden. Pflegebett in großer Fewo (100 m²) im Leibgedinghaus vorhanden (95,- €).
Den Gästen steht ein Aufenthaltsraum zur Verfügung.

Freizeit und Umgebung: Der Ferienort Oberharmersbach bietet viele Freizeitmöglichkeiten wie z.B. ein beheiztes Freibad, Tennisplätze, Minigolf und herrliche Wander- und Mountainbikemöglichkeiten.

Die Umgebung ist flach, hügelig bis steil, jedoch sind viele jedoch sind viele Wanderwege mit dem E-Rollstuhl gut befahrbar. Pkw vorteilhaft. Beliebte Ausflugsziele in der Umgebung sind die Triberger Wasserfälle, Europapark Rust, Straßburg, Freiburg, Titisee und Bodensee.

Preise: Ferienwohnung für 4 Personen in der Nebensaison ab 70,- €, in der Hauptsaison ab 90,- €, jede weitere Person 10,- €/Nacht. Preisliste sowie Gruppenpreise auf Anfrage. Abholung vom Bahnhof möglich.

Deutschland / Baden-Württemberg / Schwarzwald

Waldpension Hengsthof
77704 Oberkirch-Ödsbach

Hengstbachstr. 14, Familie Huber
Tel.: 07804 809, Fax: 07804 910 181
E-Mail: info@hengsthof.de
Web: www.hengsthof.de

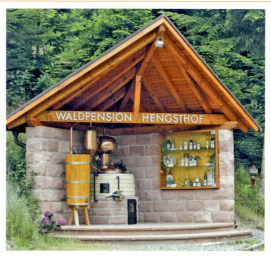

Allgemeines: Haus in idyllischer Einzellage, umgeben von Wald und Wiesen. 14 Doppel- und Dreibettzimmer mit Du/WC & Balkon, 5 Mehrbettzimmer mit Dusche/WC sowie eine Ferienwohnung. Das Haus verfügt über ein beheiztes Hallenbad mit Schwimmbadlifter, Tret-Gokartpark, Freiland-Kegelbahn, Tischtennisraum, Spielplatz, Gästeküche, Grillplatz, Wintergarten und einen weiteren Aufenthaltsraum und eine Sonnen- terrasse. Seit vielen Jahren beherbergt das Haus regelmäßig Behindertengruppen sowie Bewohner von Pflegeheimen und psychiatrischen Einrichtungen. Wöchentlich ein Grillabend und ein Flammenkuchenabend mit dem Chef.

Geeignet für: geistig und/oder körperlich Behinderte, psychisch Kranke mit Begleitung und in Gruppen bis 50 Personen.

Zimmer & Bad: 3 Doppel-/Dreibettzimmer mit Du/WC und Pflegebetten für Rollstuhlfahrer. Türbreiten der Zimmer und Badezimmer 80 cm; Freiraum in Dusche/WC 200 x 220 cm. Haltegriffe und abnehmbarer Duschsitz vorhanden. Waschbecken und Dusche sind unterfahrbar. Eingang und Gästezimmer sind stufenlos erreichbar.

Lage: Herrliche Einzellage inmitten einer Waldlandschaft, 550 m ü.M., ideale Wandermöglichkeiten. Eigene Energieversorgung über Wasserkraft. Ausflugsziele: u.a. Allerheiligen Wasserfälle 20 km, Straßburg 40 km, Europapark Rust 50 km, Freilichtmuseum „Vogtsbauernhöfe" 50 km.

Mit Rollstuhl befahrbarer Rundwanderweg zur nahen gelegenen Wallfahrtskirche, Gehstrecke zu Fuß ca. 1 Std.; kleine Steigungen. Weg vom Ort zur Ferienwohnung stetig leicht ansteigend; Zufahrtsweg zum Hofgebäude geteert.

Preis: Übernachtung mit Frühstück ab 43,- €, mit Vollpension ab 59,- € pro Person/ Tag. Sehr gutes Preis-Leistungsverhältnis. Für Gruppen sehr gut geeignet.

Deutschland / Baden-Württemberg / Schwarzwald

Naturhotel Holzwurm
77887 Sasbachwalden

Am Altenrain 12
Tel. 07841 205 40
E-Mail: info@holzwurmwirt.de
Web: www.holzwurmwirt.de

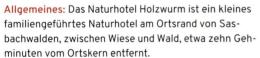

Allgemeines: Das Naturhotel Holzwurm ist ein kleines familiengeführtes Naturhotel am Ortsrand von Sasbachwalden, zwischen Wiese und Wald, etwa zehn Gehminuten vom Ortskern entfernt.

Wohnen Sie in liebevoll restaurierten Zimmern und Apartments. Das denkmalgeschützte Fachwerkhaus aus dem 19. Jahrhundert ist ein idealer Ausgangspunkt zum Wandern, Mountainbiken und Nordic Walken.

Kleine barrierefreie Spaziergänge sind auch direkt vom Haus aus möglich (teilweise mit Steigungen): Doll-Augustins-Haus (500 m), Kurpark (400 m), Vogelbeobachungsstation (450 m).

Der Hoteleingang im Erdgeschoss wurde 2017 barrierefrei gestaltet. Zur Gaststube im Untergeschoss gelangen Sie über den Hof und eine Stufe.

Küche: Das Frühstücksbüffet mit Vollwert-Ecke genießen Sie von 08:00 – 10:00 Uhr, auch mit veganen und glutenfreien Angeboten. Bitte melden Sie dies jedoch bei der Reservierung an.

Mit dem Vital-Paket bekommen Hausgäste von 12–4 Uhr Suppe & Salat. Das regionale 3-Gang-Abendmenü ist auch inklusive (teilweise bio-zertifiziert: DE-ÖKO-006).

Nachmittags gibt es Kaffee und hausgebackene Kuchen (separate Berechnung).

Zimmer & Bad: Zwei Zimmer mit Dusche/WC wurden 2014 barrierefrei umgebaut. Die Türen sind mit 78 cm ausreichend breit für Rollstuhlfahrer. In einem der Badezimmer ist die Dusche schwellenlos befahrbar, jedoch ist dieses Badezimmer nur für schmale Rollstühle oder für Rollatoren geeignet.

Im zweiten Zimmer steht ein für Rollstuhlfahrer sehr großes Bad mit Dusche/WC und Waschbecken zur Verfügung, Der Bewegungsfreiraum beträgt mindestens 200 x 200 cm. Die Dusche ist schwellenlos befahrbar, das WC seitlich anfahrbar, das Waschbecken unterfahrbar.

Deutschland / Baden-Württemberg / Schwarzwald

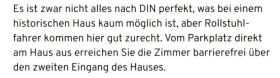

Es ist zwar nicht alles nach DIN perfekt, was bei einem historischen Haus kaum möglich ist, aber Rollstuhlfahrer kommen hier gut zurecht. Vom Parkplatz direkt am Haus aus erreichen Sie die Zimmer barrierefrei über den zweiten Eingang des Hauses.

Entfernungen: Zur Ortsmitte sind es 900 m, Kurhaus (mit rollstuhlgerechtem WC), Freibad (mit einem barrierefrei zugänglichen Schwimmbecken),

Minigolf und großer Kinderspielplatz 300 m, Einkaufen und Poststelle 1000 m,

Bäckerei 600 m, Winzergenossenschaft 1200 m. Zahlreiche Restaurants ab 500 m Entfernung.

Schwarzwaldhochstraße 8 km, Mummelsee mit rollstuhlgerechtem Rundwanderweg 14 km.

Achern (Kreisstadt mit sehr guten Einkaufsmöglichkeiten) 5 km, Baden-Baden 35 km, Freiburg 100 km, Europapark Rust 63 km.

Lage: Der „Holzwurm" liegt am Ortsrand von Sasbachwalden. Wegen der topografischen Lage ist die Umgebung überwiegend hügelig.

Sie benötigen entweder eine kräftige Begleitperson als Schiebehilfe, einen E-Antrieb (z.B. E-Fix) oder einen E-Rollstuhl oder einen Zusatzantrieb (z.B. Swisstrac).

Es ist zudem empfehlenswert, wenn Sie mit dem eigenen Pkw anreisen, denn die herrliche Umgebung des Schwarzwaldes lässt sich am besten mit dem eigenen Fahrzeug erkunden.

Preise: Pro Person/Übernachtung im DZ inkl. Vitalpaket ab 76,50 €, im EZ ab 81,50 €. WLAN kostenlos.

Deutschland / Baden-Württemberg / Schwarzwald

Ferienwohnung Eckpeterhof
79271 St. Peter

Lindenbergstr. 14a, Guido und Marion Saum
Tel.: 07660 920 617
E-Mail: guido.saum@t-online.de
Web: www.eckpeterhof.de

Allgemeines: In dem, in traditioneller Holzständerbauweise gebauten, Schwarzwaldhaus (Baujahr 2002) befinden sich zwei Ferienwohnungen.

Beide Ferienwohnungen sind mit einer neuen gemütlichen Einrichtung ausgestattet. Neben Koch- und Essgeschirr, Wasserkocher und Kaffeemaschine enthalten beide einen Backofen.

Telefon und Internetzugang sind auf Anfrage möglich. Bettwäsche und Handtücher werden für die Zeit des Aufenthaltes bereitgestellt.

Zimmer & Bad: Ferienwohnung Kandel im Erdgeschoss: 50 qm Wohnfläche (für max. 4 Personen), bestehend aus zwei separaten Schlafzimmern, einem geräumigen Bad und einem Wohn- und Essraum, voll rollstuhlgeeignet, Gartenterrasse, angrenzender Pkw-Stellplatz.

Eingang mit Rampe; Türen 95 cm breit.
Bettenhöhe 50 oder 62 cm, Freiraum in Dusche/WC 160 x 160 cm. Freiraum links neben WC 160 cm, rechts 33 cm, davor 140 cm. WC-Höhe 55 cm; Haltegriffe links und rechts neben dem WC. Dusche schwellenlos befahrbar, Waschbecken unterfahrbar. Festmontierter Duschsitz und Notruf vorhanden.

Ferienwohnung Feldberg im Obergeschoss:
60 qm Wohnfläche (für 4 Personen), bestehend aus zwei Schlafzimmern, einem Bad, einem gemütlichen Wohn-Essraum mit Küche, Zugang zum Südbalkon mit herrlichem Blick zum Feldberg und Schwarzwaldpanorama. Erweiterbar um ein Appartement im Dachspitz für zwei Personen.

Lage: Der Hof liegt im Außenbereich; herrlicher Panoramablick über den Schwarzwald und zum Feldberg. St. Peter ist mit dem Auto in etwa 5 Minuten erreichbar, zu Fuß gelangt man in etwa 20 Minuten ins Zentrum (1,5 km). Einkaufen, Arzt, Apotheke, Hallenbad 1,5 km; Bahnhof, Krankenhaus 20 km.

Mit Rollstuhl befahrbarer Rundwanderweg zur nahen gelegenen Wallfahrtskirche, Gehstrecke zu Fuß ca. 1 Std.; kleine Steigungen.

Weg vom Ort zur Ferienwohnung stetig leicht ansteigend; Zufahrtsweg zum Hofgebäude geteert.

Preis: Pro Übernachtung für die Wohnung im Parterre (rollstuhlgerecht) 55,- bis 71,- €; für die Ferienwohnung im Obergeschoss 58,- bis 99,- €. Preise je nach Personenzahl und Saison. Preisangaben ohne Kurtaxe.

Deutschland / Baden-Württemberg / Schwarzwald

Kurgarten-Hotel
77709 Wolfach

DEHOGA

Funkenbadstr. 7
Tel.: 07834 40 53, Fax: 07834 475 89
E-Mail: info@kurgarten-hotel.de
Web: www.kurgarten-hotel.de/handicapped-reisen

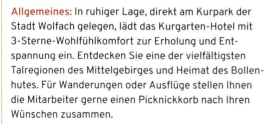

Allgemeines: In ruhiger Lage, direkt am Kurpark der Stadt Wolfach gelegen, lädt das Kurgarten-Hotel mit 3-Sterne-Wohlfühlkomfort zur Erholung und Entspannung ein. Entdecken Sie eine der vielfältigsten Talregionen des Mittelgebirges und Heimat des Bollenhutes. Für Wanderungen oder Ausflüge stellen Ihnen die Mitarbeiter gerne einen Picknickkorb nach Ihren Wünschen zusammen.

Parkplatz, Eingang, Rezeption, Frühstücksraum, rollstuhlgerechtes Restaurant, hauseigenes Hallenbad, Gartenterrasse und Zimmer sind stufenlos erreichbar. Türbreite vom Aufzug 80 cm (Tiefe 200 cm, Breite 100 cm). Alle 65 Zimmer verfügen über Bad mit Dusche oder Badewanne, WC und SAT-TV und zum Teil über großzügige Balkone.

Zimmer & Bad: Zehn Zimmer sind für Gäste im Rollstuhl geeignet. Sie sind teils im EG, teils in den Stockwerken gelegen. Alle Zimmer sind über den Aufzug zu erreichen. Türbreite der rollstuhlgerechten Zimmer 93 cm, von DU/WC 80 cm. Bettenhöhe 60 cm. Bewegungsfreiraum in den Badezimmern 100 x 100 cm. WC-Höhe 50 cm (Toilettenaufsatz auf Anfrage). Haltegriffe links und rechts neben WC vorhanden. Duschbereich schwellenlos befahrbar, stabiler Duschstuhl und Haltegriffe vorhanden. Waschbecken unterfahrbar. Bei Bedarf kann ein Pflegedienst vor Ort bestellt werden (Caritas, AWO).

Lage: Das Hotel liegt leicht erhöht nur wenige Gehminuten vom Zentrum direkt am Kurpark der Stadt Wolfach. Wolfach engagiert sich mit weiteren Gemeinden im Schwarzwald für den Ausbau der Barrierefreiheit in allen Bereichen des öffentlichen Lebens und der touristischen Attraktionen.

Entfernungen: Zur Ortsmitte und Apotheke 300 m; Arzt, Einkaufen 150 m; Krankenhaus 500 m; Bahnhof Wolfach 1 km; Freibad/Hallenbad 5 km.

Preise: Übernachtung im Doppelzimmer in der Hauptsaison (01. Mai bis 31. Oktober) ab 59,- € inkl. Frühstück / ab 74,- € inkl. Halbpension. In der Nebensaison (1. November bis 30. April) ab 54,- € inkl. Frühstück / ab 69,- € inkl. Halbpension. Kinder zwischen 7 bis 14 Jahren zahlen die Hälfte bei der Unterbringung im Zimmer der Eltern. Die Kurtaxe von z.Zt. 1,70 € p.P. ist nicht im Zimmerpreis inkludiert und vor Ort zu entrichten. (Preise pro Person)

Deutschland / Baden-Württemberg / Schwarzwald

Hotel Schwarzwaldgasthof Rößle ★★★★
79682 Todtmoos-Strick

Familie Maier, Kapellenweg 2
Tel.: 07674 90660
E-Mail: info@hotel-roessle.de
Web: www.hotel-roessle.de

Allgemeines: Das Hotel Schwarzwaldgasthof Rößle in Todtmoos-Strick ist seit Jahrhunderten bekannt für seine Schwarzwälder Gastlichkeit – in ruhiger, idyllischer Lage inmitten des Naturparks Südschwarzwald.

Schon im Jahre 1670 erbauten unsere Vorfahren den Gasthof mit einer Pferdewechselstation an der alten Paßstraße zum Hochkopf, dem höchsten Berg auf Todtmooser Gemarkung. Seither befindet es sich in Familienbesitz und wird seit 1993 in der heutigen Generation von Thomas und Astrid Maier weitergeführt.

Aus dem einstigen Schwarzwaldgasthof ist ein modernes 4-Sterne Hotel mit Komfort und vielen Annehmlichkeiten geworden. Ständiger Umbau und Renovierungen mit viel Gespür für Stil und Geschichte, für Tradition und Moderne erzeugen eine ganz besondere Atmosphäre in diesem Schwarzwaldhaus.

Gemütliche Gaststuben, moderne Zimmer und Appartements, die viel gelobte Küche und zahlreiche Angebote aus Wellness (Schwarzwälder Wohlfühldorf mit Sauna, Hydrojet-Massageliege, Massagen uvm.), Fitness und Unterhaltung garantieren einen erholsamen, abwechslungsreichen und einzigartigen Aufenthalt.

Barrierefreiheit: Parkplatz, Eingang, Rezeption, Restaurant, Frühstücksraum, Zimmer, hauseigenes Hallenbad und der Aufzug sind stufenlos erreichbar. Türbreite vom Aufzug 90 cm (Innenmaße: Tiefe 140 cm, Breite 105 cm).

Zimmer & Bad: 6 Zimmer mit Dusche/WC, mit dem Aufzug erreichbar. Türbreiten der Zimmer 94 cm, der Badezimmer 92 cm. Bettenhöhe 58 cm. Bewegungsfreiraum in Dusche/WC 140 x 140 cm.

Freiraum links neben WC 50 cm, rechts 32 cm, davor 140 cm. Haltegriffe links und rechts neben WC vorhanden, WC-Höhe 52 cm. Duschbereich schwellenlos befahrbar, fest montierter Duschsitz und stabile Haltegriffe vorhanden. Waschbecken mit Rollstuhl unterfahrbar, Kippspiegel vorhanden.

Weitere 8 Zimmer sind für Gehbehinderte barrierefrei zugänglich. Ein externer Pflegedienst kann bei Bedarf auf Anfrage angefordert werden.

Alle Zimmer im Haupthaus sind Nichtraucherzimmer und verfügen über ein Badezimmer mit Dusche oder Badewanne, WC, Haarföhn, Telefon, Sat-TV, Minibar, Safe und Radiowecker.

Deutschland / Baden-Württemberg / Schwarzwald

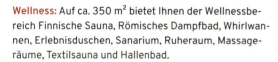

Wellness: Auf ca. 350 m² bietet Ihnen der Wellnessbereich Finnische Sauna, Römisches Dampfbad, Whirlwannen, Erlebnisduschen, Sanarium, Ruheraum, Massageräume, Textilsauna und Hallenbad.

Erfolgreiche Tagungen, Konferenzen, Workshops und Meetings im Rößle: Unser 4-Sterne Hotel im südlichen Schwarzwald bietet sich aufgrund der günstigen, idyllischen Lage und der umfangreichen Ausstattung als ideale Tagungsstätte für kleine und große Konferenzen, Tagungen, Meetings und Zusammenkünfte an. Tagungsraum 1, „Talblick & Bergblick" mit einer Fläche von insgesamt 120 m² ist aufteilbar in zwei Räume. Tagungsraum 2, „Panorama-blick", bietet 90 m².

Aktivitäten: Geboten werden unter anderem Bogenschießen, Tennis, Boccia, Billard, Tischfußball, Gartenschach oder eine Kutschfahrt durch die schöne Landschaft von Todtmoos.

Das Hotel liegt inmitten eines wunderbaren Wandergebietes. Es führen unter anderem die Premiumwanderwege der Schluchtensteig, der Westweg und auch der Turmsteig, der Spürnasenpfad und der Lebküchlerweg direkt am Haus vorbei. In der kalten Jahreszeit finden Sie vielfältige Wintersportmöglichkeiten wie z.B. Langlauf, Winterwanderwege, Märchenrodelbahn und den grandiosen Snowtubingpark.

Entfernungen: Zur Ortsmitte 2 km; Einkaufsmöglichkeiten 2,6 km; Apotheke 1,8 km; Arzt 1,7 km; Bahnhof, Freibad 1,9 km. Hallenbad im Haus.

Preise: Pro Person und Übernachtung einschließlich großem Frühstücksbuffet, zzgl. Kurtaxe im rollstuhlgerechten Doppelzimmer (ab 20 m²) ab 85,- €.

Aufpreis HP (Abendessen) 35,- €/Nacht/p.P.;

Wellness-Paket, zubuchbar bei Übernachtung & Frühstück für die Nutzung der Saunaanlage und des Schwimmbades 8,- € je Nacht/Person.

Zuschlag für Hunde (ohne Futter) pro Übernachtung 15,- € auf Anfrage. Ausführliche Preise und Pauschalangebote auf Anfrage oder im Internet.

Neu: Chalets (www.hotel-roessle.de/schwarzwalddorf/)

BAYERN

Edelbrandsommelière Franziska Bischof © erlebe.bayern – Florian Trykowski

Bayern vereint viele Facetten: Pulsierende Städte und einzigartige Naturlandschaften. Tief verwurzeltes Brauchtum und moderne Lebensweise stehen hier gleichberechtigt nebeneinander. Junge Wilde interpretieren Traditionen neu, altes Handwerk trifft auf frische Ideen.

Die Einheimischen sorgen auf individuelle und außergewöhnliche Art dafür, dass die bayerische Identität erhalten bleibt – einzigartig und traditionell anders. Und das können Sie bei ihrem Urlaub in Bayern erleben: Tauchen Sie ein in das einzigartige Lebensgefühl!

Deutschland / Bayern

Bayern sagt Servus

Von Franken bis nach Oberbayern, vom Allgäu bis in den Bayerischen Wald – Gastfreundschaft wird überall in Bayern seit jeher großgeschrieben.

Wer aufgrund körperlicher Einschränkungen oder benötigter Hilfsmittel im Urlaub vielerorts vor scheinbar unüberwindbaren Barrieren steht, findet im Urlaubsland Bayern ein ausgeprägtes Netz an Anbietern, die auf die individuellen Bedürfnisse eingehen und ein schönes Urlaubserlebnis ohne Hindernisse ermöglichen.

Ein Aufenthalt in Bayern sorgt in jedem Fall für eine Menge positive Erinnerungen, die bleiben.

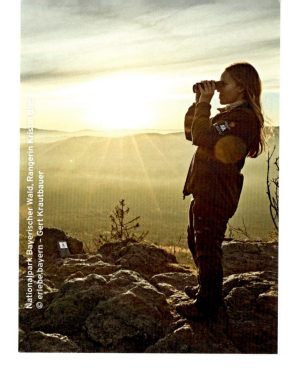
Nationalpark Bayerischer Wald, Rangerin Kristin Biebl
© erlebe.bayern – Gert Krautbauer

Städte barrierefrei erleben

München: Unter Bayerns weiß-blauem Himmel liegt die Landeshauptstadt München und setzt sich mit ihrer unverwechselbaren Art in Szene. In der Stadt der Kontraste zwischen Stolz und Trends, Maibaum und Moderne können Sie viele spannende Dinge erleben. Mit Biergärten und dem Lenbachhaus, dem weltbekannten Oktoberfest („Wiesn"), dem Opernhaus oder als Beobachter der Surfer im Eisbach am Englischen Garten: Von Kultur über Genuss bis hin zur Natur ist in der Metropole an der Isar für alle etwas dabei.

Für kleine Pausen vom Sightseeing zwischendurch laden Münchens Parks und Gärten zum Verweilen und Entspannen ein. Unsere Tipps: ein Besuch in der Sommerresidenz der Wittelsbacher dem „Schloss Nymphenburg" oder ab ins Haus der Kunst. Eine tolle Ausstellung bietet zudem das Staatliche Museum Ägyptischer Kunst.

Nürnberg: Zu Füßen der Kaiserburg gelegen, bietet Nürnbergs mittelalterlich geprägte Altstadt neben zahlreichen Einkaufsmöglichkeiten viele Cafés und Biergärten entlang der Pegnitz. Genießen Sie hier die berühmten Elisenlebkuchen, die kleinen Rostbratwürste als „Drei im Weggla" oder das typische Rotbier.

Das vielfältige Kulturprogramm Nürnbergs sollten Sie sich ebenfalls nicht entgehen lassen, wie etwa im Frühjahr die Blaue Nacht, im Sommer das Bardentreffen oder das Klassik Open Air, sowie das Altstadtfest und der berühmte Nürnberger Christkindlesmarkt. Tauchen Sie außerdem in Nürnbergs Geschichte ein und besuchen das Dokumentationszentrum Reichsparteitagsgelände oder das Memorium Nürnberger Prozesse. Sehen Sie selbst, wie die Stadt seine Zukunft als „Stadt des Friedens und der Menschenrechte" gestalten will.

Natur barrierefrei erleben

Ein vielversprechendes Ausflugsziel bildet das Berchtesgadener Land, das aus den Gemeinden Berchtesgaden, Schönau am Königssee, Ramsau, Bischofswiesen und Marktschellenberg besteht. Überragt wird die Region von seinem eindrucksvollen Wahrzeichen: dem Watzmann mit über 2.700 m. Ein Großteil der Ortschaften, sowie die dortige Tier- und Pflanzenwelt werden durch den Nationalpark Berchtesgaden geschützt.

Die Natur des Berchtesgadener Landes mit all seinen Facetten lässt sich auf barrierefreien Wanderwagen bequem erkunden. Besonders schöne Kulissen zwischen Alpenpanorama und Bergtälern bietet der Königseer Fußweg oder der Rundweg um den Höglwörther See. Die neue Jennerbahn bringt Sie bequem auf eine Aufsichtsplattform, mit schönem Ausblick auf den smaragdgrünen See. Besuchen Sie außerdem nach einer gemütlichen Bootsfahrt auf dem Bergsee den Obersee mit seiner bekannten Fotokulisse, der Holzhütte, an der Station Salet. Der Zustieg auf die Boote ist nicht barrierefrei, aber die Schiffsbesatzung ist beim Ein- und Aussteigen gerne behilflich. Der südlichste Ort Deutsch-

Deutschland / Bayern

lands – Oberstdorf – im Allgäu liegt idyllisch gelegen in einem Talkessel auf 815 m. Erlebbar ist Oberstdorf in allen Höhenlagen. Der Austragungsort weltweit bekannter Skisportveranstaltungen beherbergt ganze fünf Skiflugschanzen und ist damit ein beliebtes Winterziel. Aber auch im Sommer lässt sich die Gegend durch ein weitläufiges Wandernetz erkunden, egal ob auf dem barrierefreien Wanderrundweg nach Rubi oder dem Radweg ins Trettachtal. Ein kleiner Tipp von uns: ein qualitativ hochwertiges und zuverlässiges Spezialbike im E-Bike-Verleihcenter Allgäu mieten und damit die Gegend auf eine andere Art erleben.

Mit der Nebelhornbahn oder Fellhornbahn erreichen Sie bequem Höhen von 2000 m. Eine tolle Einkehrmöglichkeit mit schöner SonnenTerrasse und kostenlosen Liegen bietet das Bergrestaurant Schlappoldsee direkt an der Mittelstation der Fellhornbahn. Die Bergschau 2037 bietet eine grandiose Aussicht und ist mit dem Aufzug leicht erreichbar. Der Nationalpark Bayerischer Wald brilliert mit seiner idyllischen Landschaft. Diese zu schützen und zu bewahren bildet die Haupttätigkeit von Rangerin Kristin Biebl. Sie informiert hier Besucher über den Wald, sowie das Werden und Vergehen der Natur. Auf Entdeckungstouren können die Besucher die Natur hautnah erleben und mit allen Sinnen achtsam wahrnehmen: Wie etwa durch komfortable Bohlenwege, Pflanzen zum Riechen und Schmecken um nur um ein paar Beispiele zu nennen.

Die vielen Facetten des Nationalparks bis hin zu geologischen Besonderheiten können auch Menschen mit Einschränkung erleben: barrierearme Strecken, ein stufenloses Besucherzentrum sowie ein leicht begeh- und befahrbarer Baumwipfelpfad bei Neuschönau. Hier begegnen Sie den Baumkronen von bis zu 25 Metern auf Augenhöhe. Die Besucher erleben somit den Bergmischwald auf eine ganz neue Art und erfahren außerdem auf spielerische Weise viel Wissenswertes über die Natur. Ein weiteres Highlight bildet der 44 Meter hohe Aussichtsturm, der mit dem Kinderwagen und Rollstuhl, dank einer Rampe, bis zur vorletzten Plattform problemlos befahrbar ist.

Auch individuelle, kostenfreie Führungen für Menschen mit körperlichen oder geistigen Einschränkungen sind neben barrierefreien Angeboten im regulären Führungsprogramm nach vorheriger telefonischer Abstimmung möglich. Mit diesen und weiteren Angeboten kann man sich auf komfortable Weise von den Schönheiten der Natur im Bayerischen Wald verzaubern lassen.

Weitere Informationen / Kontakt

In Bayern haben bisher mehr als 550 Ausflugsziele, Orte und sogar ganze Regionen ihr Angebot nach dem System „Reisen für Alle" auf Barrierefreiheit zertifizieren lassen.

Gäste mit eingeschränkter Beweglichkeit oder anderen Handicaps, junge Familien mit Kleinkindern sowie komfortliebende Menschen finden unter einer Vielzahl von auf Barrierefreiheit geprüften und zertifizierten Angeboten und Urlaubserlebnissen, die für sie optimalen Bedingungen. So lässt sich der Urlaub im Vorfeld bestens planen und sorgenfrei ohne böse Überraschungen in vollen Zügen genießen.

Nähere Infos und detaillierte und geprüfte Informationen zur Barrierefreiheit sowie eine kostenfreie Broschüre mit weiteren Urlaubserlebnissen erhalten Sie unter:
erlebe.bayern/urlaub-fuer-alle

Schönau am Königssee © erlebe.bayern – Gert Krautbauer

Deutschland / Bayern

 Wasser barrierefrei erleben

Das Fränkische Seenland präsentiert sich so kontrastreich wie verbindend: Ob mit oder ohne Handicap, das Seenland bietet Freizeitspaß für jeden. Barrierefreie Uferwege und Ausflugsschiffe sowie ganz viel Natur locken nach draußen; barrierefreie Museen, Sehenswürdigkeiten und Theater sorgen für Kulturbegeisterung.

 Barrierefrei erleben mit der Familie

Im Bayerischen Wald können Groß und Klein im Nationalparkzentrum Falkenstein auf Entdeckungstour gehen. Der ganzjährig geöffnete Rundweg führt die Besucher auf eine Reise durch die Zeit. Vorbei an naturnah gestalteten Großgehegen begegnen Sie Przewalski-Pferden, Auerochsen, Luchsen und Wölfen, bis hin zur stufenlos zugänglichen Steinzeithöhle. Mit Schautafeln und Animationen vom Eiszeitalter lernen Sie eine Menge dazu.

Das Kempten-Museum im geschichtsträchtigen Zumsteinhaus ist nicht nur für Kulturbegeisterte interessant. Auch für Familien mit Kindern ist das Museum ein Erlebnis wert. Hier heißt es bei manchen Ausstellungsstücken sogar ausdrücklich „Bitte berühren!". Doch das Museum ist nicht nur auf den Tastsinn bedacht, sondern spricht an unterschiedlichen Stationen auch den Riech- und Hörsinn an. Mit dem Aktivheft für Kinder können diese selbst auf Entdeckungsreise gehen. So wird der Besuch des Museums ein Tag, den Groß und Klein, ob mit oder ohne Handicap nicht so schnell vergessen werden.

 Traditionell anders

Traditionelles Handwerk in neuem Gewand: Besuch in der ersten deutschen Destillathek in Franken bei Edelbrandsommelière Franziska Bischof. Bereits in vierter Generation stellt Franziska Bischof als staatlich anerkannte Edelbrandsommelière hochwertige Spirituosen wie Brände, Whisky, Gin und Liköre her. In handwerklicher Tradition schafft sie auch ungewöhnliche Kreationen aus Vogelbeeren, Quitten oder Ingwer.

Kreativ benennt Franziska ihre Schöpfungen ensprechend ihrer geschmacklichen Charakterzüge. Überzeugen Sie sich selbst von dem „Wilderer" oder der „Herzdame" bei einer Verkostung in der modernen Destillathek (übrigens die Einzige in Deutschland).

Im modernen Familienbetrieb in Wartmannsroth werden auch Führungen, Workshops und Events angeboten. Die Edelbrennerei ist auf Menschen mit Mobilitätseinschränkungen eingestellt und bietet bei Voranmeldung auch Führungen für Menschen mit Gehbehinderung und Rollstuhlfahrer an.

Almabtrieb im Berchtesgadener Land © erlebe.bayern - Peter von Felbert

Deutschland / Bayern

Netzwerk „Museen inklusive in Bayern"

Museen für Begegnung, Freiraum für Neugierige, Orte zum Wohlfühlen und für einen lebendigen Austausch. Häuser in ganz Bayern haben sich auf den Weg gemacht, eine breite Zugänglichkeit und Nutzbarkeit der Museumsräume für jeden zu verwirklichen. Drei von insgesamt 19 dieser Museen stellen wir vor:

Fränkisches Freilandmuseum Fladungen

Über 20 Anwesen geben einen umfassenden Eindruck in das ländliche Wohnen und Wirtschaften. Das Museumsdorf lädt dazu ein seine Gebäude, Wiesen, Gärten und Tiere zu erkunden und an Stationen zum Hören, Riechen, Anfassen und Ausprobieren aktiv zu werden. Einige der Objekte und Orte im Freilandmuseum sind speziell für blinde und sehbehinderte Besucher*innen aufbereitet: So können der Kräutergarten und die Büttnerei selbst erkundet werden. Hierbei helfen taktile Bodenleitsysteme und Beschilderungen sowie tastbare Übersichtspläne. In der Büttnerei kann zusätzlich die Herstellung eines Fasses mit Hilfe von Mitmach-Stationen und einer Audioführung mit Audiodeskriptionen nachvollzogen werden.
www.freilandmuseum-fladungen.de

Museen Schloss Aschach

Mit seinen drei Museen, dem Schlosspark und dem Restaurant und Café laden die Museen Schloss Aschach zum Entdecken, Erholen und Genießen ein. Das Graf-Luxburg-Museum ist das Haupthaus der Anlage. Sie können die einstigen Wohnräume der Grafen und die Arbeitsräume ihrer Dienstboten durchstreifen. Dabei erhalten Sie einen lebendigen Einblick in die adelige Wohn- und Lebenskultur. Tast-, Riech- und Hörstationen laden insbesondere Menschen mit Sehbeeinträchtigungen zum Entdecken des Hauses ein.
www.museen-schloss-aschach.de

Museum im Kulturspeicher Würzburg

Das Museum im Kulturspeicher beherbergt in einem denkmalgeschützten alten Lagergebäude zwei Kunstsammlungen. Die Städtische Sammlung legt den Schwerpunkt auf Künstler*innen aus der Region vom 19. Jahrhundert bis heute. Hier können Sie ein Gemälde aus der Zeit der Romantik mit Hilfe der Bfw-Smart-Info-App und einem Tastmodell mit allen Sinnen erkunden. Die Sammlung „Konkrete Kunst" ist eine der größten Privatsammlungen dieser Kunstrichtung in Europa. Eine App führt Gäste mit Sehbehinderungen vom Hauptbahnhof direkt zum Museum und ermöglicht Ihnen einen eigenständigen Besuch des Hauses. Das Museum ist barrierefrei und mit einem Bodenleitsystem ausgestattet. Im Foyer des Museums stehen Ihnen Volunteers bei allen Fragen zur Seite.
www.kulturspeicher.de

Netzwerk „Museen inklusive"

19 Museen in Bayern haben sich Gedanken gemacht, um für Menschen mit Behinderung interessante Angebote zu schaffen: Vitrinen, die auch im Sitzen vom Rollstuhl aus gut einsehbar sind. Infos in einer einfachen, verständlichen Sprache. Oder individuelle Führungen für Menschen mit Beeinträchtigungen. Alle Museen finden Sie hier:
www.museen-in-bayern.de

Freilandmuseum Fladungen „Schafe"
© erlebe.bayern - Florian Trykowski

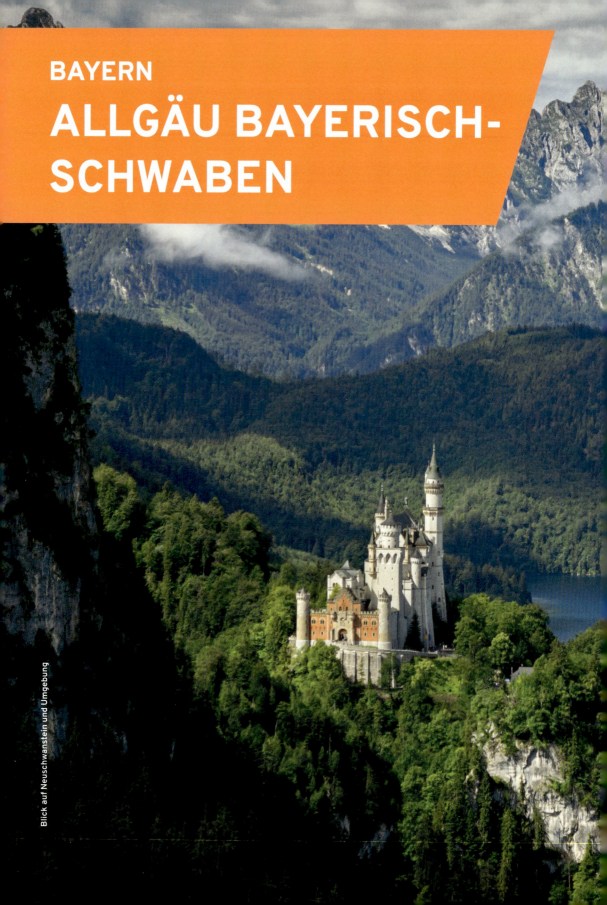

BAYERN
ALLGÄU BAYERISCH-SCHWABEN

Blick auf Neuschwanstein und Umgebung

Deutschland / Bayern / Allgäu Bayerisch-Schwaben

Ferienwohnungen Haus Käser
87509 Immenstadt-Stein

★★★★
nach DTV

Familie Käser, Jörgstr. 2
Tel.: 08323 71 39, Mobil: 0151 235 765 54
E-Mail: urlaub@haus-kaeser.de
Web: www.haus-kaeser.de

Allgemeines: Das Haus bietet drei barrierefreie Ferienwohnungen mit Blick auf die Allgäuer Gebirgskette.

Zimmer & Bad: Ferienwohnung Alpenrose ★★★★ (95 qm²): Schlafzimmer mit elektr. Bett, komplett eingerichtete Küche, sowie Badezimmer mit befahrbarer Dusche. Platz für 2 Personen. Zusätzliche Schlafgelegenheiten (max. 2) werden gerne zur Verfügung gestellt. Ideal für Rollifahrer und Familien!

Ferienwohnung Edelweiß ★★★★ (67 qm²): Sep. Schlafzimmer mit elektr. Bett und Deckenlifter bis über die Toilette, unterfahrbare Küche, Wohn-Esszimmer mit Doppelschrankbett (einzeln ausklappbar), sowie Badezimmer mit befahrbarer Dusche. Platz für 2 Personen. Zusätzliche Schlafgelegenheiten (max. 2) werden gerne zur Verfügung gestellt. Ideal für Rollifahrer und Familien!

Appartement Enzian ★★★(45 qm²): Wohn-Schlafraum mit elektr. Bett und Schrankbett, komplett eingerichtete Küche mit Essecke, sowie Badezimmer mit Badewanne und befahrbarer Dusche. Platz für 2 Personen. Ideal für Menschen mit Gehbehinderung und Senioren!

Ausstattung: Edelweiß und Alpenrose haben Fußbodenheizungen. In den Badezimmern sind Haltegriffe an Toilette und Dusche sowie Klappduschsitze installiert. WC kann erhöht werden. Waschbecken sind unterfahrbar. Türbreiten (80 cm bis 100 cm). Dusch-/Toilettenrollstuhl, Rollator, Toilettenaufsatz oder Galgen wird kostenlos zur Verfügung gestellt. Mobiler Lifter, elektrischer Rollstuhl oder Wechseldruckmatratze können im lokalen Sanitätshaus gemietet werden. Waschmaschine und Trockner können gegen Gebühr genutzt werden.

Außenanlage: Ruhige Lage am Rand von Immenstadt mit freiem Blick auf die Allgäuer Berglandschaft. Schwimmbad (1,5 m Tiefe) mit Schlaufen- Lift, großer, gepflegter Garten mit Spielplatz, Tischtennisplatte und Liegewiese. Jede Wohnung hat eine eigene Terrasse mit Grill.

Freizeit & Umgebung: Das Allgäu mit seiner atemberaubenden Natur- und Kulturlandschaft bietet zahlreiche Möglichkeiten zum Erholen, Genießen und Erleben. Familie Käser ist sehr umsichtig und freundlich. Die behindertengerechte Ausstattung ist vorbildlich. Von Rollifahrern getestet und empfohlen.

Preise: Ferienwohnung Alpenrose★★★★: ab 69,- € pro Nacht, Ferienwohnung Edelweiß★★★★: ab 59,- € pro Nacht, Apartment Enzian★★★: ab 39,- € pro Nacht

Deutschland / Bayern / Allgäu Bayerisch-Schwaben

Allgäu ART Hotel
87435 Kempten

Alpenstraße 9
Tel.: 0831 540 86 00, Fax: 0831 540 860 99
E-Mail: info@allgaeuarthotel.de
Web: www.allgaeuarthotel.de

Allgemeines: Der barrierefreie Inklusionsbetrieb Allgäu ART Hotel liegt in der Stadtmitte der Allgäu-Metropole Kempten. Viele der wichtigsten Sehenswürdigkeiten sind fußläufig zu erreichen.

Ein außergewöhnlicher Mix aus Allgäuer Lebensart, Kunst und Inklusion zeichnet das Allgäu ART Hotel aus. Zielorientiert werden hier die Bedürfnisse von Gästen mit Seh-, Hör und Mobilitätseinschränkungen auf höchstem Niveau berücksichtigt.

Das Allgäu ART Hotel ist mit dem PKW gut zu erreichen. Gäste mit Mobilitätseinschränkung bzw. Rollstuhlfahrer, die mit der Bahn anreisen, können nach Anfrage mit dem Kleinbus vom Bahnhof abgeholt werden.
Das Hotel verfügt über 3 barrierefreie Parkplätze direkt am Hoteleingang sowie über 2 barrierefreie Stellplätze in der Tiefgarage. Maße der Stellplätze: 5 m x 3,30 m (im Freien) und 5 m x 3,30 m (in der Tiefgarage).
2 automatische Glasschiebetüren und taktiles Leitsystem, unterfahrbare Rezeption, taktiler Übersichtsplan, 2 barrierefreie WC's und unterfahrbare Bar im Eingangsbereich.

Informationen über Ausflüge für Rollstuhlnutzer erhalten Sie an der Rezeption. Gäste mit Seheinschränkungen erhalten auf Wunsch eine Führung durchs Hotel.

Es gibt 2 nebeneinanderliegende Aufzüge (Türbreite 90 cm). 56 Zimmer gesamt; davon 12 barrierefreie Doppelzimmer sowie zusätzlich 3 Familienzimmer für Rollstuhlnutzer oder Gäste mit Mobilitätseinschränkungen. Restaurant, großer Wellnessbereich, Sonnenterrasse auf dem Dach, taktiles Leitsystem und Orientierungshilfe, optisches Warnsystem (Blitzleuchten), Tagungsräume und Tiefgarage – alles barrierefrei.

Zimmer & Bad: Die 12 komfortablen barrierefreien Doppelzimmer teilweise mit Balkon sind mit 29 m^2 sehr geräumig (neu: in 6 Zimmern je 1 Pflegebett).
Alle Zimmer sind standardmäßig mit TV-Flachbildschirm (32"), digitalem Laptopsafe, kostenlosem WiFi-Zugang, Direktwahltelefon, Schreibtisch mit Hocker und Sessel sowie mit einem Ganzkörper-Wandspiegel ausgestattet. Kleiderschrank mit Schiebetüren, Kleiderstangen auf 120 cm oder 143 cm, Garderobenhaken im Flur auf 125 cm und 158 cm, 2 Boxspringbetten (jeweils 90 x 200 cm) sind trennbar, Betthöhe 60 cm, Lichtschalter vom Bett aus bedienbar. Bewegungsfläche links vom Bett 160 cm, rechts 92 cm, Unterfahrbarkeit an der Bettlängsseite 12 cm. Betten und Nachttisch können verschoben werden. Unterfahrbare Schreibtischhöhe 75 cm. Hocker und Sessel ohne Armlehnen. Schwelle zum Balkon 4 cm.

Deutschland / Bayern / Allgäu Bayerisch-Schwaben

In allen Zimmern gibt es neben dem optischen Blitzsignal auch ein akustisches Signal (Klingel) für sehbehinderte und blinde Gäste. Begleithunde sind erlaubt.

Die 3 Familienzimmer sind ebenso barrierefrei wie die Doppelzimmer ausgestattet, haben 44 m², 2 Schlafräume, ein Bad mit Balkon (4 m²) und bestehen aus 2 getrennten Schlafzimmern, die über eine Tür miteinander verbunden sind. Ein Zimmer ist mit einem elektrischen Pflegebett ausgestattet. Eine Schrankküche ermöglicht die Zubereitung kleiner Mahlzeiten.

Bad im barrierefreien Doppelzimmer am Beispiel Zimmer Nr. 414: Das gut geplante Bad ist ca. 6 m² groß und verfügt über eine großzügige bodengleiche Dusche. Vom Zimmer durch eine zweiteilige, leichtgängige Glasschiebetür erreichbar. Sitzhöhe WC 46 cm. Freiraum links neben WC 90 cm, rechts 50 cm. 2 Stützklappgriffe am WC in Höhe von 75 cm. Leichter Abstand zwischen den Griffen 67 cm. Waschtisch mit integrierten Haltegriffen, unterfahrbare Höhe des Waschtischs 80 cm, Haarfön auf 120 cm, Makeup Spiegel auf 133 cm. Dusche mit Halterungen in einer Höhe von 75 cm. Duschhocker auf Anfrage, Armaturen in Griffweite.

Ebenso barrierefrei wie im DZ, jedoch Bad mit höhen- und seitenverstellbarem Toilettenlift bietet größtmögliche Flexibilität und eine beidseitige Anfahrbarkeit. Sitzhöhe und Seitenabstand individuell einstellbar.

Wellness & Spa: Im fünften Stockwerk des Hotels, mit Blick über Kempten, befinden sich neben dem Fitnessraum ein großzügiger Wellnessbereich mit Ruheraum und 3 Saunen; Finnische- und Biosauna sowie Römisches Dampfbad. Bei Wellnessanwendungen wie Massagen, Aromatherapien oder Bädern können Sie sich verwöhnen lassen.

Tagungen oder Feiern: Das Haus bietet 5 barrierefreie Tagungs- & Veranstaltungsräume, individuell miteinander kombinierbar für bis zu 100 Personen auf 125 qm mit direktem Zugang zu einer Außenterrasse.

Entfernungen: Bahnhof Kempten 1,5 km; Allgäu Airport Memmingen 45 km, München Flughafen 157 km.

Preise: Pro Person/Nacht je nach Saison im EZ ab 93,- €, im DZ ab 130,- € inkl. Frühstück.

„Viehscheid" im Oberallgäu

Deutschland / Bayern / Allgäu Bayerisch-Schwaben

Landhaus Bauer
87561 Oberstorf

nach DTV

Familie Andi Bauer, Sonthofenerstr. 7a
Tel.: 08322 983 83, Fax: 08322 983 84
E-Mail: urlaub@landhaus-bauer.de
Web: www.landhaus-bauer.de

Allgemeines: Sehr schönes Landhaus von Familie Andi Bauer in zentraler Lage mit Blick auf die Bergwelt. 13 gemütliche Ferienwohnungen erwarten Sie. Die 3 Rollstuhl-Ferienwohnungen liegen in Parterre und sind vom Parkplatz aus über den ebenen Eingang stufenlos und problemlos zu erreichen.

Zimmer & Bad: Die Ferienwohnungen bieten Platz für 2 bis 4 Personen. Die Türen sind mit 92 cm Breite ideal für Rollstuhlfahrer. Die Türen von Du/WC sind sogar 120 cm breit (Schiebetüren). Die Betten sind unterfahrbar und die Bettenhöhe ist variabel (50 bis 60 cm).

Die Badezimmer sind vorbildlich rollstuhlgeeignet. Der Bewegungsfreiraum in Du/WC ist mit 150 x 150 cm optimal. Freiraum links neben WC 200 cm, rechts 40 cm, davor 200 cm.

WC-Höhe 45 cm, höhenverstellbare Haltegriffe vorhanden. Die Dusche ist schwellenlos befahrbar (Duschsitz vorhanden). Das Waschbecken mit Kippspiegel ist unterfahrbar. Sehr gute Ausstattung!

Lage: Das Landhaus Bauer ist in unmittelbarer Nähe zur Oberstdorfer Fußgängerzone und dem Ortskern. Einkaufsmöglichkeiten, Arzt und Apotheke erreichen Sie nach 100 m; die unmittelbare Umgebung des Hauses ist flach und gut mit dem Rollstuhl zu bewältigen.

Preise: Preis für eine rollstuhlgerechte Ferienwohnung je nach Saison 70,- bis 85,- € pro Tag für 2 Personen.

Deutschland / Bayern / Allgäu Bayerisch-Schwaben

Ferienhaus „Viktoria"
87561 Oberstdorf / Rubi

Vermietung und Betreuung über Hotel Viktoria
Tel.: 08322 977 840, Fax: 08322 977 84 86
E-Mail: info@ferienhaus-viktoria.de
Web: www.ferienhaus-viktoria.de

Allgemeines: Das denkmalgeschützte Ferienhaus (250 qm) mit gemütlicher Bauernstube, moderner Küche, 6 Schlafzimmern, 3 Bädern, Garten und wunderbarem Bergblick wurde im Sommer 2014 komplett saniert und steht nun in neuem Glanz zur Verfügung.

Die aufwändige Sanierung bringt die alten Balken und Dielen zum Vorschein. Eine besondere Atmosphäre. Tradition und Moderne. Der zum Haus gehörende Garten bietet gemütliche Stunden in schönster Umgebung. Der wunderbare Blick aufs Rubihorn- dem Hausberg – wird Ihnen lange in Erinnerung bleiben. Überdachte Parkplätze direkt am Haus, ebenerdiger Eingang über Rampe. Extras wie WLAN, Handtücher und Bettwäsche sind inklusive.

Besonderes: Ein ganz besonderes Highlight ist die kostenlose Benutzung aller Annehmlichkeiten des 100 Meter entfernten Hotel Viktoria mit Bewegungsbad (durch Deckenlifter auch zugänglich für Rollstuhlfahrer), Saunalandschaft und Fitnessraum, Sportprogramm sowie das Kinderspielzimmer, das in den Wintermonaten Betreuung für Kinder ab 3 Jahren bietet.

Der hauseigene barrierefreie Shuttle des Hotels Viktoria ist für die Gäste im Ferienhaus ebenfalls kostenfrei. Im Hotel können Sie auch Frühstück, Halbpension und Reinigungsservice dazu buchen. 250 qm auf zwei Etagen bieten viel Platz.

Das Erdgeschoss ist komplett barrierefrei. Hier befindet sich auch die moderne, komfortable Küche: Herd mit Ceranfeld, Backofen, Kühlschrank mit Tiefkühlfach, Geschirrspülmaschine und viel Arbeitsfläche machen das Kochen zum Vergnügen.

In der großen Bauern-Stube gibt es eine Eckbank mit großem Tisch zum Verweilen in geselliger Runde und eine gemütliche Sofaecke.

Zimmer & Bad: Ein großes Schlafzimmer für 2-4 Personen und ein geräumiges, barrierefreies Badezimmer ergänzen das Angebot im Erdgeschoss. In die Bauern-Stube gelangt man über eine Rampe.
Über eine Treppe gelangt man in die erste Etage. Hier befinden sich weitere 5 Zimmer in unterschiedlicher Größe und Lage und zwei große, barrierefreie Badezim-

mer. Somit bietet das Ferienhaus 6 Schlafzimmer, 3 Bäder, eine Küche und eine große Stube. Mit Aufbettungen könnten hier bis zu 18 Personen untergebracht werden.

Die Türbreite im Badezimmer beträgt 90 cm, unterfahrbares Waschbecken mit großem Spiegel, schwellenloser Duschplatz mit 150 x 150 cm Bewegungsfreiraum mit Haltegriffen und Duschhocker (Dusch/Toilettenstuhl kann ausgeliehen werden), 2 Klapphaltegriffe neben der Toilette.

Hilfmittel: Hilfsmittelverleih, Vermittlung von Pflegedienst, Ausflugsfahrten, geführte Rolli-Wanderungen, Hol- und Bringservice von zu Hause, Physiotherapie, Massage, Kosmetik u.v.m., siehe Hotel Viktoria Seite.

Preise: Pro Tag je nach Personenzahl und Saison zwischen 230,- und 590,- €.

Deutschland / Bayern / Allgäu Bayerisch-Schwaben

Ferienwohnung „Viktoria"
87561 Oberstdorf / Rubi

Vermietung und Betreuung über Hotel Viktoria
Tel.: 08322 977 840, Fax: 08322 977 84 86
E-Mail: info@appartements-viktoria.de
Web: www.appartements-viktoria.de

Allgemeines: Die drei im Sommer 2014 neu erbauten Ferienwohnungen (90 bis 165 qm) sind modern und doch im ländlichen Stil eingerichtet. Der zum Haus gehörende Garten bietet gemütliche Stunden in schöner Umgebung. Der wunderbare Blick aufs Rubihorn – dem Hausberg – wird Ihnen lange in Erinnerung bleiben.

Ein überdachter Parkplatz pro Wohnung direkt am Haus, ebenerdiger Eingang. Extras wie WLAN, Handtücher und Bettwäsche sind inklusive.

Ausstattung: Die komfortable, barrierefreie Erdgeschosswohnung Alpenrose (90 qm) verfügt über ein schönes, großzügiges Wohn-Esszimmer mit Kamin und direktem Zugang zum eigenen Garten. Von der ruhigen Terrasse hat man einen wunderbaren Blick ins Grüne und auf das Rubihorn. Die Küche ist ausgestattet mit Ceranfeld, Backofen, Mikrowelle, Geschirrspülmaschine, Kühlschrank mit Eisfach. Im stilvollen Badezimmer mit Doppelwaschbecken und barrierefreier Dusche hält man sich gerne auf.

Die beiden geschmackvollen Schlafzimmer laden zum Träumen und Relaxen ein. In einem gibt es Platz für Kinderbetten. Eine separate Toilette mit Waschbecken rundet das Angebot ab. Die Wohnung ist für Allergiker geeignet.

Hilfsmittelverleih, Vermittlung von Pflegedienst, Ausflugsfahrten, geführte Rolli-Wanderungen, Hol- und Bringservice von zu Hause, Physiotherapie, Massage, Kosmetik, uvm. siehe Hotel Viktoria.

Besonderes: Die kostenlose Benutzung aller Annehmlichkeiten des 100 Meter entfernten Hotel Viktoria mit Bewegungsbad (durch Deckenlifter auch zugänglich für Rollstuhlfahrer), Saunalandschaft und Fitnessraum, Sportprogramm sowie das Kinderspielzimmer, das in den Wintermonaten Betreuung für Kinder ab 3 Jahren bietet. Der hauseigene barrierefreie Shuttle des Hotels Viktoria ist für die Gäste der Ferienwohnung ebenfalls kostenfrei. Im Hotel können Sie auch Frühstück, Halbpension und Reinigungsservice dazu buchen.

Zimmer & Bad: Türbreite 90 cm, unterfahrbare Waschbecken mit großem Spiegel, schwellenloser Duschplatz mit 150 x 150 cm Bewegungsfreiraum mit Haltegriffen und Duschhocker (Dusch/Toilettenstuhl kann ausgeliehen werden), ein Klapphaltegriff und ein L-Haltegriff neben der Toilette.

Preise: Pro Tag je nach Personenzahl und Saison zwischen 130,- und 225,- €.

Deutschland / Bayern / Allgäu Bayerisch-Schwaben

Haus Jasmin
87561 Oberstdorf / Rubi

Vermietung und Betreuung über Hotel Viktoria
Tel.: 08322 977 840, Fax: 08322 977 84 86
E-Mail: info@viktoria-oberstdorf.de
Web: www.viktoria-oberstdorf.de

Allgemeines: Die barrierefreie, 100 qm große Wohnung im Herzen von Oberstdorfs glänz mit einem großen Garten und wunderschönem Blick auf die Berge.

Sie verfügt über zwei Schlafzimmer. Die sehr ruhig gelegene Erdgeschoßwohnung mit 100 m² befindet sich im Ortskern von Oberstdorf, ist barrierefrei und mit allem ausgestattet was Ihr Urlaubsherz begehrt. Das großzügige kombinierte Wohn-Esszimmer bietet eine sehr große Sofalandschaft mit Ausziehfunktion und einen Flachbildfernseher. Die Essecke für bis zu 8 Personen steht vor den großen Fensterfronten und bietet einen wunderschönen Rundum-Blick auf den Garten und Berge. Ein besonderes Highlight ist der Kamin, der gerade in den Wintermonaten für kuschlige Wärme und entspannende Stunden am Feuer sorgt.

Die sehr gut ausgestattete Küche mit Zeranfeld, Backofen, Mikrowelle und Geschirrspülmaschine lässt das Kochen zum Vergnügen werden.

Da die Wohnung nicht nach DIN rollstuhlgerecht ist, empfehlen wir diese für Gäste, die in der Mobilität eingeschränkt sind, aber keine Hilfsmittel wie Pflegebetten, Lifter etc. benötigen.

Vor dem Eingang gibt es eine Rampe mit einer Steigung von ca. 6% und einem Weg von ca. 10 Metern mit einer dünnen Kiesschicht.

Zimmer & Bad: Die geschmackvollen Schlafzimmer laden zum Träumen und Relaxen ein. Ein Schlafzimmer ist mit einem Ausziehbett ausgestattet. Hier können gut ein Erwachsener oder zwei Jugendliche bzw. Kinder nächtigen. Für weitere Kinder- oder Babybetten gibt es ebenfalls genügend Platz.

Das geräumige Badezimmer mit 8 qm ist barrierefrei. Die Türbreite beträgt 90 cm. Es gibt Klapphaltegriffe an der erhöhten Toilette und eine ebene, befahrbare Dusche.

Preise: Preis pro Tag auf Anfrage.

Deutschland / Bayern / Allgäu Bayerisch-Schwaben

Hotel „Viktoria"
87561 Oberstdorf / Rubi

★★★★

Riedweg 5
Tel.: 08322 977 840, Fax: 08322 977 84 86
E-Mail: info@rollstuhl-hotel.de
Web: www.rollstuhl-hotel.de

Allgemeines: Seit Generationen von der Familie Eß geführtes komfortables 4-Sterne-Hotel mit viel Atmosphäre und persönlicher Betreuung. Nach Umbau 1991, 1998 und 2003 vollständig rollstuhlgerecht.

Das absolut ruhig gelegene Haus mit Blick auf das Allgäuer Bergpanorama bietet neben einem à la Carte Restaurant auch ein reichhaltiges Frühstücksbuffet, 4-Gänge-Halbpension, sowie die meisten Diätformen an. Das Hotel verfügt über 38 Zimmer/ Appartements, davon sind 35 rollstuhlgerecht.

Ausgewiesene Parkplätze, Eingang zum Hotel, Rezeption, Restaurant, Allgäuer Stube, Hotelbar, Terrasse und Aufzüge sind stufenlos erreichbar.

Zimmer & Bad: Minibar, kostenloses WLAN, Telefon mit Weckfunktion, Flachbild-TV, Zimmerservice, Türbreiten 95 bis 100 cm, Betthöhe 43 bis 58 cm. Balkon mit Überfahrrampe erreichbar.

Auf Wunsch Pflegebetten, Elektrolattenroste, Aufrichthilfen und weitere Hilfsmittel buchbar über das Sanitätshaus. Die Türbreiten im Badezimmer betragen 95 bis 100 cm, unterfahrbares Waschbecken, verstellbarer Spiegel, Handbrause, ebenerdig befahrbare Dusche, Duschstuhl, Haltegriffe, zum Teil mit Notruf, fahrbarer Dusch-Toilettenstuhl auf Anfrage.

Wellnes & Spa: Hervorzuheben ist der barrierefreie, 2014 neu gebaute Wellnessbereich.

Badebereich mit Bewegungsbecken (Einstieg über breite Treppe oder Lifter) mit verschiedenen Saunen, Dampfbad und Infrarotkabine, einem wunderschönen Ruhebereich zum Entspannen, Bewegungsbad 4x6 m, Fitnessraum mit Motomed, Massagen, Krankengymnastik, Kosmetik und Fußpflege.

Sehr gut geeignet für Rollstuhlfahrer, Gehbehinderte, Senioren und Familien. Eingang stufenlos, Türbreiten 80 bis 100 cm.

Im Hotel gibt es zwei Aufzüge: Flurbreite vor dem Aufzug 280 cm; Türbreiten 85 und 90 cm; Tiefe 140 cm, Breite 110 cm.

Deutschland / Bayern / Allgäu Bayerisch-Schwaben

Hilfsmittel: Vermittlung von Pflege- und Betreuungsdiensten, Hilfsmittelverleih wie Rollstühle, Elektrofahrgeräte, Wechseldruckmatratzen u.v.m. über unser Sanitätshaus.

Freizeit & Ausflüge: Ausflugsfahrten und geführte Rolli-Wanderungen sowie kostenloser hauseigener barrierefreier Shuttle nach Oberstdorf. Einzigartig: Rollstuhlwanderkarte mit vielen Tipps. Abholung von zu Hause mit Rollstuhl-Bus. Arzt kommt ins Haus.

Lage: 3 km vom Ortskern Oberstdorf entfernt, sehr ruhig, freie Sicht auf die Berge, ca. 40 km ebene Spazier- und Wanderwege vom Haus aus erreichbar. Kuranwendung, Apotheke, Krankenhaus und Dialyse 3 km; Bus 50 m (teilweise barrierefrei).

Preise: Inkl. Halbpension je nach Saison, Lage und Größe pro Person und Tag: 88,- bis 113,- € im Doppelzimmer; 105,- bis 125,- € in Juniorsuite; 105,- bis 160,- € in Mehrraumsuite; 105,- bis 150,- € im Einzelzimmer.

Pauschal- und Gruppenangebote sowie Vor- und Nachsaisonpreise auf Anfrage. Familienangebote.

Eines der traditionsreichsten Hotels für Menschen mit Behinderung in Deutschland, wobei das Engagement des Personals besonders hervorzuheben ist.

Über Hotel „Viktoria" können auch Übernachtungen in:

- Ferienhaus „Viktoria"
- Ferienwohnungen „Viktoria"
- Haus Jasmin

und Landhaus „Viktoria" gebucht werden.

Mehr Informationen zu weiteren Hotels, Ferienwohnungen, die über Hotel „Viktoria" betreut werden, finden Sie auf den nachfolgenden Seiten.

Deutschland / Bayern / Allgäu Bayerisch-Schwaben

Landhaus „Viktoria"
87561 Oberstdorf / Rubi

Vermietung und Betreuung über Hotel Viktoria
Tel.: 08322 977 840, Fax: 08322 977 84 86
E-Mail: info@viktoria-oberstdorf.de
Web: www.viktoria-oberstdorf.de

Allgemeines: Persönlich und familiär geführtes Hotel der 3-Sterne-Kategorie.

Ausstattung: Das moderne Hotel mit gemütlichem Allgäuer Charme bietet Ihnen insgesamt 12 Einheiten, davon 7 rollstuhlgerecht und 2 barrierefrei: Komfortzimmer, Appartements mit 1 bis 4 Räumen, auch als Ferienwohnung buchbar, mit Du/WC, unterfahrbaren, teilweise flexiblen Betten (d.h. sie können verschoben werden), Durchwahltelefon, Sat-TV, Internetzugang per WLAN verfügbar, Minibar, größtenteils Kochnische, Wohnteil/Sitzecke bzw. getrennte Wohn- und Schlafzimmer, Terrasse/Balkon oder Süd-Panoramafenster mit Blick auf die Allgäuer Berge.

Ausgewiesene Behindertenparkplätze, Liegewiese und Eingang. Die Appartements/Zimmer im EG sind stufenlos und die im 1. und 2. OG über den Aufzug erreichbar. Türbreite vom Aufzug 90 cm (Tiefe 145 cm, Breite 120 cm). Bestens geeignet für Gehbehinderte, Rollstuhlfahrer, Einzelreisende, Familien, geistig Behinderte und Gruppen.

Das Frühstück und auf Wunsch auch das Abendessen wird komplett im 20 m gegenübergelegenen, rollstuhlgerechten Hotel Viktoria serviert. Auf Wunsch glutenfreies und/oder laktosefreies Essen.

Frühstück im ****Hotel Viktoria (20 m gegenüber) und Zimmerservice. Verleih von Hilfsmitteln, z.B. Pflegebetten, Patientenliftern, E-Rollstühle etc. über das Sanitätshaus.

Pflegedienst, Abhol- und Bringservice von und nach zu Hause, Ausflugs- Shuttlefahrten. Die Nutzung des exklusiven 600 qm großen Wellnessbereiches im Hotel Viktoria ist inklusive. Dort ist es auch möglich, Massagen, Kosmetik oder Physiotherapie dazu zu buchen.

Zimmer & Bad: Die Appartements sind nach DIN 18024/25 rollstuhlgerecht.

Türbreite der Zimmer: 1 x 80 cm, Rest 93 cm, von Du/WC 80 bis 93 cm.

Freiraum in Du/WC 140 x 140 cm. Freiraum links oder rechts und vor dem WC 110 cm. Duschen und Waschbecken schwellenlos unterfahrbar. Duschhocker, Dusch-

Deutschland / Bayern / Allgäu Bayerisch-Schwaben

stuhl, Kippspiegel und stabile Haltegriffe an Dusche, WC und Waschbecken vorhanden. Bettenhöhe gleich Rollstuhlhöhe, nach Rücksprache auch noch individuell einstellbar.

Lage: Das Landhaus Viktoria liegt im idyllischen Ortsteil Rubi, direkt am neuen Rubinger Kurpark /Dorfplatz.

Hier finden Sie 3 rollstuhlgerechte und getestete Restaurants in unmittelbarer Nähe (10 m über den Hof bis 1/2 Gehminute).

Kleiner Kurpark nur 10 Gehminuten vom Landhaus entfernt. 1 bis 3 km: Ortsmitte, Arzt, Apotheke, Krankenhaus, Bahnhof, Tennisplatz und Tennishalle. Hallenbad im Haus.

Freizeit & Umgebung: Am Haus beginnend ca. 40 km rolligetestete Wander- und Spazierwege, im Winter geräumt, bis in die Täler: Trettachtal, Stillachtal und Oytal.

Für unsere Sommergäste gibt es kostenlose Bergbahn-Tickets. Die vier schönsten Bergbahnen sind rollstuhlgerecht! Sie fahren so oft Sie möchten!

Preise: Pro Person im Doppelzimmer inkl. reichhaltigem und abwechslungsreichem Frühstücksbuffet und Halbpension ab 62,- €, rollstuhlgerecht ab 77,- € pro Person und Nacht. Appartements ab 87,00 € pro Person und Nacht. Preise für Zusatzbetten/Personen auf Anfrage möglich.

Haustiere können nach Absprach gegen eine Gebühr von 7,00 bis 13,00 € pro Nacht mitgebracht werden.

Die beiden Schwestern Frau Harzheim und Frau Ess haben das Landhaus Viktoria und das Hotel Viktoria zu einer erfolgreichen Zusammenarbeit und zu einem einzigartigen Urlaubsort für Rollstuhlfahrer zusammengeführt.

Deutschland / Bayern / Allgäu Bayerisch-Schwaben

Kolping-Allgäuhaus
87497 Wertach

Kolpingstr. 1-7
Tel.: 08365 79 00, Fax: 08365 790 190
E-Mail: info@allgaeuhaus-wertach.de
Web: www.allgaeuhaus-wertach.de

Allgemeines: Das Haus verfügt über Familienappartements (verschiedene Raumaufteilungen), Doppel- und Einzelzimmer mit Du/WC und teilweise Balkon oder Terrasse. 4 Zimmer (2x Einzel, 1x Doppel, 1x Drei Bett) sind rollstuhlgerecht. Außerdem verfügt das Haus über ein barrierefreies Familienappartement.

Eingang, Frühstücksraum, Restaurant, Rollstuhlzimmer, Zimmer und Tagungsräume sind stufenlos oder mit dem Aufzug (Tiefe 125 cm, Breite 95 cm) erreichbar.

Das gesamte Haus ist für Rollstuhlfahrer geeignet, auch der Wellnessbereich (jedoch nicht die Sauna; Becken hat keinen Lift).
Familienurlaub wird von den Bundesländern gefördert!

Freizeit & Umgebung: Wellnessbereich (rollstuhlgerechter Zugang) mit Bewegungsbecken, Kinderbecken, Panoramaliegen, Sauna, Dampfbad, Massage- und Kosmetikbereich (Anwendungen nach Absprache).

Miniclub mit Kinderbetreuung ab 3 bis 6 Jahren ganzjährig; Kinder- und Jugendprogramm für die Schulkinder in den ausgeschriebenen Familienfreizeiten; Kinderland (Indoor-Spielbereich).

Gruppen- und Tagungsräume, Bibliothek, Fernsehräume und Kreativräume, Restaurantbereich mit Buffet und regionaler Allgäuer Küche; verschiedene Sonnenterrassen; Nichtraucherhaus.

Sporthalle, Fahrradunterstellplatz, Trockenraum, Tischtennisplatten, Kicker, Kegelbahn, Billardtisch und Hauskapelle.

Im Freien befinden sich der Tennis- bzw. Bolzplatz, Beachvolleyballplatz, drei Spielplätze, große Grünflächen, Bauerngarten, Naturerlebnispfad, Bienenlehrpfad; 10 Minuten zum Grüntensee.

Deutschland / Bayern / Allgäu Bayerisch-Schwaben

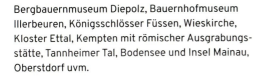

Bergbauernmuseum Diepolz, Bauernhofmuseum Illerbeuren, Königsschlösser Füssen, Wieskirche, Kloster Ettal, Kempten mit römischer Ausgrabungsstätte, Tannheimer Tal, Bodensee und Insel Mainau, Oberstdorf uvm.

Besonderes: Im Winter gibt es Langlaufloipen, geführte Langlauftouren, Winterwanderwege, Skipisten von 1000 bis 2000 Höhenmeter mit ca. 60 Pisten im Umkreis von 10 bis 60 Autominuten.

Zimmer & Bad: 4 Zimmer mit Du/WC sind rollstuhlgerecht gebaut. Außerdem gibt es ein barrierefreies Familienappartement (teilweise mit elektrischen Einlegerahmen). Türbreite der Zimmer und von Du/WC 96 cm. Waschbecken unterfahrbar, Duschhocker und stabile Haltegriffe an Dusche und WC vorhanden.

Zusätzliche schnell montierbare Haltegriffe für die weiteren Bäder/Toiletten im Haus vorhanden.

Lage: Im Außenbereich des Ortes mit Wander- und Fahrwegen direkt am Haus.
Zur Ortsmitte (Einkaufen, Arzt, Apotheke) 3 km; zum Grüntensee 800 m; Freibad 3 km; Krankenhaus 25 km.

Preise: Pro Person und Tag inkl. Vollpension für Erwachsene 64,90 €;
Jugendliche 12-17 Jahre 55,20 €;
Kinder 7-11 Jahre 45,40 €;
Kinder 3-6 Jahre 35,70 €;
Kinder unter 3 Jahre im Elternzimmer frei.
Kurtaxe lt. Ortstarif, ab 80 GdB frei.

Die Preise geben die gemeinnützigen Preise des Hauses wieder.

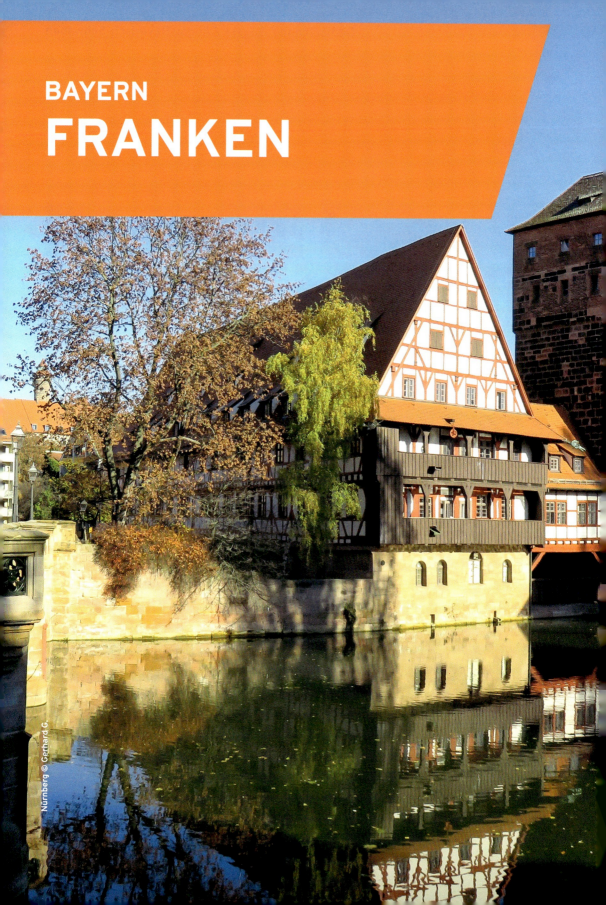

BAYERN
FRANKEN

Nürnberg © Gerhard G.

Deutschland / Bayern / Franken

Best Western Plus ★★★★
96231 Bad Staffelstein

Kurhotel an der Obermaintherme, Am Kurpark 7
Tel.: 09573 33 30, Fax: 09573 333 299
E-Mail: info@kurhotel-staffelstein.de
Web: www.kurhotel-staffelstein.de

Allgemeines: Die Sonne scheint, hier möchte man bleiben. Der Main windet sich gemächlich durch eine Kulturlandschaft, vorbei am Staffelberg, Kloster Banz und Vierzehnheiligen.

Entlang Bad Staffelstein, der Geburtsstadt von Adam Riese, fließt er weiter, rheinwärts. Sie suchen das größte Wellnesshotel an der wärmsten und stärksten Thermalsole Bayerns?
Machen Sie halt und verweilen im 4**** Best Western Plus Kurhotel an der Obermaintherme.

Parkplatz, Eingang, Rezeption, Halle, Lounge-Bar, Restaurant, Frühstücksraum, Terrasse, Garten, Aufzug, Zimmer und Obermain Therme sind stufenlos erreichbar.

Auf der Restaurantebene befindet sich eine weitere Toilettenanlage, die mit dem Rollstuhl befahrbar ist und sämtliche notwendige Ausstattungsmerkmale besitzt.

Zimmer & Bad: Geeignet für Rollstuhlfahrer mit Begleitung, Gehbehinderte, Senioren, Kurgäste:
Die Eingangstüren von Lift und Zimmern sowie die Badtüren sind 90 cm breit.

Der Freiraum im Bad/WC beträgt in 5 Doppelzimmern 120 x 120 cm und der Platz neben dem WC 50 cm. Das WC ist ca. 52 cm hoch und verfügt über zwei Haltegriffe an der Wand.

Die Dusche ist ebenerdig befahrbar, hat einen rundherum laufenden Haltegriff und einen festen, abklappbaren Duschsitz.

Das Handwaschbecken ist unterfahrbar. Die Betten haben verstellbare Kopfteile und sind 62 cm hoch. Auch 6 höhenverstellbare Betten stehen zur Verfügung. Gönnen Sie sich ein Executive Zimmer mit 32-38 m² oder eine der 4 Penthouse Suiten. Bis zu 145 m² mit Verbindungstüren in Loftbauweise mit Panoramaverglasung.

Eine Suite ist rollstuhlgerecht mit „Suite E-Motion Betten".

Wellnes & Spa: Der 1.100 m² große VITUS SPA mit Pool- und Wellnessbereich direkt im Haus bietet pure Erholung. Er steht für ein schönes, gepflegtes Aussehen, eine attraktive Ausstrahlung, einen gestärkten Körper in Balance sowie Fitness und Beweglichkeit bis ins hohe Alter: die Perfektion der

Deutschland / Bayern / Franken

Natur mit Produkten und Behandlungen! Schwimmbad, Ruheraum, Saunalandschaft, barrierefreier Double-Treatment-Massageraum, Beautyabteilung und barrierefreie Duschen und WCs im Spa warten auf Sie.

Zudem – über unseren Bademantelgang erreichbar - die benachbarte Obermain Therme mit über 35.000 m². Fast 3.000 m² Wasserfläche – verteilt auf 25 Innen- und Außenbecken inkl. 1 Beckenlift und einen Naturbadesee im SaunaLand – bei bis zu 36°C Wassertemperatur.

Das ThermenMeer ist vom Check In bis Check Out inklusive. (Außer Classic Kategorie)

Ausstattung: 113 großzügige, komfortable Junior Suiten mit 38 m², 3 Executive Zimmer von 32 – 38 m² und 4 Penthouse Suiten mit bis zu 145 m² verfügen über Wohn- und Sitzbereich, Klimaanlage, Flachbildfernsehen inklusive Sky-Programm, Safe, Balkon, Schreibtisch sowie Bad mit Kosmetikspiegel u.v.m. Kostenloses WLAN ist im ganzen Haus verfügbar.

Preise: Preis pro Person inklusive Frühstücksbuffet im Doppelzimmer ab 109,50 €, im Doppelzimmer zur Alleinbenutzung ab 137,- €.

Zuschlag für 3-Gang Halbpension im bayrisch-regionalen Restaurant 31,- €.

Weitere Preise, auch für Pauschal-Kur-Angebote (1 bis 4 Wochen), auf Anfrage.

Neu stehen zusätzlich 16 Classic und Classic Plus Zimmer mit 21,5 m² bereit. Hier können das Frühstück und die Thermennutzung individuell zugebucht werden.

Andreas Poth und alle Mitarbeiter heißen Sie willkommen!

Deutschland / Bayern / Franken

Ferienwohnungen an der Kopfweide
96231 Bad Staffelstein-Horsdorf

Monika und René Beifuss, Zur Fuchsenmühle 2
Tel. , Fax: 09573 70 97
E-Mail: info@staffelstein-urlaub.de
Web: www.staffelstein-urlaub.de

Allgemeines: Ein-, Zwei- und Dreizimmer-Ferienwohnungen mitten im Grünen, am Fuße des Staffelbergs. Neubau
in ökologischer Bauweise, Topausstattung mit Wohn-Küche (Spülmaschine, Waschmaschine), Sat-TV mit Video, Direktwahl-Telefon.

Vom Parkplatz zum Eingang stufenlos mit Rampe. Zusätzlich eine 3-Raumwohnung mit 2 Schlafräumen, ca. 60 m² groß, rollstuhlgerecht nach DIN 18024 / 18025, mit Terrasse, für maximal 4 Personen.

Geeignet für Gehbehinderte und Rollstuhlfahrer!

Zimmer & Bad: 1 Ferienwohnung rollstuhlgerecht nach DIN 18025. Türbreite vom Eingang 98 cm, vom Zimmer 100 cm, von Dusche/ WC 90 cm.
Freiraum in Du/WC 150 x 150 cm. Freiraum links neben WC 30 cm, rechts 120 cm, davor 150 cm.
Waschbecken und Dusche schwellenlos unterfahrbar. Stabiler Duschsitz zum Einhängen, stabile Haltegriffe am WC vorhanden. Bettenhöhe 50 bis 60 cm.

Pflegedienst kann vermittelt werden: Rotes Kreuz, Caritas, privat.

Lage: Ruhige Lage, ländliche Gegend, mitten im Grünen. Im Dorf (Horsdorf) gibt es keine Randsteine, für Rollstuhlfahrer gut geeignet. Staffelstein und die Obermaintherme (nur 1,5 km entfernt) können ohne Schwellen auf dem Fahrradweg erreicht werden. Staffelstein ist ein staatl. anerkannter Kurort, mit Reha-Klinik Oberfranken, Bezirksklinikum, Facharzt-praxen, Gesundheitszentren, Massage, usw. Medizinische Betreuung in nächster Umgebung vorhanden.

Entfernungen: Einkaufen, Arzt, Apotheke 1,5 km; Tennisplatz, Hallenbad 2 km; See, Freibad 2,5 km; Krankenhaus und Dialyse 7 km.

Preise: Einzimmer-App. pro Tag 34,- € (max. 2 Personen). Zweizimmer-Wohnung 32,- € (max. 2 Pers.). Dreizimmer-Wohnung 37,- € für 2 Personen, jede weitere Person 10,- €.
Die rollstuhlgerechte Dreiraum-Wohnung kostet 37,- € bei Belegung mit 2 Personen, ab 10 Tage ermäßigt.

Deutschland / Bayern / Franken

Ferienwohnung Kornelia Treiber ★★★★
91790 Bergen-Geyern

Bergener Str. 4
Tel.: 09148 950 11
E-Mail: info@fewo-treiber.de
Web: www.fewo-treiber.de

Allgemeines: Ehemaliger, denkmalprämierter Gutshof. Die Ferienwohnung ist nach den Richtlinien des „Deutschen Tourismusverbandes" mit vier Sternen bewertet. Der gesamte Hofraum, Parkplatz und der Eingang sind stufenlos. Geeignet für Rollstuhlfahrer, Gehbehinderte, Familien mit Kindern und/oder geistig Behinderten: Die Ferienwohnung ist nach DIN 18024/25 vorbildlich rollstuhlgerecht ausgestattet.
Der eigene Eingang führt in einen 60 qm großen Gemeinschaftsraum. Ein Aufzug (140 x 90 cm) und eine Treppe führen zur Wohnung im 1. Stock.

Bettwäsche und Handtücher werden gestellt, Brötchenholservice, Tischtennisplatte, Kinderspielgeräte, überdachte Freisitze, beheiztes Gartenhaus, Grillmöglichkeit.

Mit Rücksicht auf nachfolgende Gäste muss in der Wohnung auf das Rauchen verzichtet werden.

Ausstattung: Die Wohnung besteht aus einem Zweibettzimmer (Schiebetür 94 cm breit, Betten 58 cm hoch) und einem weiteren Schlafzimmer mit einem Einzelbett (58 cm) und bei Bedarf zusätzlich einem Hochbett.

Der Wohnraum ist ca. 30 qm groß mit unterfahrbarem Küchenblock, 4-Platten-Ceranfeld, Kühlschrank ausziehbar, Spülmaschine, Mikrowelle etc., Essecke, Couchgarnitur, LCD-TV, Heimkinoanlage, WLAN, Telefon.

Bad: Das Bad mit Du/WC ist ca. 7 m² groß: Schiebetür 94 cm breit, Bewegungsfreiraum in Du/WC 200x140 cm. Dusche befahrbar (110 x 110 cm) mit Duschstuhl und Haltegriffen. Waschbecken unterfahrbar (Haltegriffe), WC von links 160 cm und von vorne 160 cm anfahrbar, Haltegriffe zum Klappen.

Lage: Das Dorf Geyern liegt zwischen dem Fränkischen Seenland und dem Naturpark Altmühltal.
Im 4 km entfernten Nennslingen befinden sich Post, Bank, Bäcker, Metzger, Supermarkt, Apotheke, Ärzte etc. In Weißenburg (13 km) gibt es Fachärzte, Krankenhaus, Dialysezentrum.

Freizeit & Umgebung: Treuchtlingen (Kurort), 25 km entfernt, verfügt über ein Thermalbad mit therapeutischen Einrichtungen. An den Fränkischen Seen gibt es rollstuhlgerechte Baderampen und mehrere Stationen zur kostenlosen Ausleihe des Strandrollstuhls „Tiralo". Rollstuhlgerechtes Ausflugsschiff (Trimaran) auf dem großen Brombachsee.
Die Vogelinsel am Altmühlsee verfügt über eine Auffahrrampe zum Aussichtsturm.
Die Museen der römischen Geschichte sind barrierefrei.

Preise: Die Ferienwohnung kostet pro Tag 65,- € inklusive Strom und Heizungskosten.

Deutschland / Bayern / Franken

Historikhotel „Klosterbräu"
96157 Ebrach

Marktplatz 4
Tel.: 09553 180, Fax: 09553 18 88
E-Mail: Kontakt@klosterbraeu.info
Web: www.klosterbraeu.info

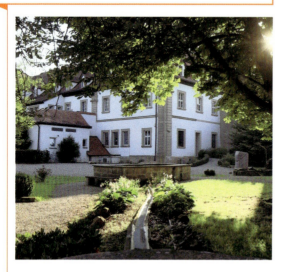

Allgemeines: Inmitten des Naturparks Steigerwald, im staatlich anerkannten Erholungsort Ebrach, befindet sich das im 18. Jahrhundert erbaute Gästehaus der Zisterzienser, das Historikhotel „Klosterbräu-Landidyll", seit 1955 im Besitz der Familie Gries. Landidyll Hotels stehen für Nachhaltigkeit in allen Bereichen. Das historische Gebäude verfügt über 41 exklusiv eingerichtete Zimmer mit Du/WC, Direktwahltelefon, Radio und Farb-TV. Behindertenparkplatz vor dem Haus; das Hotel und das Restaurant sind behindertengerecht.

Für Kinder gibt es im Garten viel Platz zum Austoben und Ballspielen, ohne auf den Verkehr achten zu müssen, außerdem eine eigene Speise- und Getränkekarte sowie Mal- und Spielsachen in reichlicher Auswahl. Auch Hund oder Katze sind willkommen. Für Tagungen, Seminare und Familienfeiern stehen ausreichend Räumlichkeiten zur Verfügung. Ausflugs- und Kulturprogramme können ebenfalls genutzt werden. Im ehemaligen Abteigarten mit großer Terrasse finden bis zu 800 Personen Platz. Die mehrfach ausgezeichnete Küche, die bodenständige Produkte aus Wasser, Wald, Feld und Flur verarbeitet, lässt keine Wünsche offen.

Geeignet für: Rollstuhlfahrer. Eingang, Restaurant, Aufzug stufenlos erreichbar. Türbreiten: Eingang 90 cm, Restaurant 100 cm, Aufzug 88 cm (Tiefe 140 cm, Breite 110cm). Ein Wohnstudio mit Du/WC ist speziell für Rollstuhlfahrer ausgestattet. Dusche unterfahrbar. Bettenhöhe 60 cm. Pflegedienst gibt es vor Ort.

Lage: Ebrach liegt zwischen München und Würzburg. Das Hotel befindet sich im Zentrum von Ebrach; Apotheke 500 m; ärztliche Betreuung und Pflege am Ort. Während des Jahres werden zahlreiche Konzerte im Kaisersaal, in der Klosterkirche und im Abteigarten veranstaltet. Namhafte Orchester und Organisten geben sich ein Stelldichein im Rahmen des Ebracher Musiksommers.

Der Baumwipfelpfad in Ebrach, für alle Besucher barrierefrei zu erreichen und zu erleben, ergänzt das „Steigerwald-Zentrum – Nachhaltigkeit erleben" im benachbarten unterfränkischen Handthal und bildet durch die gelungene Verbindung von Waldpädagogik, Erholung und Erlebnis einen wichtigen Bestandteil des Gesamtkonzepts „Zentrum-Nachhaltigkeit-Wald" im Steigerwald. Gesamtlänge 1.152 m, Turmhöhe 41 m, Pfadhöhe bis 24 m.

Preise: Pro Person inkl. Frühstück 52,- €, EZ-Zuschlag 12,- €.

Baumwipfelpfad im Steigerwald

Deutschland / Bayern / Franken

Ferienhaus Wimbauer
91790 Nennslingen OT Biburg

Familie Naß, Biburg 20
Tel.: 09147 945 830
E-Mail: info@ferienhaus-wimbauer.de
Web: www.ferienhaus-wimbauer.de

Allgemeines: Auf unserem seit vielen Generationen geführten Bauernhof in Franken wird heute im Nebenerwerb Landwirtschaft betrieben. Der Ferienhof Wimbauer ist ein sogenannter „Widum-Hof" und damit der größte Hof im Nennslinger Ortsteil Biburg.

Traditionell hat der Hof Abgaben für die Kirche vom gesamten Ort zusammengeführt und anschließend der Kirche zugeteilt. So war dies früher in vielen Bauerndörfern in Franken.

Auf unserem Ferienhof befinden sich zahlreiche Mutterkühe, die mit ihren Kälbern auf saftigen Jura-Weiden grasen. Weidehaltung von Kühen ist in Franken eher die Ausnahme. Umso schöner ist es, den Tieren beim Grasen zuzuschauen. Des Weiteren halten wir auf unserem Bauernhof Schweine, Hühner und Katzen. Alle Ferienkinder lieben unsere Tiere, und freuen sich schon wochenlang vorher darauf. Das gesamte Außengelände samt Weideland ist barrierefrei zu erreichen.

Ein großer Garten hinter dem Ferienhof und der nahe Bolzplatz warten zum Toben auf große und kleine Gäste. Ein 100 qm großer Freizeitraum im Dachboden mit Tischtennis, Kicker, Box-Sack, Lese-, Spiel- und Bastelecke bietet bei jedem Wetter Abwechslung.

Zimmer & Bad: Unsere barrierefreie, neu ausgebaute Ferienwohnung „Frankenjura" mit 80 m² befindet sich im allein stehenden, ehemaligen Austragshaus von 1890 im ebenerdigen Erdgeschoss. Sie besteht aus 2 Schlafräumen, barrierefreier Wohnküche (Spülmaschine, Mikrowelle), Dusche und WC, Waschmaschine, Trockner sowie einem barrierefreien Zugang zur Terrasse und in den Hofraum. TV und WLAN / DSL erhalten Sie auf Anfrage.

Parkplatz und Eingang sind stufenlos erreichbar. Türbreite von Eingang, Zimmer und Badezimmer 100 cm. Bettenhöhe 55 cm. Bewegungsfreiraum im Badezimmer WC 150 x 150 cm, im Duschbereich ca. 140 x 100 cm. Bewegungsfläche rechts neben WC 72x54 cm, links 157 x 54 cm. Hochklappbarer Haltegriff rechts neben dem WC. Duschbereich schwellenlos befahrbar, fest montierter Duschsitz und stabile Haltegriffe vorhanden. Waschebcken unterfahrbar, Spiegel im Sitzen und Stehen einsehbar.

In der Küche sind Arbeitsfläche, Herd und Spüle unterfahrbar. Bei Bedarf und nach Voranmeldung kann ein Pflegebett zur Verfügung gestellt werden. Die gesamte Hoffläche ist mit dem Rollstuhl befahrbar, jedoch einige leichte Steigungen vorhanden.

Deutschland / Bayern / Franken

Unsere zweite, ebenfalls neu ausgebaute FeWo „Jurablick" mit 80 m² befindet sich im 1. OG des bereits erwähnten Austragshauses. Sie besteht aus 2 Schlafräumen, Kinderzimmer mit 4 Einzelbetten, Wohnküche (Spülmaschine, Mikrowelle), Dusche und WC, Waschmaschine, Trockner sowie einem Zugang zum großen Balkon (mit tollem 180-Grad-Blick). TV und WLAN / DSL erhalten Sie auf Anfrage.

Entfernungen: ÖPNV-Bushaltestelle 50m; Einkaufsmöglichkeiten, Arzt, Apotheke 5 km; Freibad, Hallenbad, Krankenhaus 23 km; Badesee 3 km.

Freizeit & Umgebung: Biburg zählt zur Ferienregion Jura-Anlautertal und ist Teil der Gemeinde Nennslingen. Der kleine Jura-Ort und unser Ferienhaus befinden sich am nördlichen Rand vom Naturpark Altmühltal. Die Ferienregion Fränkisches Seenland befindet sich gerade einmal 20 Autominuten entfernt. Das UNESCO Welterbe Limes ist ebenfalls in unmittelbarer Nähe und kann z.B. mit dem Fahrrad erkundet werden. Beispiel römischer Fundstätten sind das Römerkastell „Burgus", verschiedene Römertürme, das Römische Weißenburg mit Römermuseum, Römerbad u.v.m.

Im verkehrsarmen Biburg finden Sie die barrierefreie St. Clemens-Kirche, die zur Besichtigung einlädt. Weiterhin lohnt ein Besuch in der örtlichen Brotzeitwirtschaft von Ludwig Eder, wo an Festtagen (Fronleichnam, Kirchweih, Schützen- und Feuerwehrgrillfest) fränkische Spezialitäten angeboten werden.

Lust auf einen Abstecher ins idyllische Anlautertal? Hier finden Sie am Bechthaler Weiher ein idyllisches und zugleich nahe gelegenes Ausflugsziel für Insider. Baden und Erholen unterhalb der Bechthaler Burgruine, abseits der großen Tourismuszentren. Das ist ein echter Freizeitspaß für die ganze Familie! Die Keltengräber in Landersdorf, das frühgeschichtliche Museum in Thalmässing, die Domstadt Eichstätt, Naturpark Altmühltal, Fränkisches Seenland und vieles mehr.

Bei Regenschirmwetter empfehlen wir die Hallenbäder in Greding (Sport- und Freizeitbad) und Weißenburg (Mogetissa-Therme). Sie haben Fragen zu den weiteren Möglichkeiten in der Region? Fragen Sie uns, wir beraten Sie gerne.

Preise: Eine Ferienwohnung kostet 72,- € pro Nacht bei Belegung bis 4 Personen.

Die „Teufelshöhle" in der fränkischen Schweiz.

Deutschland / Bayern / Franken

Gasthof „Alte Post"
91286 Obertrubach

Familie Ritter, Trubachtalstr. 1
Tel.: 09245 322, Fax: 09245 690
E-Mail: familie@postritter.de
Web: www.postritter.de

Allgemeines: Der Gasthof „Alte Post" ist in der 6. Generation im Besitz der Familie Ritter. Es war früher eine echte Posthalterei, und der Großvater des heutigen Inhabers bediente als junger Mann noch mit der Postkutsche die Strecke zwischen Obertrubach und Egloffstein.

Zimmer & Bad: Der Gasthof verfügt über 40 rustikal und gemütlich eingerichtete Zimmer mit Bad/Dusche/WC, teilweise mit Balkon/Terrasse. Parkplatz, Frühstücksraum, Restaurant, Behinderten-WC im EG und 30 Zimmer sind stufenlos erreichbar.
In 8 Zimmern sind die Türen 100 cm breit. Geeignet für Rollstuhlfahrer mit Begleitung, Gehbehinderte und Familien mit behinderten Angehörigen.
Das Haus wird sehr oft von körperlich und geistig behinderten Gästen aufgesucht, alle sind zufrieden. Türbreiten der Zimmer und von Du/WC (von 6 Zimmern) 100 cm breit. Freiraum links und rechts neben WC 35 bis 50 cm; Freiraum vor dem WC je nach Zimmer 100 bis 250 cm. Dusche und Waschbecken unterfahrbar, Duschhocker und stabiler Haltegriff am WC vorhanden.

Lage & Entfernungen: Obertrubach liegt im Herzen der Fränkischen Schweiz, 450 m ü.M. Gut erreichbar und doch ruhig gelegen, mit einem markierten Wanderwegenetz von mehr als 200 Kilometern, darunter auch ein „Therapeutischer Wanderweg". Der Gasthof befindet sich in der Ortsmitte; Einkaufsmöglichkeiten 20 m; Bus und Arzt 200 m; Spielplatz 1,5 km; Freibad 8 km; Hallenbad 16 km. Umgebung ebenerdig zum Haus; es gibt flache und steile Wanderwege.

Preise: Pro Person: Übernachtung mit Frühstück 35,- €; mit Halbpension 49,- €, mit Vollpension 54,- €.

BAYERN/FRANKEN
OCHSENKOPF

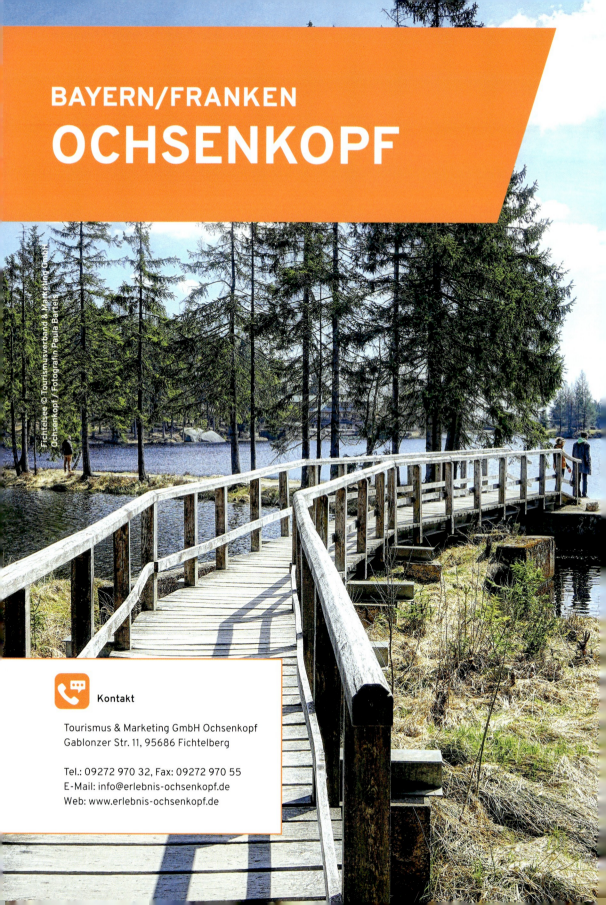

Fichtelsee © Tourismusverband & Marketing GmbH Ochsenkopf / Fotografin Paula Bartels

Kontakt

Tourismus & Marketing GmbH Ochsenkopf
Gablonzer Str. 11, 95686 Fichtelberg

Tel.: 09272 970 32, Fax: 09272 970 55
E-Mail: info@erlebnis-ochsenkopf.de
Web: www.erlebnis-ochsenkopf.de

Bayern / Franken / Ochsenkopf

 Besonderheiten

Sehbehinderten-Tourismus: Bischofsgrün mit allen Sinnen erleben.

Für einen bestens organisierten Aufenthalt für Reisende mit Sehbehinderung sorgt das in Bischofsgrün. Zwei erfahrene Selbsterblindete, die zur Gastfamilie gehören, begleiten die Gäste bei geführten Wanderungen ebenso wie ehrenamtliche und sehende Begleitpersonen. Der taktile, tastbare Ortsplan sowie Gästeinformationen in Braille-Schrift helfen bei der Orientierung.

Als weiterer Baustein wurde nun ein „Tastrelief" im Maßstab von 1:20.000 mit Sensoren zur teilweisen Sprachausgabe angefertigt. Auf diesem Tastrelief können Menschen mit eingeschränkter Sehfähigkeit die Region Fichtelgebirge ertasten, und sich mittels „Kontaktstick" Erklärungen vorlesen lassen.

 Region

Dass sich Berge und Barrierefreiheit keineswegs ausschließen, dafür liefert die Erlebnisregion Ochsenkopf im Fichtelgebirge mit ihren Gemeinden Bischofsgrün, Fichtelberg, Mehlmeisel und Warmensteinach den besten Beweis: Urlauber finden hier alles für einen unvergesslichen Aktivurlaub. Im Rahmen des bundesweiten Kennzeichnungssystems „Reisen für Alle" dürfen sich mobilitäts- und/oder aktivitätseingeschränkte Touristen auf ein zertifiziertes Angebot freuen. Einheitliche Qualitätskriterien für Menschen mit Gehbehinderung, Rollstuhlfahrer, Hörbehinderung, gehörlose Menschen, Menschen mit kognitiven Beeinträchtigungen, Blinde und Menschen mit Sehbehinderungen erleichtern im wahrsten Sinne die Orientierung.

 Einrichtungen

Insgesamt 18 touristische Einrichtungen, darunter Beherbergungs- und Gastronomiebetriebe, Museen- und Informationszentren wie der Wildpark Mehlmeisel oder das Automobilmuseum Fichtelberg, aber auch das Outdoor Erlebnis Alpine-Coaster und die Tourist Informationen unterzogen sich einer umfangreichen Überprüfung in punkto Barrierefreiheit. Auch drei Wanderwege – der Walderlebnispfad und der Märchenwanderweg in Bischofsgrün sowie neu der Fichtelsee Rundweg wurden nach deren Gehbehindertentauglichkeit geprüft und zertifiziert.

 Veranstaltungen

Im Frühjahr 2022 findet in der Turnhalle Bischofsgrün wieder das beliebte Torball Turnier statt. Torball ist eine Sportart für blinde und sehbehinderte Menschen. Sie wird von zwei Mannschaften mit je drei Spielern gespielt. Es wird ein Klingelball verwendet, der während des Spieles von Hand unterhalb von drei über das Spielfeld gespannten Leinen hindurch geworfen werden muss. Um gleiche Bedingungen für alle Spieler zu schaffen, tragen alle eine Augenbinde. Ziel des Spieles ist es, den Ball so zu werfen, dass er die gegnerische Torlinie überquert, während die andere Mannschaft seitlich liegend versucht, den Ball abzuwehren.

 Broschüre

Ein 6-seitiges Faltblatt „Reisen für Alle – in der Erlebnisregion Ochsenkopf" gibt einen umfassenden Überblick über die touristischen Angebote für Reisende mit Mobilitäts- und Sinneseinschränkungen. Ziel der Broschüre ist es, den Zauber dieser Region für Alle erlebbar zu machen. So finden sich bei den touristischen Einrichtungen alle Themen wieder, die für eine Planung eines Urlaubs ohne Barrieren relevant sind. Die Broschüre kann kostenfrei unter der angegeben Kontaktadresse angefordert werden.

Deutschland / Bayern / Franken

Gästehaus Fichtelgebirgsblick
95236 Stammbach

nach DTV

S. & M. Böhmer, Förstenreuth 18a
Tel.: 09256 159 8, Fax: 09256 953 343
E-Mail: gaestehaus@fichtelgebirgsblick.de
Web: www.fichtelgebirgsblick.de

Allgemeines: Vier Ferienwohnungen „Urlaub auf dem Bauernhof", davon eine für Rollstuhlfahrer geeignet. Alle Wohnungen sind nach ökologischen Gesichtspunkten mit Naturholzmöbeln und Holz- bzw. Fliesenböden liebe- und geschmackvoll ausgestattet. Bauernhof mit Ackerbau, Grünland, Wald und Nutztierhaltung. Vieles aus Wald, Feld, Natur und Garten wird hier zu Hausgemachtem wie Marmelade, Beerenwein, Fleischwaren und Hausmacherwurst verarbeitet.

Ausstattung: Sat-TV, Telefon, WLAN. Bei Bedarf steht kostenlos eine komplette Baby- und Kleinkindausstattung zur Verfügung.

Zimmer & Bad: Eingang mit Rampe, Türbreite vom Eingang 98 cm, von Zimmer 94 cm, von Du/WC 85 cm. Bettenhöhe 54 cm. Freiraum in Du/WC 120 x 150 cm. Freiraum links neben WC 170 cm, rechts 70 cm, davor 125 cm. WC-Höhe 50 cm. Haltegriffe links und rechts neben WC. Dusche schwellenlos befahrbar, Waschbecken unterfahrbar. Rollstuhlgerechter Spiegel und Duschhocker vorhanden.

Lage/Ausflüge: Eine Landschaft geprägt durch viel Wald und kleine Bäche in einer Höhenlage von ca. 600 m ü. NN lädt zum Erholen ein. Durch die günstige Ortsandlage haben Sie es nicht weit zur Festspielstadt Bayreuth, zum Felsenlabyrinth Luisenburg, zum Dampflokmuseum Neuenmarkt oder zur Plassenburg Kulmbach.

Preise: Für eine FeWo 46,- € pro Tag ab eine Woche Aufenthalt bei Belegung mit 2 Personen, jede weitere Person zzgl. 6,- €. Nebensaisonermäßigung 10% bis 15%. Kurzübernachtungszuschlag.

NEU

Sonnenhotel Weingut Römmert
97332 Volkach

Erlachhof 1a
Tel.: 09381 718160
E-Mail: zentralreservierung@sonnenhotels.de
Web: www.sonnenhotels.de

Allgemeines: Das Sonnenhotel Weingut Römmert liegt idyllisch am Fuße der fränkischen Weinberge, direkt am 100-jährigen Weingut. Neben einem außergewöhnlichen Design, kreiert von der Innenarchitektin Silvana Gutjahr und der Künstlerin und Designerin Ameli Neureuther, haben hier Genuss und Regionalität, sowie Erholung und Wellness einen besonderen Stellenwert.

Das Sonnenhotel Weingut Römmert verfügt über insgesamt fünf Zimmer, welche insbesondere für Menschen mit Gehbeeinträchtigungen und Rollstuhlfahrer konzipiert sind. Das Haus ist nach dem Prüfsystem Reisen für Alle zertifiziert.

Lage: Direkt am Weingut gelegen. Circa 2 km bis zur Ortsmitte von Volkach mit zahlreichen Geschäften und circa 1,5 km bis zur nächsten Arztpraxis.

Preise: Ab 62,- € pro Person und Nacht in der Nebensaison inkl. Frühstück, ab 73,- € pro Person und Nacht in der Mittelsaison inkl. Frühstück und ab 83,- € pro Person und Nacht in der Hauptsaison inkl. Frühstück.

Deutschland / Bayern / Franken

Parkhotel Altmühltal
91710 Gunzenhausen

Zum Schießwasen 15
Tel.: 09831 5040, Fax: 09831 89422
Web: www.aktiv-parkhotel.de

Allgemeines: Mitten im Fränkischen Seenland gelegen verbindet das Parkhotel Altmühltal in Gunzenhausen fränkische Gastfreundschaft mit Komfort ohne Grenzen. Freuen Sie sich auf entspannten Urlaubsgenuss mit besonderem Service!

Großzügige Durchgänge für volle Bewegungsfreiheit
Stufenlose Zu- und Abgänge zu fast allen Bereichen
Barrierefreie Ausstattung der Badezimmer.

Die große Sonnenterrasse mit Garten, den Frühstücksraum und alle öffentlichen Bereiche im Erdgeschoss des Wohlfühl-Hotels erreichen Sie schwellenfrei über breite Türen, unsere behinderten-freundlich ausgestatteten Zimmer bequem mit dem Lift.

Barrierefreiheit: Der Hauseingang ist 1,5 Meter breit, der nächste Parkplatz vor dem Haus 5 Meter entfernt. Im Erdgeschoss gibt es eine Behinderten-toilette.

Der Aufenthalt ist für Menschen mit Gehbehinderung oder kognitiv beeinträchtigte Personen geeignet und bedingt geeignet für Menschen, die auf den Rollstuhl angewiesen sind.

Zu unserem Erlebnisschwimmbad gelangen Sie über den Aufzug, Becken und Saunabereich erreichen Sie über jeweils 3 Stufen. Auf Wunsch stehen kostenpflichtige Rollstühle zur Verfügung.

Preise: DZ mit DU/WC/TV 75,- Euro bis 88,- Euro, HP +24,- Euro, VP +44,- Euro, JS mit BD/DU/WC/TV 84,- Euro bis 96,- Euro, HP +24,- Euro, VP +44,-Euro.

Preise pro Person/Nacht, zzgl. Kurbeitrag

Bei Halb-, bzw. Vollpension Mittag- und/oder Abendessen als 3-Gang Verwöhn-Wahlmenü mit Salat vom Buffet. Internet-zugang via WiFi, Nutzung von Erlebnisschwimmbad und Sauna-landschaft sowie ein Pkw-Stellplatz am Haus sind kostenfrei.

Eine Juniorsuite ist speziell für Menschen mit körperlicher Behinderung mit separaten, von der Seite anfahrbaren Betten eingerichtet. Bad/Dusche/WC: Türbreite 68 cm (nach innen öffnend), befahrbare Dusche, Duschklappsitz, unterfahrbarer Waschtisch, Haltegriffe am WC.

BAYERN
NIEDERBAYERN

Donaudurchbruch in Kelheim

BAYERN/NIEDERBAYERN
ARBERLAND BAYERISCHER WALD

Deutschland / Bayern / Arberland – Bayerischer Wald

**Waldgenuss – Gipfelglück – Tradition
Barrierefrei im ARBERLAND BAYERISCHER WALD**

Als waldreichster Landkreis Bayerns mit dem ältesten Nationalpark Deutschlands und dem höchsten Berg des Bayerischen Waldes punktet das ABRBERLAND gleich mit drei Superlativen.

Der Große Arber ist eines der beliebtesten Ausflugsziele der Region und mit seinen 1.456 m zugleich der höchste Bayerwaldgipfel. Dank Gondelfahrt ist der „König des Bayerischen Waldes" bis zur Bergstation barrierefrei zugänglich. Während der Fahrt zur Bergstation bieten sich erste Ausblicke auf die Landschaft, die oben angekommen ihren Höhepunkt finden: Eine Plattform sowie der gläserne Panorama-Luft bieten freie Ausblicke auf den bayerisch-böhmischen Bergkamm.

Der ebenerdig zugängliche Lift bringt Besucher zur Eisenseiner Hütte, auf deren SonnenTerrasse die bayerischen Hüttenschmankerl ganz besonders gut schmecken.

Ein Besuch im Naturschutzgebiet am Großen Arbersee mit der steinigen, steilen Seewand, den schwimmenden Inseln sowie der vielfältigen Pflanzen- und Tierwelt rundet das Bergerlebnis ab. Das Naturspektakel rund um den See erkundet man am besten auf dem 1,7 km langen Rundweg, der auf Stegen und Waldwegen direkt bis zur Seewand führt. Da an wenigen Stellen kleinere Steigungen zu überwinden sind, empfiehlt sich die Tour nur mit einem geländetauglichen Rollstuhl oder Unterstützung. Genießen kann man den Seeblick am besten bei Kaffee und Kuchen auf der Terrasse im Arberseehaus, das komplett ebenerdig zugänglich ist.

Wer noch tiefer in den Wald „eintauchen" möchte, besucht ganz einfach den Nationalpark Bayerischer Wald. 1970 wurde er als erster Nationalpark Deutschlands gegründet. Seither gilt im Schutzgebiet der Leitsatz „Natur Natur sein lassen" und der Wald kann sich völlig frei entfalten. Auch in Sachen Barrierefreiheit ist der Nationalpark ein Vorreiter.

Die Infozentren sowie die zwei Tier-Freigelände sind größtenteils stufenlos zugänglich, Tast- und Hörstationen wurden integriert.

Beim Besuch im Nationalparkzentrum Falkenstein lernen Sie Wissenswertes zur Nationalparkidee und können im Anschluss den 2,5 Kilometer langen barrierefreien Rundweg durch das Tier-Freigelände mit Wolf, Luchs, Auerochse und Wildpferd erkunden. Im Haus zur Wildnis lädt die biozertifizierte Nationalpark Gastronomie zur Einkehr.

Deutschland / Bayern / Arberland – Bayerischer Wald

 Detailinformation ‚Reisen für Alle':

Das ARBERLAND war eine der ersten zehn bayerischen Pilotdestinationen für barrierefreien Tourismus. Die Region im Herzen des Bayerischen Waldes hat es sich zum Ziel gemacht Wald-Genuss und Urlaubsgefühle für Alle zu ermöglichen.

www.arberland.de/barrierefrei

 Kultur

Aber auch in Sachen Kultur und Tradition hat die bayerisch-böhmische Grenzregion einiges zu bieten.

Beispielsweise im Grenzbahnhof Bayerisch Eisenstein, der sich einmal über die deutsch-tschechische Grenze erststreckt. Zu Zeiten des Eisernen Vorhangs getrennt, steht das historische Gebäude heute als Symbol für grenzenlose Freundschaft.

Im deutschen Teil des Bahnhofs wurden die Naturpark-Welten, ein Museum mit fünf Ebenen, eingerichtet, die dank Lift alle stufenlos zugänglich sind. Im Untergeschoss befindet sich das Europäische Fledermauszentrum, die anderen Etagen widmen sich dem Großen Arber, dem Ostbayerischen Skimuseum, einer Ausstellung zur Eisenbahn und das Dachgeschoss ist mit einer Modelleisenbahn ein „Gesamtkunstwerk".

Im Joska Glasparadies tauchen Sie in eine Jahrhunderte alte Handwerkstradition ein und erleben die Herstellung mundgeblasender Gläser hautnah. Die Erlebniswekt ist stufenlos und mittels Lift erreichbar.

Auch das Glasmuseum Frauenau und die dazugehörigen Gläsernen Gärten sind einen Besuch wert. Hier lernen Sie spannendes über die Geschichte des Glases – von der Glaserzeugung in der Antike bis in die Moderne.

Die Glashütte und der Werksverkauf sind stufenlos erreichbar, sodass auch Menschen mit Rollstuhl oder Gehbehinderung ohne Hindernisse an den Führungen teilnehmen können.

Deutschland / Bayern / Arberland – Bayerischer Wald

 Kulinarik

Ein gutes Essen rundet das Urlaubserlebnis ab. Im Kulinarischen Schaufenster am Ortseingang von Zwiesel lernt man den Geschmack des Bayerwaldes kennen.

Die Regale des Schmankerl-Ladens sind gefüllt mit süßen und deftigen Leckereien – alle regional in Handwerk oder von familiengeführten Betrieben zubereitet.

Das Grundsortiment um Holzofenbrot, Geselchtem, Salami, Kräuter-Salz, Marmeladen und Honig wird saisonal erweitert. Hier findet man sicher ein schönes Mitbringsel für sich selbst oder ein Geschenk für die Liebsten daheim.

Für das Rund-um-Wohlgefühl im ARBERLAND sorgen die nach „Reisen für Alle" zertifizierten Gastgeber im ARBERLAND. Herzlich Willkommen im ARBERLAND!

Wir freuen uns auf Sie!

 Kontakt

ARBERLAND REGio GmbH
Tourismusförderung

Amtsgerichtstr. 6-8
94209 Regen
Tel.: 09921 9605 0

tourismus@arberland-regio.de
www.arberland.de/barrierefrei
www.arber.de

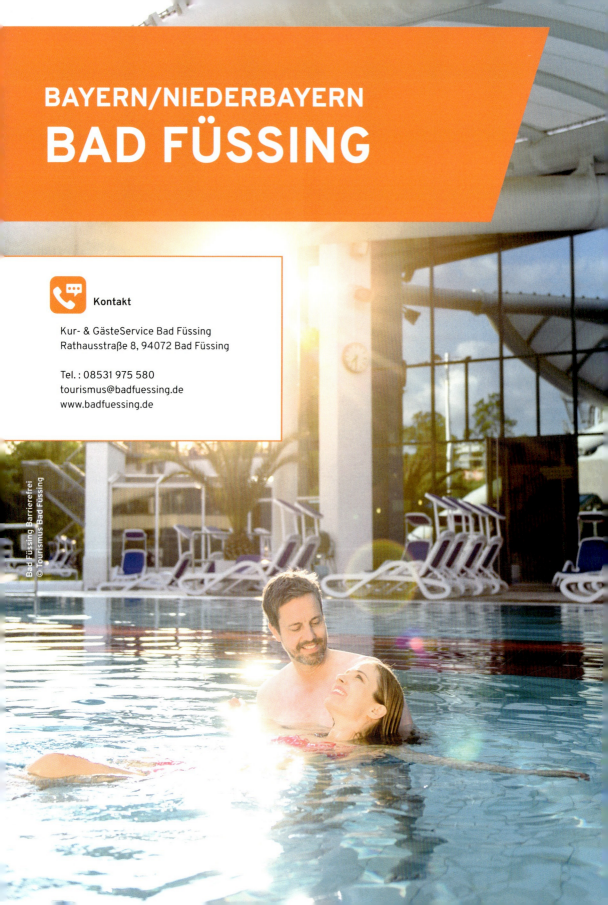

BAYERN/NIEDERBAYERN
BAD FÜSSING

Kontakt

Kur- & GästeService Bad Füssing
Rathausstraße 8, 94072 Bad Füssing

Tel. : 08531 975 580
tourismus@badfuessing.de
www.badfuessing.de

Bad Füssing Barrierefrei
© Tourismus Bad Füssing

Deutschland / Bayern / Niederbayern / Bad Füssing

Barrierefrei erholen in Deutschlands beliebtester Thermenwelt

Eintauchen und aufleben: Bad Füssing macht es Menschen mit Bewegungseinschränkung leicht, unbeschwert den Urlaub zu genießen.

Deutschlands Gesundheitsreiseziel Nummer 1 im Herzen des Bayerischen Golf- und Thermenlands bietet Menschen mit eingeschränkter Bewegungsfreiheit beste Voraussetzungen für erholsame Ferien in den legendären Thermen. Die Aktion „Reisen für Alle – Deutschland barrierefrei erleben" hat Bad Füssing erneut als „bestens geeignetes Reiseziel" für Menschen mit Handicap ausgezeichnet.

Bad Füssings Thermalwasser ist legendär für seine Heilwirkung bei Rheuma, Gelenk- oder Rückenproblemen, nach Operationen am Bewegungsapparat oder zum Stressabbau. Die Heilbäderwelt in Niederbayern ist deshalb ideales Reiseziel für Menschen mit besonderen Komfort-Wünschen etwa durch eingeschränkte Beweglichkeit.

Thermenspaß ohne Barrieren

Bad Füssing verwöhnt seine Besucher dank umfassender Sicherheits- und Hygienekonzepte auch aktuell – trotz Corona-Pandemie – mit der größten Thermenlandschaft Europas: 100 Therapie-, Entspannungs- und Bewegungsbecken mit insgesamt 12.000 Quadratmetern Wasserfläche in den drei großen Thermen und in Hotels, Sanatorien und Kliniken. Die drei Thermen sind heute beispielhaft behindertengerecht ausgestattet: Hebekräne und Lifte an den verschiedenen Becken ermöglichen auch Rollstuhlfahrern ein unbeschwertes Bad in den Thermalbecken. Ebenfalls überall vorhanden: behindertengerechte Kabinen mit Dusche/WC, Lift, Rampen und automatische Türen.

Barrierefrei erreichbar sind auch alle wichtigen öffentlichen touristischen Einrichtungen, vom Infozentrum des Kur- und Gästeservice bis hin zu den Veranstaltungsorten. Bei den Konzerten im Großen und Kleinen Kurhaus können Besucher Rollstuhlplätze buchen. Hörgeschädigte können im Großen und Kleinen Kursaal sowie in der katholischen und evangelischen Kirche induktiv hören. Sogar die vielbesuchte Spielbank mit der Sky-Lounge verfügt über einen barrierefreien Zugang.

Mobil, aktiv und unabhängig trotz Handicap

Die Nahverkehrslinien zwischen den Thermen eröffnen auch Menschen mit Handicap viele Möglichkeiten, mobil und unabhängig zu sein: Niederflurbusse und erhöhte Gehsteige ermöglichen einen niveaugleichen Einstieg und unbeschwertes Mitfahren nach Lust und Laune. Kostenlos ist die Fahrt sowieso für alle Besitzer einer gültigen Bad Füssing-Karte.

Auf Aktivurlauber mit Bewegungseinschränkungen warten in den Mietstationen die unterschiedlichsten Spezialfahrräder und selbst der Golfplatz erlaubt Golfen trotz körperlichem Handicap: mit extra flachen Spielbahnen und einem Aufzug für Rollstuhlfahrer im Clubhaus. Auch beim Genießen und Feiern öffnen sich in Bad Füssing für behinderte Gäste viele (Automatik)Türen: Ein ganz großer Teil der Cafes, Bars und Restaurants im Ort haben bereits rollstuhl- und rollatorgerechte Zugänge und auch Toilettenanlagen.

Komfortabel übernachten

Auch immer mehr Gastgeber gestalten ihre Hotels, Pensionen und Appartementhäuser barrierefrei:

Der Kur- und GästeService berät Menschen mit körperlichem Handicap umfassend zu barrierefreien Unterkünften und der speziellen Ausrichtung einzelner Häuser für bestimmte Behinderungen.

Mehr Informationen unter:
https://www.badfuessing.com/barrierefrei

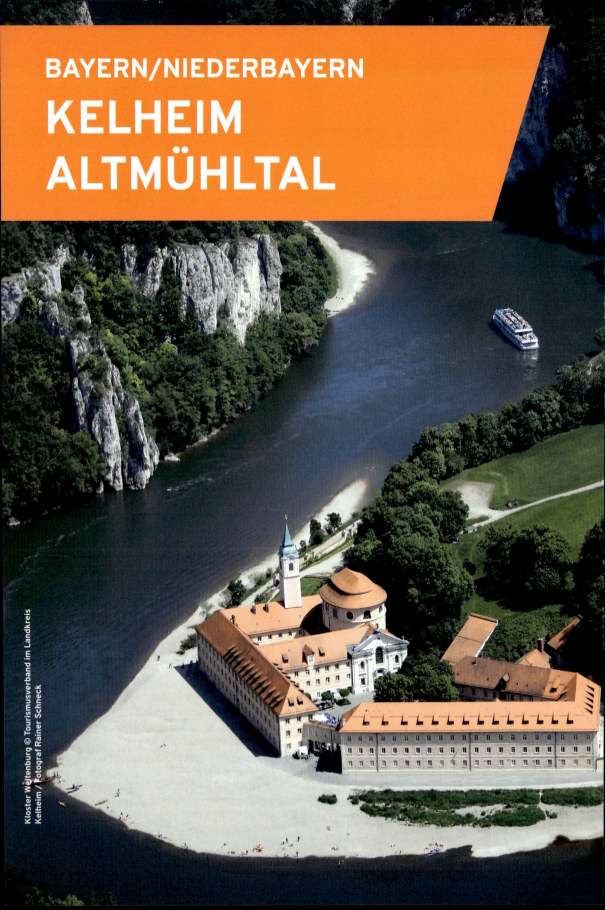

BAYERN/NIEDERBAYERN
KELHEIM ALTMÜHLTAL

Kloster Weltenburg © Tourismusverband im Landkreis Kelheim / Fotograf Rainer Schneck

Bayern / Niederbayern / Kelheim & Altmühltal

 Die Urlaubsregion

Bei der Stadt Kelheim, im Naturschutz „Weltenburger Enge", fließt die Donau an ihrer engsten Stelle zwischen bis zu 80 Meter aufragenden Felswänden. Nicht umsonst wurde die „Weltenburger Enge" mit dem berühmten Donaudurchbruch als erstes Nationales Naturmonument Bayerns ausgezeichnet. Den schönsten Blick auf den Donaudurchbruch genießen Sie bei einer Fahrt auf den barrierefreien Ausflugsschiffen zwischen Kelheim und dem Kloster Weltenburg. Dort lädt die Klosterschenke zu einer Stärkung mit bayerischen Schmankerln ein. Die von den berühmten Gebrüdern Asam erbaute Klosterkirche zählt zu den bedeutendsten Barockkirchen Europas.

Im Naturpark Altmühltal thronen Burgen und Schlösser auf bizarren Felsformationen hoch über dem Tal. Die malerischen Orte Essing und Riedenburg bieten schöne Wander-und Radwege von einfachen Touren ohne große Steigungen bis zu sportlicheren Anforderungen.

Im Süden der Region liegt das Hopfenland Hallertau. Schauen Sie dort dem Hopfen beim Wachsen zu. Für Gruppen bieten Hopfenbotschafterinnen auf ihren Höfen Erlebnisführungen an. Diese sind auch für Rollstuhlfahrer geeignet.

 Sehenswertes

Das Wahrzeichen Kelheims ist die imposante Befreiungshalle auf dem Michelsberg. Genießen Sie den herrlichen Ausblick auf die Stadt, die Donau und das Altmühltal. Mit der Ludwigsbahn gelangen Sie bequem von der historischen Altstadt hinauf zur Ruhmeshalle.

Der Innenraum der Halle ist über einen Lift für Menschen mit mobilen Einschränkungen erreichbar. Bei einer barrierefreien Stadtführung wird die Geschichte der Stadt wieder lebendig und Sie erfahren wie die Befreiungshalle nach Kelheim kam. Wie ein Drache schwingt sich die Holzbrücke „Tatzlwurm" bei Essing über den Main-Donau-Kanal. Mit 163 Metern Länge ist sie die zweitlängste Holzbrücke in Europa. Einen schönen Blick auf Essing mit seinem Felsmassiv bietet ein Spaziergang auf dem Kunstweg.

In der Drei-Burgen-Stadt Riedenburg fasziniert im Kristallmuseum die größte Bergkristallgruppe der Welt. In die Geheimnisse der Braukunst entführt Biersommelière Sandra Schmid bei ihren Verkostungen. Einen tollen Panoramablick auf Riedenburg und das Altmühltal haben Sie vom Aussichtspunkt „Schwammerl" aus, der mit einer Begleitperson auch für Rollstuhlfahrer erreichbar ist. Die Babonenstadt Abensberg wird auch das „Tor zur Hallertau" genannt. Bei einer barrierefreien Stadtführung lernen Sie die bewegte Geschichte der Stadt und das Leben der Menschen in der Hallertau kennen. Verpassen Sie auch nicht einen Besuch im Stadtmuseum im historischen Herzogskasten. Von April bis Juni ist rund um Abensberg Spargelernte. Viele Spargelhöfe bieten zu dieser Zeit spezielle Führungen an. Wohlfühlen und genießen heißt es in der Kaiser-Therme in Bad Abbach und der Limes-Therme in Bad Gögging.

 Natur erleben

Der Landschaftspflegeverband Kelheim VöF e. V. bietet für Gruppen Naturführungen zu Flora und Fauna, Naturschutzgebiete, Geologie, Artenschutz u.v.m. an. Dauer und Route kann individuell auf die Bedürfnisse der Gruppe abgestimmt werden.

 Kontakt

Tourismusverband im
Landkreis Kelheim e. V.

info@tourismus-landkreis-kelheim.de
Tel.: 09441 207-7330
www.herzstueck.bayern/barrierefrei

Deutschland / Bayern / Niederbayern

Hotel Theresientor
94315 Straubing
★★★★

Theresienplatz 51
Tel.: 094 218 490, Fax: 094 218 491 00
E-Mail: straubing@hotel-theresientor.de
Web: www.hotel-theresientor.de

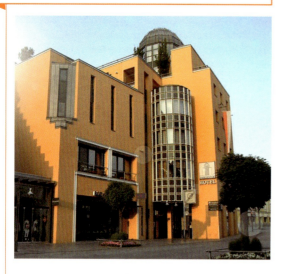

Allgemeines: Unser privat geführtes 4-Sterne-Hotel befindet sich im historischen Zentrum von Straubing und bietet moderne Zimmer mit Bad, kostenfreiem WLAN und Klimaanlage.

Sie finden uns in vorzüglicher Lage, direkt am Stadtplatz von Straubing, am Eingang der Fußgängerzone. Ihr Fahrzeug stellen Sie bequem in unserer hauseigenen Tiefgarage Theresientor ab. Und natürlich ist unser Hotel auch ein zentraler Ausgangspunkt für einen Ausflug in die Umgebung, etwa nach Regensburg (45 km) oder München (140 m) oder um weitere Sehenswürdigkeiten im schönen Bayerischen Wald zu besichtigen. Vom Parkplatz bis Eingang eine Rampe, ansonsten stufenlos; Frühstücksraum, Restaurant und Zimmer (mit dem Aufzug) sind ohne Barrieren erreichbar.

Die Gast- und Tagungsräume strahlen Gemütlichkeit aus und der romantische Biergarten ist beliebter Treffpunkt für Straubings Bürger und Gäste. Als Hotelgäste haben Sie die Möglichkeit zum Preis von 23,- € Halbpension in Form eines 3-Gang-Menü zu buchen oder á la carte zu speisen. Unser Hotel verfügt über 43 moderne und voll ausgestattete Zimmer, die Ihnen eine komfortable Rückzugsmöglichkeit bieten.

Ausstattung: Zur Grundausstattung gehören in den Zimmern jeweils Dusche/Bad und WC, ein Kosmetikspiegel, ein Haartrockner, ein Schreibtisch, eine Minibar und Kabel-TV. WLAN ist im gesamten Haus kostenlos verfügbar. Wir sind ein Nichtraucherhotel, welches auch behindertengerechte und Zimmer mit elektrisch verstellbaren Betten bietet. Die Zimmer mit eigenen Terrassen ermöglichen einen wunderschönen Blick auf den Straubinger Stadtplatz.

Zimmer & Bad: Türbreite der Zimmer 92 cm, von Du/WC 95 cm. Bewegungsfreiraum in Du/WC 300 x 300 cm; Freiraum links neben WC 60 cm, davor 250 cm. Dusche ohne Schwelle befahrbar, Waschbecken unterfahrbar. Festinstallierter Duschsitz und stabile Haltegriffe an Dusche und WC vorhanden.

Lage: Im Zentrum von Straubing; Arzt und Apotheke im Haus; Bahnhof 1 km.

Preise: EZ ab 86,- €; DZ ab 121,- € inkl. Frühstücksbüfett. Kinder sind bis fünf Jahre kostenfrei im Zimmer der Eltern, von sechs bis elf Jahre zahlen Sie 22,50 € pro Kind und Nacht, ab zwölf Jahre 35,- €.

BAYERN
OBERBAYERN

Haus im Berchtesgadener Land mit Blick auf die Alpen

Deutschland / Bayern / Oberbayern

Meisterbauerhof
83404 Ainring

Sara und Rupert Kriechbaumer, Rabling 4
Tel.: 08654 51 86
E-Mail: info@meisterbauer.de
Web: www.meisterbauer.de

Allgemeines: Der Meisterbauerhof liegt in ruhiger, jedoch zentraler Lage am Ortsrand von Ainring inmitten der idyllischen Berglandschaft des Berchtesgadener Landes. Auf diesem kinderfreundlichen Ferienhof mit Milchviehbetrieb und vielen anderen Tieren kann man seinen Urlaub in familiärer Atmosphäre genießen und schöne, erholsame Tage erleben. Der Zugang zu den Tieren ist barrierefrei.

Die Kinder dürfen im Kuhstall mithelfen, kostenlos auf den Ponys (mit Führung) reiten und sich nach Herzenslust austoben. Für die kleinen Gäste gibt es außerdem eine Spielwiese mit Fußballtor, einen großen Reitplatz, einen Spielplatz mit Schaukeln, Rutsche und Sandkasten, ein Riesentrampolin, Kinderfahrzeuge, einen Spielkeller mit Fußballkicker, Tischtennis und Tischbillard sowie im Winter Schlitten und Bob.

Wanderer finden rund um den Meisterbauerhof „Natur pur" zum Kraft tanken, mit Weitblick auf Salzburg und die Berchtesgadener Berge und vielen Bergbahnen in der Nähe.

Ausstattung: Im neu erbauten Ferienhaus bietet Familie Kriechbaumer insgesamt 4 Ferienwohnungen in verschiedenen Größen an, darunter je eine barrierefreie und eine rollstuhlgerechte 5-Sterne-Ferienwohnung.

Durch den Neubau der barrierefreien Wohnung haben Gäste mit Gehbehinderung und Rollstuhlfahrer die Möglichkeit, den Urlaub mit ihrer ganzen Familie hier zu verbringen. Auch Pärchen sowie Familien mit Oma und Opa sind herzlich willkommen.

Vom Parkplatz zum Eingang der Ferienwohnungen gibt es keine Stufen, Zimmer und Badezimmer befinden sich im EG. Alle Wohnungen sind mit Spülmaschine, SAT-TV, Telefon und WLAN ausgestattet. Gartenmöbel und Kleinkinderausrüstung sind ebenfalls vorhanden. Auch Brötchen und Getränkeservice werden angeboten.

Die Ferienwohnung „Gaisberg" (4 Sterne) ist barrierefrei, für bis zu 4 Personen geeignet, mit 75 qm Wohnfläche, 2 Schlafräumen, Wohnküche, Dusche/WC, Wintergarten und Terrasse.

Die rollstuhlgerechte Ferienwohnung „Watzmann" (5 Sterne) bietet 90 qm Wohnfläche und ist für bis zu 5 Personen geeignet, mit 2 Schlafräumen, Wohnküche, Dusche/ WC, Gäste-WC und Terrasse.

Deutschland / Bayern / Oberbayern

Zimmer & Bad: Türbreite von Zimmer und Dusche/WC 90 cm. Höhenverstellbare Betten sind vorhanden (Bettenhöhe 55 cm). Bewegungsfreiraum in Dusche/WC 140 x 140 cm. Freiraum links neben WC 180 cm, rechts 50 cm, davor 140 cm. WC-Höhe 50 cm.
Der Duschbereich ist mit dem Rollstuhl befahrbar, stabiler Duschhocker und Haltegriffe an der Duschwand sind vorhanden, das Waschbecken ist unterfahrbar.

Entfernungen: Zur Ortsmitte mit Einkaufsmöglichkeiten, Arzt und Apotheke 2 km. Gasthaus 500 m; Freibad 1 km; Bahnhof 3 km; Hallenbad, See und Krankenhaus 15 km.

Freizeit & Umgebung: Ideal für Naturfreunde und viele barrierefreie Ausflugsziele im schönen Berchtesgadener Land sind gut zu erreichen (neuer barrierefreier Erlebnisturm im Ainringer Moor ab 2020), Salzburg (15 km) und Bad Reichenhall (13 km).

Brauereibesichtigung im Hofbräuhaus Traunstein, Eisriesenwelt in Werfen, Enzianbrennerei Grassl in Berchtesgaden, Falknerei mit Vorführungen in Werfen, Glockenschmiede Ruhpolding, Großglockner mit Hochalpenstraße, Holzknechtmuseum Ruhpolding, Hohe Tauern, Käseschauwelt Schleedorf, Kehlsteinhaus, Lokwelt Freilassing, Roßfeldhöhenringstraße, Salzbergwerk in Berchtesgaden und Hallein, Stiegl's Brauwelt – Europas größte Bierausstellung. Das neue Porschemuseum in Anger (barrierefrei). Erlebnis- und Tierparks: Märchen-Familienpark Ruhpolding, Märchen-Erlebnispark Marquartstein, Tierpark Hellbrunn, Märchen- und Freizeitpark Strasswalchen, Babalu-Funpark Traunstein (Indoor, geeignet auch bei Regenwetter).
Bergbahnen: Hirscheckbahn bei Hochschwarzeck, Hochfelln bei Bergen, Jennerbahn am Königssee, Predigtstuhlbahn bei Bad Reichenhall, Rauschbergbahn bei Ruhpolding, Salzbergbahn bei Berchtesgaden und die Untersbergbahn bei Salzburg.

Preise: Hauptsaison: Ferienwohnung „Watzmann" für 4 Personen 140,- Euro. Ferienwohnung „Gaisberg" für 4 Personen 115,- Euro. Nebensaison: Ferienwohnung „Watzmann" für 2 Personen ab 90,- Euro, für 4 Personen ab 100,- Euro. Ferienwohnung „Gaisberg" für 2 Personen ab 80,- Euro, für 4 Personen ab 90,- Euro.

Attraktive Pauschalangebote und Einblicke ins Ferienleben auf diesem Familienbauernhof finden Sie auf der liebevoll gestalteten Homepage unter www.meisterbauer.de.

Deutschland / Bayern / Oberbayern

Lichtblick Hotel
82239 Alling

Am Sonnenlicht 3
Tel.: 08141 534 880
E-Mail: info@lichtblick-hotel.de
Web: www.lichtblick-hotel.de

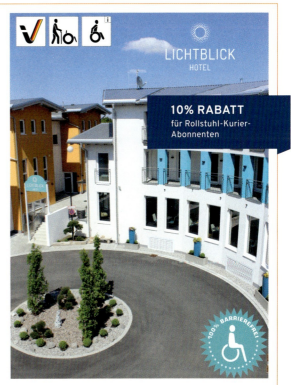

Allgemeines: Im wunderschönen Freistaat Bayern, umgeben von Seen und den Alpen, liegt das 2012 neu erbaute Hotel Lichtblick. Wir laden Sie ein in eine ruhige, ländliche Gegend am Rande des Gewerbeparks Alling, dennoch nur 22 Kilometer von München entfernt.

Als familiengeführtes Haus bieten wir Ihnen 22 moderne Doppelzimmer auf dem neuesten technischen Stand, zudem komplett barrierefrei.

Nicht nur die Zimmer, sondern das gesamte Hotel wurde nach den aktuell geltenden Vorschriften barrierefrei und somit ideal für Rollstuhlfahrer gestaltet. Im Nebengebäude, ebenfalls komplett barrierefrei, finden Sie drei hochwertig ausgebaute Seminarräume, die ideal für Schulungen, Workshops und Events sind.

Auf unserem Gelände befindet sich zudem ein barrierefreies Restaurant und das Hotel Lichtblick verfügt in der Tiefgarage über eine „Stromtankstelle"

Freizeit & Umgebung: Fünfseenland, Deutsches Museum, Bayerisches Nationalmuseum, Ammersee und Starnberger-See-Schiffrundfahrten, Besichtigung Kloster Fürstenfeld, Besichtigung Olympiaturm & Gelände in München, SeaLife in München, Klosterbesichtigung Andechs, BMW-Welt und Museum.

Preise: EZ ab 109,- € pro Nacht, DZ ab 129,- € pro Nacht. Im Zimmerpreis inklusive: Vielfältiges Frühstücksbuffet, Tiefgarage und WLAN.

Weitere Informationen finden Sie auf unserer Website www.lichtblick-hotel.de. Wir beraten Sie gerne auch unter der Telefonnummer (08141) 534 880 oder unter info@lichtblick-hotel.de.

Wir freuen uns auf Sie!

BAYERN / OBERBAYERN
ALPENREGION TEGERNSEE SCHLIERSEE

Deutschland / Bayern / Oberbayern / Tegernsee Schliersee

 Servus & herzlich willkommen.

Hier sind Sie genau richtig – in der Alpenregion Tegernsee Schliersee. Dort, wo sich die Berge des Voralpenlandes in einem der glitzernden Seen spiegeln. Wo Brauchtum noch gelebt wird und die feschen Madln ihre Dirndl zum Tanz ausführen. Wo sich Bayern in seiner Echtheit, ganz pur und ungeschminkt präsentiert. Und wo auch ein vielfältiges barrierefreies Angebot von vielen Attraktionen in der Region entstanden sind.

Nur eine Stunde südlich von der bayerischen Landeshauptstadt München eröffnet sich Ihnen eine überraschende Vielfältigkeit. Nicht umsonst wurde unsere Region mit den meisten erlebbaren barrierefreien Angeboten in Bayern ausgezeichnet. So existieren in der Region über 50 Attraktionen und Angebote, die nach den Kriterien von ‚Reisen für Alle' erhoben und zertifiziert werden konnten.

Um Ihnen das alles optimal zu präsentieren, haben wir eine eigene barrierefreie Website erstellt, die unter barrierefrei.tegernsee-schliersee.de erreichbar ist.

Außerdem haben wir alle Informationen in einer eigenen Broschüre ‚Reisen für Alle – zertifizierte Betriebe und Angebote zur Barrierefreiheit' zusammengefasst. Sie kann unter
barrierefrei.tegernsee-schliersee.de
kostenfrei bestellt werden.

 Detailinformation ‚Reisen für Alle'

„Reisen für Alle" ist ein bundesweit gültiges Informations- und Bewertungssystem für touristisch relevante Einrichtungen – von Unterkünften über gastronomische Betriebe bis hin zu Freizeitangeboten.

Erstmals wurden für die Gäste in der Alpenregion Tegernsee Schliersee notwendige Informationen durch ausgebildete Erheber erfasst und mit klaren Qualitätskriterien bewertet.

Diese wurden in mehrjähriger Zusammenarbeit und Abstimmung mit Betroffenenverbänden sowie touristischen Akteuren entwickelt.

 Die Anreise

Aufgrund der Nähe zu München sind die Verbindungen in unsere Region sowohl mit der Bahn als auch mit dem Auto äußerst vielseitig.

Für unsere Gäste mit gültiger Kur- und Gästekarte ist die Fahrt mit den öffentlichen Bussen (Regionalverkehr Oberbayern) im gesamten Landkreis gratis. Dieser Service steht Ihnen sogar für die Regionen Bad Tölz und Garmisch-Partenkirchen zur Verfügung. Und mit der Bayerischen Regiobahn reisen Sie z. B. nach Gmund am Tegernsee (Bahnhof barrierefrei), nach Bayrischzell, Schliersee oder Miesbach.

Deutschland / Bayern / Oberbayern / Tegernsee Schliersee

 Das Angebot

Dabei ist das Angebot nicht nur auf Unterkünfte und Gastronomiebetriebe beschränkt – auch Kulturhighlights, Sportangebote oder der öffentliche Nahverkehr sind dabei und bieten Ihnen Urlaubsgenuss von Tal bis zum Berg, vom Museum bis zum Kulturevent, von Sport bis Wellness!

Ein paar Beispiele?

Auf alle Kulturfans warten zum Beispiel das KULTUR im Oberbräu in Holzkirchen, der Waitzinger Keller in Miesbach oder das Seeforum in Rottach-Egern mit zahlreichen Veranstaltungen und Ausstellungen.

Ein ganz besonderes Erlebnis bietet auch das Museum im Gsotthaber Hof in Rottach-Egern mit seiner Vielzahl an Kutschen und Wagen aller Art mit den dazu passenden Furhmannsgerätschaften.

Sie wollen auch mal aktiv unterwegs sein? Dann empfehlen wir Ihnen zum Beispiel den Alt Wiesseer Rundweg, das Naturschauspiel in Kreuth oder die Rundwege um unsere Seen Schliersee, Spitzingsee, Suttensee oder natürlich um den Tegernsee – letzterer lässt sich bei einer Streckenlänge von über 20 Kilometern am besten mit dem Handbike oder in Etappen auch mit dem Rollstuhl umrunden. Zwar ist die ein oder andere Steigung im Voralpenland nicht zu verhindern, wir stellen Ihnen aber zu jedem Weg detaillierte Informationen zum Wegezustand zur Verfügung.

Eindrucksvolle Blicke in die Tiefe bieten wir gleich zweimal: entweder Sie unternehmen einen Ausflug auf den Wendelstein und genießen die Aussicht aus 1800 m bis nach München und bei guter Sicht bis zur Zugspitze, dem Großglockner oder sogar den Dolomiten.

Oder Sie wagen einen Besuch im kletterz – dem Kletterzentrum in Weyarn, die sich auch auf barrierefreie Angebote in ihren zahlreichen Kletterhallen und bei zahlreichen Kursen spezialisiert haben.

Deutschland / Bayern / Oberbayern / Tegernsee Schliersee

Und Wasserratten kommen zum Beispiel im Batusa in Holzkirchen inklusive 25-Meter-Becken mit Sprungbrett, Babybecken, Außenbecken mit 33 Grad warmen Wasser und einer 50-Meter-Rutsche und großer Liegewiese im Außenbereich!

Ja und im Winter? Ein ganz besonderes Angebot bietet die Skischule Tegernsee: im geführten Dualski können gehbehinderte Menschen den Ski-Spaß erleben. Speziell ausgebildete Blinden-Begleit-Skilehrer ermöglichen auch Sehbehinderten das Erlebnis Schneesport. Die Skischule Tegernsee befindet sich am Fuße des Hirschbergs an den gleichnamigen Liften.

Und wenn Sie nach all den Aktivitäten und Unternehmungen einkehren möchten – wie wär's mit einer Einkehr im Berggasthof Walleralm auf 1.412 m Höhe auf dem Sudelfeld? Oder im berühmten Bräustüberl in Tegernsee? Oder steht es Ihnen nach Whisky in der SLYRS Caffee&Lunchery in Neuhaus am Schliersee oder Käsespezialitäten in der Naturkäserei TegernseerLand in Kreuth? Das Angebot ist zahlreich und Sie haben die Qual der Wahl.

 Kontakt und weitere Informtionen

Alpenregion Tegernsee Schliersee KU
Rathausplatz 2
83714 Miesbach
Barrierefrei.tegernsee-schliersee.de
www.tegernsee-schliersee.de
info@tegernsee-schliersee.de
Öffnungszeiten:
Mo bis Do von 9 bis 17 Uhr
Fr von 9 bis 15 Uhr

Broschüre ‚Reisen für Alle – zertifizierte Betriebe und Angebote zur Barrierefreiheit' ist kostenfrei erhältlich unter
barrierefrei.tegernsee-schliersee.de.

Rottach Egern am Tegernsee

Deutschland / Bayern / Oberbayern

Hotel „Zur Post"
83101 Rohrdorf

superior

Dorfplatz 14
Tel.: 08032 183 0, Fax: 08032 584 4
E-Mail: hotel@post-rohrdorf.de
Web: www.post-rohrdorf.de

Allgemeines: Sehr schönes, renommiertes Hotel in bester Lage, mit 113 komfortablen, geschmackvoll eingerichteten Zimmern mit Dusche oder Bad/WC, TV und Telefon. Gemütliche Restaurants; Garten-Restaurant mit frischen Produkten aus eigener Metzgerei und Landwirtschaft.

Vom Parkplatz zum Eingang mit Rampe mit Handlauf, Frühstücksraum, Restaurant und Zimmer (mit dem Aufzug) stufenlos erreichbar. Aufzugstür 80 cm breit und Aufzug 140 cm tief. Der Garten ist über eine Rollstuhlrampe stufenlos erreichbar. Zusätzliches, öffentlich zugängliches und vergrößertes Rollstuhl-WC, mit dem Lift erreichbar.

Zusätzlich gibt es 36 neu gebaute Appartements im neuen Gästehaus „Poststadl".

Zimmer & Bad: Geeignet für Rollstuhlfahrer (5 Apartments), Gehbehinderte (bis 50 Pers.) und andere Menschen mit Handicap. Freiraum in Bad oder Du/WC 110 x 140 cm. Die 5 Apartements im Haupthaus des Hotels haben 80er Türbreiten, unterfahrbares Waschbecken, seitlich anfahrbares WC, 90er Duschtasse, fast (1 cm) bodengleich mit Glaskabine/Glastür.

Mobile Haltegriffe und Duschsitz auf Anfrage.

Lage: Im ruhigen Ortskern von Rohrdorf, am nördlichen Ausläufer des Samerberg- und Hochriesgebietes. Rohrdorf selbst ist flach, gut mit dem Rollstuhl befahrbar. Einkaufen 100 m; Bahnhof 8 km; Arzt 700 m; Apotheke 3 km; Krankenhaus, Dialyse 10 km; Freibad 4 km; Hallenbad 8 km.

Freizeit & Umgebung: Von Rohrdorf aus sind die Schönheiten des Inntals und des Chiemgaus leicht zu erreichen; ob ein Badetag am Chiemsee oder eine Bergwanderung auf der Kampenwand – eine Fahrt mit der Hochgebirgs-Zahnradbahn auf den Wendelstein oder ein Ausflug auf den Samerberg mit der Hochries. Durch die ideale Lage im Dreieck München-Salzburg-Innsbruck ist dieses Hotel ein idealer Ausgangspunkt für die verschiedensten Ausflüge.

Preise: EZ je nach Kategorie 74,- bis 99,- €; DZ 95,- bis 109,- €.

Weitere Informationen, auch über Rollstuhl-Zertifizierung durch NATKO unter www.post-rohrdorf.de.

Deutschland / Bayern / Oberbayern

Caritashotel „St. Elisabeth"
84503 Altötting

Christian Randl, Raitenharterstr. 18
Tel.: 08671 957 70 80, Fax: 08671 957 708 88
E-Mail: caritas-st.elisabeth@t-online.de
Web: www.hausmitherz.de

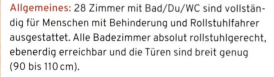

Allgemeines: 28 Zimmer mit Bad/Du/WC sind vollständig für Menschen mit Behinderung und Rollstuhlfahrer ausgestattet. Alle Badezimmer absolut rollstuhlgerecht, ebenerdig erreichbar und die Türen sind breit genug (90 bis 110 cm).

30 elektrisch höhenverstellbare Betten.
Zusätzlich 3 Einbett- und 3 Zweibettzimmer für Fußgänger bzw. Helfer im Obergeschoss. Rollstühle, Duschstühle, Rollator, Lifter, etc., können kostenlos geliehen werden. Besonders empfehlenswertes Haus, sehr herzliche Gastgeber, attraktives Freizeitprogramm, sehr schöne behindertengerechte Ausflüge in die Umgebung und zu Sehenswürdigkeiten im Umland mit rollstuhlgerechten Kleinbussen.

Besonders empfehlenswerte Pauschalangebote auch in der Adventszeit, zu Weihnachten, Silvester und Ostern.

Geeignet für: Gehbehinderte, Körperbehinderte, Rollstuhlfahrer, Gruppen mit geistig Behinderten. Für Einzelreisende und für Gruppen bis 62 Personen.

Lage: Ortsmitte, Einkaufen, Arzt, Apotheke 1 km, Bus 10 m, Bahnhof 1,5 km, Krankenhaus und Dialyse 700 m, Tennisplatz 2 km.

Freibad und Hallenbad 2,5 km; Badesee 12 km, Spielplatz 400 m.

Hilfsmittel: Medizinisch-ärztliche Betreuung ist jederzeit gewährleistet. Hilfe durch einen ambulanten Pflegedienst und therapeutische Anwendungen können organisiert werden. Abholung der Gäste von Zuhause (in ganz Deutschland und Österreich) oder vom Bahnhof ist möglich.

Deutschland / Bayern / Oberbayern

Freizeit & Umgebung: Ein attraktives Freizeitprogramm wird angeboten. Wöchentlich: Pizza backen im Holzofen, Lagerfeuer, Grillabend, Cocktailabend, Schaukochen Paella, Live-Musik, etc.
Auch Alleinreisende Menschen mit Behinderung finden hier schnell Anschluss. Besonders zu empfehlen ist der bayerisch-gemütliche Biergarten und die behaglich-einladende Kellerkneipe.

Der hauseigene Reisedienst sorgt mit insgesamt 3 rollstuhlgerechten Kleinbussen dafür, dass sich alle Gäste von der einzigartigen Schönheit des Voralpenlandes verzaubern lassen können. Ausflüge und Besichtigungen des Wallfahrtsortes Altötting, der mittelalterlichen Stadtbilder der benachbarten Orte Neuötting und Burghausen, ins Salzkammergut, Chiemsee, München, Passau, Berchtesgaden, usw. Motorradtouren mit Beiwagen, auch für Rollstuhlfahrer geeignet! Genießen Sie den Fahrtwind und das tolle Motorrad-Feeling.

Preise: In der Hauptsaison pro Person/Tag: Übernachtung mit Frühstück im rollstuhlgerechten Doppelzimmer 45,- €, im Einzelzimmer 54,- €.

Halbpensionszuschlag 9,- € pro Tag, Vollpension auf Wunsch möglich. Hausprospekt, ausführliche Preisliste und Saisonpreise (Vor- und Hauptsaison) auf Anfrage und auf der Homepage.

Deutschland / Bayern / Oberbayern

Ferienhaus Bruckhuberhof
84364 Bad Birnbach, OT Hirschbach

★★★★

Rudolf und Maria Bachhuber, Dorfplatz 1
Tel.: 08563 455, Fax: 08563 975 185
E-Mail: bruckhuberhof@aol.com
Web: www.bruckhuberhof.de und
www.behinderten-hotels.de/bruckhuberhof

Allgemeines: Vier-Sterne-Haus mit Ferienwohnungen in Alleinlage hinter dem denkmalgeschützten „Rottaler Vierseithof" mit zusätzlich zwei sehr gemütlich und komfortabel eingerichteten, rollstuhl- und behindertengerechten Ferienwohnungen. Zur Ausstattung zählen u.a. komplette Küchenzeile, Essplatz, Sitzgruppe, kostenfreies WLAN, Sat-TV, CD-Player, Radio, Natur- und Gesundheitsmatratze zum Verstellen mit elektrischem Lattenrost.
Vom Parkplatz zum Eingang stufenlos, keine Steigung über 5%; alle Wege gepflastert. Eingang der Ferienwohnungen sowie Garten stufenlos erreichbar.
Geeignet für Rollstuhlfahrer und Familien mit Behinderten. Zwei Ferienwohnungen mit Du/WC (perfekt rollstuhlgerecht), jeweils 70 qm, mit zwei Schlafzimmern sind nach DIN 18024 rollstuhlgerecht ausgestattet. Jede Ferienwohnung ist mit 4Personen belegbar.

Zimmer & Bad: Eingang, Zimmer und Du/WC 100 cm. Freiraum in Du/WC 200 x 200 cm; Freiraum links neben WC 200 cm, rechts 40 cm, davor 250 cm.
Dusche und Waschbecken unterfahrbar und körpergeformt. Festinstallierter Duschsitz, Duschhocker und stabile Haltegriffe an Dusche, WC (beidseitig) und Waschbecken vorhanden. Großer Spiegel, abgesenkt für Rollstuhlfahrer. Rutschhemmende Fußbodenfliesen im Bad. In den Ferienwohnungen pflegeleichter Fußboden; keine Teppichböden! Höhenverstellbare Betten (43 bis 60 cm). Zwei weitere Ferienwohnungen mit Du/WC sind ebenfalls groß genug für Rollstuhlfahrer.

Hilfsmittel: Privater Pflegedienst vor Ort vorhanden. Abholservice und Fahrservice nach Terminabsprache. Termine für Badearzt und Anwendungen, Massage, usw. in Bad Birnbach. Das Haus ist ganzjährig geöffnet. Ebenso das Thermalbad in Bad Birnbach.

Lage: Ruhige Einzellage, mitten im Grünen, alle Wege befestigt, gut befahrbar. Hirschbach liegt zwischen Pfarrkirchen und Bad Birnbach. Ortsmitte, Einkaufen, Bus 200 m; Spielplatz 150 m; Bahnhof 3 km; Kuranwendungen, Badesee, Hallenbad und Tennishalle 4 km; Tennisplatz 2 km; Freibad 7 km; Krankenhaus und Dialyse 9 km.

Preise: Pro Tag für die Ferienwohnung mit 50 qm bei Belegung mit 2 Pers. 48,- €, jede weitere Person 9,- €; für die Ferienwohnung mit 70 qm für 56,- € bei 2 Pers., jede weitere Person 9,- €.

Blick über Oberbayern vom Herzogstand

BAYERN / OBERBAYERN
CHIEMSEE ALPENLAND

 Kontakt

Chiemsee-Alpenland Tourismus GmbH & Co.KG
Felden 10, 83233 Bernau a.Chiemsee
Tel.: 08051 96 555 0, Fax: 08051 96 555 30
E-Mail: info@chiemsee-alpenland.de
www.chiemsee-alpenland.de/barrierefreier-urlaub

Schloss Herrenchiemsee
©Chiemsee-Alpenland Tourismus,
Bayerische Schlösserverwaltung

Deutschland / Bayern / Oberbayern / Chiemsee-Alpenland

Das Chiemsee-Alpenland – die Urlaubsregion für ALLE

Urlaub im Süden ist immer vielversprechend. Urlaub in Deutschlands Süden ist eine der besten Ideen! Zwischen München und Salzburg erstreckt sich eine der beliebtesten Urlaubsregionen Deutschlands – das Chiemsee-Alpenland. Es vereint atemberaubende Natur, südländisch anmutende Städte, bayerische Tradition und Kultur mit modernem Zeitgeist. Die von Flüssen, Seen und Bergen geprägte Landschaft bietet sowohl Aktivurlaubern als auch Erholungssuchenden vielfältige Erlebnisse. Ganz gleich ob im Rollstuhl, mit dem Handbike, auf dem Fahrrad oder zu Fuß unterwegs -hier finden alle Gäste das passende Angebot.

Das Chiemsee-Alpenland ist Pilotdestination für das Kennzeichnungssystem „Reisen für Alle" und bietet dadurch Planungssicherheit und zuverlässige Informationen zur Barrierefreiheit. Viele zertifizierte Angebote versprechen einen Urlaub ohne Hindernisse.

Beliebte Ausflugsziele

Der Chiemsee und seine Inseln: Das über die Lande bekannte Schloss König Ludwig des II. auf der Herreninsel wartet im prachtvollen Glanz auf seine Besucher und auch die Fraueninsel mit dem Kloster Frauenwörth und ihrem idyllischen Fischerdorf ist ein wahres Kleinod. Schon die Überfahrt mit dem Schiff ist ein Erlebnis. Die Chiemsee-Schifffahrt bringt die Gäste das ganze Jahr über auf die Inseln, dank barrierefreiem Einstieg genießen alle das „Bayerische Meer". Wer den See auf eigene Faust erkunden möchte, leiht sich ein Boot bei den zahlreichen Bootsverleihen aus, in Prien a. Chiemsee ist dies auch für Rollstuhlfahrer möglich.

Aktiv unterwegs im Chiemsee-Alpenland: Ob am See entlang oder den Berg hinauf, unterwegs im Moor oder an künstlerischen Skulpturen vorbei – Aktivurlauber haben eine große Auswahl an barrierefreien Wegen und (Hand)bike-Touren.

Barrierefrei vom Tal auf den Berg: Die Wendelsteinbahn bringt Gäste auf die 1.724 Meter hohe Bergstation, oben angekommen eröffnen sich traumhafte Ausblicke auf die umliegende Bergwelt. Anschließend ruft das kühle Nass! Die Seen und Bäder der Region locken mit Badespaß und punkten teilweise mit flachen Seezugängen und Strandrollstühlen zur kostenfreien Leihe.

Wohlfühl- und Gesundheitsregion: Im Chiemsee-Alpenland, der Region, mit der höchsten Klinikbettendichte Europas, wird Gesundheit und Sicherheit seit jeher großgeschrieben. Die zahlreichen Kur- und Rehakliniken sowie Heilbäder, ein Kneippkurort-, Luftkur- und Erholungsorte zeugen davon. Bad Aibling, Bad Feilnbach und Bad Endorf laden mit natürlichen Heilmitteln, wie dem Moor und Heilwasser, ein, etwas für die Gesundheit zu tun. Und in den beiden Thermen und den Bädern der Region wartet Entspannung in wohliger Wärme.

Kulturerlebnisse und dolce Vita in den Städten: Die Städte Bad Aibling, Kolbermoor, Rosenheim und Wasserburg a.Inn sind beliebte Ziele von Kultur- und Kunstliebhabern, Einkaufsfreudigen und Genießern. Beispielsweise bietet der Lokschuppen Rosenheim renommierte wechselnde Ausstellungen und unter den farbenfrohen Arkaden der südländisch anmutenden Innstädte lässt es sich bei jedem Wetter herrlich bummeln. Unweit von Rosenheim und Wasserburg a.Inn gewährt das Bauernhausmuseum Amerang historische Einblicke in den Alltag der Bevölkerung.

Unterkünfte und Informationen

Zertifizierte Unterkünfte von der Ferienwohnung über Gasthöfe bis hin zu Hotels versprechen Komfort für einen angenehmen Aufenthalt.

Informationen rund um den barrierefreien Urlaub sind in der neu erschienenen Broschüre „Urlaub für Alle", bei Chiemsee-Alpenland Tourismus unter Tel.: 08051 96 555 0 oder unter www.chiemsee-alpenland.de/barrierefreier-urlaub erhältlich.

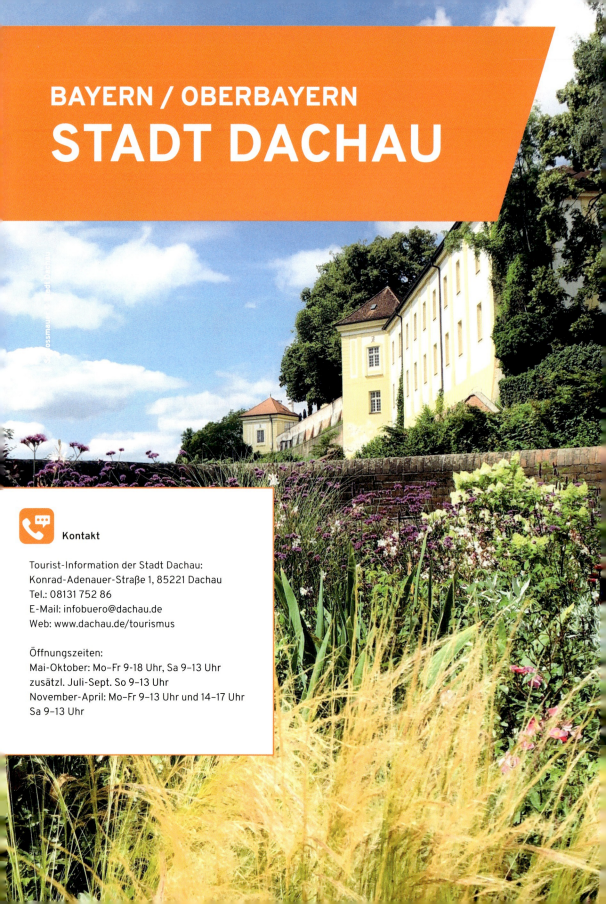

BAYERN / OBERBAYERN
STADT DACHAU

Kontakt

Tourist-Information der Stadt Dachau:
Konrad-Adenauer-Straße 1, 85221 Dachau
Tel.: 08131 752 86
E-Mail: infobuero@dachau.de
Web: www.dachau.de/tourismus

Öffnungszeiten:
Mai-Oktober: Mo–Fr 9-18 Uhr, Sa 9–13 Uhr
zusätzl. Juli-Sept. So 9–13 Uhr
November-April: Mo–Fr 9–13 Uhr und 14–17 Uhr
Sa 9–13 Uhr

Deutschland / Bayern / Stadt Dachau

 Besonderheiten

Dachau liegt im Nordwesten von München. Nur knapp 20 km von der Landeshauptstadt entfernt. Sowohl mit öffentlichen Verkehrsmitteln als auch dem Auto ist Dachau komfortabel zu erreichen.

Mit nahezu 1 Million Besuchern jährlich ist die große Kreisstadt den meisten Gästen in erster Linie durch die KZ-Gedenkstätte Dachau als Erinnerungsort bekannt. Was die wenigsten Besucher wissen: Um 1900 gehörte Dachau zu den bekanntesten europäischen Künstlerkolonien. Barrierefreie Stadtführungen, Museen und Gastgeber laden Sie ein, Dachau sowohl als Erinnerungsort als auch als Künstlerstadt zu entdecken.

Die Dachauer Altstadt liegt auf einer Anhöhe über der Münchner Schotterebene. Den steilen Aufstieg übernehmen gerne die Dachauer MVG-Busse für unsere Gäste. Die meisten der Bushaltestellen sind bereits barrierefrei gestaltet.

Die Tourist-Information der Stadt Dachau ist barrierefrei zugänglich. Sie wurde nach dem bundesweit einheitlichen Kennzeichnungssystem „Reisen für alle" zertifiziert. Sie befindet sich zentral zwischen St. Jakobs Kirche und der Gemäldegalerie. Sie informiert u.a. über Angebote für Menschen mit Behinderung und vermittelt gerne spannende Führungen z.B. für Geh-, Sehbehinderte und Menschen mit kognitiven Beeinträchtigungen. Weiterhin bietet sie Informationen zu Veranstaltungen, Gastronomie, Übernachtungen und Sehenswürdigkeiten an. Zu beachten ist, dass die Dachauer Altstadt mit Kopfstein gepflastert ist – stellenweise wird es bereits durch komfortable Laufstreifen durchzogen.

 Sehenswertes

Ende des 19., Anfang des 20. Jahrhunderts gehörte Dachau neben Worpswede zu den bedeutendsten europäischen Künstlerkolonien. In der umgebenden Mooslandschaft mit ihren Wasserläufen und besonderen Lichtstimmungen fanden Maler unzählige reizvolle Naturmotive. Die Namen vieler berühmten Künstler sind bis heute mit der Stadt verbunden, darunter Carl Spitzweg, Max Lieberman, und Lovis Corinth.

Werke aus der Zeit der Künstlerkolonie sind, neben Sonderausstellungen, in der Gemäldegalerie Dachau zu sehen. Ausschließlich der zeitgenössischen Kunst widmet sich die Neue Galerie im idyllischen Hinterhof der Konrad-Adenauer-Straße 20. Beide Galerien sind barrierefrei zugänglich.

 Veranstaltungen

In Anbetracht seiner 1.200-jährigen Geschichte hat sich Dachau bis weit über die Region hinaus einen Namen gemacht und ist heute als kulturelles Zentrum bekannt. Zum vielfältigen Angebot der Stadt gehören unter anderem hochkarätige klassische Schlosskonzerte in der malerischen Altstadt. Seit Jahrzehnten gastieren international gefeierte Meister der Klassischen Musik im Renaissancesaal des Dachauer Schlosses.

Aktuelle Künstler der verschiedensten Musik-Richtungen bereichern in jedem Jahr den Musik-Sommer auf dem Platz vor dem Rathaus. Zu Lesungen verschiedenster Art locken bekannte Autorinnen und Autoren zu „Dachau liest" einem Literatur-Festival, das jährlich in Dachau stattfindet.

Teilweise barrierefrei zugänglich. Wir beraten Sie gerne im Einzelnen.

 Gastgeber

Die Dachauer Gastgeber von den Hoteliers bis zur Jugendherberge bieten Gastlichkeit und Komfort. Eine Auswahl sowie Informationen zur Barrierefreiheit finden Sie unter: www.dachau.de/gastgeber.

Deutschland / Bayern / Oberbayern

AMBER ECONTEL München
81243 München

Bodenseestr. 227
Tel.: 089 871 890, Fax: 089 871 894 00
E-Mail: muenchen@econtel-hotels.de
Web: www.amber-hotels.de

Zimmer & Bad: Modernes, komfortables Hotel mit 69 Zimmern in 4 verschiedenen Ausstattungsvarianten: Economy Class, Family Class, Business Class und Junior Suite.
Alle Zimmer sind modern möbliert und funktionell ausgestattet, haben Direktwahltelefon, TV mit Fernbedienung, Satellitenempfang, Zimmersafe, Schallschutzfenster sowie ein geräumiges Badezimmer mit Wanne, WC und Fön.

Türbreite der Zimmer 80 cm, von Bad/WC 65 cm. Freiraum in Bad/WC 150 x 150 cm. Freiraum links und rechts neben WC 30 cm, davor 100 cm. Waschbecken unterfahrbar; keine unterfahrbare Dusche.
Bettenhöhe 45 cm.

Lage: Im Westen Münchens, im Stadtteil Pasing. Zur S-Bahn-Station 2 Minuten zu Fuß.
Stadtmitte München ca. 10 km;
Arzt und Apotheke ca. 300 m; Krankenhaus ca. 3 km.

Besonderes: Lobby-Bar, Parkplätze und Tiefgaragenplätze, Konferenz- und Besprechungsräume von 3 bis 100 Personen mit moderner Tagungstechnik.

Kostenloser Kaffee- & Teeservice, Internetservicestation. Kostenfreies WLAN im gesamten Hotel.

Parkplatz, Eingang, Frühstücksraum und Zimmer (mit dem Aufzug) stufenlos erreichbar. Türbreite vom Aufzug 90 cm (Tiefe 130 cm, Breite 90 cm).

Preise: Pro Person/Übernachtung:
EconomyClass im EZ ab 72,- €, im DZ ab 36,- €.
Aufpreis für Business Class 5,- € pro Person/Nacht im DZ und 10,- € im EZ;
Aufpreis für Junior Suite 10,- € pro Person/Nacht im DZ und 20,- € im EZ.
Wochenendpreise von Freitag bis Montag pro Person/Übernachtung im DZ ab 29,50 €, im EZ ab 59,- €, jede weitere Pers. 10,- €.
Happy-Day-Preise zu besonderen Ereignissen in München (Termine auf Anfrage):
EZ und DZ ab 59,- €,
Familienzimmer ab 99,- €.
Frühstück 10,50 € pro Person.

Buchbar übers Internet:
www.amber-hotels.de/muenchen.

Deutschland / Bayern / Oberbayern

Hotel garni Sterff
82402 Seeshaupt

Elisabeth Sterff, Penzberger Str. 6
Tel.: 08801 906 30, Fax: 08801 906 340
E-Mail: info@hotel-sterff.de
Web: www.hotel-sterff.de

Allgemeines: Am malerischen Südufer des Starnberger Sees erwartet die Gäste das familiär geführte Haus. Alle Zimmer mit Bad bzw. Dusche, WC, Flat-TV, Telefon und WLAN. Im Haus fließt belebtes Wasser von Grander. Starten Sie in den neuen Tag mit unserem reichhaltigen Frühstücksbuffet.
Ein Geheimtipp sind die selbstgemachten Marmeladen und die feine Teeauswahl.
Eingang mit Rampe stufenlos erreichbar.
Türbreite 100 cm, kein Aufzug im Haus.

Zimmer & Bad: Geeignet für Gehbehinderte und Rollstuhlfahrer. Ein Zimmer mit Bad/WC im Erdgeschoss ist speziell für Rollstuhlfahrer ausgestattet. Türbreite vom Zimmer und Bad/WC 80 cm. Freiraum im Bad/WC 140 x 140 cm. Freiraum links neben WC 130 cm, rechts 50 cm, davor 130 cm. Dusche und Waschbecken unterfahrbar. Festinstallierter Duschsitz, Kippspiegel am Waschbecken und stabile Haltegriffe an Dusche, WC und Waschbecken vorhanden. Ein zusätzliches Zimmer im EG für Gehbehinderte bzw. für Rollstuhlfahrer, die noch etwas gehen können.

Hilfsmittel: Pflegedienst kann bei der Ökumenischen Sozialstation in Seeshaupt bestellt werden, Tel. (08801) 908040.

Lage: Ruhige, zentrale Lage in der Ortsmitte von Seeshaupt; Bahnhof 1 km; Bus 150 m; Apotheke gegenüber vom Hotel; Freibad und Starnberger See 300 m; Hallenbad 13 km.

Preise: Zimmerpreise inklusive Frühstück:
Einzelzimmer 70,- €, Doppelzimmer 115,- €.

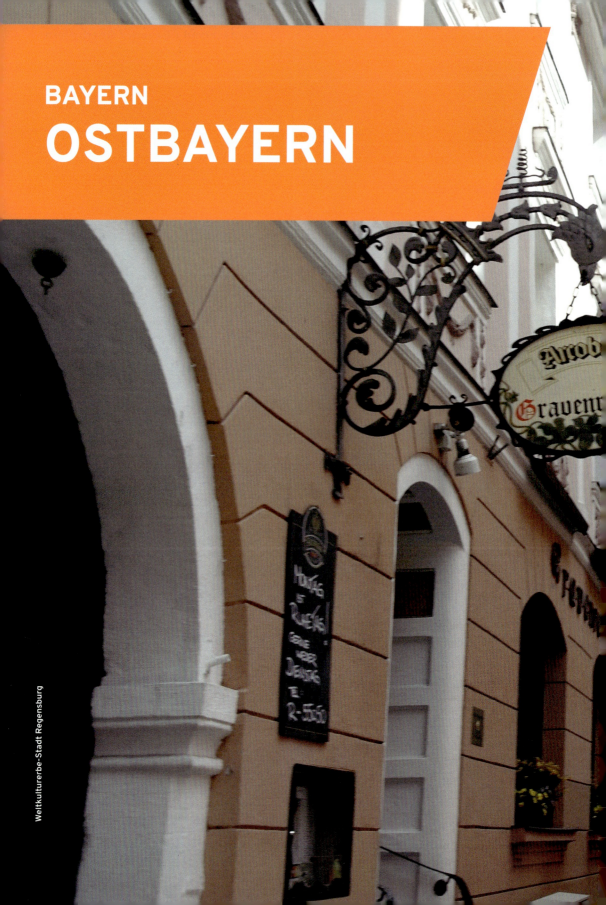

BAYERN
OSTBAYERN

Weltkulturerbe-Stadt Regensburg

Deutschland / Bayern / Ostbayern

Ferienwohnung Paternoster
94209 Regen

Familie Paternoster, Oberneumais 14
Tel.: 09921 37 69
E-Mail: ferienwohnung.paternoster@gmail.com
Web: www.ferienwohnung-paternoster.de

Allgemeines: Ferienwohnung im Herzen des Bayerischen Waldes für je 2 bis 4 Personen. Die Parkplätze sind direkt vor dem Haus. Außerdem gibt es einen Aufenthaltsraum mit Spielgeräten, Streicheltiere, Liegewiese, Grillplatz.

Zimmer & Bad: Geeignet für Rollstuhlfahrer ist die Wohnung mit einem separaten Eingang, ebenerdig und barrierefrei mit großer Terrasse mit Gartenmöbeln. Sie verfügt über 70 qm Wohnfläche mit 2 Schlafräumen (Bettenhöhe 51 cm), einem Wohnzimmer (mit TV und DVD), einer Wohnküche mit E-Herd, Backofen, Geschirrspüler, Mikrowelle und Kaffeemaschine sowie 2 Duschen/WC – davon ist eine rollstuhlgeeignet ausgestattet.

Die Zimmertüren und die Badtüre sind 83 cm breit. Bewegungsfreiraum in Du/WC 140 x 150 cm. Freiraum links neben WC 140 cm, davor 84 cm. WC-Höhe 47 cm, Haltegriffe links und rechts neben WC.
Duschbereich schwellenlos befahrbar, fest montierter Duschsitz an der Wand, Waschbecken unterfahrbar, niedrig angebrachter Spiegel am Waschbecken. Externer Pflegedienst kann bei Bedarf bestellt werden.

Entfernungen: Zur Ortsmitte mit Einkaufsmöglichkeiten, Arzt, Apotheke, Bahnhof und Hallenbad ca. 4 km, Freibad 3 km, Krankenhaus 17 km.

Freizeit & Umgebung: Silberberg-Hallenbad, Glasmuseum Frauenau, Herrgottschnitzer von Bodenmais, Joska Kristall, Arber-Bergbahn, gläserne Scheune, Grenzglashütte Bay. Eisenstein, Besucherzentrum Haus zur Wildnis, Silberbergbahn, Eisensteiner Hütt`n/großer Arber, Glasdorf Weinfurtner, Lokalbahnmuseum, Freizeitpark Bischofsmais, Austen Glashütte, Gläserne Destille, Haus der Bienen, Jagdfalkenhof Oberfrauenau, Fitness-Oase, Rotwildgehege Scheuereck, Waldwipfel-Weg.

Preise: Je Wohnung 40,- € pro Tag bei Belegung mit 2 Personen; jede weitere Person zuzüglich 5,- €. Bettwäsche und Handtücher werden gestellt.

Deutschland / Bayern / Ostbayern

Hotel INCLUDIO
93055 Regensburg

Hermann-Höcherl-Str. 2
Tel.: 0941 788328 0
E-Mail: includio.regensburg@johanniter.de
Web: www.includio.de

5% RABATT
für Rollstuhl-Kurier-Abonnenten

Allgemeines: Das Hotel liegt im Stadtteil Burgweinting – ruhig und dennoch nah zum historischen Zentrum mit dem Dom, der Steinernen Brücke und dem Alten Rathaus. Das komplett barrierefreie Haus bietet 84 komfortabel eingerichtete Doppelzimmer, 18 davon rollstuhlgerecht und 3 Familienzimmer. Einige Zimmer verfügen über eine Verbindungstür, falls eine Begleitperson mitreist. Durch seine besondere Ausstattung ist es auch für seh- bzw. hörbehinderte Menschen geeignet. In der Tiefgarage befinden sich vier rollstuhlgerechte Parkplätze und weitere drei im Außenbereich. Darüber hinaus gibt es vier Tagungsräume, ein Restaurant mit Wintergarten und Sonnenterrasse sowie einen Vitalbereich mit Fitnessraum, zwei rollstuhlgerechten Saunen und einem Ruheraum. Die Rezeption mit abgesenktem Empfangstresen ist 24 h besetzt. WLAN ist im ganzen Hotel kostenfrei.

Zimmer & Bad: Die großzügigen Doppelzimmer (26 m² – 31 m²) sind entweder mit Teppich oder Vinylfußboden belegt. Es gibt eine individuell steuerbare Klimaanlage, Telefon, SAT-TV, Beschattung von außen, Safe und teilweise eine Kaffee-/Teestation. Im Zimmer befindet sich außerdem eine Haltestange am Schreibtisch, eine Kofferablage sowie ein Ganzkörperspiegel. Die Doppelbetten bestehen aus zwei Einzelbetten mit mobilen Nachttischen. Die Bäder mit Schiebetür verfügen über bodengleiche Duschen, Kosmetikspiegel und Fön. Die rollstuhlgerechten Zimmer bieten zudem eine befahrbare Dusche mit Duschklappsitz und Relingstangen, beidseitige Haltegriffe am WC und ein unterfahrbares Waschbecken. Die Kleiderstangenhöhe ist variabel. Auf Wunsch stellen wir ein Notrufsystem zur Verfügung. Die Familienzimmer (36 m²) haben ein separates Schlafzimmer für die Kinder.

Besonderes: Alle Leistungen des Johanniter Pflegedienstes sind auf Anfrage und gegen Gebühr buchbar. Gerne vermitteln wir auch Fahrdienste oder stellen den Johanniter Hausnotruf zur Verfügung.

Freizeit & Umgebung: Regensburg ist heute deutschlandweit die am besten erhaltene mittelalterliche Großstadt und gehört seit 2006 zum UNESCO Welterbe. Reizvolle Ausflugsziele in der Umgebung sind der Nationalpark Bayerischer Wald oder das malerische Altmühltal. Informationen über Ausflugsmöglichkeiten, auch barrierefreie, erhalten Sie an der Rezeption. Fahrradverleih gegen Gebühr.

Preise: Zimmerpreise ab 85,- €.

BERLIN

Panorama vom Humboldt Forum und dem Berliner Dom
© visitBerlin, Foto: Mo Wüstenhagen

Sightseeing am Brandenburger Tor. Chillen auf dem Tempelhofer Feld. Freilufkino in Kreuzberg. Eine Bootstour auf der Spree. Für Berlinbesucher*innen mit Behinderung bieten sich zahlreiche Möglichkeiten, die Hauptstadt zu entdecken.

Deutschland / Berlin

Berlin wartet auf Sie.

Berlin ist ein vielseitiges Reiseziel und hat für jeden etwas zu bieten, ob als grüne Metropole, als Kulturhotspot oder den Puls und die Vielfalt seiner Kieze.

Sind Sie Opernfan oder Foodie, tauchen Sie gerne in Museen ab oder lieben Sie Parks und Grünflächen? Von der Reisevorbereitung über geeignete Unterkünfte bis hin zu Kultur- und Gastrotipps gibt es verschiedene Angebote, um Ihren Aufenthalt in Berlin möglichst barrierefrei zu gestalten.

Mitte_Regierungsviertel
© visitBerlin, Foto: Dagmar Schwelle

 Alle Wege führen nach Berlin!

Berlins gute Anbindung spiegelt sich auch in den barrierefreien Anreisemöglichkeiten wider. Alle Fernbahnhöfe sind frei zugänglich und mit Aufzügen sowie einem Blindenleit- und Orientierungssystemen ausgestattet. Die Deutsche Bahn bietet zudem einen umfassenden Reiseservice an, darunter einen kostenlosen Begleitservice.

Der neue Flughafen Berlin Brandenburg ist auch weitgehend barrierefrei. Fluggäste mit Behinderung können bei rechtzeitiger Voranmeldung einen kostenlosen Mobility Service in Anspruch nehmen. Der „Bus & Bahn Begleitservice" des Verkehrsverbunds Berlin-Brandenburg ist ebenfalls gratis. S-Bahnen, Busse, U-Bahnen und fast alle Straßenbahnen in Berlin sind barrierefrei (auch die BVG-Fähren, außer die F24). Die meisten Bahnhöfe erreicht man stufenlos, es gibt Rampen, Fahrstühle und Orientierungshilfen.

 Schlummern und logieren

Barrierefreie Unterkünfte, Hotels, Hostels oder Ferienwohnungen, gibt es in verschiedensten Ausführungen und Preiskategorien. Ein Pionier ist das Scandic Hotel am Potsdamer Platz: vom Gehstockhalter am Empfang bis zur Induktionsanlage ist es umfangreich ausgestattet und hat 60 barrierefreie Zimmer. Das Jugendgästehaus Nordufer liegt am Weddinger Plötzensee und verfügt über ein Appartement sowie 16 weitere Schlafplätze für Rollstuhlfahrer*innen. Gleich nebenan kann man im Volkspark Rehberge spazieren und chillen.

 Zu Gast im Parlament

Das Brandenburger Tor, die Gedenkstätte Berliner Mauer oder Unter den Linden – viele der zahlreichen Sehenswürdigkeiten und Museen in Berlin sind für Menschen mit Behinderungen zugänglich. Auch der Deutsche Bundestag ist umfassend barrierefrei: das Reichstagsgebäude ist für Rollstuhlfahrer*innen über Rampen oder über den Eingang C zugänglich. Beim Besuch der Reichstagskuppel stehen Audio- und Videoguides zur Verfügung, für Plenardebatten im Bundestag Induktionsschleifen sowie Tastmodelle vom Plenarsaal und vom Reichstag. Ab einer bestimmten Anzahl von Teilnehmenden werden Gebärdendolmetscher bereitgestellt.

Ebenfalls frei zugänglich ist die East Side Gallery, ein ehemaliger Mauerabschnitt im Bezirk Friedrichshain-Kreuzberg, der im Jahr 1990 von 118 Künstler*innen aus 21 Ländern bemalt wurde. Deutsche Geschichte vom Mittelalter bis zum Mauerfall präsentiert das Deutsche Historische Museum gegenüber vom Berliner Dom. Alle Ausstellungsräume sowie sämtliche Führungen sind für mobilitätseingeschränkte Besucher*innen barrierefrei. Rollstühle kann man entleihen.

Deutschland / Berlin

In die jüdische Geschichte und Kultur eintauchen kann man im Jüdischen Museum in Kreuzberg. Alle Ausstellungsräume und das Café sind für Rollstuhlfahrer*innen über Rampen oder Aufzüge zugänglich. Die meisten Vitrinen sind unterfahrbar, interaktive Angebote bequem im Sitzen zu bedienen.

 Kultur – Bühnen, Kinos, Galerien

Zu Beuys und Warhol rollen oder Theater mit den Ohren sehen. Auch die Berliner Kunst- und Kulturlandschaft – mit Kinos, Opern, Theatern und Galerien – versuchen Menschen mit Behinderungen die Teilhabe zu ermöglichen. Die Deutsche Oper wurde nach „Reisen für Alle" zertifiziert. Hier können auch mobilitätseingeschränkte Opernfans der Walküre lauschen.

Liebhaber*innen der Fotokunst wird die C/O Berlin-Galerie im ehemaligen Amerikahaus am Bahnhof Zoo begeistern. Hier wird neben internationalen Starfotograf*innen auch der Nachwuchs hinter der Kamera präsentiert. Alle Ausstellungen, der Bookshop und das Café sind für Rollstuhlfahrer*innen zugänglich.

Eine Reise durch die zeitgenössische Kunst erwartet im Hamburger Bahnhof alle Fans der Moderne. Diese können Sie ebenfalls barrierefrei genießen. Im Sommer sind die Freiluftkinos sehr beliebt, in Friedrichshain und im Wedding sind diese barrierefrei.

Viele Berliner Filmtheater verfügen über Plätze für Kinofreund*innen, die im Rollstuhl unterwegs sind. Fünf Berliner Bühnen nehmen am Pilotprojekt „Theater hören Berlin" vom Verein Förderband e. V. teil. Im Berliner Ensemble, im Deutschen Theater, im Theater an der Parkaue, in der Deutschen Oper und im Friedrichstadtpalast finden regelmäßig Aufführungen mit Audiodeskription statt: die Stücke werden live von Sprecher*innen kommentiert. Theater und Oper kann man so mit den Ohren sehen. Wer Hilfsmittel oder Plätze benötigt, sollte die Spielstätten und Ausstellungshäuser vorab kontaktieren.

 Hauptstadt entdecken

Wer Betonschluchten und Hochhausgebirge in Berlin erwartet, wird sich wundern: rund 44 Prozent der Stadtfläche sind grün. Sobald sich im Frühling die ersten Sonnenstrahlen zeigen, zieht es die Berliner*innen raus vor die Tür. Öffentliche Grünflächen wie der Volkspark Rehberge oder der Kienbergpark verwandeln sich in große Freiluftwohnzimmer. Durch letzteren kann man sogar mit einer rollstuhlgerechten Seilbahn gondeln.

Viele Berliner Parks sind nach „Reisen für Alle" zertifiziert, wie zum Beispiel die Gärten der Welt in Marzahn, der Park am Gleisdreieck, der Lust- und der Britzer Garten. In letzterem gibt es auch einen Spaziergang mit 37 Audiostationen. Der Botanische Garten in Dahlem ist ebenfalls weitgehend barrierefrei, ein besonderes Highlight ist ein Duft- und Tastgarten. Zum grünen Berlin gehören ebenso zahlreiche Urban Gardening-Projekte: das Himmelbeet im Wedding ist für Rollstuhlfahrer*innen frei zugänglich.

Marzahn © visitBerlin, Foto: Dagmar Schwelle

Deutschland / Berlin

Ans Wasser

Berlin ist nicht nur grüne Metropole – rund sieben Prozent der Stadtfläche sind von Wasser bedeckt. In vielen der rund 80 Seen und den drei Flüssen Spree, Havel und Dahme, darf gebadet werden. Für Berlinbesucher*innen mit Mobilitätseinschränkungen gibt es barrierefreie Möglichkeiten, die Stadt vom Wasser aus zu entdecken. Mit den Bootstouren der Reedereien Stern & Kreis und Riedel schippern Sie durch die Innenstadt, an den Müggelsee oder nach Potsdam.

Schöne Plätze und Wege am Wasser zum Spazieren oder Chillen findet man auch am Lindenufer in Spandau oder in der Rummelsburger Bucht. In der warmen Jahreszeit sind Restaurants und Cafés am Wasser sehr beliebt, barrierefrei sind das Katerschmaus an der Spree und das Luise Köpenick am Zusammenfluss von Spree und Dahme.

Mit Doppeldeckerbus und Rikscha

Wer Berlin nicht auf eigene Faust entdecken möchte, kann dies bei einer der vielen Stadtführungen und Stadtrundfahrten tun. Der Klassiker sind die rollstuhlgerechten Hop-On-Hop-Off-Touren im Doppeldeckerbus mit Audioguide. Speziell für Rollstuhlfahrer*innen hat der Verein Sozialhelden e. V. eine barrierefreie Kieztour quer durch Mitte, Kreuzberg und Neukölln entwickelt.

Nicht nur für Berliner*innen spannend und zum Teil barrierefrei sind die Stadtführungen von Querstadtein, die die Hauptstadt aus der Perspektive obdachloser und geflüchteter Menschen zeigen. Das Reiseportal „Berlin für Blinde" bietet Audiodeskriptionen zu Sehenswürdigkeiten sowie ausführliche Wegbeschreibungen zu geeigneten Angeboten in der Stadt an, z. B. Tastführungen verschiedener Museen.

Berliner Gaumenfreuden

Koreanische Burger, vegane Currywurst oder Eisbein mit Erbsenpüree – Berlin ist die Hauptstadt des hemmungslosen Schlemmens und Genießens. Handgebrautes Bier fließt im Brauhaus Lemke am Alexanderplatz aus der Zapfanlage. Frisch vom Patissier sind alle Törtchen und Pralinen im Café der Schokoladenmanufaktur Rausch am Gendarmenmarkt. Japanisch-koreanisch isst man im Ky am Prenzlauer Berg.

All inclusive

Ideenschmieden, Kulturprojekte, urbane Produktion: Mit ihrem Know-how, ihrer Kreativität und Arbeit prägen Menschen, mit und ohne Behinderungen, das Bild der Hauptstadt und machen Berlin zu einem Ort der Vielfalt. Clevere Lösungen rund um Barrierefreiheit und Inklusion entwickelt der Verein Sozialhelden e. V.

Schon seit dreißig Jahren macht das RambaZamba inklusives Theater, zum Ensemble gehören Menschen mit und ohne Behinderung. Bereits neun Mal fand in Berlin das No Limits-Festival statt, Deutschlands größtes Festival für Disability und Performing Arts.

Handgemachte Designprodukte aus den hauseigenen Manufakturen verkauft DIM – Die imaginäre Manufaktur. Unter dem Motto „Behindert und verrückt feiern!" zieht die Pride Parade alljährlich von Mitte nach Kreuzberg. Höhepunkt ist die Verleihung der goldenen Glitzerkrücke, eine Trophäe für Vereine, Unternehmen, Gesetze etc., die sich durch Diskriminierung behinderter und „verrückter" Menschen hervorgetan haben.

Reiseinspirationen und wichtige Informationen zu barrierefreien Services und Angeboten finden Sie unter:

visitberlin.de/barrierefrei-berlin
reisen-fuer-alle.de
travelable.info
mobidat.net
bvg.de/barrierefrei
wheelmap.org
brokenlifts.org
rollstuhltaxi-berlin.de
bfuerb.comtels.de (Berlin für Blinde)
theaterhoeren-berlin.de

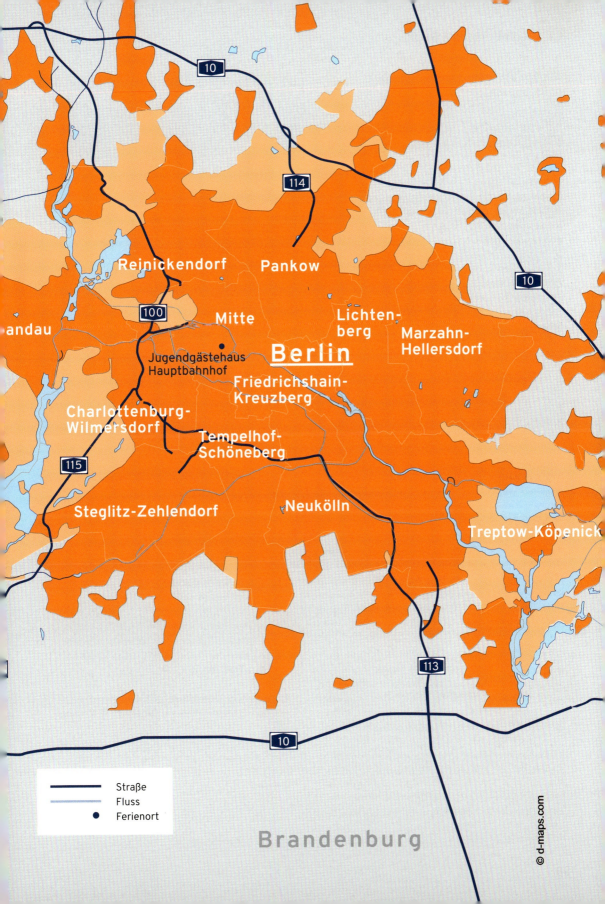

Deutschland / Berlin

Jugendgästehaus Hauptbahnhof
10557 Berlin

Lehrter Str. 68
Tel.: 030 69033-33
E-Mail: gaestehaus@berliner-stadtmission.de
Web: www.jgh-hauptbahnhof.de

Allgemeines: Das Jugendgästehaus Hauptbahnhof im Zentrum Berlins heißt Sie herzlich willkommen! Genießen Sie einen entspannten Berlin-Aufenthalt nur 500 Meter vom Hauptbahnhof entfernt und gleichzeitig mitten im Grünen.

Wir wurden im Rahmen des Kennzeichnungssystems „Reisen für Alle" geprüft und haben das Zertifikat „Barrierefreiheit geprüft" erhalten. Wir sind barrierefrei für Menschen mit Gehbehinderung und teilweise barrierefrei für Rollstuhlfahrer, Menschen mit Sehbehinderung und blinde Menschen.

Die ruhige Lage auf dem parkähnlichen Gelände, der große und über eine breite Rampe zugängliche Eingangsbereich, die 24-Stunden-Rezeption, breite Korridore mit Haltegriffen sowie die behindertengerechte Ausstattung von Tagungsräumen und des gesamten öffentlichen Bereiches, komplettieren unser Angebot.

Türbreite vom Eingang 138 cm, vom Aufzug 90 cm. Innenmaße vom Aufzug: Tiefe 108 cm, Breite 210 cm.

Zimmer & Bad: Es gibt 10 Zimmer, die für Rollstuhlfahrer geeignet sind, teils im EG, teils auf den Etagen mit dem Aufzug barrierefrei erreichbar.

Türbreite der rollstuhlgerechten Zimmer und Badezimmer 93 cm.

Bettenhöhe je nach Zimmer 50 bis 62 cm; elektrisch höhenverstellbare Betten können bei Bedarf und Voranmeldung bestellt werden.

Bewegungsfreiraum in Dusche/ WC 150 x 170 cm. Abstände neben und vor dem WC, Haltegriffe links oder rechts neben dem WC sowie WC-Höhe sind je nach Zimmer verschieden.

Duschbereich schwellenlos befahrbar; stabiler Duschwandsitz oder Duschhocker je nach Zimmer vorhanden.

Waschbecken mit dem Rollstuhl unterfahrbar. Stabile Haltegriffe an der Dusche sowie Notruf im Bad vorhanden. Ein externer Pflegedienst kann bei Bedarf bestellt werden.

Deutschland / Berlin

Mindestens weitere 10 Zimmer sind darüber hinaus zusätzlich für gehbehinderte Gäste geeignet.

Fünf Zimmer verfügen über eine Blitzsignalanlage für hörgeschädigte Gäste.

Für Allergiker gibt es laktose- und glutenfreies Essen. Alle Gästezimmer sind ohne Teppich.

Ein Leitsystem in Brailleschrift vervollständigt unser Angebot.

Ausstattung: Kostenfreies WLAN, Kiosk, Aufenthaltsräume, große Terrasse, Waschmaschine und Trockner, attraktive Angebote für Familien (Kinder bis 17 Jahre übernachten im Zimmer ihrer Eltern kostenlos) und Gruppen

Lage, Entfernungen: 500 Meter vom Berliner Hauptbahnhof entfernt; Einkaufsmöglichkeiten und Apotheke 500 m; Arzt und Krankenhaus 1,3 km.

Preise: Pro Person/Nacht im Einzelzimmer ab 42,- €, im Doppelzimmer ab 27,- €

BRANDENBURG

Nah am Wasser gebaut: Schloss Rheinsberg spiegelt sich im Grienericksee
© TMB-Fotoarchiv/Steffen Lehmann

Wer in Brandenburg Urlaub macht, wird feststellen, die Hektik der nahen Großstadt Berlin ist hier schnell vergessen. Dazu trägt auch die weite und ruhige Landschaft bei, die ganz besonders vom Wasser geprägt wird. Über 3.000 Seen und 33.000 Kilometer Fließgewässer machen Brandenburg zu einem der gewässerreichsten Bundesländer Deutschlands. Urlaub am Wasser, in barrierefreien Hotels oder Ferienhäusern, stehen in Brandenburg hoch im Kurs. Und wer auf dem Wasser unterwegs sein möchte, findet hier ein breites Angebot. Ob Hausboot, Kanu, Segelboot oder Fahrgastschiff – viele Anbieter haben sich auf wassersportbegeisterte Gäste mit Handicap eingestellt.

Deutschland / Brandenburg

Gemütlich wie in einem Ferienhaus ist es an Bord des barrierefreien Hausbootes © TMB-Fotoarchiv/Yorck Maecke

Brandenburg sagt Hallo.

Hausbooturlaub ohne Barrieren in einem der schönsten Wassersportreviere Europas

Individuell und entschleunigend, das ist der Urlaub auf einem Hausboot. Man bestimmt selbst den Rhythmus des Tages und die Strecke, die Landschaft zieht beim Törn langsam vorbei. Mit dem barrierefreien Hausboot Febomobil 1180 des Charterunternehmens Kuhnle Tours ist ein Bootsurlaub auch für Gäste im Rollstuhl bestens geeignet. Sie können nicht nur mitfahren, sondern das Boot auch selbst steuern. Das Steuerrad ist unterfahrbar, genauso wie die Küchenarbeitsplatte mit der Spüle. Sieben Schlafplätze gibt es an Bord, darunter eine Kabine für Rollstuhlfahrer mit Doppelbett und Schrank, einem eigenen größeren Bad mit befahrbarer Dusche, unterfahrbarem Waschbecken und WC mit Haltegriff. Zur Ausstattung des Bootes gehört außerdem eine klappbare Rampe für das Anlegen in den Häfen. Und auch sonst ist alles an Bord, was man für einen gemütlichen und komfortablen Bootsurlaub so braucht. Nach einer ausführlichen Einweisung kann der Bootsurlaub beginnen.

Zum Start der Tour gibt es eine rund drei Stunden dauernde Einweisung für den sogenannten Charterschein. Hier wird man mit den Infos zur Funktionsweise, zum Steuern und den wichtigsten Verkehrszeichen auf dem Wasser vertraut gemacht. Auch ein kleiner praktischer Fahrtest gehört dazu. Dann heißt es „Leinen Los" und die Tour kann starten. Für Autofahrer sind die Fahreigenschaften eines Hausbootes erst einmal etwas gewöhnungsbedürftig. Das Boot reagiert viel langsamer und indirekter. Aber nach wenigen Kilometern ist die erste Unsicherheit meistens überwunden. Ein wenig Übung erfordert die Technik in den Schleusen. Hier werden 4 starke Arme benötigt, die tatkräftig mit anpacken.

Febomobile können an den Charterstationen von Kuhnle Tours in der Marina Zehdenick und an der Charterbasis in Zeuthen gemietet werden. Von Zehdenick aus geht es durch die Wasserlandschaft des Ruppiner Seenlandes. Orte wie Rheinsberg, Himmelpfort und Fürstenberg an der Havel liegen je nach Wahl der Route an der Strecke. Bis in die Müritz kann man mit dem Boot fahren. Über 70 Seen liegen im Revier der Dahme-Seen und auch bis in den zweitgrößten See Brandenburgs, den Scharmützelsee, tuckert es sich auf dieser Tour ganz gemütlich. Zeuthen, nur wenige Kilometer südlich von Berlin gelegen, ist sogar mit der S-Bahn zu erreichen.

Auf der Website www.reiseland-brandenburg.de gibt es ausführliche Fahrtests mit einem Febomobil in beiden Revieren. Hier gibt es auch Informationen zu konkreten Hausboottouren für Familien oder kulturinteressierte Bootsurlauber sowie zu weiteren Vermietern mit barrierefreien Hausbooten.

Deutschland / Brandenburg

Mit dem Alligator in See stechen

Eine besonders naturnahe Form des Wassersports ist die Tour mit einem Kanu oder Kajak. Der „Alligator" von Anbieter Jörg Tümmel, der seit 1992 nach einem Unfall im Skiurlaub querschnittsgelähmt ist, setzt mit Hilfe einer Armkubel große seitlich am Boot befestigte Räder in Bewegung. Diese sorgen für Stabilität und die Fortbewegung. Neben dem „Alligator" sind auch Kanus in verschiedenen Größen im Angebot. Besonders schön sind Kanutouren mit einer ganzen Gruppe auf dem urwüchsigen Flüsschen Rhin in Alt Ruppin. Jörg Tümmel bringt die Boote mit einem Anhänger an unterschiedliche Startpunkte, so dass man verschiedene Reviere kennen lernen kann. www.erlebnisurlaub-schoenbirken.de

Mit dem Fahrgastschiff gemütlich übers Wasser schippern

Wer nicht selbst mit dem Boot in See stechen möchte, der kann an verschiedenen Orten in Brandenburg eine Tour mit dem Fahrgastschiff buchen. Die Reederei Halbeck in Rheinsberg verfügt mit der MS Remus über ein barrierefreies Schiff. Bei der Weißen Flotte Potsdam sind die Schiffe MS Potsdam und MS Schwielowsee für Gäste im Rollstuhl geeignet. In beiden Fällen führen die Touren durch die weitläufigen Seenlandschaften. Weitere Infos und Fahrpläne: www.schifffahrt-rheinsberg.de www.schifffahrt-in-potsdam.de

Brandenburg per Handbike erkunden

Auch wer mit dem Handbike unterwegs ist, kann in Brandenburg an vielen Stellen den Blick aufs Wasser genießen. Viele Touren des gut ausgebauten touristischen Radwegenetzes führen am Ufer von Seen oder Flüssen entlang. So zum Beispiel im Lausitzer Seenland: Hier geht es auf sechs ausgewiesenen Handbike-Touren, je nach Kondition gemütlich oder sportlich, rund um die neu entstandenen Seen. „Freie Fahrt für alle" ist auch das Motto auf der Flaeming-Skate, der längsten Skater-Strecke Europas, auf der neben Inlinern auch Fahrräder oder Handbikes perfekt durch die Landschaft rollen können. Auch im Elbe-Elster-Land geht es abseits von Straßen mit dem Handbike ganz entspannt durch die Natur. Ein guter Ausgangspunkt dafür ist das barrierefreie Hotel TraumHaus in der kleinen Stadt Herzberg/Elster. Infos zu diesen sowie weitere Touren auf www.barrierefrei-brandenburg.de.

Unterwegs im barrierefreien Kanu auf Brandenburgs Seen
© TMB-Fotoarchiv/ Yorck Maecke

Eine sportliche Tour für die ganze Familie auf der Flaeming-Skate
© TMB-Fotoarchiv/Yorck Maecke

Deutschland / Brandenburg

**Große Meister in Potsdam –
Ein Besuch im Museum Barberini**

Die wechselnden Ausstellungen des Museums Barberini in Potsdam sorgen regelmäßig national wie international für große Aufmerksamkeit. Dauerhaft kann die umfangreiche Sammlung impressionistischer Gemälde des Museumsgründers Hasso Plattner im Museum bewundert werden. Darunter sind Meisterwerke von weltbekannten Künstlern wie Monet, Renoir und Signac. Mit 34 Gemälden von Claude Monet sind außerhalb von Paris nirgends in Europa mehr Werke dieses Künstlers an einem Ort zu sehen. Potsdam ist damit nun eines der weltweit wichtigsten Zentren impressionistischer Landschaftsmalerei. Das Museum Barberini ist auch für Rollstuhlfahrer ohne Einschränkungen geeignet. Es ist, wie auch das angeschlossen Café, stufenlos erreichbar. Alle Türen und Zugänge verfügen über eine für Rollstuhlfahrer ausreichende Breite. Für Gäste mit Mobilitätseinschränkungen stehen in der Tiefgarage 2 Parkplätze zur Verfügung, eine vorherige Anmeldung beim Besucherservice für deren Nutzung ist notwendig. Das Personal bedient den Aufzug und geleitet die Gäste in die Ausstellung. Schauen Sie einfach online schon mal vorbei. Alle Werke und Informationen dazu sind auf der Website des Museums zu finden.

Bei Redaktionsschluss war der Besuch aufgrund der Corona-Pandemie nur mit einem vorab gebuchten Zeitfensterticket möglich. Bitte prüfen Sie die aktuellen Bedingungen vor Ihrem Aufenthalt. Weitere Infos sowie Buchung: www.museum-barberini.com

Brandenburg zum Weiterlesen:

Zur Inspiration und Planung Ihres Aufenthaltes empfehlen wir Ihnen unsere Website www.barrierefrei-brandenburg.de.

Wir haben unsere Urlaubs- und Ausflugsangebote für Menschen mit Handicap in unsere Hauptseite integriert. Neben verlässlichen und geprüften Informationen für die Reiseplanung zu mehr als 800 Übernachtungs-, Freizeit- und Gastronomiebetrieben finden Sie hier zahlreiche Reiseberichte, Ausflugs- und Urlaubstipps.

Zum Download steht hier auch das Magazin „Brandenburg für alle – Barrierefrei reisen" zur Verfügung, das im Verlag terra press erscheint und in Kooperation mit der TMB Tourismus-Marketing Brandenburg GmbH herausgegeben wird

(kostenfreie Bestellung des gedruckten Magazins unter Tel. 0331 200 4747 oder E-Mail service@reiseland-brandenburg.de).

Auch Claude Monets berühmtes Gemälde „Getreideschober" ist im Museum Barberini zu sehen © Claude Monet Getreideschober 1890, Öl auf Leinwand, 73 x 92,5 cm, Sammlung Hasso Plattner

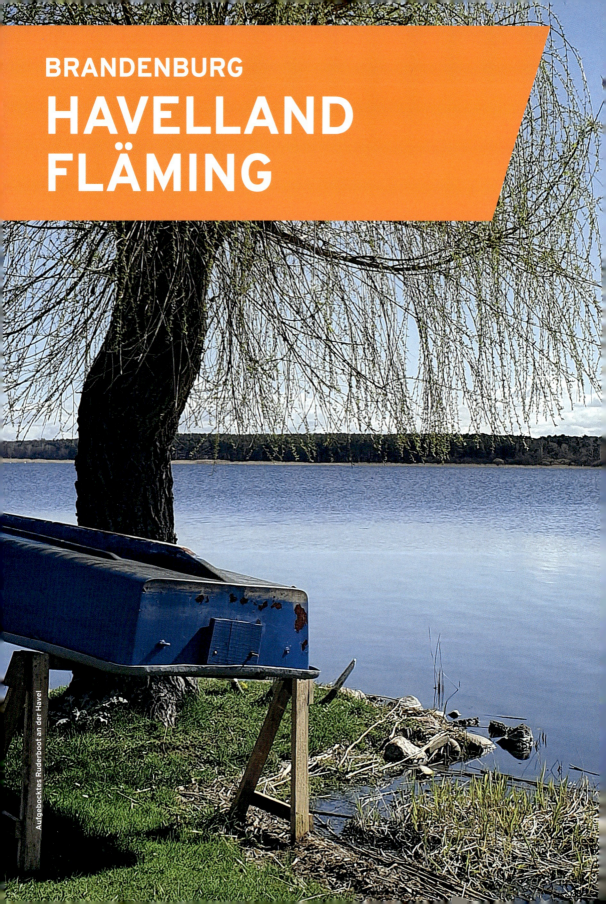

BRANDENBURG
HAVELLAND FLÄMING

Aufgebocktes Ruderboot an der Havel

Deutschland / Brandenburg / Havelland-Fläming

Hotel Am Schlosspark
15936 Dahme/Mark

★★★

Am Schloss 3
Tel.: 035451 893 120, Fax: 035451 893 199
E-Mail: info@hotel-dahme.de
Web: www.hotel-dahme.de

Allgemeines: Das 3-Sterne-Hotel liegt gegenüber von Schlossruine und Tierpark im reizvollen Fläming südlich Berlin. Es verfügt über 40 komfortable Einzel-/Doppelzimmer. Das Hotel Am Schlosspark ist auf ältere Touristen und Menschen mit Handicap ausgerichtet. Für Menschen mit Handicap sind die Anlage und die großzügigen Zimmer ein idealer Ort zum Entspannen. Alle Wege im Haus und zu den Außenbereichen sind schwellenlos erreichbar. Die Zimmer, das Restaurant und der Wellnessbereich sind durch den Aufzug zugänglich. Neben den rollstuhlgerechten Zimmern sind die Bäder barrierearm mit einer stufenlosen Dusche ausgestattet.

Therapie & Kur: Im Hotel Am Schlosspark haben therapiebedürftige Gäste die Möglichkeit, Physio-, Ergo- und Lerntherapie zu besuchen. Ein Gesundheits- und Pflegezentrum ist integriert: Es bietet ein Bewegungsbad mit Lifter und hauseigenes Sanitätsgeschäft. Für Massagen, Kosmetik, Friseur, können montags bis freitags Termine vereinbart werden.

Freizeit & Kultur: Billard spielen, in der Bibliothek stöbern oder die Stadt Dahme/Mark erkunden. Eine Fahrstunde von Berlin und Dresden entfernt, ist das Hotel idealer Ausgangspunkt für Touren. Der Ort Dahme liegt zwischen Fläming und Spreewald. Beide Landschaften bieten mit sanften Hügeln und unzähligen Wasserläufen viele reizvolle Ausflugsziele in der Umgebung. Fahrräder können im Hotel ausgeliehen werden. Dahme liegt direkt am Fläming-Skate und lädt Rollstuhlfahrer und Handbiker ein, die Gegend zu erkunden. Der Ort, mit seiner über 800-jährigen Geschichte, ist mit seinen kleinen Geschäften und Cafés ein beliebter Treffpunkt für Urlauber.

Seminare & Tagungen: Auch für Tagungen ist unser Haus dank mehrerer Seminarräume bestens geeignet. Beamer, Flipchart, Moderationswände und alles weitere stehen zur Verfügung.

Restaurant: Das Hotel bietet ein reichhaltiges Frühstücksbüffet. Zur zweiten Tageshälfte gibt es täglich wechselnde Mittagsangebote und ein Kuchenbüffet.

Preise: Pro Nacht Einzelzimmer ab 45,00 €, Doppel- oder Zweibettzimmer ab 65,00 €, Handicapzimmer 45,00 €, Aufbettung, Babybett und Familienzimmer auf Anfrage möglich. Stand 10/2022.

Deutschland / Brandenburg / Havelland-Fläming

Ferienwohnungen Spiesmacher
14715 Strodehne / Gde. Havelaue

Dorfstr. 1
Tel.: 033875 301 56
E-Mail: spiesmacher@web.de
Web: www.fewo-spiesmacher.de

Allgemeines: Urlaub in der Natur – Ferienwohnungen im 1. Sternenpark Deutschlands im Naturpark Westhavelland, in der Nähe des Gülper Sees, einem Vogelschutzgebiet von internationaler Bedeutung. Eine 2010 rollstuhlgerecht ausgebaute Parterre-Wohnung mit Wohnzimmer, Schlafzimmer, Küche und Bad, ca. 42 m². Zentralheizung.

Ihr Auto steht auf unserem privaten Parkplatz, trockene Unterstellmöglichkeiten für Handbikes. Ladestation für Elektroautos vohanden. Bahnreisende werden gerne abgeholt.

Zimmer & Bad: Die Ferienwohnung im EG ist vorbildlich rollstuhlgerecht und stufenlos erreichbar.

Mindesttürbreite in der Wohnung 89 cm,
Bewegungsfläche im Zimmer 150 x 121 cm, Bettenhöhe 58 cm, Bett seitlich anfahrbar.
Die Kücheneinrichtung ist höhenverstellbar, mit höhenverstellbarer Arbeitsplatte und absenkbaren Oberschränken.
Bewegungsfläche von Bad/ WC 94 cm,
Bewegungsfläche vor dem WC 150 x 119 cm,
Freiraum rechts neben WC 150 x 50 cm,
Haltegriffe vorhanden.

Rechter Haltegriff neben WC hochklappbar und im hochgeklappten Zustand arretierbar. WC-Höhe 47 cm.

Dusche schwellenlos mit dem Rollstuhl befahrbar, Bewegungsfläche der Dusche 150 x 150 cm, Höhe der Haltegriffe der Dusche vom Fußboden aus 88 cm, einhängbarer Duschsitz vorhanden. Höhe der Duscharmatur 112 cm.
Das Waschbecken ist unterfahrbar
(Kippspiegel vorhanden).

Freizeit & Umgebung: Als zertifizierte Natur- und Landschaftsführer im Naturpark Westhavelland zeigen wir Ihnen gerne die Schätze der Umgebung. Da sind zum Beispiel der älteste Flugplatz der Welt, der japanische Garten, das Arboretum, ein Haupt- und Landgestüt, die Hansestadt Havelberg mit ihrem Dom, Rathenow, die Stadt der Optik und nicht zuletzt die Havel, die zurzeit renaturiert wird.

Im Ort finden Sie einen Bootsanleger, einen Grill- und Lagerfeuerplatz (mit Sitzbänken), eine Gaststätte und eine Naturbadestelle an der Havel.

Deutschland / Brandenburg / Havelland-Fläming

Sie können Reiten, sich mit Kutsche und Kremser fahren lassen, Boote leihen, sich beim Fischer eine Angelkarte besorgen, einen Imbiss zu sich nehmen oder frischen und geräucherten Fisch einkaufen. Mehrere große Badeseen in wenigen Minuten mit dem Auto erreichbar.

Entfernungen: Zur Ortsmitte 1 km, Einkaufsmöglichkeiten, Arzt, Apotheke 8 km, Krankenhaus, Bahnhof 25 km.

Preise: Ferienwohnung pro Nacht 70,- €. Im Übernachtungspreis enthalten sind Bettwäsche, Handtücher und Endreinigung. Kostenloses WLAN.

BRANDENBURG
LAUSITZER SEENLAND

LEICHTER REISEN
BARRIEREFREIE URLAUBSZIELE
IN DEUTSCHLAND

Kontakt

Tourismusverband Lausitzer Seenland e. V.
01968 Senftenberg, Am Stadthafen 2
Tel. 03573 7253000, Fax 03573 7253009
E-Mail: info@lausitzerseenland.de
Internet: www.lausitzerseenland.de

Handbike-Tour am Gräbendorfer See © Tourismusverband Lausitzer Seenland, Nada Quenzel

Deutschland / Brandenburg / Lausitzer Seenland

Blinde und sehbehinderte Menschen können sich bei einer geführten Tandemtour von ausgebildeten Piloten begleiten lassen. Auf der Fahrt schildern sie ihre Eindrücke von der Seenlandschaft. Eine Blindenkarte im Familienpark am Senftenberger See vermittelt eine Vorstellung von Lage und Größe der Gewässer. Hier können auch Fahrräder, Handbikes, Tandems, Rollfiets und E-Bikes ausgeliehen werden.

 Barrierefreier Wassersport

Viele barrierefreie Wassersporterlebnisse sind am Senftenberger See und Geierswalder See möglich. Wer mit einem führerscheinfreien Floß in See sticht, erlebt ein echtes maritimes Abenteuer.

 Lausitzer Seenland

Riesige Wasserflächen glitzern in der Sonne. Familien starten zur Fahrradtour und Boote kreuzen über die Seen. Was heute im Lausitzer Seenland Realität ist, war vor wenigen Jahrzehnten noch ein Traum. Aus ehemaligen Braunkohletagebauen an der Grenze zwischen Brandenburg und Sachsen hat sich ein attraktives Reiseziel entwickelt.

Hier entsteht Europas größte, von Menschengeschaffene Wasserlandschaft mit über 20 Seen und schiffbaren Kanälen, die man aktiv und barrierefrei erleben kann.

Tipp: Bestellen Sie die Broschüre „Lausitzer Seenland – barrierefrei reisen" und Daisy-CD online und informieren Sie sich über barrierefreien Urlaub unter www.lausitzerseenland.de/barrierefrei.

 Handbike-Kurse und Tandemtouren

Auf gut ausgebauten und vernetzten Radwegen lässt sich das Lausitzer Seenland mit Fahrrad, E-Bike, Handbike, Rollfiets und Tandem erkunden. Immer am Wasser entlang geht es auf verschiedenen Handbike-Kursen.

Die Seerundwege sind breit, asphaltiert und größtenteils autofrei, so rollen Handbiker 18 Kilometer am Ufer des Senftenberger Sees entlang. Weitere Touren führen um Geierswalder und Partwitzer See (37 km), den Bärwalder See (20 km), Gräbendorfer See (9 km), Dreiweiberner See (8 km) und den Halbendorfer See (6 km).

Erfahrene Skipper laden Menschen mit und ohne Handicap auf Segeltörns mit dem Kutter ein. Hier können alle mit anpacken, die Segel setzen und die Kraft des Windes spüren. Im Hafencamp hilft ein Lift dabei, Rollstuhlfahrer ins Segelboot, Kanu, Floß oder Motorboot zu heben.

Gemütlich sind Rundfahrten mit dem barrierefreien Solarkatamaran „Aqua Phönix", der über den Senftenberger See und Geierswalder See schippert.

 Industriekultur erleben

Wer heute in die Landschaft des Lausitzer Seenlandes schaut, kann sich kaum vorstellen, am Rande ehemaliger Tagebaue zu stehen. 150 Jahre lang prägten der Bergbau und die Kohleproduktion das Leben in der Region. Neugierige können die Lausitzer Industriekulturgeschichte an Originalschauplätzen entdecken.

An vielen Orten erleben sie, wie Kohle in Energie verwandelt wurde und wie Bergmänner früher lebten und arbeiteten. So zum Beispiel am Besucherbergwerk F60 in Lichterfeld. Die ehemalige Abraumförderbrücke des Tagebaus blieb erhalten. Sie ist die größte bewegliche Maschine der Welt.

In der Energiefabrik Knappenrode treffen moderne Ausstellungswelten auf backsteinrote Industriekultur. Hier wird die Industriegeschichte zum Erlebnis für alle.

Deutschland / Brandenburg / Spreewald & Lausitzer Seenland

Elster Park
04916 Herzberg (Elster)

Badstraße 29-30, Elster Werke GmbH
Tel.: 0 3535 48300, Fax: 0 3535 4830199
E-Mail: kontakt@elsterpark-herzberg.de

Barrierefreier Erlebnis-Urlaub in Deutschland

Direkt am Flussufer der Schwarzen Elster in Herzberg liegt der ElsterPark. Hier wird Inklusion gelebt, das Miteinander und gleichberechtigte Teilhabe sind ganz selbstverständlich. Hier begegnen sich Menschen mit Respekt und Toleranz.

Im TraumHaus** im ElsterPark finden Gäste Ruhe und Erholung, genießen die frische regionale Küche im BlauHaus* und nutzen die Angebote der ErlebnisWelt-

Im ElsterPark arbeiten Menschen mit Behinderungen in Küche & Service gemeinsam im Team mit Fachkräften.

Der ElsterPark bietet vielfältige Möglichkeiten, Kultur zu erleben oder selbst aktiv zu werden. Verschiedene erlebnispädagogisch begleitete Angebote bringen Spaß und Action (z.B. Naturlehrpfad, Hochseilgarten, GPS-Touren, Kanufahren, Insektenhotelbau u.v.m.).

Im modernen TraumHaus sind die barrierefreien und rollstuhlgerechten Zimmer großzügig gestaltete Rückzugsorte und bieten allen Gästen Bewegungsfreiheit, Sicherheit und Unabhängigkeit, um selbstständig ihren Urlaub zu gestalten. Variable Bettanlagen ermöglichen Doppel- oder Einzelbettarrangements und auch die Aufrüstung zum Pflegebett.

Es können stundenweise Betreuungszeiten für pflegebedürftige Gäste des ElsterParks, Fahrdienste organisiert oder physiotherapeutische Leistungen vor Ort in Anspruch genommen werden.

Einfach abschalten und den Urlaub entspannt genießen.

Deutschland / Brandenburg / Spreewald & Lausitzer Seenland

Ein Angebot der * ELSTER WERKE gemeinnützige GmbH
** INTAWO gemeinnützige GmbH

ErlebnisWelt

- erlebnispädagogisch begleitete Outdoor-Aktivitäten

BlauHaus

- kulinarischer Genuss im BlauHaus, bei Halb- oder Vollpension

TraumHaus

- rollstuhlgerechte Doppelzimmer, Familienzimmer (Betten variabel, auch Pflegebetten möglich)

...uss & Abenteuer
...rekt am Fluss

TOURISMUSPREIS 2019 DES LANDES BRANDENBURG
"TOURISMUS FÜR ALLE"

www.facebook.com/ElsterPark

Deutschland / Brandenburg / Spreewald & Lausitzer Seenland

Erlebnishof Beitsch
03249 Sonnewalde

Dorfstr. 37
Tel.: 035323 68528, Fax: 035323 62474
E-Mail: beitschferienhof@t-online.de
Web: www.erlebnishofbeitsch.d

Allgemeines: Urgemütlicher Ferienhof mit 20 Doppelzimmern mit Dusche/WC und TV. Ideal für Behinderteneinrichtungen und Gruppen mit Menschen mit Behinderung. Von den 20 Doppel- bis Vierbettzimmern mit Dusche, WC und TV sind 8 Zimmer für Rollstuhlfahrer geeignet. Eingang, alle Räume, Frühstücksraum, Speiseraum sind stufenlos erreichbar.

Unterhaltung: Für Abwechslung, Spiel und Spaß ist gesorgt: Kahnfahrten im Spreewald mit eigener Anlegestelle. Der Partyraum mit integriertem Lagerfeuer schafft eine harmonische Atmosphäre für Betreute und Betreuer. Entspannungs- und Spielraum, Bastelraum, Teeküche Heimkino, Streichelzoo, Billard, Kicker und Minigolf. Für die Abende wird Live-Musik mit DJ Marco, Popcorn, Partygetränke und Wunderkerzen geboten (beide Programme zum Gesamtpreis von 11,- € pro Person). Sie haben die Möglichkeit, während Ihrer Behindertenreise bei uns Halb- und Tagesfahrten zu günstigen Konditionen zu unternehmen. Wir organisieren gerne die Fahrt zu den Sehenswürdigkeiten und helfen Ihnen bei der optimalen Gestaltung.

Entfernungen: Motorradmuseum in Schönewalde; Spreewald Lübbenau 35 km; Tropical Island (Tropen- und Badeparadies) 30 km; Bad Liebenwerda (Kurort, Schloss) 23 km; Fürstlich Drehna (Wasserschloss, Motocrossbahn) 13 km; Lindena Bauernmuseum 10 km; Crinitz (Töpfereien, Museumseisenbahn) 10 km; Dresden 80 km; Berlin 90 km, Potsdam 90 km; Polenmarkt in Bad Muskau 90 km. Außerdem: Lausitzring Rennstrecke, Babelsberg Filmstudios, Leipzig Vergnügungspark Belantis, Saurierpark Klain Welka, Kremserfahrt ab Goßmar, Senftenberg Erlebnisbad, Spaßbad Wonnemar Bad-Liebenwerda, Cottbus Pücklerpark u. Tierpark und vieles mehr. Zum Arzt und zur Apotheke sind es 3 km; Krankenhaus, Bahnhof, Freibad, Hallenbad 8 km; Abholung vom Bahnhof gegen geringes Entgelt.

Preise: für Behindertengruppen (Preis pro Person/Tag) von Mai bis September: Übernachtung mit Vollpension (4 Mahlzeiten) 42,- €, Halbpension 38,- €. 3-Bettzimmer mit VP 36,- €. Oktober & April: Übernachtung mit Vollpension 38,- €, Halbpension 34,- €. November bis März: Übernachtung mit Vollpension Erwachsene 38,- €, Kinder 36,- €. Vollpension beinhaltet 4 Mahlzeiten, darunter Backschinken und Grillabend mit köstlich zubereiteten Beilagen, Kaffee und Kuchen, Lunchpakete zu den Ausflügen, Alkoholfreie Getränke 1,5 l für 1 €, Bahnreisende werden gern von uns vom Bahnhof Doberlug-Kirchhain abgeholt: Hin- und Rückfahrt pro Person 7,- €.

Deutschland / Brandenburg / Spreewald & Lausitzer Seenland

Refugium am See,
Ferienwohnung Theodor Fontane
15755 Teupitz

★★★★★ nach DTV

Gutzmannstr. 9, Monika und Hilmar Bohn
Tel.: 01520 3333 906
E-Mail: info@refugium-am-see.de
Web: www.refugium-am-see.de

Allgemeines: Sie wohnen zu ebener Erde in einem 2012 fertiggestellten, exklusiven Architektenhaus, mit drei Ferienwohnungen, unmittelbar am See mit rollstuhlbefahrbarem Steg.

Dazu zählt auch die Ferienwohnung ‚Theodor Fontane' mit 83 m² Wohnfläche für 2-3 Personen, die Ihnen ein ganz besonderes Ambiente bietet und Sie naturnah entspannen lässt.

Diese Ferienwohnung wurde mit und für Rollstuhlfahrer geplant. Deshalb gibt es viel Platz für bequemes Bewegen in der Wohnung.

Auf die Terrasse gelangen Sie ohne Schwellenhindernis. Der Weg zum See auf, im römischen Verbund verlegtem, schlesischem Granit, weist ein Gefälle von weniger als 6% aus.

Der Steg ist 1,20 m breit und damit sicher zu befahren. Auch für Familien, die das großzügige Raumangebot und die direkte Nähe zum Teupitzer See genießen wollen, ist die Wohnung bestens geeignet.

Großzügige Fensterflächen sorgen für lichtdurchflutete Räume; an der dem See zugewandten Westseite ist die gesamte Wand bodentief verglast. Der hochwertige Insektenschutz schützt vor ungebetenen ‚Gästen', ohne den Blick auf den See einzuschränken.

Die Böden sind mit Casalgrande-Fliesen belegt; die Fußbodenheizung sorgt für die gewünschte Wärme.

Schlafzimmer- sowie Badezimmertür lassen sich elektrisch öffnen, die hochwertig ausgestattete Küche ist in wichtigen Bereichen unterfahrbar.

Der offene Küchen-, Ess- und Wohnbereich mit Blick zum See durch bodentiefe Fenster und Schiebetüren, sorgt für ein freies Raumerleben.
Alle Fenstergriffe sind sitzend zu bedienen.

Durch den direkten Garten- und Seezugang lassen sich Frühstück und Tagesausklang bei Sonnenuntergängen mit einem Glas Wein oder anderen Köstlichkeiten auf der Terrasse genießen.

Lage: Ruhig gelegen, doch alles Wichtige ist fußläufig zu erreichen. Arzt, Zahnarzt, Apotheke und Eisdiele befinden sich ca. 500 m rund um den Teupitzer Marktplatz. Ein Netto mit guter Fleischtheke und Bäckerei befindet sich ca. 1 km vom Refugium entfernt. Weitere

Deutschland / Brandenburg / Spreewald & Lausitzer Seenland

Supermärkte (Aldi in Groß Köris, EDEKA in Halbe), Bio-Lebensmittelgeschäfte und zwei Geldautomaten (in Halbe und Köris) gibt es im Umkreis von ca. 5 km.

Zimmer & Bad: 100%ige Barrierefreiheit, offene Küche mit hochwertiger Ausstattung, teilweise unterfahrbar; offener Essbereich, offener Wohnbereich mit Funktionscouch (Doppel), Schlafzimmer mit eigenem Bad (rollstuhlgerechte Ausführung, Dusche, WC), Bett 180 cm x 200 cm (Sitzhöhe auf Wunsch 50 – 60 cm), elektrisch verstellbar (in Höhe, Ober- und Unterteil), auf Wunsch unterfahrbar mit Lift (12,5 cm Höhe), Tempur-Matratze, Gäste-WC, Sat-TV mit Fernseher, Musikanlage, Breitband-Internet, Haartrockner, Nutzung von Waschmaschine mit Trockner im Haustechnik-Raum.

Direkter Gartenzugang über die Terrasse, barrierefreier Zugang zu Uferzone und hauseigenem Bootssteg

Freizeit & Umgebung: In nur 15 Minuten erreichen Sie das Museumsdorf Glashütte, Tropical Island – ein tropisches Erlebnis für alle, den Golfclub Motzen, die „Gläserne Molkerei" oder die „Bunkerstadt" Wünsdorf. Nach 30 Minuten Fahrzeit erreichen Sie den „liegenden Eifelturm" Förderbrücke F60, den Spreewald mit seinen Kanälen und die Therme in Bad Saarow.

Der nächste Anschluss an die A13 ist 4 km entfernt – von hier aus erreichen Sie den Süden Berlins in 30 Min. oder das KDW in 45 Minuten.
Wer das Auto nur 4 km zum Bahnhof in Groß Köris nutzen will, kann von dort mit der Bahn Berlin erreichen.

Preise: Für die rollstuhlgerechte Wohnung „Theodor Fontane" pro Nacht je nach Saison 99,- bis 170,-€. Preise für die anderen, nicht rollstuhlgerechten Ferienwohnungen, auf Anfrage.

BRANDENBURG
RUPPINER SEENLAND

Dorf auf dem Wasser, Ruppiner Seenland

Deutschland / Brandenburg / Ruppiner Seenland

Seehotel Rheinsberg ★★★★
16831 Rheinsberg

Donnersmarckweg 1
Tel.: 033931 3440, Fax: 033931 344 555
E-Mail: post@seehotel-rheinsberg.de
Web: www.seehotel-rheinsberg.de

Allgemeines: Verbringen Sie einen einzigartigen und barrierefreien Urlaub in Rheinsberg, direkt am Grienericksee, im Ruppiner Seenland.

Mit seinem Urlaubsangebot begeistert das Seehotel Rheinsberg seit 2001 Menschen mit Behinderung.

"Seit 20 Jahren steht für uns der Urlaub für Menschen mit Behinderung im Fokus unseres Handelns," fasst Peter Vogt die Ausrichtung des 4-Sterne-Hotels zusammen. Der Hoteldirektor freut sich im Jahr 2021 über das 20-jährige Bestehen seines Hauses.

Insgesamt stehen den Gästen 101 Zimmer, drei Suiten sowie sechs Appartements zur Verfügung, allesamt behindertengerecht konzipiert und ausgestattet.

Was bedeutet behindertengerechte Ausstattung im Seehotel Rheinsberg?

Besonderes: Sowohl die öffentlichen Bereiche als auch die Zimmer und die Veranstaltungsräume wurden auf die Bedürfnisse von körperlich eingeschränkten Menschen zugeschnitten.
Mit diesem Konzept setzt das Hotel europaweit einzigartige Maßstäbe.

Unsere Gäste sind von unserem breit gefächerten barrierefreien Angebot sehr beeindruckt. Dazu zählen u. a. eine großzügige und barrierefreie Außenanlage mit Steg am Grienericksee und einem rollstuhlgerechten Boot sowie einem Schwimmbad inklusive Hebelift, zwei Saunen samt adäquater Rollstühle, einem Fitnessraum sowie zwei Hydrojetmassagen.

Deutschland / Brandenburg / Ruppiner Seenland

10% RABATT
für Rollstuhl-Kurier-Abonnenten

Zimmer & Bad: Die Hotelzimmer sind mit befahrbaren Balkonen und Türen mit einer Mindestbreite von 100 cm ausgestattet. Auf Wunsch können Sie Zimmer beziehen, die über automatische Türen verfügen.

Die Bäder sind so konzipiert, dass sie bequem mit dem Rollstuhl befahren werden können. Auf Wunsch können Sie Badezimmer mit höhenverstellbarem Waschtisch und WC-Haltegriff sowie Toilettensitzerhöhungen oder Closomaten reservieren. Höhenverstellbare Pflegebetten in Hoteloptik und weitere Hilfsmittel runden unser Angebot für den barrierefreien Urlaub ab.

Darüber hinaus verfügen die Zimmer der Premium-Kategorie über einen direkten Seeblick und Balkon.

Preise: EZ ab 85,- €, DZ ab 141,- €

Sie waren noch nie in Rheinsberg und möchten dieses romantische Städtchen mit dem Schloss und dem Kurt-Tucholsky-Literaturmuseum erkunden?

Dann sind die Kennenlerntage inklusive drei Übernachtungen mit Frühstück ein attraktives Schnupperangebot.

Für all jene, die Rheinsberg bereits lieben und schätzen gelernt haben, bieten wir zum Beispiel unser Angebot „Aktiv in Rheinsberg" an.
Buchen Sie Ihre barrierefreie Auszeit unter:
www.seehotel-rheinsberg.de
oder telefonisch unter 03 39 31- 344 0.

Sie möchten über neue Angebote auf dem Laufenden gehalten werden? Dann melden Sie sich für unseren Newsletter unter post@seehotel-rheinsberg.de an.

BREMEN

Bremer Flusspromenade „Schlachte" © AdobeStock

Zwei Städte – ein Land. Die Schwesterstädte Bremen und Bremerhaven beeindrucken ihre Besucherinnen und Besucher mit ungewohnten Einblicken in faszinierende Wissenswelten, ungewöhnlichen Ausblicken auf maritime und historische Sehenswürdigkeiten und viel Weitblick in Kunst und Kultur. Von der ehrwürdigen Geschichte des historischen Rathauses (UNESCO Welterbe) bis zur modernen Forschung im Bremerhavener Klimahaus, von Köstlichkeiten aus Braumanufakturen und Kaffeeröstereien bis zu Spezialitäten aus dem Meer – gemeinsam bilden sie Deutschlands kleinstes Bundesland. Bremen und Bremerhaven sind aber ganz groß in punkto Innovation und Lebensqualität.

Deutschland / Bremen

Moin aus der Hansestadt Bremen!

„Das hätte ich ja nicht gedacht…", ist wohl der meistgesprochene Satz von Reisenden, die erstmals die Hansestadt Bremen besuchen. Traditionell ist sie die historische Stadt, mit einem Rathaus, das zum UNESCO-Welterbe gehört und den berühmten Stadtmusikanten. Märchenhaft, aber doch weltoffen. Bremen ist auch die elftgrößte Stadt Deutschlands, europäisches Zentrum der Luft- und Raumfahrt und Standort von einem der größten europäischen Städtebauprojekte, der Überseestadt. Bremen, die Stadt, die ihre Besucherinnen und Besucher zum Staunen bringt – und das mit voller Absicht.

Bremer Stadtmusikanten © Michael Bahlo_WFB

 Bremen auf einen Blick

Die Bremerinnen und Bremer sind stolz auf die lange Geschichte ihrer Heimat als Hansestadt, doch sie würden damit nie angeben. Tradition und Weltoffenheit prägen ihr Leben an der Weser. Sie genießen einen Kaffee in der „guten Stube", dem Marktplatz mit dem prächtigen Rathaus oder ein frisches Bier an der quirligen Uferpromenade Schlachte. Hier weht der Hauch vergangener Zeiten, als Schiffe aus aller Welt anlegten. Noch heute zeugen zahlreiche sehenswerte Schiffe entlang des Flusses von dieser Tradition und machen das maritime Flair der Stadt aus. Auch der Schnoor – Bremens ältestes Stadtviertel – oder die ungewöhnliche Architektur der eleganten Böttcherstraße sind einzigartige Zeugnisse einer vielfältigen Geschichte.

Doch Bremen ist auch eine moderne innovative Metropole. Im Science Center Universum® Bremen wird Wissenschaft für Groß und Klein begreifbar, im Übersee-Museum direkt am Hauptbahnhof geht es in achtzig Minuten einmal um die ganze Welt. Die Hansestadt ist europäisches Zentrum für Raumfahrt, hier werden Teile der Internationalen Raumstation, Raketen und Satelliten gebaut. In den ehemaligen Hafengebieten der Überseestadt entsteht auf Europas größter Baustelle ein komplett neues Quartier aus Freizeit- und Shoppingattraktionen, liebevollen Manufakturen und modernem Wohnen und Arbeiten.

 Sehenswürdigkeiten: Rund um den Bremer Marktplatz

Das Bremer Rathaus und der Roland gehören zusammen mit den Stadtmusikanten zu Bremens berühmtesten Sehenswürdigkeiten. Schmuckvoll präsentiert sich das Duo an der Nordostseite des Marktplatzes und lockt täglich zahlreiche Besucherinnen und Besucher an. Kein Wunder, schließlich ist das Ensemble absolut einzigartig. Daher belegt es seit 2004 auch zu Recht einen Platz auf der Welterbeliste der UNESCO als Kulturdenkmal. Ein besonderes Detail: Das Bremer Rathaus ist weltweit das einzige Rathaus, dem diese Ehre gebührt.

An der Westseite des Rathauses, direkt neben der berühmten Bronzestatue der Bremer Stadtmusikanten, befindet sich der Eingang zum ältesten Weinkeller Deutschlands. Im Bremer Ratskeller schenkt der Kellermeister bereits seit 1409 edle Tropfen aus. Mit 650 verschiedenen Sorten beherbergt er die größte Sammlung deutscher Weine. Bei einer Ratskellerführung erhalten Gäste des Hauses einen Blick in diese Schatzkammer und lauschen den Erzählungen aus über 600 Jahren Geschichte.

Nur wenige Minuten vom St-Petri-Dom entfernt wird im ältesten Stadtviertel Bremens, dem Schnoor, die Vergangenheit lebendig: Kleine, schmale Fachwerkhäuser aus dem 15. und 16. Jahrhundert reihen sich dicht aneinander. Zwischen den gegenüberliegenden Gebäudereihen bleiben oft nur schmale Gänge. Im Schnoor schlendern Besucherinnen und Besucher in unmittelbarer Nähe der Weser zwischen Goldschmiede- und Kunsthandwerk, ruhen sich in einem der gemütlichen Cafés oder Restaurants aus oder erwerben heimisch gefertigte Mitbringsel aus der Hansestadt.

Deutschland / Bremen

Vom Marktplatz geht es auch direkt in die wunderschöne Böttcherstraße. Das im frühen 20. Jahrhundert von Ludwig Roselius erbaute Schmuckstück ist ein wahres Gesamt-Kunstwerk. Der Straßenzug begeistert nicht nur mit seiner einzigartigen Symbiose aus traditioneller und expressionistischer Backstein-Architektur. Er hält auch interessante Museen wie das Paula-Modersohn-Becker-Museum sowie zahlreiche Gelegenheiten zum Schlemmen und Stöbern bereit.

Museen, Theater, Musik – und ganz viel Natur

Alte Meister und junge Wilde präsentieren sich in Bremen dicht an dicht. Hinter dem Weserdeich vereinen sich die Ortsteile Ostertor und Steintor zu dem belebten und beliebten Quartier, das die Bremerinnen und Bremer schlicht „Das Viertel" nennen. Nur ein Katzensprung von Bremens Innenstadt entfernt, ist hier viel Kultur zu entdecken bei einem Besuch in der international renommierten Kunsthalle, dem Bildhauermuseum Gerhard-Marcks-Haus oder dem Wilhelm-Wagenfeld-Designzentrum. Gleich nebenan geht im Theater am Goetheplatz richtig viel über die Bühne. Nur ein paar Schritte weiter, direkt am Fluss, feiern die Bremerinnen und Bremer im Sommer ihr großes Weser-Wiesen-Festival, die Breminale, und wilde Akrobatik ist beim Straßenzirkusevent La Strada zu sehen – die Hansestadt an der Weser steckt voller Leben und Erlebnisse.

Und Bremen ist grün! Nicht nur weil die beiden Aushängeschilder der Hansestadt – der Fußballverein Werder Bremen und die Traditionsbrauerei Beck und Co. – diese Farbe zur Hausmarke gemacht haben. Der Bürgerpark ist, zusammen mit dem angrenzenden Stadtwald im Norden, Bremens größte zusammenhängende Parkanlage. Die Bremerinnen und Bremer schätzen ihre 200 Hektar große grüne Oase ganz in der Nähe des Hauptbahnhofes sehr.

Inmitten der prächtigen Szenerie des Bremer Rhododendronparks liegt die botanika. Hier erleben Besucherinnen und Besucher auf über 4.000 Quadratmetern die Welt der Rhododendron hautnah. Zusammen zeigen Rhododendronpark und botanika die zweitgrößte Rhododendron-Sammlung weltweit. Die botanika lädt mit ihrer Vielfalt und Faszination zu außergewöhnlichen Entdeckungen in drei Etappen ein: Japanischer Garten, Himalaya/Borneo und Entdeckerzentrum. Die authentisch nachgebildeten Erlebnislandschaften zeigen den natürlichen Lebensraum der Rhododendron im Zentrum einer exotischen Pflanzen- und Tierwelt.

Bremen für Alle

Das Internetportal „Bremen barrierefrei" (www.bremen.de/barrierefrei) hilft bei vielen Fragen zu einem barrierefreien Aufenthalt in Bremen weiter. Hier können Sie sich umfassend über eine Vielzahl von barrierefreien Angeboten in Bremen informieren. Einiges davon gibt es auch in Leichter Sprache. In der Rubrik „Stadtführer" finden Sie das Herz des Portals: eine Datenbank mit geprüften und verlässlichen Daten zur Zugänglichkeit und Nutzbarkeit von mehr als 800 Einrichtungen.

Entdecken Sie die Hansemetropole auf einem Stadtrundgang, z. B. bei einer Tour in Gebärdensprache oder während einer Stadtführung für sehbeeinträchtigte und blinde Menschen. An einem unterfahrbaren Modell der Bremer Innenstadt auf dem Marktplatz kann zudem ein erster Eindruck ertastet werden. Die großen Museen bieten spezielle Angebote für Menschen mit Beeinträchtigungen. Im Bremer Konzerthaus Glocke können auch schwerhörige Menschen Musik genießen, denn im Großen Saal ist eine Induktionsschleife vorhanden. Für Menschen mit Mobilitätseinschränkung verleiht die Tourist-Information kostenlos einen Rollstuhl und beim ADFC können kostenlos Spezialräder für Menschen mit körperlicher Beeinträchtigung gemietet werden.

Bremer Schnoor-Viertel © WFB Jonas Ginter

Deutschland / Bremen / Bremerhaven

Rollstuhl am Strand © Tanja Albert_Erlebnis Bremerhaven GmbH

Willkommen in der Seestadt!

Die größte Stadt an der deutschen Nordseeküste begeistert mit maritimer Vielfalt, grünen Oasen, abwechslungsreichen Veranstaltungen, Kultur, Genuss und Shopping. 2021 hat Bremerhaven den 2. Platz beim Europäischen Access City Award gewonnen und sich gegen 68 ausgezeichnete Städten behauptet, die erfolgreich daran arbeiten, barrierefreier zu werden und den gleichberechtigten Zugang von Menschen mit Behinderung zum städtischen Leben zu fördern. Außerdem erhielt die junge Seestadt als erste den Titel „Tourismusort Bremerhaven – Barrierefreiheit geprüft" nach der bundesweit einheitlichen Zertifizierung „Reisen für Alle".

Anreise

Gut zu erreichen liegt Bremerhaven als Knotenpunkt zwischen Bremen, Cuxhaven, dem Alten Land, Hamburg und Ostfriesland und ist somit idealer Ausgangsort für Erkundungstouren mit dem Fahrrad, Schiff, Bus, Zug oder Auto ins Umland.

Ein Strand mitten in der Stadt

Die junge Hafenstadt hat viel zu bieten. Im Zentrum Bremerhavens, den Havenwelten, liegen fesselnde Wissens- und Erlebniswelten Tür an Tür. Dort, wo Anfang des 19. Jahrhunderts Bremerhaven mit dem Bau des ersten Hafens gegründet wurde, ragen heute futuristische Bauten in den Himmel. Schon von weitem ist die Aussichtsplattform Sail City zu sehen, die zusammen mit dem, wie eine riesige Wolke aussehendem Klimahaus Bremerhaven 8° Ost und der spitzen Glaskuppel nebenan die Skyline Bremerhavens prägen. Direkt daneben erstreckt sich der Deich entlang der Weser. Hier befindet sich auch das Weser-Strandbad, in dem Sonnenbaden mitten in der Stadt möglich ist. Mittels Bohlenstege und barrierefreien Strandkörben ist dieser auch mit Rollstuhl und Rollator gut zugänglich.

Gleich hinter dem Deich liegen im Museumshafen die Zeitzeugen der Schifffahrtsgeschichte. Das U-Boot „Wilhelm Bauer", ein Walfänger und ein Hochsee-Bergungsschlepper sind nur einige der Schiffe, die darauf warten, erkundet zu werden. Im Inneren des Deutschen Schifffahrtsmuseums ist unter anderen das weltweit am besten erhaltene Handelsschiff des Mittelalters, die Kogge, zu bestaunen. In der barrierefrei zugänglichen Ausstellung erfahren Besucher:innen alles über die Bauweise der Kogge bis zum Leben an Bord. Tastmodelle ermöglichen auch seheingeschränkten Gästen einen Einblick in diese Epoche der Seefahrt.

Eine Reise um die Welt

Die Hülle des Klimahaus Bremerhaven 8° Ost nebenan besteht aus 4.700 unterschiedlich geformten Glasscheiben und ist bereits schon von außen ein echter Hingucker. Auf 11.500 Quadratmetern Ausstellungsfläche begeben sich die Besucher:innen im Inneren auf eine Reise rund um die Welt, ohne dafür ins Flugzeug steigen zu müssen. Entlang des 8. Längengrads Ost umrunden sie den Globus und durchqueren dabei seine Klimazonen. Die Reise beginnt in den Bergen der Schweiz, führt über Sardinien in die Trockenheit der Sahel-Zone, von wo es weiter in den Regenwald Kameruns geht. Kälte, Eis und Schnee erwarten sie in der Antarktis, bevor sie sich im feuchtwarmen Klima Samoas wieder aufwärmen. Der Weg führt weiter über Alaska auf die Hallig Langeness und weiter nach Bremerhaven. Doch keine Sorge, die Temperaturunterschiede lassen sich auch ohne einen Koffer voll Sommer- und Winterkleidung gut bewältigen. Ebenso die Wege im Inneren, die auch für Rollstühle und Rollatoren geeignet sind.

Deutschland / Bremen / Bremerhaven

Eisbären, Pinguine & Co.

Nordische Tiere und Becken voller Meeresbewohner begrüßen die Gäste im Zoo am Meer. Durch bodentiefe Glasscheiben lässt sich die Tierwelt über als auch unter Wasser beobachten. An Land wirken die riesigen Eisbären gemütlich und behäbig, aber unter Wasser werden sie mittels ihrer riesigen Pranken zu kräftigen Schwimmern. Pfeilschnelle Pinguine und verspielte Robben beäugen neugierig die Zuschauer:innen hinter den Scheiben, während sie durchs Wasser pflügen. Eine sanft abfallende Rampe führt noch eine Station tiefer und nimmt die Besucher:innen mit in die geheimnisvolle Welt der Nordsee.

Auf den Spuren der Auswanderer

Das Deutsche Auswandererhaus gegenüber entführt auf eine spannende Zeitreise zu den Spuren der Aus- und Einwanderer. Mittels Biografien erwachen persönliche Schicksale wieder zum Leben. Warum verließen Menschen ihre Heimat und das oft nur mit einem einzigen Koffer? Wie verlief die Überfahrt? Gelang die Einreise nach Amerika und konnten sie dort Fuß fassen? Was ist aus ihnen geworden? Die Fassade des angrenzenden Ausstellungsbereichs der Einwanderung zieren bereits unterschiedliche Porträts von Einwanderern. Besucher:innen erfahren, was sie zu einem Neuanfang bewegt hat und was aus ihnen geworden ist.

Bummeln und shoppen

Mitten zwischen diesen Attraktionen befindet sich das Mein Outlet & Shopping Center, das über eine Glasbrücke mit dem Columbus Shopping-Center und der angrenzenden, überdachten Fußgängerzone verbunden ist. Hier lässt es sich nach Herzenslust bummeln, schlendern und shoppen.

Kunst in all ihren Facetten

Am Beginn der Fußgängerzone öffnet das Stadttheater Bremerhaven, ein Dreispartenhaus, seine Türen und begeistert mit Schauspiel, Ballett und Musiktheater. Im modernen Kubus nebenan zeigt das Kunstmuseum Bremerhaven auf drei Ebenen seine Schätze, ebenso wie in der gegenüberliegenden Kunsthalle. Am südlichen Ende der Innenstadt lässt das Historische Museum Bremerhaven die Geschichte der Hafenstadt mittels zahlreicher Großexponate lebendig werden.

Neptuns Reich

In der maritimen Meile Bremerhavens, im Schaufenster Fischereihafen, kommt die Vielfalt aus Neptuns Reich auf den Tisch. Hier wird Fisch geliebt, gelebt und gefeiert! Räuchereien, Bistros, maritime Läden, unterschiedlichste Restaurants liegen Tür an Tür und verführen mit kulinarischen Genüssen. Im Seefischkochstudio lassen sich die Profiköche während der Kochshows in die Töpfe schauen und haben so manchen Tipp parat. Den krönenden Abschluss bildet das traditionelle Fischbuffet. Während der Saison finden im Schaufenster Fischereihafen auch unterschiedlichste Open-Air Veranstaltungen statt. Übrigens: Bremerhaven ist die Hauptstadt der Fischstäbchen. Täglich werden hier etwa 9 Millionen dieser knusprigen, gold-gelben Filets produziert.

Barrierefreie Fahrräder

Erholungssuchende und Radbegeisterte finden im Gesundheitspark Speckenbüttel, im Bürgerpark sowie im größten Naturschutzgebiet des Bundeslandes Bremen, auf der Luneplate, das passende Angebot. Egal, ob Radfahren, Spazierengehen, Tretbootfahren, Waldbaden, Grillen oder Chillen – hier sind der Fantasie fast keine Grenzen gesetzt. Übrigens liegt Bremerhaven an einem der beliebtesten Radwege Deutschlands, dem Weser-Radweg. In der Tourist-Info Hafeninsel können neben Tourenrädern und E-Bikes auch Räder für Rollstuhlfahrer:innen und mobilitätseingeschränkte, kognitiv beeinträchtigte und sehbehinderte Menschen gemietet werden.

© Dagmar Brandenburg / Erlebnis Bremerhaven GmbH
Schulschiff Deutschland

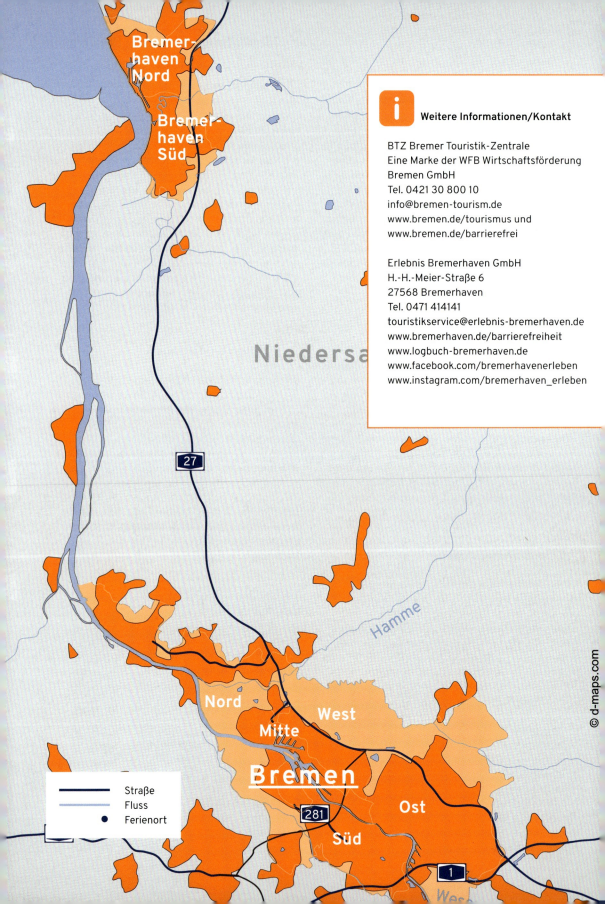

Universum Bremen

HAMBURG

Hamburger Landungsbrücken

Lebenswerte Stadtteile und viele Sehenswürdigkeiten reihen sich hier entlang von Elbe und Alster, wo Wasser und urbanes Leben aufeinandertreffen: von der HafenCity Hamburg mit dem neuen Wahrzeichen Elbphilharmonie über das UNESCO Weltkulturerbe Speicherstadt, vom Jungfernstieg am Rathaus vorbei zu den weltbekannten St. Pauli Landungsbrücken, den Fischmarkt hinunter bis hin zu den Elbstränden in Ovelgönne und Blankenese. Als Tor zur Welt steht Hamburg allen Menschen offen und viele touristische Angebote sind bereits auf die Bedürfnisse von Menschen mit Mobilitätseinschränkungen eingestellt.

Deutschland / Hamburg

Weil wir Hamburg sind.

Viel zu sehen und immer etwas los. Egal, ob Sie bei einem Konzert in der Elbphilharmonie die Musik auf sich wirken lassen, sich eines der vielen Museen oder Musicals anschauen oder bei Hagenbeck den wilden Tieren ganz nah kommen wollen: Freuen Sie sich auf tolle Hamburg-Erlebnisse, die Sie so schnell nicht vergessen werden, denn die meisten Angebote sind barrierefrei.

Stellen Sie sich Ihre persönlichen Highlights aus den verschiedenen Angeboten zusammen – langweilig wird Ihnen zwischen Alster und Elbe sicher nicht, denn für jeden Geschmack ist etwas dabei.

Auf dem Fischmarkt © HH–Lukas Kapfer

 Kultur pur

Hamburg eröffnet neue Horizonte. In international renommierten Museen, modernen Ausstellungshallen und in außergewöhnlichen Locations erwarten Sie Sammlungen und Galerien, die man gesehen haben muss: von historischen Schätzen, berühmten Artefakten und den Gemälden alter Meister über regionale und internationale Kulturgeschichte bis zu multimedialen Erlebniswelten zum Mitmachen und Ausprobieren.

Die meisten der 60 Museen Hamburgs sind mittlerweile barrierefrei ausgebaut und bequem zu erreichen.

Für Sie auf der Bühne

Die Bretter, die die Welt bedeuten, sind in Hamburg außergewöhnlich facettenreich: In weltbekannten Spielstätten und traditionsreichen Konzerthäusern, modernen Musical-Tempeln, freien Bühnen und Privattheatern haben Sie hier die freie Auswahl – von den großen Klassikern über zeitgenössisches Sprechtheater bis zu frech-frivolem Boulevard und von international gefeierten Ballett- Inszenierungen bis zu mitreißenden Musical-Highlights.

 Die Hamburger Hauptkirchen

Sie sind Oasen der Ruhe im Trubel der pulsierenden Großstadt – würdevoll, erhaben und mit der Aura jahrhundertelanger bewegter Geschichte. Alle in der City gelegenen Hamburger Hauptkirchen sind barrierefrei zu besuchen und bieten dabei noch viel mehr als eine willkommene Möglichkeit zum Innehalten: zum Beispiel architektonische Glanzpunkte und historische Kostbarkeiten, einmalige Aussichten oder berührende Musik. In den Michel rollt man übrigens ganz bequem und barrierefrei über das Tor 10, links vom Haupteingang. Alle Kirchen verfügen über Toiletten für Rollstuhlfahrer.

 Lieber im Grünen oder am Blauen entlang?

Sie sind grüne Oasen inmitten der pulsierenden Metropole. Hamburgs Parks und Gärten sind großzügig, modern und haben mindestens so viele Gesichter wie die Stadt selbst: Weitläufige Natur oder historische Gärten, Picknick oder Grillen, Kletterparks oder Handbike-Strecken, Auszeit oder Open-Air-Konzert – hier findet jeder sein kleines Glück. Auch ein Spaziergang entlang der Elbpromenade oder rund um die Alster sind sehr zu empfehlen, schon allein wegen der beeindruckenden Aussichten.

Deutschland / Hamburg

Unvergessliche Hamburg-Erlebnisse

Viel zu sehen und immer etwas los. Egal, ob Sie sich bei einer Stadtrundfahrt im barrierefreien Doppeldecker einen Überblick über die wichtigsten Sehenswürdigkeiten verschaffen, die maritimen Seiten der Stadt bei einer Alster-, Barkassen- oder Hafenrundfahrt erleben oder bei Hagenbeck den wilden Tieren ganz nah kommen wollen: Freuen Sie sich auf tolle Hamburg-Erlebnisse, die Sie so schnell nicht vergessen werden.

Tipp: Das Miniatur-Wunderland bietet spezielle Besuchsabende nur für Rollstuhlfahrer an, damit diese mit genügend Zeit und Muße alle Miniaturwelten bestaunen können. Falls Sie von den Landungsbrücken aus eine Hafenrundfahrt oder Barkassenfahrt planen, kontaktieren Sie am besten die jeweiligen Anbieter vorab.

Shopping-Metropole Hamburg

Hamburg ist ein Mekka für Shopping-Fans. Egal, ob es luxuriös und edel sein soll, ausgefallen und flippig, Fair Trade or Second Hand: In großzügigen Einkaufspassagen und exklusiven Galerien, in alternativen Stadtvierteln und auf weitläufigen Flaniermeilen mit Flagship-Stores und kleinen Designer- Boutiquen bleiben keine Wünsche offen. Beste Aussichten also für alle, die mehr als nur schöne Erinnerungen mit nach Hause nehmen wollen.

Fast alle Shopping-Center in der Innenstadt bieten barrierefreie Toiletten an – ein wichtiger Baustein für ein ungetrübtes Shopping-Erlebnis.

Übernachten

Die beste Voraussetzung für einen unvergesslichen Tag ist eine komfortable und erholsame Nachtruhe. Egal, ob Sie am liebsten modern-puristisch oder nostalgisch-plüschig, zweckmäßig schlicht oder natürlich-klimafreundlich wohnen und schlafen: Die Auswahl an Hotels für jeden Anspruch und Geschmack lässt Sie fündig und heimisch werden – zentral im Herzen der City, in ruhiger Randlage oder idyllisch im Grünen. Die meisten Hotels bieten 1-3 Zimmer für Rollstuhlfahrer an, die meist über großzügige Bewegungsflächen verfügen. Einige Hotels bieten auch mehrere Zimmer an, so dass auch Kleingruppen eine tolle Zeit in Hamburg planen können.

Sicht auf die Hafencity und Elbphilharmonie © HH-Lukas Kapfer

In der Speicherstadt © HH-Lukas Kapfer

Deutschland / Hamburg

In der U-Bahn Station Hafencity-Universitaet © HH-Lukas Kapfer

 Mit Bus und Bahn unterwegs

Der Hamburger Verkehrsverbund (HVV) bietet auf seinen Internetseiten unter www.hvv.de vor Ihrer Reise viele Infos zum Thema Mobilität. Die meisten der Hamburger U-Bahn Haltestellen sind barrierefrei ausgebaut und auch der Einstieg in die Busse ist bequem möglich.

Tipp: auch die Fähren auf der Elbe gehören zum HVV und können somit jederzeit von Rollstuhlfahrern kostenfrei genutzt werden – für eine Hafenrundfahrt à la carte!

Sammlung Kunsthalle © HH-Lukas Kapfer

 Hamburg ohne Grenzen – Broschüre für Rollstuhlfahrer

Auf 124 Seiten bündelt die 2. Auflage der Hamburg Tourismus GmbH zahlreiche Tipps für Rollstuhlfahrer und bietet geprüfte Detailinfos zur Zugänglichkeit von Museen, Theatern, Kirchen, Parks, Hotels und Restaurants in Hamburg. Insgesamt werden 136 Einrichtungen im handlichen A5-Format vorgestellt.

Das Ganze wird abgerundet durch Infos zum barrierefreien ÖPNV und anderen Serviceangeboten, die für Hamburg-Besucher in der Reisevorbereitung und vor Ort wichtig sind.

Die Broschüre kann per Mail unter barrierefreiheit@hamburg-tourismus.de bestellt werden oder steht hier zum Download zur Verfügung:

QR-Code auf https://www.hamburg-tourism.de/fileadmin/BROSCHUEREN_FLYER/HH-ohne-Grenzen-2019_komplett-klein.pdf

 Guten Appetit!

In Hamburgs Restaurants findet jeder Gaumen seine persönliche Lieblings-Küche – von hochklassigen kulinarischen Kompositionen über frisch-feine Fischgerichte bis zu hanseatisch-handfesten Klassikern wie Labskaus oder Rote Grütze. Dazu kredenzen zahlreiche Cafés und Bars in bester Lage nicht nur schmackhafte und fair gehandelte Spezialitäten, sondern bieten zum Teil auch noch appetitliche Aussichten auf Elbe, Alster oder Hafen.

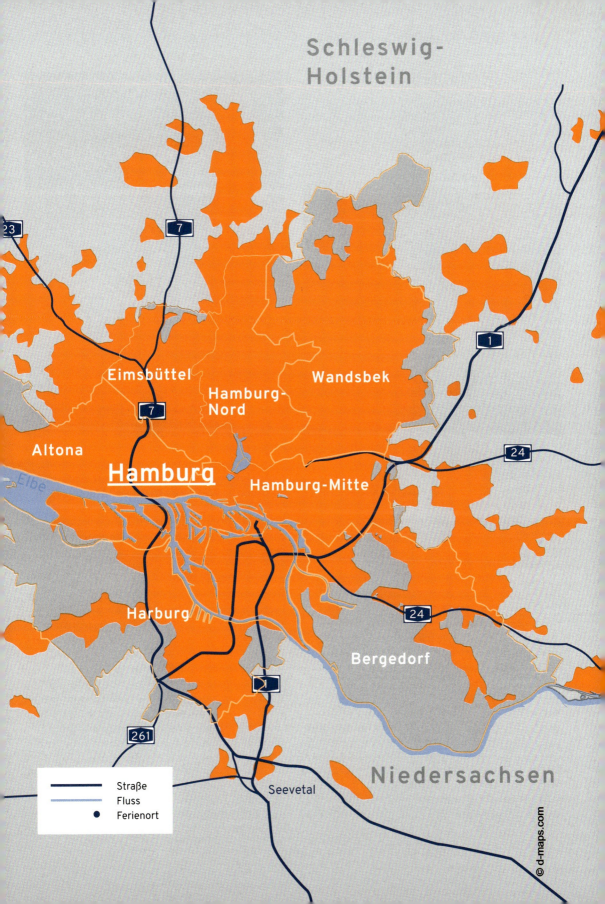

Deutschland / Hamburg

PIERDREI Hotel HafenCity Hamburg
20457 Hamburg

Am Sandtorkai 46
Tel.: 040 5582293 0
E-Mail: reservations@pierdrei-hotel.de
Web: www.pierdrei-hotel.de

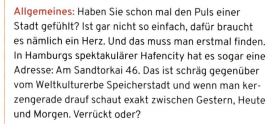

Allgemeines: Haben Sie schon mal den Puls einer Stadt gefühlt? Ist gar nicht so einfach, dafür braucht es nämlich ein Herz. Und das muss man erstmal finden. In Hamburgs spektakulärer Hafencity hat es sogar eine Adresse: Am Sandtorkai 46. Das ist schräg gegenüber vom Weltkulturerbe Speicherstadt und wenn man kerzengerade drauf schaut exakt zwischen Gestern, Heute und Morgen. Verrückt oder?

Zimmer & Bad: 212 Zimmer insgesamt, davon 4 barrierefrei und für Rollstuhlfahrer geeignet. Alle barrierefreien Zimmer sind in der Kategorie LARGE. Wenn Sie direkt über uns (telefonisch oder per E-Mail) mit Hinweis auf Rollstuhl buchen, zahlen Sie nur den Preis eines Medium+ Zimmers.

Barrierefreier breiter Eingang (113 cm) Abgesenkter Rezeptionstresen vorhanden, um Check-in und Check-out komfortabel zu gestalten Fahrstühle auf jede Etage (Tür 93 cm, Fahrstuhl: 210x113 cm) Barrierefreie Zimmertür 96 cm, Badezimmertür 105 cm Dusche mit Sitz Toilette mit Armstützen Notfallschnur mit Notruf Bett für Füße unterfahrbar (15 cm) Betthöhe 60 cm Eventraum HAFENBÜHNE barrierefrei befahrbar Öffentliche Toilette rollstuhlgerecht „Spion" Zimmertüren auf Höhe für Rollstuhlfahrer

Ausstattung: Dachterrasse MOON 46 im 7. Stock mit tollem Ausblick auf die HafenCity und die Stadt. Immer zugänglich und bei gutem Wetter (ab 18 Grad) mit Bar. Grün und bunt bepflanzt. In Kooperation mit FritzKola. KITCHENS Restaurant: Inspiriert von den besten Küchen und Köchen der Welt. Die Köche gingen auf Reisen und sammelten Inspirationen von Street Food bis Fine Dining – so entstand der Name „KITCHENS" und die regelmäßig wechselnde Speisekarte. Es wird viel Wert auf die Verwendung von regionalen und saisonalen Lebensmitteln gelegt. Das Frühstück findet in Form eines Buffets statt. Barrierefrei. Three Fingers Bar mit Lunch und Snacks und Terrasse „Piazza" Barrierefreier Zugang außen rum durch direkten Bar- und Restauranteingang. Ansonsten Treppenlift vorhanden um von Restaurant in die Bar zu gelangen. HAFENBÜHNE: Ein kreativer Ort, beispielsweise geeignet für kleine Tagungen, Exklusiv-Veranstaltungen, Produktpräsentationen, Lesungen, Improvisationstheater, kleine Konzerte. Barrierefreier Zugang.

Umgebung: Rollstuhlgerechte Umgebung durch wenige Stufen, viele Erhöhungen anders gelöst. Premiumkino ASTOR Film Lounge nebenan (barrierefreier Zugang), Nähe zu Elbphilharmonie, Hafen, Landungsbrücken, Innenstadt

Schiff wird im Kontainerhafen Hamburg entladen

HESSEN

Hessen © HA Hessen Tourismus / Foto Roman Knie

HESSEN
LAHNTAL

Deutschland / Hessen / Lahntal

Hotel im Kornspeicher
35039 Marburg

Molkereistrasse 6
Tel.: 06421 94 84 10, Fax: 06421 94 84 1 23
E-Mail: info@hotel-kornspeicher.de
Web: www.hotel-kornspeicher.de

Allgemeines: Das Stadt- und Businesshotel „Hotel im Kornspeicher" liegt in der schönen Universitätsstadt Marburg in der geografischen Mitte Deutschlands. Das Hotel Garni bietet eine Reihe von Besonderheiten: Es ist barrierefrei, integrativ und umweltfreundlich. Insgesamt stehen 25 geschmackvoll eingerichtete Zimmer bereit, darunter Einzelzimmer, Doppelzimmer sowie Appartements mit hohem Wohnkomfort. Menschen mit Pflegebedarf finden die für sie notwendige Ausstattung vor. Für weitere individuelle Wünsche bietet das Haus gerne Lösungen an.

Alle Zimmer dieses Nichtraucherhotels sind barrierefrei, für Allergiker geeignet und haben Farb-TV, Telefon und Internetzugang. Ein reichhaltiges Frühstücks Büffet ist im Zimmerpreis enthalten.
Drei freundliche und modern ausgestattete Tagungsräume mit Beamer oder 86 Zoll Touchscreen Monitor bieten eine gute, komfortable Arbeitsatmosphäre.
Am Abend laden die Hotelbar oder der Saunabereich mit Erlebnisdusche zum entspannten Ausklang des Tages ein. Kostenlose Parkplätze sowie eine Ladesäule für Elektrofahrzeuge sind vorhanden.
Vom Parkplatz zum Eingang eine Rampe. Vom Eingang zur Rezeption und zum Frühstücksraum stufenlos. Türbreite vom Eingang 160 cm.

Tagungen: Konferenzen, Tagungen und Events sind mit bis zu 40 Personen möglich.

Zimmer & Bad: Die Zimmer sind über den Aufzug (Türbreite vom Aufzug 100 cm, Tiefe 205 cm, Breite 110 cm) ohne Barrieren erreichbar. Geeignet für Rollstuhlfahrer sind 5 Zimmer mit Du/WC, die übrigen Zimmer sind für Gehbehinderte geeignet (barrierefrei zugänglich).

Türbreite der rollstuh-geeigneten Zimmer und Du/WC 94 cm, Freiraum in Du/WC 120 x 125 cm. Freiraum links neben WC 30 cm, rechts 120 cm, davor 130 cm. WC-Höhe 48 cm.

Haltegriff links und rechts neben dem WC vorhanden. Dusche schwellenlos befahrbar, fest installierter Duschsitz oder stabiler Duschhocker sowie stabile Haltegriffe an der Duschwand vorhanden. Waschbecken unterfahrbar, verstellbarer Kippspiegel und Notruf vorhanden.

Deutschland / Hessen / Lahntal

Ferienwohnung Albini
35576 Wetzlar

Albinistraße 6, Familie Schäfer
Tel.: 06441 204 46 90
E-Mail: info@ferienwohnung-albini.de
Web: www.ferienwohnung-albini.de

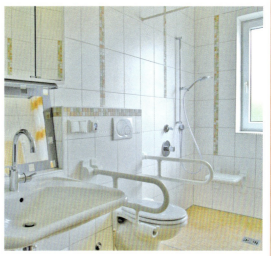

Allgemeines: Seit 2011 bieten wir unsere Ferienwohnung interessierten Reisenden, Urlaubern und natürlich Menschen mit Handicap an.
Wir haben uns dazu entschlossen, eine Ferienwohnung einzurichten, um unseren Mitmenschen das zu bieten, was wir uns selbst für unseren Urlaub wünschen, denn unsere 2003 geborene Tochter ist selbst Rolli-Fahrerin. So haben wir an eine rollstuhlgerechte Ausstattung beim Einrichten der Ferienwohnung gedacht.

Ausstattung: Auf bis zu 86 m² bieten wir Ihnen einen neu gestalteten Wohnraum für bis zu 5 Personen mit viel Platz für Fußgänger und Rollstuhlfahrer. Helle Räume, Flachbildfernseher, Sat-TV, viel Stauraum im Schlafzimmer sollen Ihren Aufenthalt angenehm gestalten.

Zimmer & Bad: Die Ferienwohnung verfügt über ein Zweibettzimmer mit einem elektrisch höhenverstellbaren Pflegebett bis 65 cm, 1 DZ, 1 Wohnzimmer mit Schlafcouch (200 x 140 cm), 1 Esszimmer, Küche und Duschbad. Das Doppelbett (180 x 200 cm) ist mit 65 cm extrahoch. Das Esszimmer lädt zu einem guten Frühstück im Familienkreis oder zur abendlichen Brettspielpartie ein. In der Küche steht Ihnen ein kleiner Mikrowellen-Backofen zur Verfügung. Die Türbreite vom Badezimmer mit Du/WC 80 cm, Bewegungsfreiraum 136 x 360 cm. Großzügiger Duschbereich (130 x 120 cm) schwellenlos mit fest montiertem Duschsitz und flexiblen Haltegriffen. Waschbecken unterfahrbar, Spiegel und Ablagen in Rollihöhe. Freiraum vor der Toilette 100 cm, rechts 120 cm, WC-Höhe 48 cm.

Lage: Sie finden uns zwischen Lahn und Dill. Von hier aus sind Bahn- und Busverbindungen gut zu erreichen: 600 m zum Bahnhof und ca. 150 m zur nächsten Bushaltestelle. Zum Freibad sind es 200 m, außerdem gibt es zwei Dialysezentren in Wetzlar. Der Lahnradweg R7, der in weniger als 250 m vor unserem Haus vorbeiführt, bietet sich auch für Handbiker an. Lebensmittelmärkte, Shoppingcenter und Apotheken können in nächster Umgebung mit dem Rollstuhl erreicht werden (abgesenkte Bürgersteige). Die Altstadt mit ihren kleinen Lokalen, Bistros, Schänken oder Eisdielen ist nur 500 m entfernt.

Gerne können Sie Ihr Auto, Fahrrad oder Handbike bei uns abstellen. Eine Garage steht Ihnen gegen ein geringes Entgelt zur Verfügung

Preise: Für die Ferienwohnung pro Tag ab 38,- €.

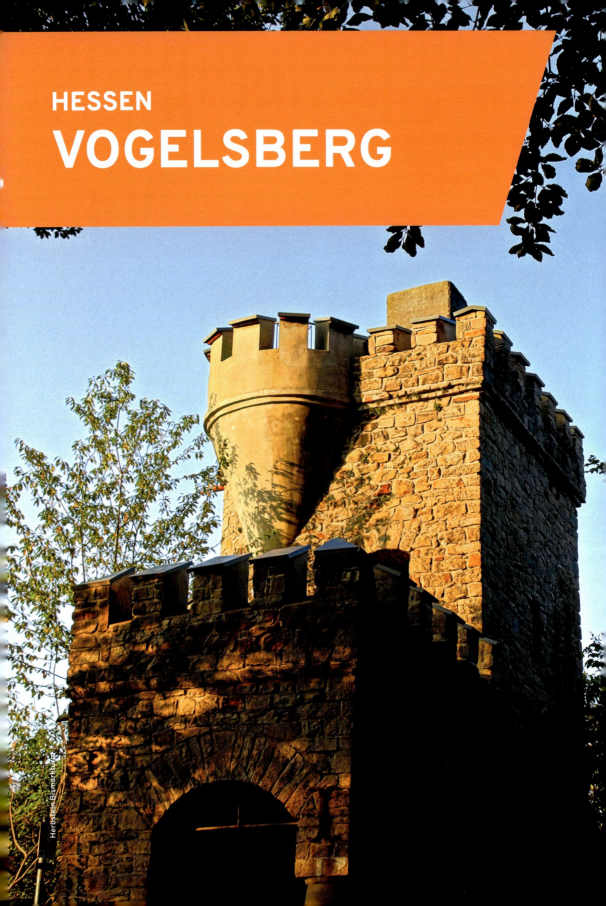

HESSEN
VOGELSBERG

Herbstein-Bismarckturm

Hessen / Vogelsberg

Vogelsbergdorf
36358 Herbstein

Adolph-Kolpingstr. 22
Tel.: 06643 70 20, Fax: 06643 702 141
E-Mail: rezeption@vogelsbergdorf.de
Web: www.vogelsbergdorf.de

Allgemeines: Eingebettet in die wunderschöne Natur der Vulkanregion Vogelsberg, am Rande des beschaulichen Städtchens Herbstein, direkt am Waldrand – liegt das Vogelsbergdorf. Erleben Sie in einer freundlichen, familiären Atmosphäre „Zeit, die gut tut" und in der der Mensch im Mittelpunkt steht. Seien Sie Teil einer Gemeinschaft und genießen Sie dennoch Ihren Freiraum. Unter Bäumen geschützte Bungalows und eine perfekte Aussicht sind Balsam für die Seele. Direkt daneben der 1. Erlebnisbibelpark Deutschlands – eine Besonderheit und Wertekulisse, die zum Lernen und Spielen anregt.

Ausstattung: 33 Bungalows, davon 6x rollstuhlgerechte Ausstattung, Speisepavillons mit Panoramablick, Kreativraum, Töpferei, Erlebnisbibelpark / Waldspielplatz, Freies WLAN im Haupthaus, Dorfkneipe BODEGA, Kirche / Meditationsort, Bibliothek, Grillplatz, Kinderspielraum, Kräutergarten, Tischtennis, Kicker, Billard, Bar mit Lounge, Sonnenterrasse, Tagungs- und Aufenthaltsräume.

Die gesamte Anlage ist zugänglich für Rollstuhlfahrer.

Geeignet für: Urlaube und Freizeiten von Wohn- und Tageseinrichtungen mit pflegebedürftigen und gehbehinderten Bewohnern, Tagungen und Seminare, Familienurlaub.

Lage: Direkt am Waldrand mit Südhanglage, ca. 1 km außerhalb des Städtchens Herbstein. Rad- und Wanderwege in unmittelbarer Nähe, Therme fußläufig erreichbar.

Preise: Vollpension ab 51,50€/55,50€/Tag für Erwachsene und Kinderpreisstaffelung ab 3 Jahren.

Familienpauschalen für 7 Tage Vollpension und Programm mit Kinderbetreuung: Erwachsene ab 431,- € / 460,- €, Kinderpreisstaffelung ab 3 Jahren, Kurtaxe.

MECKLENBURG VORPOMMERN

Barrierefreier Steg in der Mecklenburgischen Seenplatte © TMV/Ulrich

Deutschland / Mecklenburg-Vorpommern

Urlaub für Alle in Mecklenburg-Vorpommern

Von der Ostsee bis zur Mecklenburgischen Seenplatte finden Erholungssuchende, Unternehmungsbegeisterte und Sportbegeisterte vielfältige Landschaften, Ausflugsziele und Angebote, die Mecklenburg-Vorpommern zu einem beliebten Urlaubsziel machen. Und zwar für Alle:

Mecklenburg-Vorpommern hat sich auf Menschen mit Mobilitäts- und Sinneseinschränkungen eingestellt und bietet Gästen mit Handicap oder besonderen Bedürfnissen an Komfort und Service sowie zum Beispiel auch Familien mit Kleinkindern oder Älteren einen unbeschwerten Urlaub. Traumhafte Ostseeorte, maritime Städte und Urlaubsregionen bieten zahlreiche Angebote für Menschen mit Behinderungen.

Barrierefrei unterwegs in der Mecklenburgischen Seenplatte © TMV/Ulrich

Maritime Städte in Mecklenburg-Vorpommern

Das beschauliche Städtchen Wismar mit seinen mächtigen mittelalterlichen Kirchen lässt sich auch mit Mobilitäts- oder Sinneseinschränkungen leicht erschließen. In der Tourist-Information erhält man einen „Rollstuhlstadtplan" und direkt neben dem Rathaus befindet sich ein Tastmodell der denkmalgeschützten Altstadt. Ein weiteres findet man neben der Marienkirche. Das Welt-Erbe-Haus hat einen barrierefreien Zugang und in der Georgenkirche gibt es einen Fahrstuhl. Mittelalterliche Koggen und hochmoderne Kreuzfahrtschiffe am Alten Hafen laden zum Verweilen und Träumen ein.

Eingebettet in grüne Seenlandschaften und vorgelagert auf einer Insel strahlt das sandfarbene Schweriner Schloss. Das bedeutende Bauwerk des Historismus dient nicht nur als Wahrzeichen der Landeshauptstadt Schwerin und Landtagsitz, sondern öffnet seine Türen auch für Besucher und Veranstaltungen. Für Mobilitätseingeschränkte sind Behindertenparkplätze reserviert und rollstuhlgerechte Rundgänge gestaltet worden.

Ähnlich imposant reckt sich der 117,5 m hohe Dom über die meist niedrigen Dächer der bildschönen Altstadt. Als gotischer Backsteinbau ist er das älteste und einzige mittelalterliche Bauwerk Schwerins. Der Dom hat barrierefreie Zugänge und bietet spezielle Führungen für Sehbehinderte und Blinde. Viele Kunstausstellungen, Theateraufführungen und vielseitige Veranstaltungen laden das ganze Jahr über zu einem unvergesslichen Urlaub in die Landeshauptstadt von Mecklenburg-Vorpommern ein.

Rostock ist nicht nur Universitätsstadt, sondern auch Wirtschaftsmetropole Mecklenburg-Vorpommerns. Der Stadthafen mit seiner breiten Uferpromenade vermittelt die Anbindung zur großen weiten Welt. Rostock stellt sich auf unterschiedlichste Bedürfnisse ein. Durch rollstuhlgerechte Hotelzimmer, öffentliche Verkehrsmittel mit ebenerdigem Einstieg oder einer Touristeninformation mit Rampe. Sehenswürdigkeiten wie das Kloster zum Heiligen Kreuz, der Neue Markt und das Rathaus sind gut lesbar beschildert. Ein Lift ersetzt die Turmbesteigung von St. Petri, von deren Aussichtsplattform Gäste bei gutem Wetter einen Fernblick bis nach Warnemünde haben.

Immer weht eine leichte Brise über Stralsund. Sie erzählt Seemannsgarn von Schlachten gefürchteter Piraten und Geschichten von der Gründung des Hanseverbundes. Trotz ständigen Wandels konnte der kulturelle Schatz der historischen Altstadt erhalten und nach aufwändiger Sanierung 2002 in die UNESCO Welterbeliste aufgenommen werden.

Deutschland / Mecklenburg-Vorpommern

Wie Leuchttürme wachsen gotische Backsteinkirchen und mittelalterliche Kloster in den Ostseehimmel und geben Orientierung in den Gassen aus puppenstubenhaften Fachwerk- und Barockhäusern. Abgesenkte Bordsteinkanten und Granitplatten entlang des Kopfsteinpflasters ermöglichen auch Mobilitätseingeschränkten ein Entdecken der Altstadt. Sehbehinderte können Audioguides nutzen und spezifische Stadtführungen buchen. Zukunftsweisend im Bau präsentiert sich das OZEANEUM Stralsund am Hafen. Mit seinen breiten Aufzügen, ebenerdigem Bistro, Leihrollstühlen und -rollatoren ist es für alle einen Besuch wert.

Der Bildhauer, Schriftsteller und Zeichner Ernst Barlach hat Güstrow zu einiger Berühmtheit verholfen. Die Stadt dankt es ihm und betitelt sich seit 2006 offiziell als Barlachstadt. Tastführungen machen die drei Barlach-Museen auch für Menschen mit Sinneseinschränkungen zu einem kulturellen Höhepunkt.

Im Schloss Güstrow wird die Hochkultur der Spätrenaissance spürbar – unterstützt von einer großzügigen Parkanlage, deren Wege in die weitläufige Landschaft weisen. Neben der Touristeninformation bietet das Stadtmuseum einen umfangreichen Kunst- und Kulturschatz. Ein Bummel durch die Altstadt führt an Backsteinkirchen, einem großen Marktplatz und dem Pferdemarkt mit altem Postamt vorbei. Im Wildpark-MV finden auch barrierefreie Führungen statt – auf rollstuhlgeeigneten Wegen, vorbei an Bären, Wölfen und Eulen. Das Erlebnisbad OASE bietet mit breiten Türen und Wegen auch Menschen im Rollstuhl Gelegenheit für Aktivität und Erholung.

Die Vier-Tore-Stadt Neubrandenburg mit kreisförmiger, mittelalterlicher Stadtbefestigung empfängt Reisende mit imposanten Bauten der Backsteingotik und einem umfangreichen Veranstaltungskalender aus Konzerten und Volksfesten. Neubrandenburg bietet ein vielfältiges Angebot für Menschen mit Behinderung.

An der kleinen historischen Stadtführung können auch Menschen im Rollstuhl oder mit Gehhilfe teilnehmen. In der rollstuhlgerechten Konzertkirche bietet eine Tonübertragungsanlage Menschen mit eingeschränktem Hörvermögen bestmöglichen Klanggenuss, und ein Tastmodell auf dem Marktplatz vermittelt Blinden eine plastische Vorstellung von Stadtmauer, Kirchen und Straßen der Innenstadt.

Direkt am Plauer See gelegen und durchkreuzt von der Müritz-Elde-Wasserstraße, gleicht der Luftkurort einer schwimmenden Stadt. In und um Plau am See finden sich auch viele barrierefreie Angebote. Die Obotriten, ein mittelalterliches Adelsgeschlecht, hinterließen Plau am See mächtige Backsteinbauten. Exponate zur Stadtgeschichte, historische Maschinen und detailgenaue Modelle der ersten Wasserflugzeuge können im rollstuhlgerechten Burgmuseum bewundert werden.

Überblick über den Naturpark Nossentiner/Schwinzer Heide gibt eine Reliefkarte in Blindenschrift am Infozentrum Karower Meiler. Vogelstimmen können Sie an einem Hörcomputer nachhören. An den über 60 Seen leben unzählige Wasservögel und über den Park verteilt brüten über 30 Adlerpaare. Bei dem Verein Plauer Hai-Live stehen paralympische Segelboote bereit und für Nervenkitzel sorgen riesige Braunbären im nahegelegenen rollstuhlgerechten Bärenwald.

Baumwipfelpfad Prora auf Rügen © TMV/Ulrich

Deutschland / Mecklenburg-Vorpommern

 Urlaubsregionen in Mecklenburg-Vorpommern

Im hohen Norden, umspült von Ostsee und Bodden, liegt die Halbinsel Fischland-Darß-Zingst. Ostseeheilbäder, Seebäder, Erholungsorte und der weitläufige Nationalpark Vorpommersche Boddenlandschaft locken mit klarer Luft und unberührter Natur. Entlang der scheinbar endlosen Küstenlinie formen Wind und Wellen das Land immer wieder neu und spielen aufmerksamen Strandspaziergängern kleine Brocken Bernstein in die Finger. Auch Menschen mit Mobilitäts- oder Sinneseinschränkungen können sich den Nationalpark durch barrierefreie Aussichtsplattformen, Führungen in Gebärdensprache oder mit eGuides leicht erschließen.

Keine zwei Stunden vom pulsierenden Berlin entfernt liegt die Mecklenburgische Seenplatte. Viele der Aussichtspunkte im Müritz-Nationalpark sind mit dem Rollstuhl befahrbar. Ins Wasser gelangt man über rollstuhlgerechte Badestege am See oder in Waren an der Müritz ins Solebad.

Die Müritz ist der größte See, der vollständig innerhalb Deutschlands liegt. In der Kanustation Dobbertin erleichtert ein Lift Mobilitätseingeschränkten das Einsteigen in ein Boot. Zahlreiche Fahrgastschiffe der Flotten haben Rampen an Bord. Wer lieber auf festem Boden bleiben möchte, kann im Ferienpark Dambeck das Waldmobil nutzen.

Wegeinformationen in Brailleschrift geben Blinden Orientierung und ermöglichen eigenständige Wanderungen. Auf der größten Insel Deutschlands erstrahlen die einst mondänen Ostseebäder in neuem Glanz. Rügen schafft neben zahlreichen Strandrollstühlen, rollstuhlgerechten Unterkünften und Toiletten immer bessere Bedingungen für barrierefreies Reisen.

Selbst der Nationalpark ist – mit Ausnahme des Königsstuhls – rollstuhlgeeignet. Infoblätter in Brailleschrift und Tastmodelle führen Blinde durch die Ausstellung. Die Störtebeker-Festspiele sind mit Rampen ausgestattet und das Theater Putbus mit Hörunterstützung.

Reisende mit Klapprollstuhl können Rügen auch bei ganz gemütlichem Tempo erkunden: im Rasenden Roland, einer 100 Jahre alte Dampflok.

Die Insel der Kaiserbäder bietet Ostseeurlaubern städtisches Treiben und absolute Ruhe. Und zwar für alle. Usedom ist vorbildlich ausgestattet für Menschen mit Behinderung. Barrierefreie und behindertenfreundliche Strandabgänge, behindertengerechte Toiletten entlang der Promenade vom Langen Berg in Bansin bis an die polnische Grenze und größtenteils abgesenkte Bordsteinkanten ermöglichen ausgedehnte Strandspaziergänge und unbeschwertes Straßenschlendern.

Auch ein Ausflug über die Insel ist mit Handicap möglich: Die Usedomer Bäderbahn hat Niederflurwagen mit ebenerdigen und rampenunterstützten Einstiegen. Sie fährt bis ins Achterland oder bis ins polnische Swinemünde. Für kürzere Ausflüge können behindertengerechte Fahrräder ausgeliehen werden.

 Kontakt

Tourismusverband
Mecklenburg-Vorpommern e. V.
Konrad-Zuse-Straße 2
18057 Rostock

Tel.: 0 381 40 30 500
E-Mail: info@auf-nach-mv.de
Web: www.auf-nach-mv.de/barrierefrei

MECKLENBURG-VORPOMMERN
INSEL RÜGEN

Kreidefelsen auf Rügen © STEFFEN WACHSMUTH

Deutschland / Mecklenburg-Vorpommern / Insel Rügen

Familien- und Gesundheitshotel
Villa Sano 18586 Ostseebad Baabe

Strandstraße 12–14
Tel. 038 303 126 60
E-Mail: baabe@villasano.de
Web: www.villasano.de

5% RABATT
für Rollstuhl-Kurier-Abonnenten

Allgemeines: Das Team des Familien- & Gesundheitshotels Villa Sano ist für Sie da: Hier fühlt man sich sofort wie zu Hause! – Familien- und Wellnessurlaub vereint unter einem Dach.

In fünf Minuten erreicht man den feinsandigen Ostseestrand. Flache Zugänge ermöglichen es auch Menschen mit Mobilitätseinschränkung, den Strand zu genießen.

Das Hotel verfügt über 60 Zimmer von denen 6 Zimmer durch „Reisen für alle" als barrierefrei zertifiziert sind. Die Zimmer sowie Parkplatz, Eingang, Rezeption, Fahrstuhl, Frühstücksraum und Restaurant sind stufenlos erreichbar.

Zimmer & Bad: Türbreite vom Aufzug 90 cm (Tiefe 210 cm, Breite 100 cm). Türbreite der Zimmer 90 cm, von Dusche/ WC 85 cm, Bettenhöhe 50 cm. Bewegungsfreiraum in Du/WC 130 x 150 cm. Links und rechts neben dem WC befinden sich Haltegriffe. Freiraum vor dem WC 100 cm, WC-Höhe 47 cm. Die Dusche ist schwellenlos befahrbar, das Waschbecken mit dem Rollstuhl unterfahrbar. Ein stabiler Duschwandsitz, kippbarer Spiegel über dem Waschbecken sowie Notruf sind vorhanden.

Preise: In 2022 pro Person/Nacht, je nach Saison mit Halbpension inkl. Getränke zum Abendessen und Saunanutzung:

Doppelzimmer 67,- bis 87,- €,
Komfortzimmer 82,- bis 102,- €, Familienzimmer 87,- bis 107,- €, Familienzimmer Komfort 92,- bis 112,- €. Kinder im Zimmer der Eltern sind von 0-2 Jahren frei, danach gestaffelt.

Einzelzimmerzuschlag 20,- € pro Nacht, Haustiere 10,- € pro Nacht (auf Anfrage), Tiefgarage 6,- bis 8,- € pro Nacht (mit Anmeldung).

Haben Sie noch weitere Fragen? Schreiben Sie uns eine E-Mail: baabe@villasano.de

Deutschland / Mecklenburg-Vorpommern / Insel Rügen

Ferienwohnung „Sommertag"
Villa Wauzi 18586 Ostseebad Baabe

★★★★ superior

Magdalena & Marcel Werner, Friedenstr. 14, 40219 Düsseldorf
Tel.: 0211 781 791 22
E-Mail: info@fewo-villa-wauzi.de
Web: www.fewo-villa-wauzi.de

5% RABATT für Rollstuhl-Kurier-Abonnenten

Allgemeines: Ein unvergessliches Urlaubserlebnis für Menschen mit Handicap hat für uns oberste Priorität. Die 2003 erbaute rollstuhlgerechte 4 Sterne Superior „Villa Wauzi" (Klassifizierung) mit nur 9 Einheiten befindet sich direkt an der Strandstraße, der Flaniermeile von Baabe mit ihren einladenden Cafés und Restaurants, auf der Insel Rügen.

Das Appartement liegt auf der ruhigen Rückseite der „Villa Wauzi" mit Blick ins Grüne. Auf dem Balkon, mit direkter Mittags- bis Nachmittagssonne, können Sie die Seele baumeln lassen. Bei der Konzeptionierung und Erbauung der „Villa Wauzi" wurde von Anfang an auf Barrierefreiheit nach DIN 18024 und 18025 geachtet. Der Zugang zum Gebäude selbst ist durch eine elektrische Eingangstür und Aufzug zum Appartement für Rollstuhlfahrer einfach zu bewältigen.

Ausstattung: Das Appartement „Sommertag" verfügt über einen Wohn/Schlafbereich mit unterfahrbarer Küchenzeile (insg. 25,57 m^2), ein rollstuhlgerechtes Badezimmer mit befahrbarem Duschbereich, unterfahrbarem Waschbecken und Haltegriffen am WC (insg. 10,36 m^2), einen Balkon (2,79 m Breite, 1,55 m Tiefe) und einen Ankleideraum (3,74 m^2). Es besticht durch eine hochwertige aufeinander abgestimmte Ausstattung.

Alle Räume sind lichtdurchflutet und in freundlichen hellen Farben gehalten. Ein Pflegedienst bzw. weitere Hilfsmittel können vermittelt werden.

Mit besonderer Sorgfalt haben wir bei der Einrichtung auf die Belange von Gästen im Rollstuhl geachtet. Entsprechende Türbreiten, Ausstattung des Badezimmers, des Schlafzimmers, der Küchenzeile sowie Platzbedarf zum Wenden etc. garantieren eine größtmögliche Unabhängigkeit. Alle Räume inkl. Balkon sind schwellenlos.

Lage: In nur zwei Minuten erreichen Sie nach ca. 150 m den gepflegten, sehr breiten und feinsandigen, barrierefrei zugänglichen Sandstrand der Ostsee.

Preise: Preis pro Nacht: Vorsaison 59,- €, Zwischensaison 79,- €, Hauptsaison 110,- €. Im Preis sind folgende Leistungen enthalten: PKW Stellplatz, WAN/Internet, bezogene Betten, Erstausstattung von Verbrauchsartikeln wie Toilettenpapier, Duschbad, Seife, Küchenrolle, Spülmittel, Portion Spülmaschinentabs, Müllbeutel. Handtücher, Badetücher und Geschirrtücher. Waschmaschine gegen Gebühr (0,50 € / 30 Minuten).

Deutschland / Mecklenburg-Vorpommern / Insel Rügen

Ferienappartement Villa Wauzi
18586 Ostseebad Baabe / Insel Rügen

Strandstraße 33
Tel.: 038293 432 833
E-Mail: michael-theuner@t-online.de
Web: www.laguna-barrierefrei.de

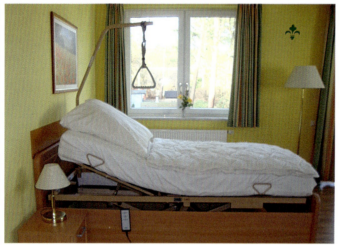

Allgemeines: Das rollstuhlgerechte Appartementhaus Villa Wauzi mit 9 Einheiten liegt zentral an der Strandstraße im Ostseebad Baabe. Die Ferienwohnung bietet Ihnen eine hochwertige Ausstattung und verfügt über einen Balkon. Die Wohnung ist rollstuhlgerecht, Haustiere sind nicht erwünscht.

Zimmer & Bad: Nichtraucherwohnung im 1. Obergeschoß (mit dem Fahrstuhl zu erreichen). Ca. 43 qm für 2 Personen. Rollstuhlgerecht nach DIN 18024 und 18025, Türbreiten mindestens 95 cm. Kombinierter Wohn-/Schlafraum mit integrierter Küchenzeile, Schlafbereich mit zwei hochwertigen Seniorenbetten (Liegefläche je 90 cm x 200 cm; Matratzenhöhe 54 cm) ein Bett ist mit Pflege-Heberahmen (Bett-im-Bett-Prinzip) ausgestattet. Rücken- und Oberschenkellehne sowie die Liegehöhe sind elektromotorisch verstellbar. Die Unterschenkellehne ist manuell über Rasterung absenkbar. Über dem Bett kann ein Aufrichter mit Triangel montiert werden.

Rollstuhlgerechtes Tageslicht-Bad (ca. 11 qm) mit ebenerdig befahrbarer Dusche, Duschklappsitz, Haltegriffe an Dusche sowie WC, Waschbecken unterfahrbar, Spiegel in Sitzposition einsehbar und Waschmaschine. Der Freiraum am WC (Höhe 48 cm) beträgt rechts zur Wand 42 cm, links zum Waschbecken 140 cm und davor 100 cm. Haltegriffe zum Umsetzen befinden sich am WC und in der Dusche. Zur Wohnung gehört ein eigener Stellplatz direkt hinter dem Haus.

Ausstattung: Voll eingerichtete Küchenzeile mit Geschirrspüler, Kühlschrank, Ceran-Feld mit 4 Kochfeldern, Dunstabzugshaube, Mikrowelle, Kaffeemaschine, Spüle, Küchenutensilien (Herd und Spüle sind unterfahrbar). Außerdem LCD-Flachbildfernseher mit Satellitenreceiver, Internetzugang (WLAN-Anschluss) inklusive, überdachter und bestuhlter Balkon (zur Westseite mit Nachmittagssonne), Batterie- und Abstellraum mit Anschluss bzw. Ladestation für Elektrorollstühle etc. Sitzecke und Grillmöglichkeit im Garten; Abstellraum für Fahrräder.

Lage: Zum feinsandigen Strand sind es 150 Meter, die Wege und Straßen im Ostseebad Baabe sind flach und eben. Durch die zentrale Lage der Villa Wauzi sind alle wichtigen Geschäfte, Restaurants, Kleinbahnhof, Ärzte etc. auf kurzem Wege erreichbar. Die nächsten Fernbahnhöfe befinden sich in Bergen und in Binz.

Preise: 59,- € in der Nebensaison; 79,-€ in der Zwischensaison und 99,-€ in der Hauptsaison.

Deutschland / Mecklenburg-Vorpommern / Insel Rügen

Villa Wauzi, Ferienapartment „Nordstern"
18586 Ostseebad Baabe / Insel Rügen

Strandstraße 33, Andrea Klarholz
Tel.: 0173 870 16 21
E-Mail: klarholzandrea@gmail.com

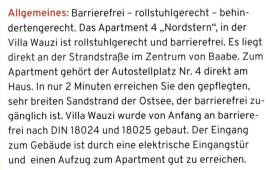

Allgemeines: Barrierefrei – rollstuhlgerecht – behindertengerecht. Das Apartment 4 „Nordstern", in der Villa Wauzi ist rollstuhlgerecht und barrierefrei. Es liegt direkt an der Strandstraße im Zentrum von Baabe. Zum Apartment gehört der Autostellplatz Nr. 4 direkt am Haus. In nur 2 Minuten erreichen Sie den gepflegten, sehr breiten Sandstrand der Ostsee, der barrierefrei zugänglich ist. Villa Wauzi wurde von Anfang an barrierefrei nach DIN 18024 und 18025 gebaut. Der Eingang zum Gebäude ist durch eine elektrische Eingangstür und einen Aufzug zum Apartment gut zu erreichen.

Das Apartment „ Nordstern" ist 47 qm groß und verfügt über eine unterfahrbare Küchenzeile, einen Wohn/Schlafbereich mit Doppelbett 180 x 200 cm und eine separate Schlafnische mit Einzelbett 100 x 200 cm (Bettenhöhe 60 cm), für zwei bis drei Personen bestens geeignet. Kostenloses WLAN und SAT-TV ist vorhanden.

Ein rollstuhlgerechtes Badezimmer mit befahrbarem Duschbereich, unterfahrbarem Waschbecken und Haltegriffe am WC (Freiraum links + rechts neben WC 60 cm, davor 150 cm, WC-Höhe 50 cm) sowie ausreichendem Platz (150 x 150 cm) zum Drehen und Wenden des Rollstuhls.

Das neu renovierte Apartment ist mit schönen Bildern, komfortablen Betten und schönen Möbeln ausgestattet. Zum Apartment gehört ein Balkon mit bequemen Liegesesseln.

Das Nachbargebäude gehört zur Ferienanlage. Hier befindet sich das Fitnessstudio, eine finnische Sauna, Dampfsauna und Infrarot-Wärmekabine sowie ein neueröffnete Kosmetikstudio mit Fußpflege.

Der Ferienort Baabe wurde 2009 zum schönsten Kur- und Erholungsort der Insel Rügen gekürt. Mit seiner schönen Strandstraße, dem wunderbaren breiten Sandstrand und den kulturellen Veranstaltungen ist es der perfekte Urlaubsort. Schöne Restaurants, Kaffees sowie Einkaufsmöglichkeiten, ärztliche Versorgung und Pflegedienst lassen Ihnen alle Möglichkeiten den Urlaub zu genießen. Ich wünsche Ihnen einen schönen Aufenthalt auf der Insel Rügen und bin mir sicher, dass Sie sich im Apartment „ Nordstern" sehr wohl fühlen werden.

Preis pro Nacht: Vorsaison 59,- €, Zwischensaison 79,- €, Hauptsaison 110,- €.

Deutschland / Mecklenburg-Vorpommern / Insel Rügen

Vju Hotel Rügen
18586 Ostseebad Göhren

Nordperdstr. 2
Tel.: 038308 515, Fax: 038308 516 00
E-Mail: info@vju-ruegen.de
Web: www.vju-ruegen.de

Allgemeines: Nach umfangreicher Renovierung trifft hier altehrwürdige Tradition in einem höchst individuellen Stilmix auf ungezwungenes Wohlfühlambiente, legeren Chic und modernsten Komfort. Fast alle der stilvoll und gemütlich ausgestatteten Zimmer, Studios, Suiten und auch verschiedene Aufenthaltsbereiche des Hauses bieten einen wundervollen Blick über die Ostsee und die Insel Rügen.

Es stehen allergikerfreundliche, behindertenfreundliche und behindertengerechte Zimmer zur Verfügung, alles Nichtraucherzimmer. Tagungs- und Veranstaltungsräume. Rollstuhlfahrer benötigen für den Weg vom Hotel zum Strand oder in den Ort einen Zusatzantrieb, z.B. E-Fix oder sonstige Schiebehilfe. Parkplatz, Eingang, Tagungsräume und Rezeption sind stufenlos erreichbar; Frühstücksraum und Restaurant mit Rampe, Behindertenzimmer mit dem Aufzug. Türbreite vom Aufzug 90 cm (Tiefe 145 cm, Breite 110 cm).

Freizeit & Umgebung: Hausbibliothek, Restaurant, Seeblick-Terrasse (saisonal), Loungebar. Aussichtsturm mit Panoramablick. Billardlounge. Umfassende Wellness-Einrichtungen mit Erlebnisschwimmbad mit Gegenstromanlage, Massagedüsen, Saunalandschaft, Wellnessbereich mit Kosmetikbehandlungen, Massagen, Anwendungen mit Rügener Heilkreide und Sanddorn, Fitness-Studio, u.v.m. Sehr guter Hotelservice und sehr gute Ausstattung.

Geeignet für Rollstuhlfahrer: 2 Zimmer mit Du/WC. Türbreite von Zimmer 90 cm, von Du/WC 85 cm. Bettenhöhe 50 cm. Bewegungsfreiraum in Du/WC 140 x 140 cm. Freiraum links neben WC 77 cm, davor 100 cm, WC-Höhe 42 cm. Dusche befahrbar, Waschbecken unterfahrbar. Duschsitz, Notruf, Haltegriffe an Dusche und WC vorhanden.

Lage: Parkähnliches Grundstück, unmittelbare Nähe zum Ortszentrum (ca. 3 Gehminuten). Ruhige und erholsame Lage im Biosphärenreservat. Traumhafter Ausblick auf Insel und Meer. Unmittelbare Strandnähe (ca. 8 Gehminuten); Umgebung hügelig, Schiebehilfe oder E-Fix-Zusatzantrieb erforderlich; Weg zum Strand ohne Stufen.

Entfernungen: Zur Ortsmitte 300 m; Bahnhof 500 m; Einkaufen, Arzt und Apotheke 200 m.

Preise pro Person je nach Saison: Einzelzimmer ab 89,- €; Doppelzimmer (ab 2 Personen) ab 49,- €; Studio (ab 2 Pers.) ab 85,- €; Halbpension 32,- €. Hunde willkommen (25,- € pro Tier/Tag).

Deutschland / Mecklenburg-Vorpommern / Insel Rügen

Gasthaus und Pension „Zur Schaabe"
18551 Glowe

Hauptstr. 15
Tel. 038 302 710 0, Fax: 03802 710 33
E-Mail: info@schaabe.de
Web: www.schaabe.de

Allgemeines: Die Gastgeber haben mit dem Gasthaus und Pension „Zur Schaabe" wirklich ein kleines Paradies zum Verweilen geschaffen.

Zimmer & Bad: 21 Zimmer stehen den Gästen zur Verfügung, davon 6 zertifizierte, rollstuhlgerechte Zimmer im EG, stufenlos erreichbar. Türbreite der Zimmer 100 cm, von Du/WC 95 cm. Freiraum in Du/WC 150 x 150 cm. Freiraum links neben WC 150 cm, rechts 40 cm, davor 100 cm. Haltegriffe teils links, teils rechts neben WC. Dusche mit dem Rollstuhl befahrbar (eine niedrige Schwelle). Festmontierter Duschsitz vorhanden. Waschbecken unterfahrbar.

Freizeit & Umgebung: Das alte Fischerdorf Glowe im Nordosten der Insel Rügen am Eingang der 8 km langen Schaabe ist ein idealer Ausgangspunkt sowohl für maritime Erlebnisse als auch für (Rad-) Wanderungen und Ausflüge. Der Name „Glowe" stammt aus dem Wendischen. „Gluowa" oder „Glova" bedeutet Kopf, denn Glowe war mit seinem 9 m hohen „Königshörn" (ein Jungmoränenkopf) das Haupt von Jasmund, dem nordöstlichen Inselteil von Rügen. Die Ortschaft Glowe ist durch slawische Erstbesiedlung um oder auf dem Königshörn entstanden und wurde um das Jahr 1314 erstmals urkundlich erwähnt.

Angelfahrten auf der Ostsee vom Hafen aus möglich (Dorsch, Lachs), Fahrradverleih. Angeboten werden außerdem Fahrten nach Hiddensee, Rügen Rundfahrten und zum Kap Arkona vom Glower Hafen. Sehr beliebt sind auch die Störtebeker Festspiele in Ralswiek, Segeln oder Surfen, aber auch Radfahren und Handbiken, denn in den letzten Jahren wurde das Radwandernetz immer weiter ausgebaut. Die Pension „Zur Schaabe" ist dabei ein guter Anlaufpunkt, da der Radwanderweg direkt an der Pension verläuft. Weitere Freizeitmöglichkeiten: Spaß und Entspannung im SPA des Precise Resort, Ausflug zum Naturerbezentrum in Prora oder Nationalparkzentrum am Königstuhl.

Entfernungen: Zur Ortsmitte und zur Ostsee 200 m; Einkaufen 200 m; Hallenbad 4 km; Arzt, Apotheke, Bahnhof 9 km. Hauptstraße, Rad- und Fußwege sind neu und barrierefrei fertiggestellt. Die Strandpromenade ist vom Kurplatz bis zum Segelhafen ebenfalls barrierefrei. Leichte Steigung zur Strandpromenade. Angelfahrten auf der Ostsee vom Hafen aus möglich (Dorsch, Lachs), Fahrradverleih.

Preise: Preise und Angebote entnehmen Sie der Homepage.

MECKLENBURG-VORPOMMERN
INSEL USEDOM

Insel Usedom, Seebrücke in Heringsdorf

Deutschland / Mecklenburg-Vorpommern / Insel Usedom

Hotel Kaiserhof Heringsdorf
17424 Heringsdorf

Kulmstraße 33
Tel.: 0 38378 65 0
E-Mail: info@kaiserhof-usedom.de
Web: kaiserhof-usedom.de

Allgemeines: Durch das individuelle Design erhält der Kaiserhof eine helle, freundliche Atmosphäre, die von Gästen sehr geschätzt wird.

Das Restaurant Palmengarten ist kommunikativer und kulinarischer Treffpunkt und das Herzstück unseres Hauses, das Sie über den Fahrstuhl erreichen können.

Sie wohnen direkt an der Strandpromenade und ganz in der Nähe der berühmten Seebrücke von Heringsdorf.

Zimmer & Bad: 143 elegant und komfortabel eingerichtete Zimmer und Suiten, überwiegend mit Balkon oder Terrasse und Blick auf die Ostsee. Alle Zimmer mit Bad/WC, Föhn, Kosmetikspiegel, Flachbild-TV, Radio, Telefon, Zimmersafe, Minibar und WLAN.

2 Zimmer sind geeignet für Rollstuhlfahrer, Türbreite 93 cm, Bettenhöhe 46 cm, Bewegungsfreiraum in DU/WC 120 x 120 cm, Freiraum links und rechts neben WC 110 cm, Beidseitige Haltegriffe, Dusche schwellenlos befahrbar, Duschklappsitz, Waschbecken unterfahrbar, verstellbarer Spiegel, Notruf vorhanden, Parkplatz und Eingang stufenlos, Zimmer mit dem Aufzug erreichbar, Türbreite Aufzug 90 cm (T: 125 cm, B: 95 cm)

Ausstattung: Wintergarten und Sommergarten (saison-/witterungsbedingt), Bibliothek mit ca 2500 Büchern, Piano Bar, Schwimmbad, Saunen, Außenpool (saisonal), Thalasso International, Gesundheits- und Wellnesszentrum Vitalgarten, Physiotherapie (kassenärztlich zugelassen), Gästeprogramm (Montag bis Freitag), Veranstaltungsräume bis 650 Personen.

HOTEL KAISERHOF
Heringsdorf

Deutschland / Mecklenburg-Vorpommern / Insel Usedom

Casa Familia GmbH
17454 Zinnowitz

Dünenstraße 45
Tel.: 038 377 770, Fax: 038 377 775 05
E-Mail: info@casafamilia.de
Web: www.casafamilia.de

Allgemeines: Das Casa Familia Usedom ist eine Familienferienstätte, welche der Erholung und der Begegnung von Kindern, Jugendlichen, Familien und Senioren dient. Ebenso ist sie für Seminare, Vereinstreffen, Sport- und Wandergruppen sehr gut geeignet. Die Feriengäste wohnen in modern und liebevoll eingerichteten 1- und 2-Bett-Zimmern mit Bad bzw. Dusche/WC (Fernseher und Telefon inkl.), die allen Komfortansprüchen genügen. Viele Räume sind behindertengerecht, Aufzüge sind vorhanden. Eingang, Rezeption, Frühstücksraum, Restaurant und Zimmer (mit dem Aufzug) sind stufenlos erreichbar. Türbreite vom Aufzug 130 cm (Innenmaße: Tiefe 245 cm, Breite 135 cm).

Zimmer & Bad: 11 Doppelzimmer sind für Rollstuhlfahrer geeignet. Türbreite 106 cm; Freiraum in Du/WC 130 x 120 cm; Freiraum links neben WC 70 cm, rechts 30 cm, davor 110 cm. Dusche schwellenlos, Waschbecken unterfahrbar, Kippspiegel über Waschbecken. Festinstallierter Duschsitz und stabile Haltegriffe an Dusche, WC und Waschbecken.

Geeignet für: Gehbehinderte (bis 300 Personen), Rollstuhlfahrer (32 Personen) und Familien und Gruppen mit geistig Behinderten (300 Personen). Elektrisch höhenverstellbare Betten auf Anfrage vorhanden.

Lage: Das Casa Familia Usedom liegt nur 80 m vom Strand entfernt, rollstuhlgerechter Strandabgang in der Nähe. Gegenüber (50 m) liegt das Meerwasserhallenbad der Bernsteintherme – Badespaß für Jung und Alt. Zur Ortsmitte 400 m; Arzt 300 m; Bahnhof 800 m; Apotheke 400 m; Krankenhaus 13 km; Dialyse 13 km.

Freizeit & Umgebung: Kostenloses WLAN, Bistro mit Sonnenterrasse, Sport- und Fitnessraum mit Ergometer, Laufband und Stepper, Gymnastikraum, Kinderspielzimmer auf jeder Etage, großzügige Spielflächen, Kinder und Freizeitclub Casa Fez, Spiel- und Bewegungspark und 500 m² Saunalandschaft.

Preise: Pro Person im Einzelzimmer ab 68,- €; im Doppelzimmer ab 62,- € pro Nacht in der Nebensaison inklusive vielfältigem Frühstücksbuffet, einem reichhaltigen All-Inclusive Abendbuffet (d.h. Getränke zum Abendessen inklusive) und der täglichen Nutzung des benachbarten Meerwasserhallenbades.

Eine ausführliche Preisliste finden Sie im Internet unter www.casafamilia.de/service.

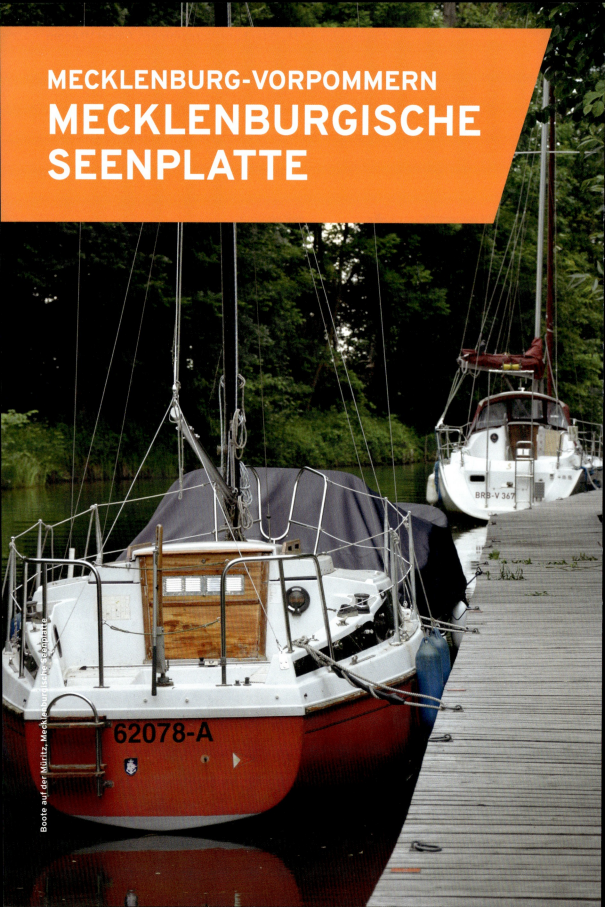

MECKLENBURG-VORPOMMERN
MECKLENBURGISCHE SEENPLATTE

Boote auf der Müritz, Mecklenburgische Seenplatte

Deutschland / Mecklenburg-Vorpommern / Mecklenburgische Seenplatte

Müritzparadies GmbH
17248 Boeker Mühle

★★★ superior

Juliane Duwe, Am Müritzufer 6
Tel.: 039 823 253 0, Fax: 039 823 253 232
E-Mail: info@mueritz.com,
Web: www.mueritz.com

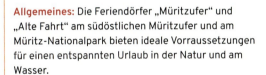

Allgemeines: Die Feriendörfer „Müritzufer" und „Alte Fahrt" am südöstlichen Müritzufer und am Müritz-Nationalpark bieten ideale Vorraussetzungen für einen entspannten Urlaub in der Natur und am Wasser.

Ausstattung: Das Feriendorf „Müritzufer" hat 6 rollstuhlgeeignete Ferienwohnungen, Typ Schwalbe, für 4 Personen mit einer Nutzfläche von 89 qm. Zur Verfügung stehen ein weiträumiges Wohn- und Esszimmer mit Kaminofen und komplett eingerichteter Küche, zwei Schlafzimmer mit je 2 Betten, Höhe Bettoberkante 50 cm. Das Bad der Erdgeschosswohnung ist mit speziellen Haltegriffen, unterfahrbaren Duschen mit Duschsitz ausgestattet.

Ein Behinderten-Parkplatz befindet sich direkt vor jeder Ferienwohnung.

Im Feriendorf „Alte Fahrt" erwarten Sie 16 rollstuhlgeeignete Ferienwohnungen, Typ Igel, für 2+2 Personen, mit einer Nutzfläche von 54 qm.
Die Ferienwohnung verfügt über ein Schlafzimmer, einen kombinierten Wohn-Essraum mit einem Schlafsofa, Bad mit WC und unterfahrbarer Dusche. Ein Duschstuhl kann auf Anfrage bereitgestellt werden.

Bei vier Wohnungen ist die Küchenzeile teilweise unterfahrbar. Die Entfernung zum Parkplatz beträgt 20 bis 200m. Ein Gemeinschaftsraum für bis zu 30 Personen mit komplett eingerichteter Küche kann gemietet werden. In allen Ferienwohnungen sind die Türen der Zimmer und Badezimmer mehr als 90 cm breit.

Freizeit und Umgebung: Wir bieten ein großes Wassergrundstück mit befestigten Wegen, zum Teil etwas steil, aber mit Begleitperson gut zu meistern. Fahrgastschiffanleger und Bootssteg auf dem Grundstück sind mit Rollstuhl befahrbar. Vor Ort befinden sich Spielplätze, Bouleplätze, Freiluftschach. Beauty- und Wellnessbehandlungen sind in der Ferienwohnung möglich. Beim ansässigen Kanuverleih finden Gäste mit eingeschränktem Bewegungsradius passende Kanus mit bequemer Sitzfläche und der nötigen Kippsicherheit. Das hauseigene Restaurant „Zum Seeadler" bietet von April bis Oktober frische Gerichte und einen tollen Blick auf den See.

Preise: Preis für eine rollstuhlgeeignete Wohnung je nach Saison: Typ Schwalbe (4): 61,- bis 141,- € / Nacht und Typ Igel (2+2): 38,- bis 107,- € / Nacht. Haustiere erlaubt.

MECKLENBURG-VORPOMMERN
OSTSEE

Ostsee, Dünen bei Sonnenuntergang

Deutschland / Mecklenburg-Vorpommern / Ostsee

Ferienwohnungen-Frank
23946 Ostseebad Boltenhagen

Gudrun Frank, Lemsahler Landstr. 68, 22397 Hamburg
Tel.: 040 608 33 43, Fax: 040 608 33 44
E-Mail: Ferienwohnungen-Frank@web.de
Web: www.Ferienwohnungen-Frank.de

Allgemeines: Zwischen Lübeck und Wismar liegt das Ostseebad Boltenhagen an einer langgestreckten Badebucht mit Sandstrand. Im Herzen von Boltenhagen werden 2 geräumige, rollstuhlgerechte Ferienwohnungen in der Anlage „Waterkant" vermietet.

Ausstattung: Die Wohnungen sind für Nichtraucher und zudem für Allergiker geeignet (deshalb bitte keine Haustiere).

Die Ferienwohnungen sind mit Radio, DVD, WLAN, 2x Kabel-TV und Telefon (Festnetz innerdeutsch kostenfrei) ausgestattet.

Die im Erdgeschoss befindlichen Wohnungen sind vom Parkplatz aus ohne Stufen zu erreichen.

Wohnung Nr. 7 hat in jedem Zimmer (3) ein TV-Gerät stehen. Die schwellenlos erreichbaren Terrassen sind in den Sommermonaten mit Gartenmöbeln und jeweils einem Strandkorb bestückt.

Die Ferienwohnungen wurden speziell für Rollstuhlfahrer und Familien mit Kindern erbaut und ausgestattet.

Die Wohnungen haben je 2 Schlafzimmer und sind für 4 Erwachsene plus 1 Kleinkind ausgelegt.

Die DIN-gerechte Ausstattung, nicht nur im Bad, sondern auch im Küchen- und Schlafbereich, geht in vielen Details über das normale Maß hinaus.

Bäder: höhenverstellbare Waschtische, Kippspiegel, befahrbare Duschen mit Haltegriffen und Sitz, WCs mit beidseitigen Stützen; 1 Bad (WE Nr. 7) verfügt zusätzlich über eine auch für Rollstuhlfahrer geeignete Sitzbadewanne.

Küchen: unterfahrbar und höhenverstellbar, bequem erreichbarer Backofen mit integrierter Mikrowelle, niedrig eingebauter Kühlschrank, Geschirrspüle, großzügiger Bewegungsfreiraum und eine Geschirr-/Küchenausstattung, die auch bei längeren Kuraufenthalten keine Wünsche offen lässt.

Schlafräume: zusätzlicher Fernseher, elektrisch verstellbare Lattenroste. In den Ferienwohnungen 5 und 7 sind jeweils zwei Betten mit höhenverstellbaren Pflegerahmen vorhanden (1 x mit Seitengitter). Kleiderschränke mit Schiebetüren sowie abklappbaren Hemdliftern.

Deutschland / Mecklenburg-Vorpommern / Ostsee

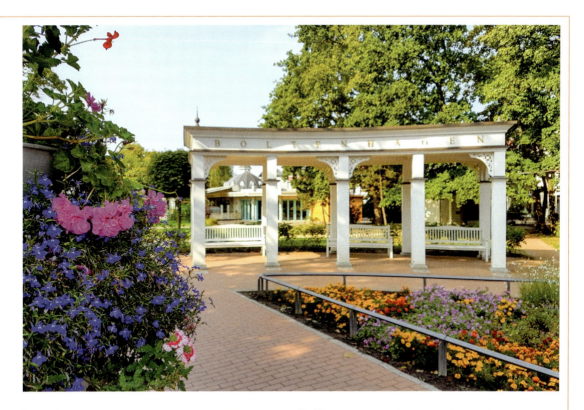

Lage: Ruhig gelegen im Zentrum von Boltenhagen, ca. 70 m zum Kurhaus und ca. 150 m zur Seebrücke (290 m lang). Einkaufsmöglichkeiten, Bäcker, Cafés und Apotheke in unmittelbarer Nähe. Aldi und ein Supermarkt sind ca. 700 m entfernt.

In der Appartementanlage befindet sich auch ein ausgezeichnetes Frühstückscafé.

Hilfsmittel: Es gibt die Möglichkeit, Hilfsmittel gegen Gebühr (z.B. fahrbare Galgen, WC-Rollstühle, Duschrollstühle etc.) in Wismar vorab telefonisch zu ordern. Die Geräte werden dann nach Absprache zur Ferienwohnung geliefert.

Preise: Hauptsaison 122,- € pro Tag inkl. Bettwäsche (ab Buchung 1 Woche). Kurtaxe ist für Rollstuhlfahrer (mit 100% GdB) sowie einer Begleitperson frei. Zwischensaison 89,- €, Nebensaison 68,- € In der Nebensaison gibt es Sonderangebote: 7 Tage buchen und nur 6 Tage zahlen.

Aufgrund der aktuellen Situation wird ein Corona-Zuschlag bei der Reinigung erhoben. Details siehe „Mietpreise" aud der Homepage.

Die Ferienwohnungen sind vorbildlich rollstuhlgerecht ausgestattet.

Die Ferienwohnungen erhielten den Bundespreis in Silber und Bronze.

Deutschland / Mecklenburg-Vorpommern / Ostsee

Ferienwohnung Laguna-Residenz am Meer
18225 Ostseebad Kühlungsborn

Strandstr. 36
Tel.: 038293 432 833
E-Mail: michael-theuner@t-online.de
Web: www.laguna-barrierefrei.de

Allgemeines: Die Laguna Residenz am Meer ist eine einzigartige Anlage in Mediterranem Baustil mit einer Wassergartenlandschaft. Barrierefreie 52 m² Ferienwohnung für 2 bis 4 Personen, liebevoll im südländischen Stil eingerichtet, nur 250 m vom Ostseestrand entfernt.

Zimmer & Bad: Geeignet für Rollstuhlfahrer: Alle Türen sind 93 cm breit, Freiraum im Bad 140 x 120 cm, Dusche befahrbar, stabiler Duschklappsitz, WC-Höhe 48 cm, Freiraum links neben WC 120 cm, davor 100 cm, Waschbecken unterfahrbar, Haltegriffe an Dusche, WC und Waschbecken vorhanden.

Ausstattung: Das Appartement ist mit Bodenfliesen ausgestattet. Alle Türen sind mindestens 93 cm breit. Das Badezimmer ist rollstuhlgerecht eingerichtet. Das Doppelbett im Schlafzimmer (Liegefläche jeweils 90 x 200 cm) ist erhöht. Ein Bett wurde mit einem Pflege-Heberahmen ausgestattet. Kopf- und Fußteil sowie die Liegehöhe sind elektromotorisch verstellbar.

Zur Wohnung gehört ein behindertengerechter Tiefgaragenstellplatz. Der Aufzug führt direkt zur Wohnungsebene. Türbreite: 90 cm, Innenmaße: 137 x 110 cm (Tiefe x Breite).

Lage: Direkt in der Ortsmitte, Einkaufen 150 m, Arzt 400 m.

Preise: 65,- € in der Nebensaison, 85,- € in der Zwischensaison und 105,- € in der Hauptsaison.

Wir bitten um Verständnis, dass das Rauchen in der Wohnung nicht erwünscht ist.

Deutschland / Mecklenburg-Vorpommern / Ostsee

Ostsee Villa Anika
18225 Ostseebad Kühlungsborn

Bodo Gräning, Hermannstr. 16
Mobil: 0179 756 111 50
E-Mail: info@ostsee-villa-anika.de
Web: www.ostsee-villa-anika.de

Allgemeines: Unsere Ferien-Villa mit ihren 5 Ferienwohnungen liegt direkt im Zentrum von Kühlungsborn West, nur ca. 250m vom Strand entfernt. Die öffentliche Infrastruktur eignet sich sehr gut für einen barrierefreien Urlaub. Alle Einkaufsmöglichkeiten sind gleich um die Ecke. Die 6 km lange Strandpromenade mit direktem Blick auf die See ist faszinierend. 5 Ferienwohnungen, sehr geschmackvoll eingerichtet, (1-Raum- bis 4- Raum-Ferienwohnungen für 2 bis 6 Personen – zusätzliche Aufbettungen sind möglich).Geeignet für Senioren, Gehbehinderte, Rollstuhlfahrer! Das Haus ist rollstuhlgeeignet, nicht rollstuhlgerecht nach DIN 18025 I+II; Im Zweifelsfall bitte nachfragen!

Ausstattung: Für alle Wohnungen: Fliesenboden mit Fußbodenheizung in allen Räumen. Fön, Bügelbrett, Bügeleisen, Waschmaschine und Trockner im Haus Nr. 16 (Gebühr 5,- € je Nutzung). Kinderbett, Hochstuhl Ausleih möglich. Für die Verdunklung sorgen integrierte Alu-Jalousien. Voll ausgestattete Küche (Geschirrspüler, Mikrowelle, Kühlschrank mit Eisfach, Toaster, Wasserkocher, etc.). Die Wohnzimmer mit komfortabler Sitzgruppe, SAT-TV mit Radiofunktion, Internet über WLAN kostenfrei, geschmackvolle, raumhoch gefliese Bäder mit stufenlos integrierten Duschen. Das Rauchen ist in den Wohnungen nicht gestattet. Haustiere dürfen leider nicht mitgebracht werden. Parkplatz und Nebeneingang stufenlos erreichbar.

Zimmer & Bad: Türbreite vom Eingang 81 cm, vom Aufzug 92 cm (Tiefe 145 cm, Breite 100 cm). Türbreite der Zimmer und von Du/WC 81cm. Bettenhöhe 53 cm. Bewegungsfreiraum in Du/WC 120 x 120 cm, Freiraum links und rechts neben WC 70 cm, davor 100 cm. WC-Höhe ca. 46 cm mit festem Bügelgriff links (Wohnungen Seemöwe, Strandburg, Leuchtturm) bzw. rechte Seite (Wohnungen Sonnenschein und Bernstein). Dusche schwellenlos befahrbar, Duschhocker vorhanden, Waschbecken unterfahrbar.

Lage: Ortsmitte Kühlungsborn West, Einkaufsmöglichkeiten 30 m; 2 Kurarztpraxen, Apotheke, Physiotherapie (alles im Umkreis von 80 m), Badestrand, Strandpromenade (250 m), Sozialstation der AWO (ca. 150 m), großer Stadtwald (50 m); speziell ausgebauter Badesteg für Rollis ca. 300 m entfernt, Hallenbad mit Saunalandschaft (2,5 km).

Preise: Preis je nach Wohnungsgröße, 1- bis 4-Raumwohnung. Wintersaison ab 50,- € bis 80,- €. Vor- u. Nachsaison ab 65,- € bis 140,- €. Haupt- und Urlaubssaison ab 75,- € bis 210,- €.

Deutschland / Mecklenburg-Vorpommern / Ostsee

Hotel Strand26
18211 Ostseebad Nienhagen

Strandstraße 26
Tel. (038203) 73890
E-Mail: hotel@strand26.de
Web: www.strand26.de

Allgemeines: Mitten im Herzen Nienhagens erwartet Sie im Hotel Strand26 ein einzigartiges Ambiente, in dem Tradition und Moderne geschmackvoll vereint werden. Die hellen, freundlichen Hotelzimmer besitzen eine erstklassige Ausstattung mit komfortablen Boxspringbetten und feinen dänischen Echtholzmöbeln.

Es ist das einzige komplett rollstuhlgerecht gebaute Hotel an der deutschen Ostseeküste. Es verfügt über eine Rezeption, Aufzug und ein Frühstücksrestaurant. Parkplätze befinden sich direkt am Haus.
WLAN kostenlos im gesamten Gebäude. Insgesamt 27 Zimmer, alle sind barrierefrei ausgestattet.

Die barrierefreie Gestaltung des Hotels kommt nicht nur behinderten Menschen zugute. Auch Menschen ohne Handicap, insbesondere Familien mit kleinen Kindern, Reisende mit schwerem Gepäck sowie ältere Gäste profitieren von ausreichenden Türbreiten, geräumigen Zimmern, bodengleichen Duschen, breiten, stufenlosen Fluren und Wegen sowie dem Fahrstuhl.

Barrierefreiheit wird so zum Qualitätsmerkmal für alle Reisenden. Parkplatz, Eingang, Rezeption, Frühstücksraum, Restaurant sind stufenlos erreichbar; ebenso die Zimmer (mit dem Aufzug).
Türbreite vom Aufzug 90 cm (Tiefe 140 cm, Breite 110 cm).

Zimmer & Bad: Die modernen und freundlich eingerichteten Zimmer haben Parkettboden, bequeme Boxspringbetten, Flatscreen-TV, WLAN (kostenlos), Kühlschrank, Schreibtisch, Telefon, Sitzmöglichkeit und Verdunklungsvorhänge.

Einige Zimmer verfügen über einen Balkon mit rollstuhlgerechtem Zugang und Blick auf den „Gespensterwald".

Bad mit befahrbarer Dusche, Haltegriff im Duschbereich, einseitig feste oder beidseitig klappbare Haltegriffe am WC, unterfahrbares Waschbecken, Kosmetikspiegel und Fön.
Der Freiraum im Bad beträgt 130 x 150 cm.
Zertifiziert „Reisen Für Alle".

Deutschland / Mecklenburg-Vorpommern / Ostsee

Lage: Zentrale Lage im anerkannten Ostseebad Nienhagen. Hier finden Sie einwandfreie Luft- und Wasserqualität sowie gepflegte und bewachte Strände.

Das Hotel ist idealer Ausgangspunkt zur Erkundung der Ostseeregion rund um Bad Doberan.

Freuen Sie sich auf ein Urlaubserlebnis, bei dem Sie Ruhe und Entspannung finden. Den Strand erreichen Sie über eine Rampe in ca. 300 m.
Ein Geschäft mit kleineren Einkaufsmöglichkeiten finden Sie in direkter Umgebung.

Freizeit & Umgebung: Zahlreiche Freizeitmöglichkeiten in der Region: Museen, historische Orte, beeindruckende Kirchen, Ausflugsfahrten per Schiff, Erlebnisparks usw. In den Sommermonaten Strandrollstuhlverleih am Strand von Nienhagen.

Tagesausflüge mit dem eigenen Pkw nach Rostock-Warnemünde oder Kühlungsborn jeweils nur ca. 20 km entfernt.

Die Insel Poel und die Hansestadt Wismar erreichen Sie ebenfalls in nur einer Stunde Fahrtzeit mit dem Auto.

Wenn Sie nicht selbst fahren möchten: ein perfekt auf die Bedürfnisse von Rollstuhlreisenden abgestimmtes, individuelles Ausflugsprogramm wird über einen Kooperationspartner angeboten.

Hilfsmittel: Lokaler ambulanter Pflegedienst vor Ort (nach vorheriger Anmeldung und gegen Gebühr).

Preise: Pro Zimmer und Nacht bei einem Mindestaufenthalt von 5 Übernachtungen je nach Saison EZ 80,- bis 100,- €, DZ 110,- bis 160,- €;
Das Frühstück wird extra berechnet.

Deutschland / Mecklenburg-Vorpommern / Ostsee

Haus Störtebeker
18374 Ostseeheilbad Zingst

★★★★★
nach DTV

Familie Gaupp
Mobil: 0170 161 72 03
E-Mail: info@haus-stoertebeker-zingst.de
Web: www.haus-stoertebeker-zingst.de

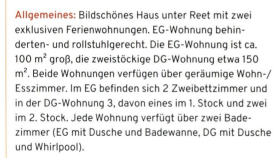

Allgemeines: Bildschönes Haus unter Reet mit zwei exklusiven Ferienwohnungen. EG-Wohnung behinderten- und rollstuhlgerecht. Die EG-Wohnung ist ca. 100 m² groß, die zweistöckige DG-Wohnung etwa 150 m². Beide Wohnungen verfügen über geräumige Wohn-/Esszimmer. Im EG befinden sich 2 Zweibettzimmer und in der DG-Wohnung 3, davon eines im 1. Stock und zwei im 2. Stock. Jede Wohnung verfügt über zwei Badezimmer (EG mit Dusche und Badewanne, DG mit Dusche und Whirlpool).

Ausstattung: Beide Wohnungen sind hochwertig und individuell ausgestattet. Zur Ausstattung gehören u.a.: Kachelofen, Zentralheizung, Sat-TV, WLAN, HiFi-CD-Anlage, DVD, Telefon/Telefax, Geschirrspülmaschine, Kühlschrank mit Gefrierfach, Mikrowelle, Herd mit Backofen, Dunstabzugshaube, Kaffeemaschine, Toaster, Elektrogrill, Staubsauger, pro FeWo ein Kinderbett und ein Kinderhochstuhl, Gartenmöbel in ausreichender Anzahl. Geschirr ist ebenfalls ausreichend vorhanden. Pro Wohnung steht ein Safe zur Verfügung. Bettwäsche und Handtücher werden gestellt.

Zimmer & Bad: Alle Räume sind stufenlos erreichbar. Die Wohnung verfügt über breite Flure. Alle Türen sind 95 cm breit. Die Bewegungsfläche im Schlafzimmer beträgt 150 cm x 320 cm. Ein Bett ist elektrisch verstellbar. Der Freiraum vor diesem Bett beträgt 200 cm x 115 cm. Die Betthöhe ist 45 cm, bis zur Matratzenoberkante 53 cm. Die Badezimmertür öffnet nach außen. Bad: Höhe WC-Oberkante 52 cm, Bewegungsfläche rechts neben WC 120 cm x 70 cm, links neben WC 32 cm x 70 cm, vor WC 135 cm x 110 cm, vor Waschbecken 150 cm x 150 cm und vor Dusche 105 cm x 105 cm. Die Absatzhöhe vor der Dusche beträgt 1 cm. Duschhocker und fest installierter Duschsitz sind vorhanden, außerdem stabile Haltegriffe in einer Höhe von 85 cm für WC, Waschbecken und Dusche. Das Waschbecken ist unterfahrbar, der Spiegel über dem Waschbecken verstellbar. Zum Garten und zu den Autostellplätzen gelangt man über eine Stahlrampe (Höhe: 21 cm, Länge: 72 cm) oder eben durch die Eingangstür (Schwellenhöhe: 2 cm).

Lage: Das Haus Störtebeker liegt auf der Halbinsel Fischland-Darß-Zingst. Sehr ruhige und zentrale Lage: Strand und Ortskern 200 m, Kurmittelhaus und Seebrücke 300 m, Hafen 500 m, Einkaufen ca. 5 Gehminuten.

Preise: Je nach Saison für die Wohnung im Erdgeschoss 120,- bis 170,- €, im Dachgeschoss 130,- bis 190,- €.

Deutschland / Mecklenburg-Vorpommern / Ostsee / am Strelasund

Hotel Rügenblick
18435 Stralsund

Große Parower Str. 133
Tel.: 03831 35 69 390, Fax: 03831 35 69 39 199
E-Mail: rezeption@hotel-ruegenblick.de
Web: www.hotel-ruegenblick.de

Allgemeines: Genießen Sie erholsame Tage in unserem barrierefreien Nichtraucherhotel. Unser Haus liegt unmittelbar am Strelasund in einer parkähnlichen Anlage, die natürlich auch barrierefrei zu erleben ist.

Mit 90 Betten in 44 großzügigen Zimmern unterschiedlichster Kategorie werden wir Ihren Ansprüchen sicher gerecht. Das Qualitätssiegel für barrierefreien Tourismus des Landes M-V tragen wir als eines der ersten Häuser unserer Stadt. Seit 2015 tragen wir zudem das bundesweite Prüfsiegel „Reisen für alle", dass die bundesweiten Standards für Barrierefreiheit dokumentiert. Unsere Zimmerausstattung entspricht einem 3-Sterne-Standard. Direktwahltelefon, Kabel-TV und kostenfreier Internetzugang gehören zu unserem Standard.

Ein anspruchsvolles Frühstücksbuffet servieren wir Ihnen in einem der beiden Frühstücksräume oder gerne auch auf unserer Terrasse. Kostenfreie Parkplätze befinden sich direkt hinter dem Haus. Der Eingang ist barrierefrei oder über eine kleine Rampe zu erreichen. Frühstücksraum und Restaurant sind stufenlos, Zimmer stufenlos bzw. mit dem Aufzug (Türbreite 90 cm, Tiefe 140 cm, Breite 110 cm). Hilfsmittel können nach Absprache bereitgestellt werden.

Zimmer & Bad: 5 großzügige Zimmer mit Du/WC und 2 Appartements. Türbreite der Zimmer und Bad 90 cm, Bewegungsfreiraum in Du/WC 120 x 120 cm. Freiraum links, rechts und vor dem WC 80cm, Haltegriffe links und rechts neben dem WC. Sitzerhöhung möglich. Duschbereich schwellenlos. Notruf, fest montierter Duschsitz und Duschhocker vorhanden. Das behindertengerechte Appartement hat einen getrennten Wohn- und Schlafraum, Pantryküche und Dusche/WC.

Lage und Sehenswürdigkeiten: Das Hotel liegt direkt im Norden der Stadt, auf dem historischen Gelände der ehemaligen Schwedenschanze. Es ist sehr ruhig und dennoch zentral gelegen. Stralsund ist als Ausgangsort für Wanderungen und für Erkundungstouren über die schöne Insel Rügen bestens geeignet. Mit Auto, Bahn oder Bus haben Sie beste Verkehrsanbindungen in alle Richtungen.

Entfernungen: Stadtmitte 3 km; Apotheke 100 m, Strandbad, Supermarkt und Klinik 500 m, Bahnhof 4 km, Bus Linie 4 100 m, A 20 25 km.

Preise: EZ ab 54,- €, DZ ab 90,- €, Frühstücksbuffet für 10,50 €.

MECKLENBURG-VORPOMMERN
GÜSTROW

Schlosspark von Schloss Güstrow

Deutschland / Mecklenburg-Vorpommern / Güstrow

Hotel „Kurhaus am Inselsee"
18273 Güstrow

★★★★ superior

Heidberg 1
Tel.: 03843 850 0, Fax: 03843 850 100
E-Mail: booking@kurhaus-guestrow.de
Web: www.kurhaus-guestrow.de

Allgemeines: 4-Sterne-Superior-Hotel mit 48 besonders komfortablen, großzügig ausgestatteten Zimmern mit Telefon, kostenlosem WLAN-Zugang, TV, Radio, Minibar und Nespressomaschine. Ausreichender Parkraum direkt vor dem Haus ist ebenfalls vorhanden.

Eingang, Frühstücksraum, Restaurant, Garten und Aufzug (Tiefe 145 cm, Breite 112 cm) stufenlos erreichbar.

Die Zimmer sind barrierefrei erreichbar (im EG ohne Stufen, auf den Etagen mit dem Aufzug).

Zimmer & Bad: Geeignet für: Rollstuhlfahrer sind zwei Zimmer mit Du/WC. Freiraum in Du/WC 220 x 270 cm. Freiraum links neben WC 37 cm, rechts 147 cm, davor 220 cm. Dusche und Waschbecken unterfahrbar. Kippspiegel, festinstallierter Duschsitz sowie stabile Haltegriffe an Du/WC und Waschbecken vorhanden.

Lage: Idyllisch gelegen, unmittelbar am Ufer des Inselsees, im Süden der Barlachstadt fügt sich das Kurhaus harmonisch in die reizvolle Landschaft ein.

Die ruhige Lage lädt zum Erholen und Genießen ein. Gleichzeitig bietet die Umgebung für Aktivurlauber vielfältige Möglichkeiten zum Angeln, Segeln, Wandern und Radfahren.

Freizeit & Umgebung: Unsere Tipps für Sie:
- Rad- und Bootsverleih direkt am Inselsee
- Ernst Barlach Museen mit Gertrudenkapelle
- Schloss Güstrow und Stadtmuseum
- Wildpark MV
- Ernst-Barlach-Theater
- Güstrower Dom mit Güstrower Ehrenmal, dem „Schwebenden"

Wellnes & SPA: Erleben Sie die Vielfalt unserer Wellnesswelt auf 300 m². Dazu gehören:
- Infrarot-Tiefenwärmekabine
- Dampfbad und finnische Sauna
- Solarium
- Außenterrasse und überdachtes Schwimmbad

Preise: EZ ab 79,- €; DZ ab 130,- €.

MECKLENBURG-VORPOMMERN
SCHWERIN

Schloss Schwerin

Deutschland / Mecklenburg-Vorpommern / Schwerin

Trend Hotel
19079 Banzkow / Schwerin

★★★★

Plater Straße 1
Tel.: 03861 5000 Fax: 03861 500130
E-Mail: info@trendhotel.de
Web: www.trendhotel.de

Allgemeines: Freundlich geführtes Haus mit liebevoller Gastfreundschaft. 58 Zimmer und 4 Suiten mit Dusche, WC und TV. Parkplatz, Eingang, Frühstücksraum, Restaurant und Zimmer im EG sind stufenlos erreichbar. Türbreite vom Aufzug 100 cm (Tiefe 140 cm, Breite 110 cm).

Geeignet für: Gehbehinderte, Rollstuhlfahrer und Familien mit behinderten Angehörigen.

2 Zimmer sind rollstuhlgerecht, alle Zimmer sind behindertenfreundlich. Türbreiten der Zimmer und von Du/WC 100 cm. Freiraum in Du/WC 140 x 140 cm und Waschbecken unterfahrbar. Notruf, Kippspiegel, festinstallierter Duschsitz und stabile Haltegriffe an Du/WC und Waschbecken vorhanden. (eine öffentliche Dusche und WC behindertengerecht). Hilfsmittel für Rollstuhlfahrer, Gehörlose und Blinde werden auf Wunsch gerne zusätzlich organisiert. Erhöhte Betten gehören zur Zimmerausstattung.

Lage: Ruhige Lage in Banzkow, einem idyllischen Ort in der Lewitz. Flache Landschaft, viele Wiesen. 10 Autominuten bis Schwerin; Nähe der A24, Abfahrt Ludwigslust. Zur Ortsmitte 500 m; Einkaufen, Arzt, Bahnhof, Apotheke 2 km; Krankenhaus 20 km.

Freizeitaktivitäten: Romantische Wasserläufe durchziehen die Lewitz – ein Urlaubsparadies für Paddler (Bootsverleih im Ort) und für Angler. Saubere Seen garantieren ungetrübten Badespaß, z.B. der Zippendorfer Strand am 65 km^2 großen Schweriner See. Außerdem gute Wander- und Radwandermöglichkeiten. Ausflüge nach Ludwigslust oder Schwerin. Kutschfahrten und Ausflüge können für Gruppen organisiert werden.

Wellness: Rollstuhlgerechte Saunalandschaft: Erleben Sie ein paar Stunden der Erholung – lassen Sie sich verwöhnen und entspannen Sie in der mediterranen 400 m^2 großen Saunalandschaft mit Finnischer Sauna, Dampfbad und Biosauna. Relaxbereich, Ruheraum, Ruhelaube im Außenbereich mit Liegen.

Preise: EZ ab 66,- €; DZ ab 94,- € inkl. reichhaltigem Frühstücksbüfett. Rabatte bei längerem Aufenthalt und für Reisegruppen. Auf Anfrage Angebote für Tagungen, Kurzurlauber-Arrangements, Radtouren um Schwerin und Gruppen-Arrangements.

NIEDERSACHSEN

Willkommen in Niedersachsen! Niedersachsen heißt jeden Menschen willkommen – und setzt alles daran, dass sich jeder Mensch willkommen fühlt.

Deshalb werden immer mehr barrierefreie Angebote für einen komfortablen Urlaub entwickelt und realisiert. Sie machen den Urlaub für Menschen mit Einschränkungen so abwechslungsreich wie das Land zwischen Nordsee und Harz. Entdecken Sie Angebote für einen unvergesslichen und entspannten Aufenthalt. Niedersachsen freut sich schon auf Ihren Besuch!

Weitere Informationen zu barrierefreien Zielen in Niedersachsen finden Sie auf niedersachsen-barrierefrei.de

Deutschland / Niedersachsen

Kurpark Bad Bevensen © Bad Bevensen Marketing, Nina Lüdemann

Unterwegs auf Langeoog © DZT_Jens Wegener

Ausgezeichnet Urlaub machen

Barrierefreiheit sollte kein Luxusgut sein, sondern einfach zum Urlaub dazugehören. Deshalb arbeiten viele Menschen in Niedersachsen daran, dass alle Reisenden die Schönheit des Landes erleben können. Und das hat sich ausgezahlt: Ostfriesland wurde zur ersten barrierefreien Region Deutschlands ernannt. Außerdem erhielt der Kurort Bad Bevensen als erster Ort Niedersachsens das Zertifikat „Reisen für Alle".

Knapp über dem Meeresspiegel runterkommen: Ostfriesland lockt mit sieben zertifizierten Ferienorten, Weite und ganz viel Natur. Mit seinem ganz besonderen Charme ist Ostfriesland aber nicht nur besonders schön, sondern auch besonders barrierefrei. Überzeugen Sie sich am besten selbst.

Zum Beispiel, wenn die Rhododendronbüsche im Ammerland blühen. Oder am Nordseestrand im Wangerland mit seinen lebhaften Fischerdörfern.

Wenn die Nordsee mal verschwindet, ist das kein Grund zur Traurigkeit. Von Carolinensiel aus starten spannende Wattwanderungen – für alle Reisenden.

Wer Entspannung sucht, wird auf den Ostfriesischen Inseln fündig: Auf Langeoog fahren keine Autos, dafür eine bunte Inselbahn. Auf Borkum wird der Sonnenuntergang angemessen von den Klängen des Musikpavillons begleitet. Selbstverständlich mit Meerblick.

Bad Bevensen ist eine entspannte Kleinstadt, die Großes zu bieten hat: Im Kurpark erholen Sie sich zwischen blühenden Stauden und einem wundervollen Seerosenteich. Die Jod-Sole-Therme mit Heilwasser und Saunalandschaft wartet direkt nebenan, und weitere Entspannung finden Sie bei Ihrer Übernachtung im modernen und komplett barrierefreien Heidehotel.

Die erste zertifizierte Stadt in Niedersachsen ist absolut empfehlenswert!

Deutschland / Niedersachsen

 Grenzenlos Natur erleben

In Niedersachsen gib es viel zu entdecken – nur Stress werden Sie nicht finden. Besonders in den grünen Wäldern, zwischen den Baumkronen, wenn Sie den Duft der Wälder einatmen, werden Sie ganz entspannt eins mit der Natur sein. Achtsam unterwegs und das noch mit wunderbaren Aussichten:

Niedersachsen ist aus jedem Blickwinkel ein Hingucker. Wer gerne mal aus der Vogelperspektive über das Land schauen möchte, sollte den Baumwipfelpfad Heide Himmel mitten in der Lüneburger Heide nicht verpassen. Dort führen barrierefreie Stege und Brücken in 22 Meter Höhe durch die Baumkronen. Eine 45 Meter hohe Aussichtsplattform ist mit dem Aufzug erreichbar.

Auch auf den Baumwipfelpfaden in Bad Harzburg und Bad Iburg haben Sie die Möglichkeit, die Welt über barrierefreie Zugänge von oben zu sehen.

 Entspannt Anreisen

Zu einem erholsamen Urlaub gehört auch die barrierefreie Anreise. Neben der Möglichkeit, mit dem Auto anzureisen, empfehlen wir die nachhaltigere Anreise per Zug. Die Mobilitätsservice-Zentrale (MSZ) der Deutschen Bahn bietet Hilfe bei der Reiseplanung und dem Ein-, Um- und Aussteigen an.

Nähere Informationen erhalten Sie auf bahn.de.

Wer die Ostfriesischen Inseln besuchen möchte, kann sich freuen: Die Schiffe und Fähranleger der Inseln Spiekeroog, Langeoog, Norderney, Borkum und Juist sind von „Reisen für Alle" als barrierefrei zertifiziert. Und auch der niedersächsische Flughafen Hannover-Langenhagen ist zertifiziert.

Die Barrierefreiheit wurde für Gehbehinderte und Rollstuhlfahrende, hörbehinderte und gehörlose Menschen, sehbehinderte und blinde Menschen sowie Menschen mit kognitiven Beeinträchtigungen getestet.

 Reisen für Alle in Niedersachsen

Ihrer Erholung steht nichts im Weg dank einheitlicher Zertifizierung, denn in Niedersachsen gibt es über 400 grandiose Orte, Erlebnisse und Angebote, die geprüft wurden und verlässliche, detaillierte Informationen zur Barrierefreiheit bieten. Dafür gibt es die in ganz Deutschland gültige Kennzeichnung Reisen für Alle. Sie wollen wissen, welche Betriebe in Niedersachsen zertifiziert sind? Dann einfach auf dem Portal niedersachsen-barrierefrei.de das Urlaubsziel eingeben und schon kann's losgehen!

Baumwipfelpfad Heide Himmel © Adrian Fohl

Deutschland / Niedersachsen

Fachwerk in Wolfenbüttel © Christian Bierwagen

und fesselnder Kultur auf. Im Braunschweiger Land findet man zum Beispiel spannende Orte für einen Ausflug mit der ganzen Familie. In Wolfenbüttel etwa bei einem Museumsbesuch und anschließendem Bummel durch die traumhaften Fachwerkstraßen oder – etwas sportlicher – bei einem Besuch im Wolfsburger Stadion. In der riesigen Volkswagen Arena kann man bei allen Spielen barrierefrei mitjubeln und nebenan im phaeno können große und kleine Besuchende über spannende Experimente staunen.

Ob entspannt oder actionreich – entdecken Sie die niedersächsischen Städte auf Ihre ganz eigene Art und Weise!

Für weitere Informationen rund um das Kennzeichnungssystem „Reisen für Alle" und Inspiration rund um den barrierefreien Urlaub in Niedersachsen gibt es die Broschüre „Reisen für Alle in Niedersachsen" – kostenfrei bestellbar unter reiseland-niedersachsen.de/prospektbestellung.

 Faszination abseits der Natur

Niedersachsens Städte sind so vielfältig wie ihre Besucher. Entspannende Idylle, spannende Kultur und urbaner Trubel bilden einen abwechslungsreichen Mix für alle Sinne.

Und damit jeder diese Orte unbeschwert erkunden kann, gibt es viele Angebote für Menschen mit Behinderungen. Denn: Der barrierefreie Weg ist das Ziel.

Zwischen historischen Gebäuden und modernem Design trumpfen die unterschiedlichen Städte Niedersachsens mit architektonischen Highlights, entspannten Innenstädten

 Kontakt

TourismusMarketing Niedersachsen GmbH

Essener Str. 1, 30173 Hannover
T +49 (0)511 270488-40
info@tourismusniedersachsen.de

reiseland-niedersachsen.de
niedersachsen-barrierefrei.de

NIEDERSACHSEN
HARZ

Niedersachsen / Harz

Sonnenresort Ettershaus
38667 Bad Harzburg

Nordhäuser Str. 1
Tel.: 05322 787890
E-Mail: zentralreservierung@sonnenhotels.de
Web: www.sonnenhotels.de

Allgemeines: Das Sonnenresort Ettershaus ist wunderschön am Rande des Nationalparks Harz gelegen. Die historische Villa verleiht dem Resort einen ganz besonderen Charme. Die Hotelzimmer, Suiten und Appartements sind stilvoll und modern eingerichtet. Der großzügige Wellness-Bereich mit Blick ins Grüne lädt zum Entspannen ein.

Bitte sprechen Sie die Möglichkeiten zur Nutzung des Spa-Bereiches inkl. Schwimmbad und Saunen vor Ort oder vor Reiseantritt individuell ab.

Das Sonnenresort Ettershaus verfügt über insgesamt zwei Zimmer, welche insbesondere für Menschen mit Gehbeeinträchtigungen und Rollstuhlfahrer konzipiert sind.

Lage: Circa 250 m vom schönen Kurpark gelegen. Bis zur Bummelallee des Stadtzentrums mit zahlreichen Geschäften sind es circa 650 m. Das Kur- und Gesundheitszentrum mit verschiedenen Ärzten ist circa 1,3 km entfernt.

Preise: Ab 69,- € pro Person und Nacht in der Nebensaison inkl. Frühstück, ab 79,- € pro Person und Nacht in der Mittelsaison inkl. Frühstück und ab 90,-€ pro Person und Nacht in der Hauptsaison inkl. Frühstück.

NIEDERSACHSEN
LÜNEBURGER HEIDE

Blick vom Wilseder Berg © Lüneburger Heide GmbH/Markus Tiemann

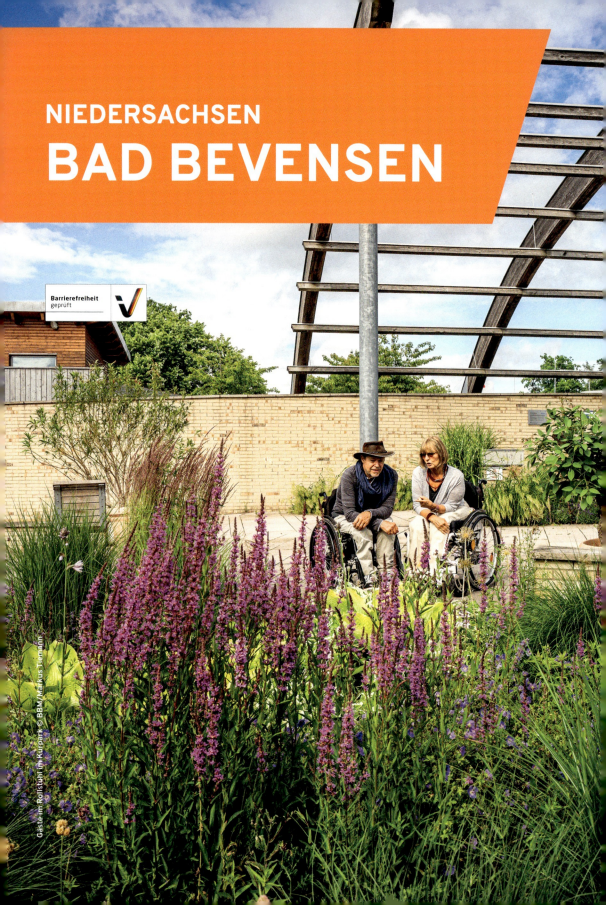

NIEDERSACHSEN
BAD BEVENSEN

Gäste im Rollstuhl im Kurpark © BBM/Markus Tiemann

Deutschland / Niedersachsen / Lüneburger Heide – Bad Bevensen

 Bad Bevensen, das Heilbad in der Lüneburger Heide

Das Heidestädtchen Bad Bevensen liegt in der östlichen Lüneburger Heide, ca. 60 km von Hamburg entfernt. Es ist eines der größten Mineralheilbäder des Nordens und steht für Entspannung, diverse Freizeitaktivitäten in herrlicher waldreicher Natur und – Barrierefreiheit. Gastgeber und Einwohner Bad Bevensens sind durch die jahrzehntelange Erfahrung als Kurort insbesondere für die Bedürfnisse von Urlaubern mit Behinderung sensibilisiert. Zum Jahresbeginn 2021 wurde die Stadt von „Reisen für Alle" als erster barrierefreier Ort im Reiseland Niedersachsen ausgezeichnet. Hier können alle Menschen entspannt urlauben und zugleich viel erleben.

 Die Jod-Sole-Therme – Balsam für Körper und Seele

Eintauchen in die warmen salzigen Fluten, ausruhen in den Ruheräumen mit Blick auf den Kurpark und die Außenbecken und sich verwöhnen lassen bei einer Massage – so lassen sich ganze Tage in der weitläufigen Jod-Sole-Therme verbringen.

Vor mehr als 50 Jahren wurden in Bad Bevensen zwei Heilquellen entdeckt – und seit Jahrzehnten sprudelt die Jod-Sole nun in der Therme. Das Heilwasser hilft bei rheumatischen und degenerativen Erkrankungen der Gelenke, der Atmungsorgane, des Herzens und der Gefäße und ist auch ohne Erkrankungen eine Wohltat. Hebelifte, Rampen und Saunarollstühle ermöglichen Menschen mit Behinderungen das Schwimmen und Entspannen im 32 Grad warmen Heilwasser. Im Innen- und Außenbecken kann man sich treiben lassen, Sprudelliegen, Sitznischen, Strömungskanäle und vieles mehr sorgen für weiteres Wohlgefühl. Eine besonders geräumige Sauna – insgesamt gibt es zehn Saunen und Dampfbäder – mit Terrasse und herrlichem Blick über den Kurpark lädt zum Schwitzen ein.

 Ein Kurpark für die Sinne

Ebene rollstuhlgerechte und befestigte Wege durch den Kurpark bieten sich für schöne Spazierfahrten und – gänge an – der Kurpark mitsamt dem hindurchplätschernden Heidefluss Ilmenau ist zu jeder Jahreszeit eine Oase der Ruhe und Entspannung. An der Pergola lässt es sich mit Blick auf den Seerosenteich wunderbar rasten. Manchmal wird der Park auch als Kulisse für große und kleine Feste genutzt, so etwa für die Kurpark-Nächte mit traumhaften Illuminationen und Kunst, den Töpfermarkt oder einfach für lauschige Picknicks mit begleitender Musik.

Wechselnde Staudenarrangements, verschwenderisch blühende Rhododendron-Gärten und alter, teils seltener Baumbestand bieten immer wieder neues für die Sinne. Im Frühsommer zeigt sich zum Beispiel der Taschentuch-Baum mit tuchartigen schneeweißen Blüten, und mit Beginn des Herbstes duften die japanischen Kuchenbäume nach Lebkuchen und Zuckerwatte.

Am südlichen Rand des Kurparks ist ein Rollatorparcours eingerichtet – er ermöglicht es Menschen, in Ruhe unterschiedliche Straßensituationen und Bodenbeläge mit dem Rollator oder im Rollstuhl auszuprobieren. Die gegenüberliegende Diana Klinik nutzt den Rollatorparcours innerhalb des Reha-Programms für ihre Patienten.

Deutschland / Niedersachsen / Lüneburger Heide – Bad Bevensen

 Kontakt

Informationen rund um einen gelungenen Urlaub gibt es bei der
Bad Bevensen Marketing GmbH
Dahlenburger Str. 1
29549 Bad Bevensen
Tel. (05821) 976 83 0
www.bad-bevensen.de
Email: info@bad-bevensen.de

Unter www.bad-bevensen.de/barrierefrei finden Sie alles zu barrierefreien Einrichtungen in Bad Bevensen.

Entdecken Sie auch unter
www.reisen-fuer-alle.de
Urlaubsinspirationen in Bad Bevensen.

 Kultur im Kurhaus

Das 2016 neu erbaute Kurhaus ist eine moderne und stufenlose Veranstaltungsstätte und liegt direkt am Kurpark neben der Jod-Sole-Therme. Im Kurhaus werden keine Anwendungen angeboten, wie der Name vermuten lässt – dies geschieht in der Therme. Im Kurhaus finden Veranstaltungen aller Art statt: Klassische Konzerte und Musicals, Theateraufführungen und Shows bekannter Comedians, Lesungen, aber auch Tagungen, Sportangebote und Privatfeiern. Geräumige Toiletten mit Haltegriffen und Automatiktür, ein taktiles Bodensystem und eine induktive Hörschleife sorgen für ein rundum angenehmes Kulturerlebnis für Menschen mit Behinderungen.

Im Kurhaus ist außerdem die ebenfalls stufenlose und geräumige Tourist-Information mit unterfahrbarem Tresen untergebracht – hier gibt es neben freundlicher Beratung, Zimmervermittlung und Ticketverkauf außerdem einen schönen Geschenkeshop.

Deutschland / Niedersachsen / Lüneburger Heide – Bad Bevensen

 Shoppen und Schlemmen

Vom imposanten Neptunbrunnen am Kurpark geht es über die Göhrdebrücke direkt in die Innenstadt. Die Göhrdebrücke selbst ist oft Schauplatz schöner Land- und Naturmärkte oder kleinerer Feste wie dem Weinfest, zum Beispiel als Begleitprogramm der sogenannten ‚Sommer-Sonntage', die in Bad Bevensen immer von Mai bis Oktober stattfinden:

Aufgrund des Bad-Status' dürfen die Geschäfte in Bad Bevensen auch an den Sonntagen ihre Pforten öffnen, und in der Saison machen viele davon Gebrauch. Dann herrscht buntes, gemütliches Treiben in den Fußgängerzonen, begleitet von Musik, open air-Veranstaltungen und Sonderaktionen. Viele Geschäfte haben ebenerdige Eingänge, und rollstuhlgerechte Toiletten befinden sich in der Stadt und im Kurpark und einigen ausgewählten Lokalen.

Wer regionale Spezialitäten probieren will, sollte unbedingt einmal eines der Heidekartoffelgerichte probieren, die auf den Tellern der heimischen Gastronomie landen. Die Region rund um Bad Bevensen zählt zu den größten Kartoffelanbaugebieten Deutschlands, und Annabelle, Linda, Belana und viele weitere kartoffelige Schwestern schmecken unvergleichlich gut. In Kombination mit Wild oder Heidschnucke, als raffiniertes Kartoffelgericht oder auch einfach nur als Kartoffelsuppe.

Deutschland / Niedersachsen / Lüneburger Heide

Heidehotel Bad Bevensen
29549 Bad Bevensen

Alter Mühlenweg 7
Tel.: 05821 95 90, Fax: 05821 959 160
E-Mail: info@heidehotel-bad-bevensen.de
Web: www.heidehotel-bad-bevensen.de

Allgemeines: Das Heidehotel Bad Bevensen ist ein barrierefreies Hotel in der Lüneburger Heide und gehört zur Fürst Donnersmarck-Stiftung.
Hier finden Sie beste Voraussetzungen für einen entspannten, aber auch abwechslungsreichen Urlaub. Wie gewohnt erwartet Sie in Bad Bevensen ein komfortables Urlaubsdomizil – selbstverständlich barrierefrei für Rollstuhlfahrer – und die herzliche Gastfreundschaft des freundlichen Hotelteams.

Beginnen Sie den Urlaubstag mit einem leckeren Frühstück von unserem reichhaltigen Buffet und genießen Sie es, einfach mal Zeit zu haben. In unserem – in warmem Licht erstrahlenden Restaurant – erwartet Sie am Abend ein vielfältiges Buffet mit regionalen Gerichten. In der Kaminbar können Sie den Tag bei einem Glas Wein oder einem Eisbecher gemütlich ausklingen lassen.

Das Heidehotel bietet 33 Einzel- und 40 Doppelzimmer, die geschmackvoll und rollstuhlgerecht eingerichtet sind. Die Zimmer verfügen über Telefon, Fernseher und Notruf. Für unterstützende Pflege kann der Kontakt zu einem ambulanten Pflegedienst in Bad Bevensen vermittelt werden.

Großzügig gestaltete Gasträume, eine sonnige Dachterrasse und ein schöner Waldgarten ermöglichen einen erholsamen Urlaub in gepflegter Atmosphäre.

Zu Ihrer Unterhaltung organisieren wir Musik- und Vortragsabende oder laden Sie im Sommer zum Waldcafe an unserem rollstuhlgerechten Waldweg ein. Direkt am Hotel gelegen, können Sie hier die Natur mit allen Sinnen entdecken und genießen.

Wellness & Spa: Zur Erholung steht Ihnen unser Vital-Zentrum mit Bio-Sauna, Sauna, Dampfbad, Entspannungsräumen und Gymnastikraum zur Verfügung.

Unser barrierefreies Heidehotel finden Sie in der hübschen Kurstadt Bad Bevensen.

Die Jod-Sole-Therme im Kurzentrum ist größtenteils barrierefrei und bietet Entspannung und Wohlbefinden für Körper und Geist.
Sie ist besonders für Menschen mit Erkrankungen am Bewegungs- und Gelenkapparat, bei Erkrankungen der Atmungsorgane, Kreislauf- und Gefäßerkrankungen sowie Erschöpfungssyndromen geeignet.

Deutschland / Niedersachsen / Lüneburger Heide

Freizeit & Umgebung: Umgeben von bunten Wäldern, Feldern, Heideflächen und Auetälern bietet Bad Bevensen alle Vorzüge einer gemütlichen Kurstadt in der Lüneburger Heide. Von hier können Sie spannende Ausflüge unternehmen, die von Rollstuhlfahrern getestet wurden. Gern senden wir Ihnen unser „Rolli-Road-Book".

Geeignet für: Das Heidehotel eignet sich besonders für Gäste, die in ihrer Mobilität eingeschränkt sind. Gruppen sind willkommen. Das Haus verfügt über mehrere Seminar- und Gruppenräume.

Entfernungen: Stadtmitte 1,5 km; Bahnhof 2 km; Therme, Kurhaus 1,5 km. Interessante Rahmenprogramme werden zu allen Reiseterminen angeboten.

Anreise: Das Heidehotel bietet einen Haus-zu-Haus-Service mit einem rollstuhlgerechten Kleinbus an (Bitte erfragen Sie die Preise im Hotel).
Für Gäste mit Auto gibt es eine Tiefgarage und einen Parkplatz (nach Verfügbarkeit). Für Bahnreisende: Bad Bevensen ist Bahnstation an der Strecke Hannover-Hamburg.

Preise: Im Doppelzimmer pro Person ab 47,- € , im Einzelzimmer 54,- € je nach Saison und Zimmerkategorie, Sonderkonditionen für Gruppen.

Anfragen und Buchungen:
Heidehotel Bad Bevensen
der FDS Hotel gGmbH,
Tel. 05821/959-0 oder unter
www.heidehotel-bad-bevensen.de.

Deutschland / Niedersachsen / Lüneburger Heide

Ferienbauernhof Knoop
29223 Celle

★★★★
nach DEHOGA

Lachtehäuser Str. 28
Tel.: 05141 930 400, Fax: 05141 930 402
E-Mail: info@ferienhof-knoop.de
Web: www.ferienhof-knoop.de

Allgemein: Bauernhof mit 2 komfortablen Rolli-Ferienwohnungen, 65 + 85 qm groß, für je 2 bis 5 Personen. Außerdem 4 weitere Komfort-Ferienwohnungen (**** Sterne) für jeweils 2 bis 5 Personen. Der Hof wird voll bewirtschaftet, mit Milchkühen, Kälbern, Hühnern, Katzen, Kaninchen und Ponys. Größere Kinder dürfen kostenlos Ponyreiten bei eigenem Aufsatteln. Gehen mit in den Stall, dürfen auf dem Trecker mitfahren oder spielen auf der Weide Fußball. Parkplatz bis Eingang alles stufenlos.

Zimmer & Bad: Zimmertüren in der rollstuhlgerechten Ferienwohnung 100 cm breit, Schiebetür zum Bad 100 cm breit. Freiraum in Dusche/WC 140 x 140 cm, Freiraum rechts neben WC 100 cm, davor 100 cm. Waschbecken und Dusche rollstuhlgerecht festinstallierter Duschsitz vorhanden. Stabile Haltegriffe an Dusche und WC.

Entfernungen: Celler Stadtkern 2 km; Einkaufsmöglichkeiten 1 km; Bus 300 m; Bahnhof Celle 3,5 km; Arzt und Tennisplatz 1 km; Apotheke und Krankenhaus 1,5 km; Dialyse 4 km. Golfplatz in Garßen 3 km; Angeln an der Aller oder Lachte 2 km; Erlebnisbad in Celle 3 km. Nur 1 km vom Hof entfernt beginnt ein Naturschutzgebiet.

Kneipp-Gesundheitshof: Erster „Vom Kneipp-Bund e. V. anerkannte Gesundheitshof" im Celler Land. Es stehen Ihnen Armtauchbecken, Fußtretbecken, Gießschlauch, Fachlektüre zur Verfügung. Sauna auf dem Hof, Massage, Krankengymnastik usw. auch auf Rezept möglich.

Preise und weitere Informationen im Internet unter www.ferienhof-knoop.de.

Deutschland / Niedersachsen / Lüneburger Heide

Ferienquartier Hamburg
21217 Seevetal

 nach DTV

Lohe 38
Tel.: 0581 444 64, Fax: 0581 948 85 96
E-Mail: kontakt@ferienquartier-hamburg.de

Das Ferienquartier Hamburg (ca. 550 qm Wohnfläche) erstreckt sich über drei Etagen. Die Ferienwohnung Seevetal im EG ist für Rollstuhlfahrer geeignet. 2 Zimmer-Wohnung. 72 qm, für max. 4 Personen, mit Wohn-/Schlafzimmer, Schlafzimmer, 4 Einzelbetten (90 x 200 cm), großer voll ausgestatteter Küche und großem innenliegenden Duschbad, Parkplatz und Eingang stufenlos erreichbar. Türbreite vom Eingang 110 cm, von Zimmer und Dusche/WC 82 cm. Bettenhöhe 49 cm. Bewegungsfreiraum in Dusche/WC 294 x 241 cm. Freiraum links neben WC 41 cm, rechts 162 cm, davor 245 cm. WC-Höhe 47 cm. Haltegriffe am WC und im Duschbereich sind nicht vorhanden. Duschbereich befahrbar, stabiler Duschstuhl und unterfahrbares Waschbecken (Höhe 89 cm) vorhanden. Ein Pflegebett und einen Elektrorollstuhl (Observer) können wir nach Bedarf zur Verfügung stellen.

Preise: 80,00 Euro/Nacht bis 2 Personen. Jede weitere Person 20,00 Euro/Nacht. Im Preis enthalten sind Bettwäsche, Handtücher, WLAN und die normale Endreinigung.

Die Ferienwohnung Auszeit im EG ist für Gehbehinderte und Senioren geeignet. Belegung mit max. zwei Personen und einem Kleinkind, 49 qm, 1 Zimmer-Wohnung, Wohn-/Schlafzimmer, 2 Einzelbetten (90 x 200 cm), Küche, Duschbad.

Preise: 70,00 Euro/Nacht bis 2 Personen. 10,00 Euro/Nacht für das Kleinkind. Im Preis enthalten sind Bettwäsche, Handtücher, WLAN und die normale Endreinigung. Für Kleinkinder gibt es Essgeschirr, Spiele, Sandkasten, Reisebetten und Hochstühle. Großer 3900 qm Garten darf genutzt werden. Es sind zwei Terrassen vorhanden.

Lage/Entfernungen: Der Ortsteil Glüsingen gehört zur Gemeinde Seevetal und liegt zwischen Hamburg und der Lüneburger Heide. Ortsmitte 1,2 km; Einkaufsmöglichkeiten 1,9 km, Aldi, Lidl, Rewe, Bäckerei, Edeka, Restaurants und Tankstellen erreicht man in wenigen Minuten. Arzt 2,2 km, Apotheke 2,4 km, Krankenhaus 12,8 km, Freibad und Hallenbad 5,5 km, Badesee 3,6 km. Bahnhof Meckelfeld ca. 3 km, von dort sind es 15 Minuten bis Hamburg Hauptbahnhof. Bushaltestellen in ca. 5-10 Minuten zu Fuß. Die Autobahnen A7 (Fleestedt), A 39 (Seevetal) und A1 (Harburg) sind in ca. 10 Minuten zu erreichen.

Weitere Informationen, auch zu unseren anderen Ferienwohnungen im Ferienquartier Hamburg unter www.ferienquartier-hamburg.de

Deutschland / Niedersachsen / Lüneburger Heide

Haasehof
27419 Sittensen

Lindenstraße 5, Familie Haase-Richard
Tel.: 04282 55 77, Fax: 04282 56 78
E-Mail: info@haasehof.de
Web: www.haasehof.de

Allgemeines: Die komfortabel und geschmackvoll eingerichteten Ferienhäuser (200 bis 240 qm) bieten u. a. geräumige, voll ausgestattete Küchen mit Spülmaschine, Esszimmer (teilweise mit Kamin), Sat-Tv und überdachte Gartenterrassen. Liegewiese und Grillplatz, Spielplatz, Tischtennis, Trampolin und Kicker.

Parkplätze sind ausreichend vorhanden, und zum Ausladen des Gepäcks können Sie direkt bis vor die Haustür fahren.

Sozialdienste können vor Ort genutzt werden. Pflegebetten sowie andere Hilfsmittel können wir Ihnen nach Bedarf zur Verfügung stellen.

Geeignet für: Familien oder Gruppen mit Rollstuhlfahrern, gehbehinderten und zu betreuende Urlauber, Kindergruppen mit Betreuung, Seniorengruppen.

Zimmer & Bad: Rollstuhlgerechtes Bauernhaus für bis zu 15 Personen. Türbreite der Zimmer 80-90 cm, zur Dusche/WC 100 cm, Freiraum in Dusche/WC 130 x 130 cm, Freiraum rechts neben WC 100 cm, davor 150 cm. Dusche schwellenlos, Waschbecken unterfahrbar, WC-Höhe 48 cm. Einhängesitz für Dusche, Haltegriffe an Dusche, Waschbecken und WC.

1 elektrisch höhenverstellbares Bett ist vorhanden. Waschmaschine und Trockner. Barrierefreies Landhaus „Zur Eiche" für bis zu 11 Personen.

Lage: Der Haasehof liegt in der Ortsmitte des Bördeortes Sittensen in einer Sackgasse. Das ebenerdige Hofgelände bietet Gartenanlagen und verschiedenste Freizeitmöglichkeiten. Ortsmitte, Einkaufsmöglichkeiten, Arzt, Apotheke etc. in unmittelbarer Nähe (bis 500 m). Beheiztes Freibad 1 km, Erlebnis- bzw. Hallenbad 15-25 km.

Freizeit & Umgebung: Moorbahn Burg Sittensen, Rollikutsche Lüneburger Heide, Landpark Lauenbrück, Vogelpark Walsrode, Serengetipark, sehenswerte Altstädte (z.B. Buxtehude, Stade), das „Alte Land", die Nord- und Ostseeküste u.v.m.

Preise: Übernachtungspreise pro Ferienhaus sind gestaffelt nach Aufenthaltsdauer, Hausgrösse und Personenzahl. Pro Nacht zwischen 200,-€ und 380,- €.

Wir, die Familie Haase-Richard, freuen uns auf Ihren Besuch.

Deutschland / Niedersachsen / Lüneburger Heide

Ferien-Hof Meinerdingen
29664 Walsrode-Meinerdingen

nach DTV

Dorfallee 1
Tel.: 05161 910476, Fax: 05161 910 477
E-Mail: post@hof-meinerdingen.de
Web: www.hof-meinerdingen.de

5-10% RABATT
für Rollstuhl-Kurier-Abonnenten

Ferien-Hof Meinerdingen
in der Lüneburger Heide

Allgemeines: Wir sind ein familiengeführter landwirtschaftlicher Betrieb, der in der dritten Generation Urlaub auf dem Bauernhof anbietet. Unsere ruhige und trotzdem zentrale Lage, eingebettet in der Natur, ist nicht das Einzige, was Sie begeistern wird. Persönlicher barrierefreier Hofrundgang. Gruppenraum mit Küche für ca. 30 Personen mit angrenzenden rollstuhlgerechten Badezimmern mit Dusche (Duschsitz und Haltegriffe festmontiert).

Streicheltiere in der Streichelweide, Spielplatz mit TÜV geprüften Spielgeräten (Korb-Schaukel für Menschen mit Behinderung), Trampolin und Tischtennisplatte, Go-Karts und Tret-trecker, Brötchen Service, Kostenloser Eintritt für das Strandbad Düshorn, Clubkarte für die Soltau Therme (reduzierter Eintritt).

Für kleine Gruppen ist eine Haushälfte mit 4 bis 5 Schlafzimmern optimal. Das Haus bietet: einen großen Garten mit Sitzplätzen, Platz in der Gartenlaube für alle Hausbewohner, Grills, Feuerschale mit Holz, Haushaltsraum mit Waschmaschine und Trockner zur kostenlosen Nutzung. In den Wohnungen: viel Geschirr, große Töpfe, W-lan, Kabel-TV und eine große Küche, speziell eingerichtet für Rollifahrer. Hunde auf Anfrage.

Zimmer & Bad: Pflegebetten, Tuchlifter, Türbreiten der Zimmer und von Du/WC 82 cm. Bewegungsfreiraum links und rechts neben WC 20 bzw. 120 cm, davor 70 bzw. 90 cm. Dusche schwellenlos befahrbar, Waschbecken unterfahrbar, verstellbarer Kippspiegel, festinstallierter Duschsitz und stabile Haltegriffe an Dusche und WC. Ambulante Pflegedienste und Reha-Technik können vor Ort bestellt werden (2 Wohnungen sind tierhaarfrei).

Freizeit & Umgebung: Der Hof liegt neben der berühmten Heidekirche und dem Kirchcafé. Dort finden nette Veranstaltungen mit Live-Musik auf der Kirchwiese statt. Heidefläche und Golfplatz sind zu Fuß zuerreichen. Einkaufen, Bahnhof, Arzt, Apotheke, Krankenhaus, Dialyse 1 km; Freibad, Hallenbad, Kurpark 4 km. Kutschfahrten für Rollstuhlfahrer sind möglich. Flache Wege, gutes Wander- und Radfahrwege Netz. Der Weltvogelpark Walsrode, Serengeti-Park und Heidepark Soltau sind schnell erreichbar.
Auch das Spielzeugmuseum und Felto, die Filzwerkstatt, sind in Soltau jetzt für Rollstuhlfahrer geeignet.

Preis: Pro Tag, je nach Größe der Wohnung: für den ersten Tag 115,- bis 135,- €; ab dem zweiten Tag 65,- bis 85,- € / 4 bis 6 Personen/Wohnung.

NIEDERSACHSEN
NORDSEE OSTFRIESLAND

Ostfriesland Neuharlingersiel © DZT Jens Wegener

Deutschland / Niedersachsen / Nordsee & Ostfriesland

Appartement „Am Seeufer"
26160 Bad Zwischenahn

Westersteder Straße 18
Tel.: 04403 715 26
E-Mail: horst.hasselhorn@t-online.de
Web: www.reiseland-niedersachsen.de

Allgemein: Liebevoll und gemütlich eingerichtete Ferienwohnung im Erdgeschoß einer großzügigen Wohnanlage.

Parkplatz und Eingang stufenlos.
Im Haus befindet sich ein Bistro mit Seeterrasse.
Die Vorbesitzerin der Wohnung ist Rollstuhlfahrerin.
2017-2023 zertifiziert von „Reisen für Alle".

Zimmer & Bad: Türbreite von Eingang und Zimmer 84 cm, von Du/WC (Schiebetür) 80 cm. Freiraum in Du/WC 140 x 140 cm. Freiraum rechts neben WC 100 cm, davor 140 cm. Dusche und Waschbecken unterfahrbar. Dusch- und Toilettenstuhl, verstellbarer Kippspiegel, stabile Haltegriffe an Du/WC und Fön vorhanden.

Ein Bett ist elektrisch höhenverstellbar, bei dem zweiten Bett sind Kopf-und Fußteil verstellbar. Bettgalgen vorhanden.

Komplette Küchenzeile, Essgruppe, Sitzecke (Sofa ausziehbar, 2 Sessel in Stuhlhöhe), Radio, Kabel-TV. Handtücher und Bettwäsche werden gestellt. Pflegedienst kann nach Absprache vermittelt werden.

Lage: Direkt am See und Yachthafen. Ebene, schöne Wanderwege in unmittelbarer Umgebung. Zur Ortsmitte 1,3 km. Bürgersteige abgesenkt. Die Geschäfte, Restaurants und Kureinrichtungen sind größtenteils ebenerdig.

Preise: Pro Tag für 2 Personen ab 55,- €.

Deutschland / Niedersachsen / Nordsee & Ostfriesland

DÜNENHOF
27476 Cuxhaven

DÜNENHOF gGmbH, In den Dünen 2
Tel.: 04723 712 30, Fax: 04723 712 340 30
E-Mail: rezeption@duenenhof.org
Web: www.urlaub.duenenhof.org

Allgemeines: Der DÜNENHOF verfügt über eine der wenigen komplett barrierefreien Hotelanlagen in Deutschland und damit das ideale Reiseziel für Menschen mit und ohne Behinderungen an der Nordsee.

Zimmer & Bad: Insgesamt stehen 21 rollstuhlgerechte und 33 für gehbehinderte Menschen geeignete Zimmer zur Verfügung. Alles Nichtraucherzimmer.

Alle rollstuhlgerechten Zimmer sind individuell ausgestattet: Türen von Zimmer und Badezimmer 82 bis 99 cm breit. Bettenhöhe 40 bis 50 cm. Bewegungsfreiraum im Bad 150x150 cm. Freiraum links oder rechts neben WC 100 cm mit Haltegriff links oder rechts, je nach Zimmer verschieden. Freiraum vor dem WC 100 cm. Dusche schwellenlos befahrbar, Waschbecken unterfahrbar.

Ausstattung: Vor Ort können verschiedene Hilfsmittel ausgeliehen werden, wie z.B. Rollstühle, Handbike, Rollator, Bettlifter, Bettgalgen, u.v.m.

Bitte geben Sie bei Buchung Ihren Bedarf an. Kompetente Mitarbeiter beraten Sie bei Ihren Unterbringungs- und Mobilitätswünschen und helfen bei der Gestaltung eines passenden Arrangements. Es stehen Tagungs- und Aufenthaltsräume zur Verfügung. Ein externer Pflegedienst kann bei Bedarf bestellt werden.

Geeignet für: Rollstuhlfahrer und Gehbehinderte, auch für Gruppen: Alle Gästebereiche sind mit dem Rollstuhl problemlos erreichbar. Aufzüge mit entsprechenden Türbreiten sind vorhanden.

Freizeit & Umgebung: Der DÜNENHOF im cuxhavener Ortsteil Berensch liegt in nahezu unberührter Landschaft auf einer natürlichen Düne direkt am Deichvorland und dem UNESCO-Weltnaturerbe Niedersächsisches Wattenmeer.
Ruhig gelegen, aber dennoch nah zu allen

Deutschland / Niedersachsen / Nordsee & Ostfriesland

Einrichtungen der Stadt Cuxhaven und den Stränden in Sahlenburg, Duhnen oder Döse. Hallenbad mit Lifter, Sauna. Kegelbahn, blindengerecht. Minigolfanlage, Boulebahn, Kinderspielplatz.

Entfernungen: Der Sandstrand in Sahlenburg ist in ca. 15Min mit dem Fahrrad, Handbike oder Auto erreichbar. Die Wege im Hotelgelände sind überwiegend flach, kleinere Höhendifferenzen sind mit flachen Steigungen zu überwinden.

Die Wege um das Hotel und zu den Sandstränden sind fest und flach und nur am Deich mit Steigungen. Die Wege in Wald und Heide sind zum Teil sandig.

Für Rollstuhlfahrer empfehlenswert ist auch das Fischereimuseum „Alte Liebe", das Auswandererhaus und eine Weserrundfahrt in Bremerhaven; Moorbahnfahrt durch das Ahlenmoor, Naturmuseum Niederelbe bei Neuhaus.

Preise: Pro Person/Tag im Doppelzimmer mit Halbpension ab 60,50 Euro, mit Vollpension ab 67,50 Euro (Preise Stand 2022). Hausprospekt und ausführliche Preisliste für Familienappartements, Kinderermäßigung und Gruppenermäßigung auf Anfrage.

Nordsee Ostfriesland © Markus Fischer

Deutschland / Niedersachsen / Nordsee & Ostfriesland

Hotel Restaurant „Wattenkieker"
27476 Cuxhaven

Am Sahlenburger Strand 27
Tel.: 04721 20 00, Fax: 04721 200 200
E-Mail: info@wattenkieker.de
Web: www.wattenkieker.de

Allgemeines: Schönes, komfortables Hotel, direkt am Strand gelegen, mit großzügigen, geschmackvoll eingerichteten Zimmern.

Parkplatz stufenlos, Eingang mit Rampe, Frühstücksraum und Restaurant stufenlos, Zimmer mit dem Aufzug stufenlos erreichbar. Türbreite vom Aufzug 90 cm (Tiefe 145 cm, Breite 110 cm).

Geeignet für: Gehbehinderte und Rollstuhlfahrer: Ein Komfort-Zimmer ist nach DIN 18024/25 rollstuhlgerecht. Türbreiten 80 bis 95 cm. Freiraum in Du/WC 150 x 150 cm. Freiraum links neben WC 70 cm, rechts 38 cm, davor 100 cm. Dusche und höhenverstellbares Waschbecken unterfahrbar. Duschhocker, Kippspiegel und stabile Haltegriffe an Dusche und WC vorhanden. Verstellbarer Lattenrost im Bett. Bett mit Aufrichter und elektrisch verstellbarem Lattenrost.

Lage: Das Hotel liegt direkt am Strand. Der Deich und der Strand sind ohne Stufen über Steigungen zu erreichen. Die Wege und die Umgebung sind flach. Die Wege im Wald und die Wanderwege am Meer sind fest. Die Wege in Feld und Heide sind teilweise sandig.

Entfernungen: Zur Stadtmitte 7 km; Arzt, Apotheke 2 km; Einkaufen und Freibad 100 m; Spielplatz 1 km; Krankenhaus 7 km.

Preise: Für ein seeseitiges rollstuhlgerechtes Komfort-Doppelzimmer (34 qm groß) 179,- € pro Übernachtung in der Hauptsaison inkl. Frühstück.

Deutschland / Niedersachsen / Nordsee & Ostfriesland

Ferienwohnung „Kleine Auszeit"
27476 Cuxhaven-Duhnen

Cuxhavener Str. 25, Meike und Karsten Wehrmann
Tel.: 05745 911 251
E-Mail: hohe.lith@t-online.de
Web: www.duhnen-ferienwohnung-hohe-lith.de

Allgemeines: Rollstuhl- / allergikergerechte FeWo „Kleine Auszeit" in der Residenz „Hohe Lith" für 4-6 Pers. (79 qm) mit Schwimmbad und Sauna im Haus. Parkplatz und Wohnung stufenlos per Lift erreichbar. Türbreite vom Lift 98 cm (Tiefe 150 cm, Breite 90 cm).

Ausstattung: 1 Schlafzimmer mit Doppelbett (eines mit Hebepflegerahmen und wahlweise mit Bettgalgen), Kleiderschrank, TV. 1 Schlafzimmer mit Boxspringbetten (getrennt stellbar), Kleiderschrank, TV. Wohnraum mit TV, DVD-Player, Musikanlage, Küchenzeile, separater Essplatz, Doppelbettcouch.

Zimmer & Bad: Rollstuhlgerechtes Badezimmer, Bewegungsfreiraum 150 x 250 cm, Dusche 150 x 150 cm), Haltegriffen und Duschsitz. Unterfahrbares Waschbecken mit einsehbarem Spiegel. Toilette mit Haltgriffen. Freiraum rechts und vor dem WC 200 cm. WC-Höhe 48 cm. Alle Türen sind (mit Ausnahme zum Gäste-WC und zum Abstellraum) 1 m breit. Ein Pflegedienst vor Ort kann bei Bedarf angefordert werden.

Lage: Direkt hinter dem Deich inmitten des Freizeit-und Erholungsgebietes Cuxhaven-Duhnen. Die Umgebung ist flach und gut befahrbar.

Entfernungen: Nordsee 100 m (mit Rollstuhl in 350 m). Bäcker am Campingplatz 300 m, Ortsmitte, Arzt, Apotheke 1 km; Bahnhof Cuxhaven 6 km; Krankenhaus 6,5 km; Freibad 300 m; Hallenbad im Haus; rollstuhlgerechte Restaurants im Ort.

Preise: Pro Woche für 2-4 Personen zwischen 490,- € und 1.040,- €.

„Hof Am Turm"
26736 Krummhörn-Pilsum

★★★★★
nach DTV

Zum Diekskiel 1, Detert Itzenga
Tel.: 04926 473, Fax: 04926 473
E-Mail: hofamturm@gmx.de
Web: www.hof-am-turm.de

Allgemein: Der „Hof am Turm" bietet einen wunderbaren Blick auf den Deich und den Pilsumer Leuchtturm. Großzügig angelegter Garten zum entspannen mit Gartenhäuschen und Terrasse. Es gibt 4 Ferienwohnungen, ein Ferienhaus, drei Doppelzimmer. Die Wohnung im Turm erstreckt sich Raum für Raum vom Erdgeschoss bis hinauf zum Dachgeschoss.

Ausstattung: Die 66 m² große Wohnung für 2 Personen mit Wohnküche, geräumigem Bad und Terrasse bietet alles für einen entspannenden Urlaub. Fünf Sterne, rollstuhlgerecht, ein Schlafzimmer, Fußbodenheizung, Fernseher und Stereoanlage, Spülmaschine, unterfahrbare Küchenzeile, Waschmaschine, großes Bad, eigene Terrasse. Parkplatz und Eingang stufenlos erreichbar. Eingangstüren von Zimmer und Du/WC 100 cm breit. Bettenhöhe 60 cm, Bewegungsfreiraum in Du/WC 200 x 200 cm, Freiraum links und rechts neben WC 90 cm, davor 220 cm. WC-Höhe 50 cm. Haltegriffe links und rechts neben WC. Dusche schwellenlos befahrbar, Waschbecken unterfahrbar. Festmontierter Duschsitz und Kippspiegel vorhanden. Pflegedienst kann bei Bedarf angefordert werden.

Lage: Einzellage, Umgebung flach, Nordseedeich 1,7 km, Dorf Pilsum 500 m. Zur Ortsmitte mit Restaurant, Arzt, Apotheke, Hallenbad 4 km; Bahnhof, Freibad, Krankenhaus 22 km.

Preise: Rollstuhlgerechte FeWo 57,- € bis 60,- €. Preise für übrige FeWo nach Größe/Saison 52,- bis 70,- € pro Nacht inkl. bezogene Betten, Handtücher, Endreinigung. Pensionsgäste ab 30,- € pro Nacht mit Frühstück. Frühstück für Ferienwohnung möglich nach Absprache.

Deutschland / Niedersachsen / Nordsee & Ostfriesland

Nannis Huuske
26736 Krummhörn-Rysum

Am Armtje 3
Tel.: 04927 912 085, Fax: 0581 948 85 96
E-Mail: nannishuuske@yahoo.de
Internet: www.nannishuuske.de

Allgemeines: Im Herzen des idyllischen Warftendorfes Rysum befindet sich unsere liebevoll eingerichtete Ferienwohnung.

Rysum ist ein altes ostfriesisches Runddorf, das seinen Charme behalten hat. Die Kirche verfügt über die älteste Orgel Europas und auch die historische Mühle mit Teestube liegt in unmittelbarer Nähe. Sowohl eine gut geführte Gastronomie als auch ein Bäckerladen liegen keine 2 Minuten entfernt.

Krankengymnastik und Massagen sind als Hausbesuch oder in der Praxis (5 km entfernt) möglich.

Zimmer & Bad: Die Wohnung mit 90 m² ist für 2 bis 4 Personen geeignet, alles barrierefrei und optimal für Rollstuhlfahrer und Gehbehinderte geeignet.

Ein Pflegebettrahmen ist vorhanden. Die Türen sind 94 cm breit. Großzügiges Badezimmer mit 1,20 m breiter Dusche mit stabilem Duschsitz und Haltegriffen. Großer Parkplatz direkt am Haus.

Ein schöner Garten mit einer Sonnenterrasse und einem festen Grill lädt zum Verweilen ein.

Lage: 15 km entfernt von der Seehafenstadt Emden, die mit ihrer Kunsthalle, dem OTTO-HUUS und dem Hafen einiges zu entdecken hat.

Das malerische Fischerdorf Greetsiel liegt 17 km entfernt; dort kann man mit Krabbenkuttern auf Fahrt gehen.

Preise: Pro Tag liegt je nach Saison zwischen 60,- und 70,- €. Genauere Informationen erhalten sie auf unserer Homepage oder per Telefon.

Deutschland / Niedersachsen / Nordsee & Ostfriesland

Ferienhaus „Deichschlösschen" ★★★★★
26553 Neßmersiel

Westerdeicherstr. 121, Familie Breslauer
Tel.: 07161 352 874, mobil: 0172 765 92 90
E-Mail: breslauer@t-online.de
Web: www.breslauer-info.de

Allgemeines: Unser exklusives 5***** Ferienhaus „Deichschlösschen" liegt abseits einer Feriensiedlung direkt am Deich, auf einem über 3.500 qm großem Grundstück.

Das gesamte Haus ist allergikergerecht (absolutes Rauchverbot) und das Erdgeschoss ist rollstuhlgerecht ausgestattet.

Geeignet für: Sehr gut geeignet für Rollstuhlfahrer und Pflegebedürftige. Die Erfahrungen mit unserem schwerstbehinderten Sohn haben uns gezeigt, worauf es ankommt.

Zimmer & Bad: Alle Türen 98 cm breit. Großes Schlafzimmer, elektrisches Pflegebett. Bewegungsfreiraum im Bad 150 x 150 cm.

Freiraum links neben WC 120 cm, rechts 30 cm, davor 200 cm. Haltegriff links neben WC, WC-Höhe ca. 50 cm. Hewie-Einhängesitz sowie Dusch- und Toilettenstuhl der Größe „M" vorhanden. Verstellbarer Kippspiegel über dem Waschbecken.

Mit seinen etwa 140 m² Wohnfläche auf zwei Ebenen bietet das Ferienhaus auch für große Familien Platz.

Für gehobene Ansprüche lässt die Einbauküche keine Wünsche offen. Ob Herd mit Cerankochfeld und Backofen, Geschirrspüler, Toaster oder Mikrowelle, alles ist da.

Ausstattung: Im kleinen Hauswirtschaftsraum neben der Küche finden Sie Waschmaschine und Trockner. SAT-Anlage, Radio und Gartenmöbel sind eine Selbstverständlichkeit.

Außerdem stehen unseren Gästen WLAN, Kinderbetten, Hochstuhl, Dreirad, Fahrräder Spielplatz, unsere „Deichoase" (großer Spielraum mit Tischtennis und Sandkasten) zur Verfügung; Rollfietsverleih im Haus.

Entfernungen: Zur Ortsmitte mit Einkaufsmöglichkeiten 1,5 km; Arzt, Apotheke 5km; Krankenhaus 18 km; Bahnhof 15 km.

Preise: Für das Ferienhaus je nach Saison, Personenzahl und Aufenthaltsdauer ab 80,- € pro Tag.

Deutschland / Niedersachsen / Nordsee & Ostfriesland

Gasthof Zum Deichgrafen
26434 Wangerland / Minsen-Förrien

★★★ nach DTV

Förriener-Loog 13
Tel.: 04426 990 00, Fax: 04426 990 099
E-Mail: info@gasthof-zum-deichgrafen.de
Web: www.gasthof-zum-deichgrafen.de

Allgemeines: Familiär geführtes Haus mit 3-Sterne-DEHOGA-Klassifizierung in ruhiger Lage.
24 ferienfreundlich eingerichteten Zimmern mit Du/WC, Telefon und Sat-TV, teilweise mit Balkon. Parkplatz, Eingang, Frühstücksraum, Restaurant und Zimmer im EG stufenlos erreichbar.

Küche: Die Gastronomie im Deichgrafen bietet eine reichhaltige Abendkarte sowohl mit bekannten wie auch lukullischen Spezialitäten des Landstriches. Fisch, Muscheln und Krabben so frisch wie sonst nirgendwo.

Geeignet für: Gehbehinderte und Rollstuhlfahrer: 2 Zimmer sind rollstuhlgerecht.

Zimmer & Bad: Türbreite der Zimmer und von Du/WC 100 cm. Freiraum in Du/WC 120 x 140 cm. Freiraum rechts neben WC 83 cm, davor 110 cm. Dusche und Waschbecken unterfahrbar. Festinstallierter Duschsitz und stabile Haltegriffe an Dusche und WC vorhanden. Bettenhöhe 63 cm.

Lage: Nordsee 3,5 km. Das Haus liegt auf der höchsten Warft des Wangerlandes in der Nähe der friesischen Nordseebäder Horumersiel und Schillig. Einkaufs- möglichkeiten, Arzt, Apotheke 4 km. Das Haus bildet den idealen Ausgangspunkt für Radtouren an den nahen gelegenen Deich und in die weite friesische Landschaft.

Freizeit & Umgebung: Das Angebot ist vielseitig. Obenan stehen Wandern und Radfahren. Viele segeln oder lernen es hier.

Die Surfer haben ihr eigenes schönes Gelände. Wasserski wird hier per Lift betrieben. Tennis gehört ebenso zum Programm wie Reiten (auf großen und kleinen Pferden). Natürlich gibt's am Badestrand Gymnastik und muntere Spiele.

Lohnend ist auch ein kleiner Bummel durch das Wangerland, durch verträumte Straßen und idyllische Winkel. Schauen Sie sich die trutzigen alten Kirchen an und besuchen Sie die Häfen. Den romantischen Kutterhafen beispielsweise oder den Außenhafen, wo frischer Fisch und vor allem Miesmuscheln angelandet werden.

Preise: Pro Person inkl. Frühstück 38,00 bis 64,00 €; für Halbpension zzgl. 21,80 €; Preise für Ferienwohnungen auf Anfrage. Spar- und Pauschalangebote finden Sie auch unter www.gasthof-zum-deichgrafen.de.

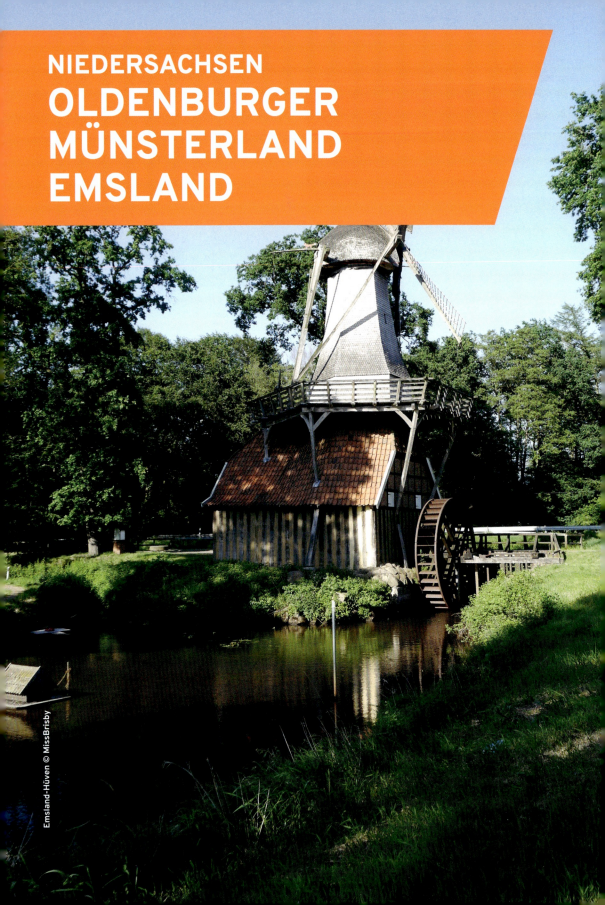

NIEDERSACHSEN
OLDENBURGER MÜNSTERLAND EMSLAND

Deutschland / Niedersachsen / Oldenburger Münsterland & Emsland

Landferienhof Garbert ★★★★
49849 Wilsum

Am Fertenbach 3, Familie Garbert
Tel.: 05945 678, Fax: 05945 670
E-Mail: garbert@ferienhof.com
Web: www.ferienhof.com

Allgemeines: 150 Jahre altes, liebevoll restauriertes Bauernhaus an der niederländischen Grenze. Es befindet sich in traumhafter Alleinlage inmitten von Wiesen und Wäldern, direkt an dem „Fertenbach". Das 10.000 qm große, parkähnliche Hofgelände liegt, über einen Privatweg verbunden, 150 m von der Straße entfernt . Parkplatz, Eingang, Garten und Ferienwohnungen im EG sind stufenlos erreichbar.
Ideal auch für Familientreffen und Gruppen bis 40 Personen.

Ausstattung und Aktivitäten: Brötchenservice, Grill, Terrasse, Liegewiese, Fahrradverleih, Angelmöglichkeiten, Waschmaschine. Gemeinschaftsraum mit Billard, sep. Spiel- und Bastelzimmer, Backen im Holzbackofen im renovierten Backhaus. Wir verwöhnen Sie mit selbstgebackener Pizza, Flamkuchen, Brot ...
Oster- und Weihnachtsbäckerei für Kinder und Erwachsene.

Bauernhofleben für die Kinder: Pferde, Ponys, Streicheltiere, Riesentrampolin, Heuscheune viele Fahrzeuge, Treckerfahren, Treckersurfen – nicht nur für Kinder, Mithilfe auf dem Bauernhof, Mensch-ärgere-dich-nicht auf einem 4x4 m großen Spielfeld, Fahrradverleih, 5m lange Wippe und vieles, vieles mehr ...

Zimmer & Bad: Mit gemütliche 7 komplett ausgestatteten Nichtraucher-Ferienwohnungen.

Die 4-Sterne FEWO Milchkammer für 5 Personen (80 qm) befindet sich im EG und ist rollstuhlgerecht ausgestattet. Die Wohnung verfügt über Wohnraum mit Einbauküche (Geschirrspüler, Mikrowelle und E-Herd, Backofen), Essecke und Sitzecke mit Sat-TV, Radio, Stereo-Anlage mit DVD Player, Telefon, Internet über WLAN, 1 Schlafzimmer mit Doppelbett, 1 Schlafzimmer mit Einzelbett und Etagenbett.

3 Ferienwohnungen sind für Rollstuhlfahrer geeignet, 80 qm groß. Türbreiten der Zimmer 80 bis 100 cm, von Du/WC 100 cm. Freiraum in Du/WC 120 x 140 cm. Freiraum links neben WC 30 cm, rechts 90 cm, davor 150 cm. Dusche und Waschbecken unterfahrbar, Spiegel in Rollstuhlhöhe. Bettenhöhe 45 cm.

Preise: FeWo (bis 5 Pers.) 75,- bis 95,- €.
Ausführlicher Hausprospekt mit Preisliste kann angefordert werden.

NORDRHEIN-WESTFALEN

Teutoburger Wald Detmold Hermannsdenkmal © Tourismus NRW e. V.

NORDRHEIN-WESTFALEN
DORTMUND

Barrierefreiheit geprüft

Dortmund City © Hans Jürgen Landes

Deutschland / Nordrhein-Westfalen / Dortmund

Dortmund barrierefrei:
1 Stadt, 6 Erlebnisangebote, 31 Ziele

Lust auf eine Städtereise? Bedenken, ob das mit Rollstuhl auch komfortabel genug ist? Oder Serviceangebote für Menschen mit Sehbeeinträchtigungen vorhanden sind?

Dann sollte der Weg nach Dortmund führen. Denn die Ruhrmetropole war die erste deutsche Großstadt, die als Tourismusort mit dem bundesweit einheitlichen Gütesiegel „Reisen für Alle" zertifiziert wurde. 31 Anbieter von Hotel, Restaurant über Museum bis hin zu Theater und Konzerthaus liefern vor und während der Reise absolut zuverlässige Informationen zur Barrierefreiheit. Damit sind entspannte und spannende Tage garantiert, denn die Stadt hat es in sich.

Dortmund bietet urbanes Leben, hat viele Wälder und Parks, brilliert mit Spitzenleistungen in Kultur, Kreativität, Wissenschaft und Sport. Außerdem ist die Dortmunder Gastlichkeit inklusive dem Traditionsgetränk Bier weit über deutsche Grenzen hinaus bekannt. Das alles und noch viel mehr ist auf jeden Fall eine Reise wert.

Signa Iduna Park © DORTMUNDtourismus

 Kultur

Das Dortmunder U, ein neues Wahrzeichen Dortmunds, gehört zu den smARTplaces. Früher war hier die Braustätte der Union-Brauerei, heute ist das ehemalige Kellerhochhaus ein veritables Kultur- und Kreativzentrum in Dortmund. Das Museum Ostwall bietet mit seiner Dauerausstellung Malerei des Expressionismus, Werke des Fluxus sowie des Informel und einiges mehr. Zu den führenden Musikhäusern in Europa zählt das Konzerthaus Dortmund. Neben den vielgelobten Ballettaufführungen oder Opern, Operetten und Musicals ist auch die Lichtinstallation im Dortmunder Opernhaus ein Besuchermagnet.

Ganz andere Erlebnisse bietet die Dortmunder Industriekultur. Die Zeche Zollern lockt mit Backsteingotik, Zwiebeltürmchen und dem eindrucksvollen Jugendstilportal der Maschinenhalle Gäste aus nah und fern. Auf dem Erlebnispfad ‚Natur und Technik' ist die stillgelegte Kokerei zu entdecken. Dabei führt der Weg auch zum Herzen der gesamten Anlage, den Ofenbatterien, in denen einst bei über 1000 Grad Celsius Steinkohle zu Koks „gebacken" wurde.

 Bier

Die Kumpel arbeiteten hart, als Durstlöscher hatte sich schnell das Dortmunder Bier etabliert, und auch heute zählt das Traditionsgetränk zum absoluten Muss eines gelungenen Menüs. Das Brauerei-Museum präsentiert die Dortmunder Biergeschichte von Produktion bis Lebensgefühl, die vielen Kneipen und Restaurants bieten Kostproben aller relevanten Dortmunder Biere.

 Natur

63 Prozent der Stadtfläche sind grün. Der PHOENIX See, ein künstlich angelegter See auf einem ehemaligen Stahlwerksareal, ist mit seinem 3,2 km langen Uferweg Teil des Dortmunder Grüngürtels, zu dem auch der Botanische Garten Rombergpark, der Dortmunder Zoo und der Westfalenpark zählen. Wer mehr will, begibt sich in die Wiesen und Wälder in den Vororten.

 Spannung

Besonders spannend wird es in Dortmund, wenn der Ball rollt – sei es im einmaligen Deutschen Fußballmuseum, beim BVB im Signal Iduna Park oder in einem der schönsten Casinos Deutschlands, der Spielbank Hohensyburg.

Deutschland / Nordrhein-Westfalen / Dortmund

Erläuterungen in Braille-Schrift © Deutsches Fußballmuseum

Brauerei-Museum © DORTMUNDtourismus

 Erlebnisangebote

Und damit alle Gäste die Stadt und ihren Kurzurlaub auch rundum genießen können, gibt es sechs unterschiedliche Programmvorschläge, die nicht nur eine tolle Zeit, sondern auch barrierearmes Erleben garantieren:

Kohle, Koks und Kumpel: Wie wäre es mit einer Zeitreise in die Industriegeschichte Dortmunds. Es geht zu wichtigen Zeitzeugen dieser vergangenen Epoche – dem „Schloss der Arbeit" Zeche Zollern und der begehbaren Großskulptur Kokerei Hansa.

Arbeit, Vergnügen und neue Eindrücke: Wer noch mehr über Maloche erfahren möchte, ist beim genau richtigen Angebot. Denn in Deutschlands größter Arbeitswelt-Ausstellung DASA können sich alle auf spannende Erlebniswelten zum Entdecken und Mitmachen freuen.

Einmalig, besonders und spannend: Es steht alles ganz im Zeichen von Spiel, Spaß und Spannung. Dafür sorgen der Besuch im Deutschen Fußballmuseum, die Führung durch die Heimspielstätte von Borussia Dortmund, dem Signal-Iduna-Park, und der abendliche Abstecher in die Spielbank Hohensyburg.

Hopfen, Malz und Kreativquelle: Wer sich ab und an mal ein kühles Blondes gönnt, dem schmeckt das Dortmunder Bier bestimmt besonders gut! Dieses Erlebnisangebot führt unter anderem ins Brauerei-Museum, wo alles übers Brauen gelernt werden kann. Dann geht es zum Dortmunder U.

Kultur pur: Stimmungsvolle Kulturtage sind hier garantiert. Das Theater Dortmund bietet sechs Sparten auf höchstem Niveau, im Museum für Kunst und Kulturgeschichte geht es auf Zeitreise von der Ur- und Frühgeschichte bis ins 20. Jahrhundert.

Musik, Kulinarik und Ruhrgebietsflair: Wie wäre es mit unvergesslichen Musikerlebnissen? Dann sollte der Besuch in einem der besten Konzertsäle Europas auf dem Programm stehen – inklusive eines anschließenden Gaumenkitzels direkt nebenan. Bei allen Erlebnisangeboten gibt es natürlich auch Tipps für passende Hotels und Restaurants. Zu finden unter https://visit.dortmund.de/rfa-inspiration

Also, auf geht's. Denn Dortmund ist immer eine Reise wert – für alle.

Deutschland / Nordrhein-Westfalen / Dortmund

Sehenswertes in Kürze

Deutsches Fußballmuseum: Das Museum ist mit dem Zertifikat „Barrierefreiheit geprüft" ausgezeichnet. Darunter fallen die drei Ausstellungebenen, alle Zugangswege, sanitäre Anlagen und die Gastronomie. Die Barrierefreiheit bezieht sich nicht nur auf Menschen mit motorischem Handicap, sondern auch auf Angebote für Gäste mit Hör-und Sehbehinderungen. Für kognitiv eingeschränkte Personen gibt es Führungen und Begleitmaterial in einfacher Sprache. www.fussballmuseum.de

Deutsches Fußballmuseum © DORTMUNDtourismus

Kokerei Hansa: Riesige Maschinen, üppige Industrienatur und imposante Bauten der Moderne warten darauf, mit allen Sinnen erobert zu werden. Die Erlebnistouren „Natur und Technik" entführen ganzjährig in die Welt von Kohle und Koks. Highlight der Führungen: Die Maschinenhalle mit fünf einst dampfbetriebenen Kompressoren, von denen sogar einer im Schaubetrieb bestaunt werden kann. www.industriedenkmal-stiftung.de

Kokerei Hansa © Markus Bollen

Konzerthaus Dortmund: Das Konzerthaus Dortmund zählt zu den 21 führenden Konzerthäusern Europas. Es bietet von Sinfoniekonzerten und konzertanter Oper über Jazz und Chanson bis zu Pop-Musik Konzerte für jeden Geschmack in bester Akustik. Allen soll der Zugang hierzu ermöglicht werden, weshalb Barrierefreiheit ein wichtiges Anliegen ist. Das Konzerthaus verfügt unter anderem über einen kostenlosen Begleitservice. www.konzerthaus-dortmund.de

Konzertsaal © Konzerthaus Dortmund

Theater Dortmund: Das Theater Dortmund ist mit 800 Vorstellungen im Jahr eines der produktivsten in Deutschland. Mit sechs Sparten begeistert es jährlich ca. 250.000 Gäste und deckt jeden Geschmack ab. Hierbei steht das Theater für höchste Qualität auf sowie hinter der Bühne und möchte seinen Gästen ein rundum gelungenes Erlebnis bieten – natürlich zertifiziert durch „Reisen für alle". www.theaterdo.de

Ballett Dortmund © Leszek Januszewski

Zeche Zollern: Das ‚Schloss der Arbeit' in Dortmund gehört mit seinen prunkvollen Backsteinfassaden zu den schönsten Zeugnissen der industriellen Vergangenheit in Deutschland. Eine Ikone aus Stahl und Glas ist die Maschinenhalle mit dem buntverglasten Jugendstilportal. Beim Rundgang durch die Ausstellungen folgen Besucher des heutigen Industriemuseums dem Weg der Kohle und lernen die Welt harter Arbeit unter Tage kennen. www.zeche-zollern.lwl.org

Zeche Zollern © Hudemann

Deutschland / Nordrhein-Westfalen / Dortmund

B&B Hotel Dortmund-City
44135 Dortmund

Burgwall 5
Tel.: 0231 589 899 70
E-Mail: dortmund-city@hotelbb.com
Web: www.hotel-bb.com/de/hotel/dortmund-city

Allgemeines: In der Garage stehen zwei gekennzeichnete Parkplätze für Menschen mit Behinderung zur Verfügung (Stellplatzgröße: 350 cm x 530 cm).

Der Zugang von der Straße zum Hotel ist schwellen- und stufenlos möglich. Alle für den Gast nutzbaren und erhobenen Räume sind ebenerdig erreichbar.

Alle Durchgänge/Türen sind mind. 90 cm breit und schwellenlos. Der Rezeptionstresen ist 108 cm hoch. Es gibt auch eine alternative Kommunikationsmöglichkeit im Sitzen.

Im Restaurant / Frühstücksraum sind unterfahrbare Tische vorhanden.

Zimmer & Bad: 2 Zimmer sind barrierefrei. Die Bewegungsfläche neben dem Bett beträgt rechts 90 cm x 250 cm und links 170 cm x 270 cm.

Das Bett ist unterfahrbar. Ein Pflegebett kann nicht zur Verfügung gestellt werden. Beidseitig neben dem WC sind hochklappbare Haltegriffe vorhanden.

Das Waschbecken ist unterfahrbar und der Spiegel im Stehen und Sitzen einsehbar. Die Dusche ist stufenlos begehbar. Die Duschfläche beträgt 140 cm x 140 cm. Duschstuhl und Haltegriffe sind vorhanden.

Ein Alarmauslöser (Alarmknopf, Schnur) ist vorhanden.

Lage: Das B&B Hotel Dortmund-City liegt verkehrsgünstig in unmittelbarer Nähe zum Hauptbahnhof. Von hier aus sind es nur wenige Gehminuten in das Dortmunder Zentrum.

Über den öffentlichen Nahverkehr erreichen Sie auch die Westfalenhallen und den Signal Iduna Park in wenigen Minuten.

Preise: Müssen angefragt werden.

Deutschland / Nordrhein-Westfalen / Dortmund

Coffee Fellows Hotel Dortmund
44137 Dortmund

Schwarze Brüder Straße 1
Tel.: 0231 545 098 70, Fax: 490 231 557 494 71
E-Mail: dortmund.city@coffee-fellows-hotel.com
Web: www.coffee-fellows.com/hotel

Allgemeines: In Sachen Nachhaltigkeit wird bei Coffee Fellows schon seit einiger Zeit Vieles getan, von veganer Produktauswahl bis hin zu heimkompostierbaren Coffee-To-Go-Bechern oder fairem Kaffeebezug.

Nun haben wir mit unserem Hotel eine fünfstufige Zertifizierung durch das Institut InfraCert durchlaufen und wurden für unser Engagement zur nachhaltigen Hotelführung mit dem GreenSign Level 4 ausgezeichnet.

Es sind sechs öffentliche Parkplätze für Menschen mit Behinderung (Stellplatzgröße: 350 cm x 500 cm) in 150 m Entfernung vorhanden.

Das Gebäude ist stufenlos zugänglich.
Die Rezeption ist 116 cm hoch. Es ist eine andere, gleichwertige Kommunikationsmöglichkeit im Sitzen vorhanden.

Im Speiseraum sind unterfahrbare Tische vorhanden (Maximalhöhe 80 cm, Unterfahrbarkeit in einer Höhe von 67 cm und einer Tiefe von 30 cm).

Zimmer & Bad: Es sind 4 Zimmer barrierefrei. Die Bewegungsflächen vor wesentlichen, feststehenden Einrichtungsgegenständen (z.B. Schrank) sowie links und rechts neben dem Bett sind mindestens 150 cm x 150 cm groß. Das Bett ist 63 cm hoch.

Es sind links und rechts vom WC Haltegriffe vorhanden. Die Haltegriffe sind hochklappbar. Die Dusche ist schwellenlos zugänglich.

Preise: Ab 56,- € pro Nacht.

Deutschland / Nordrhein-Westfalen / Dortmund

Dorint An den Westfalenhallen Dortmund
44137 Dortmund

Lindemannstraße 88
Tel.: 0231 911 30, Fax: 0231 911 39 99
E-Mail: info@dortmund.dorint.com
Web: https://hotel-dortmund.dorint.com

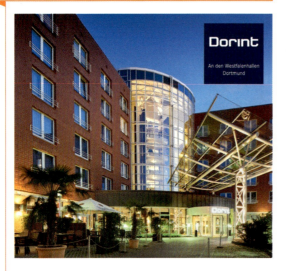

Allgemeines: Übernachten Sie im Hotel Dorint An den Westfalenhallen Dortmund. Unser Haus liegt zentral in der Nähe des Stadtzentrums. Die optimale Verkehrsanbindung verspricht einen unkomplizierten und entspannten Aufenthalt.

Es steht ein gekennzeichneter Parkplatz für Menschen mit Behinderung vor dem Hoteleingang zur Verfügung (Stellplatzgröße: 400 cm x 500 cm; Entfernung zum Eingang ca. 10 m). Das Hotel ist schwellen- und stufenlos erreichbar.

Die Eingangstür ist eine Rotationstür, kann aber auf eine dauerhafte und durchgehende Öffnung eingestellt werden.

Zimmer & Bad: Im Schlafraum betragen die Bewegungsflächen vor/hinter der Tür, vor dem Schrank sowie links vom Bett mindestens 150 cm x 150 cm.

Rechts vom Bett ist die Bewegungsfläche 108 cm x 327 cm groß. Das Bett ist 55 cm hoch und unterfahrbar.

Rechts und links des WCs sind Haltegriffe vorhanden, der rechte ist hochklappbar. Die schwellenlos begehbare Dusche ist 80 cm x 170 cm groß und offeriert einen Duschsitz mit waagerechten Haltegriffen. Sie finden zudem einen Alarmauslöser (Schnur) vor.

Entfernungen: Der Weg zum Stadtzentrum ist nicht weit: nur 3 U-Bahn-Stationen trennen Sie von Ihrem Besuch der Innenstadt.

Erkunden Sie die Dortmunder Altstadt, den Westfalenpark mit dem Florianturm und shoppen Sie was das Herz begehrt.

Preise: Auf Anfrage.

Deutschland / Nordrhein-Westfalen / Dortmund

Hotel Esplanade
44135 Dortmund

Burgwall 3
Tel.: 0231 5853-0, Fax: 0231 5853-270
E-Mail: hotel(at)esplanade-dortmund.de
Web: www.esplanade-dortmund.de

Allgemeines: Das Esplanade in Dortmund ist eine Liebeserklärung an das Ruhrgebiet und dessen Kultur. Mit Leidenschaft und vielen Details entfachen wir das Ruhrgebiets-Gefühl in jedem.

Komfort wird bei uns großgeschrieben. Erleben Sie die Vorzüge eines inhabergeführten Hotels. Wir stellen die persönliche Betreuung in den Mittelpunkt, das spüren Sie als unser Gast von Anfang an.

Ankommen und sich wohlfühlen, dafür sorgen Familie Kortmann und das Team des Esplanade. Egal, ob es um den komfortablen Schlaf oder um die Planung einer Tagung oder einer Feier geht.

Gern stehen wir Ihnen bei Ihren Anliegen zur Seite. Dabei sind wir dem tradtionell hohen Anspruch unseres Hauses verpflichtet. Erleben Sie unser Hotel als Rückzugsraum mitten in der City.

Zimmer & Bad: 2 Zimmer sind barrierefrei. Der schmalste Durchgang im Schlafraum ist 123 cm breit. Die Bewegungsfläche rechts neben dem Bett ist 85 m x 300 cm groß, links 75 cm x 300 cm (Breite x Tiefe). Die Betten sind 54 cm hoch und unterfahrbar.

Die schwellenlos begehbare Dusche ist 120 cm x 140 cm groß. Es sind ein Duschstuhl und Haltegriffe vorhanden.

Ein Pflegebett kann von einem externen Dienstleister zur Verfügung gestellt werden.

Preise: EZ ab 75,- € pro Nacht, DZ ab 80,- €

Deutschland / Nordrhein-Westfalen / Dortmund

Hotel NeuHaus
44135 Dortmund

★★★
DEHOGA

Agnes-Neuhaus-Str. 5
Tel.: 0231 557 026 510, Fax: 0231 557 026 511
E-Mail: info@dasneuhaus.de
Web: www.dasneuhaus.de

Allgemeines: Unser 2010 neu eröffnetes Hotel mit seinen 22 modernen Zimmern und 6 Tagungs- und Konferenzräumen ist das erste und einzige 3-Sterne-integrationshotel in Dortmund.

Es liegt in zentraler Innenstadtlage und fußläufig zur Einkaufsstraße, zum Hauptbahnhof und vielen kulturellen Highlights, die unsere Stadt zu bieten hat.

Zum Verbund der Embrace-Hotels gehörend, ist unser Hotel entsprechend besonders behindertengerecht ausgestattet und stellt sich selbst den Herausforderungen einer beruflichen und sozialen Integration von Menschen, mit einer geistigen, körperlichen oder psychischen Behinderung.

Das Hotel NeuHaus ist etwas Besonderes, da bei uns auch Menschen mit Behinderung arbeiten, mit viel Charme und Herzlichkeit, aber auch absolut professionell und kompetent. Darauf legen wir viel Wert und tragen diese Philosophie weiter, in allem was wir für unsere Gäste tun.

Unser Hotel ist ein ideales Stadt-Hotel, für Geschäftsleute genauso, wie für Individualreisende und Touristen. Die Besonderheit ist, dass wir nicht nur behinderten-freundlich ausgerichtet, sondern auch familienfreundlich gestaltet sind. Wie alle Integrationshotels definieren wir uns über unseren besonders warmherzigen Service und unser hohes Maß an Qualität.

Der Mensch steht bei uns im Mittelpunkt und die Bedürfnisse und Wünsche unserer Gäste stehen daher in unserem Fokus. Jeder soll sich bei uns wohl fühlen und uns mit einem guten Gefühl wieder verlassen.

Die 22 Zimmer sind modern und freundlich gestaltet. Telefon, WLAN Highspeed-Internetanschluss und Kabel-TV gehören bei uns ebenso zu unserer Zimmer-Grundausstattung, wie unser Schlafkomfort mit anti-allergischen Betten, unseren hochwertigen Matratzen und verschiedenen Kopfkissen nach Wahl.

Zimmer & Bad: Für Gäste mit Rollstuhl haben wir 4 behindertengerecht ausgestattete Zimmer, mit viel Platz und Komfort für ihre Bedürfnisse. Überzeugen Sie sich gerne selbst.

Direkt vor dem Hotel befinden sich 2 Behindertenparkplätze. Der Eingang, Frühstücksraum, Rezeption und die Zimmer sind mit dem Aufzug stufenlos erreichbar. Türbreite vom Eingang 105 cm,

Deutschland / Nordrhein-Westfalen / Dortmund

vom Aufzug 90 cm (Tiefe 140 cm, Breite 140 cm). Türbreite der Zimmer und von Du/WC 100 cm. Die Bettenhöhe beträgt 70 cm.

Die Matratze ist 25 cm hoch und kann gegen einen niedrigen Topper (8 cm) ausgetauscht werden. Gern können Sie Ihren eigenen Lift mitbringen.

Bei Bedarf vermitteln wir den Kontakt zu einem ortsansässigen Sanitätshaus. Freiraum in Du/WC 125 x 125 cm, Freiraum links neben WC 100 cm, rechts 40 cm, davor 140 cm. WC-Höhe 50 cm.

Dusche schwellenlos befahrbar, stabile Haltegriffe links und rechts neben dem WC und an der Duschwand sowie Duschhocker vorhanden. Waschbecken unterfahrbar, verstellbarer Kippspiegel und Notruf mit Lichtsignal vorhanden. Bei Bedarf kann ein externer Pflegedienst angefordert werden.

Tagungen: Das Hotel bietet alles, was Sie für Ihre erfolgreiche Tagung benötigen. Lichtdurchflutete und multifunktionale Tagungsräume legen den Grundstein für erfolgreiche Events. Alle Räumlichkeiten liegen auf einer Etage, sind über kurze Wege miteinander verbunden und haben einen freien Zugang zur Dachterrasse, ideal für Pausen im Freien. Tageslicht ist in allen Räumlichkeiten ebenso selbstverständlich, wie die Ausstattung mit modernster Tagungstechnik und ein Ambiente in dem sich alle Teilnehmer einer Veranstaltung wohl fühlen können.

Lage: Die Stadtmitte ist 500 m entfernt, der Flughafen Dortmund (12 km) ist in 20 Minuten erreichbar.

Die Messehallen und das Westfalenstadion in Dortmund (4 km) sind in nur 7 Minuten und der Hauptbahnhof (1 km) in nur 3 Minuten mit dem Pkw erreichbar. Einkaufsmöglichkeiten, Arzt und Apotheke 500 m, Krankenhaus 2 km.

Preise: EZ ab 59,- €, DZ ab 69,- € pro Nacht. Frühstück ist für 11,- € pro Person verfügbar.

Deutschland / Nordrhein-Westfalen / Dortmund

Jugendgästehaus Adolph Kolping
44137 Dortmund

Silberstraße 24-26
Tel.: 0231 140 074, Fax: 0231 142 654
E-Mail: jgh-dortmund@djh-wl.de
Web: www.dortmund.jugendherberge.de

Allgemeines: Spaß, Action, Kultur oder Erholung: Eine Städtereise nach Dortmund bietet für jeden etwas! In dem ideenreich modernisierten Jugendgästehaus „Adolph Kolping" Dortmund sind Sie mitten drin im Geschehen der lebendigen Ruhrmetropole: Die City mit dem Westenhellweg, der Thier-Galerie und „Dortmunder U" liegen direkt vor der Tür.

Im Haus erwartet Sie viel Komfort, eine Lounge mit Gästegarten, ein Freizeitraum, ein neu gestalteter Speiseraum und ein schönes Bistro im Zechenstil. Für Gruppen und Seminare bietet das Jugendgästehaus ideale Bedingungen und komfortable, helle Seminarräume.

Alle für den Gast nutzbaren Räume und Einrichtungen sind ebenerdig oder über einen Aufzug zugänglich. Die entsprechenden Türen und Durchgänge sind mindestens 90 cm breit. Im Restaurant und im Bistro sind unterfahrbare Tische vorhanden (Maximalhöhe von 80 cm, Unterfahrbarkeit in einer Höhe von 67 cm und eine Tiefe von 30 cm).

Zimmer & Bad: Insgesamt drei Zimmer des Jugendgästehauses sind barrierefrei. Die Maße der Bewegungsflächen: vor wesentlichen und feststehenden Einrichtungsgegenständen (z.B. Schrank) 180 x 150 cm; links neben dem Bett 30 x 200 cm; rechts neben dem Bett 180 x 150 cm. Das Bett ist 58 cm hoch und unterfahrbar. Links vom WC befindet sich ein hochklappbarer Haltegriff. Die Bewegungsfläche in der Dusche beträgt 100 x 90 cm.

Ein Duschsitz ist vorhanden oder kann bei Bedarf bereitgestellt werden. In der Dusche sind waagerechte Haltegriffe angebracht.

Preise: Übernachtung / Frühstuck pro Person und Nacht: EZ ab 51,80 €, DZ ab 40,30 €, MBZ ab 33,30 €. Halb- oder Vollpension sind mit Aufpreis möglich.

Voraussetzung für die Übernachtung ist eine gültige Mitgliedschaft im Deutschen Jugendherbergswerk, auch direkt vor Ort abschließbar.

Deutschland / Nordrhein-Westfalen / Dortmund

Steigenberger Hotel Dortmund
44139 Dortmund

Berswordtstr. 2
Tel.: 0231 902 10
E-Mail: www.steigenberger.com

Allgemeines: Gegenüber dem Messe- und Kongresszentrum empfängt Sie das Steigenberger Hotel Dortmund. Vom Westfalenpark mit seinem abwechslungsreichen Programm aus Veranstaltungen, Theater und Führungen sowie von der Innenstadt trennen Sie ca. 2 km. Alle erhobenen Durchgänge/Türen sind mindestens 90 cm breit.

Küche: In unserem Restaurant erwartet Sie eine Kombination aus Tradition und heutigem Zeitgeist mit international interpretierten westfälischen Genüssen.

Das Restaurant des Steigenberger Hotel Dortmund ist mit Erinnerungsstücken an den Bergbau und einem ansprechenden Innendesign ein wirklicher Hingucker.

In unserer Bar können Sie bei ansprechender Wohlfühlatmosphäre ein paar entspannte Stunden mit kleinen Gerichten und köstlichen Drinks genießen.

Ausstattung: Des Weiteren steht ein gekennzeichneter Parkplatz für Menschen mit Behinderung direkt am Eingang zur Verfügung (Stellplatzgröße: 350 cm x 550 cm).

Zimmer & Bad: Die Bewegungsflächen neben dem Bett sind links 95 cm x 220 cm und rechts 160 cm x 269 cm groß. Das Bett ist 58 cm hoch und unterfahrbar.

Schwellenlose begehbare Dusche, rechts und links des WCs sind hochklappbare Haltegriffe vorhanden. Außerdem gibt es einen Alarmauslöser.
Kostenloses WLAN.

Preise: Ab 110,- € pro Nacht.

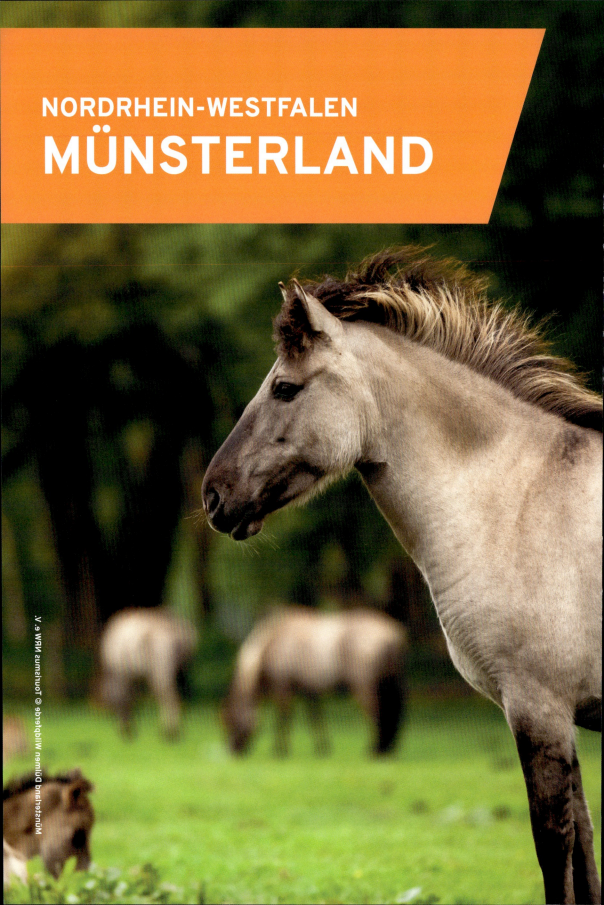

NORDRHEIN-WESTFALEN
MÜNSTERLAND

Münsterland Dülmen Wildpferde © Tourismus NRW e.V.

Deutschland / Nordrhein-Westfalen / Münsterland

Ferienhof Rustemeier
48341 Altenberge

Entrup 169
Tel.: 02505 12 85, Fax: 02505 942 98
E-Mail: info@ferienhof-rustemeier.de
Web: www.ferienhof-rustemeier.de

Allgemein: Gepflegter Backsteinbauernhof mit schönen Stallungen, Reiten auf eigenem Reitplatz und Kutschfahrten. Integrativer Reitweg mit fünf Aufstiegsrampen entlang der strecke, als Auf- und Abstiegshilfe für Rollstuhlfahrer. Auf dem Ferienhof gibt es eine Liegewiese, Schaukel und einen Grillplatz sowie viele Tiere zum Streicheln und Füttern (Schweine, Hühner, Pferde, Ponys, Esel, Kaninchen). Es gibt fünf Ferienwohnungen und zwei Doppelzimmer. Alle Ferienwohnungen haben komplett eingerichtete Küchen mit Kaffeemaschine, Mixer, Backofen, Toaster, Spülmaschine, Trockentücher. Auf Wunsch erhalten Sie Kinder- und Zustellbetten, Bettwäsche und Frotteetücher, Kinderspielzeug, Spielesammlung, Hochstuhl.

Geeignet für: Gehbehinderte (5 Pers.), Rollstuhlfahrer (4 bis 5 Pers.) und Familien mit behinderten Angehörigen (Gruppen bis 20 Personen).

Zimmer & Bad: Türbreite von Zimmer und Du WC 100 cm. Freiraum in Du/WC 140x150 cm. Freiraum links neben WC 100 cm, rechts 80 cm, davor 200 cm. Dusche und Waschbecken unterfahrbar. Fest installierter Duschsitz, Kippspiegel, stabile Haltegriffe an Dusche und WC. Parkplatz und Eingang stufenlos.

Lage: Altenberge ist eine gemütliche Landgemeinde mit sehr guten Einkaufsmöglichkeiten. In Ort und Umland befinden sich stimmungsvolle Gaststätten, Hallenbad, Freibad, Tennis- und Reithalle, Skateboard-Anlage, alte Bauernhöfe und andere Sehenswürdigkeiten.

Preise: Ferienwohnung pro Tag für bis zu 4 Personen ab 90,- €.

Deutschland / Nordrhein-Westfalen / Münsterland

Appartement-Hotel Restaurant Seeblick
48599 Gronau

Brechter Weg 15
Tel.: 02562 53 07, Fax: 02562 31 74
E-Mail: team@seeblick-gronau.de
Web: www.seeblick-gronau.de

Allgemeines: Unser Appartementhotel am Dreiländersee bietet Ihnen drei rollstuhlgerechte Appartements (75 m2) mit je zwei getrennten Schlafzimmern, einem großzügigen Wohnbereich, einer Küche, einem barrierefreien Bad und einer kleinen Außenterrasse.

Alle Appartements sind individuell und geschmackvoll eingerichtet und bieten Platz für bis zu vier Personen. Haustiere sind bei uns auch herzlich willkommen.

Der Parkplatz und die rollstuhlgerechten Appartements sind ohne Stufen erreichbar. Am Haupteingang zum Restaurant und zur Rezeption gibt es eine Rampe für Rollstuhlfahrer.

Küche: Ob Halbpension, Vollpension, oder spontan à la carte: Lassen Sie sich in unserem angrenzenden Restaurant mit Wintergarten und schöner Seeterrasse kulinarisch verwöhnen.

Ausstattung: Jede Wohnung verfügt über eine große Terrasse zum Entspannen. Alle Wohnungen haben eine Einbauküche, die mit Ceranherd, Kühl-/Gefrierschrank, Mikrowelle, Spülmaschine, Kaffeemaschine, Wasserkocher, Toaster, Töpfe, Geschirr, Föhn sowie Waschmaschine und Trockner ausgestattet ist. Ein Smart TV steht im Wohnzimmer bereit. Kostenlose Parkplätze sind ausreichend vorhanden.

Zimmer & Bad: Die drei rollstuhlgerechten Appartements befinden sich jeweils im Erdgeschoss.

Die Türen der Zimmer und Badezimmer sind 80 cm breit. Die Betten sind 60 cm hoch mit elektrisch höhenverstellbaren Betten.

Der Bewegungsfreiraum im Bad betragt ca. 90 x 90 cm. Freiraum links neben WC 110 cm, davor 100 cm, WC-Höhe 45 cm (Toilettenaufsatz bei Bedarf vorhanden).

Der Duschbereich ist schwellenlos befahrbar, stabiler Duschhocker und Haltegriffe sind vorhanden.

Das Waschbecken ist mit dem Rollstuhl unterfahrbar. Ein externer Pflegedienst kann bei Bedarf bestellt werden.

Lage: Unser Appartementhotel liegt direkt am Dreiländersee in Gronau, einem Naherholungsgebiet im Dreilandereck Nordrhein-Westfalen, Niedersachsen und der Niederlande.

Deutschland / Nordrhein-Westfalen / Münsterland

Freizeit & Umgebung: Der ca. drei Kilometer lange Rundweg um den See ist für Rollstuhlfahrer geeignet und alle 200 Meter befindet sich eine Sitzbank entlang des Weges.

Im Sommer ist ein Teil des Badesees DLRG überwacht. In direkter Nahe befindet sich ebenfalls das Naturschutzgebiet Gildehauser Venn mit seiner aussergewöhnlich schönen Moor- und Heidelandschaft.

Eine hervorragende Möglichkeit, das Münsterland auf eigene Faust bzw. auf Rädern zu entdecken, bieten die hindernisfreien 20 bis 50 Kilometer langen Touren im Kreis Borken, die auf ihre Eignung für Rollfiets, Dreirad und Handbike getestet wurden.

Des Weiteren gibt es in Gronau das europaweit einzige Haus der Rock- und Popgeschichte. Es erzählt die Kulturgeschichte der Popmusik im 20. Jahrhundert, unterstützt durch modernste Technologie. Ganz bewusst stellt sich das Museum als neues Forum der Popkultur und ihrer künstlerischen Vielfalt vor.

Entfernungen: Zum Seeufer 30 m, zur Ortsmitte von Gronau 6 km, Einkaufsmöglichkeiten 3,5 km, Apotheke 4 km, Arzt 4,6 km, Krankenhaus 6,5 km, Bahnhof 5 km, Hallenbad 6 km, Freibad 7 km. In 15 Minuten sind Sie am Designer-Outlet Ochtrup und können in über 65 Shops Designer- und Lifestylemarken 30 bis 70% günstiger einkaufen.

Die Nähe zur niederländischen Grenze lädt zur Shoppingtour in der Stadt Enschede ein, die in 20 Minuten erreichbar ist. Dienstags und samstags ist ein Ausflug auf den Markt in Enschede zu empfehlen.

Die Bentheimer Mineraltherme im Kurort Bad Bentheim ist in 20 Minuten erreichbar und bietet einen Hebelifter am Sole- und Therapiebad.

Preise: Für Übernachtungen und Zusatzleistungen (z.B. Frühstück, Halbpension, Vollpension, Kinder, Hunde) sowie Pauschalangebote und Arrangements auf Anfrage

Deutschland / Nordrhein-Westfalen / Münsterland

5 Sterne Ferienwohnungen „Am Dreiländersee" 48599 Gronau

★★★★★

Brechter Weg 23-25
Tel.: . 02562 5272, Fax: 02562 252 91
E-Mail: fewo@mantke.de
Web: www.ferienwohnungen-mantke.de

Allgemeines: 12 Exklusive 5-Sterne Ferienwohnungen, im Dreiländereck von Nordrhein Westfalen – Niedersachsen (500 m) und den Niederlanden (1.000m). Die Ferienwohnanlage befindet sich inmitten eines der schönsten Erholungs- und Naturschutzgebiete, direkt am See, umgeben von Wald, Wiesen, Heide und Moorlandschaften. Naturspaziergänge und Radwandern auf hervorragend angelegten, ebenen Wegen, und interessante Ausflugsziele bieten sich Ihnen an. Erleben Sie auf unserer Seeterrasse den einzigartigen Sonnenuntergang über dem Dreiländersee.

Ausstattung: 12 helle, gemütlichen Ferienwohnungen, allergikerfreundliche (komplett Fliesen, Staubsaugeranlage, keine Haustiere etc.) Nichtraucherwohnungen (Rauchen auf dem Balkon/Terrasse möglich). Sie bieten einen großen Wohnraum mit Federkern-Couchgarnitur, SAT-TV, Video und Radio-CD, Esstisch, Terrasse bzw. Balkon. Fußbodenheizung, elektrische Jalousien, elektr. Markisen und vieles mehr. Jede Ferienwohnung ist mit zwei Doppel-Schlafzimmern ausgestattet, eines mit bequemen Tempurmatratzen, das andere mit hochwertigen Volllatexmatratzen auf verstellbaren Lattenrosten, Kleiderschrank, Funkradiowecker. Das Bad verfügt über eine begehbare Dusche und einen Handfön. In der Küche finden Sie eine Spülmaschine, Mikrowellenherd, Umluftbackofen mit Ceranfeld, Kühlschrank mit Gefrierfach, Eierkocher, Wasserkocher, Mixer, Toaster, Kaffeemaschine, Töpfe, Pfannen, Porzellan und Gläser; Auflaufformen, Salatschüsseln und Grillbesteck. Reinigungsmittel wie Spülmaschinentabs, Spülmittel, Spül- und Trockentücher liegen bereit.

Zimmer & Bad: 4 Ferienwohnungen im Erdgeschoß sind Rollstuhlfahrer geeignet Die Türbreite der Zimmer beträgt hier 95 cm. Jede Ferienwohnung verfügt über zwei Doppelschlafzimmer mit einer Bettenhöhe von 54 cm; verstellbaren Lattenrosten, in jeder Erdgeschosswohnung ist ein Pflegebettrahmen vorhanden. Bewegungsfreiraum im Bad 110 x 150 cm. Freiraum links neben WC 25 cm, rechts 55 cm (2 Wohnungen umgekehrt) davor 150 cm. WC-Höhe 46 cm, verschiedene Sitzerhöhungen (5 cm – 20 cm, teilw. mit zusätzlichen Armlehnen), Toilettenstühle sind vorhanden. Die große Dusche ist schwellenlos befahrbar, Duschstühle mit Rücken- und Armlehnen stehen bereit; das Waschbecken ist unterfahrbar. Stabile Haltegriffe an WC und Dusche, ein mobiler Haltegriff (Sauggriff) sowie ein Rollator vorhanden. Ein Pflegedienst kann bestellt werden. Weitere Hilfsmittel können über ein örtliches Sanitätshaus geliehen werden. Zu jeder Ferienwohnung gehört ein Parkplatz bzw. Carportstellplatz.

Schlosspark Nordkirchen, Münsterland

NORDRHEIN-WESTFALEN
MÜNSTERLAND
VREDEN

NaturTour Vreden fuer Alle © Olaf E. Rehmert

Deutschland / Nordrhein-Westfalen / Münsterland / Vreden

 NaTouren für Alle

Ganz im Westen von Vreden, im Zwillbrocker Venn, können Sie in den Sommermonaten die „rosa Stars" besuchen, die nördlichste freilebende Flamingo-Kolonie. Ein Spaziergang über komfortable Wege führt Sie zur barrierefreien Aussichtskanzel und bietet unvergessliche Naturerlebnisse. Wer mehr über Besonderheiten der Region erfahren will, besucht das Besucherzentrum der Biologischen Station Zwillbrock.

Über die beiden „Reisen für Alle"-zertifizierten Radrouten „NaturTour I und II" erleben Sie mit Fahrrad oder ausleihbarem 3-Rad Tandem Landschaften und Kirchdörfer der Umgebung. Auf der Strecke können Sie sich bei Kaffee und Kuchen, münsterländischen Köstlichkeiten oder gehobener deutsch-französischer Küche verwöhnen lassen.

 Vreden verbindet – Urlaub und Freizeit für Alle!

Am westlichen Rand des Münsterlands heißt Vreden seine Gäste willkommen. Hier treffen grenzenlose Natur mit erlebbarer Venn-, Moor- und Heidelandschaft auf charmante Backsteinarchitektur, reiche Stadtgeschichte und münsterländische Lebensart. Und laden zum Verweilen ein.

Viele Sehenswürdigkeiten, Hotels, Restaurants und Ferienwohnungen tragen das Qualitätszeichen „Reisen für Alle". Damit stehen verlässliche Informationen zur Barrierefreiheit zur Verfügung. Sie sind gerne in der Natur oder lieben es, Kultur in der Stadt zu erleben? Oder darf es ein Ausflug für eine ganze Gruppe sein? In drei „Urlaubsinspirationen" hat die Stadt Vorschläge für Ausflüge nach Vreden zusammengestellt, die über 20 Natur- und Kulturerlebnisse miteinander verbinden!

 Kontakt

Vreden Stadtmarketing GmbH
Kirchplatz 14 , 48691 Vreden
Tel.: 02564 989 91 99 Fax: 02564 989 91 95
E-Mail: info@stadtmarketing-vreden.de
Web: www.stadtmarketing-vreden.de

 KulTour für Alle

Lebendige Vergangenheit und attraktive Gegenwart erleben Sie im Herzen Vredens. Beim barrierefreien Stadtrundgang durch die schöne Innenstadt erfahren Sie mit viel Witz Spannendes der Geschichte Vredens.

Wer mehr über Leben und Arbeit der Menschen Westmünsterlands und Achterhoeks erfahren möchte, sollte das Kult Westmünsterland besuchen. Moderne Architektur, Museum und Forschung laden zu spannendem Dialog ein. Fußläufig liegt Deutschlands Scherenschnittmuseum. Es bietet einen Querschnitt durch die Geschichte des Scherenschnitts.

 JuxTour für Alle

Zwischen Kühen und Obstbäumen ist es in Vreden lustig. Im Irrgarten Zwillbrock schwingen Sie beim Bauerngolf einen holländischen Klompen (Holzschuh) oder verirren sich im barrierefreien Maislabyrinth. Eingekehrt beim Landgasthof genießen Sie eine legendäre Münsterländer Kaffeetafel oder schießen den Vogel ab – auf Ihrem eigenen Schützenfest.

Sie möchten die Zeit in Vreden noch länger genießen? Übernachten Sie auf dem Bauernhof oder, etwas städtischer, im familiengeführten Hotel! Ob als Gruppe oder Alleinreisender – Vreden ist immer eine Reise wert.

Text: Simon Kesting / Karin Otto; Vreden Stadtmarketing

Deutschland / Nordrhein-Westfalen / Münsterland / Vreden

Vreden_StadtrundgangFuerAlle © Vreden Stadtmarketing

Vreden ist bunt für Alle © Vreden Stadtmarketing

Radfahren für Alle Vreden © Vreden Stadtmarketing

Radrouten „NaturTour Vreden für Alle" – Zwei abwechslungsreiche Routen rund um Vreden

Radfahren ist im Münsterland ein echtes Lebensgefühl – und im Grenzgebiet zum Land der Fietse, den Niederlanden, erst recht.

Damit dieses Lebensgefühl allen ermöglicht wird, stehen für die NaturTouren Vreden verlässliche Informationen zur Barrierefreiheit nach dem System „Reisen für Alle" zur Verfügung. Entscheiden Sie selbst welcher Streckenabschnitt und welche Gesamtkilometer für Sie geeignet sind.

Die „NaturTour Vreden für Alle" verbindet über 20 Natur- und Kulturerlebnisse und führen jeweils über ca. 30 Kilometer mit Abkürzungsmöglichkeiten von Vreden über die charmanten Kirchdörfer zurück nach Vreden. Einsteigen können die Radler an jedem Punkt der Touren, die über das Knotenpunktnetzwerk verlaufen.

Die Radkarten mit Sehenswürdigkeiten und Angaben zu den „Reisen für Alle" Partnern sind im Stadtmarketingbüro und bei vielen touristischen Einrichtungen gegen eine geringe Schutzgebühr erhältlich.

Deutschland / Nordrhein-Westfalen / Münsterland / Vreden

Stadtrundgang „Vreden für Alle!"

Erleben und entdecken Sie die „kult-Stadt" Vreden auf einem interessanten und für Alle entspannten Spaziergang.

Der Rundgang ist 1,4 Kilometer lang und speziell für Menschen mit Mobilitätseinschränkungen ausgearbeitet. Der Reiseleiter entführt die Gäste in den schönsten Teil der Vredener Innenstadt und weiß spannende Geschichten aus der Historie Vredens zu erzählen. Ob Frauenpower made in Vreden, Zerstörung und Wiederaufbau, malerische Bauwerke, Kunstdenkmäler oder Brauchtum.

Auf Wunsch können auch die Kirchen Sankt Georg und Sankt Felizitas von innen besichtigt werden.
Der Stadtrundgang „Vreden für Alle!" kann auf Anfrage auch leicht variiert als „Nachtwächterführung" oder Führung mit der „Magd" durchgeführt werden.

Informationen zur Barrierefreiheit:

Start- und Endpunkt des Stadtrundgangs ist am „kult", dort stehen ein gekennzeichneter Parkplatz für Menschen mit Behinderung und ein barrierefreies WC zur Verfügung.

Der Stadtrundgang ist 1.400 m lang. Der Rundweg ist überwiegend leicht begehbar und mit dem Rollstuhl befahrbar und hat eine maximale Längsneigung von 5 % über eine Strecke von 10 m.

Die Wege des Stadtrundgangs sind mindestens 150 cm breit. Es sind Sitzgelegenheiten vorhanden und die Objekte entlang des Weges sind überwiegend im Sitzen sichtbar.

Ein taktiles Stadtmodell ist Teil der Führung. Assistenzhunde sind in allen Bereichen willkommen.

Vreden Stadtrundgang Magd © Vreden Stadtmarketing

Deutschland / Nordrhein-Westfalen / Münsterland / Vreden

Hotel Meyerink
48691 Vreden

Up de Bookholt 42-52
Tel.: 02564 931 60, Fax: 02564 931 640
E-Mail: info@hotel-meyerink.de
Web: www.hotel-meyerink.de

10% RABATT & MEHR
für Rollstuhl-Kurier-Abonnenten

Allgemeines: Unser familiengeführtes Hotel mit Tradition liegt zentral in Vreden und ist nur wenige Gehminuten vom Zentrum entfernt. Wir bieten Ihnen ein modern eingerichtetes Haus mit 31 Doppel- und 6 Einzelzimmern. Darunter ein rollstuhlgerechtes Zimmer sowie barrierefreie Zimmer, die mit einem Aufzug bequem zu erreichen sind. Auf Anfrage gerne auch Allergikerzimmer. Für Ihren Aufenthalt bei uns stellen wir Ihnen einen kostenlosen Parkplatz zur Verfügung. Unsere geschmackvoll eingerichteten Zimmer sind ausgestattet mit Dusche/WC, Flat Screen-TV, Telefon, Fön, kostenlosem WLAN-Zugang und teilweise auch mit eigenem Balkon / Terrasse. Parkplatz, Eingang, Rezeption, Frühstücksraum und Restaurant sind stufenlos erreichbar. Die Zimmer sind mit dem Aufzug (Türbreite 90 cm, Innenmaße 140 x 120 cm) barrierefrei erreichbar.

Zimmer & Bad: Ein Comfort-Zimmer ist für Rollstuhlfahrer geeignet. Bettenhöhe 53 cm. Bewegungsfreiraum in Dusche/WC 150 x 150 cm. Freiraum links und rechts neben WC 120 cm, davor 150 cm. WC-Höhe 44 cm (bei Bedarf Toilettenaufsatz vorhanden). Haltegriffe links und rechts neben WC. Duschbereich rollstuhlgerecht befahrbar, stabiler Duschhocker vorhanden, Waschbecken unterfahrbar, Notruf im Bad vorhanden. Zusätzlich gibt es weitere barrierefreie Comfort-Zimmer.

Küche: Lassen Sie sich in unserem stilvoll eingerichteten Café – Restaurant Maxime kulinarisch verwöhnen. Unsere reichhaltige Speise- und Getränkekarte bietet Ihnen eine große Auswahl an frisch zubereiteten Speisen und kühlen Getränken.

Lage: Zur Ortsmitte von Vreden mit Einkaufsmöglichkeiten und Apotheke 1 km; See, Busbahnhof, Krankenhaus 1,5 km; Arzt 2 km; Freibad und Hallenbad 5 km. Das Hotel liegt im flachen Westmünsterland und die barrierefreie Innenstadt ist in wenigen Gehminuten erreichbar.

Preise: Für Übernachtung inklusive Frühstück: Standard-Zimmer EZ 65,00 €, Standard DZ zur Einzelnutzung 75,00 €, Standard Doppelzimmer 99,00 €. Comfort-Zimmer EZ 70,00 €, Comfort-DZ zur Einzelnutzung 80,00 €, Comfort DZ 109,00 €, Comfort Dreibettzimmer 135,00 €. Kinder bis 3 Jahre kostenlos im Bett der Eltern oder Babybett nach Absprache. Kinder ab 4 Jahre 10,00 € pro Nacht inkl. Frühstück im Bett der Eltern. Halbpensionszuschlag: 2-Gang-Menü 19,90 €, 3-Gang-Menü 22,90 €.

Wir freuen uns auf Ihren Besuch und wünschen Ihnen einen schönen Aufenthalt!

Deutschland / Nordrhein-Westfalen / Münsterland / Vreden

Offshore Berkelbeach
48691 Vreden

Stadtlohner Str. 71
Tel.: 02564 931 60, Fax: 02564 931 640
E-Mail: info@offshore-berkelbeach.de
Web: www.offshore-berkelbeach.de

Allgemeines: Der OFFSHORE Berkelbeach ist die schönste Sommer-Location Vredens und bietet Ihnen eine einzigarte Atmosphäre der Erholung und Entspannung am Vredener Berkelsee. Egal ob Jung oder Alt, hier wird sich mit Sicherheit jeder wohlfühlen und den Alltagsstress vergessen können.

Das gilt auch für Rollstuhlfahrer, denn es führt ein fester Weg vom Parkplatz zum Stadtstrand, dem Offshore Berkelbach. Vom Eingang bis zur Terrasse / Bar und zur Toilette führt ein ausgelegter Holzweg, der mühelos mit dem Rollstuhl befahren werden kann.

Zimmer & Bad: Der Bewegungsfreiraum im WC beträgt ca. 90 x 140 cm, Freiraum rechts neben WC 50 cm, links 40 cm, davor 140 cm (nicht seitlich anfahrbar, keine Haltegriffe vorhanden), WC-Höhe 44 cm. Das Waschbecken ist unterfahrbar.

Freizeit & Umgebung: Die Kleinsten können auf dem Spielplatz matschen und buddeln und die Älteren relaxen im Liegestuhl oder entspannen an der überdachten Bar mit frisch zubereiteten Cocktails oder genießen einen Kaffee mit hausgemachtem Kuchen.

Alternativ können Sie auch an der Feuerstelle mit Ihren Freunden und Verwandten zusammensitzen oder einfach nur in unserer Lounge die Seele baumeln lassen.

Für die abenteuerlustigen Besucher unter Ihnen ist es auch möglich, mit dem Ruderboot auf dem See zu fahren oder im Beach-Soccer-Ei eine Runde zu kicken.

Lassen Sie es sich in unserem Sandparadies gut gehen und sich von uns verwöhnen, damit es ein unvergesslicher Sommer wird.

Entfernungen: Zur Ortsmitte von Vreden und zum Bahnhof und zur Apotheke sind es 1,5 km. Einkaufsmöglichkeiten 1 km, Arzt 2 km, Krankenhaus 3 km.

Deutschland / Nordrhein-Westfalen / Münsterland / Vreden

Ferienhaus Robert
48691 Vreden

Kleinemast 8
Tel.: 02564 390 239
E-Mail: robert-angelika@gmx.de

Allgemeines: Das freistehende Ferienhaus besticht durch seine ruhige Lage auf einem gastfreundlichen Bauernhof.

Freizeit & Umgebung: In der Umgebung befinden sich als Erholungsorte die Berkel mit der Teufelsschlucht und der Berkelsee. Direkt daran vorbei führen der Europaradweg R1 und die 100-Schlösserroute.

Durch die Stadtnähe sind alle Einkaufsmöglichkeiten gut zu erreichen.

Ausstattung: Die Ausstattung lässt keine Wünsche offen. Es gibt zwei Schlafzimmer mit vier Betten, zwei Badezimmer und eine moderne Küche mit Backofen und Geschirrspüler.

Das Wohnzimmer mit Holzofen bietet zusätzlich eine Schlafcouch. WLAN und eine Waschmaschine sind ebenfalls vorhanden.

Im Außenbereich lädt eine Sitzecke zum Entspannen oder Grillen ein. Der großzügige Bauerngarten mit Spielgeräten kann ebenfalls genutzt werden.

Preise: 1 Nacht 1 bis 2 Personen 60,- €. Jede weitere Person 15,-€, Endreinigung 40,- €.

Burg Hülshoff bei Havixbeck

NORDRHEIN-WESTFALEN
NIEDERRHEIN

Reisen für Alle © freepik

Deutschland / Nordrhein-Westfalen / Niederrhein

Unbeschwert Reisen am Niederrhein

Die saubere Luft genießen und Kraft tanken für den Alltag: das ist Niederrhein. Mutter Maas und Vater Rhein haben einen einzigartigen Landstrich geschaffen. Die intakte Natur ist Balsam für die Seele. Historische Ortskerne laden zum Besuch ein und zahlreiche Freizeitaktivitäten versprechen Erlebnisse für alle.

Der Niederrhein ist eine Region in der alle herzlich willkommen sind. Daher liegt es uns am Herzen, auch Menschen mit besonderen Bedürfnissen die niederrheinische Landschaft zwischen Rhein und Maas näher zu bringen.

Viele zertifizierte Angebote, aber auch solche, die durch individuellen Service den Aufenthalt unbeschwert machen, freuen sich darauf Gästen mit Einschränkungen eine schöne Zeit am Niederrhein zu ermöglichen.

All diese Angebote sind gesammelt zu finden unter: www.niederrhein-tourismus.de/unbeschwert-reisen

 Im Einklang mit der Natur

Flüsse, Seen, ausgedehnte Wälder: Der Niederrhein ist ein attraktives Ziel für WanderInnen. Der Leuther Mühlen-Pfad führt am Schloss Krickenbeck mit seinen gleichnamigen Seen vorbei. Ein Aussichtssteg bietet einen wunderbaren Blick aufs Wasser, die Biologische Station hält viele Infos zu Natur und Tierwelt bereit. Dabei ist der Mühlen-Pfad nur einer der zehn barrierearmen Wanderwege „Leichte.Wander.Welt." im Naturpark Schwalm-Nette, die es zu entdecken gilt. Sie sind alle zertifiziert nach den Qualitätsstandards „Reisen für Alle".

 Große Geschichte vielfältig erleben

Aufzüge und Rampen ebnen den Zugang zur niederrheinischen Museumslandschaft, Führungen in leichter Sprache oder Gebärdensprache machen große Geschichte für jeden lebendig.

Geschichte zum Anfassen gibt es im LVR-RömerMuseum und dem LVR-Archäologischen Park Xanten. Hier gibt es die Möglichkeit etwa 30 originale Fundstücke aus der Zeit der Römer in die Hand zu nehmen und ausgiebig zu ertasten. Außerdem ist in der römischen Herberge eine Tastgalerie mit Modellen der Rekonstruktionen in handlichem Maßstab eingerichtet. Die Modelle sind materialgerecht, so dass sie sich wie ihre großen Vorbilder anfühlen.

Museum und Park sind barrierefrei gestaltet und somit auch für Gäste mit eingeschränkter Mobilität problemlos zu besuchen.

 Kontakt

Niederrhein Tourismus GmbH
Willy-Brandt-Ring 13, 41747 Viersen
Tel.: 021 62 / 81 79 03 Fax: 0 21 62 / 81 79 180
E-Mail: info@niederrhein-tourismus.de
Web: www.niederrhein-tourismus.de/unbeschwert-reisen

 Kultur, Natur und freie Zeit – ein Wochenende in Xanten

Wer mehr als nur einen Tag Niederrhein erleben will, kommt mit der buchbaren Pauschale „Kultur, Natur und freie Zeit – ein Wochenende in Xanten" auf seine Kosten. Die Pauschale ist auf Gäste mit eingeschränkter Mobilität ausgelegt und beinhaltet neben der Übernachtung im barrierearmen Zimmer eines 3-Sterne Hotels, auch den Eintritt zum Freizeitzentrum Xanten samt Mittagsimbiss im angrenzende Plaza del Mar und den Eintritt für den LVR-Archäologischen Park Xanten. Ganz einfach buchbar über die Website von Niederrhein Tourismus.

Deutschland / Nordrhein-Westfalen / Niederrhein

Wilhelm Kliewer Haus
41169 Mönchengladbach

Ungermannsweg 8
Tel.: 02161 574 570, Fax: 02161 574 57 99
E-Mail: mail@wkh.nrw
Web: www.wilhelm-kliewer-haus.de

Allgemeines: Das Wilhelm Kliewer Haus ist ein Gäste- und Tagungshaus, in dem Menschen mit und ohne Behinderung zusammenarbeiten, um eine Atmosphäre zu schaffen, in der sich Gastlichkeit und qualitätsvoller Service verbinden.

Mitten im Naherholungsgebiet Hardter Wald gelegen, bietet das Haus ideale Bedingungen zum Tagen, Feiern und Übernachten und ist deshalb bei kirchlichen und karitativen Trägern ebenso beliebt wie bei Unternehmen, Bildungsträgern und Familien.

Die modernen Seminarräume und gut ausgestatteten Gästezimmer werden ergänzt durch ein attraktives Freizeitangebot mit Hochseilparcours und Kletterturm auf dem Außengelände. Das Haus ist barrierefrei zugänglich und geräumig ausgebaut.

Ausstattung: 6 moderne Seminar- und Veranstaltungsräume, insgesamt 40 Zimmer (138 Betten) mit eigenem Bad, TV und WLAN, kostenlose Parkplätze, Wohnmobilstellplätze, weitläufiges Freizeitgelände mit Fußballplatz, Kletterturm, Hoch- und Niedrigseilparcours, Feuerstelle, Grillplatz, erlebnispädagogische Angebote und Team-Trainings, Kickertisch.

Zimmer & Bad: Drei Zimmer sind rollstuhlgerecht eingerichtet (Türbreite 93 cm, Bettenhöhe 47 cm, Bewegungsfreiraum Dusche/WC 150 x 220 cm, Freiraum links neben WC 140 cm, rechts 78 cm, davor 220 m, WC-Höhe 48 cm; Haltegriffe links und rechts neben WC vorhanden.

Duschbereich schwellenlos befahrbar, stabiler Duschhocker und Haltegriffe an der Duschwand, Waschbecken mit dem Rollstuhl unterfahrbar, Kippspiegel und Notruf vorhanden, Türbreite Aufzug 90 cm, Innenmaße Aufzug 140 x 108 cm).

Entfernungen: Ortsmitte mit Einkaufsmöglichkeiten 1,1 km; Arzt, Apotheke 1,4 km; Krankenhaus 8,4 km; Bahnhof 9,5 km; Freibad und Hallenbad 11,5 m.

Preise: Pro Person/Nacht im EZ ab 72,10 €, im DZ ab 46,30 € inklusive Frühstücksbuffet.

Deutschland / Nordrhein-Westfalen / Paderborn

IN VIA Hotel
33098 Paderborn

Giersmauer 35
Tel.: 05251 2908 0, Fax: 05251 2908 68
E-Mail: rezeption@invia-hotel.de
Web: www.invia-hotel.de

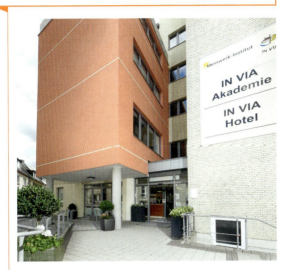

Im Herzen Paderborns steht unser traditionsreiches Haus, Ihr komfortables Hotel! Paderborn ist besonders – nicht nur weil hier der kürzeste Fluss Deutschlands, die Pader entspringt, auch wegen seiner ausdrucksvollen mittelalterlichen Wahrzeichen, wie dem Dom und dem Rathaus. Von diesen und anderen Altstadt-Attraktionen sind die Wege zum IN VIA Hotel kurz. Folgen Sie den Spuren Karls des Großen in der Kaiserpfalz oder erkunden Sie die Schönheit der Stadt. Das Hotel, nur einen Kilometer vom Hauptbahnhof entfernt, ist ein idealer Ausgangspunkt für Ihre Aktivitäten.

Allgemeines: Der Weg vom Parkplatz zum Hoteleingang ist über eine Rampe zu erreichen, Hoteleingang und Rezeption sind barrierefrei. Das Culinarium und die Gästezimmer sind mit dem Aufzug zu erreichbar, Türbreite des Aufzugs: 90 cm (Innenmaß: Tiefe 130 cm, Breite 110 cm), 24 Stunden Check-in, Bistro (Selbstbedienung) rund um die Uhr geöffnet, hier finden Sie kalte Getränke, Kaffee-Spezialitäten und Snacks für den kleinen Hunger. Unsere Hauskapelle steht Ihnen jederzeit zur Meditation und zum Gebet offen.

Zimmer & Bad: 64 moderne, komfortable Zimmer, davon 6 behindertenfreundliche Zimmer mit Dusche, WC und Notruf, Bewegungsfreiraum 120 x 120 cm.

4 behindertengerechte Zimmer mit Dusche, WC und Notruf, Bewegungsfreiraum 150 x 150 cm, kostenfreies High-Speed WLAN, Sky Sender frei.

Gastronomie: Wir bieten Ihnen Frühstück und Mittagessen in Buffetform an. Nachmittagskaffee und Abendessen für Gruppen sind auf Anfrage möglich. Ein reichhaltiges Frühstücksbuffet erwartet Sie montags bis freitags von 07:00 Uhr bis 09:30 Uhr und samstags bis sonntags von 07:00 Uhr bis 10:00 Uhr und mittags in der Zeit von 12:00 Uhr bis 13:00 Uhr. Wir bieten täglich zwei Menüs, wo von eins vegetarisch ist.

Bei Nahrungsmittelunverträglichkeiten sprechen Sie uns an.

Zertifiziert: DEHOGA (Deutsche Hotelklassifizierung mit 3 Sternen), SERVICE-QUALITÄT-DEUTSCHLAND STUFE 1, WIR SIND AUSGEZEICHNET! (Mit dem Traveller Review Award 2020 von Booking.com), BETT & BIKE: Fahrradfreundlicher Gastbetrieb.

Preise 2022: Übernachtung im EZ ab 64 €, im Zweibettzimmer ab 78 €, Doppelzimmer ab 96 €.

Deutschland / Nordrhein-Westfalen / Sauerland

Matthias-Claudius-Haus
59872 Meschede-Eversberg

Matthias-Claudius-Weg 1
Tel.: 0291 549 90, Fax: 0291 5499 99
E-Mail: info@matthias-claudius-haus.de
Web: www.matthias-claudius-haus.de

Allgemeines: Die Ferien- und Tagungsstätte Matthias-Claudius-Haus der Diakonie Ruhr-Hellweg liegt herrlich eingebettet im Naturpark Arnsberger Wald und bietet beste Voraussetzungen für Gruppenfahrten, Freizeiten, Tagungen und Seminare, Familienferien oder Klassenfahrten.

Zimmer & Bad: 44 komfortable Einzel-, Doppelzimmer und Apartments mit Du/WC auf vier Wohnebenen. 9 rollstuhlgerechte Zimmer und Apartments mit bis zu 25 Betten.

Freiraum in Bad/WC 100 x 200 cm. Freiraum links oder rechts neben WC 90 cm, davor 120 cm. Dusche und Waschbecken unterfahrbar.

Verstellbare Kippspiegel und stabile Haltegriffe an Dusche, WC und Waschbecken vorhanden.

Ausstattung: Im Haus befinden sich sechs unterschiedlich große Gruppen- und Tagungsräume, ein Sport- und ein Bastelraum, zwei Teeküchen und ein gemütlicher Begegnungsbereich mit offenem Kamin.

Seit Anfang 2021 steht Familien und Menschen mit Behinderung eine neue, 180m² große Bewegungshalle zur Verfügung. Die großzügige Außenanlage bietet Kinderspielplatz, Sportwiese, Lagerfeuer- und Grillplatz, Ruhezonen mit Sitzbänken, Hochseilgarten, Kletterturm und Walderlebnisparcours.

Geeignet für: Familien und Gruppen mit Gehbehinderten, Rollstuhlfahrern und Menschen mit geistiger Behinderung. Unter dem Motto: „Abenteuer für alle!" bieten wir zusammen mit unserem erlebnispädagogischen Kooperationspartner „Seilschaft" maßgeschneiderte inklusive Angebote für Menschen mit und ohne Behinderung an. Ob in unserer neuen Bewegungshalle, an verschiedenen Stationen auf unserem Gelände oder mitten im Wald, hier machen unsere großen und kleinen Gäste gemeinsam wertvolle Erfahrungen, die das Selbstvertrauen stärken und den Zusammenhalt in ihrer Gruppe nachhaltig fördern.

Lage: Im Arnsberger Wald am Rande des Bergstädtchens Eversberg; Einkaufen 2 km; Bus 1 km; Bhf., Hallen- und Freibad 6 km.

Preise: Pro Person im DZ mit Vollpension: Erwachsene ab 52,50 €; Jugendliche (10 bis 17 Jahre) ab 37,- €; Kinder (3 bis 9 Jahre) ab 28,-€; Kleinkinder (bis 2 Jahre) ab 14,- €. Gruppenpauschalen auf Anfrage.

Deutschland / Nordrhein-Westfalen / Teutoburger Wald

Alte Lübber Volksschule
32479 Hille

Hauptstr. 165
Tel.: 05734 70 66, Fax: 05734 665 6712
E-Mail: info@alte-luebber-volksschule.de
Web: www.alte-luebber-volksschule.de

Allgemeines: Die „Alte Lübber Volksschule" ist ein integratives Gästehaus, das günstige Übernachtungs- und Tagungsmöglichkeiten bietet. Seit Januar 2014 ist die „Alte Lübber Volksschule" ein anerkannter Integrationsbetrieb in der Trägerschaft der Lebenshilfe Lübbecke e. V., d.h., im Team arbeiten Menschen mit Handicap. Tagungsstätte mit idealen Bedingungen für Gruppen-Bildungsveranstaltungen und gemeinsame Freizeitgestaltung. Es gibt 2 große Tagungsräume und einen gemütlichen Aufenthaltsraum. Die schöne Landschaft und das Gemäuer einer mehr als 100 Jahre alten Dorfschule sorgen für eine behagliche Atmosphäre. Familien und Einzelpersonen, können ebenfalls den Service des Hauses nutzen. Parkplatz, Eingang, Empfang und Frühstücksraum sind stufenlos erreichbar. 3 rollstuhlgerechte Zimmer befinden im EG, 3 im 1.OG, mit Aufzug erreichbar. Türbreite vom Aufzug 90 cm (Innen-maße: Tiefe 143 cm, Breite 94 cm).

Ausstattung: Rollstuhlgerechte ausgestattet. Insg. 42 Betten, aufgeteilt in 21 Doppelzimmer. 2 Zimmer mit je 2 separate Schlafräumen (für Gäste mit Handicap und Betreuer) und geteiltem, barrierefreiem Bad. 90% des Hauses barrierefrei, 7 DZ nur durch die Treppe erreichbar. Alle Zimmer sind mit TV, WLAN, Fön, Dusche und WC ausgestattet. Fahrradverleih vermittelbar.

Geeignet für: 6 Zimmer Rollstuhlgeeignet, 6 Zimmer für gehbehinderte Gäste. Türbreite Zimmer, Du/WC 93 cm, Bettenhöhe 50 cm, 2 Pflegebetten, mobile Toilette/Duschstuhl, Lifter vorhanden. Mehr Hilfsmittel vermittelbar. Bewegungsfreiraum Du/WC 150 x 150 cm. Freiraum links neben WC 40 cm, rechts 147 cm, davor 160 cm. WC-Höhe 50 – 53 cm, Haltegriffe links /rechts neben WC. Dusche schwellenlos, Duschsitz beweglich, waagrechte Haltestange im Duschbereich. Waschbecken unterfahrbar. Externer Pflegedienst bestellbar.

Lage: Am Rande des Wiehengebirges. Einkaufsmöglichkeiten 2 km, Apotheke 1 km, Arzt 3 km, Krankenhaus 11 km, Badesee 7 km, Bahnhof 13 km.

Freizeit & Umgebung: Gartengelände mit Sitzecken, Ruhezonen, Spielwiese, Kicker, Tischtennis, Spielesammlung, angrenzender Spielplatz, Erlebnis- und Freibad, Sportplätze schnell mit Pkw erreichbar.

Preise: Übernachtung p.P ohne Frühstück ab 29,50 €, mit Frühstück ab 37,00 €, mit Vollpension ab 49,90 €. Einzelzimmerzuschlag im DZ 10,- €. Zuschlag einzelne Übernachtung 5,- €/Nacht. Konferenzraum für 30 Pers. pro Tag 55,- €, für 50 Pers. 88,- € pro Tag. Catering und Tagungstechnik zu günstigen Preisen (auf Anfrage).

RHEINLAND-PFALZ

Ein Urlaubsparadies im Südwesten Deutschlands. Hier mündet nicht nur die Mosel in den Rhein, befindet sich mit dem Hambacher Schloss die Wiege der deutschen Demokratie und mit Trier die älteste Stadt Deutschlands – nein, hier lässt sich auch ein Urlaub wunderbar barrierefrei genießen!

Deutschland / Rheinland-Pfalz

Rheinland-Pfalz sagt Hallo

Das wein- und waldreichste Bundesland bietet mit seinen zehn Urlaubsregionen wunderschöne Natur- und Kulturlandschaften: Romantische Flusstäler, endlose Weinberge, tiefe Wälder, Seen und Maare bilden ein einmalig charakteristisches Landschaftsbild. Dazwischen thronen immer wieder massive Burgen und magische Schlösser auf imposanten Felsen und erzählen von der jahrtausendalten Geschichte des Landes.

Bequemes Sightseeing durch die Stadt, Museumsbesuche mit erholsamen Pausenstopps, erlebnisreiche Wandertouren für jeden Anspruch, unbeschwerter Weingenuss und Wellness für alle – in Rheinland-Pfalz gibt es viele Arten, einen komfortablen Urlaub zu verbringen und die verschiedenen Facetten des Bundeslandes kennenzulernen.

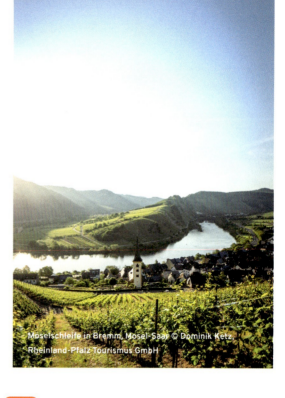

Moselschleife in Bremm, Mosel-Saar © Dominik Ketz, Rheinland-Pfalz Tourismus GmbH

Anreise

Ob mit dem Auto, der Bahn oder dem Flugzeug: Viele Wege führen nach Rheinland-Pfalz. Bei der Anreise mit der Deutschen Bahn wird das Auge mit landschaftlich schönen Eindrücken verwöhnt: Mit den Strecken zwischen Koblenz und Trier sowie zwischen Bingen und Koblenz, die den Flussläufen von Mosel und Rhein folgen, besitzt Rheinland-Pfalz zwei der schönsten Bahnstrecken Deutschlands. Informationen zur barrierefreien Anreise sowie zur Barrierefreiheit von Bahnhöfen sind auf der Webseite der Deutschen Bahn (www.bahn.de) und auf www.rolph.de zu finden.

Über die Bundesautobahnen A 1, A 61, A 6 und A 60 lassen sich alle Regionen in Rheinland- Pfalz schnell und problemlos erreichen.

Wer lieber mit dem Flugzeug anreisen möchte, für den bietet sich der Flughafen Frankfurt- Hahn im Hunsrück an. Alternativ ist Rheinland-Pfalz auch in kurzer Zeit von den Flughäfen Köln-Bonn, Frankfurt und Luxemburg erreichbar.

Sehenswürdigkeiten/ Museen

Ein Besuch der Landeshauptstadt Mainz darf bei einem Urlaub in Rheinland-Pfalz nicht fehlen. Römische Relikte, pittoreske Altstadt, Buchdruckkunst, Fastnacht, Wochenmarkt – hier trifft Geschichte auf pure Lebensfreude. Das Gutenberg-Museum inszeniert das Leben und die Werke des wohl bekanntesten Sohnes der Stadt: Johannes Gutenberg. Mit der Erfindung des Buchdrucks mit beweglichen Lettern legte er vor mehr als 550 Jahren den Grundstein der modernen Medienkommunikation.

Ein paar Ecken weiter beherbergt das Landesmuseum Mainz Exponate von der Vorgeschichte über die römische Zeit, das Mittelalter und den Barock bis hin zum Jugendstil und der Kunst des 20. Jahrhunderts.

Im Hambacher Schloss in Neustadt an der Weinstraße lassen sich die Geschehnisse rund um das Hambacher Fest am 27.Mai 1832 und der deutschen Demokratiegeschichte auf faszinierende und interaktive Weise nachempfinden. Kunstliebhaber können im Arp-Museum Bahnhof Rolandseck in Remagen oder im Mittelrhein-Museum in Koblenz stundenlang verweilen und die beeindruckenden Werke auf sich wirken lassen.

Deutschland / Rheinland-Pfalz

Wer es technischer mag, der ist im Technik Museum Speyer bestens aufgehoben. Neben Europas größter Raumfahrtausstellung gibt es diverse Flugzeuge, historische Dampfloks und Rennmotorräder zu bestaunen.

Ideal für einen Ausflug mit der ganzen Familie eignet sich das Dynamikum in Pirmasens. Hier werden auf spielerische Weise und anhand zahlreicher Mitmach-Stationen physikalische und naturwissenschaftliche Phänomene erklärt.

Ausflugsziele

Rheinland-Pfalz ist ein Paradies für Wanderer! Neben unzähligen Premiumwanderwegen gibt es eine stetig wachsende Anzahl an zertifizierten barrierefreien Wegen. Die idealen Tools für einen Wander- oder Radausflug sind der Tourenplaner Rheinland-Pfalz (https://www.tourenplaner-rheinland-pfalz.de) und die App „Rheinland-Pfalz erleben". Ob Streckenverlauf, Höhenprofil oder Einkehrmöglichkeiten – hier finden aktive Naturgenießer alles Wissenswerte. Viele steigungsarme und asphaltierte Stecken führen an Flüssen entlang- oder wurden als ehemalige Bahntrassen zu Radwegen ausgebaut.

Ein lustiges Vergnügen ist die Fahrt in einer Draisine auf stillgelegten Bahngleisen durch das malerische Glantal. Draisinen gibt es als Kombination im Tret- und Handbetrieb. Zusätzlich besteht die Möglichkeit, die klassischen Gefährte barrierefrei umzurüsten, so dass Rollstuhlfahrer sowohl aktiv als auch passiv mitfahren können.

Naturliebhaber sollten auch einen Besuch im Nationalpark Hunsrück-Hochwald einplanen. Hier lassen sich Flora und Fauna mit allen Sinnen erleben. Mit etwas Glück erblickt man eine der vielen Wildkatzen, eine bedrohte Tierart, die im Nationalpark beheimatet ist.

Abgesehen von einem barrierefreien Rundweg bietet der Nationalpark auch Führungen in deutscher Gebärdensprache und Zuggeräte zum Ausleihen. Die Nationalpark-App erweitert das barrierefreie Angebot. Der weltweit höchste Kaltwasser-Geysir befindet sich in Andernach und ist barrierefrei zu besichtigen.

Bevor das Sprudel-Schauspiel lockt, erfahren Besucher im Geysir-Erlebniszentrum mehr über die Entstehung dieses Naturphänomens. Anschließend geht es per Schiff über den Rhein zum Geysir.

Aussichtsplattform Eyberg, Dahn © Dominik Ketz, Pfalz Touristik e. V.

Deutschland / Rheinland-Pfalz

In Koblenz erwartet Besucher ein einmaliges Erlebnis. Vom Rheinufer aus fährt eine Seilbahn hoch über dem Rhein zur Festung Ehrenbreitstein. Aus der Seilbahn, die über eine extra große Kabine für Rollstuhlfahrer verfügt, eröffnet sich ein sagenhafter Blick auf Koblenz und das Deutsche Eck, wo die Mosel in den Rhein mündet und das UNESCO-Welterbe „Oberes Mittelrheintal" beginnt.

Oben angelangt, imponiert die Festung Ehrenbreitstein aus dem 16. Jahrhundert nicht nur durch ihre Massivität, sondern auch durch ihren hohen Grad an Barrierefreiheit, der für derart historische Bauwerke eher ungewöhnlich ist. Auf der Festungsanlage wandeln Besucher auf Spuren einer längst vergangenen Zeit. Mittels Audioguides mit Induktionsschleifen oder Führungen in Gebärdensprache bzw. für blinde Gäste wird faszinierendes Wissen vermittelt.

In Deutschlands Weinland Nummer eins darf ein Besuch beim Winzer bzw. den unzähligen Weingütern und Vinotheken natürlich nicht fehlen. Oft in malerischen, historischen Innenhöfen gelegen oder in hippen, architektonisch beeindruckenden Bauten, genießen Sie hier Weine der Spitzenklasse.

Interessante Fakten zum Thema Weinanbau und -verarbeitung sowie zu den Besonderheiten der verschiedenen Rebsorten erhält man bei einer Weinprobe entweder direkt beim Winzer oder in einer der zahlreichen Vinotheken – ein besonderes Erlebnis für alle Sinne! Und zu einem exquisiten Wein darf auch eine regionale Köstlichkeit nicht fehlen. Ob Hausmannskost oder Sterneküche, hier ist für jeden Gaumen etwas Passendes dabei. Viele der Weingüter verfügen darüber hinaus auch über barrierefreie Übernachtungsmöglichkeiten.

Wer seinen Urlaub lieber etwas entspannter und gesundheitsbewusster gestalten möchte, der ist in den Heilbädern und Kurorten von Rheinland-Pfalz bestens aufgehoben. Neben einem barrierefreien Kurpark sowie gesundheitsfördernden Anwendungen bieten einige Kurorte auch Thermen, die über Beckenlifte und Bodenindikatoren verfügen.

 Besondere Veranstaltungen

In Reinland-Pfalz wird gerne gefeiert, am liebsten mit gutem Wein und heimischen Spezialitäten. Da die Rheinland-Pfälzer ein sehr offenes und geselliges Volk sind, ist jeder herzlich willkommen! Über das Jahr verteilt, gibt es im ganzen Land zahlreiche Feste und kulturelle Veranstaltungen. An der Südlichen Weinstraße, einer begehrten Urlaubsregion in der Pfalz, hatte man schon früh den Anspruch, dass möglichst alle an den Festen teilnehmen können.

Mit den „Pfälzer Festen für Alle" ist ein einmaliges Format entstanden. Bestehende Veranstaltungen, zumeist Weinfeste, werden von einem Komitee auf ihre Barrierefreiheit überprüft und die gesammelten Informationen festgehalten. Diese stehen den Gästen dann vorab zur Selbsteinschätzung zur Verfügung. Der unbeschwerten Festteilnahme steht somit nichts im Wege.

 Nichts dem Zufall überlassen

Damit jeder Gast eine für sich passende Unterkunft oder Ausflugsziel findet und sich vor dessen Besuch über die Barrierefreiheit informieren kann, sind alle im Text genannten und auf der Webseite www.rlp-tourismus.de/barrierefrei gelisteten touristischen Angebote nach dem bundesweiten Kennzeichnungssystem „Reisen für Alle" zertifiziert.

Geprüft, verlässlich, detailliert dafür steht „Reisen für Alle". Die zertifizierten Betriebe wurden von speziell geschulten Erheber*innen anhand festgelegter Qualitätskriterien überprüft. Für den Gast stehen detaillierte Informationen zur Barrierefreiheit zur Verfügung, anhand derer er oder sie selbst entscheiden kann, ob das Angebot geeignet ist. So lässt sich die Reise komfortabel planen, ungewünschte Überraschungen vor Ort werden verhindert und einem schönen Urlaub im Südwesten Deutschlands steht nichts im Wege.

Überzeugen Sie sich auf unserer Webseite www.rlp-tourismus.de/barrierefrei von dem vielfältigen barrierefreien Angebot in Rheinland-Pfalz oder bestellen Sie sich unsere Broschüre kostenfrei nach Hause (www.rlp-tourismus.de/prospekte).

SACHSEN
DRESDEN ELBLAND

Dresden, brühlsche Terrassen

RHEINLAND-PFALZ
EIFEL-AHR MITTELRHEIN

Deutschland / Sachsen / Dresden Elbland

Hotel Martha Dresden
01097 Dresden

Frau Grit Peschka, Nieritzstr. 11
Tel.: 0351 817 60, Fax: 0351 817 62 22
E-Mail: rezeption@hotel-martha.de
Web: www.hotel-martha.de

Allgemeines: Das gesamte Hotel mit dem Frühstücksrestaurant im Biedermeierstil, der Sommerterrasse, dem lichtdurchfluteten Wintergarten, dem Tagungsraum „Gustav Nieritz" sowie dem Abendrestaurant im Gewölbekeller ist barrierefrei gestaltet.

Die 40 Zimmer, teilweise im Biedermeierstil gestaltet, sowie 5 Appartments bieten Ihnen zeitgemäßen Standard. Der Tagungsraum „Gustav Nieritz" mit 60 m² bietet Platz für 20 Personen und ist modern ausgestattet mit Leinwand, Beamer, Flipchart, Pinnwänden, Overhead-Projektor, Telefon- und Faxanschluss sowie WLAN.

Zimmer & Bad: 28 Doppelzimmer, 12 Einzelzimmer, 5 Appartments, Betten mit verstellbarem Kopf- und Fußteil, Dusche/ Bad und WC, Telefon, TV, Radio, kostenfreies WLAN. 2 Zimmer und 1 Appartment sind unter Berücksichtigung der DIN 18024 rollstuhlfahrerfreundlich gestaltet.
Das Restaurant ist mit dem Aufzug erreichbar.

Lage: Zentral und ruhig auf der Neustädter Elbseite im Dresdner Barockviertel zwischen dem Albertplatz und dem Palaisplatz, nahe zur Königsstraße.

5 Minuten vom Bahnhof Neustadt, 15 Minuten zu Fuß bis zur Semperoper, Dresdner Schloss und Frauenkirche, 7 km zum Flughafen, 5 km zur Autobahn.

Preise: Für Rollstuhlfahrer/Behinderte: Rollstuhlfahrer zahlen für die ersten 3 Übernachtungen im Doppelzimmer einen Rollstuhlfahrer-Sonderpreis von nur 105,- € pro Nacht (inkl. Frühstück) und im Einzelzimmer 82,- €. Ab der 4. Nacht gelten die Listenpreise.

Rollstuhlfahrer zählen seit Jahren zu den zufriedenen Stammgästen in diesem Hotel.

Deutschland / Sachsen / Dresden Elbland

Hotel garni Sonnenhof
01468 Moritzburg OT Reichenberg (bei Dresden)

★★★ nach DEHOGA

August-Bebel-Str. 69
Tel.: (0351) 8305527, Fax: (0351) 8305469
E-Mail: info@hotelgarnisonnenhof.de
Web: www.hotelgarnisonnenhof.de

Allgemeines: Besonderer Höhepunkt einer Reise nach Sachsen ist der Besuch von Dresden, dem schönen „Elbflorenz" und seiner reizvollen Umgebung.

In unserem familiär geführten Haus in ruhiger, verkehrsgünstiger Lage und ländlicher Idylle erwarten Sie 17 liebevoll eingerichtete Komfortzimmer und herzliche Gastlichkeit.

Zimmer & Bad: Alle Zimmer sind mit Dusche/WC, Minibar, Telefon, Flachbild-TV und WLAN-Anschluss ausgestattet und haben teilweise Balkon.

Parkplatz stufenlos, Eingang mit Rampe, Frühstücksraum und das behindertengerechte Zimmer im EG sind stufenlos erreichbar.

Geeignet für Rollstuhlfahrer: 1 Zimmer. Türbreite von Zimmer und Du/WC 95 cm. Freiraum in Du/WC 200 x 250 cm. Freiraum links neben WC 30 cm, rechts 120 cm, davor 110 cm. Dusche und Waschbecken unterfahrbar. Duschhocker und stabile Haltegriffe an Dusche, WC und Waschbecken vorhanden. Bettenhöhe 48 cm.

Pflegedienst im Ort, Kontakt kann bei Bedarf vermittelt werden.

Lage: Inmitten des alten Dorfkerns. Einkaufen 800 m; Arzt, Freibad 2 km.

Preise: Zimmerpreise inkl. Frühstück

EZ: ab 58,- Euro
DZ: ab 85,- Euro
Deluxe: ab 99,- Euro
1 FeWo ab 95,- Euro (2-4 Personen)

Deutschland / Sachsen / Dresden Elbland

Pension BRITTA
01445 Radebeul-Lindenau (bei Dresden)

Regine Mende, Buchholzweg 15
Tel.: 0351 838 99 99 (89)
Mobil: 0175 79 00 565

Allgemeines: 1997 durch die „Stiftung Sächsische Behindertenhilfe – Otto Perl" mit Rollstuhlsignet ausgezeichnet.

Parkplatz, Eingang, Frühstücksraum, Terrasse und Garten stufenlos erreichbar.

Abholung von Bahnhof und Flugplatz. Besonders gut geeignet für Rollstuhlfahrer, Gehbehinderte sowie Familien mit geistig Behinderten.

Sehr familiär und freundlich geführte Pension.

Zimmer & Bad: Zwei rollstuhlgerechte Zweibettzimmer nach DIN 18025, Türen 86 bis 96 cm breit, Freiraum in Du/WC 260 x 150 cm, links oder rechts neben WC 150 cm, Waschbecken und Dusche unterfahrbar. Kippspiegel, festinstallierter Duschsitz, Haltegriffe, Duschrollstuhl, WC-Sitzerhöhung, individuelle Hilfsmittel wie Bettgalgen, Betthöhe bis 50 cm verstellbar.

Ein Pflegedienst kann auf Anfrage vermittelt werden.

Lage: An der „Sächsischen Weinstraße".
Zum Schloß Wackerbarth (berühmte Sekt- und Weinkelterei), zum sehenswerten (!) Karl-May-Museum (leider nicht sonderlich rollstuhlgerecht), zur Landesbühne Sachsen und zur Ortsmitte 3 km;
Dresden 10 km; Spielplatz, Bus 200 m;
Bahnhof, Arzt, Apotheke, Krankenhaus 2 km;
Bilz-Wellenbad 300 m; Dialysezentrum 16 km;
Auch behindertenfreundliche Gaststätten befinden sich in der Nähe.

Die Pension ist ein idealer Ausgangspunkt, um das Elbtal und Dresden zu erkunden.

Wege für Rollstuhlfahrer sind gut ausgebaut.

Preise: Pro Nacht - Zweibettzimmer 60,- €,
Aufbettung 10,- € inkl. MwSt.
Frühstück pro Person 6,- € inkl. MwSt.

Deutschland / Sachsen / Region Leipzig

Seaside Park Hotel Leipzig
04109 Leipzig

nach DEHOGA

Richard-Wagner-Str. 7
Tel.: 0341 985 20, Fax: 0341 985 27 50
E-Mail: info@parkhotelleipzig.de
Web: www.parkhotellleipzig.de

Allgemeines: Als Grand Hotel im Jahr 1913 eröffnet und 2017 komplett renoviert, besticht das Park Hotel heute als modernes Innenstadthotel mit Tradition. Genießen Sie unseren zuvorkommenden Service mit Herz und eine Atmosphäre zum Wohlfühlen.
Lassen Sie Ihre Seele baumeln im Seaside Park Hotel Leipzig. Erst die Arbeit, dann das Vergnügen? Wir beraten Sie gern zu Ihrer Tagung oder Veranstaltung in unseren sechs hochmodernen Bankett- und Tagungsräumen für 10 bis 100 Personen. Eingänge sind stufenlos.

Unser Geheimtipp: Genießen Sie ein saftiges Steak vom Lavagrill im Ambiente eines historischen Luxusspeisewagens. Nur bei uns, im Restaurant STEAKTRAIN.

Zimmer & Bad: Restaurant und Zimmer sind mit dem Aufzug stufenlos erreichbar. Türbreite vom Aufzug: 90 cm (Tiefe 140 cm, Breite 110 cm).

WLAN im gesamten Haus für Hotelgäste kostenfrei verfügbar. 2 Zimmer rollstuhlgerecht. Türbreiten der Zimmer: 95 cm, von Du/WC 90 cm. Freiraum in Du/WC 180 x 160 cm. Freiraum links neben WC 60 cm, rechts 100 cm, davor 160 cm. Dusche und Waschbecken unterfahrbar. Notruf, festinstallierter Duschsitz und stabile Haltegriffe an Du/WC und Waschbecken.

Lage: Mitten im historischen Zentrum von Leipzig, direkt gegenüber dem Hauptbahnhof.
Flughafen Leipzig 18 km, Flughafen Dresden 90 km.
Arzt 300 m, Apotheke 80 m, Krankenhaus und Dialyse 4 km.

Preise: Zimmer:
Standard-EZ ab 95,- €;
Standard-DZ ab 115,- €;
Superior-EZ ab 110,- €;
Superior-DZ ab 130,- €;
Junior-Suite ab 150,- €;
Suite ab 180,- €.
Seaside Frühstücksbuffet für 18,- €.

Modernes Traditionshotel mit Charme, gemütliche Atmosphäre, ideal für Stadtbesichtigungen.

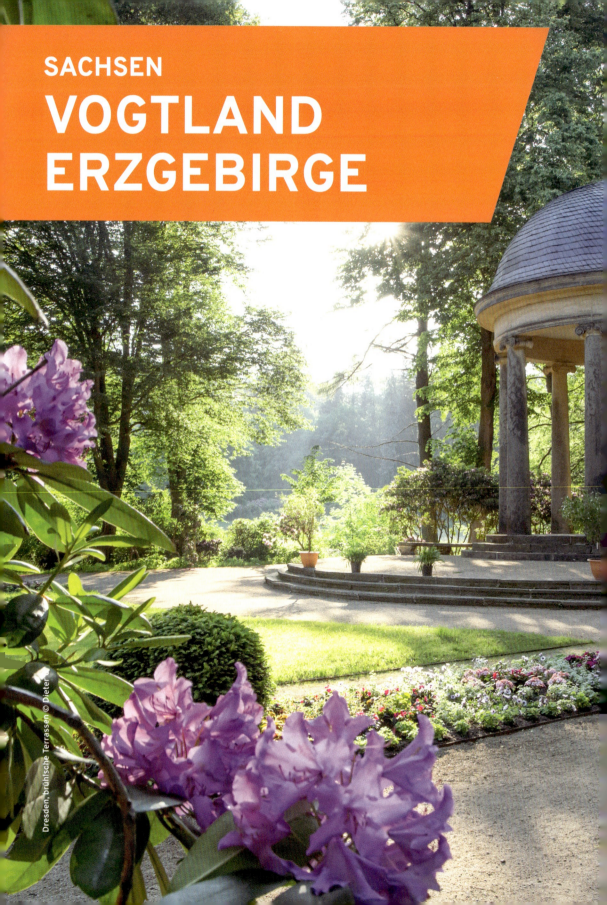

SACHSEN
VOGTLAND
ERZGEBIRGE

Dresden, brühlsche Terrassen © Dieter

Anzeige

URLAUB IN SACHSEN OHNE BARRIEREN

Detailgetreue und zuverlässige Angebotsbeschreibungen schaffen Reisevertrauen und Urlaubsfreude. Die kostenfreie Broschüre „Sachsen Barrierefrei" stellt Ihnen 75 barrierefreie Unterkünfte und 483 barrierefreie Kultur- und Freizeiteinrichtungen in allen sächsischen Ferienregionen und den Städten Dresden, Leipzig und Chemnitz vor. Den Schwerpunkt bilden touristische Ziele, vor allem aus dem Kunst- und Kulturbereich. Alle Angebote finden Sie auch in der Online-Datenbank **www.sachsen-barrierefrei.de**.

Kontakt
Tourismus Marketing Gesellschaft Sachsen mbH
Bautzner Straße 45–47 · 01099 Dresden
Tel. 0351-491700 · info@sachsen-tour.de
www.sachsen-barrierefrei.de

SACHSEN. LAND VON WELT.

Deutschland / Sachsen / Vogtland & Erzgebirge

Waldpark Grünheide
08209 Auerbach

Rautenkranzer Str. 5
Tel.: 03744 837 30, Fax: 03744 837 311
E-Mail: info@waldpark.de
Web: www.waldpark.de

Allgemeines: In einer der schönsten Ferienregionen Deutschlands bietet der Waldpark Grünheide auf einem 18 Hektar großen Gelände (auf 730 Meter Höhe gelegenen Lichtung) ideale Voraussetzungen für Familien-, Ferien- und Sportfreizeiten (auch für den Behindertensport) sowie beste Bedingungen für ein Trainingslager im Breitensportbereich, für ein Probenlager für Musik- und Kulturvereine, für Klassen- und Schulfreizeiten und für Seminare.

Das engagierte Mitarbeiterteam unterstützt Sie gerne bei der Organisation Ihres Aufenthaltes.
Träger dieser Einrichtung ist der Verein Kindererholungszentrum Waldpark Grünheide e. V. (KiEZ).

Das von Wäldern umgebene Areal besteht aus Gästehäusern mit einigen barrierefreien und rollstuhlgerechten Zimmern, Ferienwohnungen, Zeltplatz, Bungalows und Sommerhütten sowie einer großzügig angelegten Sportanlage im Outdoorbereich mit einem Kletterpark, Rasen- und Kunstrasenplatz und Volleyball- und Beachvolleyballplätzen.

Außerdem gibt es eine 3-Felder-Sporthalle, eine 2-Bahnen-Bowlinganlage, einen Kletterpark, einen Indoor-Spielplatz (mit Handicap-Schaukel), Ski- und Schlittenverleih, Rodelhang, Wanderwege, einen rollstuhlgerechten Rundweg und gespurte Loipen sowie einen nahegelegenen Badesee.

Perfekte Urlaubsbedingungen, auch und vor allem für Kinder und Jugendliche (Familien, Gruppen, Schulklassen u.a.m.).

Parkplatz, Eingang (Türbreite 95 cm), Rezeption und Frühstücksraum sind stufenlos erreichbar.
Zimmer mit dem Aufzug (Türbreite 100 cm) stufenlos erreichbar.

Deutschland / Sachsen / Vogtland & Erzgebirge

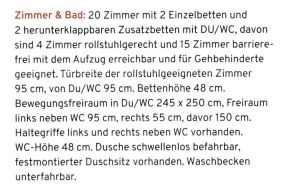

Zimmer & Bad: 20 Zimmer mit 2 Einzelbetten und 2 herunterklappbaren Zusatzbetten mit DU/WC, davon sind 4 Zimmer rollstuhlgerecht und 15 Zimmer barrierefrei mit dem Aufzug erreichbar und für Gehbehinderte geeignet. Türbreite der rollstuhlgeeigneten Zimmer 95 cm, von Du/WC 95 cm. Bettenhöhe 48 cm. Bewegungsfreiraum in Du/WC 245 x 250 cm, Freiraum links neben WC 95 cm, rechts 55 cm, davor 150 cm. Haltegriffe links und rechts neben WC vorhanden. WC-Höhe 48 cm. Dusche schwellenlos befahrbar, festmontierter Duschsitz vorhanden. Waschbecken unterfahrbar.

Ein externer Pflegedienst kann bei Bedarf angefordert werden.

Lage: Zur Ortsmitte von Auerbach mit Einkaufsmöglichkeiten, Arzt und Apotheke 7km, Bahnhof 8 km, Freibad und Krankenhaus 5 km, Badesee 1 km, Hallenbad 35 km.

Preise: Für Unterbringung im Gästehaus pro Nacht für Erwachsene inkl. Bettwäsche und Frühstück 31,00 €, Halbpension 38,00 €, Vollpension 45,00 €.

Preise für Kinder ab 6 Jahre inklusive Bettwäsche und Frühstück 27,30 €, Halbpension 32,50 €, Vollpension 37,70 €.

Preise für Kinder 3-6 Jahre inklusive Bettwäsche und Frühstück 21,00 €, Halbpension 25,00 €, Vollpension 29,00 €.

Weitere Informationen auf Anfrage oder im Internet unter www.waldpark.de.

Für Familien, Gruppen, Schulklassen und Sportvereine besonders empfehlenswert!

Deutschland / Sachsen / Vogtland & Erzgebirge

Hotel Regenbogenhaus
09599 Freiberg

Brückenstraße 5
Tel.: 03731 798 50, Fax: 03731 798 529
E-Mail: Hotel-Regenbogenhaus@t-online.de
Web: www.Hotel-Regenbogenhaus.de

Allgemeines: Das Hotel ist auf behinderte Gäste besonders gut vorbereitet, da alle Bereiche des Hauses barrierefrei gestaltet sind. Das Restaurant bietet ein reichhaltiges Frühstücksbüfett. Bei Feierlichkeiten und Veranstaltungen aller Art werden regionale und internationale Spezialitäten serviert. Diätgerichte sind ebenfalls möglich. Für Tagungen bis zu 50 Personen stehen 3 modern ausgestattete Seminarräume zur Verfügung. Geeignet für Rollstuhlfahrer, Gehbehinderte, Allergiker, Familien bzw. Gruppen mit geistig Behinderten.

Zimmer & Bad: 11 Komfortzimmer sind rollstuhlgerecht nach DIN 18040. Die Zimmer haben Dusche, WC, Sat-TV und Telefon. 2 Zimmer sind für Allergiker geeignet. Alle Türen sind 100 cm breit. Betten mit verstellbarem Kopf- und Fußteil und auf Wunsch höhenverstellbar. Pflegebetten, Wannenlift und Patientenlifter auf Vorbestellung und gegen Gebühr. In allen Zimmern ist ein Kleiderlift im Schrank. Vorbildlich rollstuhlgeeignete Badezimmer in zwei Doppelzimmern: höhenverstellbare, mit dem Rollstuhl unterfahrbare Waschbecken. Bewegungsfreiraum in Du/ WC 150x 150 cm. Freiraum rechts neben WC 90cm, davor 150 x 150 cm. WC-Höhe 48cm, Haltegriffe am WC. Die Dusche ist schwellenlos befahrbar. Zusätzlich gibt es zwei Apartments für 4 bzw. 5 Pers. (49 und 55 qm) mit zwei getrennten Schlafräumen, Dusche/WC, Sat-TV, Telefon und einer kleinen Küche. Diese sind besonders für Familien und nur bedingt für Rollstuhlfahrer geeignet.

Hilfsmittel: Das Hotel bietet, zusammen mit anerkannten Pflegediensten, Feriendialyse, physiotherapeutische Anwendungen, die Fortführung zu Hause begonner Therapien und Notfallprogramm in Freiberg an.

Urlaub & Pflege: Der Betreuer kann mit dem Pflegebedürftigen den Urlaub verbringen und je nach gewünschter Häufigkeit die Pflege einem anerkannten Pflegedienst übertragen. Beim Vorliegen einer Pflegestufe ist die Erstattung der Kosten über die zuständige Pflegekasse möglich. Dies muss vor Reiseantritt geklärt sein.

Lage: Verkehrsgünstig und dennoch ruhig am Stadtrand von Freiberg unweit des Hospitalwaldes. Die direkte Umgebung ist eben; die Wanderwege im Wald sind ohne Steigungen erreichbar.

Preise: Zimmerpreise je nach Aufenthaltsdauer und Saison: EZ 89,- €, DZ 110,- €.
Gruppenrabatt ab 15 Personen, Kinderermäßigungen.
Ausführliche Preisliste auf Anfrage.

Deutschland / Sachsen / Vogtland & Erzgebirge

Gasthaus Zur Rosenaue
09488 Thermalbad Wiesenbad

Inh. Ronny Bernstein, Schulstr. 7
Tel.: 03733 564 80
E-Mail: info@rosenaue.de
Web: www.rosenaue.de

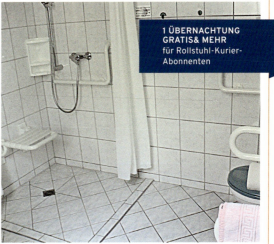

1 ÜBERNACHTUNG GRATIS & MEHR für Rollstuhl-Kurier-Abonnenten

Allgemeines: Der Ort Thermalbad Wiesenbad liegt, umringt von Fichten- und Laubwald in der breiten Talmulde, die die Zschopau durchfließt. Unser Haus bietet Ihnen einen gemütlichen Gastraum sowie für Familienfeierlichkeiten ein Frühstücks- bzw. Vereinszimmer. Im Sommer laden ein ruhiger Grillplatz direkt hinter dem Gasthaus und ein Biergarten zum verweilen ein. Unser Restaurant ist Mi – So ab 11:30 Uhr für Sie geöffnet, Montag und Dienstag ist Ruhetag (Küchenschluss mittags 13:30, abends 20:30 Uhr), Sie werden mit gutbürgerlichen Gerichten und ausgezeichneten erzgebirgischen Speisen verwöhnt. Hier kocht die Chefin noch selbst, mit frischen Kräutern aus dem eigenen Kräutergarten. Zur Kaffeezeit werden Sie mit selbstgebackenem Kuchen verwöhnt.

Der Parkplatz befindet sich direkt am Haus.
Der Weg vom Parkplatz zum Eingang ist stufenlos und führt barrierefrei durch das Restaurant zu Rezeption, Frühstücksraum, Restaurant Gästezimmern.
Achtung: Am Haupteingang sind 2 Stufen.

Zimmer & Bad: Unser Haus verfügt über 11 Doppelzimmer (7 Aufbettungen möglich), 2 Zweibettzimmer, 4 Einzelzimmer und 1 Dreibettzimmer, die alle mit Dusche, WC, TV und Fön ausgestattet sind. WLAN inklusive.

Geeignet für Rollstuhlfahrer sind davon drei barrierefreie Doppelzimmer im Erdgeschoss mit Du/WC. Türbreite der rollstuhlgeeigneten Zimmer 90 cm, Türen von Dusche/WC 94 cm. Fläche im Bad 160 x 150 cm, im Duschbereich 130 x 124 cm. Freiraum neben dem WC 90 cm. WC-Höhe 42 cm, Toilettenaufsatz vorhanden. Dusche schwellenlos befahrbar, Waschbecken unterfahrbar. Haltegriffe / Haltestangen an Dusche, WC, Waschbecken. Duschsitz, Kippspiegel, Notruf vorhanden. Lichtschalter 80cm hoch. Bettenhöhe 52 cm. Zusätzlich sind 2 Einzelzimmer barrierefrei erreichbar und rollstuhlgeeignet. Externer Pflegedienst kann angefordert werden.

Lage: Nähe zu den Bade- und Kureinrichtungen, 300 m zur Ortsmitte, zum Bahnhof 200 m, Apotheke und Krankenhaus (in Annaberg) 6 km. Für Ausflügen ins bergige Umland sollten Rollstuhlfahrer eine Begleitperson, einen Zusatzantrieb für den Rollstuhl oder einen leichten E-Rollstuhl haben.

Preise: Für 22/23 pro Person/Übernachtung inkl. Frühstück im EZ 50,- €, im DZ 42,- €, Kinder 6 bis 12 Jahre 27,- €, unter 6 Jahre frei bei Unterbringung im Zimmer der Eltern.. Zuschlag bei Kurzaufenthalt 5,- € pro Person, Preisermäßigung ab 5 Nächte Aufenthalt.

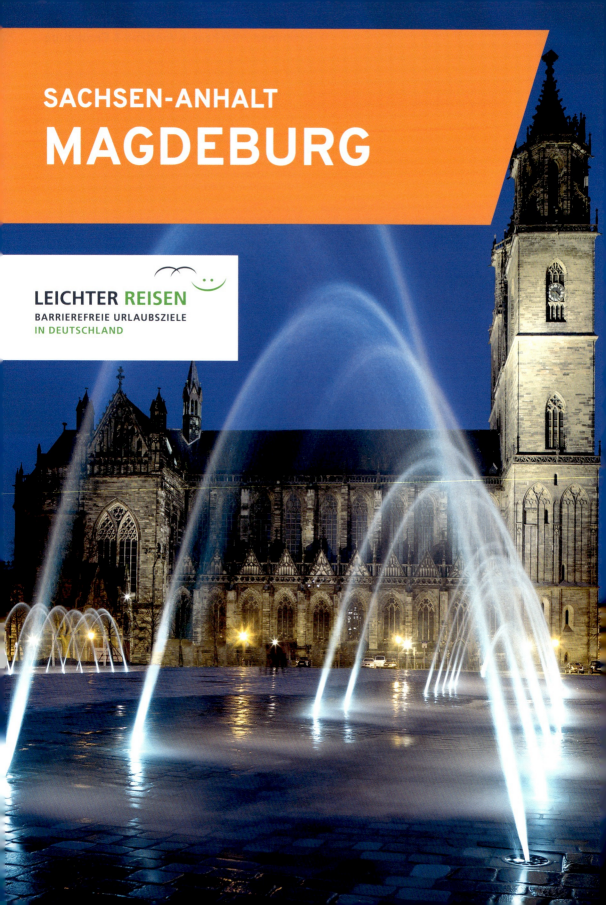

Deutschland / Sachsen-Anhalt / Magdeburg

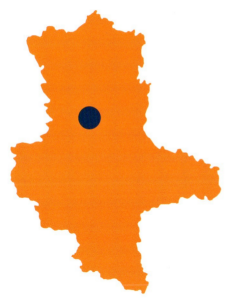

 Stadt der zwei Ottos

Magdeburg untermauert sein historisches Erbe mit dem Beinamen „Ottostadt": Neben Kaiser Otto dem Großen zählt auch Otto von Guericke zu den Namensgebern der Stadt. Kaiser Otto der Große schenkte der Stadt eine prächtige Kathedrale – den heutigen Magdeburger Dom. Der Diplomat und Naturwissenschaftler Otto von Guericke wurde berühmt durch seinen Magdeburger Halbkugelversuch zum Nachweis des Luftdrucks.

Mit zahlreichen Sehenswürdigkeiten, einer über 1.200-jährigen wechselvollen Geschichte, einem umfangreichen Kulturprogramm, Einkaufswelten, prachtvollen Bauten und grünen Oasen ist eine der ältesten Städte Deutschlands zu jeder Jahreszeit eine Reise wert. Magdeburg ist Elbestadt – mit vielen Angeboten am und auf dem Fluss!

 Magdeburg für Alle

Magdeburg verbindet Altes und Neues in einem einzigartigen Zusammenspiel. Auf nur einem Quadratkilometer pulsiert in der Innenstadt das Leben. Der Magdeburger Dom mit seinen prachtvollen Gemäuern erhebt sich hier vis-à-vis der bunten, modernen Wänden der Grünen Zitadelle von Friedensreich Hundertwasser. Zwischen den historischen Mauern der 1.200 Jahre alten Stadt entsteht stetig Neues. Die vielschichtige Elbmetropole bekennt sich bewusst zum „Tourismus für Alle".

Barrierefreiheit wird hier großgeschrieben. Seit 2011 ist Magdeburg Mitglied der AG „Leichter Reisen". Zusammen mit neun weiteren Städten und Urlaubsregionen in Deutschland leisten die Mitglieder dieser AG Pionierarbeit bei der Entwicklung von Reiseangeboten für Menschen mit Mobilitätseinschränkungen.

Reisende mit Handicap haben somit die Möglichkeit vollumfänglich die Stadt Magdeburg touristisch erleben zu können. Mehrere Magdeburger Unternehmen und Einrichtungen der Stadt tragen das Gütesiegel „Barrierefreiheit geprüft". Unabhängige Experten haben alle Zertifizierten zunächst auf Herz und Nieren in Sachen Barrierefreiheit geprüft.

 Wahrzeichen der Extraklasse

104 Meter hoch ragen die Türme des Magdeburger Doms über die Stadt. Im Jahr 955 veranlasste Kaiser Otto der Große den Bau einer prachtvollen Kathedrale in seiner Lieblingspfalz Magdeburg. Otto stattete seinen Dom mit antiken Kostbarkeiten aus, die er von Oberitalien aus nach Deutschland herbeischaffen ließ. So zum Beispiel Säulen aus Marmor und Granit in den kaiserlichen Farben, die noch immer im Dom zu finden sind. 1207 zerstörte ein Stadtbrand den ottonischen Bau. Neu aufgebaut wurde der Dom als erste gotische Kathedrale Deutschlands.

 Kontakt

Tourist Information Magdeburg
Breiter Weg 22
0391/63601402
www.visitmagdeburg.de

Deutschland / Sachsen-Anhalt / Magdeburg

Zu Füßen des Magdeburger Wahrzeichens wird der 20.000 Quadratmeter große Domplatz in den warmen Monaten zum Veranstaltungsort, Wasserspiele laden hier zur Erfrischung ein. Zwischen Dom und Möllenvogteigarten, der ältesten Gartenanlage der Stadt, lädt ein Bronze-Tastmodell mit Blindenschrift zur Erkundung per Hand ein.

Gleich gegenüber der Kathedrale darf ein Besuch im Dommuseum Ottonianum nicht fehlen. Im Jahr 968 gründete Kaiser Otto der Große in Magdeburg ein neues Erzbistum. Im und am Dom entdeckten Archäologen spektakuläre Zeugnisse dieser Zeit. Im neu eröffneten Dommuseum Ottonianum werden drei große Themenkomplexe des europäischen Mittelalters präsentiert: Kaiser Otto der Große mit seiner Königin Editha, das Erzbistum Magdeburg und die einzigartigen Funde der archäologischen Grabungen. Dazu gehören ein Original-Bleisarkophag und kostbar bestickte Erzbischof-Schuhe sowie das goldene Löwenköpfchen.

 Tanzende Fenster und duftende Dächer

Am anderen Ende des Domplatzes funkeln derweil die goldenen Kugeln der Grünen Zitadelle von Magdeburg. Das letzte Bauwerk des berühmten Künstlers Friedensreich Hundertwasser steht hier. Die Grüne Zitadelle zieht mit ihrer bunten Fassade, den bepflanzten Dächern und den großen Kugeln die Blicke auf sich. 900 verschiedene Fenster hat Hundertwasser für das Haus entworfen. Die Innenhöfe sind für jeden zugänglich, Geschäfte laden zur Entdeckungsreise ein. In Cafés und Restaurants können sich die Besucher zwischen bunten und schrägen Wänden verwöhnen lassen. Das fantasievolle Bauwerk fügt sich auf dem Breiten Weg in das Ensemble von barocken Fassaden und modernem Design ein.

Modern geht es wenige Meter weiter auch im Kloster Unser Lieben Frauen zu. In der romanischen Klosteranlage trifft junge Kunst auf alte Architektur. Das Kunstmuseum Kloster Unser Lieben Frauen ist der wichtigste Ort für zeitgenössische Kunst und Skulptur in Sachsen-Anhalt. Zwischen den Gemäuern aus dem 11. und 12. Jahrhundert sind internationale Werke der Gegenwartskunst zu sehen.

Deutschland / Sachsen-Anhalt / Magdeburg

 Reise durch die Geschichte

Magdeburg lässt sich wunderbar zu Fuß, mit dem Rad oder mit dem Doppeldeckerbus erkunden. Auf dem abendlichen Stadtrundgang im Kostüm oder mit dem Nachtwächter tauchen die Gäste in vergangene Zeiten ein.

Im neuen roten Doppeldeckerbus gibt es extra einen Platz für Rollstuhlfahrer. Auch der tägliche öffentliche Stadtrundgang ist für Rollstuhlfahrer barrierefrei. Ein Stadtführer in Brailleschrift kann ausgeliehen werden. Für individuelle Führungen wird ein audiovisueller Guide angeboten.

Eine Anmietung von Rollstühlen, Elektromobilen und weiteren Hilfsmitteln sowie die Organisation von Gebärdensprachdolmetschern ist auf Anfrage bei der Tourist Information möglich. Stadtführungen werden für mobilitätseingeschränkte, blinde und sehbehinderte Gäste sowie Hörbehinderte, Gehörlose und Gäste mit Lernschwierigkeiten angeboten.

 Broschüre „Otto für alle"

In der Broschüre „Otto für alle" sind alle Angebote in großer Schrift aufgeführt. Die Barrierefreiheit der einzelnen Sehenswürdigkeiten, Ausflugsziele sowie Kultur- und Freizeiteinrichtungen ist aufgelistet. Gibt es zum Beispiel Rampen, Behindertenparkplätze und barrierefreie WCs?

Diese Fragen werden beantwortet und detailliert über schwere Eingangstüren, Kopfsteinpflaster oder nach außen öffnende Türen informiert. Außerdem ist ein Verzeichnis über Magdeburger Gastgeber und Gastronomen mit Hinweisen zur Barrierefreiheit aufgeführt.

Die Broschüre zum Download sowie mehr Informationen gibt es online unter: www.visitmagdeburg.de/barrierefreiheit

SCHLESWIG-HOLSTEIN

Lübeck Rathaus © LTM/ U. Freitag

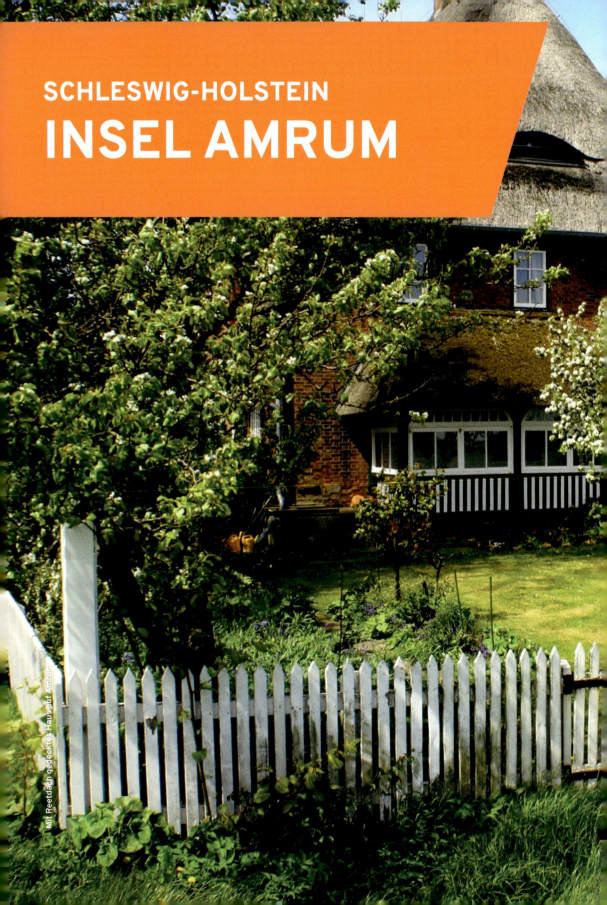

SCHLESWIG-HOLSTEIN
INSEL AMRUM

Mit Reetdach gedecktes Haus auf Amrum

Deutschland / Schleswig-Holstein / Nordsee Insel Amrum

Sütjers Hüs
25946 Süddorf / Nebel

nach DTV

Hark-Olufs Wai 1, Annette und Hans-Uwe Kümmel
Tel.: 04682 968 942
E-Mail: kuemmel-amrum@t-online.de
Web: www.suetjers-hues-kuemmel.de
und www.schusters-haus.de

Allgemeines: "Sütjers Hüs" bedeutet „Schusters Haus" – das traditionsreiche „Schusterhaus" mit seiner sehr netten, lesenswerten Geschichte (nachzulesen auf der Internetseite des Hauses) befindet sich in Süddorf auf Amrum.

Nach umfangreichen Umbau- und Renovierungsmaßnahmen stehen den Gästen neue, gemütlich eingerichtete Ferienwohnungen zur Verfügung, eine auch für Rollstuhlfahrer, mit einem vorbildlich angepassten, barrierefreien Badezimmer.

Geeignet für Rollstuhlfahrer und Gehbehinderte: Parkplatz und Eingang der rollstuhlgeeigneten Ferienwohnung „Sütjers Wenang" mit 70 qm Wohnfläche sind stufenlos erreichbar.

Zimmer & Bad: Türbreite vom Eingang der Ferienwohnung, der Zimmer und von Du/WC 94 cm. Bettenhöhe 62 cm. Bewegungsfreiraum in Du/WC 310 x 273 cm. Freiraum links neben WC 80 cm, rechts 97 cm, davor 2 m. WC-Höhe 47 cm. Dusche schwellenlos befahrbar, festmontierter Duschwandsitz und Duschhocker vorhanden. Waschbecken unterfahrbar. Ganzkörperspiegel vom Boden 160 x 48 cm groß. Kosmetikspiegel über dem Waschbecken. Lichtschalterhöhe 85 cm, Schiebetür zum Schlafzimmer, Kleiderstange tiefer gesetzt, extra Arbeitsplatte in der Küche (unterfahrbar), breiter Flur. 45 cm, ein Aufsatz ist vorhanden.

Entfernungen: Restaurant (rollstuhlzugänglich) in der Nähe. Einkaufen beim Edeka in Wittdün und Nebel – ohne Schwellen. Einkaufsmöglichkeiten bei insgesamt 4 Edeka Märkten auf der Insel; abends ab 18.00 Uhr wird die Ware auf Wunsch sogar kostenlos in die Ferienwohnung gebracht.

Zur Ortsmitte von Nebel 1,5 km; Fähranleger 4 km; Einkaufen 1,5 km; Arzt und Apotheke 4 km; Krankenhaus auf der Insel Föhr. Meerwasser-Wellenbad mit Saunalandschaft und Fitness-Bereich in Wittdün

(3 km). Außerdem in Wittdün das Gesundheitszentrum „Amrum Spa" mit Bädern, Inhalationen, Massagen, Krankengymnastik und Atemtherapien.

Es gibt flache, gute Wege über die ganze Insel. Der Weg zum Strand führt über rollstuhlgeeignete Wege (Bürgersteig, Teerweg, Bohlenweg = Holzsteg) bis fast zum Wasser. Rollifahrer können direkt am Bohlenweg aufgestellte Strandkörbe mieten.

Die Amrum-Touristik bietet außerdem Strandrollstühle an, die den Einstieg ins Wasser erleichtern. Die Wege zum Strand sind geteert.

Freizeit & Umgebung: Die Busse, die zu jeder Fähre kommen, haben eine Hebebühne, die der Fahrer bei Bedarf für Rollstuhlfahrer und Kinderwagen ausfahren kann. Somit sind auch die An- und Abreise und die täglichen Fahrten über die Insel ohne Auto gewährleistet. Bei den Ausflugsschiffen gibt es eine Rampe für Rollstuhlfahrer.

Empfehlenswert sind Ausflüge zu den Halligen (z.B. Hallig Hooge).
Beim Anleger für die Überfahrt von Dagebüll nach Amrum gibt es eine hydraulische Hebebühne, die sich genau der Fähre anpasst und somit Tide unabhängig ist.

Preise: Für die rollstuhlgerechte Ferienwohnung pro Tag je nach Saison 85,- bis 139,- € inkl. aller Nebenkosten, Endreinigung, WLAN, Hand- und Duschtücher, Geschirrtücher, Tisch- und Bettwäsche. Handtücher für den Strand sind selbst mitzubringen. Bei Buchungen unter 5 Übernachtungen werden 25,- € Aufpreis berechnet.

SCHLESWIG-HOLSTEIN
NORDSEE NORDFRIESLAND

Leuchtturm auf Amrum © Wolfgang Claussen

Deutschland / Schleswig-Holstein / Nordsee Nordfriesland

Haus Jasmin
25761 Büsum

Föhrer Weg 9, Familie Petersen
Tel.: 04821 133 30 20, Fax: 04121 261 11 72
E-Mail: post@haus-jasmin-buesum.de
Web: www.haus-jasmin-buesum.de

Allgemeines: Das Nordseeheilbad Büsum ist ein gepflegtes Seebad mit ca. 4.500 Einwohnern im Kreis Dithmarschen. Im Haus Jasmin, nur 200 m von der Nordsee entfernt, gibt es insgesamt 8 Ferienwohnungen (Nichtraucher). Drei Ferienwohnungen im EG sind für Rollstuhlfahrer geeignet. Sie sind geräumig und freundlich eingerichtet und bieten 2-4 Personen auf Wohnflächen von 30 bis 54 qm alles an Ausstattung, was sie für einen angenehmen Urlaub benötigen.

Die Terrassen und Balkone sind mehrheitlich nach Westen ausgerichtet. Wohnung I (44 m²) und Wohnung II (54 m²) jeweils mit Wohnzimmer, Schlafzimmer, Küche, Dusche/WC. Wohnung III (30 m²) mit einem Wohn-Schlafzimmer und Küchenzeile, Dusche/WC. Alle Wohnungen im EG verfügen über eine Terrasse und einen Zugang zum Garten. Der Weg vom Parkplatz zum Eingang ist stufenlos, am Eingang befindet sich eine Rampe zur Überbrückung einer Stufe. Türbreite vom Eingang 90 cm.

Zimmer & Bad: Zimmer- und Badezimmertüren sind 90 cm breit. Duschbereiche sind mit dem Rollstuhl befahrbar, stabile Haltegriffe und Duschhocker oder festinstallierter Duschsitz sowie Haltegriffe neben den WC's sind vorhanden (Toilettenaufsatz auf Wunsch).

Die Waschbecken sind mit dem Rollstuhl unterfahrbar. Abstände in den Badezimmern, links und rechts, gemessen aus der Perspektive, wenn man auf der Toilette sitzt:

Apartment 1: Im Bad zum Drehen und Wenden für Rollstuhlfahrer 100 x 160 cm. Freiraum links neben dem WC 30 cm bis zum Waschbecken. Umsetzen von der Seite möglich. Freiraum rechts neben dem WC 30 cm bis zur Dusche, kein Umsetzen möglich. Freiraum vor dem WC 100 cm. Höhe vom WC 45 cm, ein Aufsatz ist vorhanden.

Apartment 2: Im Bad zum Drehen und Wenden für Rollstuhlfahrer 100 x 200 cm. Freiraum links neben dem WC 55 cm bis zur Dusche, kein Umsetzen möglich. Freiraum rechts neben dem WC 50 cm zum Waschbecken. Umsetzen von der Seite möglich. Freiraum vor dem WC 94 cm. Höhe vom WC 45 cm, ein Aufsatz ist vorhanden.

Apartment 3: Im Bad zum Drehen und Wenden für Rollstuhlfahrer 100 x 120 cm. Freiraum links neben dem WC 20 cm bis zum Waschbecken. Umsetzen von der Seite möglich. Freiraum rechts neben dem WC 20 cm zur Wand. Keine Umsetzsmöglichkeit. Freiraum vor dem WC 94 cm. Höhe vom WC 45 cm, ein Aufsatz ist vorhanden.

Deutschland / Schleswig-Holstein / Nordsee Nordfriesland

Lage: Die ruhige Lage unseres Hauses garantiert ihnen einen angenehmen und entspannten Aufenthalt. Der Sand- und Rasenstrand der Lagune ist nur ca. 200 m entfernt und der Ortskern ist bequem zu Fuß in ca. 12 Minuten zu erreichen. Der malerische Hafen, bekannt für seine bunten Krabbenkutter ist nur 15 Minuten entfernt. Kinder finden schnell Anschluss zu anderen Familien auf einem Spielplatz in unmittelbarer Nähe. Der Kurort Büsum liegt unmittelbar am Wasser, an der Schleswig-Holsteinischen Nordseeküste. Das erspart Ihnen lange Wege zu jeglichen Aktivitäten am, im und auf dem Wasser. Frische Brötchen gibt es gleich um die Ecke und auch sonst finden Sie alles Nötige in unmittelbarer Umgebung.

Entfernungen: Zur Nordsee 200 m, zur Ortsmitte von Büsum 1,7 km, Einkaufsmöglichkeiten 900 m, Arzt und Apotheke 1,3 km, Krankenhaus 20 km, Bahnhof und Hallenbad 1,8 km.

Freizeit & Umgebung: Vor Ort können Sie u.a. im Wellen- und Heilbad schwimmen, Wattwanderungen machen, auf Pferden oder Ponys reiten, Tennis spielen oder einen Schnupperkurs im Golf belegen. Wer nur Ruhe braucht, geht an den Strand, in eines der vielen Cafés oder Restaurants und isst dort à la carte "Fisch satt", Krabben oder andere Spezialitäten der Nordseeküste. Mit dem PKW kann man die Umgebung, Friedrichstadt, Tönning, St. Peter Ording, die Halligen und viele andere Orte kennenlernen. Vom Büsumer Hafen können Sie direkt nach Helgoland schippern, eine meereskundliche Seefahrt buchen oder vom Büsumer Flugplatz aus in alle vier Himmelsrichtungen fliegen.

Preise: Für eine Ferienwohnung pro Nacht in der Neben- und Zwischensaison 49,- bis 59,- €, in der Hauptsaison (Mitte Juni bis Anfang September sowie Weihnachten/Neujahr) 59,- € bis 74,- €. Handtücher sind im Preis enthalten. Für die Endreinigung wird eine Servicepauschale von 40,- € erhoben, Bettwäsche je Bett 8,- €, Waschmaschine und Wäschetrockner (in separatem Raum) können für 7,- € pro Waschgang gestellt werden. Kinderbett und Kinderhochstuhl auf Wunsch. Die Kurtaxe ist je nach Tarif vor Ort extra zu bezahlen. WLAN ist kostenlos, Spiele und Bücher können ausgeliehen werden.

Gepäckservice: Reisen Sie ohne Gepäck an und ab. Wir lassen das Gepäck zu Hause bei Ihnen abholen und auch wieder zurückschicken. Der Versand erfolgt per UPS. Pro Koffer und Versand 25,- €.

Deutschland / Schleswig-Holstein / Nordsee Nordfriesland

Ferienhaus Garding ★★★★
25836 Garding

Vermietung: Inge Reimer
Tel.: 04151 866 88 88, Mobil: 0173 200 11 06
E-Mail: info@ferien-garding.de
Web: www.ferien-garding.de

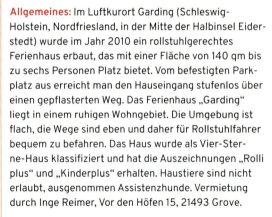

Allgemeines: Im Luftkurort Garding (Schleswig-Holstein, Nordfriesland, in der Mitte der Halbinsel Eiderstedt) wurde im Jahr 2010 ein rollstuhlgerechtes Ferienhaus erbaut, das mit einer Fläche von 140 qm bis zu sechs Personen Platz bietet. Vom befestigten Parkplatz aus erreicht man den Hauseingang stufenlos über einen gepflasterten Weg. Das Ferienhaus „Garding" liegt in einem ruhigen Wohngebiet. Die Umgebung ist flach, die Wege sind eben und daher für Rollstuhlfahrer bequem zu befahren. Das Haus wurde als Vier-Sterne-Haus klassifiziert und hat die Auszeichnungen „Rolli plus" und „Kinderplus" erhalten. Haustiere sind nicht erlaubt, ausgenommen Assistenzhunde. Vermietung durch Inge Reimer, Vor den Höfen 15, 21493 Grove.

Ausstattung: Alle Türen im Haus sind 100 cm breit, das gesamte Haus wird durch eine Fußbodenheizung versorgt. Die Fenster sind mit Insektengittern versehen. Der Hausflur hat eine Breite zwischen 140 und 150 cm. Küche mit ausziehbaren Unterschränken mit Geschirr, Töpfen und Pfannen, einem 150-Liter-Kühlschrank, einem 44-Liter-Gefrierschrank und einem Geschirrspüler. Die Kochinsel hat ein 90 cm breites Ceranfeld und einen Backofen. Außerdem sind Kaffeemaschine, Eierkocher, Handrührgerät und Mikrowelle vorhanden.

Zimmer: Wohnzimmer mit Esstisch für bis zu sechs Personen, gemütliche Sofaecke mit Sessel, aktuelle elektronische Multimediageräte, WLAN, kostenfreier Telefonanschluss, Bücher und Spiele für alle Altersgruppen. Der Tisch kann für Rollstuhlfahrer erhöht werden. Höhenverstellbare Kinderstühle stehen auf Wunsch zur Verfügung. Vom Wohnzimmer führt ein schwellenfreier Ausgang auf die Terrasse mit sechs Gartenstühlen, einem Tisch und zwei Liegen. Hinter dem Haus befindet sich eine Liegewiese mit Wäschespinne.

Zwei Schlafzimmer, beide für Rollstuhlfahrer geeignet, mit Doppelbetten (180 x 200 cm), Bettenhöhe 50 cm. Alle Betten sind mit elektrisch verstellbaren Lattenrosten ausgestattet (Liegefläche kann bis auf 80 cm erhöht werden). Der Seitenabstand ermöglicht dem Rollstuhlfahrer den Zugang von beiden Seiten. Kinderzimmer mit Kojenbett (90 x 200 cm) und einem ausziehbaren Bett (90 x 190 cm).

Bad: Das rollstuhlgerechte Bad hat einen automatischen Türöffner und verfügt über eine 150 x 150 cm große bodengleiche Dusche mit einer 52 cm hohen Sitzbank sowie Stützgriffen. Das WC ist 50 cm hoch und hat an beiden Seiten klappbare Stützgriffe. Die Armatur am unterfahrbaren Waschtisch ist ausziehbar.

Deutschland / Schleswig-Holstein / Nordsee Nordfriesland

5% RABATT für Rollstuhl-Kurier-Abonnenten

Der Spiegel über dem Waschtisch ist kippbar. Föhn und Waschmaschine sind im Bad vorhanden. Duschstuhl oder Duschrollstuhl stehen nach Absprache kostenfrei zur Verfügung. Ein zusätzliches Gäste-WC ist vorhanden, jedoch nicht für Rollstuhlfahrer geeignet.
Im Gartenhaus stehen vier Fahrräder zur Verfügung, eigene Fahrräder können im Gartenhaus untergestellt, weitere Fahrräder in Garding gemietet werden.

Freizeit & Umgebung: Das Ferienhaus „Garding" befindet sich in einem gewachsenen Wohngebiet in Garding. Die Wege um das Haus herum sind befestigt, ebenso der Übergang zum Grillplatz und zum Spielplatz hinter dem Haus. Der Luftkurort Garding hat etwa 2.750 Einwohner und ist der Mittelpunkt der Halbinsel Eiderstedt. Gut sortierte Supermärkte sind auch mit dem Rollstuhl erreichbar. Jeden Dienstag findet der Wochenmarkt statt.

Die Nordseeküste ist in sieben bis 13 Kilometern Entfernung zu erreichen. Sankt Peter Ording liegt in unmittelbarer Nähe. Therapieanwendungen sind sowohl in Garding als auch in St. Peter Ording möglich. Als Pflegedienst ist die Diakonie in Garding tätig. Hilfsmittel können beim Sanitätshaus Krämer in St. Peter Ording oder in Tönning ausgeliehen werden.
Am riesigen Strand in St. Peter gibt es vier Badestellen, die alle weit auseinander liegen. Der Strand in Ording kann mit dem Pkw erreicht werden oder zu Fuß über einen Holzsteg. Es gibt zwar an keiner Badestelle einen Zugang mit befestigtem Weg direkt bis zum Wasser, aber in St. Peter kann man mechanische und elektronische Strandrollstühle ausleihen. Diese haben Ballonreifen und lassen sich durch den Sand schieben bzw. mittels Joystick gesteuert fahren. Das Multimar-Wattforum in Tönning ist rollstuhltauglich und vermittelt viele Informationen über das Watt und die Nordsee. Weitere Informationen im Internet unter www.tz-eiderstedt.de oder www.st.peter-ording.de.

Lage & Entfernungen: (Angaben jeweils für den Pkw): Zur Ortsmitte und zum Markt 800 m, Bahnhof 1.300 m, Einkaufen 1.300 m, Arzt 800 m, Apotheke 1.000 m, Krankenhaus 12,5 km, Freibad 13,5 km, Hallenbad 13,7 km, Meer (Nordsee) 7,5 bzw. 13,7 km.
Die Fußwege zu den genannten Zielen, auch rolligerechte, sind oft kürzer.

Preise: 2022 für das Ferienhaus pro Tag in der Neben-, Zwischen- und Hauptsaison 60,- bis 125,- € inklusive Endreinigung, Bettwäsche und Handtücher bei einem Aufenthalt von 7 Tagen.

Deutschland / Schleswig-Holstein / Nordsee Nordfriesland

Urlaubs- und Früchtehof Schmörholm
25917 Leck

Familie Brodersen, Hof Schmörholm 1
Tel.: 04662 25 80, Fax: 04662 885 950
E-Mail: info@hof-schmoerholm.de
Web: www.hof-schmoerholm.de

Allgemeines: Der Schmörholm-Hof wurde als einer der ersten Betriebe für „Reisen für Alle" zertifiziert. Drei von sieben Ferienwohnungen sind barrierefrei, ab April 2020 zusätzlich 2 barrierefreie Ferienhäuser.

Ausstattung: Die Wohnungen Kräuterwiese, Raue See und Landluft sowie die neuen Ferienhäuser sind mit ebenerdiger Dusche, unterfahrbarem Waschbecken, breiten Türen und Haltegriffen im Bad ausgestattet.

Es ist möglich, ein Pflegebett in die Wohnung zu stellen. Die beiden 5-Sterne-Ferienwohnungen „Landluft" und „Raue See" haben je 85 qm, sind barrierefrei, kinder- und rollstuhlgerecht, geeignet für jeweils für 2-6 Personen (Neubau 2010).

Moderne, großartige Doppelhaushälfte mit herrlichem Blick auf die Wiesen von der eigenen Terrasse aus (mit Strandkorb). Geräumige Wohnküche, 3 Schlafzimmer (1x Doppelbett, 1x 2 Einzelbetten, 1x Etagenbett).

Die FeWo „Kräuterwiese" ist ebenfalls rollstuhlgerecht, aber etwas kleiner. Großes Bad mit Fliesenmalerei, ebenerdiger großen Dusche, WC mit allen notwendigen Halterungen, ein Gäste-WC sowie ein eigener Abstellraum. Im Haus befindet sich ein Spielzimmer für die Kinder. Im Wellnessbereich steht eine Sauna kostenlos zur Verfügung. Zusätzlich ist die Wohnung mit Telefon ausgestattet.

Zimmer & Bad: Türbreiten der Zimmer 95 cm, von Du/WC 107 cm. Bettenhöhe 47 cm.
Elektrischer Lattenrost und 3 elektrisch verstellbare Pflegebetten.
Bewegungsfreiraum in Du/WC 200 x 175 cm.
Freiraum links neben WC 52 cm,
rechts 170 cm, davor 175 cm. WC-Höhe 47 cm.
Haltegriffe links und rechts neben WC.
Duschbereich schwellenlos befahrbar.
Stabiler Duschstuhl, Duschrollstuhl und Haltegriffe an der Duschwand vorhanden. Waschbecken unterfahrbar.

Außerdem sind Toilettenstuhl und Hebelift vorhanden. Notruf über Telefon möglich. Bei Bedarf kann ein externer Pflegedienst angefordert werden.
Die Ferienwohnungen Erdbeerhus und Himbeerhütt sind ebenfalls barrierefrei.

Lage: Ortsrandlage; hauptsächlich befestigte Wege auf dem Hof, mit dem Rolli kann man den Ortskern (2 km) gut zu erreichen.

Deutschland / Schleswig-Holstein / Nordsee Nordfriesland

10% RABATT
für Rollstuhl-Kurier-Abonnenten

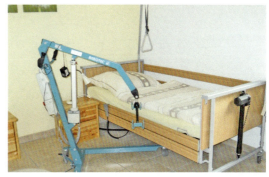

Entfernungen: Zur Ortsmitte, Einkaufsmöglichkeiten, Arzt und Apotheke 2 km, Krankenhaus 11 km, Hallenbad 400 m. Bushaltestelle 700 m, Nord- und Ostsee ca 25 km.

Freizeit & Umgebung: Ausflüge zu den Inseln und Halligen und zu Städten wie Husum und Flensburg. Tischtennis, viele Tiere, Treckerkutschfahrt, Hofprogramm.

Ein großartiges Angebot wartet auf die Kinder, die Urlaub auf unserem Hof machen, ein toller Spielplatz, eine Strohspielscheune, in der Holzpferd „Eddi" wartet, Tischtennis, großes „Mensch ärgere Dich nicht" und Trampoline.

Für Erwachsene und Kinder stehen Fahrräder (2 Kindersitze + 1 Anhänger) und diverse Trettrecker, Roller, Bobby-Cars und Go-Carts bereit. Des Weiteren gibt es 3 Ponys, Kaninchen und Meerschweinchen, Katzen, Hund Fleki, Enten und Wachteln, Hühner und die frechen Ziegen, Moritz und Deete.

Besonderes: An verschiedenen Wochentagen bieten wir Euch ein wechselndes Familienprogramm, die Treckerkutschfahrt mit Opa Brodersen ist immer ein unvergessliches Erlebnis für groß und klein aber auch Ponyreiten und Stockbrotbacken gehören zu den Highlights auf unserem Hof.

Preise: Für Doppelhaus-Wohnung "Landluft" und "Raue See" je nach Saison und Anzahl der Personen 65,- € bis 230,- € pro Nacht. Haustiere auf Anfrage.

Ausführliche Preise und weitere Informationen unter www.hof-schmoerholm.de.

Deutschland / Schleswig-Holstein / Nordsee Nordfriesland

Thormählenhof
25845 Nordstrand

★★★

Meike Thormählen, Alter Koog Chaussee 6
Tel.: 04843 279 01, Mobil: 01578 601 63 66
E-Mail: Thormaehlenhof@t-online.de
Web: www.thormaehlen-nordstrand.de

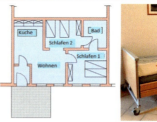

5% RABATT für Rollstuhl-Kurier-Abonnenten

Allgemeines: Unser Bauernhof liegt auf einer Warft inmitten von Getreidefeldern.

Wir bieten Ihnen 5 allergikergeeignete Ferienwohnungen für 2 bis 4 Personen, Familien-Ferienwohnung bis 6 Personen im OG.
Alle haben separate Eingänge, möbl. Terrasse, Parkplatz vor der Tür, sind ausgestattet mit WLAN, Sat-TV und CD-Radio uvm. Blumen- und Kräutergarten, Tischtennis, Spielplatz, Trampolin, Grill und Fahrradschuppen.
Gemeinschaftsraum mit Spielecke, Kickertisch, Darts und Billard im OG. Kinderbett und Hochstuhl können gestellt werden.

Die Wohnungen Norder- und Süderoog sind rollstuhlgerecht: 60 qm groß, Türen 98 cm breit, Fußboden- und Zentralheizung. Freiraum in Du/WC 200 x 300 cm, neben dem WC 150 cm, davor 250 cm. WC erhöht, Waschbecken unterfahrbar, Dusche befahrbar, Haltegriffe vorhanden. Bett 39 cm hoch, Erhöhung auf 55 cm möglich. Bei Bedarf kann ein höhenverstellbares Pflegebett gemietet werden (30,- €).

Lage & Entfernungen: Im Umkreis von 2 km: Badestelle, Wattrollstühle, Hafen, Weltnaturerbe Wattenmeer, Einkaufen, Bäcker, Gastronomie, Kur und Wellness, Sauna, Arzt.

Das Nordstrander Hallenbad verfügt über Fahrstuhl, Rolligerechte Umkleidekabine und Lift für den Einstieg ins Becken. Nächstes Krankenhaus 20 km. Bushaltestelle am Hof.

Preise: 60,- € / Ü für 2 Personen, jede weitere Pers. + 5,- €, Wäschepaket und Endreinigung inkl. Vom 01.10.-30.05. Ab 7 Tage 15% Rabatt, bis 3 Tage +30,- €. Anreise ab 15:00 Uhr, Abreise bis 10:00 Uhr.

Wir freuen uns auf Sie, Ihre Familie Thormählen.

Deutschland / Schleswig-Holstein / Nordsee Nordfriesland

Ferienhof Kerstin-T. Jürgensen
25842 West-Bargum / Nordsee

★★★★
nach DTV

Dörpstraat 3
Tel.: 04672 776 630, Fax: 04672 776 631
E-Mail: kerstin.tj@t-online.de
Web: www.behindertenferien-nordsee.de

Allgemeines: Der Ferienhof für Menschen mit & ohne Handicap wurde nach neuesten Erkenntnissen des barrierefreien Wohnens geplant und umgebaut.

Der ehemalige Bauernhof unter Reetdach verfügt über 35 Betten, zumeist in Doppelzimmern verteilt, mit geräumigen, behindertengerechten Bädern.

Diese Zimmer sind aufgeteilt in verschiedene Appartements und Wohneinheiten. Geeignet für Gehbehinderte, Rollstuhlfahrer und Familien/ Gruppen mit Schwerstbehinderten. Kleine und große Gruppen mit & ohne Handicap sind herzlich willkommen.

Alle Zimmer sind rollstuhlgerecht. Türbreite 100 cm, Bettenhöhe 50 cm. Höhenverstellbare Betten und Pflegebetten vorhanden, Bettgitter bei Bedarf.

Zimmer & Bad: Freiraum in Du/WC 150 x 200 cm. Freiraum links neben WC 100 cm, rechts 100 cm, davor 200 cm. WC-Höhe 48 cm.
Dusche schwellenlos, Waschbecken unterfahrbar. Duschhocker, Duschrollstühle, Duschliegen, Lifter und stabile Haltegriffe an Dusche und WC vorhanden.

Freizeit & Umgebung: Streichelzoo (Ziegen, Schafe, Esel, Katze, Pony), Kutschfahrten, Tischtennis, Fahrräder, Dreiräder, Kettcars, Tretroller, Volleyball, Fußball, 2 Rollfiets, Billard, Kicker, Grillmöglichkeiten, Spielplatz, Riesenschaukel außen, Hängematte, Snuzzle-Ecke, TV-Räume und Kino-Raum im Stall.

Lage: Zur Nordsee 15 bis 20 km; zur Ortsmitte mit Einkaufsmöglichkeiten, Arzt, Apotheke und Bahnhof 2 km, Freibad, Hallenbad und Krankenhaus 15 km; Wege befestigt und ebenerdig, ohne Barrieren. Dänemark 30 km.

Preise: Miniappartement (3 Personen) 90,- €/Nacht. Reetwohnung Osten (4 Personen) 100,- €/Nacht, Reetwohnung Westen (5 Personen) 110,- €/Nacht, großes Appartement (bis 7 Pers.) 150,- €/Nacht, 8er-Wohnbereich Heuböön (bis 8 Pers.) 180,- €/Nacht und 10er-Wohnbereich Heuböön (bis 10 Pers.) 200,- €/Nacht.
Küchen- und Aufenthalts-TV-Räume sind in jeder Wohneinheit vollausgestattet vorhanden.
Jede Einheit hat ihren eigenen separaten Eingang.

Für Familien und Gruppen besonders gut geeignet.

Deutschland / Schleswig-Holstein / Ostsee Holsteinische Schweiz

Villa Olga
Appartement Sorgenfrei
23743 Grömitz/Ostsee

Mobil: 0175 50 54 970
E-Mail: appartementsorgenfrei@gmail.com
Web: www.appartementsorgenfrei.de

**OKTOBER-APRIL
5% RABATT**
für Rollstuhl-Kurier-Abonnenten

Allgemeines: Herzlich willkommen in dieser barrierefreien 3-Zimmer-Ferienwohnung für bis zu 4 Personen im 1.OG mit 2 Balkonen. Das Appartement Sorgenfrei ist eine moderne und zentral gelegene 75 qm große Ferienwohnung, nur 400 m entfernt vom feinsandigen und breiten Ostee-Strand mit barrierefreiem Zugang.

Zimmer & Bad: Geeignet für Rollstuhlfahrer: Die Ferienwohnung befindet sich in einem 2011 fertiggestellten, komplett barrierefreien Ferienhaus; großer Fahrstuhl ins 1. OG. Türbreite vom Eingang 120 cm, vom Aufzug 100 cm (Tiefe 150 cm, Breite 120 cm), der Zimmer und Badezimmer je 90 cm. Rollstuhlgerechtes Badezimmer mit bodengleicher Dusche, Fußbodenheizung und Handtuchheizkörper. Duschbereich ohne Schwellen befahrbar, Duschhocker und Haltegriffe für WC vorhanden. Waschbecken unterfahrbar.

Die Fewo hat 2 Schlafzimmer (1 SZ mit Flachbild-TV) mit jeweils 2 Betten. Im Wohnraum zusätzlich eine Couchgarnitur mit zwei Sesseln, LCD-Flachbild-TV, DVD-, CD-Player und kostenlosem WLAN (50Mbit/s). Offene Küche, voll ausgestattet mit E-Herd mit 4 Ceranfeldern, Backofen, Mikrowelle, Kühlschrank, Kaffeemaschine, Geschirrspüler und Saugroboter. Die Fewo hat 2 Balkone, (einer mit Sitzecke und einer mit Strandkorb).

Parkplatz, Waschmaschine und Trockner zur kostenlosen Nutzung.

Freizeit & Umgebung: In unmittelbarer Umgebung finden sie unzählige Geschäfte, Boutiquen, Restaurants und Cafés. Im Haus selbst ist ein Bäcker mit Tagescafé. Apotheke und Ärzte sind nebenan. In nur 400m Entfernung erwartet Sie außerdem die „Grömitzer Welle", das Erlebnisbad mit Wellnessbereich.

Entfernungen: In der Ortsmitte gelegen, Bäcker 10 m, Supermarkt 500 m, Arzt und Apotheke 50 m. Zur Ostsee 400 m und Hallenbad 400 m. Bahnhof und Krankenhaus 10 km.

Preise: 2022 (jeweils pro Nacht und pro 4 Personen, zzgl. Reinigung und Buchungpauschale):

03.01.-26.01.: 64,00€, 26.01.-02.04.: 75,00€, 02.04.-23.04.: 108,00€; 23.04.-01.05.: 75,00€, 01.05.-23.05.: 102,00€, 23.05.-07.06.: 108,00€, 07.06.-25.06.: 102,00€, 25.06.-16.07.: 138,00€, 16.07.-08.08.: 148,00€, 08.08.-05.09.: 138,00€, 05.09.-31.10.: 102,00€, 31.10.-19.12.: 64,00€, 19.12.-27.12.: 108,00€, 27.12.-05.01.: 138,00€.

Deutschland / Schleswig-Holstein / Ostsee Holsteinische Schweiz

Ferienwohnung „An der Vogelfluglinie" ★★★★
23774 Heiligenhafen

Familie Manske-Nüßlein, Grauwisch 43
Tel.: 04362 50 23 50
E-Mail: sterne@ferienwohnung-manske.de
Web: www.ferienwohnung-manske.de

2 TAGE GRATIS NACH 2 WOCHEN AUFENTHALT
für Rollstuhl-Kurier-Abonnenten

Allgemeines: Sie wollen sich im Urlaub wohlfühlen? Die 4* Ferienwohnung "An der Vogelfluglinie" lädt dazu ein sich zu erholen. Liebevoll eingerichtet, befindet sich die barrierefreie FeWo – mit schöner, 20 m² große Terrasse mit Fernblick auf den Fehmarnsund – in einem Einfamilienhaus.

Seit 2009 verweilen Urlaubsgäste mit besonderen Ansprüchen in dieser zugewandten Atmosphäre, um ihre freie Zeit an der Ostsee zu genießen. Zudem erwartet Sie eine allergikerfreundliche, nikotin- und haustierfreie Wohnumgebung.

Wunderbar geeignet ist die Wohnung für 2 Personen, auch 3. bzw. 4 Person sind möglich (neues Verwandlungs-Sofa 140 x 200 cm im Wohnraum).
2 Pflegebetten im Holzdekor sorgen für perfekten Liegekomfort (mit Fernbedienung elektrisch verstellbar, mobil, bei Bedarf Aufrichthilfe und Seitengitter). Die gesamte Küchenzeile ist unterfahrbar und höhenverstellbar.

Auch der Sanitärbereich ist barrierefrei und großzügig bemessen: Bewegungsfreiraum in Du/WC (158 x 135 cm), Freiraum links neben WC 50 cm, rechts 75 cm, davor 160 cm, WC-Höhe 48 cm, zwei schwenkbare Haltegriffe neben WC; Dusche (100 x 200 cm). Ein fahrbarer Dusch/Toilettenstuhl ist ebenso vorhanden wie ein höhenverstellbares Waschbecken mit Spiegel.

Entfernungen: Zur Altstadt (Einkaufsmöglichkeiten, Arzt, Apotheke) und Seebrücke sind es ca. 1200 m, zum Binnensee 500 m, Dialyse in 11 km, zum Ostseestrand 1,5 km über rolligeeignete Wege.
Zur nächsten Bushaltestelle sind es nur 50 m.

Besonderes: Alltagsunterstützung, Ernährungs- und Gesundheitskurse (Krankenkassenbeteiligung möglich). Gern übernehmen wir vorab für Sie die Vermittlung und Terminierung für sowohl ambulante Pflegedienste als auch für weitere Therapeuten. Patientenlifter, Infusionsständer und Rollator können gegen geringe Gebühr gestellt werden.

Preise: Ganzjährig 2022 pro Nacht für 1 bis 2 Personen: 105,- €. 3. und 4. Person auf Nachfrage.
Preise sind inkl. Bettwäsche, Hand- und Geschirrtücher.

Deutschland / Schleswig-Holstein / Ostsee Holsteinische Schweiz

Haus Utkiek
23774 Heiligenhafen

nach DTV

Graswarderweg 2, Haus 32b
Tel.: 01525 998 10 75
E-Mail: post@ostsee-ferienhaus-heiligenhafen.de
Web: www.ostsee-ferienhaus-heiligenhafen.de

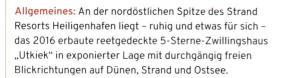

Allgemeines: An der nordöstlichen Spitze des Strand Resorts Heiligenhafen liegt – ruhig und etwas für sich – das 2016 erbaute reetgedeckte 5-Sterne-Zwillingshaus „Utkiek" in exponierter Lage mit durchgängig freien Blickrichtungen auf Dünen, Strand und Ostsee.

Richtung Westen bahnt sich die große Erlebnis-Seebrücke ins Meer. Östlich umgibt das Haus das Ostseewasser mit dem unmittelbar angrenzenden Naturschutzgebiet Graswarder, und nach Süden hat man den großen Marina-Yachthafen vor sich.

Das Haus ist für zwei bis acht Personen geeignet, insbesondere auch für Familien mit einem Rollstuhlfahrer, denn Zuwegung wie auch untere Etage sind barrierefrei und rollstuhlgerecht nutzbar. Die Möblierung ist durchweg hochwertig und ansprechend im dezenten, modern-maritimen Stil.

Lese-/Schlafraum und Bad im EG sind rollstuhlgerecht. Angrenzende Nord-Terrasse Richtung Ostsee ist mittels Rampe auch von außen zugänglich. Türbreite von Zimmer und Dusche/WC 95 cm.
Ein Bett (Größe 140 x 200 cm, Höhe 55 cm), das als Sofa zurückgebaut werden kann. Bei Bedarf Haltegriff über dem Bett. In dem Raum kann auch ein gemietetes Pflegebett genügend Platz finden.
Bewegungsfreiraum im Bad 150 x 150 cm.
Freiraum rechts neben dem WC 90 cm, links 30 cm, davor 150 cm. WC-Höhe 50 cm. WC beidseitig mit Stützklappgriffen ausgestattet. Befahrbare Dusche mit Haltestange, Duschsitz und Duschstuhl, unterfahrbares Waschbecken etc. In Sitzposition einsehbarer Spiegel. Rutschhemmende Fliesen als Bodenbelag.

Weiter verfügt das EG über einen großen Eingangsbereich und ein Gäste-WC. Besonders einladend ist der offene, geräumige und lichtdurchflutete Wohn- und Essraum (inkl. großer Küchenzeile).

Panoramafenster mit einzigartigem Blick auf das Ostseewasser und Graswarder mit seinen historischen Villen. Von der gemütlichen Sofaecke mit Kaminofen und Sessel hat man durch die raumhohe Fensterfront den maritimen Yachthafen vor sich. Davor die große Süd-Terrasse. Hauseigener Strandkorb an der Ostseite.

Im Obergeschoss befinden sich drei Schlafräume sowie ein komfortables Badezimmer (WC/Badewanne, große Dusche, Waschmaschine), von dem aus man einen herrlichen Ausblick auf Graswarder und die Fehmarnsundbrücke hat.

Deutschland / Schleswig-Holstein / Ostsee Holsteinische Schweiz

Das Haus verfügt über einen eigenen Pkw-Stellplatz unmittelbar an der barrierefreien Zuwegung zum Haus.

Lage & Entfernungen: Strand (50 m), Seebrücke, Yachthafen oder die Einkaufs- und gastronomischen Möglichkeiten im Strand Resort sind nah gelegen.

Im Sommer befindet sich neben der Seebrücke (Entfernung 250 m) ein rollstuhlgerechter Weg bis zur Wasserlinie am DLRG-Badestrand.

Auch der Fischereihafen und das historische Stadtzentrum von Heiligenhafen sind in ca. 10 Minuten fußläufig zu erreichen. Die Wege sind barrierefrei, so dass sich alle Ziele auch für Rollstuhlfahrer problemlos ansteuern lassen.

Freies WLAN im Haus sowie Eintrittskarten, welche die kostenlose Nutzung des SPA-Bereichs (Sauna/Pool) und der Kinderspielwelt im Aktiv-Hus Heiligenhafen ermöglichen, runden zusammen mit den anderen Vergünstigungen (VIP-Karte) das Angebot ab.

Weitere Informationen zum Haus und eine tolle Panorama-Webcam finden Sie auf der eigenen Website: www.ostsee-ferienhaus-heiligenhafen.de.

Preise: Preis pro Nacht je nach Saison 225,- bis 335,- Euro (erste Nacht 376,- bis 486,- Euro). Haustier pro Nacht 10,- Euro Aufpreis.

Im Preis sind Bettwäsche, Hand- und Gebrauchstücher, Endreinigung sowie Verbrauchskosten enthalten.

Langzeitbucherrabatt: 14=13 und 21=19.
In der Nebensaison 7=6, 14=12 und 21=18.

Deutschland / Schleswig-Holstein / Ostsee Holsteinische Schweiz

Hotel Birke
24109 Kiel

Ringhotels und Wellness Hotels & Resorts Mitglied-
Martenshofweg 2-8
Tel.: 0431 53 310, Fax: 0431 53 313 33
E-Mail: info@hotel-birke.de
Web: www.hotel-birke.de

10% RABATT für Rollstuhl-Kurier-Abonnenten

natürlich. herzlich. norddeutsch.

★ ★ ★ ★ S

Allgemeines: Das Hotel Birke, welches zu den Hotelkooperationen Ringhotels und Wellness Hotels und Resorts gehört, hat vom Reichsbund e. V. eine Auszeichnung für die behindertengerechten Zimmer erhalten und erhielt 2020 von Reisen für Alle die Zertifizierung „Barrierefreiheit geprüft".
Es erwarten Sie insgesamt 94 gemütliche Hotelzimmer, Suiten und Appartments in einem maritimen und modernen Ambiente.

NEU für Rollstuhlfahrer: Die neuen Zimmer des 2020 fertig gestellten Anbaus des 4-Sterne Superior Hotel, sind großzügig und ohne Schwellen eingerichtet.
Doch nicht nur dort, auch in den anderen Bereichen wurde aufgestockt. Neben der Erweiterung der Lobby und Hotelbar wurde auch auf der vergrößerten Terrasse mehr Bewegungsfreiheit geschaffen.

Wohlfühlen wird im familiengeführten Hotel Birke großgeschrieben. Im BIRKE Spa wird großer Wert auf natürliche und ökologische Produkte gelegt. Außer einem vielseitigen Wellnessangebot umfasst das Konzept des Hotels auch einen modernen Veranstaltungsbereich für Ihr Jubiläum, die Hochzeit oder eine Tagung mit persönlicher Betreuung. Im Fischers Fritz Restaurant erwartet Sie handwerklich einwandfreie, regionale Kochkunst.

Aus der offenen Show-Küche werden Ihnen fangfrischer Fisch, saisonale Spezialitäten von „Vor und hinter dem Deich" und ein reichhaltiges Frühstücksbuffet „Norddeutscher Art" serviert.

Lage: Die ruhige Lage am Waldrand, nur ca. 10 Autominuten vom Zentrum der Landeshauptstadt Kiel entfernt – lässt Sie den Alltag vergessen.

- Den Stadtwald Hasseldieksdammer Gehölz direkt vor der Tür
- Parkplatz mit Behindertenparkplatz und Ladestation für Elektroautos direkt am Hotel
- zentrale Lage in Schleswig-Holstein
- Nur 4 km zum Hafen, der Innenstadt und dem Bahnhof
- Bushaltestelle nur 50 m vom Hotel entfernt
- Ca. 10 km zu den Stränden rund um die Kieler Förde

Zimmerpreise Inkl. Frühstücksbuffet „Norddeutscher Art": EZ ab 108,- €; DZ ab 146,- €, Zustellbett 40,- €, Zustellbett Kinder bis 12 Jahre 25,- € (Kinder bis 6 Jahre kostenlos) Hausprospekt und Arrangementpreise auf Anfrage oder unter www.hotel-birke.de.

Deutschland / Schleswig-Holstein / Ostsee Holsteinische Schweiz

Ferienwohnung A+A Jungk
23730 Neustadt-Pelzerhaken/Ostsee

Auf der Pelzerwiese 24
Tel.: 0173 481 37 86, Fax: 040 401 324 58
E-Mail: andreasjungk@alice-dsl.de
Web: www.1a-ostseeblick.de

Allgemeines: In dem ehemaligen Funk- und Fernmeldeturm der Marine ist seit Mai 2008 das Wassersportzentrum Pelzerhaken fertig gestellt. Hier liegt eine rollstuhlgerechte Ferienwohnung im 1. Stock des Gebäudes. Die Wohnung wurde speziell für einen Rollstuhlfahrer geplant. Sie ist über eine Rampe mit geringer Neigung und einen geräumigen Fahrstuhl zu erreichen.

Zimmer & Bad: 30 qm Wohnzimmer mit einer offenen, gut anfahrbaren Küchenzeile mit Geschirrspülmaschine, Mikrowelle und Umluftherd mit Cerankochfeld. Ein Zimmer (10 qm) mit 2 Betten und das Schlafzimmer mit einem Doppelbett verfügen über elektrisch verstellbare Lattenroste. Vom Wohnzimmer aus gelangt man niveaugleich auf den 10 qm großen Balkon. Von diesem und vom Wohnzimmer aus kann man den Panoramablick auf die Ostsee genießen.
Im Keller selbst (leider nur zu Fuß erreichbar) stehen Ihnen Waschmaschine und Wäschetrockner gegen geringes Entgelt zur Verfügung.
Geeignet für Rollstuhlfahrer: Türbreite vom Hauseingang über 100 cm, vom Aufzug 90 cm (Tiefe 210 cm, Breite 110cm), von Zimmer und Du/WC 80 cm. Bettenhöhe 50 cm. Das Duschbad ist schwellenlos befahrbar und verfügt über alle Einrichtungen, die ein Rollifahrer benötigt. Bewegungsfreiraum in Du/WC 150 x 185 cm. Freiraum links neben WC 30 cm, rechts 118 cm, davor 100 cm. WC-Höhe 48cm. Haltegriffe links und rechts neben WC. Dusche schwellenlos befahrbar, mit höhenverstellbarem Duschwandsitz. Waschbecken unterfahrbar. Der Spiegel ist auf Rollstuhlhöhe montiert.

Entfernung: Zur Ortsmitte von Pelzerhaken mit Einkaufsmöglichkeiten 500 m, zur Ostsee 100 m, Bahnhof 3 km, Arzt, Apotheke, Krankenhaus 4 km, Dialyse 18 km. Pflegedienst (Neustadt) ca. 3 km.

Freizeit & Umgebung: Im Erdgeschoss des Gebäudes befindet sich die Segelschule. Direkt gegenüber am Strand können Sie im Café den Blick über die Ostsee genießen. Die nähere Umgebung ist flach. Die direkt zugängliche ca. 3 km lange Promenade ist gut mit dem Rolli aber auch mit dem Handbike zu befahren. Ein rolligerechter Strandzugang (beim DLRG), Restaurants und Geschäfte sind in wenigen Minuten zu erreichen.

Preise: Für die Ferienwohnung in der Hochsaison pro Tag 85,- bis 100,- €, in der Nebensaison 65,- bis 75,- €.

Deutschland / Schleswig-Holstein / Ostsee Holsteinische Schweiz

Hof Ulrich
23626 Offendorf-Ratekau

Hendrik Peter Ulrich, Seekamp 3
Tel.: 0172 995 27 37
E-Mail: info@hofulrich.de
Web: www.hofulrich.de

Allgemeines: Hof Ulrich bietet sechs Ferienwohnungen und -appartements für bis zu 6 Personen, die in die ehemaligen Stallungen eingebaut wurden, sowie ein gemütliches Blockhaus für bis zu 5 Personen.

Die Wohnungen und das Blockhaus sind im nordischen Kiefernstil eingerichtet und zum Teil behindertengerecht.

Besonderes: Angebot für Kinder: Auf dem Hof gibt es Katzen, Hunde, Hühner, Ziegen und zwei Ponys. Außerdem gibt es einen großen Spielplatz mit Schaukeln, Sandkiste, Kinderbagger und Kettcars.

Zimmer & Bad: Zwei Ferienappartements mit Du/WC für bis zu 4 Personen sind rollstuhlgerecht eingerichtet.
Zimmertüren und Badezimmertüren sind 100 cm breit.

Der Freiraum im Bad/WC beträgt 200 x 200 cm.
Abstand links neben WC 80 cm, rechts 100 cm, vor dem WC 200 cm.
Dusche und Waschbecken sind unterfahrbar.
Duschhocker und stabiler Haltegriff an der Dusche und dem WC sind vorhanden.

Lage: Im Naturschutzgebiet des Hemmelsdorfer Sees mit eigenem Bootsliegeplatz. Badeanstalt mit DLRG-Aufsicht und großer Kinderspielplatz im Dorf.

Entfernungen: Apotheke und andere Einkaufsmöglichkeiten 2 km; Tennisplatz und Tennishalle 4 km; Bahnhof, Thermalbad, Ostsee 8 km; Dialyse 10 km.

Preise: Die Preise sind inkl. Heizung, Strom, Wasser, Bettwäsche und einem morgendlichen Brötchenservice und liegen je nach Saison und Größe zwischen 60,00 € und 80,00 € die Nacht.
Waschmaschinennutzung ist gegen Gebühr möglich.

Deutschland / Schleswig-Holstein / Ostsee Holsteinische Schweiz

Horst-Mummert Haus
24398 Schönhagen

Vermietung: Verein zur Förderung behinderter Menschen im Kreis SL-FL e. V.
Tel.: 04621 997 055, Fax: 04621 997 056
E-Mail: info@fed-sl.de, Web: www.fed-sl.de

Allgemeines: Unser Ferienhaus liegt auf der Halbinsel Schwansen an der Ostsee in Schönhagen. Der Ort ist familienfreundlich mit einem großen und schönen Strand. Es gibt hier vielfältige Möglichkeiten zur Erholung und zum Baden, Surfen und Segeln. Auch für Wanderungen und Fahrradtouren ist Schönhagen und Umgebung bestens geeignet. Unser Horst-Mummert Haus wurde 2012 errichtet und wird seit Januar 2013 vermietet. Das Haus hat eine Wohnfläche von ca. 100 qm und liegt auf einem ca. 850 qm großen Grundstück in einer ruhigen Sackgasse und nur um die 250 m vom Strand entfernt. Die Strandpromenade kann auch von Rollstuhlfahrern befahren werden. Am Strand befinden sich ein großer Parkplatz, ein großer Spielplatz und eine Behindertentoilette.

Das Haus ist ebenerdig und schwellenfrei und daher auch für Rollstuhlfahrer bestens geeignet. 3 Schlafräume sind vorhanden, 1 mit einem elektr. Pflegebett und Personenlifter, 1 mit Doppelbett und 1 mit Bett mit Ausziehteil. Insgesamt kann das Haus von 5 Personen bewohnt werden. Die Mitnahme von Haustieren ist auf Nachfrage möglich.

Im Badezimmer gibt es eine befahrbare Dusche (Fläche 150 x 150 cm). Haltegriffe sind in der Dusche und am WC angebracht. Das Badezimmer hat außerdem eine Fußbodenheizung. Die Wohnküche ist ca. 40 qm groß und komplett eingerichtet inklusive Geschirrspüler. Im Wohnzimmer steht ein Fernseher mit SAT-Anschluss zur Verfügung. Waschmaschine und Trockner befinden sich im Hauswirtschaftsraum. Auf dem Grundstück befindet sich auch ein Carport mit Abstellraum (z.B. für Fahrräder).

Preise: Während der Saison ist das Haus nur wochenweise (Sa – Sa) buchbar aber außerhalb der Saison auch tageweise. Der Wochenpreis beträgt 350,- € inkl. Strom, Gas und Wasser. Wer tageweise bucht zahlt 65,- € pro Übernachtung inkl. Strom, Gas und Wasser. Zu den vorgenannten Preisen kommt lediglich noch die von der Gemeinde erhobene ganzjährige Kurabgabe hinzu. Sonderpreise gelten für die Monate November bis einschließlich März. Bettbezüge und Handtücher sind mitzubringen.

Weitere Informationen und Bilder sowie Buchungen unter www.fed-sl.de.

Hallig Hooge in Friesland

Schleswig-Holstein / Insel Sylt

Ferienwohnung Annegret Kohn
25980 Sylt OT Tinnum

Am Grenzkrug 14
Tel.: 04651 239 65, Fax: 04651 936 61 22
E-Mail: kohn52@web.de
Web: www.kohn-sylt.de

Allgemeines: Zwei rollstuhlgeeignete Ferienwohnungen für bis zu 4 Personen. Parkplatz am Haus, Eingänge stufenlos.

Zimmer & Bad: Geeignet für Rollstuhlfahrer. Türbreite Zimmer und Du/WC 90 cm. Freiraum in Du/WC 160 x 350 cm; vor dem WC 120 cm. Dusche und Waschbecken unterfahrbar. Kippspiegel, festinstallierter Duschsitz und stabile Haltegriffe an Du/WC.

Lage: Das Haus liegt an der Grenze zu Alt-Westerland mit viel Natur. Der südlich gelegene Garten ist mit dem Rollstuhl befahrbar und bietet Sitzecken und Strandkörbe. Außerdem gibt es ein Gartenhaus zur gemeinsamen Nutzung mit den anderen Gästen und zum Grillen (stufenlos befahrbar).

Der Strand ist in 20 Minuten (ca. 3 km) über rollstuhlgeeignete Wege erreichbar.

Einkaufsmöglichkeit (Aldi) in 5 Minuten, Ortsmitte in 15 Gehminuten erreichbar.

Preise: Für die FeWo pro Tag für 2 Personen ab 65,- €, jede weitere Person zzgl. 10,- € pro Tag. Nichtraucherwohnung, keine Haustiere.

THÜRINGEN

Baumkronenpfad im Nationalpark Hainich
© Nationalpark Hainich – Verwaltung: Thomas Stephan

Deutschland / Thüringen

Krämerbrücke Erfurt
© Thüringer Tourismus GmbH: Toma Babovic

Geheimtipps ganz nah vor der Haustür
Das Reiseland Thüringen

Morgens die Originalschauplätze von Goethe und Schiller in Weimar erkunden, am Nachmittag in Erfurt über die längste, noch komplett erhaltene und bebaute Brückenstraße Europas schlendern und den Abend mit Fernblick über die tiefen Wälder des Thüringer Waldes ausklingen lassen. Das ist tatsächlich möglich – in Thüringen, einem Land der Kulturschätze und Naturschönheiten. Und der kurzen Wege!

Auch Barrierefreiheit und Reisen mit Komfort spielen dabei eine große Rolle. Eine Vielzahl an Unterkünften, Städten und Regionen engagieren sich mit ihren Sehenswürdigkeiten und Freizeiteinrichtungen auf diesem Gebiet. Einige davon sind nach dem Kennzeichnungssystem „Reisen für Alle" zertifiziert.

„Wo noch in deutschen Landen findet man so viel Gutes auf so engem Fleck?" Seit Goethe hat keiner die Vorzüge Thüringens treffender zusammengefasst: abwechslungsreiche Landschaften, eine sagenhafte Dichte an Burgen und Schlössern, eine unvergleichliche architektonische und kulturelle Vielfalt und jede Menge Freizeitspaß – dafür steht das Urlaubsland Thüringen. Das Besondere ist, dass alle Attraktionen so dicht beieinander liegen. Ob das mittelalterliche Eisenach, die barocke Residenzstadt Gotha oder die klassizistische wie auch moderne Architektur in Weimar – dicht an dicht reihen sich diese geschichtsträchtigen Orte wie Perlen einer Kette aneinander. Hier wirkten kluge Köpfe wie Luther, Wieland, Cranach, Herder, Dix, Feininger und Gropius und haben dem Land bis heute seine unverwechselbare Identität gegeben. Doch nicht nur sie, Goethes Faust, Schillers berühmte Balladen und Bachs Toccata d-moll sind Errungenschaften, die das Land berühmt gemacht haben.

Die Liebe zu Thüringen geht aber vor allem auch durch den Magen: Was wäre schon ein Aufenthalt ohne den Genuss einer echten Thüringer Bratwurst oder von Thüringer Klößen? In den Thüringer Städten kann man sowohl in idyllischen Biergärten verweilen als auch in Spitzenrestaurants Kreationen genießen, die die begehrten Sterne, Kochmützen und Kochlöffel errungen haben. Wer sich nach einem üppigen Mahl gern aktiv betätigt, kann sich so richtig freuen: besonders an romantisch-verwunschenen Flusstälern steht eine Auswahl an mit dem Rollstuhl nutzbaren Wander- und Radwegen für Entdeckungen zur Verfügung.

Für ausgiebige Entspannung sorgen die vielen Wellness-Oasen, Kur- und Erholungsorte. Sie überzeugen mit ihren natürlichen Heilmitteln wie Sole, Moor, Mineralien oder ihrem besonders guten Klima. Und da sind die ländliche Abgeschiedenheit, die Ruhe, die idyllischen Täler und die vielen kleinen Städte. Und wer sich dies alles vor Augen führt, wird denken: Wunderbar, das also ist Thüringen, welch ein schönes Land!

Deutschland / Thüringen

 **Ankommen**

Thüringen liegt im Zentrum Deutschlands. Es grenzt an fünf weitere Bundesländer: Niedersachsen, Sachsen-Anhalt, Sachsen, Bayern und Hessen. Über die Autobahnen A4, A9, A38, A71 und A73 sind das Bundesland und viele seiner Regionen unkompliziert per PKW erreichbar. Seit Dezember 2017 ist Thüringen die schnelle Mitte Deutschlands. Der Hauptbahnhof der Landeshauptstadt Erfurt ist seitdem das ICE-Drehkreuz für die neuen Hochgeschwindigkeitsstrassen Berlin – München und Frankfurt – Dresden. Die Reisezeiten aus diesen Metropolen nach Erfurt verkürzen sich dadurch auf durchschnittlich zwei Stunden.

 Sehenswürdigkeiten/ Museen

UNESCO Welterbestätten in Thüringen

Im Hinblick auf die Anzahl der UNESCO Welterbestätten zählt Thüringen zu den bundesweit führenden Ländern. Der Nationalpark Hainich ist mit vier weiteren Schutzgebieten in Deutschland Teil der Welterbestätte „Buchenwälder der Karpaten und Alte Buchenwälder Deutschlands". Die UNESCO-Biosphärenreservate „Thüringer Wald" und „Rhön" zeigen außergewöhnliche Mittelgebirgslandschaften und bunt blühende Bergwiesen umgeben von Buchen- und Fichtenwäldern.

Abgesehen von den bedeutenden Naturschätzen Thüringens gehören auch spektakuläre Kulturgüter zur Welterbeliste: Die Wartburg als Wahrzeichen Eisenachs wurde über Jahrhunderte von weltweit bedeutenden Ereignissen und Persönlichkeiten geprägt. Hier übersetzte Martin Luther als „Junker Jörg" das Neue Testament ins Deutsche und legte damit einen wesentlichen Grundstein für die heutige deutsche Sprache.
Das Klassische Weimar besticht durch die Wirkungsstätten von Goethe, Wieland, Herder und Schiller, während die Bauhausstätten ganz im Zeichen der Moderne stehen.

Erfurt lockt mit einer der beliebtesten historischen Altstädte

Die Landeshauptstadt Erfurt ist ein wahres Kulturjuwel: Hier hat man die wunderbare Möglichkeit, einen der am besten erhaltenen und größten mittelalterlichen Stadtkerne Deutschlands zu erkunden. Besonders beeindruckend ist, neben den aufwendig restaurierten Patrizier- und Fachwerkhäusern, die Krämerbrücke mit ihren zahlreichen Kunsthandwerk- und Antiquitätengeschäften. Überragt wird das ganze Ensemble von der einzigartigen Kulisse des Doms St. Marien und der Severikirche auf dem Domberg. Hier finden alljährlich die effektvoll inszenierten Erfurter DomStufen-Festspiele statt. Naturliebhaber finden zudem auf der Gartenausstellung egapark eine ausgedehnte Pflanzenschau.

Als einer der ersten nach „Reisen für Alle" zertifizierten Tourismusorte und Gründungsmitglied der Arbeitsgemeinschaft „Leichter Reisen – Barrierefreie Urlaubsziele in Deutschland" bietet Erfurt zahlreiche Angebote, die hinsichtlich ihrer Eignung für Gäste mit Behinderung getestet wurden. 2020 wurde die Erfurt Tourismus und Marketing GmbH für in fünf Urlaubsinspirationen zusammengefasste barrierefreie Angebote mit dem 3. Platz des Bundesteilhabepreises ausgezeichnet.

Weimar mit 16 Objekten auf der Welterbeliste der UNESCO

In Weimar lud Herzogin Anna Amalia regelmäßig zum Musenhof ein und versammelte dabei Dichter und Philosophen um sich wie Herder, Wieland und Goethe. Letzterer legte gemeinsam mit Schiller den Grundstein für eine neue Epoche – ihre Werke bilden Kernstücke

Goethe Büsten im Goethe-Nationalmuseum Weimar
© Thüringer Tourismus GmbH: Maik Schuck

Deutschland / Thüringen

der deutschen Klassik. Bis heute können die authentischen Schauplätze sowie originalen Handschriften in der UNESCO-Welterbestadt Weimar bestaunt werden. Seit Generationen lockt die innerstädtische „Kulturmeile" mit den insgesamt 27 Museen Gäste aus aller Welt in die Stadt an der Ilm.

Die Herzogin-Anna-Amalia-Bibliothek, der Park an der Ilm oder das Goethe-Nationalmuseum mit dem Wohnhaus sind nur einige der zahlreichen Sehenswürdigkeiten Weimars, für die auch für Gäste mit Mobilitätseinschränkungen Zugänglichkeit geschaffen wurde. Seit 2019 hat Weimar zudem ein neues Kulturquartier: Dicht nebeneinander können Besucher das neu errichtete, auch architektonisch außergewöhnliche Bauhaus Museum Weimar und das ebenfalls umgestaltete Museum Neues Weimar besuchen. Und es gibt noch ein weiteres neues, spannendes Museum: das Haus der Weimarer Republik mit einer Ausstellung über die erste deutsche Demokratie und die Zeit damals.

 Natur-Urlaub in Thüringen

Mit den insgesamt acht Nationalen Naturlandschaften kann Thüringen ordentlich punkten. Sie nehmen rund ein Drittel der Landesfläche ein und bieten dem Gast eine artenreiche Natur und imposante Landschaften. In einer dieser Naturlandschaften wartet eine ganz besondere Besucherattraktion: Der im Nationalpark Hainich gelegene Baumkronenpfad führt den Besucher in einen sonst unzugänglichen Bereich des Nationalparks, dem „Urwald mitten in Deutschland".

In 44 Metern Höhe geht es auf einem Pfad durch die Baumkronen und so wird der direkte Einblick in die Welt der Baumwipfelbewohner ermöglicht. Von dort oben eröffnet sich ein fantastischer Blick über den Hainich sowie in das Thüringer Becken – dank Aufzug auch für Rollstuhlfahrer erlebbar. Ganz in der Nähe des Baumkronenpfades lädt die neue WALDPROMENADE zum Spazieren und Lustwandeln ein. Hauptakteur des Weges ist der Wald selbst – seine schlichte Schönheit und seine beruhigende, Kraft spendende Sinnlichkeit.
Die barrierefreie Gestaltung garantiert einen komfortablen und stressfreien Rundgang (1,2 km). Mehrere Ruheinseln, wie die WALDBAR oder die WALDWONNE, und einige Aktionselemente, wie das WALDKONZERT, laden zum Verweilen ein.

 Top Gastgeber Thüringen

Sie sind auf der Suche nach einer passenden Unterkunft? Vielleicht entscheiden Sie sich ja für einen TOP Gastgeber Thüringen. Sie wurden alle vor Ort besucht und sorgfältig ausgewählt. Ihr herausragender Service und individueller Charme haben absolut überzeugt. Was sie so einzigartig macht: Sie sind Gastgeber aus Leidenschaft! Sie sorgen jeden Tag aufs Neue für höchste Qualität, und sie legen Wert auf eine warmherzige und persönliche Atmosphäre. Gutes Essen, frische und regionale Zutaten sind für sie eine Selbstverständlichkeit.

Manchmal kommen die Gaumenfreuden auch direkt vom eigenen Kräuterbeet und die Fruchtaufstriche von den Obstbäumen hinter dem Ferienhaus. Häuser wie beispielsweise das Bio-Seehotel in Zeulenroda, das Biohotel Stiftsgut Wilhelmsglücksbrunn, der Landgasthof „Alter Bahnhof" in Heyerode oder die Ferienhäuser des WaldResorts am Nationalpark Hainich sind darüber hinaus nach dem Kennzeichnungssystem „Reisen für Alle" zertifiziert und bieten Übernachtungsmöglichkeiten für Gäste mit Mobilitätseinschränkung.

 Barrierefreies Reisen in Thüringen

Damit ein Urlaub in Thüringen für Jedermann unbeschwert und erlebnisreich wird, hat man sich hierzulande barrierefreies Reisen auf die Fahnen geschrieben. Entspannung im Hotel an der Therme Bad Sulza mit der angrenzenden Toskana Therme, die riesige kleine Welt der Modellbahn in Wiehe oder die über 800 Jahre alte Leuchtenburg, auf der man in die Geschichte des Porzellans eintaucht – all diese Attraktionen und noch vieles mehr können Menschen in ihrem Urlaub in Thüringen barrierefrei entdecken und erleben.

Knapp 70 touristische Attraktionen und Unterkünfte sind nach dem deutschlandweiten Kennzeichnungssystem „Reisen für alle" zertifiziert. Auch die Thüringer Tourismus GmbH weiß, wie wichtig zuverlässige und geprüfte Angaben zur Barrierefreiheit für eine Reiseentscheidung sind. Über die zertifizierten Betriebe hinaus wurden weitere etwa 300 touristische Einrichtungen von ausgebildeten Erhebern besucht, vermessen und dokumentiert.

THÜRINGEN
EICHSFELD

Winter in Eichsfeld

Deutschland / Thüringen / Eichsfeld

Bildungs- und Ferienstätte Eichsfeld
37318 Uder

Eichenweg 2
Tel.: 036083 42311, Fax: 036083 42312
E-Mail: info@bfs-eichsfeld.de
Web: www.bfs-eichsfeld.de

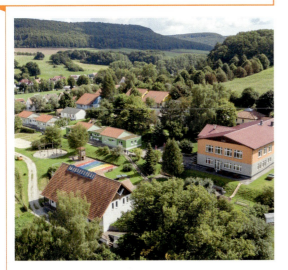
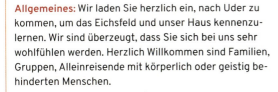

Allgemeines: Wir laden Sie herzlich ein, nach Uder zu kommen, um das Eichsfeld und unser Haus kennenzulernen. Wir sind überzeugt, dass Sie sich bei uns sehr wohlfühlen werden. Herzlich Willkommen sind Familien, Gruppen, Alleinreisende mit körperlich oder geistig behinderten Menschen.

Insgesamt 96 Betten in 53 Zwei- und Einbettzimmern, darunter 20 rollstuhlgeeignete Zweibettzimmer und 8 rollstuhlgeeignete Einbettzimmer. Unsere Angebote garantieren fröhliche Ferien zu wirklich fairen Preisen. Ob Familienurlaub, Gruppenfreizeit oder Tagung – bei der Organisation und Pogrammgestaltung sind wir auf Wunsch gerne behilflich. Gruppenräume verschiedener Größe und Ausstattung bieten optimale Voraussetzungen für Ihr Programmvorhaben.

In einem großzügigen Außengelände verteilen sich 13 komfortabel eingerichtete Wohnhäuser mit jeweils 3 bis 5 Zimmern und einem Aufenthaltsraum. Diese kleinen Wohnbereiche ermöglichen Begegnung aber auch Rückzug. 42 Zimmer sind mit eigener DU/WC ausgestattet. Türbreiten der rollstuhlgeeigneten Zimmer und von Du/WC 86 bis 95 cm, Freiraum in Du/WC 120 x 160 cm, Dusche befahrbar und Waschbecken unterfahrbar, Duschsitze vorhanden, Bettenhöhe 55 cm.

Pflegedienst auf Anfrage. Abholservice vom Bahnhof (nach vorheriger Absprache).

Freizeit: Mit rollstuhltauglicher Kegelbahn und Sauna, Außenschach, Billard, Kicker, Darts, Beachvolleyballfeld, Grill- und Lagerfeuerplatz, verschiedenen Spiel- und Sitzgelegenheiten im Freien sowie einem wunderschön und liebevoll eingerichteten Kindergarten bieten wir Groß und Klein ideale Voraussetzungen für erholsame und erlebnisreiche Tage. Genießen Sie bei Voll- oder Halbpension in angenehmer Atmosphäre Spezialitäten der Eichsfelder Küche, traditionelle Rezepte und saisonale Gerichte.

Lage: Mitten in Deutschland gelegen ist das Eichsfeld ein sehens- und erlebenswerter Landstrich. Umgeben von Wiesen und Wald befinden sich unser Haus in ruhiger Ortsrandlage: Zur Ortsmitte und Einkaufen 300m; Arzt/Apotheke 200m; Freibad 400m; Bahnhof 1,5km; Eichsfeldtherme, Krankenhaus, Dialyse 5 km.

Preise: pro Person/Tag: VP ab 53,50 €, HP ab 46,50 €. Ausführliche Preislisten unter www.bfs-eichsfeld.de. Weitere Informationen, Gruppenangebote, Urlaubsangebote sowie Ausschreibungen für Kursveranstaltungen auf Anfrage.

THÜRINGEN
ERFURT

LEICHTER REISEN
BARRIEREFREIE URLAUBSZIELE
IN DEUTSCHLAND

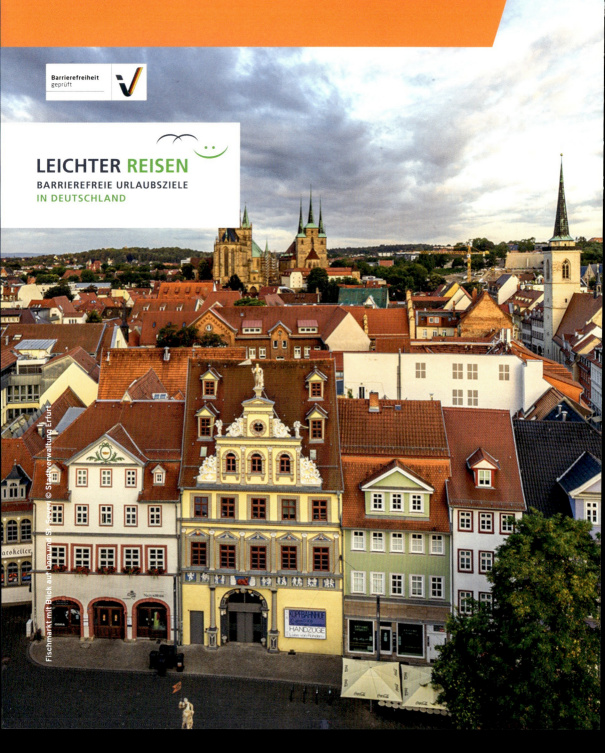

Fischmarkt mit Blick auf Dom und St. Severi © Stadtverwaltung Erfurt

Deutschland / Thüringen / Erfurt

 Erfurt erleben

Zentral im grünen Herzen Deutschlands liegt die Thüringer Landeshauptstadt, die ihre Besucher nicht nur mit einem der größten und am besten erhaltenen mittelalterlichen Stadtkerne Deutschlands verzaubert, sondern auch durch liebevoll restaurierte Fachwerkhäuser.

Das imposante Kirchenensemble von Dom St. Marien und Severikirche bildet im Sommer die Kulisse für die DomStufen-Festspiele. In der Adventszeit umrahmen die beiden Kirchen einen der stimmungsvollsten Weihnachtsmärkte Deutschlands.

Die Krämerbrücke, die mit 120 m und 32 Häusern die längste komplett bebaute und bewohnte Brücke Europas ist, lädt mit Galerien, kleinen Läden und Bistros zum Verweilen ein.

In der Erfurter Altstadt lassen sich zudem auch zahlreiche Spuren des jüdisch-mittelalterlichen Lebens entdecken. Besonders sehenswert ist die barrierefrei zugängliche Alte Synagoge aus dem 11. Jahrhundert mit dem Erfurter Schatz, der weltweit seinesgleichen sucht.

Damit sich Einheimische sowie alle Gäste ein Bild von der wunderschönen Landeshauptstadt machen können, steht auf dem Erfurter Fischmarkt ein maßstabsgetreues Modell der historischen Altstadt.

 Natur erleben mitten in der Stadt

Am Rande der Stadt befindet sich der egapark, einer der schönsten Gärten Deutschlands mit dem größten ornamental bepflanzten Blumenbeet Europas. Er lädt zur Erholung in den verschiedenen Themengärten und weiträumigen Parkanlagen ein.

Im Zentrum des egaparks erwartet die Besucher das Danakil, das einzigartige Wüsten- und Urwaldhaus, in dem gegensätzliche Welten vereint werden. Es ist zudem komplett auf die Bedürfnisse von Menschen mit verschiedensten Handicaps abgestimmt.

Ein weiterer besonderer Schatz im Park ist das Deutsche Gartenbaumuseum, das sich auf 1.500 qm der fantastischen Welt des Gartenbaus widmet und sich nach seiner Rundumerneuerung mit barrierefreiem Zugang sowie einer modernen Dauerausstellung präsentiert.

 Ein Reiseziel für alle

Vielfältige barrierefreie Angebote stehen den Besuchern in Erfurt zur Verfügung: Stadtrundfahrten im barrierefreien Altstadt-Express oder in der historischen Straßenbahn, Stadtführungen in Gebärdensprache oder für blinde und sehbehinderte Gäste, barrierefreie Pauschalangebote, Unterkünfte, kulinarische Erlebnisse, Veranstaltungen und natürlich der Besuch der zahlreichen Sehenswürdigkeiten.

Für das barrierefreie Angebot von fünf Urlaubsinspirationen wurde die Erfurt Tourismus und Marketing GmbH mit dem dritten Platz des Bundesteilhabepreises 2020 ausgezeichnet.

 Kontakt

Erfurt Tourismus und Marketing GmbH
Benediktsplatz 1
99084 Erfurt

Tel. 0361 66 40 0
info@erfurt-tourismus.de
www.erfurt-tourismus.de

Deutschland / Thüringen / Erfurt

BEST WESTERN Hotel Erfurt-Apfelstädt
99192 Nesse-Apfelstädt

Riedweg 1
Tel.: 036202 850
E-Mail: info@erfurt-apfelstaedt.bestwestern.de
Web: www.hotel-erfurt-apfelstaedt.de

Allgemeines: Mitten im Herzen Thüringens in der herrlichen Burgenlandschaft der „Drei Gleichen", befindet sich das Hotel mit direkter Anbindung zur A4 und A71 (ca. 3 km Entfernung). Die Thüringer Landeshauptstadt Erfurt erreichen Sie in 20 Minuten. Durch die günstige Lage zu den Städten Erfurt, Eisenach, Gotha, Weimar und Arnstadt bietet sich hier ein landschaftlich eindrucksvolles Bild aus Natur und einem zentralen Punkt für Erholung und ausgedehnte Touren durch das gesamte Thüringer Land.

Zimmer: Das Hotel verfügt über 99 Zimmer, ein Restaurant mit Sommerterrasse, Lobbybar und einen Freizeitbereich mit Sauna und Fitnessraum.

Ausstattung: Die Bewegungsflächen betragen vor wesentlichen, feststehenden Einrichtungsgegenständen (z.B. Schrank) 146 cm x 155 cm; links neben dem Bett 60 cm x 200 cm, rechts neben dem Bett 220 cm x 160 cm. Das Bett ist 50 cm hoch. Die Bewegungsflächen im Bad betragen: vor/hinter der Tür, vor dem WC und vor dem Waschbecken mindestens 150 cm x 150 cm; links neben dem WC 75 cm x 54 cm und rechts neben dem WC 150 cm x 54 cm. Es sind links und rechts vom WC Haltegriffe vorhanden. Die Haltegriffe sind hochklappbar. Das Waschbecken ist unterfahrbar. Der Spiegel ist im Stehen und Sitzen einsehbar. Die Dusche ist schwellenlos zugänglich. Die Bewegungsfläche in der Dusche beträgt mindestens 150 cm x 150 cm. Es ist ein Duschsitz vorhanden oder kann bei Bedarf bereitgestellt werden. Es sind Haltegriffe in der Dusche vorhanden. Es ist ein Alarmauslöser vorhanden.

Deutschland / Thüringen / Erfurt

Best Western Plus Hotel Excelsior ★★★★
99084 Erfurt

Bahnhofstraße 35
Tel.: 0361-5670 360, Fax: 0361-5 67 01 00
E-Mail: reservierung@excelsior.bestwestern.de
Web: www.excelsior.bestwestern.de

Allgemeines: Herzlich Willkommen im Best Western Plus Hotel Excelsior, dem familiären 4-Sterne Haus im Zentrum der Thüringer Landeshauptstadt.

Von hier aus ist kein Weg zu weit – ob Altstadtbummel, Shoppingtour oder ein Tagesausflug vom Hauptbahnhof aus, wir liegen direkt im Herzen Erfurts.

In unserem 2019 neu erbauten „Gästehaus Thomas", direkt neben dem Parkplatz unseres Hotels gelegen, befinden sich 3 barrierefreie, moderne und klimatisierte Zimmer mit einer Größe von ca. 35 qm.

Die Zimmer sind mit spezieller Ausstattung eingerichtet wie z.B. herunterziehbare Kleiderhaken, einem unterfahrbaren Waschbecken, fest montierter Duschsitz etc.

Auf unserem Hof steht 1 barrierefreier Parkplatz zur Verfügung.

Lage: Nur 200 Meter vom Hauptbahnhof gelegen, finden Sie in unserem Hotel einen idealen Ausgangspunkt für Ihre Ausflüge.

Das historische Zentrum der Stadt befindet sich nur wenige Minuten vom Hotel entfernt. Zahlreiche Geschäfte, Bäckereien, Apotheken usw. befinden sich in unmittelbarer Umgebung.

Küche: Im Haus steht ein Frühstücksrestaurant mit umfangreichen Buffet und eine Hotelbar zur Verfügung. Beide Räumlichkeiten sind mit dem Rollstuhl befahrbar.

Preise: Einzelzimmer ab 109,00 €
Doppelzimmer ab 139,00 €

WLAN kostenlos

THÜRINGEN
WARTBURG-HAINICH

Wartburg in Eisenach © Thüringer Tourismus GmbH/Anna-Lena Thamm

Deutschland / Thüringen / Wartburg-Hainich

Landgasthof „Alter Bahnhof" Heyerode
99988 Südeichsfeld OT Heyerode

Diakonie Doppelpunkt e. V., Bahnhofstr. 69
Tel.: 036024 62310
E-Mail: info@landgasthof-hainich.de
Web: www.landgasthof-hainich.de

Allgemeines: Der Landgasthof „Alter Bahnhof" bietet regionale Küche und Übernachtungen in barrierefreien Ferienhäusern (Erdgeschoss) an. In exklusiver Alleinlage am Ortsrand im Naturpark Eichsfeld-Hainich-Werratal können Sie aktiven und erholsamen Urlaub erleben. Viel Platz zum Spielen, Tiere zum Streicheln, ein Rad- und zwei Wanderwege bieten abwechslungsreiche Ferientage. Den Nationalpark Hainich mit dem barrierefreien Baumkronenpfad, die Wartburg und die mittelalterliche Reichsstadt erreichen Sie in der Nähe. Die 4 Ferienhäuser von 80-95 m² sind im Erdgeschoss für 1-3 Personen mit Rollstuhl (insgesamt 8-10 Personen) konzipiert. Wir bitten um Verständnis, dass das Rauchen in den Ferienhäusern nicht erwünscht ist.

Zimmer & Bad im Erdgeschoss: Geeignet für Rollstuhlfahrer: Alle Türen sind mind. 93 cm breit, Freiraum im Bad 140 x 120 cm, Dusche befahrbar, stabiler Duschklappsitz, WC-Höhe 48 cm, Freiraum links neben WC 120 cm, davor 150 cm, Waschbecken unterfahrbar, Haltegriffe an Dusche, WC und Waschbecken vorhanden.

Ausstattung: Die Ferienhäuser sind im Erdgeschoss im Flur, Wohnküche und Bad mit Bodenfliesen und im Schlafzimmer mit Teppichboden ausgestattet. Alle Türen sind mindestens 93 cm breit. Das Badezimmer ist rollstuhlgerecht eingerichtet. Zwei Ferienhäuser verfügen über ein Zweibettzimmer mit Pflegebett (Liegefläche jeweils 90 x 200 cm) ist erhöht. Kopf- und Fußteil sowie die Liegehöhe sind elektromotorisch verstellbar. Behindertengerechte Stellplätze für PKW und Kleinbusse sind vorhanden.

Preise: ab 25,50 € pro Person, Mindestbelegung 4 Pers.

Deutschland / Thüringen / Wartburg-Hainich

AWO SANO Thüringen gGmbH
98559 Oberhof

Zellaer Str. 48
Tel.: 036 842 28 10, Fax: 036 842 281 55
E-Mail: info@ferienzentrum-oberhof.de
Web: www.ferienzentrum-oberhof.de

Allgemeines: Freuen Sie sich auf einen aktiven und erholsamen Urlaub im Thüringer Wald zu jeder Jahreszeit, auch als Skiurlaub mit Kindern oder als Wanderurlaub für groß und klein. Das Ferienzentrum Oberhof ist eine gemeinnützige Einrichtung und wendet sich besonders an Kinder, Jugendliche und Familien. Gemeinnützig bedeutet, dass die familienfreundlichen Preise keine Mehrwertsteuer enthalten und wir so besonders Familien mit mittleren oder kleinen Einkommen unterstützen können. Je nach dem, in welchem Bundesland Sie wohnen, kann es einen öffentlichen Zuschuss zu Ihrer Urlaubskasse geben.

Voraussetzungen/Beispiele: Sie haben das 75. Lebensjahr vollendet; Sie haben eine ärztliche Bestätigung für die besondere Erholungsbedürftigkeit; Sie sind schwerbehindert. Wir informieren Sie gern detailliert darüber. Anhand von vier Kriterien können wir feststellen, ob wir Ihnen die Mehrwertsteuer erlassen können. Das Ferienzentrum ist auch für Menschen mit Behinderung geeignet. Parkplatz, Eingang Türbreite 192 cm), Rezeption, Frühstücksraum und Restaurant sind stufenlos erreichbar.

Zimmer & Bad: Alle Zimmer sind mit dem Aufzug (Aufzugstüre 90 cm breit, Tiefe 140 cm, Breite 110 cm) ohne Barrieren zu erreichen. Geeignet für Rollstuhlfahrer sind 8 Zimmer, für Gehbehinderte 20 Zimmer (mit dem Aufzug stufenlos erreichbar). Türbreite der rollstuhlgeeigneten Zimmer 81 cm, von Du/WC 81 cm. Bettenhöhe 50 cm, elektrisch höhenverstellbare Betten vorhanden. Bewegungsfreiraum in Du/WC 200 x 200 cm. Freiraum links neben dem WC 60 cm, rechts 35 cm, davor 200 cm. Haltegriff links und rechts neben dem WC sowie Toilettenaufsatz vorhanden. Dusche schwellenlos befahrbar, festmontierter Duschsitz, stabiler Duschstuhl und Haltegriffe an der Duschwand vorhanden. Waschbecken unterfahrbar. Rollstuhlgerechte Sauna im Haus.

Lage: Oberhof liegt in einer Mittelgebirgslandschaft auf einem Hochplateau. Die Umgebung ist leicht hügelig, die Wege sind asphaltiert. Das Ferienzentrum Oberhof liegt direkt am Rennsteig, bis zum Ortskern sind es nur 10 Minuten zu Fuß.

Freizeit & Umgebung: Tobiashammer in Ohrdruf, Meininger Theater, Märchenhöhle Walldorf, Waffenmuseum Suhl, Naturkundemuseum Gotha, Exotarium Oberhof, Golf-Kletterpark Oberhof. Große Wiese, Spiel- und Kleinsportplatz, Rodelhang und Skilifte in der Nähe des Ferienzentrums, Biathlonstadion, Bob- und Rennschlittenbahn, Sprungschanzen, Skilanglaufhalle, Alpinhang. Umfangreiches Wander-, Loipen- und Mountainbikestreckennetz. Wellness- und Gesundheitsangebote, H2 Oberhof Wellnessbad, Rennsteiggarten.

Deutschland / Thüringen / Wartburg-Hainich

Preise: Buchbar sind Einzel-, Doppel-, Mehrbett- und Familienzimmer sowie Familienappartements. Insgesamt 70 moderne Zimmer (davon 8 rollstuhlgerecht) für Einzelreisende, Familie, Jugendgruppen, Klassen und Vereine als Einzel-, Doppel- und Vierbettzimmer mit Dusche/WC und TV. Familienzimmer mit separaten Schlafräumen. Sport- und Fitnessraum, Kinderspielzimmer, Sauna- und Gesundheitsbereich, Gymnastikraum. Halb- und Vollpension buchbar. Nichtraucherhaus, kostenloses WLAN, Fahrradraum und Fahrradverleih, Pkw- und Busparkplätze. Preise pro Person/Nacht vom 27.02. bis 18.12.2022 (in Klammern der nicht begünstigte Preis): Erwachsene inkl. Frühstück ab 39,- € (47,- €), inkl. Habpension ab 50,- € (60,- €), inkl. Vollpension 57,- € (68,- €). Kind 9-15 Jahre inkl. Frühstück ab 28,- € (34,- €), inkl. Habpension ab 36,- € (43,- €), inkl. Vollpension ab 42,- € (50,- €). Kind 3-8 Jahre inkl. Frühstück ab 19,- € (23,- €), inkl. Habpension ab 25,- € (30,- €), inkl. Vollpension ab 30,- € (36,- €). Kind 0-2 Jahre frei. Einzelzimmerzuschlag/Nacht 9,- € (11,- €).

Preise pro Person/Nacht vom 19.12.2021 bis 27.02.2022 (in Klammern der nicht begünstigte Preis): Erwachsene inkl. Frühstück 42,- € (51,- €), inkl. Habpension 53,- € (63,- €), inkl. Vollpension 60,- € (72,- €).

Kind 9-15 Jahre inkl. Frühstück 29,- € (36,- €), inkl. Habpension 37,- € (45,- €), inkl. Vollpension 43,- € (52,- €). Kind 3-8 Jahre inkl. Frühstück 22,- € (27,- €), inkl. Habpension 28,- € (34,- €), inkl. Vollpension 33,- € (40,- €). Kind 0-2 Jahre frei. Einzelzimmerzuschlag 12- € (15,- €).

Urlaub und Pflege – Angebot im Ferienzentrum Oberhof für Angehörige und Demenzerkrankte: Im Ferienzentrum Oberhof haben pflegende Angehörige die Möglichkeit, einen gemeinsamen Urlaub mit ihren an Demenz erkrankten Partnern zu verbringen, ohne 24 Stunden am Tag die volle Verantwortung zu tragen. Ein anerkannter Pflegedienst übernimmt die Betreuung der Erkrankten in einer Gruppe von maximal 10 Personen. Das eröffnet dem Pflegenden, Zeit für sich zu haben, den Thüringer Wald und das Freizeitangebot zu genießen. Die Gruppe der Demenzerkrankten (Pflegegrade 1, 2 und 3) wird täglich umfassend betreut, nachts besteht eine Rufbereitschaft.

Preisbeispiele für Urlaub & Pflege: 7 Übernachtungen mit Vollpension inkl. Ausflüge und Freizeitaktivitäten, Unterstützung bei der Reiseplanung, Reiserücktritts- und Reiseabbruchversicherung ab 559,- € / Person. 9 Übernachtungen mit Vollpension ab 710,- € / Person. Der Pflegedienst rechnet im Rahmen der Verhinderungspflege mit der Pflegekasse ab.

Deutschland / Thüringen / Wartburg-Hainich

Schlosshotel Am Hainich
99820 Hörselberg-Hainich OT Behringen

Hauptstraße 98
Tel.: 036 254 850 90, Fax: 036 254 850 949
E-Mail: info@schlosshotel-am-hainich.de
Web: www.schlosshotel-am-hainich.de

Allgemeines: Urlaub in liebevoller Atmosphäre unter dem Motto „Urlaub für alle".

Das Schlosshotel am Hainich befindet sich in der Gemeinde Hörselberg-Hainich, zentral im Ortsteil Behringen, am Rande des Nationalparks Hainich. Von hier aus bestehen ideale Bedingungen, um zu Fuß, per Rad oder mit der Pferdekutsche den Hainich zu erkunden.

Der Nationalpark Hainich, seit 2011 UNESCO Naturwelterbe, verzaubert durch seine faszinierende, unberührte Landschaft mit einer seltenen Pflanzen- und Tierwelt. Hier lautet die Devise: „Natur – Natur sein lassen".

Das bekannteste Ausflugsziel ist der Baumkronenpfad, der in dieser Form wohl einzigartig in Deutschland ist. Er führt in 24 m Höhe rund 500 Meter weit durch die Wipfel der Bäume. Hier finden sich zahlreiche Erläuterungen zur Natur.

Es gibt einen behindertengerechten Fahrstuhl, der auch mobilitätsbehinderte Gäste auf den Pfad bringt.

Aber auch andere Ausflugsziele in die nähere und weitere Umgebung Thüringens, wie beispielsweise Eisenach, Bad Langensalza, Gotha, Erfurt und Weimar, ermöglichen eine abwechslungsreiche Gestaltung für den Aufenthalt.

Das Schlosshotel am Hainich wurde 2005 liebevoll und sachkundig durch die Gemeinde Hörselberg-Hainich zu einem barrierefreien Hotel restauriert.

Seither bietet das Schlosshotel Menschen mit oder ohne Handicap die Möglichkeit, unbeschwert Urlaub und Freizeit zu genießen.

Deutschland / Thüringen / Wartburg-Hainich

Zimmer & Bad: Das barrierefreie Hotel bietet 25 Hotelzimmer, von denen 18 als barrierefreie Zimmer eingerichtet sind. Einzel- und Doppelzimmer sowie Appartements sind komfortabel ausgestattet und können nach den individuellen Wünschen der Gäste und Reisegruppen ausgestattet werden.

Aufbettungen sind jederzeit möglich und Parkplätze stehen ausreichend zur Verfügung.

Das Schlosshotel verfügt über Konferenzräume bis 50 Personen und moderne Tagungstechnik.

Aktuelle Tagungspauschalen finden Sie auf www.schlosshotel-am-hainich.de.

Gerne organisieren die MitarbeiterInnen individuelle Rahmenprogramme nach Absprache.

Preise: Zimmerpreise für das Jahr 2022 inkl. Frühstück: Einzelzimmer 68 € pro Nacht, Doppelzimmer 95 € pro Nacht, Appartement 105 € pro Nacht, Aufbettung 29 € pro Nacht / Person, Halbpension 20 € pro Person/Tag, Vollpension 28 € pro Person/Tag, Haustier 7,50 €

Besonderer Service: Pflegebetten und weitere Hilfsmittel, Pauschalangebote, Organisation und Durchführung von Tagungen.

Das Hausprospekt und Infomaterial erhalten Sie gerne unter Tel.:036 254 850 90 oder per E-Mail an: info@schlosshotel-am-hainich.de.

Deutschland / Thüringen / Zeulenrodaer Meer

Bio-Seehotel Zeulenroda GmbH & Co. KG
07937 Zeulenroda-Triebes

Bauerfeindallee 1
Tel. : 036628 980, Fax: 036628 98 100
E-Mail: info@bio-seehotel-zeulenroda.de
Web: www.bio-seehotel-zeulenroda.de

Allgemeines: Am idyllischen Ufer des Zeulenrodaer Meeres und im staatlich anerkannten Erholungsort gelegen, bietet das Bio-Seehotel einen der reizvollsten Anlaufpunkte für einen erlebnisreichen Aufenthalt im Thüringer Vogtland. Im ausgezeichneten Familien-, Wellness- und Tagungshotel erleben Sie das gute Gefühl bestens aufgehoben zu sein. Kulinarische Fülle wird mit frischen Bio-Produkten aus der Region und der hauseigenen Backstube und Fleischerei geboten. Das Panorama Spa, der hotelnahe Strand und das wunderschöne Naturareal machen das Bio-Seehotel zu einem einzigartigen Erlebnisort zu jeder Jahreszeit. Von „Reisen für Alle" wurde das Bio-Seehotel auf „barrierefrei" für Menschen mit Gehbehinderung, mit Hörbehinderung und „teilweise barrierefrei" für Rollstuhlfahrer geprüft.

Zimmer & Bad: Erleben Sie den großzügigen Wohnkomfort nach DIN 118040-2 und die hohe Schlafqualität, variabel buchbar mit Außenterrasse. Wählen Sie zwischen zwei Einzelbetten oder einem Doppelbett. Breite Gänge und ein barrierefreies Bad bieten ausreichend Bewegungsfreiheit in einem der acht barrierefreien Zimmer.

Wellness: Entspannen mit Weitblick – und Barrierefreiheit. Neben dem rollstuhlgerechten Zugang zu allen Bereichen des Panorama Spa stehen Ihnen ein Duschrollstuhl, ein Pool-Lift und eine rollstuhlgerechte Toilette zur Verfügung.

Freizeit & Umgebung: Die Region bietet zahlreiche barrierefreie Angebote, darunter der Promenadenweg (ca. 3 km) zwischen Bio-Seehotel und den MANOAH – Häusern am See. Des Weiteren gewährt der Badezugang am Strandbad inkl. Baderollstuhl-Verleih, der Rundweg um die Vorsperre Riedelmühle (ca. 3 km), der Moorerlebnispfad Pöllwitzer Wald (ca. 650 m lang), das Städtische Museum und das Tiergehege weitere Möglichkeiten für barrierefreie Ausflüge.

Deutschland / Thüringen / Zeulenrodaer Meer

MANOAH – Häuser am See
07937 Zeulenroda-Triebes

Bleichenweg 30c
Tel. 036628 98 333, Fax: 036628 98 100
E-Mail: info@manoah.haus
Web: www.manoah.haus

Allgemeines: Die MANOAH – Häuser am See befinden sich direkt am Zeulenrodaer Meer. Umgeben von Wald und mitten im „grünen Herzen" Deutschlands, im staatlich anerkannten Erholungsort Zeulenroda. In einem MANOAH – Haus können Sie zu jeder Jahreszeit und bei jedem Wetter eine erholsame Auszeit verbringen.

Genießen Sie Ihren Urlaub als Familie, Paar, als Reisende mit besonderem Komfortbedürfnis oder als Aktivurlauber, welche die Annehmlichkeiten einer Ferienunterkunft in Seenähe zu schätzen wissen.

Jedes der 21 chaletartigen Feriendomizile ist mit hochwertigen Naturmaterialien ausgestattet und ist technisch auf dem neuesten Stand. Drei unterschiedliche Haustypen bieten, auf einer Fläche von 60 bis 80 m^2, Platz für bis zu sechs Personen. Sechs Häuser sind nach DIN 118040-2 barrierefrei ausgestattet und von „Reisen für Alle" zertifiziert.

Zimmer & Bad: ca. 60 m^2 Wohnfläche, Wohn- und Essbereich mit Seeblick, 1 Schlafzimmer (Zirbenholz-Doppelbett 2,00 x 1,80 Meter), eine Couch zum Aufbetten (auf Anfrage) mit einer Liegefläche von 2,00 x 1,50 Meter, Terrasse mit Grillmöglichkeit, geräumiges Tageslichtbad mit WC, Dusche mit Duschsitz, Haltegriffen am WC, Dusche und Waschbecken. Voll ausgestattete Küche mit Backofen, Nespresso Kapselmaschine, Toaster, Wasserkocher u. v. m. Türenbreite 90 cm, extra Parkplätze.

Umgebung: In direkter Nähe steht der barrierefreie MANOAH-MARKT. In 10 Automaten findet man z. Bsp.: Heiß- und Kaltgetränke, Haushaltsartikel, Eis, Brot & Brötchen sowie Wurst aus hauseigener Produktion des Bio-Seehotels, Marmeladen, regionale Spezialitäten und viele andere Köstlichkeiten sowie nützliche Dinge zur Selbstverpflegung.

Anzeige

Außerdem auf www.rolli-hotels.de

Hohenwart Forum
75181 Pforzheim-Hohenwart
Baden-Württemberg

Schönbornstraße 25, Tel.: 072346060
E-Mail: info@hohenwart.de
Mehr Details unter:
www.rolli-hotels.de/hotel/31/Hohenwart-Forum

Vital Hotel an der Therme GmbH
91438 Bad Windsheim
Bayern
Erkenbrechtallee 14, Tel.: 09841 689 990
E-Mail: info@vital-hotel-adt.de
Mehr Details unter:
www.rolli-hotels.de/hotel/123/Vital-Hotel-an-der-Therme-GbmH

Witikohof
94145 Haidmühle
Bayern
Hauptstraße 24, Tel.: 08550 96190
E-Mail: info@witikohof.de
Mehr Details unter:
https://www.rolli-hotels.de/hotel/45/Witikohof

Haus Abendrot
88175 Scheidegg
Bayern
Obere Spielershalde 14, Tel.: 0162 1734171
E-Mail: haus.abendrot.scheidegg@gmail.com
Mehr Details unter:
https://rolli-hotels.de/hotel/54/Haus-Abendrot

Barrierefreie Ferienwohnungen Allgäu
87459 Pfronten
Bayern
Öscher Weg 4, Tel.: 08362 91700

Mehr Details unter:
https://rolli-hotels.de/hotel/87/Barrierefreie-Ferien-wohnungen-Allgäu

Außerdem auf www.rolli-hotels.de

Haus Fabelhaft
94089 Neureichenau
Bayern
Riedelsbach 46, Tel.: 08583 2454
E-Mail: Haus.Fabelhaft@t-online.de
Mehr Details unter:
https://www.rolli-hotels.de/hotel/92/Haus-Fabelhaft

Ferienwohnung Main-Lieblingsplatz
97737 Gemünden
Bayern

Langenprozeltener Straße 95c, Tel.: 015224610062
E-Mail: Main-Lieblingsplatz@t-online.de
Mehr Details unter:
https://www.rolli-hotels.de/hotel/152/Ferienwohnung-Main-Lieblingsplatz

**Steigenberger Hotel
Am Kanzleramt**
10557 Berlin

Ella-Trebe Str. 5, Tel.: 030 74 07 430
E-Mail: reservations.kanzleramt-berlin@steigenberger.com
Mehr Details unter:
www.rolli-hotels.de/hotel/129/Steigenberger-Hotel-Am-Kanzleramt

**Hotel Dietrich-Bonhoeffer-Haus
Am Kanzleramt**
10117 Berlin

Ziegelstraße 30, Tel.: 030 284670
E-Mail: info@hotel-dietrich-bonhoeffer.de
Mehr Details unter:
https://www.rolli-hotels.de/hotel/80/Hotel-Dietrich-Bonhoeffer-Haus

Ferienhaus Neuenhagen
15366 Neuenhagen
Brandenburg

Usedomstraße 9, Tel.: 03375 56 906 64
E-Mail: info@ferienhaus-neuenhagen.de
Mehr Details unter:
www.rolli-hotels.de/hotel/124/Ferienhaus-Neuenhagen

Außerdem auf www.rolli-hotels.de

Ferienhaus Altstadtblick Bad Wildungen
34537 Bad Wildungen
Hessen

Schanzenweg 17, Tel.: 0151 29189878
E-Mail: ferien@beysshaus.de
Mehr Details unter:
https://www.rolli-hotels.de/hotel/145/
Ferienhaus-Altstadtblick-Bad-Wildungen

Van der Valk Hotel Hildesheim
31134 Hildesheim
Niedersachsen

Markt 4, Tel.: 05121 300 626
E-Mail: info@hildesheim.valk.com
Mehr Details unter:
www.rolli-hotels.de/hotel/135/Van-der-Valk-Hotel-Hildesheim

Kino-Hotel Meyer
21698 Harsefeld
Niedersachsen

Marktstraße 19, Tel.: 0416481460
E-Mail: anfrage@kino-hotel.de
Mehr Details unter:
https://rolli-hotels.de/hotel/28/Kino-Hotel-Meyer

Ferienhof Hollwege
26123 Oldenburg
Niedersachsen

Feldkamp 6, Tel.: 0441 3 70 85
E-Mail: m.k-hollwege@t-online.de
Mehr Details unter:
https://rolli-hotels.de/hotel/30/Ferienhof-Hollwege

Hof Heinemann
27798 Hude-Wüsting
Niedersachsen

Neuenweger Reihe 18, Tel.: 04484-958218
E-Mail: bettina@hofheinemann.de
Mehr Details unter:
https://rolli-hotels.de/hotel/53/Hof-Heinemann

Außerdem auf www.rolli-hotels.de

Ferienwohnung Haus Aschwege
26160 Bad Zwischenahn-Ekern
Niedersachsen

Wischenweg 1a, Tel.: 04403 46 30
E-Mail: Sabineeilers@gmx.net
Mehr Details unter:
www.rolli-hotels.de/hotel/122/Ferienwohnung-Haus-Aschwege

Dorf Wangerland
26434 Hohenkirchen-Wangerland
Niedersachsen

Jeversche Str. 100, Tel.: 04463 809 79 100
E-Mail: reservierung@dorf-wangerland.de
Mehr Details unter:
www.rolli-hotels.de/hotel/121/Dorf-Wangerland

Appelbongert Landferien
46514 Schermbeck-Dämmerwald
Nordrhein-Westfalen

Dämmerwalder Straße 44, Tel.: 02865 10 457
E-Mail: willkommen@appelbongert.de
Mehr Details unter:
www.rolli-hotels.de/hotel/74/Appelbongert-Landferien

Hostel Köln
50676 Köln
Nordrhein-Westfalen

Marsilstein 29, Tel.: 0221 998 77 60
E-Mail: willkommen@hostel.ag
Mehr Details unter:
www.rolli-hotels.de/hotel/125/HOSTEL-KÖLN

Hotel Adler
48149 Münster
Nordrhein-Westfalen

Johann-Krane-Weg 24, Tel.: 0251 92456296
E-Mail: info@adlerhotelmuenster.de
Mehr Details unter:
https://www.rolli-hotels.de/hotel/127/Hotel-Adler

Außerdem auf www.rolli-hotels.de

Hotel Sportforum
18057 Rostock
Mecklenburg-Vorpommern

Kopernikusstraße 17A, Tel.: 0 381 128 848 0
E-Mail: willkommen@hotelsportforum.de
Mehr Details unter:
https://rolli-hotels.de/hotel/73/Hotel-Sportforum

Sonnenhotel Feldberg am See
17258 Feldberg
Mecklenburg-Vorpommern

Hinnenöver 18, Tel.: 040 261 00 359
E-Mail: info@rolli-hotels.de
Mehr Details unter:
https://www.rolli-hotels.de/hotel/148/Sonnenhotel-Feldberg-am-See

Lindner Nürburgring Congress Hotel
53520 Nürburg
Rheinland-Pfalz

Stefan-Bellof-Straße
Tel.: 0 2691 3025 000
Mehr Details unter:
https://rolli-hotels.de/hotel/176/Nürburgring-Hotels-&-Ferienpark--managed-by-Lindner

Dat Friedabäcker Hus
24361 Groß Wittensee
Schleswig-Holstein

Dorfstraße 38, Tel.: 04356 99 68 39
E-Mail: info@friedabaecker.de
Mehr Details unter:
https://www.rolli-hotels.de/hotel/112/Dat-Friedabäcker-Hus

Ferienwohnung Heimathafen
23774 Heiligenhafen
Schleswig-Holstein

Fischerstr. 6a, Tel.: 043 629 044 17
E-Mail: azimmer@gmx.org
Mehr Details unter:
www.rolli-hotels.de/hotel/134/Ferienwohnung-Heimathafen

Außerdem auf www.rolli-hotels.de

me and all hotel kiel
24114 Kiel
Schleswig Holstein
Kaistraße 80, Tel.: +4940 261 00 359
E-Mail: info@rolli-hotels.de
Mehr Details unter:
https://www.rolli-hotels.de/hotel/179/me-and-all-hotel-kiel

Ferienhaus Opa Hans
25882 Tetenbüll
Schleswig-Holstein

Klosterweg 2a, Tel.: 0160 854 81 63
E-Mail: info@ferienwohnung-eiderstedt-nordsee.de
Mehr Details unter:
www.rolli-hotels.de/hotel/144/Ferienhaus-Opa-Hans

Theodor-Schwartz-Haus AWO Landesverband SH e. V.
23570 Travemünde-Brodten
Schleswig-Holstein

Wedenberg 2-4, Tel.: 04502 86220
E-Mail: tsh@awo-sh.de
Mehr Details unter:
www.rolli-hotels.de/hotel/10/Theodor-Schwartz-Haus---AWO-Landesverband-SH-e. V.

Ferienhof Wisch
24217 Wisch
Schleswig-Holstein

Moor 7, Tel.: 04344 1246
E-Mail: info@ferienhof-wisch.de
Mehr Details unter:
https://www.rolli-hotels.de/hotel/113/Ferienhof-Wisch

Ferienwohnungen Dietrich
01665 Diera-Zehren
Sachsen

Fährgasse 5, Tel.: 0352 47 51422
E-Mail: FEWO-Dietrich@gmx.de
Mehr Details unter:
https://www.rolli-hotels.de/hotel/109/Ferienwohnungen-Dietrich

Anzeige

Der Rollstuhl-Kurier erscheint viermal im Jahr. Alle Ausgaben enthalten informative Berichte, klärende Interviews und lebendige Porträts aus Rubriken wie Reise, Leben, Veranstaltungen, Sport und Kultur.

Das Magazin informiert über rechtliche und technische Entwicklungen, über Hilfsangebote und Innovationen aus den Bereichen Gesundheit und Forschung. Reportagen aus allen Bereichen der Gesellschaft liefern Anregungen zur eigenen Lebensgestaltung.

Mehr zum Rollstuhl-Kurier unter www.rollstuhl-kurier.de
Kontakt: Escales-Verlag, Telefon: 040 261 003 60

Basis-Abo 24,00 € pro Jahr
Premium-Abo 39,00 € pro Jahr

Preise für **4 Heftausgaben** inkl. Versandkosten innerhalb Deutschlands.

Im Premium-Abo ist der jährlich erscheinende Reiseguide **Handicapped-Reisen** enthalten.

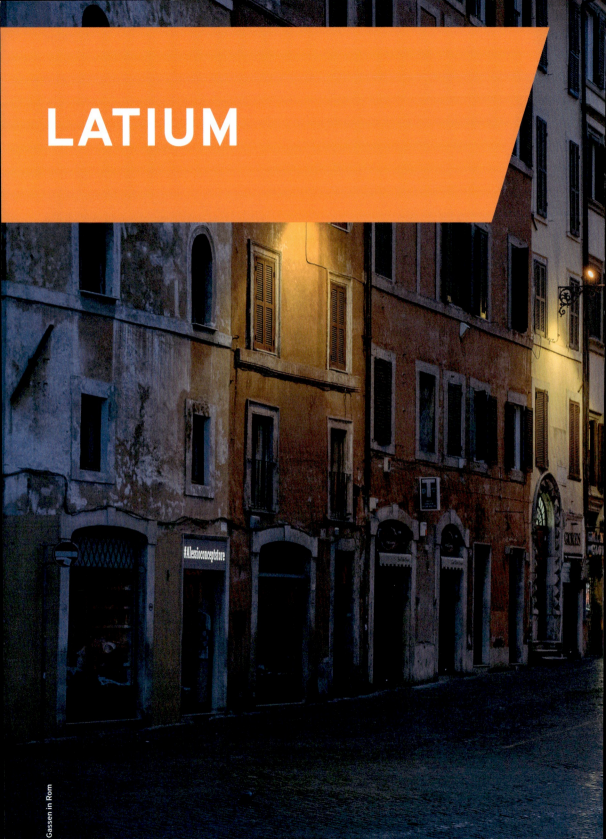

LATIUM

Gassen in Rom

Italien / Latium

Centro Ferie Salvatore
I-04017 San Felice Circeo (LT)

Via Alessandro Manzoni, 20
Tel.: 0039 0773 54 42 54, Mobil: 0039 335 844 50 32
E-Mail: germany@centroferiesalvatore.com
Web: www.centroferiesalvatore.com

Allgemeines: Familie Avagliano bietet seit fast 40 Jahren Urlaub für behinderte Menschen in San Felice Circeo an (zwischen Rom und Neapel gelegen).
Das "Centro Ferie Salvatore" zählt zu den bekanntesten Urlaubsadressen unter Rollstuhlfahrern und behinderten Menschen in Deutschland. Viele deutsche Rollifahrer zählen zu den Stammgästen, einige verbringen schon seit Jahrzehnten regelmäßig ihren Urlaub bei Familie Avagliano.

Das Centro Ferie Salvatore besteht aus einem Haupthaus und mehreren kleinen Gebäuden mit insgesamt ca. 45 Einzel-, Doppel- und Mehrbett-Zimmern.
Alle Zimmer haben ebene Dusche, Haltegriffe neben dem WC und das WC auf Rollstuhlhöhe.

Auf Wunsch können weitere Hilfsmittel wie Bettgalgen, Strickleiter oder zusätzliche Haltevorrichtungen zur Verfügung gestellt werden. Die Betten sind der Höhe eines Rollstuhls angepasst. Die Zimmer sind einfach aber zweckmäßig ausgestattet. Radio oder TV sind auf den Zimmern nicht vorhanden. Ein Fernsehgerät gibt es im Gemeinschaftsraum, ansonsten finden gesellige Abende in der Topsy-Bar statt, einem Platz mit angenehm gestaltetem Ambiente, welches auch als Restaurant dient.

Gruppen: Das Ferienzentrum verfügt über ein optimales Angebot und eine optimale Organisation auch speziell für Gruppenreisen. Von Übernachtungen bis hin zu mehrwöchigen Aufenthalten wird Ihnen bei den Vorbereitungen und auch während des Aufenthaltes mit Hilfe zur Seite gestanden. Je nach Gruppengröße und Termin werden Sonderpreise angeboten.

Es gibt immer etwas Interessantes für Sie zu tun: der Besuch einer typischen Büffelzucht, wir backen zusammen Pizza und bieten Kanufahren an.
Es wird dabei auf Ihre persönlichen Interessen und Bedürfnisse eingegangen.

Privatstrand: Ein Privatstrand der zum Centro Ferie Salvatore gehört, liegt ca. 30 Minuten Fußweg (2,7 km) vom Ferienzentrum entfernt. Mehrmals am Tag werden während der Badesaison kostenlos Transferfahrten mit dem hauseigenen, rollstuhlgerechten Kleinbus vom Ferienzentrum zum Strand durchgeführt. Am Strand sind alle Liegen auf Rollstuhlhöhe stabilisiert und haben eine kleine Plattform, die ein müheloses und selbständiges Umsetzen ermöglicht.

Italien / Latium

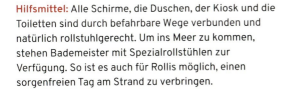

Hilfsmittel: Alle Schirme, die Duschen, der Kiosk und die Toiletten sind durch befahrbare Wege verbunden und natürlich rollstuhlgerecht. Um ins Meer zu kommen, stehen Bademeister mit Spezialrollstühlen zur Verfügung. So ist es auch für Rollis möglich, einen sorgenfreien Tag am Strand zu verbringen.

Freizeit & Umgebung: Das Ferienzentrum ist fast das ganze Jahr über geöffnet. Die Badesaison beginnt etwa Mitte Mai und endet Mitte Oktober. Viele Gäste kommen aus Deutschland. Behinderte, die nicht allein zurechtkommen, müssen eine eigene Begleitperson mitbringen.

Rom, Pompeji, die traumhaften Pontinischen Inseln und viele andere bekannte und faszinierende Orte in der Umgebung kann man als Ausflug direkt vor Ort buchen. Natürlich alles rolligerecht und mit einem Fahrer, der sich auskennt und unseren Gästen, falls unterwegs Probleme auftreten, jederzeit beisteht.

Preise: Pro Tag und Person kostet die Unterbringung im Doppelzimmer inkl. Halbpension mit reichhaltigem Frühstück sowie Lunchpaket und Abendessen je nach Saison zwischen 52,- und 75,- €. EZ-Zuschlag 30 % bis 60 %, Kinderermäßigung wird je nach Alter gewährt.

Wer mit dem eigenen Pkw anreist, erhält auf Anfrage Vorschläge für die Route sowie Tipps für rollstuhlgeeignete Hotels für eine Zwischenübernachtung. Reisende können auf Wunsch vom Bahnhof Rom oder vom Flughafen abgeholt werden (Preis für den Transfer auf Anfrage).

Kontakt: Büro in Deutschland:
Reisebüro S. Avagliano
Janssenstr. 20
45147 Essen
Tel.: 0201 70 68 95

SÜDTIROL

See in Südtirol

Italien / Südtirol

Hotel Alpin
I-39041 Gossensass/Pflerschtal

Ladurns 84, Familie Außerhofer
Tel.: 0039 047 277 01 01, Fax: 0039 047 277 00 27
E-Mail: info@hotelalpin.it
Web: www.hotelalpin.it

Allgemeines: Barrierefreies Familienhotel im Pflerschtal. Beim Bau des Hotels wurden die Belange von Familien und Rollstuhlfahrern vorbildlich berücksichtigt. Nach Einschätzung der Fachzeitschrift „Rollstuhl-Kurier" zählt es zu den zehn am besten für Rollstuhlfahrer geeigneten Beherbergungsbetriebe in Europa.

Zimmer & Bad: Alle 30 Zimmer sind barrierefrei zugänglich und verfügen über Dusche oder Badewanne, WC, Bidet, Sat-TV, Telefon, Balkon zur Südseite. 10 Zimmer haben eine befahrbare Dusche.
Türbreite Zimmertür 84 cm
Türbreite Badezimmer 82 cm (geht nach außen auf)
Duschtasse 100 x 100 cm mit Fliesen bodenbündig
Freiraum links oder rechts von Toilette 80 cm
Betthöhe inklusive Matratze 55 cm
Elektrische Betten, elektrischer Lift auf Anfrage
Aufzug 140 cm tief – 110 cm breit – Türbreite 90 cm
Türe zum Balkon 100 cm breit mit 3 cm Schwelle
Finnische Sauna + Dampfsauna mit 80 cm breiter Tür
Hallenbad 30°C mit erhöhtem Einstiegsrand zum Umsetzen 45 cm hoch; elektrischer Hebelifter, rollstuhlgerechte Dusche im Schwimmbad.

Lage: Vom Norden kommend ist das Pflerschtal das erste Seitental hinter dem Brenner, das als Geheimtipp für alle Naturliebhaber gilt (bis Sterzing 10 km). Ruhig gelegen in einem kleinen Tal und doch zentral für Ausflüge zu den Dolomiten, nach Meran, zum Kalterer See, nach Bozen (eigener Pkw empfehlenswert), zum Gardasee und vieles mehr. Das Pflerschtal gilt als eines der ursprünglichsten Täler Südtirols.

Preise: Für Halbpension pro Person / Tag je nach Zimmerkategorie und Saison 65,00 bis 90,00 €, inklusive Frühstücksbuffet, Abendessen mit 4-Gang-Menü, Salatbuffet, kostenlose Benutzung von Hallenschwimmbad 6x11 m, 30°C, Kinderbecken, finnischer Sauna, Dampfsauna, Erlebnisduschen, Ruheraum, Kinderspielraum, eigener Raucherraum.

Besonders großzügige Kinderermäßigung.
Spezielle Gruppenangebote im Frühling und im Herbst.

Italien / Südtirol

Hotel Jonathan
I-39040 Natz

Fürstnergasse 21
Tel.: 0039 0472 415 066, Fax: 0039 0472 415 014
E-Mail: info@hotel-jonathan.com
Web: www.hotel-jonathan.com

Allgemeines: Die Fachjury von independent L bewertet die Struktur des Hotel Jonathan in Südtirol als "sehr gut zugänglich". Diese dem Haus verliehene höchstmögliche Bewertung wird nur Häusern zuteil, die praktisch normgerecht sind und problemlos nutzbar sind, da sie hinsichtlich des gesamten Basisangebots (Aufenthalt/Verpflegung) und zum Großteil auch hinsichtlich der Zusatzangebote allen vom Fachteam geprüften Anforderungen entsprechen. Das Hotel Jonathan der Familie Überbacher ist ein schönes familiengeführtes Hotel mit 34 Zimmern.

Zimmer & Bad: Einige Zimmer wurden speziell für Menschen mit besonderen Bedürfnissen barrierefrei ausgelegt. Die Zimmer sind sehr großzügig und die Bäder lassen sich vollständig benutzen.

Ausstattung: Bereits der Parkplatz ist barrierefrei gestaltet und ein Autostellplatz wird für Sie am Hauseingang reserviert. Auch eine neue geräumige Tiefgarage steht Ihnen jetzt zur Verfügung.

In die Eingangshalle gelangt man ohne Hindernisse. Hier befinden sich auch das Restaurant, die Bar und die sonnige Panoramaterrasse. Der Zugang zum Fahrstuhl erfolgt bequem über eine zugängliche Rampe. Mit dem Aufzug kann man sämtliche Räumlichkeiten des Hotels barrierefrei erreichen. Freibad, Hallenbad und Sauna sind mit Hilfestellung zugänglich.

Lage: Das Hotel liegt idyllisch, ruhig und umsäumt von Obstgärten im malerischen Dorf Natz in Südtirol, oberhalb der Kurstadt Brixen.

Küche: Das Hotel bietet Halbpension, gerne auch spezielle Diätgerichte auf Anfrage sowie vegetarische Speisen.

Freizeit & Umgebung: Im Halbpensionspreis bereits enthalten sind kostenlose Eintrittstickets in barrierefreie Museen, täglich freier Eintritt in das Erlebnisbad Acquarena, Fahrten mit geeigneten Bergbahnen sowie unbeschränkte Fahrten mit allen öffentlichen Bussen und mit den Regionalzügen in ganz Südtirol.
Ein barrierefreier Urlaub in Südtirol – das Hotel Jonathan macht es möglich!

Preise: Zimmerpreis pro Nacht im Doppelzimmer inklusive Frühstück je nach Saison ab 80,- €.

Mehr Infos und zur Buchung auf unserer Hompage: www.hotel-jonathan.com

Italien / Südtirol

Hotel Masatsch – come together
I-39052 Kaltern

Oberplanitzing 30
Tel.: (0039) 0471 669522
E-Mail: info@masatsch.it
Web: www.masatsch.it

Allgemeines: Das Hotel Masatsch liegt im sonnigen Oberplanitzing bei Kaltern in Südtirol. Inmitten von Weinbergen und südlicher Vegetation erwartet Sie ein Hotel mit einem besonderen Flair.

Erleben Sie eine Unbefangenheit, die Sie vielleicht noch nie erlebt haben und die Ihnen das angenehme Gefühl vermittelt, als Gast willkommen und auch als Mensch mit besonderen Bedürfnissen erwünscht zu sein.

Zimmer & Bad: Das Hotel Masatsch verfügt über 34 großzügige und komfortabel eingerichtete Hotelzimmer mit oder ohne Balkon, sowie Suiten im Pavillon mit einem 2. Schlafzimmer im Obergeschoss und französischem Balkon. Alle Zimmer sind Nichtraucherzimmer.

Die barrierefreien Badezimmer verfügen wahlweise über befahrbare Duschen oder eine Badewanne. Bei Bedarf steht ein Personenlifter zur Verfügung.

Küche: Zahlreiche Gaumenfreuden erwarten Sie. Vom reichhaltigen Frühstücksbuffet über die abwechslungsreichen Menüs bis hin zu hausgemachten Torten.

in unserem Inklusionscafé verwöhnen wir Sie mit einem leckeren Cappuccino und hausgemachten Torten und Kuchen. Unser á la carte Inklusionsrestaurant bietet leichte, lokale und mediterrane Gerichte im Gastgarten, malerischen Innenhof oder im gemütlichen Gewölbebereich, gerne auch glutenfrei.

Aktivitäten: Das Hotel Masatsch hat viel für Ihr Wohlbefinden und Ihre Freizeit zu bieten. Genießen Sie die wohl verdiente Ruhe oder schöpfen Sie Energie beim Wandern, Radfahren oder beim Schwimmen im hauseigenen Pool (32°C).

Besonderes: Massagen + Shiatsu auf Anfrage. Kinderspielzimmer.

Lage: Nur wenige Kilometer von der Landeshauptstadt Bozen entfernt, ist das Hotel sehr leicht über die Brennerautobahn (A22), Autobahnausfahrt Bozen-Süd, weiter über die Schnellstraße Mebo in Richtung Meran, Ausfahrt Eppan, sowie über die bekannte Südtiroler Weinstraße bis kurz vor Kaltern erreichbar.

Hier folgt man wenige Kilometer der Mendelpassstraße, um dann nach links in Richtung Oberplanitzing bei Kaltern abzubiegen.

Italien / Südtirol

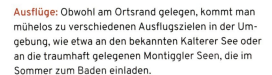

Ausflüge: Obwohl am Ortsrand gelegen, kommt man mühelos zu verschiedenen Ausflugszielen in der Umgebung, wie etwa an den bekannten Kalterer See oder an die traumhaft gelegenen Montiggler Seen, die im Sommer zum Baden einladen.

Durch diese malerische Obstbaugegend führen auch viele einfach zu bewältigende Spazier- und Fahrradwege. Der Wanderführer „Kaltern barrierefrei" bietet 15 barrierefreie Wanderungen an.

Preise: Nebensaison (Ostern bis 10.07.2022 + 02.10. – Allerheiligen) Übernachtung mit Frühstück pro Person im DZ ab 59,00 €, mit Halbpension ab 76,00 €, mit Vollpension ab 89,00 €.

Hauptsaison (11.07. – 01.10.2022) Übernachtung mit Frühstück pro Person im DZ ab 65,50 €, mit Halbpension ab 82,50 €, mit Vollpension ab 95,50 €. Zuzüglich Ortstaxe 1,20 € pro Person und Nächtigung, ausgenommen Kinder bis 14 Jahre.

Inklusive WINEpass – Mobil-Museumscard

Unsere Gäste fahren KOSTENLOS Bus und Bahn in ganz Südtirol und erhalten Spezialpreise bei Weinverkostungen und Museumsbesuchen, und vieles mehr.

Fragen Sie nach unseren Sonderangeboten!

Hotel Masatsch
come together

living conference education restaurant

401

Kenia / Diani Beach

Villa Kusini
Diani Beach, Kenia

Tel.: 0171 353 38 44 (auch whatsapp / messenger)
E-Mail: traumurlaub-kenia@t-online.de
Web: www.traumurlaub-kenia.de
Instagram: koebi.kenia
Facebook www.facebook.com/ villa.kusini.kenia

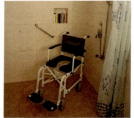

Allgemeines: Erleben Sie einen traumhaften Urlaub in Kenia in der Villa Kusini und auf einer unvergesslichen Safari durch die Nationalparks!
Familie Köbler besitzt dieses Ferienhaus in Kenia schon über 15 Jahre und hat dies schon mehrere hundertmal Rollstuhlfahrer vermietet. Das Haus wurde rollstuhlfreundlich umgebaut, weil der Bruder von Herrn Köbler über 27 Jahre im Rollstuhl saß. Viele andere Rollstuhlfahrer haben in diesem Haus inzwischen ihre Ferien verbracht sowie wunderschöne mehrtägige Safaris unternommen.

Ausstattung: Alle notwendigen Dinge, wie zwei Duschrollstühle, Duschhocker, Sauggriff, Softsitz für die Toilette usw., sind kostenfrei im Haus vorhanden.
Der Pool ist ca. 11 x 6 m groß und wird täglich gereinigt. Im Erdgeschoss befinden sich zwei Schlafzimmer, ein Badezimmer und eine Küche. Im Obergeschoss (offene Galerie ist für Rollstuhlfahrer nicht zugänglich) besteht die Möglichkeit zur Nutzung eines weiteren Doppelbetts (z.B. für Begleiter). Bei angenehmen Abendtemperaturen ist das Wohnzimmer die große, einladende Terrasse mit den vielen Sitzgelegenheiten und traumhaften Blick auf den Pool und den wunderschönen großen tropischen Garten. Hier nimmt man auch seine Mahlzeiten ein. Das hohe Makuti-Dach sorgt zusammen mit groß dimensionierten Giebelöffnungen für ein angenehmes Raumklima ohne Klimaanlage. Zusätzliche Abkühlung ist in allen Schlafräumen durch Deckenventilatoren gewährleistet. Alle Betten sind mit Moskitonetzen ausgestattet, und im eingebauten Kleiderschrank eines Schlafzimmers befindet sich ein Safe für ihre persönlichen Wertsachen. Persönlich notwendige Desinfektions- und spezielle Hygienemittel sind bitte selbst mitzubringen.

Das Haus ist mit landestypischen Möbeln eingerichtet, und man muss auf den gewohnten europäischen Komfort nicht verzichten. In der Küche sind sämtliche nötigen Elektrogeräte (Herd, Toaster, Kühlschrank mit getrenntem Gefrierfach, Kaffeemaschine, Mixer usw.) vorhanden. Die Lebensmittel sind in Kenia sehr preiswert, und es gibt alles was das Herz begehrt. Es steht den Gästen eine Köchin zur Verfügung, die auch noch das Haus putzt. Ein Gärtner reinigt täglich den Pool und hält den Garten in Ordnung (im Preis inklusive!). WLAN kostenfrei vorhanden. Einkaufsservice möglich.
Des Weiteren befindet sich auf dem Grundstück ein Nebengebäude mit Abstellräumen, Dusche und Toilette für die Angestellten.

Kenia / Diani Beach

5% RABATT für Rollstuhl-Kurier-Abonnenten

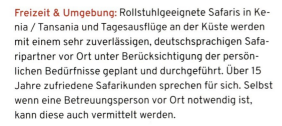

Freizeit & Umgebung: Rollstuhlgeeignete Safaris in Kenia / Tansania und Tagesausflüge an der Küste werden mit einem sehr zuverlässigen, deutschsprachigen Safaripartner vor Ort unter Berücksichtigung der persönlichen Bedürfnisse geplant und durchgeführt. Über 15 Jahre zufriedene Safarikunden sprechen für sich. Selbst wenn eine Betreuungsperson vor Ort notwendig ist, kann diese auch vermittelt werden.

Der Transfer vom Flughafen Mombasa zur Villa Kusini ist organisiert. Die deutsche Hausverwalterin Anne lebt schon seit mehr als 20 Jahre am Diani Beach und steht den Gästen während des gesamten Aufenthalts als Ansprechpartner zur Verfügung.

Lage: Die 160 qm große Villa liegt nur ca. 550 Meter vom Traumstrand Diani Beach des Indischen Ozeans entfernt. Das 1.600 qm große und tropisch bewachsene Grundstück mit hauseigenem Pool liegt in einer exklusiven Anlage mit insgesamt zehn Villen.

Nach nur wenigen Minuten Fußweg erreichen Sie den fast menschenleeren, feinsandigen Palmenstrand. Sauberes Wasser und das vorgelagerte Riff garantieren Ihnen ein traumhaftes Badevergnügen. Für die Gäste im Rollstuhl gibt es einen Zugang zum Diani Beach an einem Hotel in der Nähe (Transfer mit dem Kleinbus kann organisiert werden). Dort steht auch ein Strandmobil zur Verfügung und man kann auf einer Liegewiese unter Palmen den Tag so richtig genießen.

Preise: Die Villa kostet bei Belegung mit vier Personen je nach Saison 790,- bis 890,- € pro Woche (max. Belegung 6 Personen). Im Preis enthalten ist die Unterkunft, Personal (Köchin, Putzfrau, Gärtner, Poolreinigung), Bettwäsche- und Handtuchwechsel, Strom, Wasser, Endreinigung, WLAN. Zuverlässiger, freundlicher Transfer vom und zum Flughafen in Mombasa (bis 3 Personen). Deutschsprachige Hausverwaltung. Weitere Informationen erteilt Ihnen gerne Herr Köbler unter den zuvor aufgeführten Kontaktdaten.

Erleben Sie Ihren Traum von Afrika. Wir freuen uns auf Ihre Anfrage.

NORDHOLLAND

Niederlande / Nordholland

Apartmentanlage „De Egmonden"
NL-1931AV, Egmond aan Zee

Sportlaan 4
Tel.: +31 (0)72-7502002
E-Mail: info@de-egmonden.nl
Web: www.egmond.nl/de

Die Ruhe der Dünen verbunden mit der Geselligkeit von Egmond: Apartmentanlage „De Egmonden" wurde 2021 eröffnet und ist einzigartig in seiner barrierefreien Ausstattung! Ruhig gelegen am Rande der Dünen, bieten die Ferienwohnung jeglichen Platz und Komfort, um einen Aufenthalt am Meer genießen zu können. Das charmante Zentrum des Küstenortes Egmond aan Zee und der wunderschöne Sandstrand mit seinem Boulevard sind nicht weit entfernt.

Urlaub mit der ganzen Familie: Die 25 geräumigen Wohnungen verfügen alle über eine äußerst komfortable Ausstattung. Benötigen Sie mehr Platz für Ihre Familie, Oma, Opa, Tante, Onkel, Geschwister oder Mitreisende mit einem Rollstuhl? Die Apartments können miteinander verbunden werden, so dass Sie zusammen sind, aber dennoch über den nötigen Freiraum verfügen. Die Ausstattung passt sich Ihren Wünschen nach einem zugänglichen Urlaub an, so dass auch die ältere Generation uneingeschränkt mitgenießen kann.

Alle unsere Gäste sind Könige: Bei uns ist jeder Gast König. Unser Streben ist Zugänglichkeit für alle. Hierdurch garantieren wir unseren Gästen ein unbeschwertes Urlaubsgefühl in unserem neuen Apartmentkomplex „De Egmonden". Alle Ferienwohnungen sind für unsere Gäste uneingeschränkt zugänglich, unabhängig davon, ob Sie einen Pflegebedarf haben oder nicht. Hiermit setzen wir neue Maßstäbe in der inklusiven Gesellschaft und das ist einzigartig an der niederländischen Küste. Bei „De Egmonden" wird es Ihnen an nichts fehlen, es wurden buchstäblich alle Hürden entfernt. Auf diese Weise kombinieren Sie den häuslichen Komfort mit einem unbeschwerten Urlaub.

Die Apartments: Alles ist vorhanden, um Ihren Aufenthalt so angenehm wie möglich zu gestalten. Im Wohnzimmer finden Sie eine geräumige Sitzecke mit Fernseher und Esstisch. Die offene Küche bietet alles, was Sie benötigen, denn sie ist höhenverstellbar und zudem praktisch eingerichtet. Die Wohnung verfügt im separaten Schlafzimmer über min. 1 höhenverstellbares Bett, auch ein Bettgalgen ist auf Anfrage erhältlich. Im Badezimmer finden Sie ein Doppelwaschbecken in zwei Höhen und zwei ebenerdige Duschen, eines mit einem klappbaren Duschstuhl. Die höhenverstellbare Toilette sorgt für uneingeschränkten Komfort. Die gesamte Wohnung inkl. des Balkons ist barrierefrei.

Ausstattung Apartmentanlage: „De Egmonden" verfügt über eine Physiotherapiepraxis im Haus. Buchen Sie vor Ihrem Aufenthalt eine Behandlung bei einem der

Niederlande / Nordholland

Physiotherapeuten mit einer Vielzahl von Spezialisierungen. Bleiben Sie auch in Ihrem Urlaub in Bewegung. In unserem rollstuhlgerechten Fitnessraum finden Sie moderne Fitnessgeräte, mit denen Sie während Ihres Urlaubs weiterhin Sport- oder Kraftübungen ausüben können. Danach in die Infrarotkabine? Oder zum Aufwärmen nach einem kalten Wintertag am Strand oder zum Entspannen nach einem langen Shoppingtag. Auch die Infrarotkabine ist natürlich für Rollstuhlfahrer zugänglich.

Guten Appetit: Die Basis des Aufenthaltes ist Selbstverpflegung. Auf Wunsch kann das Abendessen aber auch im berühmten Egmonder Restaurant „Natuurlijk" bestellt werden. Die biologische Menükarte bietet eine vorzügliche Auswahl. Diese liegt bei Anreise in der Wohnung für Sie bereit. Ihre Bestellung wird direkt aus dem nahe gelegenen Restaurant in die Wohnung geliefert.

Vollpension für Gruppen: Sollte der gesamte Komplex von einer (Sport-) Gruppe gemietet wird, können wir auch die komplette Versorgung mit Frühstück, Mittag- und Abendessen anbieten. Dies ist möglich aufgrund der großzügigen eigenen Küche sowie eines Aufenthaltsraumes für Gruppen. Buchungen sind für Gruppen zwischen 25 und 100 Personen möglich.

Zukunftsorientierter Komplex: „De Egmonden" ist unter höchsten ökologischen und sozialen Anforderungen gebaut. Es ist energieneutral, ausgestattet mit Sonnenkollektoren und verfügt über Erdwärmenutzung. Kurzum: Apartmentkomplex „De Egmonden" ist für die Zukunft vorbereitet.

Frische Brise am Meer: In den Dünen wurden wunderschöne, asphaltierte Wege angelegt, die Wanderer, Radfahrer und Gäste im Rollstuhl problemlos nutzen können. Auch elektrische Rollstuhlfahrräder sowie elektrische Strandrollstühle können bei „Mike Bike Fahrradverleih" gemietet werden. Parken Sie Ihren eigenen Rollstuhl auf dem Plateau des elektrischen Fahrrades und lassen Sie sich sorglos durch die wunderschöne Umgebung fahren. Auch die Strandpavillons in Egmond aan Zee sind vom Boulevard aus leicht zu erreichen. Eine wunderbare Gelegenheit, den Sonnenuntergang während eines Abendessens zu genießen.

Reservierung: Sie können online reservieren oder unsere Reservierungsabteilung kontaktieren. Bei einer Buchung ab 3 Nächten und Anreise bis 30.06.2022 erhalten Sie eine Ermäßigung von € 50/Aufenthalt (Ermäßigungscode: Rollstuhl Kurier) Alle Umgebungsinformationen finden Sie unter: www.egmond.nl/de.

Niederlande / Nordholland

Balos Reisen UG
NL-56332 Lehmen

Abt-Theoderich-Str. 33
Tel.: 0039 047 277 01 01, Fax: 0039 047 277 00 27
E-Mail: info@balos-reisen.de
Web: www.balos-reisen.de

Kayser Kinderpflegebett

Ferienhaus Utopima:
Von außen sieht man es dem Gebäude nicht an, aber dieses scheinbar einfache Reihenhaus in Hoofddorp ist das Utopima für Rollstuhlfahrer und/oder anderweitig bewegungseingeschränkte Personen.

Der Besitzer und sein Sohn sitzen beide in einem Elektrorollstuhl, daher auch die besondere Ausstattung, welche man selten in einem Ferienhaus findet. Wegen seiner energieneutralen Lehmwände, versehen mit Wandheizung und Wandkühlung, ist das Ferienhaus besonders geeignet für Allergiker. Ferienhaus mit Alarmanlage.

Allgemeines: Utopima verfügt über 4 Schlafzimmer und 2 Badezimmer. Das 95m² große Ferienhaus, mit Platz für max. 8 Personen (+ Kleinkind), liegt zentral mit hervorragender Anbindung an den Städten Amsterdam (Zentrum, 16km), Zandvoort (14km) und zum beliebten Keukenhof sind es 12km. Alle Funktionen im Haus sind mit Fernbedienung und Google Assistent zu bedienen. Gratis WiFi, sowie Fernseher, CD- und DVD Spieler sind vorhanden.

Das Haus wurde 2021 komplett renoviert und steht ab Mitte November 2021 wieder für Vermietungen zur Verfügung. Die Vermittlung der Vermietung übernimmt in Deutschland, Österreich und der Schweiz die Firma Balos Reisen UG. Für die BENELUX Länder übernimmt die Firma Challenge Resorts & Travel die Vermietung.

Diverse Hilfsmittel sind bereits vor Ort:
Im Erdgeschoss befindet sich ein Schlafzimmer mit Deckenlifter und 2 elektr. Pflegebetten. Von jedem Bett aus ist es möglich, um via Deckenlifter ins Badezimmer zu gelangen. Dort befinden sich eine höhenverstellbare Toilette mit Spül- und Föhnfunktion, ein höhenverstellbares Waschbecken und eine Badewanne, die ebenfalls via Deckenlift erreichbar ist.

Bei Bedarf können ein mobiler Aktiv oder Passiv Standard Lifter mit elektrischem Kippjoch gemietet werden. Ein Treppenlift führt zum OG, wo Ihnen zur Fortbewegung ein Rollstuhl zur Verfügung steht. 1 Schlafzimmer mit einem Doppelbett und ein Einzelzimmer mit einem Kayser Kinderpflegebett.

Im 1. OG befindet sich außerdem ein 2. Badezimmer, ebenfalls ausgestattet mit einer rollstuhlgerechten Toilette mit Armgriffen. Die Badewanne im OG ist nicht rollstuhlgerecht, dafür die im EG.

Niederlande / Nordholland

Ausstattungsmerkmale: Aufteilung EG: 1 Schlafzimmer mit 2 Pflegebetten und einem Deckenlifter, 1 Badezimmer mit höhenverstellbarer Toilette und höhenverstellbarem Waschbecken, Küche mit höhenverstellbarer Küchenzeile, höhenverstellbarem Küchenschrank, Treppenlift nach oben zum 1. Stock, Wohnzimmer mit Essecke, Couch und Schlafcouch (Kinderstuhl).

Aufteilung 1. OG: 1 Zweibettgästezimmer mit extra angelegter Babyschlafecke (Kinderreisebett), 1 Einzelzimmer mit einem Kayser Kinderpflegebett, 1 Badezimmer mit Badewanne und Toilette mit Armstützen.

Aufteilung 2. OG: 1 feste Treppe zur 2. Etage (nicht rollstuhlgerecht) mit 2 Einzelbetten, Waschmaschine, Trockner und Bügeleisen.

Terrasse: Gartenmöbel, Gartenhäuschen, überdachter Bereich mit Aufladestation für ein Elektromobil.

Es sind ausschließlich Begleithunde erlaubt. Ihr Aufenthalt mit einem Rollator, mit einen handbewogenen Rollstuhl oder einem Elektrorollstuhl; Alles ist möglich. Auf Wunsch vermitteln wir Ihnen professionelle Pflege und Unterstützung durch geschultes Personal.

Preise: Die Preise sind saisonabhängig und liegen zwischen 140,-€ – 210,-€ pro Nacht. Da der Besitzer befreit ist, fallen keine Gebühren für eine Kurtaxe an. Für die verpflichtende Endreinigung fallen Extrakosten an. Es ist möglich Pakete, wie Bettwäsche und/oder Handtücher zu mieten.

Allgemeine barrierefreie Kriterien: Mindesttürbreite aller Räume: 90 cm, Pflegebetten Betthöhe: 58-105cm; Bettgalgen vorhanden, Kayser Kinderpflegebett, Badezimmer im EG: 170cm x 320cm, Höhenverstellbare Küche und Schränke (75-89cm) Geschirrspüler, eingebaute Miele Kaffeemaschine, Kombiofen, Kühlschrank mit Gefrierfach.

Geeignet für: Rollstuhlfahrer, Elektrorollstuhlfahrer Pflegebedürftige, Senioren, Familien, kleine Gruppen.

Dienstleistungen: Hilfsmittelverleih, Pflege vor Ort, Physiotherapie, Shuttle-Service.

Distanzen: Zur Ortsmitte: 3 km, Bahnhof: 6 km, Einkaufen: 3 km, Apotheke: 3 km, Krankenhaus: 7 km, Meer: 14 km.

KÄRNTEN

Barrierefreie Wanderung auf der Eggeralm im Gailtal/Kärnten
© Stabentheiner/Kärnten Werbung/Arge Naturerleben

Bergwelten, die von mächtigen Dreitausendern bis hin zu sanften Nocken reichen, türkisblaue, wunderbar warme Badeseen mit Trinkwasserqualität, das besondere, beinahe schon venezianische Licht, dies alles vereint sich in Kärnten, dem südlichsten Bundesland Österreichs.

Ein Land, geprägt durch die kulturelle Vielfalt des Alpen-Adria Raumes, vom milden Klima auf der Alpen-Südseite und von Menschen, die ihren Gästen mit Fröhlichkeit, Offenheit und einer großen Portion Lebensfreude begegnen.

Österreich / Kärnten

Unbeschwerter Urlaub für ALLE in Kärnten – Unvergessliche Abenteuer in freier Natur

Endlich wieder einmal die Natur und die Freiheit genießen! Die wärmende Sonne auf der Haut spüren und sich am milden Klima im „nächstgelegenen Süden" mit warmen Badeseen erfreuen.

Über sanfte Spazierwege ohne Hürden wandern und auf dem Rückweg in einer gemütlichen Hütte einkehren. Das warme Wasser der Thermen spüren und die Kinder beim unbeschwerten Herumtollen beobachten.

Gemütlich an einem Tisch sitzen und sich bei herzlichen Gastgebern durch die schmackhafte Kärntner Alpen Adria Küche kosten.

Was für wunderbare Vorstellungen!

 „Natürliche" Glücksmomente für ALLE

Smaragdgrüne Seen, weiche Waldböden, duftende Kräuterwiesen, kraftspendende Weitblicke: Die südliche Landschaft Kärntens garantiert einerseits Entspannung, andererseits Abenteuer und zweifellos eine unvergessliche Auszeit vom Alltag. Um solche Glücksmomente für jedermann zugänglich zu machen, wurden im Rahmen des Projekts „Naturerleben für ALLE" sieben Programme entwickelt, die Menschen mit und ohne Behinderungen zu besonderen Plätzen in Kärntens Natur geleiten.

Die Touren bieten einen Einblick in ausgewählte Schutzgebiete, verlaufen entlang einfacher Wege und sind somit nicht nur kinderwagentauglich, sondern ebenso mit dem Rollstuhl zu bewältigen. Deshalb wurde auf allzu große Höhenunterschiede und weite Distanzen verzichtet, vielmehr rücken die kleinen Besonderheiten von Mutter Erde in den Fokus der Aufmerksamkeit.

 Einzigartig. Unverfälscht. Besonders.

Jede Tour widmet sich einem speziellen Thema und lässt neugierige Besucher vollends in die Kulturlandschaft des Südens eintauchen. Auf der Egger Alm am Karnischen Hauptkamm wird die Herstellung des originalen Gailtaler Almkäses gezeigt, der nach einer Führung genussvoll verkostet werden darf.

Am Westufer des Weissensees – oder in der Silva Magica an der Nockalmstrasse teilen Naturpark-RangerInnen künftig ihr Wissen zur hiesigen Fauna und Flora und gewähren mit Leihfernglas und Mikroskop einen neuen Blickwinkel auf verborgene Welten in und um das Seeidyll.

Rund um den Gurker Dom – dem markanten Wahrzeichen Mittelkärntens – werden Pflanzen wie der Pfaffenhut, die Brennessel und die Herzbeere genau unter die Lupe genommen.

In Villach-Warmbad hingegen dreht sich alles um die Kraft der Bäume: Baumdüfte erschnuppern, Bäume erspüren, Waldboden erfühlen – sich gänzlich einlassen auf die Natur, dafür darf man sich hier genügend Zeit lassen.

 Gemeinsam barrierefrei

Zudem werden bis Ende 2022 elf attraktive, barrierefreie Naturerlebnisse geschaffen, die quer durch das Land führen und für Menschen mit und ohne Behinderungen erholsame Orte der Ruhe und der Gelassenheit bieten. Das Angebot reicht von einem barrierefreien „Skywalk" entlang der Villacher Alpenstraße über barrierefreie Seezugänge bis hin zu sogenannten Slow

Österreich / Kärnten

Trails, leichten und entspannten Wanderungen an besonderen Naturschauplätzen.

Sechs dieser Einrichtungen haben bereits das ÖZIV Siegel erhalten. Im nächsten Schritt werden für interessierte Gäste barrierefreie Hotels und Restaurants in der Nähe der einzelnen Infrastrukturen zertifiziert, die dann auf www.kaernten.at/barrierefrei zu finden sind.

Slow Food Kärnten – Nachhaltigkeit gepaart mit Genuss

Was vor einigen Jahren mit der weltweit ersten Slow Food Travel Destination im Gailtal und Lesachtal begann, breitet sich flächendeckend über Kärnten aus. Slow Food Kärnten ist ein Zusammenschluss von engagierten Partnern, die sich der gesunden und bewussten Esskultur verschrieben haben und die einen neuen Weg der Nachhaltigkeit und des wertvollen Genusses beschreiten möchten. Die Verwendung saisonaler und regionaler Produkte steht im Vordergrund sowie die handwerkliche Herstellung bester Lebensmittel und deren kreative Veredelung. Alte Rezepte neu entdecken, kulinarische Schätze im Einklang mit der Natur erschaffen, nachhaltige Lebensmittel erzeugen und herzliche Geselligkeit leben. Neben dem bewussten Genuss mit Blick in die Zukunft fehlt auch der kulinarische Blick in die Vergangenheit nicht. Die heute einzigartige Kärntner Alpen Adria Küche Kärntens hat sich schließlich aus den Einflüssen der südlichen Nachbarn Italien und Slowenien entwickelt.

Slow Food Villages – neue Orte des guten Lebens

In den zehn weltweit ersten Slow Food Villages in Kärnten werden die Besucher zu einer Entdeckungsreise zu kleinen bäuerlichen Nahrungsmittelproduzenten eingeladen, die nach den Prinzipien von gut und sauber Lebensmittel mit handwerklichem Können herstellen. Hier wird regionaler Genuss sichtbar und erlebbar gemacht. In den örtlichen Wirtshäusern wird frisch, unverfälscht und ehrlich gekocht. Die Slow Food-Gemeinschaften kümmern sich um die Weitergabe von Wissen und die Herstellung von gutem Essen in Kochwerkstätten, Kindergärten und Schulen. Wer regionale Lebensmittel im Ort einkaufen möchte, findet an den Orten des guten Geschmacks wie in Hofläden, bei Direktvermarktern oder bei Nahversorgern eine gute Auswahl.

Österreich / Kärnten

Denn nicht nur die heimische Tier- und Pflanzenwelt können Groß und Klein in Kärnten kennenlernen. Auch Exoten hat es nach Kärnten verschlagen: So z. B. 170 Japanmakaken auf den Affenberg in Villach, Schlangen, Spinnen und Leguan in den Reptilienzoo Happ in Klagenfurt am Wörthersee oder Alpakas in das Bleiberger Hochtal. www.kaerntencard.at

Schmelztiegel dreier Kulturkreise

Nicht ernsthaft in Zahlen fassen lässt sich das vielfältige und umfassende Kulturangebot in Österreichs südlichstem Bundesland. Zu den Veranstaltungen mit internationaler Strahlkraft zählen u. a. Carinthischer Sommer, Taggenbrunner Festspiele, Stadttheater Klagenfurt, Museum Liaunig (größte Privatsammlung zeitgenössischer Kunst in Österreich), die Tage der deutschsprachigen Literatur („Bachmannpreis") und das Internationale Gitarrenfestival am Millstätter See. Außergewöhnliche Erlebnisse garantieren jeden Sommer die Künstlerstadt Gmünd mit spektakulären Ausstellungen, ein Besuch der Burg Hochosterwitz, die „Donnerszenen" in den Innenhöfen von Klagenfurt oder ein Abstecher ins Heinrich Harrer Museum in Hüttenberg.

Die Kärntner Gastgeberinnen sind bemüht, ALLEN Gästen ein einzigartiges Urlaubserlebnis zu ermöglichen. Denn Fakt ist: Barrierefreiheit ist sowohl im Alltag als auch in Urlaub und Freizeit für 10 Prozent der Bevölkerung unentbehrlich, für ca. 40 Prozent notwendig, aber für 100 Prozent angenehm.

110 Restaurants und ganz viele Schnecken: „Kärnten Slow Food Guide"

Zu einer ganz besonderen kulinarischen Reise durch Kärnten inspiriert der neue Slow Food Kärnten Guide. Er lässt hinter die Kulissen nachhaltiger Kreislaufwirtschaft blicken und holt Betriebe und Produzenten vor den Vorhang, die auf heimische Produkte setzen. Die Schnecke ist das internationale Symbol von Slow Food und spiegelt im Guide die gelebte Regionalität in der Anzahl der Schnecken wider. Über die höchste Auszeichnung, 5 Schnecken, dürfen sich 6 Betriebe freuen. Der Guide listet nicht nur Restaurants sondern auch Buschenschenken, Almhütten, Hofläden und Genuss-Shops auf.

Kärnten Card

Eine weitere Bereicherung des Urlaubs in Kärnten stellen unzählige Sehenswürdigkeiten quer durchs Land dar, mehr als 100 davon können mit der Kärnten Card kostenlos besucht werden. Inkludiert sind Schifffahrten, Bergbahnen, Museen, Erlebnisbäder, Panoramastraßen sowie Zoo- und Tiererlebnisse.

Anreise

Entspannte Anreise mit der Bahn und bequem und direkt vom Bahnhof zu Ihrer Unterkunft mit dem Bahnhofshuttle Kärnten:
www.bahnhofshuttlekaernten.at
Mit Eurowings nonstop aus Köln/Bonn nach Klagenfurt/Kärnten www.flug.kaernten.at

Mehr Informationen zu Ihrem barrierefreien Urlaub in Kärnten:
www.kaernten.at

Erfrischende Rast am Westufer des Weissensees/Kärnten
© Stabentheiner/Kärnten Werbung/Arge Naturerleben

Österreich / Kärnten

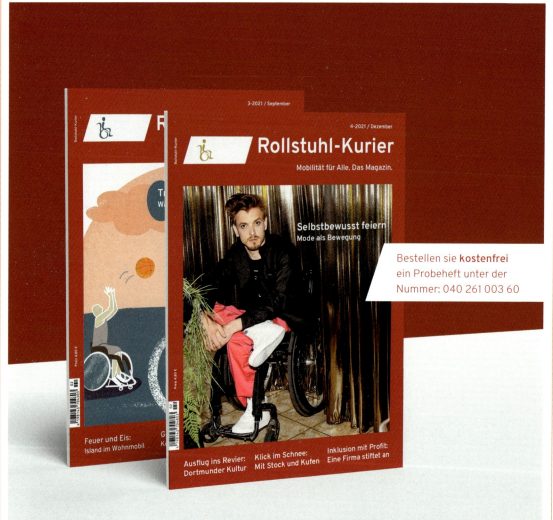

Bestellen sie **kostenfrei** ein Probeheft unter der Nummer: 040 261 003 60

Der Rollstuhl-Kurier erscheint viermal im Jahr. Alle Ausgaben enthalten informative Berichte, klärende Interviews und lebendige Porträts aus Rubriken wie Reise, Leben, Veranstaltungen, Sport und Kultur.

Das Magazin informiert über rechtliche und technische Entwicklungen, über Hilfsangebote und Innovationen aus den Bereichen Gesundheit und Forschung. Reportagen aus allen Bereichen der Gesellschaft liefern Anregungen zur eigenen Lebensgestaltung.

Mehr zum Rollstuhl-Kurier unter www.rollstuhl-kurier.de
Kontakt: Escales-Verlag, Telefon: 040 261 003 60

Basis-Abo 24,00 € pro Jahr
Premium-Abo 39,00 € pro Jahr

Preise für **4 Heftausgaben** inkl. Versandkosten innerhalb Deutschlands.

Im Premium-Abo ist der jährlich erscheinende Reiseguide **Handicapped-Reisen** enthalten.

Österreich / Kärnten

Hotel eduCARE
A-9521 Treffen bei Villach

Eichrainweg 7-9
Tel.: 0043 4248 29777
E-Mail: office@educare.co.at
Web: www.educare.co.at

Ausstattung: Hotel eduCARE ist selbstverständlich ein rollstuhlgerechtes Hotel!

Ebenerdige Duschen, angepasste Waschbecken, alle benötigten Haltegriffe, angepasste Höhen, auf Wunsch anpassbare Duschstühle, rollstuhlgerechter Lift und Balkon, barrierefreie Wellness

Im 4* Hotel in Kärnten sind die Zimmer nicht nur heimelig, sondern auch barrierefrei gestaltet. Und nicht nur das, auch der Spa-Bereich ist entsprechend eingerichtet. Einem Wellnessurlaub steht also nichts im Wege!

Nach den Normen der UN-Behindertenrechtskonvention muss Urlaub für alle Menschen möglich sein. Im gesamten Hotel geht der Familienbetrieb noch einen Schritt weiter: Inklusion ohne Einschränkungen wird hier seit der Eröffnung gelebt.

Umgebung: Heute gibt es unter Rollstuhlfahrern und Menschen mit körperlichen sowie intellektuellen Behinderungen auch zahlreiche Sportbegeisterte. Hobby- und Paralympics-Sportler kommen gerne für ihren Urlaub in unser barrierefreies Hotel in Kärnten und nutzen die Nähe zum Skigebiet auf der Gerlitzen oder die Nähe zum wunderbaren Badestrand am Ossiacher See.

In Kärnten gibt es viele rollstuhlfreundliche Aktivitäten: Ob Erkunden der Umgebung im Radurlaub in Kärnten, Sightseeing in Villach und Klagenfurt oder ein entspannter Tag am See beim barrierefreien Badeurlaub – bei den vielen Möglichkeiten im Urlaub in Kärnten ist für jeden Gast das Richtige dabei.

Das Wirtshaus zum TREFFNER ist rundum barrierefrei eingerichtet. Unsere Unterkunft befindet sich direkt neben dem barrierefreien Seminarzentrum. Barrierefreie Angebote in der Umgebung machen den Aufenthalt zum Erlebnis für alle.

STEIERMARK

Steiermark © Steiermark Tourismus/Tom Lamm

Österreich / Steiermark

Barrierefreier Urlaub in der Steiermark

Vielversprechend ist die steirische Landschaft von ihren kalten Gletschergebieten bis ins wohlig-warme Thermenland – von der unberührten Naturlandschaft bis zu charmanten Altstädten. So ist es nicht weiter verwunderlich, dass auch die kulinarische Spannbreite von der urigen Brettljause bis zur ausgezeichneten Haubenküche reicht. Zu erleben gibt es viel: Ausflüge für die ganze Familie, aber auch kulturelle Schätze gilt es zu entdecken.

Und dabei setzen die heimischen Gastgeber alles daran, dass alle den Aufenthalt in der Steiermark auch barrierefrei genießen können. Jene Unterkünfte, die von dem steirischen Unternehmen capito zertifiziert sind, wissen genau, worauf es bei barrierefreiem Urlauben ankommt: www.steiermark.com/barrierefrei

Urlaub geht durch den Magen

Die Vielfalt der steirischen Landschaften spiegelt sich auch in den heimischen Kulinarik-Angeboten wider. Zahlreiche Vinotheken, Manufakturen und Ab-Hof-Läden laden zum Kosten und Probieren ein. So ist das Kürbiskernöl ein Produkt, auf das man in der Steiermark besonders stolz ist. Ausgehend von einem speziellen Öl-Kürbis wird das dunkle Gold effizient gepresst und zu der Köstlichkeit weiterverarbeitet. Schlussendlich kommt ein wohlriechendes, nussiges Öl heraus, das man hierzulande gerne für Salate und zum Verfeinern sämtlicher Gerichte verwendet. In der Ölmühle Hartlieb im Naturpark Südsteiermark können Besucherinnen und Besucher beispielsweise hautnah miterleben, wie die dunkelgrüne Köstlichkeit produziert wird. Auch Personen im Rollstuhl können hier in die Welt hochwertiger hausgemachter Speiseöle eintreten.

Ebenso zählt in der Steiermark die Milch der Stuten zu einer Spezialität. Das barrierefreie, kulinarische Ausflugsziel Bio Stutenmilch Gestüt Töchterlehof in der Oststeiermark zeigt seit über 30 Jahren, wie auf biologische und nachhaltige Weise Stutenmilch erzeugt werden kann. Große und kleine Gäste können an den Hofführungen teilnehmen und so alles über die Stutenmilcherzeugung und die daraus gewonnenen Produkte erfahren. Traditionsreich ist in der Steiermark auch die Kunst des Bierbrauens. Im interaktiv aufbereiteten Gösser Braumuseum (auch Gösseum genannt) in der Region Erzberg Leoben stehen Bierliebhabern alle Türen offen. Rollstuhlgerecht wird hier durch die tausendjährige Geschichte der Braustätte geführt, während Wissenswertes rund um Bier allgemein, den Brauvorgang und das spezielle Gösser-Bier präsentiert wird. Zum Abschluss der Führung gibt es eine Verkostung der frisch gezapften Biere und – wie es sich gehört – eine Bierbreze dazu.

Ausflugsziele für Familien

Leuchtende Kinderaugen und faszinierte Erwachsene – so sollen familienfreundliche Ausflüge sein. Angefangen bei der Tierwelt Herberstein, wo wilde Tiere in ihrer natürlichen Umgebung beobachtet werden können, bis zum interaktiven Holzmuseum in Murau, das einen mit der Natur verbindet, ist hier alles dabei.

Ebenso empfehlenswert ist die Forschungswerkstatt des Nationalpark Erlebniszentrums Weidendom im Nationalpark Gesäuse. Zwei sogenannte Forschungsprogramme stehen hier zur Verfügung, bei welchen Spannendes zu den Themen Mikrokosmos und Wildnis in der Auenlandschaft gelernt und erfahren werden kann. So kommen große und kleine Entdecker – egal ob mit oder ohne Rollstuhl – hier voll auf ihre Kosten.

Was die Barrierefreiheit betrifft, können Urlauberinnen und Urlauber beruhigt sein. Auf www.steiermark.com/barrierefrei lassen sich Ausflugsziele und Unterkünfte auslesen, die sich auf unterschiedliche Bedürfnisse eingestellt haben.

Getestet wird diese Zertifizierung durch das steirische Unternehmen capito (www.capito.eu), bei dem Menschen mit Einschränkungen die Gegebenheiten vor Ort auf Herz und Nieren prüfen. Dabei wird der Grad der Eignung für bestimmte Einschränkungen in Prozentwerten angegeben. Ebenso unterstützen Verbesserungsvorschläge und Beratungen die Betriebe dabei, ihr Angebot künftig noch zugänglicher zu machen.

Grünkraft Steiermark

In den eigenen vier Wänden und bei all den Aufgaben des täglichen Lebens ist es oft schwer, Zeit für sich selbst zu finden. Ein Urlaub zum Krafttanken in und mit der Natur in der Steiermark ist dann genau das Richtige, um endlich wieder durchzuatmen und den eigenen Bedürfnissen mehr Aufmerksamkeit zu schenken. Eben um (Grün-)Kraft zu tanken.

Barrierefreie Kraftplätze bieten zwischen Dachstein und Weinland die Gelegenheit, die Natur in vollen Zügen zu genießen. Dabei weisen geschulte und erfahrene Grünkraft Steiermark-Begleiter gekonnt den Weg zu der neuen Lebensfreude – man selbst steht hier genüsslich im Mittelpunkt.

So kommen in der Heiltherme Bad Waltersdorf Menschen mit Handicap nicht zu kurz. Das Thermal-Innenbecken verfügt über einen Beckenlift und alle Sanitäranlagen, Restaurants und Ruhebereiche sind barrierefrei zu erreichen. Auch das Hotel verfügt über eigens ausgelegte Zimmer, sodass einem erholsamen Thermenurlaub nichts mehr im Weg steht. Das dortige Grünkraft-Angebot verzeichnet Massagen und Kosmetik nach der „Traditionell Steirischen Medizin®" – sprich: modern interpretierte alte Heilverfahren und Rezepte aus der Region.

Österreich / Steiermark

Auch die Parktherme Bad Radkersburg zeichnet eine behindertengerechte Ausstattung aus. Die dortige Grünkraft-Begleiterin und Diätologin berät die Gäste zu gesunder Ernährung, die gut schmeckt und auf die eigenen Bedürfnisse zugeschnitten ist. So können regionale und saisonale Köstlichkeiten guten Gewissens vernascht werden.

Im Rogner Bad Blumau, dem von Friedensreich Hundertwasser gestalteten und größten bewohnbaren Gesamtkunstwerk, warten Badetemperaturen zwischen 21 und 37 Grad auf die Gäste. Für jene mit besonderen Bedürfnissen stehen behindertengerechte Zimmer bereit und die Gastgeber sind bestens informiert über Barrierefreiheit in der Anlage. Beim vielfältigen Angebot der Bade-, Thermal- und Saunalandschaft findet jeder seine persönliche Grünkraft-Glücksformel.

 Kontakt

Tel.: +43 316 4003 0
E-Mail: info@steiermark.com
www.steiermark.com

Steirische Tourismus GmbH
St.-Peter-Hauptstraße 243
8042 Graz, Österreich

 Kulturgenuss im Grünen

Kulturerlebnisse in der Steiermark lassen sich vor allem im Sommer besonders gut genießen – und das dann am besten im Grünen. Hier verlagern Kunstschaffende Musik, Schauspiel, Literatur und bildende Kunst von Museen, Konzert- und Theatersälen kurzerhand unter freien Himmel.

Duftende Wiesen, romantische Schlossparks und städtische Innenhöfe, Wein- und Blumengärten bilden zwischen Mai und Oktober die stimmungsvolle Kulisse für Kulturgenuss im Grünen. So etwa auch in Graz, bei Schlossgeschichten und im historischen Schlosspark. Das kulturelle Aushängeschild der Stadt ist wahrlich das Schloss Eggenberg, welches seit 2010 wie auch die Altstadt Graz, der steirischen Landeshauptstadt, auf der UNESCO-Liste der Welterbestätten verzeichnet ist.

Hier werden Besucherinnen und Besucher mittels alter Rosensorten, historischer Gärten und einzigartiger Prunkräume wahrlich in eine andere Zeit versetzt. Ebenso beobachtet man auf den Wiesen des Schlosses oftmals andere Kulturbegeisterte beim Lesen, Malen oder Musizieren. So lässt sich ein kultureller Nachmittag in den Welten dieses Gesamtkunstwerks verbringen.

Im Gesäuse liegt, in einem felsigen Gebirgstal eingebettet, das bezaubernde Benediktinerstift Admont. Das älteste bestehende Kloster der Steiermark beherbergt ein einmaliges Juwel, nämlich die weltgrößte Klosterbibliothek, welche seit Jahrhunderten Generationen von Besuchern in ihren Bann zieht. Um das Stift herum liegt der Kräutergarten der Anlage, der auch mit dem Rollstuhl befahren werden kann.

Österreich / Steiermark

Stadthotel brunner
A-8970 Schladming

★★★★

Hauptplatz 14
Tel.: 0043 36 3687 22513
E-Mail: welcome@stadthotel-brunner.at
Web: www.stadthotel-brunner.at

Allgemeines: Das Designhotel bietet einen unverwechselbaren Anblick, innen wie außen. Seit über 500 Jahren ist das Gebäude mit der Region verbunden. Mit viel Hingabe und dem Wunsch, Neues und Altes in Einklang zu bringen, wurde hier ein Ort der Ruhe, des inneren Wachstums erschaffen.

Ein besonderes Highlight ist das Teehaus sowie das Spa über den Dächern von Schladming. Starke Partner wie Stop-the-Water Kosmetik, Soulbottles und Demmers Tee gehören zum Gesamtkonzept und finden sich auch im kleinen Shopbereich wieder. Das Angebot wurde erweitert mit Jin Shin Yjutsu und TCM-Vorträge über das ganze Jahr.

Das gesamte Hotel ist barrierefrei. Parkplatz, Eingang, Rezeption, Frühstücksraum und Restaurant sind stufenlos erreichbar, die Zimmer im 1. und 2. OG und der Spa-Bereich im 3. OG sind mit dem Aufzug barrierefrei zugänglich.

Wellnes & Spa: Zum Spa-Bereich gehört eine finnische Sauna mit Panoramablick über die Schladminger Bergwelt, ein Ruheraum, der gleichzeitig als Yogaraum dient und eine geschützte, mit Rollstuhl befahrbare Terrasse.

Das Teehaus, ebenfalls im 3. OG, ist ideal, um die Ruhe der Berge zu genießen. Im 2. OG befindet sich ein Massageraum, wo man bei Massagen und energiereichen Behandlungen neue Kraft tanken kann.

Zimmer & Bad: Die Räume und Zimmer sind mit vielen Extras ausgestattet. Zum Beispiel stehen in den Zimmern extra große Betten. Sitzbänke in den Fenstern laden zum Faulenzen ein. Das biorhythmische Lichtkonzept sorgt für zusätzliche Erholung. High-Speed-WLAN steht kostenlos zur Verfügung.

Österreich / Steiermark

Vier Junior Suiten sind rollstuhlgerecht, weitere 20 Zimmer sind barrierefrei. Die Türen der rollstuhlgerechten Junior Suiten sind 90 cm, der Badezimmer 80 bis 90 cm breit. Die Bettenhöhe beträgt 52 cm. Bewegungsfreiraum im Badezimmer 120 x 120 cm, Freiraum links neben dem WC 200 cm, davor 90 cm, Haltegriff rechts neben dem WC, WC-Höhe 50 cm. Duschbereich rollstuhlgerecht befahrbar. Duschsitz und Haltegriffe vorhanden. Waschbecken unterfahrbar, Spiegel für Rollstuhlfahrer einsehbar, Notruf im Bad vorhanden.

Lage: Das Hotel befindet sich in der Fußgängerzone von Schladming. Sowohl Gondelstation, wie auch Busstation, Wanderwege, Schwimmbäder, Mountainbikestrecken und Shops befinden sich in unmittelbarer Nähe.

Die Fußgängerzone ist mit dem Rollstuhl gut befahrbar. Teilweise leichte Steigungen bzw. Gefälle, die Wege sind idR aber keine große Herausforderung für Rolli-Fahrer. Parkplatz direkt vor dem Hoteleingang.

Schladming liegt im westlichsten Eck der Steiermark zur Grenze an Salzburg, am Fuße des Dachstein-Gletschers sowie der Planai. 2013 wurde hier die FIS Alpine Skiweltmeisterschaft ausgetragen. Die komplette Infrastruktur der Bergstadt ist zu Fuß, mit dem Fahrrad oder mit öffentlichen Verkehrsmitteln erreichbar.

Entfernungen: Apotheke 50 m, Arzt 200 m, Freibad und Hallenbad 500 m; Bahnhof und Krankenhaus 1,5 km, Badesee 3 km. Ein Pflegedienst kann bei Bedarf bestellt werden.

Preise: Preis pro Person in der barrierefreien Junior-Suite Zimt, je nach Saison im Sommer ab 98,- € und im Winter 2021/2022 ab 123,- € inkl. Frühstücksbuffet, dem gesamten brunner Komfort sowie von Mitte Mai bis Ende Oktober inkl. aller Leistungen der Schladming-Dachstein-Sommercard. Abendessen, bzw. ganztägig warme Küche in unserem a la carte Restaurant möglich. Attraktive Pauschalangebote im Internet oder auf Anfrage.

TIROL

Österreich / Tirol

Hotel Weisseespitze ★★★★
A-6524 Kaunertal

Familie Hafele, Platz 30
Tel.: 0043 0 547 53 16, Fax: 0043 0 547 53 16 65
E-Mail: info@weisseespitze.com,
Web: www.weisseespitze.com

Allgemeines: Barrierefreies 4**** Hotel mit 74 Einzel-, Doppelzimmer und Appartements, alle geschmackvoll und komfortabel eingerichtet mit Telefon, Sat-TV und mit allen in einem guten 4**** Hotel üblichen Ausstattungsmerkmalen.

Zimmer&Bad: 30 Zimmer sind für Rollstuhlfahrer barrierefrei ausgestattet. Sie verfügen über ein großes Badezimmer mit seitlich anfahrbarem WC (Haltegriffe am WC), unterfahrbarem Waschtisch und einer Badewanne (Badewannenlifter kann bei Bedarf zur Verfügung gestellt werden).

Sieben Suiten verfügen über eine befahrbare Dusche; die neugebauten Zimmer sind geschmackvoll eingerichtet und bieten einen tollen Ausblick auf die umliegenden Berge.

Das Hotel wird überwiegend von sportlich ambitionierten Rollstuhlfahrern besucht. Es gibt jedoch auch Hilfsmittel für Schwerstbehinderte.

Zu den vorhandenen Hilfsmitteln zählen u.a. Pflegebetten, Hebekran und Lifter. Hilfeleistungen, Pflege und Betreuung werden jedoch nicht angeboten.

Wellnes & Spa: Das süße Nichtstun regiert in der Weisseespitze bei jedem Wetter im hauseigenen Wellnessbereich, zu dem auch ein eigenes Schwimmbad gehört. Mit neuem In- und Outdoor Panorama Infinity Pool für

Österreich / Tirol

Rollstuhlfahrer mit speziellen Poollift zugänglich sowie verschiedenen, wohltuenden Saunen und einem milden Saunarium.

An der Hotelbar sitzen Rollstuhlfahrer in gleicher Augenhöhe wie der Barkeeper; der Sauna-, Wellness- und Ruhebereich ist ebenfalls für Rollstuhlfahrer konzipiert.

Freizeit & Umgebung: In den Wintermonaten bietet sich das Hotel für aktive Wintersportler an. Regelmäßig werden Skikurse für Rollstuhlfahrer (z.B. Monoski) angeboten. Die Skipisten in der Gegend sind mit dem PKW oder dem hoteleigenen Kleinbus erreichbar und auch für Behinderte perfekt geeignet. Für die Skiliftbetreiber gehören Menschen mit Behinderung zum gewohnten Bild. Die Kaunertal-Gletscherbahn und das Bergrestaurant „Weissseeferner" sind auf Rollstuhlfahrer bestens eingestellt.

In den Sommermonaten hat das Hotel ein attraktives Ausflugsprogramm zu bieten. Charly Hafele hat ein „Rolli Roadbook" zusammenstellen lassen, welches 50 Vorschläge für Handbiketouren, Almwanderungen und kulturelle Ausflüge bietet.

Preise: Preis pro Person/Übernachtung ab 86,- € bis 135,- € in unseren Suiten. Preise inkl. 3/4 Verwöhnpension. Wochenpauschalen und Gruppenpreise auf Anfrage.

Österreich / Kitzbüheler Alpen

Hotel Bräuwirt
A-6365 Kirchberg

Neugasse 9
Tel.: 00430 535 722 29
E-Mail: info@hotel-braeuwirt.at
Web: www.hotel-braeuwirt.at

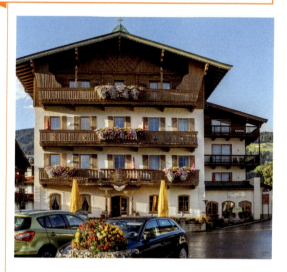

Allgemeines: Das Hotel Bräuwirt in Kirchberg ist in der Rolliszene bestens bekannt und sehr beliebt. Es bietet beste Voraussetzungen für einen Erholungsurlaub und für sportliche Aktivitäten, im Sommer wie im Winter.

Vorbildliche Internetseite mit vielen Infos für Rollis. Parkplatz, Eingang, Rezeption, Frühstücksraum und Restaurant (mit unterfahrbaren Tischen) sind stufenlos erreichbar. Die Zimmer sind mit dem Aufzug barrierefrei zu erreichen. Türbreite vom Hoteleingang 160 cm, vom Aufzug 90 cm (Tiefe 180 cm, Breite 100 cm).

Zimmer & Bad: Geeignet für Rollstuhlfahrer sind 17 Zimmer mit Du/WC, 16 weitere Zimmer sind für Gehbehinderte geeignet (barrierefrei mit dem Aufzug zu erreichen).

Türbreiten der rollstuhlgeeigneten Zimmer 80 cm, von Du/WC 80 cm. Balkon mit dem Rollstuhl befahrbar. Betten 54 bis 62 cm hoch (elektrisch höhenverstellbare Betten vorhanden). Bewegungsfreiraum in Du/WC 150 x 150 cm, Freiraum links und rechts neben WC 40 cm (auf beiden Seiten Haltegriffe vorhanden), vor dem WC 80 cm. WC-Höhe 44 cm, Toilettenaufsatz vorhanden. Dusche schwellenlos befahrbar, Duschklappsitz vorhanden (in der Höhe verstellbar), Haltegriffe an der Dusche vorhanden. Waschbecken unterfahrbar. Ein Pflegedienst kann vermittelt werden. Elektrische höhenverstellbare Pflegebetten mit Bettgalgen gegen Gebühr.

Lage: Das Hotel Bräuwirt liegt im Zentrum von Kirchberg. Arztpraxis 20 m, Einkaufsmöglichkeiten und Apotheke 200 m, Krankenhaus 15 km.
Nur 150 Meter vom Hotel Bräuwirt entfernt liegt Kirchbergs malerischer Badesee, der mit seiner lauschigen Liegewiese und den rollifreundlichen Anlagen Badespaß vom Feinsten garantiert; Der Badesee Kirchberg hat eine Rollstuhlrampe zum Schwimmen sowie ein rollstuhlgerechtes WC und Dusche. bequem über eine asphaltierte Straße zu erreichen.

Daneben befinden sich 4 bestens gepflegte Tennis-Sandplätze, wo Sie Ihren Aufschlag perfektionieren können.

Freizeit & Umgebung: Viele Kilometer bestens erschlossene Wanderwege eröffnen traumhafte Ausblicke und bringen jeden Rollifahrer auf Hochtouren. Bergauf, bergab durch atemberaubende Landschaften. Immer dabei: ein imposantes Panorama!

Österreich / Kitzbüheler Alpen

Seit Sommer 2008 wurden von TVB die Handbikewege neu auf der Bikekarte ausgeschildert. Handbiketouren nach Brixen, Kitzbühel, Aschau. Auf Anfrage können Sie unseren Tourguide Max Walch buchen, der auch Einschulungen auf dem Handbike anbietet. Handbike-Verleih von unserem Partner Alois Praschberger.

Im Winter gibt es auch für Rollstuhlfahrer beste Voraussetzung für Langlauf und Abfahrtslauf (z.B. Mono-Ski). Und danach relaxen in der großen, rollstuhlgerechten Sauna im Hotel Bräuwirt.

Preise: Für Sommer 2022 (inkl. Halbpension) im Doppelzimmer pro Person/Nacht:

12.05. bis 23.07.2022	Tagespreis: 85€
	7N ab € 75,00 exkl. OT
23.07. bis 17.09.2022	Tagespreis: 95€
	7N ab € 85,00 exkl. OT
17.09. bis 25.10.2022	Tagespreis: 85€
	7N ab € 75,00 exkl. OT

Abzug für Übernachtung Frühstück ist € 12,00 pro Tag pro Person. Aufpreis im Familienzimmer € 20,00 pro Nacht. Kinderermäßigung 0-2,9 J. frei, 3 bis 5,9 J. € 29,00 pro Nacht, 6 bis 11,9 J. € 39,00 pro Nacht, 12 -15,9 J. € 49,00 pro Nacht, (gültig bei 2 Vollzahler im Zimmer), Hund € 15,00 pro Nacht (ohne Futter), Einzelzimmerzuschlag € 15,00 pro Nacht.

Rolli Pauschale 2022 pro Person im Doppelzimmer.

12.05. bis 23.07. 2022
7N € 519,00   5N € 389,00   3N € 254,00

23.07. bis 17. 09.2022
7N € 589,00   5N € 439,00   3N € 284,00

17.09. bis 25.10. 2022
7N € 519,00   5N € 389,00   3N € 254,00

Preise exkl. Ortstaxe € 2,00 pro Erw./Nacht ab dem 15. Lebensjahr. Pauschalen pro Person im Doppel für 3-, 5- oder 7 Nächte, mit Halbpension.

BODENSEE

Berlingen

Schweiz / Bodensee

Ferienhotel Bodensee
CH-8267 Berlingen

Seestraße 86
Tel.: 0041 527 613 672
E-Mail: info@ferienhotel-bodensee.ch
Web: www.ferienhotel-bodensee.ch

Allgemeines: Entdecken Sie ein völlig neues Hotel. Ein Hotel, das Ernst macht mit der Chancengleichheit zwischen Personen mit und Personen ohne Behinderung und für beide Gruppen einen perfekten Rahmen für schöne, erholsame Ferien bietet. Unsere Gäste profitieren von einer 100% barrierefreien, modernen Infrastruktur, die größtmögliche Privatsphäre ermöglicht. Wir freuen uns darauf, in einem entspannten und heiteren Rahmen Begegnungen zu ermöglichen und Barrieren abzubauen. Herzlich willkommen!

Zimmer & Bad: 22 für Rollstuhlfahrer geeignete Zimmer: Türbreite der Zimmer und Badezimmer / Dusche /Toilette 120 cm breit.
Bettenhöhe 50 cm (höhenverstellbar) auf Wunsch mit Seitenlehne und Hebegriff. Alle Zimmer verfügen über ein 4,5 m² großes Badezimmer mit bodenebener Dusche, modernste, rollfähige Pflegebetten, Telefon, TV (Flachbildschirm), kostenloses WLAN, Handtücher, Föhn und Pflegeprodukte.
Freiraum links neben der Toilette 30 cm, Rechts 160 cm. Haltegriff links neben der Toilette, Toilettenhöhe 48 cm. Duschbereich schwellenlos befahrbar, fest montierter Duschsitz und stabile Haltegriffe an Duschwand vorhanden. Das Waschbecken ist unterfahrbar.
Bei Bedarf kann ein externer Pflegedienst bestellt werden. Einzelzimmer: Diese Zimmer eignen sich für Einzelreisende/Individualgäste oder Betreuungspersonen. Die Zimmer sind ca. 17 m² groß.
Doppelzimmer: Unsere Doppelzimmer befinden sich auf der Südseite mit Balkon, Blick auf den Garten und bieten mit ihren 22 m² Platz für zwei Personen oder eine Person mit Rollstuhl. Sie verfügen außerdem über einen sehr großen, hellen Balkon, der gemeinschaftlich zugänglich ist.
Deluxe 3- und 4-Bettzimmer: Das Ferienhotel Bodensee verfügt über 1 Deluxe 3-Bett Zimmer (27 m²) mit fantastischem Blick auf den Bodensee und 2 Deluxe 4-Bett Zimmer (37 m²) mit Blick in den Garten.
Die Zimmer eignen sich speziell für Familien oder Freundesgruppen, da Sie bequem Platz für 4 Personen bieten.

Preise: Bis 31. März 2022 EZ 90,- CHF, DZ 160,- CHF, Deluxe Zimmer 240,- CHF.
Vom 01. April bis 30. April 2022 EZ 115,- CHF, DZ 185,- CHF, Deluxe Zimmer 270,- CHF.
Vom 01. Mai bis 14. Okt. 2022 EZ 140,- CHF, DZ 210,- CHF, Deluxe Zimmer 300,- CHF. Halbpension 28,- CHF pro Person/Tag, Vollpension 50,- CHF pro Person/Tag.

Wir freuen uns auf Sie!

Spanien / Costa Blanca

Holiday Home Thomas
E-03779 Els Poblets / Alicante

Partida Gironets Carrer 13 n° 17
Tel.: 0152 06 29 34 99 oder +34 677 23 05 43
E-Mail: holiday-home-thomas@gmx.de
Web: www.costablanca-holiday-homes.com

Allgemeines: Familie Wandschneider begrüßt Sie hier an den Traumstränden der Costa Blanca mit verschiedenen barrierefreien Ferienhäusern oder Ferienapartments! Wir können hier Behinderte und Gruppen aufnehmen. Zum Beispiel: Die Ferienanlage Residencial Thomas wurde erst im Januar 2020 neu eröffnet.
Sie liegt direkt an der beliebten Strandstraße Las Marinas. Von der Anlage haben Sie Meerblick und können an manchen Tagen das Rauschen des Meeres hören.

Die Anlage A1-A4 verfügt über 4 gleiche Reihenferienhäuser mit EG + OG bis 5 Pers. Das EG ist bis auf eine Rollstuhlbreite von 72 cm angepasst worden.
Hier befindet sich das ebenerdige Bad, die Küche und der schöne Wohnraum mit Schlafsofa und mit einem Bett (optional Pflegebett). Außerdem eine große Terrasse mit festem Außengrill für schöne Stunden.

Das OG verfügt über 2 Schlafzimmer und eine weitere kleine Terrasse. Außerdem ein extra Apartment im OG bis 4 Personen, z.B. für Ihren Pfleger oder Freunde, die etwas separat wohnen wollen. Ein rollstuhlgerechtes Apartment (bis 2 Pers.) im EG, welches auch als Gruppen-, Tagungs- oder Speiseraum nutzbar ist (bei Reservierung von Gruppen), runden diese Anlage ab.
Seit Sommer 2020: Neue rollstuhlgerechte Poolanlage mit Poollifter, Whirlpoolbereich, Wasserfontäne und Kinderrutsche sowie rollstuhlgerechte Dusche und WC. Diese Ferienanlage ist auch für Gruppen bis 28 Personen geeignet. Außerdem ist die gesamte Anlage jetzt auch mit Natursteinen verklinkert.

In einer weiteren Ferienanlage bieten wir Ihnen 3 barrierefreie, hochwertige Ferienhäuser: Villa Casper oder Villa Körbchen bis 4 Pers. und Villa Brownies bis 7 Pers., nur 700 m vom Meer. Diese Ferienhäuser sind für den besonderen Urlaub. Sie sind sehr hochwertig ausgestattet und haben viele Extras. Wenn Sie sich etwas Besonderes gönnen wollen, dann sind Sie hier richtig.

Die Villa Sonnenschein (bis 8 Personen, weitere Personen auf Anfrage) ist das größte rollstuhlgerechte Ferienhaus. Es ist genauso hochwertig ausgestattet, wie Casper, Körbchen und Brownies, hat aber ein zusätzliches Apartment im OG, einen schönen Wintergarten, einen privaten Salzwasserprivatpool (ohne Lifter) und vieles mehr. Hier müssen Sie auf nichts verzichten.

Die Ferienhäuser sind durch mildes Klima und winterfeste Ausstattung ganzjährig nutzbar. Auch zum Überwintern geeignet. Der Eigentümer dieser Anlage ist selbst Rollstuhlfahrer.

Spanien / Costa Blanca

Preise: Je Reihenhaus A1-A4 (EG), Größe 37 m², 1 Wohn-/Schlafzimmer, Küche, Bad; bei Belegung mit 1 Person pro Tag je nach Saison 55,- bis 136,- €, je weitere Person 18,- € ab 2 Pers. (EG + OG), Größe 65 m² inklusive Bettwäsche, Handtücher, Energiepauschale, Wifi und Endreinigung.

Preisbeispiel: 2 Personen 98,- € bis 152,- € inklusive Bettwäsche, Handtücher, Energiepauschale, Wifi und Endreinigung.

Hilfsmittel und Serviceleistungen optional gegen Gebühr buchbar: Deckenlifter (26 €/ Tag), Pflegebett höhenverstellbar (13,- €/Tag), WC-Aufsatz einmalig 30,- €), Handbike (25,- €/Tag) Duschrollstuhl 12,- € und vieles mehr. Diese Gebühren können Sie zum Teil bei Ihrer Pflegekasse (Verhinderungspflege/ Urlaub) beantragen und erstatten lassen.

Überwinterungsangebot für eine rollstuhlgerechte Ferienwohnung (Residencial Thomas/ Haus A1-A4 (EG+OG), Größe 65 m², 2 Schlafzi, 1 Wohnzi, Küche, Bad): 1 Pers. ab 60 Tage je Monat nur 795,- € + Nebenkosten nach Verbrauch und 90,- € Endreinigung, weitere Person 150,- €.

Zusätzlich können Sie einen privaten Außenwhirlpool (22 €/ Tag, ab 6 Tage buchbar) zubuchen, der als aktiver Rollstuhlfahrer für die besonderen Stunden in der spanischen Sonne einfach zu nutzen ist. Hier können Sie sich verwöhnen lassen.

Freizeit & Umgebung: Die Ferienhäuser befinden sich weniger als 1 km vom Meer entfernt in einem reinen Villenort mit deutschem Supermarkt und Ärzten. Rollstuhlgerechter Strand (kostenloser Strandtransfer) ist nur 4 km entfernt.

Viele rollstuhlgerechte Ausflugsmöglichkeiten hält der Eigentümer, der selbst im Rollstuhl sitzt, für Sie bereit. Strandrollstuhl, Jetski, Tauchen, Kanus, Handbiken in den Plantagen, Freizeitparks für Familie und diverse spanische Fiestas. Els Poblets ist durch das besondere Klima und mehr als 300 Sonnentage im Jahr besonders beliebt, auch zum Überwintern.

KANAREN

La Palma, Kanarische Inseln

Spanien / Kanaren

Ferienwohnungen Frank
Lanzarote

Gudrun & Paul-Günter Frank, Lemsahler Landstr. 68, 22397 Hamburg
Tel.: 040 608 33 43, Fax: 040 608 33 44
E-Mail: ferienwohnungen-frank@web.de
Web: www.ferienwohnungen-frank.de

Allgemeines: Familie Frank bietet neben ihren rollstuhlgerechten Ferienwohnungen an der Ostsee (in Boltenhagen) zusätzlich auch zwei sehr schöne Ferienwohnungen auf Lanzarote an, davon eine für Rollis geeignet.

Sehr erfreulich, denn Ferienwohnungen für Rollstuhlfahrer haben auf der kanarischen Urlaubsinsel Seltenheitswert. Es handelt sich um die Doppelhaushälfte „Los Calamares" 32 B mit 3 Schlafzimmern und 2 Bädern sowie 1 Küchen-Wohnraum. Platz genug für 5 bis 7 Personen mit Kleinkind.

Zimmer & Bad: Die rolligeeignete FeWo hat schwellenlose Zugänge ins Haus und auf die Terrasse, die Türen sind breit genug gemäß DIN für Rollstuhlfahrer. Zwei Duschen sind befahrbar, ein WC und zwei Zimmer sind ebenfalls für Rollstuhlfahrer geeignet.

Ausstattung: Die Ferienwohnungen sind Nichtraucherwohnungen, nur auf der Terrasse darf geraucht werden. Haustiere sind nicht gestattet. Im Mietpreis sind enthalten: Bettwäsche, Handtücher, Strom- und Wasserkosten für alle Personen.

Kinderbett und Hochstuhl sind vorhanden. Für jede Wohnung steht eine Waschmaschine und ein Elektrogrill zur Verfügung. Außerdem gibt es in der Anlage einen Gemeinschafts-Pool und einen Tennisplatz. Neu: WLAN.

Fortbewegung: Wer die Insel erkunden möchte, ist auf einen Pkw angewiesen, der je nach Größe bei Buchung für 1 Woche 25,- bis 75,- € pro Tag kostet. Es können auch Pkw mit Automatik gemietet werden – der Mietpreis liegt dann etwa 20 % über den herkömmlichen Preisen. Am Flughafen und in Playa Blanca können Rolli-Taxis bestellt werden.

Preise: Die rollstuhlgerechte FeWo kostet bei Belegung mit 1-2 Personen pro Tag 95,- €, jede weitere Person 10.- € pro Tag. Endreinigung 95,- €. Aufgrund der aktuellen Situation wird ein Corona-Zuschlag bei der Reinigung erhoben. Details siehe „Mietpreise" auf der Homepage. Langzeitangebote auf Anfrage. Daneben gibt es noch eine weitere, ebenfalls schwellenlose Ferienwohnung mit breiten Türen für 2-4 Personen (mit 2 Schlafzimmern). Diese zusätzliche Ferienwohnung hat jedoch kein Behinderten-WC. Weitere Informationen erhalten Sie von Familie Frank.

Spanien / Kanaren

Kurhotel Mar y Sol
S.L. E-38650 Los Cristianos / Teneriffa

Avenida Amsterdam No. 8
Tel.: 0034 922 750 540
E-Mail: info@marysol.org
Web: www.marysol.org

Allgemeines: Das Hotel Mar y Sol zählt zu den bekanntesten und besten rollstuhl- und behindertengerechten Hotels in Europa. Menschen mit und ohne Behinderung sind Gäste dieses Hauses und finden dort eine sichere, entspannte und fürsorgliche Urlaubsatmosphäre.

Im Süden von Teneriffa, in der Gemeinde Los Cristianos mit seinem alten Fischereihafen gelegen und etwa 400 m von der Meerespromenade entfernt, bietet das Hotel über 166 Appartements und Studios unterschiedlicher Kategorie. Die gesamte Hotelanlage ist rollstuhlgerecht (auch für Elektro-Rollstuhlfahrer geeignet) und steht unter deutscher Leitung.

Die Gemeindeverwaltung von Los Cristianos hat in den vergangenen Jahren viel für die behinderten Gäste getan. An fast allen Straßenübergängen wurden die Randsteine abgesenkt, rollstuhlgerechte Wege geschaffen und die fast acht Kilometer lange rollstuhlgerechte Strandpromenade weiter ausgebaut.

Dazu gehört der für Behinderte und Rollstuhlfahrer angelegte Strandabschnitt an der Playa Las Vistas mit Umkleidekabinen und Toiletten zu denen der in Deutschland, Österreich und der Schweiz schon weit verbreitete Euro-Schlüssel passt. Wer noch keinen hat, kann sich kostenlos (gegen Kaution) einen an der Hotelrezeption des Hotels Mar y Sol ausleihen.

An dem rollstuhlgerechten Strandabschnitt gibt es einen speziellen Strandservice, wo die dort positionierten Amphibien-Fahrzeuge (Strandrollis) betreut werden und behinderte Besucher die Möglichkeit haben ins Meer zu gelangen.

Auch im Hotel selbst hat sich einiges getan. Wer das Haus von früher kennt, wird vieles an positiven Veränderungen vorfinden, angefangen bei der großzügigen Empfangshalle bis hin zu den Premium-Appartements.

Das hoteleigene Restaurant bietet neben Show-Cooking auch unterschiedliche Thementage. Diät- und Allergikerkost gibt es auf Anfrage.

Das Kur- und Therapiezentrum Teralava bietet eine breite Auswahl an manuellen Therapien, wie z.B. Krankengymnastik, Massagen, Lymphdrainage, Chiropraktik, die in lichtdurchfluteten Räumen bei sanfter Entspannungsmusik durchgeführt werden. Darüber hinaus gibt es ein großes Angebot an alternativen Therapien, wie u.a. Akupunktur, Klangschalentherapie, Hot Stone Massage oder Honig- bzw. warme Ölmassagen.

Spanien / Kanaren

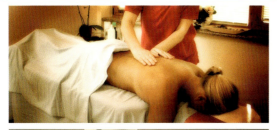

Die zu Teralava gehörende Panoramaterrasse mit Blick auf das Meer wird gerne zum privaten Sonnenbaden und für entspannende Rosenbäder genutzt.

Ein weiteres Highlight im Hotel Mar Y Sol ist die großzügige Poollandschaft. Zwei große und ein kleines Becken mit unterschiedlichen Temperaturen und Tiefen bieten sich den Gästen an. Ein großer Pool mit Whirl, Nackenduschen, Massagedüsen und Sauerstoff-Liegemulden mit einer Wassertemperatur von ca. 32° C und einer Tiefe von ca. 130 cm machen sogar das therapeutische Baden zum Vergnügen.
Der zweite große Pool ist mehr für sportliche Gäste gedacht. Bei einer abfallenden Tiefe bis zu ca. 200 cm hat er eine, dem Außenklima angepasste, Temperatur.

Beide Pools verfügen über einen bequemen handlaufgeführten Treppenabgang und natürlich je über einen Sitzhebelift. Zudem gibt es einen zweiten Lifter mit Hebetuch, damit auch stark bewegungseingeschränkte Gäste problemlos in das bzw. aus dem Schwimmbad gelangen. Dieser mobile Lifter kann wahlweise an beiden Pools genutzt werden. Der kleine Pool hat eine Tiefe von ca. 50 bis 90 cm und dient mit seiner integrierten Gehschule therapeutischen Zwecken, wird aber auch gern von Kindern genutzt.

Die mittlerweile zum Hotel gehörende Service-Station LeRo bietet Verleih von Hilfsmitteln (elektrische Betten, Lifter, Dusch-WC-Aufsätze, elektrische Rollstühle, Scooter, Stricker Handbikes, etc.) und verfügt über individuell buchbare Pflegedienste durch examinierte Krankenschwestern/Pfleger (Termine sollten möglichst im Vorfeld abgesprochen werden). Darüber hinaus betreut das Pflegeteam von LeRo auch den vom Hotel gestellten 24-Stunden Notfalldienst. Ca. 70% aller Gäste sind Stammgäste des Hotels, was auf eine besonders hohe Zufriedenheit schließen lässt.

Neben zwei kostenpflichtigen Münz-Computern steht den Hotelgästen im Lesesaal ein kabelloser Internetzugang (WLAN) kostenlos zur Verfügung. Darüber hinaus haben alle Hotelgäste einen individuellen Internetzugang, der ihnen die Möglichkeit bietet, in allen Wohneinheiten sowie im übrigen Hotelbereich Beitband-Internetdienste in Anspruch zu nehmen (für je 1 Gerät pro Gast).

Spanien / Kanaren

Sport: Besonderen Anklang unter den Gästen findet die ca. 530 qm große, rollstuhlgerechte Sporthalle, die Platz für alle erdenklichen Sportarten bietet (Basketball, Rollstuhl-Rugby, Electric Wheelchair Hockey, Badminton, Boccia, Tischtennis, Breitensport, Slackline, Rollstuhlschaukel, Mobilitätstraining, Rollstuhltanz etc.). Die Sporthalle ist von Montags bis Freitags für alle Gäste frei zugänglich und wird von Freizeittrainern betreut.

Mit diesem Angebot ist das Mar y Sol auch für Trainingswochen von Sport- und Rollstuhlsportgruppen sowie für internationale Wettkämpfe und Turniere wie z.B. den Internationalen Mar y Sol Pokal für Rollstuhl-Rugby bestens geeignet, zumal die Sportler bei Bedarf auch die therapeutischen Einrichtungen, Massagen usw. des Hotels in Anspruch nehmen können.

Für Gäste, die gerne die Unterwasserwelt von Teneriffa kennenlernen möchten, werden spezielle Schnuppertauch-Pakete (gegen Gebühr) im Pool und am Hausriff beim Strand von Las Vistas angeboten.

Am Flughafen gibt es adaptierte Taxis für Rollstuhlfahrer.

Die kanarische Autovermietung Cicar bietet behinderten Gästen adaptierte Automatik-Mietwagen mit Handgas und verleiht Kleinbusse mit Hebebühne für den Transport von Rollstühlen.

Direktbucher-Preise 2022: Übernachtung im Economy Studio für 1 bis 2 Personen kostet pro Person inkl. Halbpension in der Nebensaison (01.06. bis 31.08.) bei Belegung mit einer Person 58,40 € pro Tag, bei Belegung mit 2 Pers. 43,75 €. In der Zwischensaison (16.04. bis 31.05.) für eine Person 67,50 €, mit 2 Personen 50,50 € pro Person/Tag. In der Hochsaison vom 21.12. bis 15.04. und vom 16.10. bis 30.11. mit einer Person 96,40 €, mit 2 Personen 72,25 € pro Person/Tag.

Die Standard-Appartements bieten mehr Platz (für 2 bis 4 Personen) und kosten bei Belegung mit 2 Personen je nach Saison 56,00 bis 92,10 € pro Person/Tag.

Die Unterbringung für Kinder von 0-6 Jahre ist gratis, Kinder von 7-14 Jahren zahlen je nach Saison und Zimmertyp 16,80 bis 36,00 €/Tag.

Die Superior-Wohneinheiten für 2 bis 4 Personen sind sehr großzügig und modern ausgestattet, bestehen aus Wohnzimmer Einzelbett-Sofa mit ausziehbarem

Spanien / Kanaren

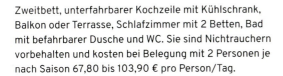

Zweitbett, unterfahrbarer Kochzeile mit Kühlschrank, Balkon oder Terrasse, Schlafzimmer mit 2 Betten, Bad mit befahrbarer Dusche und WC. Sie sind Nichtrauchern vorbehalten und kosten bei Belegung mit 2 Personen je nach Saison 67,80 bis 103,90 € pro Person/Tag.

Die im Haupthaus Casa Madrid befindlichen Komfortzimmer und Premium-Appartements (Nichtraucher) kosten je nach Zimmertyp, Anzahl der Personen und je nach Saison ab 83,85 bis 119,95 € pro Person/Tag inkl. Halbpension.

Hinweis: Pauschalangebote (inkl. Flug) können über verschiedene Veranstalter gebucht werden. Das Hotel arbeitet darüber hinaus seit vielen Jahren mit der Reiseagentur Mar y Sol, Roland Nürnberger (reiseagentur@marysol.de) eng zusammen.

Ein für Rollstuhlfahrer und behinderte Menschen besonders empfehlenswertes Hotel: Das Hotel Mar y Sol bietet ein rundum komplettes Angebot für Rollstuhlfahrer / Behinderte. Ein vollständig barrierefreies Hotel mit einer solchen Vielfalt an zusätzlichen Serviceleistungen und Hilfsmitteln sowie Kur-, Freizeit- und Sportangeboten gibt es in Europa zurzeit kein zweites Mal.

Buchungen auch über:

Reiseagentur Mar Y Sol
Roland Nürnberger
Engelgasse 13
D-72108 Rottenburg
Tel. 07472 915 112
E-Mail: reiseagentur@marysol

Spanien / Kanaren

Finca „La Charquita"
E-38789 Puntagorda / La Palma

El Pinar, Maria und Herbert Herkommer
Tel.: 0034 922 493 259, Fax: 0034 922 493 455
E-Mail: m.h.herkommer@gmail.com
Web: www.rolli-hotels.de/hotel/66/
Finca-La-Charquita

10% RABATT
für Rollstuhl-Kurier-Abonnenten

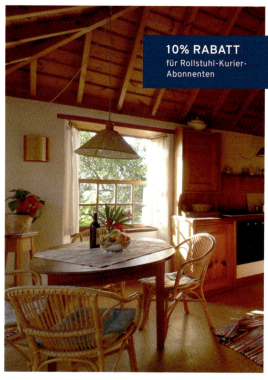

Allgemeines: Im ländlichen Dorf Puntagorda im Nordwesten der Kanareninsel La Palma liegt die Finca der Familie Herkommer auf einem 10.000 qm großen Grundstück, welches sich über mehrere Terrassen erstreckt.

Es liegt in 600 m Höhe und bietet sich besonders für Gäste an, die Ruhe und Erholung suchen.

Rollstuhlgerechtes Ferienhaus für bis zu 5 Personen.

Vom gefliesten Weg zum Haus und von der Terrasse aus blickt man zum Atlantik, hinweg über Mandelbäume, Häuser und Wiesen.

Das Haus ist voll ausgestattet, hat einen Kaminofen, Telefonanschluss und DSL-Internet. Familie Herkommer spricht Deutsch und hat selbst vier Kinder, weshalb Familien mit Kindern als Gäste stets willkommen sind.

Ein freistehendes Appartement und zusätzlich ein kleines Ferienhäuschen, jeweils für zwei Personen, gehören ebenfalls zur Finca.

Ein Pool, eine Sauna, mit großzügigem Wellnessbereich, große Badewanne, Dauerbrause und beheizbarem Ruheraum, Waschmaschine und Trockner.

Die Wege in der Umgebung des Hauses sind mehr oder weniger eben. Insgesamt ist La Palma aber sehr gebirgig, was Rollstuhlfahrer entsprechend einplanen müssen.

Der Transfer vom Flughafen zum Haus, auch mit dem E-Rollstuhl, kann nach Rücksprache organisiert werden, oder es können entsprechende Mietautos reserviert werden.

Preise: Das rollstuhlgerechte Ferienhaus kostet 420,- € pro Woche inklusive Endreinigung.

REISEVERANSTALTER UND VEREINE

Reiseveranstalter

Accamino Reisen GmbH
10551 Berlin

Oldenburgerstr. 6
Tel.: 030 749 24 391, Fax: 030 749 24 393
E-Mail: info@accamino.de
Web: www.accamino.de

Accamino Reisen ist ein Veranstalter für barrierefreie Reisen mit Sitz in Berlin und hat sich auf begleitete Gruppenreisen und Individualreisen für Gäste im Rollstuhl und deren Begleitpersonen spezialisiert.

„Accamino" ist eine Wortneuschöpfung aus dem spanischen Wort „Camino" (deutsch: der Weg) und steht für die Philosophie des Unternehmens „Wege zu finden, die auch Rollstuhlfahrer*innen das Reisen ermöglichen".

Auch 2022 liegt der besondere Schwerpunkt des Programms wieder auf den vielfältigen Flusskreuzfahrten mit der MS Primadonna auf der Donau ab/bis Passau-Engelhartszell und Wien. An vielen Terminen, von Mai bis Oktober, stehen für die Gäste rollstuhlgerechte Ober- und Promenadendeckkabinen zur Verfügung sowie eine Accamino-Reiseleitung, welche exklusiv für die kleinen Gruppen mit an Bord ist.

Außerdem werden wieder speziell für Rollstuhlfahrer*innen ausgearbeitete Ausflüge in kleinen Gruppen (z.B. mit rollstuhlgeeigneten Bussen und Kleinbussen mit Rampe/Hebebühne) angeboten und von der Reiseleitung begleitet.

Die verschiedenen Donau-Kreuzfahrten führen u.a. durch die wunderschöne Wachau, nach Wien, Bratislava und Budapest. Im Nord- und Ostseebereich und der Karibik bietet Accamino sowohl eigenveranstaltete Reisen als auch individuelle Reisen mit allen renommierten Reedereien an. Viele Schiffe sind den Mitarbeitern in Berlin persönlich bekannt und vertraut.

Weiterhin sind rollstuhlgeeignete Flusskreuzfahrten mit der MS Viola auf dem Rhein ab/bis Bonn auf 4 verschiedenen Routen für 2022 im Angebot, z.B. nach Rüdesheim, Strasburg, Antwerpen oder Rotterdam mit rollstuhlgeeigneten Ausflugsprogramm.

Als Berliner Unternehmen sind ebenfalls barrierefreie Hotels, organisierte Rundfahrten und Ausflüge in der Hauptstadt und dem Berliner Umland im Angebot. Diese sind selbstverständlich immer rollstuhlgerecht.

Individuelle Reisen werden gerne gegen eine Bearbeitungsgebühr zusammengestellt.

Das Accamino-Team ist wochentags per Telefon, E-Mail oder Fax erreichbar.

Mehr Informationen finden Sie unter www.accamino.de.

Reiseveranstalter

Balos Reisen
56332 Lehmen

Abt-Theoderich-Str. 33,
Tel.: 0 2607 795 4900
E-Mail: info@balos-reisen.de
Web: www.balos-reisen.de

Allgemeines: Balos Reisen: Abgeleitet von – Barrierelos – Dieses Ziel haben wir zu unserer Aufgabe gemacht. Im Jahr 2014 gründeten wir unser Unternehmen Balos Reisen UG – der barrierefreie Spezialist für Ihren Urlaub. Unser Partnerunternehmen Challenge Resorts &Travel in den Niederlanden betreut bereits seit 2004 Kunden, die einen sorgen- und barrierefreien Urlaub erleben möchten.

Wir organisieren und vermitteln Individualreisen und Gruppenreisen für Menschen mit körperlichen Einschränkungen, aber auch für Senioren, die barrierefrei, ggf. mit Hilfsmitteln reisen möchten, oder eine Pflegekraft benötigen, einen auf Sie persönlich zugeschnittenen Rundum-Service. Wir planen Ihren kompletten Urlaub von Anfang bis Ende der Reise, natürlich auf Wunsch auch mit Transfer, Pflege, Hilfsmitteln und/oder Reisebegleitung. Auf unserer Internetseite www.balos-reisen.de finden Sie eine große Auswahl an Reisemöglichkeiten: Hotels, Ferienhäuser, Ferienwohnungen, Flusskreuzfahrten, Kreuzfahrten auf dem Meer, Wohnmobilreisen… Und das alles in verschiedenen Ländern.

Das Highlight der letzten Jahre war eine von uns organisierte Gruppen Flusskreuzfahrt mit der "Prins Willem Alexander" zu verschiedenen Weihnachtsmärkten am Rhein. 25 rollstuhlgerechte Kabinen, 50 ehrenamtliche Pfleger, Mitreisende und Helfer, die sich um die Gäste kümmerten. Bei dieser Reise ist es auch möglich, dass Kunden, die einen hohen Grad an Behinderungen haben, mitreisen können. Wir hoffen sehr, dass diese besondere Reise im nächsten Jahr wieder stattfinden kann. Für Reservierungen schreiben Sie uns gerne an.

Pflegequalität, Entspannung und Spaß, die 3 wichtigsten Zutaten: Die von uns ausgewählten Reiseziele sind alle rollstuhlgeeignet, rollstuhlgerecht und/oder besitzen die nötige Ausstattung, um Ihnen eine Pflege nach Maß anzubieten. Außerdem gibt es genügend Entspannungs- und Vergnügungsmöglichkeiten für einen unvergesslichen Urlaub. Wie wäre es z.B. mit einer Rollstuhl Strandraupentour in Holland? Balos Reisen macht's möglich!

Bei den meisten Reisezielen können wir Ihnen einen Pflegedienst, Hilfs- und Mobilitätsmittel anbieten.Behindertengerechtes Hotel, angepasstes Boot oder Ferienhaus für einen Rollstuhlfahrer: Balos Reisen macht's möglich! Bei den meisten Reisezielen können wir Ihnen einen Pflegedienst, Hilfs- und Mobilitätsmittel anbieten.

Reiseveranstalter

BSK-Reisen GmbH
74238 Krautheim

Altkrautheimer Straße 20,
Tel.: 062944281 50, E-Mail: info@bsk-reisen.org
Web: www.bsk-reisen.org
Facebook: www.facebook.com/BSK.Reisen

Allgemeines: Die Veranstaltung und Vermittlung von barrierefreien Reisen ist seit über 50 Jahren die Aufgabe des Bundesverbandes Selbsthilfe Körperbehinderter e. V.

Die eigene BSK-Reisen GmbH veröffentlicht auf ihrer Internetseite www.bsk-reisen.org zahlreiche Gruppen- und Individualreisen für Menschen mit und ohne Körperbehinderung. Für diese Reisen stehen bei Bedarf und gegen Aufpreis geschulte BSK-Reiseassistent(inn)en zur Verfügung, damit Sie Ihren Urlaub entspannt genießen können.

Für Individualreisende werden barrierefreie Unterkünfte innerhalb Deutschlands mit Haustürabholung angeboten. Ebenso im Programm sind Flugreisen, Hochseekreuzfahrten, Flusskreuzfahrten auf Rhein und Donau sowie Rund- und Mietwagenrundreisen innerhalb Europas und weltweit.

Bei den Gruppenreisen erwarten Sie ein rollstuhlgerechtes Ausflugsprogramm und die Betreuung durch eine erfahrene Reiseleitung sowie Unterstützung durch eine Reiseassistenz, falls gewünscht.

Das BSK-Reisen-Team steht Ihnen bei der Reiseplanung von A bis Z zur Seite. Bei den meisten Reisezielen ist es möglich, Hilfsmittel (wie Pflegebett, Falt- und E-Rollstuhl, Dusch- und Toilettenrollstuhl, Lifter, Scooter etc.) auf Anfrage anzumieten.

Bei Flugreisen übernimmt die BSK-Reisen die Anmeldung des Rollstuhls und der benötigten Hilfeleistungen am Flughafen sowie die Buchung des rollstuhlgerechten Transfers vor Ort zu Ihrem Urlaubsziel. Es ist Ihnen ein rundum sorgloser, barrierefreier Urlaub durch jahrzehntelange Erfahrung und fachliche Kompetenz der BSK-Reisen GmbH somit gewiss.

Reiseveranstalter

FORUM ERLEBEN Reisen GmbH
A-4814 Altmünster

Finsterau 55,
Tel.: 0043 664 5227201, 0043 664 5227202
E-Mail: info@forum-erleben.at
Web: www.forum-erleben.at

Allgemeines: Wir sind ein österreichischer Reiseveranstalter, der sich auf betreute Reisen in kleinen Gruppen spezialisiert hat. Seit mehr als neun Jahren führen unsere Reisen in die schönsten Destinationen auf der ganzen Welt.

Unsere Angebote richten sich an alle reiselustigen Menschen, die die Atmosphäre von kleinen Reisegruppen (6 – 8 Personen) schätzen und die unterwegs die eine oder andere Unterstützung benötigen. Unsere Reiseziele sind auch für Personen geeignet, die einen Rollstuhl nutzen. Die Unterkünfte und Unternehmungen sind entsprechend geplant.

Betreute Gruppenreise Salzburg und das Salzkammergut: Das Salzkammergut zählt zu den schönsten Regionen Österreichs. Mit seiner einzigartigen Seen- und Berglandschaft, einer abwechslungsreichen Kulturlandschaft und seiner herzlichen Atmosphäre bietet das Salzkammergut ein ideales Reiseziel und lockt Urlauber aus der ganzen Welt an. Übrigens wurde das Salzkammergut, zusammen mit der Stadt Bad Ischl, für das Jahr 2024 zur Kulturhauptstadt Europas ernannt.

Nicht weit entfernt vom Salzkammergut und ebenfalls umgeben von Bergen und Seen liegt Salzburg, Geburtsstadt von Wolfgang Amadeus Mozart und Schauplatz zahlreicher kultureller Events. Salzburg gilt als eine der schönsten Städte der Welt und bietet zahlreiche Sehenswürdigkeiten und Ausflugsmöglichkeiten.

Auf dieser sieben-tägigen Rundreise erleben Sie zwei der schönsten Urlaubsziele Österreichs hautnah. Wir senden Ihnen gerne unsere ausführliche Reisebeschreibung dazu.

Österreich erleben – Ihr ganz persönliches Reiseerlebnis: Wie wäre es mit einer individuellen, ganz nach Ihren Wünschen und Bedürfnissen zusammengestellten Tour, ob für Sie, Ihre Freunde oder Ihre Familie? Ebenfalls gerne unterstützen wir bei der Reiseplanung für Gruppen aus Sozialeinrichtungen oder Vereinen, von der Buchung barrierefreier Unterkünfte bis hin zur Organisation einer begleiteten Rundreise durch Österreich.

Sollten Sie während der Reise zusätzliche Unterstützung benötigen, zum Beispiel Pflegeleistungen oder Schieben des Rollstuhls, organisieren wir eine zusätzliche Reiseassistenz für Sie.

Reiseveranstalter

Carsten Müller Reiseagentur
13059 Berlin

Straße 6, Nr. 116, Tel. (030) 924 40 35
E-Mail: behindertenreisen-c.mueller@t-online.de
Web: www.reiseagentur-c-mueller.de

Barrierefreie Reisen und Busreisen: Die Reiseagentur Carsten Müller mit Sitz in Berlin zählt seit 1990 zu den erfahrensten Reiseveranstaltern im Segment „Behindertenreisen". Carsten Müller steuert seinen rollstuhlgerechten Reisebus selbst und zählt zu den wenigen noch übrig gebliebenen Busreiseveranstaltern, die sich mit Herz und Seele engagieren, um behinderten Menschen einen unbeschwerten Urlaub zu ermöglichen.

Im Reiseangebot von Carsten Müller finden sich Erlebnisreisen, Städtereisen, Reisen in ausgewählte Kulturlandschaften.

Begleitet werden die Reisenden immer vom bewährten Reiseteam. Die Durchführung erfolgt mit dem eigenen komfortablen und rollstuhlgerechten Reisebus mit Hebebühne.

Die Angebote sind als komplette Pakete geschnürt, die die Anreise, Unterkunft, Halbpension sowie alle Aktivitäten und Ausflüge während der Reise beinhalten.

Zu den Reisezielen zählen unter anderem Deutschland, Dänemark, England, Frankreich, Italien, Norwegen, Österreich, Portugal, Schweden, die Schweiz, Spanien und Ungarn.

Die sehr gut organisierten Busreisen beginnen in Berlin. Aber auch Interessierte aus dem gesamten Bundesgebiet können je nach Reiseroute unterwegs zusteigen, z.B. an geeigneten Autobahnraststätten.

Das Reiseprogramm kann kostenlos bei der Reiseagentur Carsten Müller angefordert oder im Internet eingesehen bzw. heruntergeladen werden.

Reiseveranstalter

Reisemaulwurf e. V.
13088 Berlin

Gounodstraße 46
Tel.: 0179 593 54 04
E-Mail: info@reisemaulwurf.de
Web: www.reisemaulwurf.de

Auszeit und Erholung durch den Reisemaulwurf e. V.:
Der Wind bläst uns um die Nase und verleiht der Frisur den letzten kreativen Schliff. Erfrischend sprüht die Gischt einen feinen Nebel in unsere Gesichter. Möwen kreisen und tauchen immer wieder in die See ein, um sich einen kleinen Happen Fisch zu gönnen. Außer den Geräuschen der Natur ist es still am Strand. Ich blicke auf meine Mutter, die im Rollstuhl sitzt, und sehe, wie sehr sie den Ausflug genießt und alles in sich aufnimmt. Sie schließt mit einem Lächeln ihre Augen, um den Moment zu bewahren.

Diesen besonderen Erlebnissen hat sich der Berliner Verein Reisemaulwurf e. V. verschrieben: Menschen, die auf Hilfe oder Pflege angewiesen sind, und ihren (pflegenden) Angehörigen eine Auszeit und Erholung ermöglichen. Nicht zuletzt die Corona-Pandemie hat einmal mehr vor Augen geführt, wie wichtig niedrigschwellige Angebote für Betroffene sind. Die Belastung durch Pflege war schon vor COVID-19 enorm – Durchatmen ist jetzt wichtiger denn je.

Seit 2016 berät André Scholz, der Gründer des Vereins, Pflegebedürftige und ihre Angehörigen kostenlos zu Auszeit und Urlaub. Er ermutigt sie, den Wunsch Wirklichkeit werden zu lassen: Verreisen mit Demenz? Ein Hotelzimmer mit Pflegebett? Mit dem Rollstuhl an den Strand? Der Reisemaulwurf macht dies gemeinsam mit seinen Partnern möglich.

Um barrierefreien Tourismus weiter zu etablieren, arbeitet André Scholz mit einer Vielzahl von Netzwerkpartnern und Anbietern zusammen. Dadurch gelingt es, Angebote zu schaffen, die auf individuelle Bedürfnisse zugeschnitten sind; Angebote, die den Reisenden gemeinsame Erlebnisse, pflegenden Angehörigen aber auch stunden- oder tageweise Auszeit vom Pflegealltag bieten.

Informieren Sie sich auf der Homepage unter www.reisemaulwurf.de und nehmen Sie Kontakt auf. Auch per Telefon unter 0179 593 54 04 oder per Email an info@reisemaulwurf.de können sich Menschen mit Pflegebedarf und Angehörige, die einen Urlaub planen fachgerecht beraten lassen.

Reiseveranstalter

Runa Reisen
33803 Steinhagen

Woerdener Str. 5A,
Tel.: 05204 922 780
E-Mail: info@runa-reisen.de
Web: www.runa-reisen.de

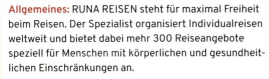

Allgemeines: RUNA REISEN steht für maximal Freiheit beim Reisen. Der Spezialist organisiert Individualreisen weltweit und bietet dabei mehr 300 Reiseangebote speziell für Menschen mit körperlichen und gesundheitlichen Einschränkungen an.

Im Gegensatz zu Gruppenreisen haben Reisegäste des Reiseveranstalters RUNA REISEN die vollständige Wahlfreiheit bei Reiseterminen, Reisezielen und Hotels. Das umfangreiche Sortiment umfasst neben erdgebundenen Reisen und Flugreisen auch Schiffs- und Seereisen.

Alle Reiseangebote wurden im Vorfeld persönlich besichtigt und auf ihre Eignung hin überprüft. So können Reisegäste anhand von Piktogrammen auf der Website und im Reisekatalog von RUNA REISEN selbst prüfen, welche Reise zu ihren individuellen Bedürfnissen passt.

Genau so vielfältig wie die Bedürfnisse der RUNA-Reisegäste sind auch die Reisemöglichkeiten bei RUNA REISEN: Vom Badeurlaub bis zur Städtereise, von der Zeltsafari in Afrika bis zum Ferienhaus an der Nordsee, ob aktiv oder mit Pflegebedarf – Die Reiseexperten von RUNA REISEN unterstützen jederzeit gerne bei der Auswahl einer passsenden Reise und planen diese von A bis Z nach den individuellen Bedürfnissen ihrer Reisegäste.

Der kostenlose Reisekatalog des Unternehmens ist unter www.runa-reisen.de bestellbar.

Der 2006 gegründete Reiseveranstalter lebt und arbeitet nach dem Motto: „Genießen Sie einfach Ihren Urlaub – wir übernehmen den Rest". Dafür wurde RUNA Reisen bereits 2010 mit dem „Goldene Rollstuhl" ausgezeichnet. 2019 wurde Unternehmensgründer Karl B. Bock vom VDRJ mit dem Columbus Ehrenpreis 2019 für seine besonderen Verdienste im Tourismus ausgezeichnet.

Reiseveranstalter

Unfallopfer-Hilfswerk
74074 Heilbronn

Friedrich-Dürr-Straße 64, Tel.: 07131 62 95 52
kostenlose Servicenummer 0800 863 25 56
E-Mail: info@unfallopfer-hilfswerk.de
Web: www.handicaptravel.de

Seit vielen Jahren vermietet das Unfallopfer-Hilfswerk kostengünstig Kleinbusse (bis maximal 9 Personen). Berechtigt zur Anmietung sind Personen mit einem gültigen Behindertenausweis ab 50 %. Die Kleinbusse sind über Hebebühne oder Rampe mit dem Rollstuhl befahrbar. Max. 4 Rollstühle können verankert werden. Der Mietpreis für Nichtmitglieder beträgt 30,- € pro Tag, für Mitglieder 20,- € pro Tag zzgl. einer einmaligen Reinigungspauschale von 20,- €. Die Fahrzeugmiete beinhaltet eine Vollkaskoversicherung mit 511,00 € SB pro Schadenfall, inkl. 1.500 Freikilometer für Mitglieder bzw. 1.000 Freikilometer für Nichtmitglieder. Die Vermietung erfolgt zentral in Heilbronn.

Rollstuhlgeeignetes Bungalowboot auf der Havel, zum Selbstfahren – ohne Bootsführerschein: Das Unfallopfer-Hilfswerk hat die Hausboote, Modell 1160L und 1000L, für den Rollstuhl geeignet aufgebaut. Diese Bungalowboote können an verschiedenen Marinas (z.B. 14774 Brandenburg / Plaue, 17279 Lychen, 15712 Zernsdorf usw.) angemietet werden. PKW Parkplätze sind dort vorhanden. Die Havel hat überall Badewasserqualität.

Das Modell 1160L hat eine Breite von 4,95 Meter, eine Länge von 11,60 Meter und der Tiefgang beträgt ca. 0,65 Meter. Es verfügt über 2 Doppelzimmer und eine separate Schlafcouch für 2 Personen. Das Modell 1000L hat eine Breite von 4,60 Meter und eine Länge von 10,10 Meter. An Bord befinden sich ein großzügiges Schlafzimmer und eine Schlafcouch jeweils für 2 Personen. Beide Typen werden von einem Außenbordmotor mit Elektrostart angetrieben. Das Steuerrad kann auch vom Rollstuhl aus bequem bedient werden. Die optimale Reisegeschwindigkeit beträgt ca. 9 Stundenkilometer. Dank der zwei Ankerpfähle kann man mit dem Bungalowboot auch in Ufernähe anlegen und übernachten. Wegen der zwei Rümpfe (Bauart Katamaran) liegt das Bungalowboot sehr ruhig im Wasser.

Weitere Ausstattung der Bungalowboote Modell 1160L und 1000L: Terrasse mit Steuerstand, Windfang bzw. Wintergarten (Modell 1160L) und Feuerschale. Wohn-/Esszimmer mit Schlafcouch, Sitzgelegenheiten und Esstisch. Küchenzeile mit Kühlschrank, zweiflammigem Gasherd und Gaszentralheizung. Die Maße der Badezimmer mit Warmwasserdusche, Waschbecken und Toilette (Bootstype 1160L und 1000L) betragen ca. 1,50 x 2,00 Meter, mit breiter Tür (80 cm) und optimiert mit ebener Duschwanne, Duschsitz und Haltegriffen. Die Toilette (Höhe ca. 44 cm) hat einen schwenkbaren Stützgriff.

Reiseveranstalter

Urlaub & Pflege e. V.
48291 Telgte

Bahnhofstr. 7
Tel.: 02504 73 96 043
E-Mail: post@urlaub-und-pflege.de
Web: www.urlaub-und-pflege.de

Reisen für Menschen mit Hilfs- und Pflegebedarf: Der Reiseveranstalter Urlaub & Pflege e. V.: Pflegebedürftigkeit ist schon lange kein Grund mehr, auf den gewohnten Jahresurlaub zu verzichten. Seit 22 Jahren arbeitet der gemeinnützige Reiseveranstalter Urlaub & Pflege e. V. daran, Menschen einen Urlaub zu ermöglichen, die ohne fremde Hilfe nicht reisen könnten. Das Besondere an dem Angebot ist die 1:1 Betreuung durch ehrenamtliche ReisebegleiterInnen, das Abholen von zuhause (innerhalb NRW) sowie die auf den meisten Reisen angebotene Nachtbereitschaft.

Entlastung für pflegende Angehörige: Bei Urlaub & Pflege geht es nicht nur darum, den Gästen mit Pflegebedarf einen Urlaub zu ermöglichen, es geht gleichermaßen um eine Auszeit für die pflegenden Angehörigen. Bei allen Reisen sind pflegende Angehörige herzlich willkommen, bei dem speziellen Reiseangebot „Tandemreise" gibt es zudem ein extra Programm für pflegende Angehörige mit gemeinsamen Ausflügen, Pflegekurs und Entspannungsangeboten. Durch die Rund-um-die-Uhr Betreuung ist es aber genauso möglich, auch mit höherem Pflegebedarf ohne Angehörige zu reisen.

Ehrenamtliche Mitarbeit: Das Ganze Angebot funktioniert nur durch die Unterstützung der vielen Ehrenamtlichen. Deshalb ist Urlaub & Pflege e. V. ständig auf der Suche nach Reiselustigen Menschen, die sich vorstellen können, einen Gast auf Reisen zu begleiten.

Kosten und Zuschüsse: Trotz Ehrenamt sind die Reisepreise für die Gäste ca. 3 mal so teuer, wie eine vergleichbare Reise ohne Unterstützung. Das liegt daran, dass die Reisekosten der Begleiter*innen mit eingerechnet sind und an der sehr intensiven Vorbereitung der Reisen. In vielen Fällen übernimmt die Pflegekasse die pflegebedingten Kosten in Form von Verhinderungspflege oder Entlastungsleistungen. Auch Aktion Mensch beteiligt sich mit einem Zuschuss an den Reisekosten für die BetreuerInnen.

Der Förderverein Urlaub & Pflege e. V.: Wenn die Finanzierung der Reise trotz dieser Zuschüsse nicht möglich ist, kann ein Antrag auf Bezuschussung beim Förderverein Urlaub & Pflege e. V. gestellt werden. Der Förderverein sammelt Spenden und hilft nach Kräften, dass Reiseträume nicht am Geldbeutel scheitern. Hierbei können alle mitmachen: Das Urlaub & Pflege Spendengeschenk eignet sich als Geschenk an sozial engagierte Menschen, als Wunsch an Geburtstagsgäste oder als Firmengeschenk an Mitarbeiter*innen und Kund*innen.
www.urlaubsmomente-in-der-pflege.de

Reiseveranstalter

videlis Seniorenreisen e. V.
86157 Augsburg

Bürgermeister-Bohl-Straße 56
Tel.: 0821 742776
E-Mail: info@videlis.de
Web: www.videlis.de

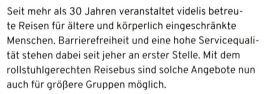

Seit mehr als 30 Jahren veranstaltet videlis betreute Reisen für ältere und körperlich eingeschränkte Menschen. Barrierefreiheit und eine hohe Servicequalität stehen dabei seit jeher an erster Stelle. Mit dem rollstuhlgerechten Reisebus sind solche Angebote nun auch für größere Gruppen möglich.

Viele ältere Menschen sehnen sich nach Abwechslung vom grauen Alltag und wünschen sich, der Einsamkeit der eigenen vier Wände zu entfliehen. Mit dem Angebot von videlis Seniorenreisen können Sie unbeschwert schöne Reisen unternehmen, auch wenn Sie sich das allein nicht mehr zutrauen. Ein erfahrenes Team bereitet ausgewählte Reisen speziell für Senioren mit viel Sorgfalt und Liebe zum Detail vor.

videlis veranstaltet Reisen in landschaftlich reizvolle Gegenden, Kurorte und Städte im deutschsprachigen Raum, Flusskreuzfahren und Busreisen in den Mittelmeerraum. Es werden barrierearme und barrierefreie Hotels mit gehobener Ausstattung in ruhiger Lage gewählt. In Gruppen von acht bis 15 Senioren ist eine familiäre Atmosphäre garantiert. Es sind stets mehrere engagierte ehrenamtliche Reisebetreuer vor Ort und für Sie da.

videlis holt Sie auf Wunsch zu Hause ab und kümmert sich um Ihr Gepäck. Gäste, die Unterstützung wie etwas Rollstuhl schieben benötigen, können ein Betreuungspaket buchen. Bei Pflegebedarf vermittelt videlis gerne eine örtlichen Pflegedienst der morgens und abends die Versorgung im Hotel übernimmt. Ein umfangreiches barrierefreies Ausflugsprogramm ist bereits im Reisepreis eingeschlossen. Kurze Wege und ein langsames Tempo sind dabei eine Selbstverständlichkeit.

Die Angebote von videlis sind für alle Reiselustigen, auch mit alters- oder krankheitsbedingten Einschränkungen, ideal geeignet.

Auf der Internetseite finden Sie ein vielfältiges Programm barrierefreier Reisen. Gerne können Sie auch gedrucktes Informationsmaterial anfordern.

Reiseveranstalter

Weitsprung GmbH
35037 Marburg

Gutenbergstr. 27
Tel.: 06421 68 68 32
E-Mail: mail@weitsprung-reisen.de
Web: www.weitsprung.de

Weitsprung Reisen – Reisen mit Begleitung in die ganze Welt.

Weitsprung-Reisen bietet in seinem umfangreichen Reise-Katalog ein abwechslungsreiches Programm mit begleiteten Gruppenreisen quer durch alle Kontinente an.

In sicherer Umgebung und immer gut betreut, können Sie die Seele baumeln lassen, Land und Leute kennenlernen und sich einfach rundum wohlfühlen!

Ihre Weitsprung-Reisebegleitung reist mit Ihnen, wohnt im gleichen Hotel wie Sie und steht Ihnen immer dann zur Seite, wenn Sie es möchten. Für jeweils zwei Reisegäste fährt eine Begleitperson mit. Die persönliche Assistenz umfasst alle Hilfen, die der Reisegast benötigt (z.B. Medikation, Pflege, Rollstuhl-Schiebehilfen, Gepäckservice, usw.). Der Reisegast erfährt eine persönliche Betreuung in kleinen Gruppen ab vier Personen.

Selbstverständlich verfügen Weitsprung-Reisen selbst, sowie die ausgewählten Hotels, über ein gut durchdachtes Hygienekonzept.

Sie haben eigene, ganz persönliche Reisewünsche über das Katalog-Angebot hinaus?

Ganz auf Ihre Wünsche, Ziele und Bedürfnisse abgestimmt, übernimmt Weitsprung-Reisen mit Ihnen gemeinsam die Planung Ihres Reisetraums. Dabei können Ihnen die langjährig weit gereisten Reiseprofis wertvolle Tipps und Anregungen geben. Gerne nimmt man sich Zeit für Sie und Ihr Reiseprojekt. So können Sie sich endlich Ihren lang ersehnten Reisetraum erfüllen.

Sie haben Fragen zu den Angeboten? Rufen Sie an. Das Team von Weitsprung-Reisen freut sich bereits jetzt darauf, Sie kennenzulernen und mit Ihnen auf Reisen zu gehen.

Reiseveranstalter

Zentrum für Erlebnispädagogik und Umweltbildung – ZERUM
17373 Ueckermünde

Kamigstraße 26
Tel.: 039771 227 25, Fax: 039771 220 25
E-Mail: info@rollisegler.de, Web: www.rollisegler.de

Wappen von Ueckermünde – Großsegelschiff für Menschen mit Beeinträchtigungen: Die „Wappen von Ueckermünde" wurde im Jahr 2007 fertig gestellt und ist das bisher einzige deutsche Großsegelschiff für Menschen mit Beeinträchtigungen (Länge 22 Meter, Breite 5,60 Meter). Bis zu zwölf Personen (10 Gäste + 2 x Schiffsführung) können auf diesem Schiff segeln, darunter vier Rollstuhlfahrer. Zwei ausgebildete Schiffsführer leiten die Gruppe an und weisen in die Manöver ein.
An Bord können Rollstühle bis zu einer Spurbreite von 63 Zentimetern benutzt werden. Ist der eigene Rollstuhl breiter, kann ein Bordrollstuhl zur Verfügung gestellt werden. An Bord befinden sich Zwei-, Drei- und eine Fünfpersonenkammer, vier Kojen sind für Rollstuhlfahrer geeignet.

Alle Teilnehmer können sich an den Manövern an Bord beteiligen, wie z.B. Segel setzen, das Schiff steuern oder Mahlzeiten zubereiten. Die Mannschaft versorgt sich und die Schiffsführung an Bord selbst. Die Reise beginnt und endet in Ueckermünde, ihr Verlauf richtet sich nach dem Erfahrungsstand der Gruppe und den Einschätzungen der Schiffsführer. Eine Tagesausfahrt mit dem Rollisegler beginnt in der Regel um 9.00 Uhr am Hafen Ueckermünde-Zerum und endet am selbigen spätestens um 18.00 Uhr. Abweichungen sind nach Absprache möglich. Die Kosten für den Tagestörn liegen bei 500,- € inklusive Schiffsführung und Versicherung. Getränke und Verpflegung muss die Mannschaft selber organisieren.

Ein Mehrtagestörn beginnt am ersten Tag um 9.00 Uhr und endet am letzten Reisetag um 18.00 Uhr. Die Törndauer kann individuell gestaltet werden. Jeder Tag kostet 500,- € inklusive Schiffsführung und Versicherung. Für die Verpflegung, die Hafenliegegebühren und die anfallenden Dieselkosten kommt die Crew ebenfalls auf. Hierfür kann mit einer Pauschale von 150,- € pro Tag gerechnet werden (bei 10 Teilnehmern). Die Crew verpflegt sich und die Schiffsführung während des Törns und ist des Weiteren auch für die Reinigung am Ende des Törns verantwortlich. Der Rollisegler ist von Anfang Mai bis Ende Oktober im Einsatz.

Seit Jahren nimmt die „Wappen von Ueckermünde" als einer der wenigen barriererfreien Segler an der Hanse-Sail Rostock und der HaffSail teil. Haben Sie Interesse? Dann schreiben Sie für weitere Infos an info@rollisegler.de. Sie erhalten dann schnellstmöglich alle wichtigen Informationen zu und werden, so weit möglich, mit auf die Crewliste gesetzt.

Reiseveranstalter

GRABO-TOURS©-Reisen
66903 Ohmbach

Rennweiler 5
Tel. (06386) 7744
E-Mail: info@grabo-tours.de
Web: www.grabo-tours.de

Wolfgang Grabowski bietet seit 40 Jahren ein umfassendes Gruppenreiseprogramm für Rollstuhlfahrer und körperbehinderte Menschen an. 1978 leitete Wolfgang Grabowski seine erste eigene Urlaubsgruppe. Wo der rollstuhlgerechte Weg fehlt, packen Helfer mit an. So werden Reiseziele auch abseits des Massentourismus für behinderte Menschen erschlossen.

Durch die eigenen Helfer/innen können Barrieren, wie z.B. Stufen auf der chinesischen Mauer, überwunden werden oder Kreuzfahrten mit Landgängen in der Karibik oder Kamelreiten in Ägypten ermöglicht werden. Zudem drücken die jungen Helfer meist den Altersdurchschnitt und machen damit die Reisegruppen „lockerer". Mittlerweile gibt es nur wenige weiße Flecken auf der Weltkarte, die von Grabo-Tours noch nicht bereist wurden. Selbst eine Papstaudienz oder Teetrinken bei Königin Silvia in Schweden standen schon auf dem Programm. Den aktuellen Reisekatalog erhalten Sie kostenlos bei GRABO TOURS©-Reisen. Auf der Internetseite gibt es ausführliche Reiseberichte von GRABO-TOURS©-Kunden.

Als kleiner Spezialanbieter hat es GRABO TOURS die letzten Jahrzehnte – trotz Vulkanausbrüchen, Epidemien und politischer Unruhen – immer wieder geschafft, die Gäste zu begeistern und gesund nach Hause zu bringen." Einmal um die ganze Welt – geht nicht? Gibt's (fast) nicht!

Reisebüro der Fürst Donnersmarck-Stiftung
10713 Berlin-Wilmersdorf

Frau Christine Busch, Blissestraße 12
Tel.: 030 82111 29
E-Mail: reisebuero@fdst.de
Web: www.fdst.de

Das Reisebüro der Fürst Donnersmarck-Stiftung organisiert und vermittelt Reisen für Menschen mit Behinderung. Mit einer Erfahrung von über 40 Jahren bietet das Team ein breites Spektrum an Leistungen an: Beratung von Berlinbesuchern zu einem barrierefreien Aufenthalt in der Stadt, Organisation und Begleitung von Tagesfahrten rund um Berlin, Organisation und Begleitung von Kurzreisen, Informationen zu den barrierefreien Hotels der FDS Hotel gGmbH, dem Heidehotel Bad Bevensen und dem Seehotel Rheinsberg. Die FDS Hotel gGmbH ist eine 100%ige Tochter der Fürst Donnersmarck-Stiftung.

Die Tagesausflüge und Urlaubsreisen sind preiswert, gut organisiert und sehr zu empfehlen. Alle Reiseziele sind auf ihre Barrierefreiheit geprüft. Gerne informiert das Team des Reisebüros und sendet das Jahresprogramm zu.

Informationen finden sich auch im Internet unter www.fdst.de.

RATGEBER REISEN MIT HANDICAP

Ratgeber

Barrierefreie Anreise- und Fortbewegungsmöglichkeiten

Wie erreicht man als rollstuhlfahrender oder mobilitätseingeschränkter Mensch am besten sein Urlaubsziel? Hier finden Sie ausführliche Informationen und Tipps zu Anreisemöglichkeiten mit dem Rollstuhl oder Elektrorollstuhl sowie aktuelle Hinweise und Kontakte. Was gilt es hinsichtlich der verschiedenen Formen der Fortbewegung zu beachten? Wo kann ich mich informieren? Wir listen Telefonnummern und Webadressen von Unternehmen und Dienstleistern auf, die helfen können.

Ratgeber / Barrierefreie Anreise

Allgemeiner Corona-Hinweis für Reisende

Auf Grund der anhaltenden Corona-Pandemie ist im öffentlichen Nah- und Fernverkehr das Tragen von Masken nach wie vor verbindlich vorgeschrieben (Stand August 2021). Dies betrifft alle Verkehrsmittel (Flugzeug, Busse, Bahnen) außer dem eigenen PKW.

Wer keine Maske trägt, wird in öffentlichen Verkehrsmitteln nicht befördert und riskiert ein z.T. erhebliches Bußgeld. Bitte denken Sie daran, dass Sie bei einer Befreiung von der Maskenpflicht aufgrund einer Behinderung oder sonstiger Erkrankungen ggf. einen entsprechenden Nachweis vorweisen müssen. Bitte beachten Sie auch, dass überregional tätige Bus- und Bahnunternehmen seit 2020 aufgrund stark eingebrochener Nachfragen viele Verbindungen nicht oder nur in reduzierter Form anbieten.

Reduzierte Verbindungen haben, je nach Strecke- und Verkehrsbetrieb, zum Teil auch Einschränkungen bei Hilfestellungen für mobilitätsbehinderte Reisende zur Folge. Einschränkungen liegen i.d.R. in Form geänderter Fristen zur Anmeldung von Hilfestellungen (Bahn) oder dem besonderen Beförderungsbedarf im allgemeinen (Bus) vor.

Anreise mit behindertengerechtem PKW

Was Sie bei der Urlaubsreise mit dem eigenen oder gemieteten behindertengerechten PKW beachten sollten: Das Auto gehört in Deutschland vor allem für nahe gelegene Urlaubsziele zum beliebtesten Verkehrsmittel. Auch für Menschen mit Behinderung, vor allem für Körperbehinderte, ist der behindertengerechte PKW im Urlaub oft nicht wegzudenken. Häufig ist die Anreise mit öffentlichen Verkehrsmitteln, sofern überhaupt möglich, mit großem Aufwand oder negativen Erfahrungen verbunden. Auch vor Ort steht der behindertengerecht umgebaute PKW für Freiheit und die Möglichkeit, Ausflugsziele unkompliziert erreichen zu können. Zwar geht der barrierefreie Ausbau des ÖPNV vielerorts voran, doch eine gewisse Ungewissheit bleibt, und vermeintliche Kleinigkeiten wie ein defekter Fahrstuhl in der Bahnstation können für Komplikationen sorgen.

Den eigenen PKW und Umbau vor der Anreise checken

Man muss nicht vom Fach sein, um mit kritischem Blick einige Details zu prüfen, die Auskunft über den Zustand des Autos geben. Schließlich soll der PKW auch eine längere Tour ohne Panne überstehen. Schauen Sie nach, wann die letzte Hauptuntersuchung war. Erreicht diese den fälligen Zwei-Jahres-Rhythmus etwas vor oder nach Ihrem Urlaub, sollten Sie gerade bei älteren Autos kein unnötiges Risiko eingehen und die Hauptuntersuchung ggf. vorziehen. Falls gravierende Mängel festgestellt werden, können Sie rechtzeitig die Reparatur beauftragen und sparen sich im Zweifel jede Menge Stress in den Ferien. Gerade für Rollstuhlfahrer mit speziellen Fahrhilfen und PKW-Umbauten ist es häufig nicht möglich, mal eben einen Ersatz im Urlaub zu finden. Auch Neuwagenbesitzer sollten aus Garantiegründen die Hauptuntersuchung in regelmäßigen Abständen durchführen.

Verlassen Sie sich beim Fahren auch auf Ihr Gehör und Gefühl. Geräusche wie Stottern oder Klackern aus dem Motorbereich sind meist kein gutes Zeichen. Hohe Belastungen wie bei Langstrecken können dann schnell den letzten Impuls für einen Defekt geben. Wie sieht das Reifenprofil aus, und was macht der Reifendruck? Fällt das Kuppeln oder Motorstarten schwerer als sonst, oder fallen Ihnen nach dem Ausparken gar Flüssigkeitsflecken auf? Anzeichen wie diese gilt es zwar generell nicht zu missachten, sie sollten aber vor allem vor dem Urlaub nicht aufgeschoben, sondern von einem Fachmann untersucht werden.

Nicht zuletzt sollten Sie auch Ihren behindertengerechten Umbau kritisch beäugen. Ob Handgas, Lenkhilfe, Umsetzhilfe oder hydraulische Rollstuhlverladehilfe – ein Defekt dieser Bauteile kann für Menschen mit Handicap im Urlaub verheerend sein. Überprüfen Sie, ob alles so funktioniert, wie es funktionieren soll. Der Hydraulikarm fährt nicht mehr so schnell ein oder hakt, das Handgas ist zu schwerfällig geworden? Rufen Sie den Umbauer Ihres Vertrauens an und bitten Sie ihn, sich die Sache einmal anzuschauen. Ein kurzer Blick ist meist nicht mit Kosten verbunden, und der geschulte KFZ-Meister erkennt sehr schnell, ob etwas mit Ihrem PKW-Umbau nicht stimmt. Defekte können je nach Alter des Umbaus häufig über die Garantie abgewickelt werden.

ADAC-Mitgliedschaft & Pannenhilfe für Mobilitätsbehinderte

Der ADAC (Allgemeiner Deutscher Automobil-Club e. V.) dürfte jedem Menschen in Deutschland bekannt sein. Wir haben uns die Leistungen des Giganten mit über 21 Millionen Mitgliedern etwas genauer angeschaut. Vor allem stellten wir uns die Frage, wie es sich mit dem Pannenservice verhält, wenn ein Defekt sich nicht auf die Funktionsfähigkeit des Autos, sondern auf den Umbau auswirkt.

Je nach Mitgliedschaft variiert das Spektrum an Dienstleistungen, die in Form von Pannenhilfe, bei Krankheit und Notfällen, sonstigen Absicherungen oder Versicherungen in Anspruch genommen werden können. Der ADAC bietet drei unterschiedliche Mitgliedschaftsvarianten mit unterschiedlichem Service- und Dienstleistungsangebot an: die „klassische" Mitgliedschaft ab 54 Euro, die „Plus" Mitgliedschaft für 94 Euro und die „Premium" Mitgliedschaft für 139 Euro (Stand: August 2021). Bei den Preisen handelt es sich jeweils um Jahresmitgliedschaften. Vorab: Chronisch kranke Menschen, Pflegebedürftige oder allgemein für Krankheit anfällige Behinderte dürften, wie im Folgenden erläutert, in der Regel mit einer Plus- oder Premiummitgliedschaft gut beraten und abgesichert sein.

Wie sieht es hier konkret mit dem Versicherungsschutz des Umbaus aus? Bin ich über den ADAC abgesichert, wenn zwar mein behindertengerechter PKW-Umbau defekt, das Auto aber ansonsten fahrbereit ist? Nach Auskunft der Pressestelle gilt: Auch wenn in den Bedingungen des ADAC ein „Leistungsanspruch für eine Pannenhilfe bzw. ein Abschleppen" generell nur dann gegeben ist, „wenn das Fahrzeug technisch nicht mehr fahrbereit ist", können sich mobilitätsbehinderte ADAC-Mitglieder auch bei einem Umbau-Defekt helfen lassen, „sofern der Rollstuhlfahrer das Fahrzeug nicht mehr nutzen kann". Um diese Aussage zu konkretisieren, haben wir uns mit folgendem Fallbeispiel an den ADAC gewandt: Sie sind als Rollstuhlfahrer mit Ihrem behindertengerechten PKW in den Urlaub gefahren. Je nach Mitgliedschaft erhalten Sie deutschland-, europa- oder weltweite Pannenhilfe. Sie sind Aktivfahrer eines VW-Busses und können über einen hydraulischen Hebe-Lift an der Seite ins Innere des Fahrzeuges gelangen. Hier angekommen, können Sie mit Ihrem Rollstuhl oder Elektrorollstuhl in die Fahrerkabine fahren, die Arretierung vornehmen, und losfahren. Funktioniert nun der Hebe-Lift nicht, können Sie das Auto nicht mehr nutzen, da Sie nicht ins Fahrzeuginnere gelangen können.

Auch wenn in diesem Beispiel kein technischer Defekt vorliegt, der sich auf die Fahrbereitschaft und somit die Grundfunktion des Autos auswirkt, geht eine für Sie relevante Funktion zur Sicherstellung der Fahrzeugnutzung verloren. „In solchen Situationen werden die Bedingungen immer großzügig angewendet, um dem mobilitätseingeschränkten Mitglied zu helfen, d.h. man würde das Fahrzeug abschleppen", so die Information vom ADAC. Entsprechend wird bei Defekten von anderen wesentlichen Bedienelementen verfahren, die das Fahren mit Behinderung sicherstellen.

Doch wo wird Ihr PKW nach dem Abschleppen durch den ADAC repariert? Auch diese Frage hat uns beschäftigt, da im Normalfall „bei der Basis- oder Plusmitgliedschaft die nächstgeeignete Werkstatt" für Reparaturen angefahren wird. Da ein behindertengerechter Umbau am PKW schon etwas Spezielleres ist, kann allerdings längst nicht jede Kfz-Werkstatt eine fachgemäße Reparatur vornehmen. Auch in diesem Fall greift der Service des ADAC: „Wenn eine Kfz-Werkstatt die Reparatur nicht durchführen kann, wird auch zum Umbauer geschleppt", teilte uns der Autoclub mit.

Allerdings gilt wie bei allen anderen Mitgliedern auch: „Die dafür anfallenden Kosten dürfen 300 Euro nicht überschreiten. Wenn höhere Kosten für das Abschleppen anfallen, müssen die Mehrkosten vom Mitglied übernommen werden." So oder so gilt: Wer im Urlaub mit seinem PKW-Umbau auf Nummer sicher gehen will, sollte sich schon vorab informieren, wo es im Umkreis einen Auto-Umbauer gibt, der im Fall der Fälle behilflich sein kann. Hinsichtlich der Sicherstellung der Mobilität bzw. des kostenfreien Abschleppservices ist die Mitgliedschaft beim ADAC für Mobilitätsbehinderte insgesamt empfehlenswert. Da bei einem eventuell notwendigen Abschleppen je nach Aufwand schnell Kosten von 300 Euro oder mehr anfallen, kann sich der Mitgliedsbeitrag schnell lohnen, zumal auch noch andere Leistungen geboten werden.

Ratgeber / Barrierefreie Anreise

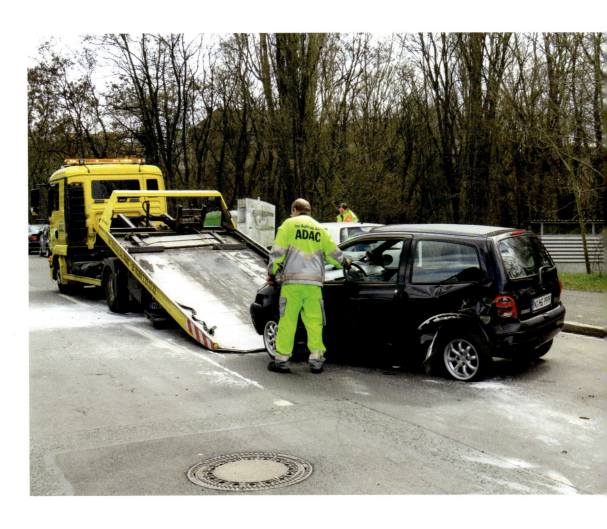

Urlaub mit dem umgebauten Miet-PKW

Wer keinen eigenen behindertengerechten PKW besitzt, der hat die Möglichkeit, sich ein entsprechendes Fahrzeug für den Urlaub zu mieten. Gerade in Deutschland ist das Angebot behindertengerechter Leihwagen bei Autovermietern und Umbauern in den letzten Jahren ausgebaut worden. Vor allem in Großstädten findet man große Autovermietungen mit entsprechenden Angeboten. Das ist praktisch, wenn man mit der Bahn oder dem Flugzeug anreist und vor Ort einen Miet-PKW für Ausflüge benötigt. Auch wenn es nicht immer alle Sonderanfertigungen für spezielle Behinderungen gibt, so finden sich doch häufig die gängigsten Umbauten und Bedienhilfen für Rollstuhlfahrer und gehbehinderte Menschen.

Hol- und Bringservice bei Mietwagen

Einige der im Folgenden aufgeführten Anbieter rollstuhlgerechter Miet-PKW bieten für Rollstuhlfahrer einen Hol- und Bringservice an, z.T. auch bundesweit. Bei kürzeren Strecken bis zu 100 km kann dies sinnvoll sein, bei größeren Entfernungen entstehen allerdings teils beträchtliche Zusatzkosten. Ist der Anbieter mehr als 100 km entfernt, sollten Sie versuchen, eine lokale Alternative zu finden. Beim Hol- und Bringservice zahlen Sie i.d.R. für den verbrauchten Sprit, das gebundene Personal für die Dauer der Hin- und Rückfahrt sowie die Rückfahrtkosten mit der Bahn. Nicht unüblich sind zusätzliche Kosten durch Handling-Pauschalen. Auch sehr günstige Schnäppchen können so deutlich teurer werden als das Angebot beim Mitbewerber im eigenen Landkreis oder Ort.

Ratgeber / Barrierefreie Anreise

Mieten wegen Unfall

Falls Sie aufgrund eines Unfalls einen Ersatz für Ihren behindertengerechten PKW benötigen und den Unfall nicht selbst verursacht haben, kommt u.U. die Versicherung des Unfallverursachers für die Mietkosten auf. Klären Sie dies kurzfristig mit der Versicherung der Gegenseite und beziehen Sie in die Kommunikation ggf. auch Ihre eigene Versicherung mit ein. In vielen Fällen können Sie so kostenlos mobil bleiben, während sich Ihr Wagen in der Reparatur befindet.

Freikilometer und andere Pauschalen

Üblich bei Mietwagenanbietern sind Pauschalen für zusätzlich gefahrene Kilometer. In der Regel sind die Freikilometer an die Mietdauer angepasst und so großzügig bemessen, dass Sie diese in den seltensten Fällen ausreizen. Wer einen Roadtrip mit dem Rollstuhl durch Europa plant oder weiter entfernte Ziele ansteuern möchte, sollte bei der Budgetplanung die Freikilometer und eventuell anfallende Zusatzkosten bei deren Überschreitung berücksichtigen.

Neben den Freikilometern gibt es häufig auch andere Pauschalen wie Übernahme- und Reinigungsgebühren. Reinigungskosten fallen meist nur dann an, wenn Sie den PKW in einem schlechten Zustand übergeben. Achten Sie also auf Sauberkeit, entfernen Sie vor der Abgabe des rollstuhlgerechten Mietwagens Ihren Müll und saugen Sie ggf. einmal grob durch. Chips-Krümel auf der Rückbank müssen genauso wenig sein wie grober Dreck auf dem Fußboden. Klären Sie vor der Buchung, in welchem Zustand der Wagen wieder übergeben werden muss. Beachten Sie auch die Tankregelung. Nicht immer wird der Wagen vollgetankt übergeben.

Vollkasko-Versicherungen

Die meisten Mietwagen sind vollkaskoversichert, und das ist gut so. Der Vermieter erhält ggf. einen Ersatz für alle am Fahrzeug entstandenen Schäden, und auch Sie als Mieter sind abgesichert, denn die Vollkasko zahlt auch bei Schäden, die Sie selbst verursacht haben. Schnell hat man mal einen Pfosten beim Parken übersehen, und auch kleine Auffahrunfälle kommen schon mal vor. Ohne Vollkasko müssten Sie selbst für alle Schäden aufkommen, die Sie verursacht haben. Der Vollkaskoversicherung liegt im Schadensfall i.d.R. eine Selbstbeteiligungspauschale zugrunde. Diese liegt je nach PKW und Wertigkeit des Fahrzeuges irgendwo zwischen 300 und 1000 Euro.

Manche Anbieter befreien Sie gegen eine höhere Versicherungsgebühr auch vollständig von der Selbstbeteiligung. Diese Variante sollten Sie trotz der deutlich höheren Kosten unbedingt bevorzugen, denn damit sind Sie auf der sicheren Seite. Wenn Sie mit einem Mietwagen eine Woche unterwegs sind und mit drei kleinen Schäden zurückkommen, beispielsweise ein Steinschlag in der Windschutzscheibe, eine kleine Schramme an der Tür und ein Kratzer am Stoßfänger, so zählen diese drei Bagatellschäden als drei unterschiedliche Schadensfälle. Bei einer Selbstbeteiligung von 300 Euro macht dies schon 900 Euro.

Vor allem im Ausland, wo die Straßenverkehrsverhältnisse ungewohnt sind, sollten Sie einen Mietwagenvertrag nur mit hundertprozentigem Vollkaskoschutz abschließen.

Anzeige

UNSER ANTRIEB:
DEINE FREIHEIT.

Es ist unser Antrieb, dass Du trotz eingeschränkter Mobilität selbst Auto fahren oder in einem Fahrzeug bequem und sicher mitfahren kannst. Dafür entwickeln wir intelligente Fahrzeug- und Rollstuhllösungen und passen diese ganz individuell an Deine Bedürfnisse an. Damit Du das tun kannst, was für so viele selbstverständlich ist: zur Arbeit fahren, sich mit Freunden treffen, auf Reisen gehen oder einfach mal mit dem Auto einen Ausflug machen.

Schau Dir jetzt an, was unsere Kunden sagen, auf **www.paravan.de/stories**

PARAVAN®
MOBILITÄT FÜR DEIN LEBEN

Ratgeber / Barrierefreie Anreise

Baden-Württemberg / Paravan Autovermietung:
Paravan ist einer der weltweit führenden Anbieter behindertengerechter Fahrzeugumbauten. Die Firma bietet für alle Behinderungen Mobilitätslösungen mit individuellen Spezialumbauten sowie eine persönliche Unterstützung bei der Realisierung des Autokaufs an. In Kooperation mit Avis ermöglicht Paravan bundesweit die Anmietung behindertengerechter PKW. Wer sich in der Nähe des Firmensitzes befindet, kann sich auch direkt an Paravan wenden.

Firma Paravan Kontakt:
Herr Norbert Peschke, Tel.: 07388 9995 935
Hauptsitz: Paravanstraße 5-10, 72539 Pfronstetten-Aichelau
Tel.: 07388 99 95 611
Zweitfiliale: Am Taubenfeld 39, 69123 Heidelberg
Tel.: 06221 73 92 090,
Web: www.paravan.de

Deutschlandweit / Avis Autovermietung:
Hier steht deutschlandweit an über 100 Mietstationen der behindertengerecht umgebaute VW Caddy Maxi zur Verfügung. Der Umbau wurde von der Firma Paravan durchgeführt (s.u.). Den Caddy gibt es sowohl für Aktiv- als auch für Passivfahrer. In der Passivfahrerversion können über eine Rampe auch große Elektrorollstühle für den Urlaub verladen werden. Als Aktivfahrer stehen Rollstuhlfahrern mit gesunder Oberkörperfunktion gängige und einfach zu bedienende Hilfen zur Verfügung, um den PKW selbst zu steuern, darunter der elektronische Gasring am Lenkrad, ein Bremshebel oder eine rutschsichere Rampe. Mehr Informationen zu Unfallversicherungen telefonisch oder direkt bei der Firma Paravan.

Avis Autovermietung Kontakt:
Tel.: 069 500 700 20
Web: www.avis.de

Baden-Württemberg / Kleinbusse vom Unfallopfer-Hilfswerk:
Sehr kostengünstig vermietet das Unfallopfer-Hilfswerk, ein gemeinnütziger Verein in Heilbronn, rollstuhlgerechte Kleinbusse, bzw. Mercedes-Transporter. Allerdings können Rollstuhlfahrer nur als Passivfahrer mitreisen. Insgesamt finden fünf Fußgänger und maximal vier Rollstuhlfahrer in den Kleinbussen Platz. Das Unfallopfer Hilfswerk liefert die Fahrzeuge nicht aus, Sie müssen diese also in der Zentrale in Heilbronn abholen. Diese Kleinbusse eignen sich vor allem für gemeinsame Ausflugs- oder Urlaubsfahrten von Rollifahrern mit Familie, Selbsthilfegruppen oder Behindertensportvereinen.

Die Busse erhalten Sie bereits zum Tagespreis von 30 Euro, Mitglieder des Vereins zahlen 20 Euro am Tag. 1000 km sind hier inklusive (1500 für Mitglieder), zusätzliche Kilometer werden mit 0,25 Euro pro Kilometer (0,15 Euro/km für Mitglieder) berechnet. Für die Busse besteht eine Vollkaskoversicherung mit 511 Euro Selbstbeteiligung. Pro Anmietung wird eine Pauschale i.H.v. 20 Euro fällig. Überdurchschnittlich starke Verschmutzungen werden nach Reinigungsaufwand berechnet.

Heilbronn Unfallopfer-Hilfswerk Kontakt:
Tel.: 030 886 799 02 / Tel.:0800 863 2556 gebührenfrei, Mo.-Do. 9-14 Uhr

Bayern / Gruppen-Transporter von medi.sys:
Auch die Firma medi.sys in Furth im Wald stellt deutschlandweit Miet-Transporter für bis zu vier Rollstuhlfahrer zur Verfügung. Die Fahrzeuge können in Notfallsituationen auch sehr kurzfristig angefordert werden. Wie bei Mercedes Benz erfolgt der Einstieg über eine Rampe hinten, und die Fahrzeuge müssen von Fußgängern bedient werden. Gerade für Behindertengruppen, die nach Transportmöglichkeiten für Tagesausflüge oder längere Urlaube in Süddeutschland oder nahe der tschechischen Grenze suchen, eignet sich dieser Service.

Aktuell liegt die Tagespauschale für den Rollstuh-Transporter bei 90 Euro (inkl. 100 Freikilometern), die Monatspauschale bei 1.900 Euro (inkl. 200 Kilometer pro Tag). Mehrkilometer werden mit 0,35 Euro pro Kilometer berechnet. Hinzu kommen eine Übernahmepauschale (50 Euro im Umkreis von 50 Kilometern, ab dem 51. Kilometer kommen 40 Cent pro Kilometer zur Übergabestelle hinzu) sowie die Endreinigung in Höhe von 150 Euro.

Gruppen-Transporter von medi.sys Kontakt:
Tel.: 09973 2601
Web: www.notfall-medizin.de

Ratgeber / Barrierefreie Anreise

Deutschlandweit / Hertz Autovermietung: Auch die Hertz Autovermietung stellt an über 300 Standorten behindertengerechte Fahrzeuge bereit. Laut telefonischer Auskunft handelt es sich hier allerdings i.d.R. um Standorte an größeren Flughäfen. Die behindertengerechten Umbauten müssen rechtzeitig vor Reiseantritt angefragt werden. Auch hier werden Aktiv- und Passivfahrer-Versionen angeboten, wobei die Markenvielfalt mit Volkswagen-, Audi- und Seat-Umbauten etwas größer ist. Wie uns Hertz per Email mitteilte, arbeite man mit einer Umbaufirma zusammen und prüfe in jedem Einzelfall, ob entsprechende Fahrzeuge an den Wunschstationen zur Verfügung gestellt werden können.

Herz Autovermletung Kontakt:
Tel.: 01806 33 35 35,
20 Cent aus dem deutschen Festnetz.

Nordrhein-Westfalen / Liegend-Transport mit Transform: Die Transform GmbH in Nümbrecht bietet Transporter von Ford und Mercedes für den Verleih an. Diese werden nach Ihren eigenen Ansprüchen mit Sitzplätzen für Rollstuhlfahrer und Fußgänger ausgerüstet. Besonders ist hier die Option der Fahrzeuganpassung für Liegendtransporte für Kunden, die aufgrund einer Krankheit oder wegen hoher Pflegestufe nicht aufrecht transportiert werden können. Preise erhalten Sie auf Anfrage

Die Transform GmbH Kontakt:
Tel. 02293 91 22 500
Emai: info@transform-gmbh.de
www.transform-gmbh.de

Gruppen-Transporter von Mercedes Benz: Ein besonderes Angebot für Reisegruppen mit Rollstuhlfahrern hat mittlerweile Mercedes-Benz Van Rental im Programm. Ob Sie mit dem Selbsthilfeverein, einer Behindertenwerkstatt oder Rollstuhlsportgruppen unterwegs sind, bei Mercedes-Benz Van Rental können Sie einen Sprinter Tourer mieten, der im hinteren Teil Platz für bis zu fünf Rollifahrer bietet. An 150 Mietstationen in Deutschland können die Fahrzeuge für Ausflüge oder den ganzen Urlaub ausgeliehen werden.

Zwar gibt es den Sprinter Tourer nicht als Aktivfahrerversion für Behinderte, allerdings ist diese Variante für Gruppenausflüge i.d.R. auch nicht relevant. Der Tagespreis für einen Sprinter Tourer liegt aktuell bei 145 Euro inkl. 250 Freikilometern, der Wochenpreis bei 539 Euro inkl. 1.500 Freikilometern (jeweils netto) und ist damit, verteilt auf eine Gruppe mit bis zu 8 Personen, durchaus erschwinglich. Zusätzliche Kilometer werden mit 0,19 Euro zuzüglich Umsatzsteuer pro Kilometer berechnet.

Mercedes Benz Kontakt und Infos:
Tel.: 0 800 826 736 825,
Email: kundenservice-vanrental@daimler.com
Web: www.vanrental.de.

Sachsen / Czernig Autovermietung: Die Czernig Autovermietung mit Sitz in Chemnitz bietet ein breites Spektrum an behindertengerechten Miet-PKW. Im Bestand befinden sich 16 verschiedene Automodelle, die tageweise gemietet werden können. Auch ein rollstuhlgerechter Kleinbus für Gruppen mit mehreren Rollstuhlfahrern, ein VW-Bus mit bis zu zwei Rollstuhlplätzen und diverse rollstuhlgeeignete Kombis gehören zur Czernig-Autoflotte. Alle Mietfahrzeuge können gegen Gebühr bundesweit abgeholt oder geliefert werden.

Preislich liegt die Kleinwagenversion, z.B. ein VW-Golf, bei 129 Euro Tagesmiete. Der VW-Bus liegt bei 159 Euro, der Mercedes-Sprinter bei 179 Euro am Tag. Eine Vollkaskoversicherung mit 1000 Euro Selbstbeteiligung ist bei allen Angeboten inklusive. Umfassende Informationen finden Sie auf der gut strukturierten Internet-seite www.czernig.de.

Czernig Autovermietung Kontakt:
F.-O.-Schimmel-Str. 13, 09120 Chemnitz
Tel.: 0371 590 33 20
Email: info@czernig.de.

Ratgeber / Barrierefreie Anreise

Berlin / Rolli in Motion Autovermietung: Wer in Berlin wohnt oder seine Reise mit behindertengerechtem Mietwagen vom neuen Berliner Flughafen aus beginnen möchte, ist bei der Autovermietung Rolli in Motion an der richtigen Adresse. Der Vermieter hat sich auf die Vermietung von PKW, Kleinbussen und Transportern für Rollstuhlfahrer spezialisiert. Auch Rolli in Motion bietet einen bundesweiten Hol- und Bringservice an. Im Angebot steht ein Aktivfahrzeug (der VW Caddy Maxi) und diverse Passivfahrer. Bei den Passivfahrern handelt es sich um kleinere oder größere Transporter und Sprinter mit Heckeinstieg (der Rollstuhl kommt über eine Rampe im Kofferraum hinein). Als größte Version kann der Ford Transit insgesamt neun Personen befördern, davon max. vier Rollstuhlfahrer.

Die Tagespreise sind abhängig von der Fahrzeuggröße und liegen zwischen 125 Euro (VW Caddy Maxi) und maximal 165 Euro (Ford Transit) inklusive 300 Freikilometern. Bei zehn Tagen Mietdauer liegen diese beiden Fahrzeuge bei 1.050 bzw. 1.400 Euro inklusive 3.000 Freikilometer. Zusätzliche Kilometer werden je nach Fahrzeug mit bis zu 30 Cent berechnet.

Autovermietung Rolli in Motion Kontakt
Bertastraße 8p, 13467 Berlin,
Tel.: 030 405 39 355, 0163 913 41 00,
Email: info@rolli-in-motion.de

Baden-Württemberg / Auto Dotterweich: Ein Behinderten-PKW-Umbauer, der behindertengerechte Miet-PKW gegen Gebühr zur Verfügung stellt, ist Auto Dotterweich mit Sitz in Schönbrunn. Die Fahrzeuge können im Umkreis von 50 Km auch gegen Gebühr bereitgestellt werden. Im Angebot sind ausschließlich Passivfahrerversionen mit Heckeinstieg. Hier fährt der Rollstuhlfahrer über eine Rampe im Kofferraum ins Wageninnere. Die Mietzeiträume beginnen ab einem halben Tag für Ausflüge und sind nach oben offen. Zu Verfügung steht beispielsweise der Renault Kangoo 99 Euro am Tag (inkl. 200 Freikilometer und Vollkasko mit 1.000 Euro SB) oder 495 Euro für eine Woche (in 800 Freikilometer und Vollkasko). Pro Mehrkilometer werden 20 Cent berechnet. Auch im Angebot ist für zehn Euro Aufpreis der etwas komfortablere VW Caddy Maxi.

Auto Dotterweich Kontakt:
Steinsdorfer Hauptstraße 2, 96185 Schönbrunn – OT Steinsdorf, Tel.: 09549 92 22 0
Email info@auto-dotterweich.de

Bundesweite Fahrdienste / Deutsches Rotes Kreuz: Einen umfassenden bundesweiten Service für begleitete Fahrangebote bietet das Deutsche Rote Kreuz (DRK) an. Fahrten zur Ausbildung, zur Arbeit, zum Arzt oder Krankenhaus, für Einkäufe, Ausflüge und auf Veranstaltungen werden hier genauso wie Fahrten zu Freunden, Urlaubs-, Rehabilitations- oder Erholungsangeboten für Sie organisiert. Die Preise variieren je nach Anfrage und können auch in Abhängigkeit des zuständigen Kreisverband unterschiedlich hoch ausfallen. Das Deutsche Rote Kreuz berät Sie auch hinsichtlich möglicher Kostenübernahmen beispielsweise durch Sozialämter, Pflege- oder Krankenkassen. Mehr Informationen erhalten Sie rund um die Uhr telefonisch.

Deutsches Rotes Kreuz Kontakt
Tel.: 08 000 365 000.

Hamburg, Hessen, Österreich, Schweiz / u.a.: Kirchhoff: Die Firma Kirchhoff Mobility bietet einen Mietwagen-Service für behindertengerechte PKW-Umbauten an sieben Standorten in Deutschland an. Aktiv- und Passivfahrer können in Hamburg, Bad Zwischenahn, Hilden (NRW), Berlin, Fulda (Hessen), Kronau (BW) und München (BY) ausgeliehen werden. Außerdem stehen Mietwagen in den Filialen in Zürich (Schweiz) und W (Österreich) für den Verleih bereit. Ihren Bedarf klären Sie hier telefonisch.

Kirchhoff Mobility Kontakt:
für deutsche Kunden: Tel.: 0800 700 9 800
(kostenlos aus dem deutschen Festnetz)
für Schweizer: Tel.:044 928 30 10
für Österreicher: Tel.:0800 20 40 63.
Web: www.kirchhoff-mobility.com

Ratgeber / Barrierefreie Anreise

Nordrhein-Westfalen / Sodermanns mit einem Campingwagen: Wer in der Nähe von Wassenberg in NRW nach einem umgebauten Miet-Pkw sucht, ist bei der Firma Sodermanns an der richtigen Adresse. Zehn verschiedene Umbauten stehen behinderten Reisenden zum Verleih zur Verfügung. Für Selbstfahrer gibt es Umbauten mit Handgas- und Handbremsfunktion. Außerdem gibt es eine breite Auswahl an Transportern in allen Größen für Passivfahrer.

Etwas Besonderes ist hier der Verleih eines umgebauten Campers der Marke Ford. Das Fahrzeug mit einer Länge von 7,2 Metern und einem Gewicht von 4,7 Tonnen ist für insgesamt vier Personen geeignet. Mit einem Hublift können auch Elektro-Rollstuhlfahrer ins Innere gelangen. Hier wurde auf großzügige Freiräume und Durchgangsbreiten von 80 cm geachtet. Damit auch Rollifahrer duschen können, wurde die Duschkabine ohne Wände im Innenraum installiert. Neben dem Duschbereich befindet sich ein Schrank, aus dem Toilette und Waschbecken einfach herausgefahren werden können. Somit stören WC und Waschbecken nicht die Optik im Wohnmobilalltag und es ist genug Platz zum Anfahren gegeben. Ein höhenverstellbares Bett kann per Knopfdruck von der Decke herabgesenkt werden. So wird das Umsetzen für einen Rollstuhlfahrer ermöglicht und tagsüber Platz gespart.

Der Mietpreis ist schon für einen normalen Campingbus im normalen bis günstigen Bereich. Da mietbare Spezialanpassungen von Campern in Deutschland so gut wie nicht vorhanden sind, erscheint das Angebot umso fairer. Pro Tag fallen hier 130 Euro Miete an, 150 Euro sind es inklusive Bettwäsche und Geschirr. Für Übergabe und Endreinigung werden einmalig 199 Euro berechnet. Des weiteren müssen 2000 Euro Kaution hinterlegt werden sowie eine Teil- oder Vollkaskoversicherung abgeschlossen werden.

Sodermanns Reha-Mobilitätszentrum-NRW Kontakt:
Auf dem Taubenkamp 12, 41849 Wassenberg
Tel.:+49 (0) 2432 9338 90
Email: info@autohaus-sodermanns.de
Web:www.reha-mobilitaetszentrum-nrw.de

Vermietung durch lokale Umbauer:

Wer bei den großen Autovermietungen nicht fündig wird, sollte sein Glück bei der Suche nach dem behindertengerechten PKW für den Urlaub lokal versuchen, also in der Nähe des Urlaubsziels oder des Flughafens oder Bahnhofes, von dem aus man die Unternehmung starten möchte. Wer sich ein bisschen mit dem Internet auskennt, kann die Suchmaschine mit dem Namen des Wunsch-Mietortes und Begriffen wie „behindertengerechter PKW mieten" füttern.

Kommt man so nicht weiter, sucht man einfach allgemein nach „Umbauern für behindertengerechte Fahrzeuge". Finden Sie so einen Fahrzeug-Umbauer, scheuen Sie nicht davor zurück, diesen zu kontaktieren und zu fragen, ob das Mieten eines Fahrzeuges möglich ist. Auch wenn das Unternehmen die Vermietung nicht offiziell auf der Homepage bewirbt, führt dieser Weg in vielen Fällen zum Erfolg und ermöglicht vor Ort Ausflüge im Rollstuhl mit dem gemieteten PKW.

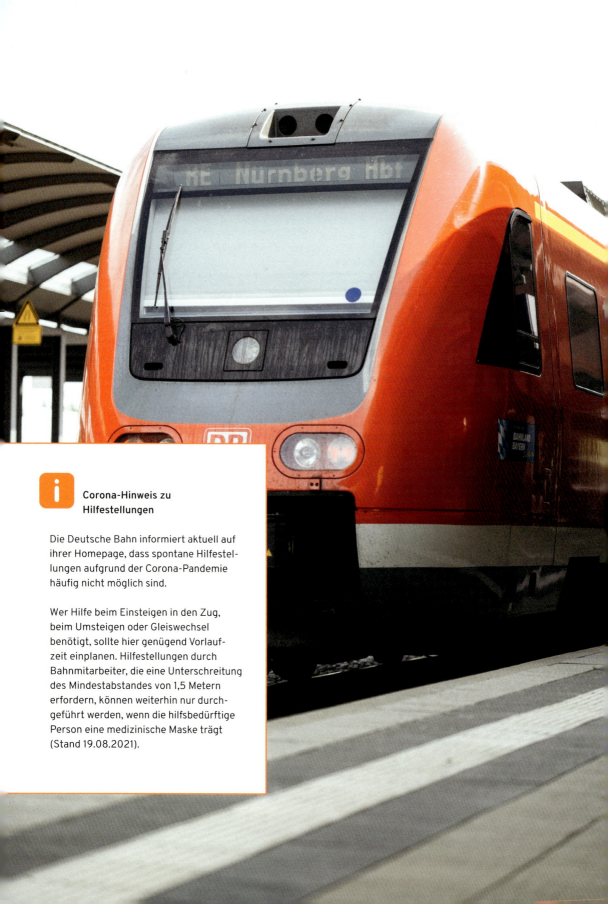

Corona-Hinweis zu Hilfestellungen

Die Deutsche Bahn informiert aktuell auf ihrer Homepage, dass spontane Hilfestellungen aufgrund der Corona-Pandemie häufig nicht möglich sind.

Wer Hilfe beim Einsteigen in den Zug, beim Umsteigen oder Gleiswechsel benötigt, sollte hier genügend Vorlaufzeit einplanen. Hilfestellungen durch Bahnmitarbeiter, die eine Unterschreitung des Mindestabstandes von 1,5 Metern erfordern, können weiterhin nur durchgeführt werden, wenn die hilfsbedürftige Person eine medizinische Maske trägt (Stand 19.08.2021).

Ratgeber / Barrierefreie Anreise

 ## Barrierefreie Reisemöglichkeiten mit der Bahn

Die Anreise in den Urlaub mit der Deutschen Bahn ist im Vergleich zu anderen Verkehrsmitteln die umweltfreundlichste Art des Reisens und auch mit Rollstuhl möglich. Wie auch mit dem Auto sind Sie bei einer Reise mit der Bahn nicht vor Verspätungen geschützt. Zwar gab und gibt es immer wieder Meldungen, in denen Rollifahrer von unangenehmen Erfahrungen mit dem Verkehrsbetrieb berichten, doch stellen diese nicht die Regel dar. Wir schauen uns in diesem Beitrag den Mobilitätsservice der Deutschen Bahn an und geben Tipps, wie Sie die Anreise im Rollstuhl mit der Bahn so planen, dass es nach Möglichkeit keine Probleme gibt.

Reiseplanung und Mobilitätsservice

Für Rollstuhl- oder Elektrorollstuhlreisende mit der Deutschen Bahn ist eine Kontaktaufnahme mit dem Mobilitätsservice unerlässlich. Unter 030 65 212 888 erreichen Sie wochentags von 6-22 Uhr, am Samstag sowie an Sonn- und Feiertagen von 8-20 Uhr geschultes Personal, das alle Informationen hinsichtlich einer Bahnreise mit dem Rollstuhl bereithält. Bei unserer Recherche konnte man uns am Telefon sehr zielsicher alle Fragen rund um die barrierefreien Reisemöglichkeiten beantworten. Wer bereits eine Bahncard und ein Konto bei der Deutschen Bahn besitzt, kann über die Hotline sogar direkt eine Buchung vornehmen.

Tipp: Sollten Sie keine Bahncard oder kein Kundenkonto bei der Bahn besitzen, holen Sie dies unter www.bahn.de nach, damit Sie Buchungen direkt am Telefon durchführen können. Alle Services, welche die Beförderung von Menschen mit Behinderung in der Deutschen Bahn ermöglichen, sind kostenlos.

Bedarf für Hilfestellungen per Mail oder Homepage-Abfrage anmelden

Wer lieber per E-Mail Kontakt aufnimmt, kann dies unter msz@deutschebahn.com tun. Online gibt es auch die Möglichkeit, den Bedarf für Hilfen über die Homepage zu melden. Auf der Seite https://msz-hilfe.specials-bahn.de/ klicken Sie sich unter „Anfrage als Gast starten" durch ein gut strukturiertes Abfrageverfahren. Hierbei tauchen behindertenspezifische Fragen auf, die gerade neuen Bahnreisenden ein Gefühl dafür geben, welche Angaben für bestimmte Hilfestellungen unbedingt benötigt werden. So zum Beispiel Fragen nach Abmessungen und Gewicht von Mobilitätshilfen, ob Hilfe beim Gepäck oder dem Umsteigen benötigt wird usw.

Timing bei der Verbindungswahl

Bei der Auswahl der passenden Verbindung sollten Sie auf einige Dinge achten und möglichst wenig dem Zufall überlassen. Versuchen Sie, das Umsteigen zu vermeiden, und buchen Sie möglichst durchgehende Verbindungen. Falls das Umsteigen unerlässlich ist, sollte der Erfolg der weiteren Reise nicht von einer einzigen Verbindung abhängig gemacht werden. Wenn Sie beispielsweise mit dem Zug einen Flughafen ansteuern, planen Sie so, dass Sie den Flieger auch noch erwischen, falls Sie einen Anschlusszug verpassen.

Häufig bewegen sich die Zeitspannen für das Umsteigen irgendwo zwischen 5 und 20 Minuten. Diese Zeitspanne kann jedoch in der Online-Suche angepasst werden. Ist ein Gleiswechsel zum Umsteigen notwendig, geraten Sie bei weniger als 15 Minuten Zeit vor Ort nämlich mit Sicherheit ins Schwitzen. Denken Sie daran, dass das Bord- oder Bahnhofspersonal zunächst den Hublift oder eine Rampe an den Zug führen muss, damit Sie aussteigen können. Sodann kommen noch zwei Aufzugfahrten hinzu, um zwischen den Ebenen zum neuen Gleis zu wechseln. Gehen Sie bei den Aufzügen auch auf Nummer sicher und informieren Sie sich telefonisch beim Mobilitätsservice oder über die DB-App, ob alle Aufzüge an Abreise-, Umstiegs- und Ankunftsbahnhöfen funktionieren.

Planen Sie 15-20 Minuten Zeit für einen Gleiswechsel ein, um nicht in Stress zu geraten. Ein Puffer für mögliche Verspätungen ist hier noch nicht enthalten. Wenn Sie auf Nummer sicher gehen wollen, planen Sie 30-60 Minuten am Umsteigebahnhof ein. Da Sie dies nicht immer selbst beeinflussen können, fragen Sie bei kürzeren Umsteigezeiten vor Buchung der Reise, wie lange Sie ggf. auf einen Anschlusszug warten müssten und lassen Sie sich auch diese Zugdetails sicherheitshalber im Vorfeld angeben. Umsteigezeiten von weniger als 10 Minuten mit Gleiswechsel im Rollstuhl sind unrealistisch, das sollten Sie gar nicht erst versuchen, um nicht völlig gestresst im Urlaub anzukommen.

Ratgeber / Barrierefreie Anreise

Kontakt Mobilitätsservice DB

Tel: 0180 6 512512
Festnetz: 20 ct/Anruf,
Mobilfunk max. 60 ct/Anruf)
Fax: 0180 5 159357
Festnetz: 14 ct/Min.,
Mobilfunk max. 42 ct/Min)
Email: msz@deutschebahn.com

Ein- und Aussteigen mit dem Rollstuhl im Zug

Um einen reibungslosen Ein- und Ausstieg mit dem Rolli in Zügen der DB zu ermöglichen, müssen Sie Ihre Fahrt beim Mobilitätsservice anmelden (030 65 212 888). Die Anmeldung kann einen Tag vor der Abreise bis spätestens 20 Uhr erfolgen. Nur so kann sichergestellt werden, dass das Personal vor Ort eine Rampe oder einen Hublift für Sie und Ihren Rollstuhl zur Verfügung stellen kann. Bei Intercitys werden i.d.R. Hublifte bereitgestellt, die vom Bahnhofs- oder Bordpersonal bedient werden. Die Abmessungen Ihres Rollstuhls- oder Elektrorollstuhls dürfen dabei 70 cm (Breite) x 120 cm (Länge) nicht überschreiten, da Sie sonst nicht in den Hublift passen. Der Rollstuhl und die darin sitzende Person dürfen außerdem zusammen ein Maximalgewicht von 350 Kilo nicht überschreiten

Mobilitätsbehinderte Reisende sollten sich bei der Ankunft des Zuges auf Höhe des Wagens aufhalten, in dem sich der reservierte rollstuhlgerechte Sitzplatz befindet. Bei Nahverkehrs- oder Regionalzügen ist an den Bahnhöfen häufig kein Bahnhofspersonal vorhanden, hier warten Sie vorne in der Nähe des Zugführerwagens, da sich der Zugführer dann um den Einstieg kümmert. Immer mehr Bahnsteige von Nahverkehrs- und Regionalzügen werden an das Zugniveau angepasst und barrierefrei ausgebaut, so dass hier der Einstieg über eine kleine Rampe erfolgen kann. Auch diese Informationen erhalten Sie vom Mobilitätsservice und sollten Sie rechtzeitig vor der Fahrt in Erfahrung bringen. In manchen Fällen können Sie auch andere Treffpunkte mit dem Hilfspersonal vereinbaren. An größeren Bahnhöfen können Sie vor der Abfahrt als Treffpunkt beispielsweise auch das Informations- oder Reisezentrum wählen.

Rollstuhlgeeignete Toiletten in Zügen und Bahnhöfen

Gerade bei längeren Reisen mit dem Zug ist die Erreichbarkeit von Rollstuhl-WCs unerlässlich für Menschen mit Gehbehinderung und Rollstuhlfahrer. Laut der Deutschen Bahn sind in nahezu jedem Zug der Intercity-Reihe Universaltoiletten mit größerem Innenraum und Haltegriffen am WC für Menschen mit Behinderung vorhanden. Meist befinden sich diese Toiletten in den Wagen, in denen sich auch die Rollstuhlplätze für die Fahrt befinden, so dass keine großen Entfernungen im Zug zurückgelegt werden müssen. Nichtsdestotrotz sollten Sie das Vorhandensein der rollstuhlgeeigneten Toilette bei der Buchung über den Mobilitätsservice unbedingt sicherstellen. Da die Deutsche Bahn bekannt dafür ist, hin und wieder auch mal die Wagenreihung der Züge umzustellen, empfehlen wir Ihnen, ein bis zwei Tage vor Abfahrt zu prüfen, ob sich Ihr Sitzplatz und das Rollstuhl-WC nach wie vor in dem angegebenen Wagen befindet und tatsächlich funktionsbereit ist.

Neben den Toiletten in den Zügen finden sich rollstuhlgeeignete Toiletten auch an größeren Bahnhöfen. Diese können mit einem Euroschlüssel betreten werden. Auch wenn der Zugang hier i.d.R. nur für Rollstuhlfahrer möglich ist, sollten Sie damit rechnen, dass diese Toiletten nicht immer in einem Zustand sind, der die Nutzung zur Freude macht. Informieren Sie sich auch hier vor der Abfahrt, ob es am Bahnhof der Abfahrt oder Ankunft entsprechende Toiletten gibt.

Kostenlose Reservierungen für behinderte Bahnreisende

Wer einen rollstuhlgerechten Platz im Fernverkehr (z.B. ICE, IC, EC) bei der Deutschen Bahn für die Anreise zum Urlaubsziel oder Zwischenziel bucht, erhält gleichzeitig eine kostenfreie Sitzplatz-Reservierung. Vorausgesetzt natürlich, dass in dem Zug der Wahl noch entsprechende Plätze verfügbar sind. Als Nachweis müssen Reisende mit Behinderung ihren amtlichen Schwerbehindertenausweis mitführen. Rollstühle, Rollatoren, Gehwagen oder andere orthopädische Hilfsmittel werden i.d.R. kostenfrei befördert. Auch diese Information erhalten Sie vom Mobilitätsservice.

Ratgeber / Barrierefreie Anreise

Gepäckservice für Menschen mit Behinderung

Wer ohne Begleitperson zum Strandhotel oder zu einer anderen Urlaubsdestination reist und nur begrenzt selbst Gepäck mit sich führen kann, dem ist mit dem Gepäckservice der Deutschen Bahn geholfen. Menschen mit Schwerbehindertenausweis können Koffer, Taschen oder Rucksäcke zum vergünstigten Tarif über den Dienstleister Hermes zuhause abholen und zum Wunschziel befördern lassen. Versandpreise beginnen hier bei 13,90 Euro pro Gepäckstück. Koffer oder Rucksäcke müssen nicht extra verpackt werden. Wir empfehlen, keine Wertsachen mit dem Gepäck aufzugeben und die Reißverschlüsse sicherheitshalber mit einem kleinen Schloss zu versehen. Auch faltbare Rollstühle oder kleinere Hilfsmittel bis 31,5 Kilogramm können so befördert werden. Krankenfahrstühle, Rollstühle und orthopädische Hilfsmittel bis maximal 100 Kg werden sogar kostenfrei befördert, sofern Sie das Merkzeichen G im Schwerbehindertenausweis vorweisen können. Details zur Gepäckbeförderung erhalten Sie auch in diesem Fall vom Mobilitätsservice.

Vergünstigungen im Fernverkehr und Begleitpersonen

Schwerbehinderte Bahnreisende mit einem Behinderungsgrad von mindestens 70 GdB erhalten die Bahncard für ein Jahr zu einem vergünstigten Tarif. Die aktuellen Konditionen können Sie beim Mobilitätsservice anfragen. Außerdem kann eine Begleitperson eines Schwerbehinderten mit entsprechendem Hinweis im Schwerbehindertenausweis (B) kostenfrei mitreisen. Auch für die Begleitperson muss eine gültige Fahrkarte zum Nulltarif ausgestellt werden. In den meisten europäischen Nachbarländern gelten ähnliche oder vergleichbare Regelungen. Fahrkarten für Sie und Ihre Begleitung erhalten Sie an den Verkaufsstellen der Deutschen Bahn, oder diese können über den Mobilitätsservice angefragt werden.

Tipp: Wenn die Barrierefreiheit nicht wie zugesagt gegeben war, holen Ihnen die RefundRebels von der Bahn finanzielle Entschädigung: www.refundrebel.com

Ratgeber / Barrierefreie Anreise

 Mit dem Rollstuhl ins Flugzeug

Wie bekomme ich meinen Rollstuhl ins Flugzeug? Was mache ich mit dem Akku? Hier finden Sie Informationen zu Reisemöglichkeiten für Menschen mit Behinderung bei Fluggesellschaften.

Allgemeines Vorweg

Auch Rollstuhlfahrer oder Menschen mit anderen Mobilitätsbehinderungen zieht es bei der Urlaubssuche immer wieder in die Ferne. Bestimmte Destinationen können auf Grund des besonderen Klimas vor Ort auch eine heilende Wirkung auf verschiedene Krankheitsbilder haben. Weiter entfernte Urlaubsziele sind dabei in der Regel nur mit Flugreisen erreichbar. In diesem Artikel geben wir einen allgemeinen Überblick über Leistungen verschiedener Anbieter sowie über Dinge, die Sie bei der Planung einer Flugreise unbedingt beachten sollten.

Wie kompliziert die Reise für Menschen mit Behinderung ins Ausland wird, hängt dabei unter anderem vom Rollstuhltyp ab. Lassen Sie sich aber auch als Elektrorollstuhlfahrer oder pflegebedürftige Person, die liegend reisen muss, nicht von einem etwas höheren Aufwand abschrecken. Denn grundsätzlich ist für alle Betroffene eine Beförderung im Flugzeug möglich. Der Transport von Hilfsmitteln oder andere Mehraufwände bei der Beförderung dürfen nicht extra berechnet werden. Wir orientieren uns in unseren Beiträgen zum Thema Flugreise mit Behinderung am geltenden EU-Recht und geben Ihnen hier einen Überblick sowie einige hilfreiche Tipps.

Mitnahme von Rollstühlen und Hilfsmitteln im Flugzeug

Am einfachsten und unkompliziertesten reisen Sie, wenn Sie Besitzer eines manuellen und faltbaren Rollstuhls ohne elektrischen Zusatzantrieb sind. Diesen können Sie je nach Fluggesellschaft entweder direkt als Gepäck am Schalter oder beim Terminal am Flugzeug aufgeben. In der Regel können Sie sich mit Ihrem eigenen Rollstuhl bis zum Boarding vor das Flugzeug begeben. Da die Gänge in den Maschinen für die meisten Rollstühle zu schmal sind, müssen Sie vor dem Einstieg auf sogenannte Bordrollstühle umsetzen.

Etwas komplexer wird es, wenn es um die Mitnahme von Elektrorollstühlen oder Zughilfen geht, da die hier verbauten Akkus als Gefahrgut gelten und aus Sicherheitsgründen besonderen Beförderungsrichtlinien unterliegen. Auch wenn der Transport von Akkus generell nicht erlaubt ist, bestehen Ausnahmeregelungen für akkubetriebene Mobilitätshilfen. Was Sie hier beachten müssen lesen Sie in unseren Beiträgen zu den verschiedenen Akku- und Batterietypen.

Grundsätzlich gilt, dass Fluggesellschaften für den Transport von Hilfsmitteln oder medizinischen Geräten keine zusätzlichen Gebühren von Ihnen verlangen dürfen. Zwar ist die Höchstmenge kostenlos mitführbarer Mobilitätshilfen auf zwei begrenzt, die meisten Menschen benötigen allerdings auch im Alltag nicht mehr Hilfen.

Nicht geregelt und somit theoretisch unbegrenzt mitführbar ist die Menge an medizinischen Hilfsmitteln, die Sie benötigen. Beim normalen Gepäck gelten für Menschen mit Behinderung die gleichen Regelungen wie für Nichtbehinderte. Wer hier Maximalgröße oder Gewicht überschreitet, muss wie jeder andere auch mit Zuschlägen rechnen. Geben Sie also benötigte medizinische Hilfen und Hilfsmittel am besten separat auf. Einzelheiten zur korrekten Aufgabe und Verpackung bringen Sie vorab bei der Fluggesellschaft in Erfahrung.

Je nach Flugzeugtyp kann es vorkommen, dass ihr Hilfsmittel nicht transportiert werden kann. In seltenen Fällen kann dies aus Sicherheitsgründen oder aufgrund mangelnder Stauraummöglichkeiten an Bord der Fall sein. In aller Regel sind reisende Menschen mit Behinderung jedoch in standardisierten Flugzeugen auf dem Weg in klassische Reiseländer unterwegs. Hier sind die eingesetzten Maschinen meist groß genug, um auch Elektrorollstühle transportieren zu können.

Solange Sie also nicht mit einer Cessna ein abgelegenes Himalaya-Dorf oder eine einsame Pazifikinsel erreichen wollen, brauchen Sie sich keine großen Gedanken darüber zu machen, ob der Rollstuhl an Bord mitgenommen werden kann. Dennoch sollten sie die Transportmöglichkeiten bei Ihrem Wunschflug in jedem Fall vor der Buchung mit der Fluggesellschaft klären.

Ratgeber / Barrierefreie Anreise

Regelungen zu Hilfestellungen am Flughafen und an Bord

Hilfestellungen für den Ein- und Ausstieg in das Flugzeug dürfen laut geltendem EU-Recht nicht mit Extrakosten verbunden sein. Sollten Sie also z.B. Ihr Hilfsmittel beim Check-In aufgegeben haben, fallen keine Extragebühren für das Personal an, welches Sie mit einem Flughafen-Rollstuhl zum Gate bringt. Sollten Sie allerdings während des Fluges Betreuung benötigen, müssen Sie hierfür selbst Sorge tragen. Brauchen Sie beispielsweise Hilfe beim Essen oder bei der Medikamenteneinnahme, kommt die Fluggesellschaft für diesen Service nicht auf und kann von Ihnen verlangen, eine Begleitperson mitfliegen zu lassen.

Wenn Sie während des Fluges die Bordtoilette aufsuchen müssen, ist die Besatzung verpflichtet, Ihnen beim Weg zum WC behilflich zu sein. Nicht verpflichtet ist die Besatzung allerdings, Ihnen auf die Toilette zu helfen. Für alle Handlungen, die nicht direkt mit dem Transport in Verbindung gebracht werden können, besteht kein Anspruch auf Hilfe durch die Fluggesellschaft.

Wer Flugzeugtoiletten kennt, der weiß, dass deren Nutzung für Rollstuhlfahrer nicht wirklich in Frage kommt. Längere Flüge können so schon mal zum Problem werden. Nutzen Sie die sanitären Möglichkeiten am Flughafen, um die Reise zu überstehen, und verzichten Sie ggf. auf den übermäßigen Konsum von Getränken an Bord, wenn Sie einen komplizierten Toilettengang vermeiden wollen.

Vergünstigungen für Begleitpersonen

In Deutschland bieten die meisten hier tätigen Linienfluggesellschaften die kostenfreie Beförderung einer Begleitperson eines behinderten Reisenden an. Da im Ticketpreis auch Steuern und Flughafengebühren enthalten sind, reist die Begleitperson allerdings nicht zum Nulltarif. Diese Gebühren werden an Sie weitergegeben. Voraussetzung dafür, den Flug der Begleitperson nicht in Rechnung gestellt zu bekommen, ist das Vorhandensein eines Schwerbehindertenausweises mit Merkzeichen B (für Begleitperson). Beachten Sie aber, dass es hierfür keine rechtlichen Grundlagen gibt. Die kostenlose Beförderung ist reine Kulanz. Fliegen Sie also mit der Familie oder einfach zu zweit, so fragen Sie aktiv nach, ob es Vergünstigungen für Ihre Begleitperson gibt.

Tipp: Ein Rollstuhlfahrer kann auch einen anderen Rollstuhlfahrer als Begleitperson angeben.

Ratgeber / Barrierefreie Anreise

Nachweispflichten für Airlines und Betroffene

Wer bei einer Fluggesellschaft den Mobilitätsservice und Transport von Hilfsmitteln in Anspruch nehmen will, muss laut Verordnung der EU keinen Nachweis über die gesundheitliche Einschränkung erbringen. Wird Ihnen der Transport für eine bestimmte Verbindung verweigert, so muss Ihnen dies die Fluggesellschaft jedoch unverzüglich schriftlich begründen und sich dabei auf geltende Rechtsvorschriften beziehen. Fluggäste, die sich unbegründet zurückgewiesen fühlen, haben die Möglichkeit, sich beim Netz der europäischen Verbraucherzentren zu beschweren (EVZ-Netz).

Medizinischer Sauerstoff

Medizinischer Sauerstoff ist in der EU-Verordnung als medizinisches Gerät deklariert und kann, „sofern das betreffende Gerät den (auf ICAO-Vorschriften gestützten) Vorschriften über Gefahrgüter entspricht und das Luftfahrtunternehmen vorab informiert wurde", mit an Bord genommen werden. Manche Luftfahrtunternehmen können Ihnen den Sauerstoff auch selbst zur Verfügung stellen und hierfür ein Entgelt verlangen.

Die Reise rechtzeitig anmelden

Die EU gibt vor, dass Leistungen für Hilfestellungen und den Transport von Hilfsmitteln bis zu 48 Stunden vor Abflug angemeldet werden müssen. Dies bedeutet, dass die Fluggesellschaft das Befördern oder Hilfestellungen auch ablehnen können, wenn keine rechtzeitige Anmeldung erfolgt. Sollten Sie Ihre Reise also weniger als 48 Stunden vor dem geplanten Abflug anmelden, können Sie nur auf die Kulanz der Fluggesellschaft hoffen. Schließlich muss der Transport rechtzeitig organisiert und ggf. Personal für die Hilfestellungen abgerufen werden. Planen Sie Ihre Reise also mit genügend zeitlichem Vorlauf. Vor allem bei elektronischen Hilfen oder größeren Elektrorollstühlen sollten Sie einen größeren zeitlichen Puffer einbauen.

Aufgrund eingeschränkter Flugverbindungen durch die anhaltende Corona-Pandemie und eines damit verbundenen geringeren Personalaufkommens kann es zu Engpässen bei der Bereitstellung von Hilfestellungen kommen. Unterschreiten Sie die Meldefristen nicht und melden Sie Hilfebedarf so zeitig wie möglich an.

Liegend- und Ambulanztransporte

Das Traumziel eines Angehörigen kann schon einmal in weiter Ferne liegen. Doch was, wenn eine Reise im Flugzeug nur mit medizinischer Betreuung oder liegend durchgeführt werden kann? Wir haben uns zu diesem Thema bei der Ambulanzflug-Zentrale informiert und gehen von einem möglichen Transport mit dem Linienflugzeug aus. Zwar werden medizinische Transporte auch in Privatjets angeboten, aufgrund der ohnehin schon hohen Kosten gehen wir auf diese Möglichkeit allerdings nicht weiter ein.

Ambulanzflüge und -fahrten sind teuer, selbst wenn der Angehörige auf einem Linienflug transportiert werden kann. Die größten Kostenpunkte entstehen durch medizinisches Begleitpersonal (falls nötig), bauliche Innenraumanpassung der Flugzeuge und durch den wesentlich höheren Platzverbrauch bei Liegendtransporten. Je nach Airline und Standardbestuhlung für Sitzendpassagiere kann ein Liegendtransport durchaus den Platz von neun oder mehr regulären Sitzplätzen in der Economy-Class beanspruchen. Und diesen Ausfall müssen Sie der Airline bezahlen. Je nach Flugzeugtyp werden Liegen entweder auf den Sitzen oder, nach Entfernung der Sitzplatzreihen, am Boden angebracht. Liegende Patienten werden in der Regel mit einem Vorhang von den anderen Passagieren abgegrenzt.

Ob Sie oder Ihr medizinisch zu transportierender Angehöriger befördert werden können, entscheidet immer die Fluggesellschaft, da es hierzu keine rechtlichen Vorgaben gibt. Ob man gewillt ist, den Transport durchzuführen, hängt zum einen vom Gesundheitszustand des Reisenden und zum anderen vom Reiseziel ab. Gehen Sie davon aus, dass ein Liegendtransport ohne ärztliche Unbedenklichkeitserklärung zur Reisetauglichkeit nicht durchgeführt werden kann, da man krankheitsbedingte teure Zwischenlandungen in jedem Fall ausschließen wollen wird.

Ist die medizinische Reisetauglichkeit gegeben, gilt: Je geringer die Entfernung bzw. die Flugdauer, desto unwahrscheinlicher ist eine Zulassung für einen Liegendtransport durch eine Fluggesellschaft. Grund hierfür sind die geringen Liegezeiten der Kurzstrecken-Flugzeuge an Flughäfen, um Flughafengebühren zu sparen. Bis zum Weiterflug mit neuen Passagieren vergehen auf Kurzstrecken nach der Landung im Schnitt gerade einmal 50 Minuten – zu wenig Zeit, um neben allen anderen Maßnahmen eine Liege im Innenraum zu montieren. Hierfür kommen i.d.R. nur Maschinen in Frage, die über Nacht am Flughafen bleiben oder durch Wartungsarbeiten etwas länger vor Ort sind. Auf Langstreckenflügen beträgt die Zeit zwischen Landung und Weiterflug etwa 90 Minuten. Da das Flugpersonal aufgrund vorgeschriebener Pausenzeiten häufig am Ankunftsort nächtigen muss, hat man hier i.d.R. bessere Chancen.

Doch was kostet der Transport? Laut Ambulanzflug-Zentrale fangen Liegendtransport-Preise auf Kurzstrecken, wie zum Beispiel einem Flug nach Griechenland, bei 3.000 Euro an. Bei Langstrecken-Flügen sind Preise von 20.000 bis 30.000 Euro möglich. Inbegriffen ist hier der Transport per Krankenwagen zum Startflughafen und bei Ankunft zur Zieladresse sowie die Gebühren der Organisation durch erfahrene Unternehmen wie der Ambulanzflug-Zentrale.

Kontakt der Ambulanzflug-Zentrale:
Tel. Deutschland: 0202 7588 69 81,
Tel. Schweiz: 031 528 11 09
Tel. Österreich: 01 358 00 44
Email: info@ambulanzflug-zentrale.de

Kontakte zur Mobilitätsberatung von Airlines

Im Folgenden erhalten Sie eine Übersicht von Airlines mit Kontaktdaten, wo Sie sich bezüglich der Mitnahme von Rollstühlen, Mobilitätshilfen oder medizinischen Hilfsmitteln beraten lassen können. Bei nahezu allen Airlines müssen Sie unabhängig von der telefonischen Beratung den Bedarf auch online anmelden und erfassen. Stand der Erhebung ist Oktober 2020.

Bitte bedenken Sie, dass Angaben zur Mitnahme von Zubehör in den Urlaub für Menschen mit Behinderung je nach Airline variieren können. Je nach Anbieter können geringfügige Verbindungskosten bei Telefonaten anfallen:

Lufthansa: Telefon 0800 83 84 267
oder per Mail an specialservice@dlh.de

Eurowings: Telefon 00800 320 320 00
oder per Mail an assistance@eurowings.com

Tuifly: Telefon 0511 2200 4321
oder per Mail an servicecenter@tuifly.com

Condor: Telefon 06171 6988 978
oder per Mail specialassistance@condor.com

SunExpress: Telefon 01806-95 95 90
oder per Mail an travelcenter@sunexpress.com

Ryanair: Telefon 030 800 98 357

Air France: Telefon 069 29 993 774
oder per Mail mail.saphir.de@websupport-airfrance.com

Easyjet: Telefon 0800 000 0077 oder per Mail an besondere.hilfe@easyjet.com

SunExpress: Telefon 01806-95 95 90
oder per Mail an travelcenter@sunexpress.com

Elektronische und medizinische Hilfsmittel im Flugzeug

Grundsätzlich müssen Sie alle Hilfsmittel bei der Airline anmelden, um den Transport und Hilfestellungen sicherstellen zu können. Speziell bei elektronischen Hilfsmitteln wie Elektrorollstühlen, Zuggeräten, sonstigen akkubetriebenen Zusatzantrieben oder medizinischen Hilfsmitteln sind Sie als Reisender zudem verpflichtet, der Fluggesellschaft ausreichende Informationen zur Verfügung zu stellen. Die Airlines sind zwecks Prüfung der Mitnahme berechtigt, die Anzahl, das Modell, die Abmessungen, das Gewicht, den Batterietyp und die Betriebsanleitung der zu befördernden Hilfen in Erfahrung zu bringen. Diese Informationen sollten Sie also parat haben. Falls nicht, erfragen Sie diese Produktinfos im Vorfeld direkt bei Ihrem Fachhändler oder dem Hersteller. Die genannten Dokumente können Ihnen in der Regel sehr schnell in elektronischer Form zur Verfügung gestellt und somit an die Fluggesellschaft übermittelt werden.

Etwas komplizierter wird es häufig, wenn es um den Transport des Akkus oder der Batterie Ihres Rollstuhls im Flugzeug geht. Dank Normungen von Herstellern auch hinsichtlich der Transportierbarkeit sind die meisten akkubetriebenen Gerätschaften für den Transport mit dem Flugzeug geeignet. Wir haben uns die Regelungen der Lufthansa genauer angeschaut und auch bei anderen Airlines ähnliche oder gleiche Bestimmungen gefunden. Im Folgenden erhalten Sie einen Überblick über Sicherheitsbestimmungen und wichtige Kennzahlen, anhand derer Sie erkennen können, ob Ihr Gerät transportiert werden kann. Die hier aufgeführten Richtlinien ersetzen aber nicht die eigenständige Prüfung und Abstimmung mit der Airline bis hin zur Freigabe für den Flug.

Mobilitätshilfen mit Lithium-Ionen Batterien

Rollstühle oder andere elektronisch unterstützte Hilfsmittel können grundsätzlich im Flugzeug zum Urlaubsziel transportiert werden, dürfen aber nicht im Gepäck aufgegeben werden und die Leistungshöchstgrenzen nicht überschreiten. Es dürfen entweder eine Batterie mit max. 300 Wh (Wattstunden) oder zwei Batterien mit jeweils maximal 160 Wh transportiert werden. Unter 100 Wh können Batterien auch im Gepäck aufgegeben werden und es besteht, zumindest bei Lufthansa, keine Genehmigungspflicht. Wenn es sich um Rollstühle oder Hilfsmittel mit abnehmbaren Lithium-Ionen-Batterien handelt, die als genehmigungspflichtig gelten, müssen diese auch abgenommen und in einem geeigneten Schutzbehälter in der Passagierkabine transportiert werden. Feuerfeste und für den Flugzeugtransport geeignete Taschen und Behälter für Batterien sind bei diversen Online-Händlern verfügbar und je nach Akku-Typ und Größe ab acht Euro erhältlich. Der Reisende hat selbst dafür Sorge zu tragen, einen geeigneten Transportbehälter mit sich zu führen.

Die Pole der Batterien müssen vor dem Verstauen vor Kurzschlüssen gesichert und Klemmen beispielsweise mit Isolierband oder Panzertape abgeklebt werden. Sollten die Batterien nicht von Ihrem Rollstuhl entfernbar sein, müssen Sie auch hier sicherstellen, dass die Batterien abgeklemmt und gesichert werden können. Schauen Sie sich Ihre Mobilitätshilfe am besten rechtzeitig vor dem Abflug mit Ihrem Fachhändler oder Hersteller an und prüfen Sie, wie die Sicherung gemäß der Vorgaben der Airlines gewährleistet werden kann. Wie bei allen elektronischen Hilfsmitteln müssen Sie eine Genehmigung zum Transport bei der Fluggesellschaft rechtzeitig vor Abflug beantragen. Eine Auflistung der Dokumente, die von der Fluggesellschaft angefragt werden können, finden Sie in dem Beitrag „Elektronische- und medizinische Hilfsmittel im Flugzeug".

Mobilitätshilfen mit auslaufsicheren Batterien

Als auslaufsichere Batterien beispielsweise in Elektrorollstühlen gelten Trocken- und Gelbatterien wie Nickel-Cadmium- oder Nickel-Metallhybridbatterien. Bei diesen Batterien müssen Sie einen Nachweis erbringen, dass es sich um eine auslaufsichere Batterie handelt. Diesen Nachweis können Sie beim Hersteller anfragen oder ein Datenblatt zum Batterietyp im Internet suchen und bei der Fluggesellschaft einreichen. Batterien dieses Typs dürfen nicht im Handgepäck transportiert werden, sondern müssen im Gepäckraum der Maschine verstaut werden. Da Sie Ihren Rollstuhl in der Regel bis kurz vor dem Boarding in Betrieb haben, werden die Batterien unmittelbar vor dem Einstieg gesichert und direkt am Flugzeug aufgegeben. Wie bei den Lithium-Ionen-Batterien gilt es, die Anschlüsse zu isolieren, vor Kurzschlüssen zu sichern und einen geeigneten Transportbehälter zum Verstauen bereit zu halten. Sie dürfen maximal eine Ersatzbatterie dieser Batterietypen mit aufgeben. Details für den Transport können je nach Fluggesellschaft abweichen. Planen Sie genügend Zeit ein, um alle Anforderungen erfüllen zu können.

Mobilitätshilfen mit Nassbatterien

Bei Batterien wie Kalzium-Nassbatterien ist der Elektrolyt flüssig und meist in destilliertem Wasser gebunden. Bei diesen Batterietypen können Gase entstehen, die bei den i.d.R. fest verschlossenen Gehäusen über Überdruckventile entweichen, damit es nicht zur Explosion kommt. Diese Entlüftungsklappen müssen auslaufsicher sein, einen entsprechenden Nachweis müssen Sie bei der Airline (Datenblatt Batterietyp oder Betriebsanleitung des Herstellers) einreichen.

Wie die auslaufsicheren Batterien dürfen auch diese Batterien nicht im Handgepäck verstaut werden, und auch hier sind die entsprechenden Sicherheitsvorkehrungen zu treffen, um Kurzschlüsse zu vermeiden. Sollte die Batterie nicht ohne weiteres aus dem Rollstuhl entfernt werden können, muss sichergestellt sein, dass der Rollstuhl oder die Mobilitätshilfe aufrecht verladen und transportiert werden kann. Sollte dies nicht möglich sein, muss das Hilfsmittel als Fracht- und somit meist als Gefahrgut aufgegeben und verschickt werden. Der Transport von Feuchtbatterien ist bei vielen Airlines, darunter z.B. Tuifly, Condor, Ryanair und Eurowings, nicht erlaubt. Bei Lufthansa und Air France hingegen ist er unter den genannten Bedingungen möglich.

Barrierefreier Fernlinien-Busverkehr

Von A nach B ohne Auto: Welche Möglichkeiten der Mitnahme von Rollstühlen oder Elektrorollstühlen bieten Fernbusanbieter?

Allgemeines Vorweg

Fernbusse stellen für viele Menschen eine willkommene Alternative zu Auto, Bahn oder Flugzeug dar. Vor allem der Preis ist verlockend. Wenn es darum geht, sein Ziel möglichst günstig zu erreichen, kann hier kein anderes Verkehrsmittel wirklich mithalten. Doch wie sehen die Möglichkeiten für Rollstuhlfahrer aus, Städtetrips, Wochenendausflüge oder gar Auslandsreisen mit einem Fernbus zu realisieren? Mit Inkrafttreten des neuen Personenbeförderungsgesetz (PBefG) zum 01.01.2020 haben Fernbusunternehmen, zum Vorteil vieler mobilitätsbehinderter Menschen, ordentlich nachgerüstet. Das Gesetz verpflichtet Unternehmen im Linien- und Fernbusverkehr, Sitzplätze für Rollstuhlfahrer und Einstiegshilfen bereitzuhalten.

Noch im Jahr 2019 hat unsere Redakteurin Margarethe Quaas in einem Fachbeitrag in unserem Magazin Rollstuhl-Kurier ein etwas anderes Bild der Verbindungsvielfalt zeichnen müssen. Dies lag vor allem daran, dass FlixBus, mit über 95 Prozent Marktanteil größter Marktteilnehmer, mit dem Nachrüsten seiner immens großen Flotte nicht hinterherkam. Nach einer Anfrage im Oktober 2020 bestätigte uns das Unternehmen, dass „alle regulären FlixBusse, die aus Deutschland, Österreich und der Schweiz ihre Reise starten, barrierefrei sind".

Befördert durch die Gesetzgebung können Rollstuhlfahrer in Deutschland nun von einem nahezu flächendeckenden Fernverkehrsbus-Netzwerk profitieren und Urlaubsregionen in ganz Deutschland und Europa bereisen. Schwierigkeiten bestehen aber nach wie vor. Zum einen müssen Rollstuhlfahrer die Reisen z.T. sehr lange im Vorfeld anmelden, zum anderen erfüllen viele Rollstühle die technischen Anforderungen nicht, die für den Transport vorgegeben werden. Auch mangelt es an Angeboten rollstuhlgerechter WCs. Die folgenden Beiträge informieren Sie darüber, was es vor Reiseantritt zu beachten gibt und geben einige Tipps und Hilfestellungen sowie einen Überblick an Fernbusanbietern.

Eignung von Rollstühlen zur Mitnahme in Bussen

Wer eine rollstuhlgerechte Busverbindung nutzen will, muss prüfen, ob der eigene Rollstuhl die Sicherheitsvorgaben erfüllt. Rollstühle, die im Innenraum transportiert werden können, müssen i.d.R. über speziell für die Fixierung am Boden vorgesehene „Kraftknoten" (DIN 75078) verfügen, also Befestigungsstellen am Rahmen zur Arretierung am Boden. Leider sind die meisten Rollstühle standardmäßig nicht mit diesen Kraftknoten ausgestattet. Auch wenn das Nachrüsten i.d.R. möglich ist, werden die Kosten für die Erweiterung häufig nicht von den Kassen übernommen.

Auch Mindestanforderungen für Maß und Gewicht gemäß der DIN EN 12183 und DIN EN 12184 müssen manuelle oder elektrische Rollstühle für den Transport erfüllen. So finden wir bei den meisten Anbietern maximale Abmessungen von 70 cm Breite und 120 cm Länge sowie Gewichtsobergrenzen zwischen 250 oder 300 Kg (inklusive Rollstuhlfahrer) für den Transport von Rollstühlen. Da es sich bei Rollstühlen häufig um Sonderanfertigungen handelt, werden viele Hilfsmittel auch diesen Anforderungen nicht gerecht. Laut Bundesverband der Omnibusunternehmer erfüllen etwa 80 Prozent aller Rollstühle nicht die notwendigen Anforderungen für einen Transport in rollstuhlgeeigneten Fahrzeugen.

Da die meisten Rollifahrer die Abmessungen, das eigene Gewicht und das Gewicht des Rollstuhls kennen, können Sie anhand der o.g. Angaben als ersten Schritt kontrollieren, ob Ihr Gerät grundsätzlich für eine Mitnahme in Frage kommt. Trifft dies zu, treten Sie am besten mit Ihrem Fachhändler oder Sanitätshaus in Kontakt, um prüfen zu lassen, ob Ihr Rollstuhl den Anforderungen des Fernbusanbieters entspricht, und lassen Sie sich eine Bestätigung als Nachweis aushändigen.

Spontan-Reisen für Rollis kaum möglich

Anders als bei Fußgängern ist die spontane Buchung einer Fernbusreise für Rollstuhlfahrer leider nicht möglich. Je nach Anbieter variieren die Vorlaufzeiten für die Anmeldung eines Rollstuhlplatzes. In der Regel müssen Sie sich mindestens drei bis sieben Tage vor Reiseantritt über die Webseiten der Anbieter registrieren. Beim Marktführer FlixBus muss man die Reise mindestens eine Woche im Vorfeld anmelden. Da 95 Prozent aller Fernbusse von FlixBus losgeschickt werden, können Sie grundsätzlich mit diesem Wert kalkulieren, da Sie im Zweifel nur bei FlixBus Ihre gewünschte Reiseverbindung finden.

Die langen Vorlaufzeiten der Anbieter liegen vermutlich auch darin begründet, dass die technische Eignung Ihres Rollstuhls nachgewiesen und geprüft werden muss (siehe Beitrag „Eignung von Rollstühlen zur Mitnahme in Bussen" (S. 407)). Bei unseren Anfragen haben sich die entsprechenden Abteilungen i.d.R. sehr schnell zur Bearbeitung unserer Fragen zurückgemeldet. Telefonisch kommen Sie hier aber meist nicht weiter, da konkrete Anfragen zur Reise über die Kontaktformulare für Rollstuhlfahrer auf den Webseiten der Anbieter gestellt werden müssen.

Preisgünstigste Reisemöglichkeit auch für Rollifahrer

Preislich sind die Angebote der Fernbusanbieter verlockend und auch für Menschen mit Behinderung auf kürzeren Strecken zu empfehlen. Je nach Entfernung und Verbindung können Sie eine Fahrt mit Begleitperson, z.B. von Hamburg nach Lübeck mit dem Anbieter FlixBus, schon für fünf Euro buchen. Auch die anderen kleineren Marktteilnehmer locken mit günstigen Preisen für die Reise im Bus. Alle von uns betrachteten Anbieter bieten die kostenfreie Mitnahme von Begleitpersonen an. Voraussetzung ist ein Behindertenausweis mit Vermerk „B" und dem Hinweis über die „Notwendigkeit ständiger Begleitung". Die Begleitpersonen müssen Sie ebenfalls im Vorfeld anmelden.

Toiletten-Nutzung bei Fernbusreisen

Die Möglichkeiten für Rollstuhlfahrer, auf Fernbusreisen eine Toilette zu nutzen, sind leider ähnlich begrenzt wie im Flugzeug. Auch für Fußgänger stellen die oft sehr engen Toiletten im Bus – wenn sie denn überhaupt geöffnet sind – meist nur eine Notlösung dar. Rollstuhlfahrern ist auch diese oft verwehrt, denn aktuell gibt es keine regulären Linien-Fernbus-Anbieter, bei denen die Toiletten im Bus behindertengerecht gestaltet sind. Auch in naher Zukunft wird sich die Situation wahrscheinlich nicht ändern – die Möglichkeit, eine Rollstuhl-Toilette zu installieren, ist aus Platzgründen bei bestehenden Flotten häufig einfach nicht gegeben.

Ratgeber / Barrierefreie Anreise

Einzig der Anbieter PinkBus, der schon sehr frühzeitig auf eine komplett barrierefreie Busflotte setzte, gab uns die Rückmeldung, in Zukunft auch Toiletten im Bus für Rollstuhlfahrer zugänglich machen zu wollen.

Im folgenden Abschnitt stellen wir allerdings auch Anbieter mit Spezialbussen vor, wo im Gegensatz zu den regulären Linienfernbussen Rollstuhltoiletten eingebaut sind. Generell gilt: Wer eine Fernbusreise mit dem Rollstuhl unternimmt, sollte vor allem bei längeren Fahrten und entfernteren Destinationen keine Pausen an Rasthöfen auslassen und bei jeder Gelegenheit ein Rolli-WC aufsuchen. Da nicht alle Rasthöfe über rollstuhlgerechte Toiletten verfügen, sollten Sie auch auf diesen Fall vorbereitet und eingestellt sein. Sprechen Sie am besten vor Fahrtbeginn mit dem Busfahrer und fragen Sie, ob es die Möglichkeit gibt, bei Pausen größere Rasthöfe anzufahren, da hier die Chance am größten ist, ein Behinderten-WC vorzufinden. Wenn Sie Glück haben, kennt der Busfahrer die Strecke bereits gut und hat ggf. sogar schon diesbezügliche Erfahrungen sammeln können.

Da mit dem Ein- und Ausfahren der Rampe schon wertvolle Pausenzeit vergeht, sollten Sie auf dem Weg zur Toilette nach Möglichkeit keine Zeit verlieren. Pausenzeiten liegen bei längeren Fahrten i.d.R. um die 15 Minuten. Hierbei kommt es auch darauf an, wo der Bus herkommt und wie lange dieser ggf. bereits unterwegs ist. Auch wenn der Busfahrer bei der Abfahrt mit Sicherheit auf Sie warten wird, will man sich bei den anderen Fahrgästen schließlich nicht durch Trödeln unbeliebt machen. Reisen Sie mit einer Begleitperson, bietet es sich an, sich aufzuteilen: Ihre Begleitung kann für Erfrischungen oder einen Imbiss sorgen, während Sie nach dem Rolli-WC suchen.

Ratgeber / Barrierefreie Anreise

FlixBus für Menschen mit Behinderung: Wie bereits erwähnt, ist FlixBus der mit Abstand größte Fernbusanbieter auf dem deutschen Markt. Wer die Verbindungskarte auf der Homepage öffnet, erkennt auch unschwer, warum dies so ist: Deutschland- und europaweit werden über 2.500 Destinationen in 35 Ländern mit über 400.000 Verbindungen pro Tag angefahren.

Wer einen Rollstuhlplatz auf einer dieser Verbindungen benötigt, muss seine Reise mindestens sieben Tage vor der geplanten Abfahrt anmelden, damit das Unternehmen entsprechend planen kann. Die Anmeldung für Rollstuhlfahrer erfolgt ausschließlich online über das Kontaktformular für Rollstuhlfahrer auf der Homepage: www.flixbus.de/service/kontakt/eingeschraenkte-mobilitaet.

In diesem Kontaktformular müssen Sie bereits genaue Angaben machen, anhand derer das Unternehmen feststellen kann, ob Ihr Rollstuhl zur Mitnahme in einem Bus mit Hebeplattform oder Rampe geeignet ist. Neben Angaben zu Maßen und Gewicht wird auch Bezug auf die DIN (siehe Kapitel „Eignung von Rollstühlen zur Mitnahme in Bussen") genommen. Was diese Vorgaben angeht, gibt es bei den anderen Anbietern kaum Abweichungen, weshalb wir im weiteren Verlauf nicht weiter darauf eingehen werden.

Wer bei Flixbus seine Begleitperson anmelden will oder allgemeine Fragen hat, kann sich unter +49(0)30 300 137 300 auch telefonisch informieren. Bitte beachten Sie, dass telefonische Buchungen für Rollstuhlfahrer nicht möglich sind, da technische Angaben schriftlich angegeben werden müssen.

Flixbus Kontakt:
Tel.:+49(0)30 300 137 300
Web: www.flixbus.de/service/kontakt/eingeschraenkte-mobilitaet

BlaBlaCar Bus für Menschen mit Behinderung: Auch beim Anbieter BlaBlaCar Bus (ehem. BlaBlaBus) können Mobilitätsbehinderte in rollstuhlgeeigneten Fernbussen mit Rampen oder Liften reisen. Alle hier eingesetzten Busse erfüllen bereits seit dem Jahr 2019 ausnahmslos die Standards, die eine Mitnahme von Rollstuhlfahrern möglich machen. Informationen zu Ihrer barrierefreien Reise sollten laut Homepage zwar unter (040) 822 108 80 möglich sein, allerdings waren die Kundenberater bei der Frage nach Details zu den barrierefreien Bussen und Verbindungen nicht in der Lage, zuverlässige Aussagen zu treffen.

Auch bei BlaBlaCar Bus müssen Anfragen von Mobilitätsbehinderten über ein Kontaktformular auf der Webseite https://de.blablabus.com/ erfolgen und mindestens sieben Tage vor der geplanten Abfahrt eingehen. Antworten auf unsere Nachfragen haben wir sehr schnell, am Morgen des Folgetages erhalten.

Der Anbieter bietet einen Fernbusverkehr zwischen nahezu allen deutschen und einigen europäischen Großstädten wie Berlin, München, Frankfurt a.M., Hamburg, Bremen, Prag, Paris, London, Amsterdam und Brüssel an. Mit den Zwischenhaltestellen innerhalb dieser Verbindungen kommt das Unternehmen auf insgesamt 400 angefahrene Haltestellen. Ob auch Ihre Haltestelle zum Ein- oder Aussteigen dabei ist, können Sie auf der Homepage oder am Telefon in Erfahrung bringen.

BlaBlaCar Bus Kontakt:
Tel.:(040) 822 108 80
Web: de.blablabus.com

PinkBus für Menschen mit Behinderung: Der Anbieter PinkBus geht bereits seit längerem mit gutem Beispiel voran und bietet in jedem eingesetzten Bus zwei Plätze für Rollstuhlfahrer an. PinkBus ist derzeit der einzige Anbieter, bei dem wir online die Möglichkeit gefunden haben, einen Rollstuhlplatz für die Reise direkt zu reservieren. Hierzu gehen Sie einfach auf www.pinkbus.de, geben Ihre Reisedaten ein und wählen einen der Rollstuhlplätze (gekennzeichnet mit Rollisymbol) auf der Zeichnung des Innenraumes aus. Nicht verfügbare Sitzplätze sind durchgestrichen.

Ratgeber / Barrierefreie Anreise

Wie auch bei den anderen Marktteilnehmern nimmt das Unternehmen allerdings dann Kontakt mit Ihnen auf, um zu prüfen, ob Ihr Rollstuhl den gesetzlichen Normen zur Mitnahme entspricht.

Leider ist das Netzwerk dieses Anbieters noch sehr klein. „Im Normalfall werden München, Frankfurt, Hamburg, Düsseldorf und Berlin angefahren", teilte uns das Unternehmen mit, als wir fragten, warum man online derzeit nur zwischen Hamburg und Berlin wählen könne. Auch hier fährt man wegen der coronabedingt geringen Nachfrage aktuell auf Sparflamme.

Wir können nur hoffen, dass sich die Lage bessert und der Fernbusmarkt die Krise übersteht. PinkBus bietet übrigens kostenfreies WLAN und einen Expressservice an. Letzteres bedeutet, dass zwischen den Großstädten keine weiteren Stopps angefahren werden, damit Sie möglichst schnell zum Ziel kommen. Natürlich werden trotzdem Pausen für Toilettengänge gemacht.

Pinkbus Kontakt:
www.pinkbus.de

 IC Bus stellt Betrieb ein

Der Fernlinienbus-Service der Deutschen Bahn, welcher von 2009 bis 2020 unter dem Namen IC-Bus bekannt wurde, hat leider Ende Dezember 2020 seinen Betrieb eingestellt. Auch wenn IC-Bus nur ein kleines Streckennetz abdeckte, überzeugte das Angebot der Deutschen Bahn vor allem durch das schnelle Kunden- und Anfragenmanagement. IC-Bus war der einzige Anbieter, bei dem es eine kompetente telefonische Beratung sowie die Möglichkeit gab, den Bedarf eines Rollstuhlplatzes am Vortag und nicht eine ganze Woche vorher anzumelden.

Ratgeber / Barrierefreie Anreise

 ## Reisebusse und Ausflüge für Gruppen

Sie suchen nach Bussen, um eine Reise mit mehreren Rollstuhlfahrern zu unternehmen? In dieser Rubrik werden Rollstuhlsport- oder Selbsthilfegruppen, Behindertenvereine, Werkstätten oder Seniorengruppen fündig.

Busse für Rollstuhl-Gruppen

Wir haben in Deutschland, Österreich und der Schweiz nach Anbietern gesucht, die das Befördern von Menschen mit Handicap großschreiben. Dabei konnten wir Anbieter ausfindig machen, mit denen auch große Rollifahrer-Gruppen verreisen können. Planen Sie beispielsweise einen Ausflug mit der Rollstuhlbasketball-Mannschaft, gibt es Busunternehmer, bei denen Sie alle Mann und Frau unterkriegen. Zur Verfügung stehen Busse mit bis zu 20 Plätzen, auf denen Rollstühle mit Hilfe einer Bodenarretierung im Innenraum befördert werden können.

Wie im Beitrag „Barrierefreie Fernlinien-Busanbieter" (S. 412) beschrieben, müssen allerdings die Rollstühle für eine Arretierung am Boden bestimmte technische Vorgaben erfüllen. Sollten nicht alle Rollstühle aus Ihrer Gruppe die entsprechenden Vorgaben erfüllen, können mobile Rollstuhlfahrer, die umsetzen können, auch auf diese Weise transportiert werden.

Einige der im Folgenden aufgelisteten Anbieter verfügen zudem über Bordrollstühle oder Schwebelifte, die eine Beförderung innerhalb der Gänge zu den festmontierten Sitzen ermöglichen. So können theoretisch auch mehr als 20 Rollstuhlfahrer mitreisen. Sollte es in Ihrer Gruppe Personen mit besonders großen Elektrorollstühlen geben, so gibt es auch einige Anbieter mit Anhängern, die das Verladen dieser Gefährte ermöglichen.

Die in diesem Kapitel aufgeführten Unternehmen verfügen nicht nur über ausreichende Kapazitäten zur Mitnahme von Rollifahrern, sondern haben z.T. auch rollstuhlgerechte Toiletten an Bord. Diese Toiletten können in vielen Fällen mit dem Rollstuhl befahren werden und haben oft Haltegriffe an den Wänden. Dennoch müssen Sie vor allem in Sachen Geräumigkeit bei einer Bustoilette immer Abstriche machen.

Individuelle Anmietung

Die Busse der Unternehmen können für ganz individuelle Zwecke gemietet werden, für Tagesausflüge ebenso wie für längere Reisen. Hierfür wird man Ihnen in der Regel ein individuelles Angebot machen. Da es sich um große Reisebusse handelt, müssen Sie allerdings auf eine gewisse Teilnehmerzahl kommen, damit die Busreise nicht zu teuer wird. Einige Anbieter schreiben aus diesem Grund eine Mindestpersonenzahl von 15 vor. Nehmen Sie bei Interesse Kontakt zum Anbieter auf und fragen Sie nach einem Angebot für Ihre Reise mit der Rollstuhlgruppe.

Organisierte Busreisen

Die meisten der hier aufgeführten Unternehmen bieten neben der Individualvermietung von Bus und Fahrer auch vorbereitete und organisierte Tagesausflüge, Wochenendtrips, Städtereisen oder andere Touren für Rolli-Fahrer und ihre Familien bzw. Freunde. Eine organisierte Bus-Gruppenreise hat durchaus Vorteile. Der Reiseablauf ist geplant und erprobt, und durch die Menge der Mitreisenden gibt es häufig gute Konditionen. Zudem lernt man auf solchen Reisen in aller Regel auch leicht neue Leute kennen.

Da die hier aufgeführten Anbieter Barrierefreiheit großschreiben, gehen wir davon aus, dass die Ausflugsprogramme zumindest teilweise an die Bedürfnisse von Rollstuhlfahrern angepasst sind. Einige Anbieter beschreiben dies auch auf Ihren Internetseiten. Häufig verfügen die Omnibusunternehmer über eigene Reisekataloge, in denen die einzelnen Reisen genau beschrieben sind und die man Ihnen auf Anfrage gerne per Post oder als PDF zukommen lässt. Sollten Sie sich für einen Ausflug oder eine Reise interessieren, vergessen Sie bitte nicht, Ihren Bedarf mit dem Rollstuhl im Vorfeld anzumelden. Auch vor Fragen bezüglich der Machbarkeit von Reisen und Ausflügen mit dem Rollstuhl sollten Sie nicht zurückschrecken.

Ratgeber / Barrierefreie Anreise

Bayern / Alois Pfeffer: Das Omnibusunternehmen mit Sitz in Zenting verfügt über vier rollstuhlgerechte Busse in seiner Flotte. Der Anbieter kooperiert mit FlixBus, die Busse kommen also im internationalen Fernbus-Linienverkehr zum Einsatz. Das Unternehmen bietet aber auch Individualreisen an. Vor allem für Gruppen mit mehreren Rollstuhlfahrern, Selbsthilfegruppen, Sportvereine und andere Interessenvereinigungen ist dieser Anbieter zu empfehlen, und zwar aufgrund der Kapazität sowie der an Bord befindlichen Toiletten.

Die Busse sind, wie zu erwarten, mit Rampen oder Hebeplattformen ausgestattet. Im Inneren der Busse befinden sich jeweils 51 Sitzplätze, die in Rollstuhlplätze umgewandelt werden können. Sollte Ihr Rollstuhl nicht entsprechend arretiert werden können, kann ein extra integrierter Transferrollstuhl Sie über den Mittelgang zu ihrem Platz und ggf. auch zur Toilette fahren.

Die Toiletten erfüllen aufgrund des begrenzten Raumangebots im Bus natürlich nicht die Standards eines rollstuhlgerechten WCs, allerdings haben Sie zumindest die Möglichkeit, mit Hilfe zur Toilette zu gelangen.

Auch für Elektrorollstuhlfahrer gibt es Lösungen: Die E-Rollis können bei Bedarf in einem Anhänger hinter dem Bus verladen und transportiert werden. Der Kofferraum ist deutlich großzügiger gestaltet als bei vergleichbaren Bussen. Zusammen mit dem Anhänger können auch mehrere Rollstühle verladen und transportiert werden, so dass Gruppenreisen für Rollstuhlfahrer möglich sind.

Alois Pfeffer e.K. Kontakt:
Sommerreithweg 2, 94579 Zenting.
Tel.: 09907 714
Emai: info@pfeffer-reisen.de
Web: www.pfeffer-reisen.de

Bayern / Omnibus Kalb: Dieses Busunternehmen hat mehrere rollstuhl-geeignete Busse in der Flotte, die für Ausflüge oder Transfers bei längeren Reisen angemietet werden können. Auf Wunsch können diese Busse so umgebaut werden, dass bis zu zehn Rollstuhlfahrer mit manuellen Rollstühlen im Innenraum transportiert werden können.

Hier müssen Sie also darauf achten, dass alle Rollstühle die technischen Anforderungen erfüllen. Wie diese aussehen, lesen Sie im Beitrag „Eignung von Rollstühlen zur Mitnahme in Bussen" (S. 407). Elektrorollstühle können ggf. auf Anfrage transportiert werden. Transferrollstühle und Toiletten mit Haltegriffen gibt es nicht. Bei längeren Fahrten kann der Toilettengang daher nur an den Raststätten erfolgen.

Josef Kalb e.K. Kontakt:
Norlaching 9, 84405 Dorfen (Bayern)
Tel.: 08084 7691
Email: info@omnibus-kalb.de

Bayern und Berlin / Z Mobility: Auch dieser Anbieter hat rollstuhlgerechte Reisebusse mit Behinderten-WCs im Programm. Das Unternehmen hat viel Erfahrung bei der Beförderung von Menschen mit Mobilitätsbehinderung. Mit einer Hebeplattform können auch Elektrorollstühle bis 350 kg in den Innenraum gelangen und befördert werden. Insgesamt können im Innenraum maximal zwei Elektrorollstühle oder fünf manuelle Rollstühle befestigt werden.

Im Inneren befindet sich ein Lift, der Sie völlig unbeschwert zu Ihrem Sitzplatz oder der Toilette bringen kann, sollten Sie nicht auf Ihrem Rollstuhl im Bus Platz finden. Die Toiletten sind behindertengerecht eingerichtet und verfügen auch über Haltegriffe. Der Platz ist natürlich, wie bei allen Anbietern, beschränkt.

Z Mobility eignet sich für Gruppenreisen mit Rollstuhlfahrern oder Ausflüge im Umkreis von Berlin oder Augsburg, den beiden Sitzen des Unternehmens. Auf Anfrage können Sie die Reise natürlich gegen eine Anfahrtsgebühr auch andernorts starten.

Z Mobility – Werner Ziegelmeier GmbH, Kontakt:
Albert-Einstein-Str. 10, 86399 Bobingen.
Tel.: 08234 70 64 44 oder 030 41 24 807

Ratgeber / Barrierefreie Anreise

Niedersachsen / Uhlenköper-Reisen: Der Anbieter bietet Gruppenreisen, Ausflüge und Individualreisen mit zwei rollstuhlgerechten Omnibussen an. Auch diese Busse eignen sich für große Gruppen von Rollifahrern, da alle Sitze über einen Schwebesitz angefahren werden können. Dieser bewegt sich über Schienen auf dem Mittelgang. Mit einem speziellen Arretierungssystem können nahezu alle Rollstuhltypen am Boden befestigt werden. Wie bei den anderen Unternehmen ist der Platz für diese Rollstuhlplätze allerdings begrenzt.

Auch dieses Unternehmen kann bei Bedarf Busse mit einem zusätzlichen Anhänger ausstatten. So können auch größere Elektrorollstühle transportiert werden. An Bord befindet sich ein komfortables WC, welches mit Schwebesitz oder Rollstuhl zugänglich ist.

Uhlenköper-Reisen, Kontakt: Oldenstädter Str. 78, 29525 Uelzen, Tel 0581 97 97 0, E-Mail: info@uhlenkoeper-reisen.de, Internet: www.uhlenkoeper-reisen.de.

Sachsen / Eberhardt Travel GmbH: Dieser Anbieter fährt europaweit Reiseziele mit einem rollstuhlgerechten Reisebus an. Dabei können Sie zwischen verschiedenen, fertigen Reisepaketen wählen. Speziell für Rollstuhlfahrer gibt es einige Angebote, die ein barrierefreies Erlebnis von der Hotelübernachtung bis hin zum Sightseeing versprechen.

Der Reisebus kann auch gemietet werden. Für Gruppen gibt es individuelle Angebote, die auf Wunsch ausgearbeitet werden..

Eberhardt TRAVEL GmbH, Kontakt
Zschoner Ring 30, 01723 Kesselsdorf (bei Dresden)
Tel 0352 04 92 112
Web: www.eberhardt-travel.de, Mail: info@eberhardt-travel.de.

Berlin / Reiseagentur Carsten Müller: Der moderne, rollstuhlgerechte Omnibus dieses Unternehmen bietet bis zu sieben Plätze, auf denen Rollstühle am Boden arretiert werden können. Elektrorollstühle können, sofern sie die Voraussetzungen erfüllen, ebenfalls mit an Bord genommen werden. Zusätzlich gibt es die Möglichkeit, je nach Sitzplatzaufteilung weitere 12-14 Sitzplätze zu nutzen, sofern Rollstuhlfahrer umsetzen können. Zu diesem Zweck kann mit dem Rollstuhl über den Gang an die Plätze herangefahren werden.

Auch die Bordtoilette verfügt über Türen, die breit genug sind, um mit einem Rollstuhl ins Innere zu gelangen. Für Ausflüge befindet sich zudem eine kleine Küche im Bus, so dass Sie auf Wunsch mit Snacks und Getränken versorgt werden können. Carsten Müller bietet selbst organisierte Reisen an. Natürlich kann dieser Bus auch individuell von Gruppen für Ausflüge oder Reisen angefragt werden. Vor allem für mobile Rollifahrer, etwa Behindertensport- oder Jugendgruppen, die mobil genug zum Umsetzen sind, eignet sich dieses Angebot.

Reiseagentur Carsten Müller Kontakt:
Straße 6 Nr. 116, 13059 Berlin
Tel.: 030 92 44 035
Email: behindertenreisen-c.mueller@t-online.de.

Hessen / Zwingenberger Omnibusbetrieb Fischer: Der Omnibusbetrieb Fischer ist ein Familienunternehmen im Süden Hessens. Der Fuhrpark umfasst mehrere Reise- und Kleinbusse. Alle Reisebusse sind rollstuhlgerecht ausgebaut und mit Hebelift, ebenerdigem Heck-WC, Bordküche und Klimaanlage ausgestattet. Das Unternehmen hat eigene organisierte Reisen im Programm. Alternativ können Rollstuhl- bzw. Behindertengruppen die Busse inklusive Fahrer für eigene Ausflüge mieten.

Auch dieser Anbieter eignet sich insbesondere für größere Rolligruppen, die mobil genug zum Umsetzen sind. Im Fahrzeuginneren können alle Sitzplätze mit einem Schwebesitz angefahren werden. Somit kann theoretisch jeder Platz von Rollifahrern genutzt werden. Auch die Toilette an Bord lässt sich so erreichen. Bei der Reiseplanung für Gruppen mit behinderten Reiseteilnehmern ist der Omnibusbetrieb gerne behilflich.

Zwingenberger Omnibusbetrieb Fischer, Kontakt:
Gernsheimer Straße 7, 64673 Zwingenberg,
Tel: 06251 742 64,
Web: www.derzwingenberger.de
Email: info@derzwingenberger.de.

Ratgeber / Barrierefreie Anreise

Österreich / Oberlojer Busreisen: Auch für unsere Rolli-Gemeinschaft und die treuen Leser aus Österreich haben wir einen Anbieter ausfindig gemacht. Oberlojer schreibt Reisen für Alle groß. Zwei behindertengerechte Reisebusse und vier Kleinbusse können für Ausflüge und Urlaubsreisen angemietet werden. In den Reisebussen befinden sich auch Toiletten, die mit dem Rollstuhl zugänglich sind.

Die Kapazitäten im Innenraum für arretierbare Rollstühle sind enorm. Bis zu 20 Rollstühle können über ein Schienensystem am Boden befestigt werden, sofern die Rollstühle sich zur Arretierung eignen. Da auch hier normale Sitzplätze zum Umsetzen zur Verfügung stehen, geht es im Zweifel auch, wenn Ihr Rollstuhl hierfür nicht geeignet ist. Je nach Bedarf werden Plätze für Rollifahrer oder mit normalen Sitzen eingerichtet.

Oberlojer Busreisen, Kontakt
Radlach 38, A-9754 Steinfeld
Tel.: 0043 (0) 4717-6161
Email: roman.oberlojer@gmx.at.
Web: www.oberlojer.at

Schweizer Paraplegiker-Vereinigung: Zu guter Letzt kommen unsere Freunde aus der Schweiz an die Reihe. Die Schweizer Paraplegiker-Vereinigung vermietet insgesamt drei rollstuhlgerechte Reisebusse. Bis zu 14 Personen können sitzend in Ihrem Rollstuhl befördert werden. Wie auch bei den anderen Anbietern stehen weitere Sitzplätze zum Umsetzen zur Verfügung. Auch eine rollstuhlgerecht eingerichtete Toilette und eine Bordküche befinden sich in den Bussen.

Die Vermietung an Rollstuhlclubs, Behindertenvereine und Werkstätten erfolgt zu vergünstigten Konditionen.

Ratgeber / Barrierefreie Anreise

Die darin formulierten großen Ziele werden von Verkehrsträgern, Gemeinden und Kommunen auch tatsächlich in Angriff genommen, da sonst Strafen oder Haushaltskürzungen drohen. Während Fernbusanbieter die gesetzlichen Vorgaben bereits seit Januar 2020 erfüllen müssen, sind Nahverkehrsanbieter verpflichtet, den ÖPNV bis 2022 für die Nutzung von Rollstuhlfahrern und Menschen mit anderen Behinderungen barrierefrei zu gestalten.

Behinderte Menschen, die schon heute regelmäßig den ÖPNV nutzen, wissen wahrscheinlich über das Wertmarkensystem Bescheid. Denjenigen, die hier erst noch Erfahrung sammeln müssen oder den ÖPNV gerade erst für sich entdecken, raten wir in diesem Beitrag, sich eine Wertmarke zuzulegen.

Menschen mit Gehbehinderung, Rollstuhlfahrer oder Menschen mit anderen Sinnesbeeinträchtigungen können nämlich die Regionalbahnen der Deutschen Bahn (RB, RE, IRE) sowie öffentliche Verkehrsmittel (Busse und Bahnen) kostenfrei nutzen, wenn Sie eine solche Wertmarke erworben haben.

Diese erhalten Sie in Form eines Beiblattes mit abgedruckter Wertmarke und Ihrem Namen. Das Beiblatt müssen Sie für die Nutzung des ÖPNV zusammen mit Ihrem Personal- oder Schwerbehindertenausweis stets mit sich führen.

Menschen mit Kennzeichen BL (Blind), H (Hilflos) oder Menschen, die Sozialleistungen beziehen, erhalten die Wertmarke kostenlos. Menschen mit Mobilitätsbehinderungen können die Wertmarke regulär für 91 Euro (Jahrestarif) oder 46 Euro (Halbjahrestarif) beim Versorgungsamt oder der zuständigen Verwaltungsstelle ihrer Stadt beantragen. Zuständig ist i.d.R. dieselbe Stelle, die auch den Schwerbehindertenausweis ausgestellt hat. Ein Schwerbehindertenausweis ist für die Beantragung der Wertmarke für die kostenlose ÖPNV, Regional- oder Nahverkehrsnutzung Voraussetzung.

Menschen mit Behinderung, die gerne mit der Deutschen Bahn reisen, nahe Destinationen auswählen oder einfach genügend Zeit haben, um die Fahrt zum Urlaubsziel mit Regionalzügen zu bestreiten, können hier sicher eine Menge Geld sparen.

Auch wer regelmäßig den ÖPNV nutzt, ist mit der Investition in eine Wertmarke sicher gut beraten, zumal auch hier Begleitpersonen kostenlos mitreisen dürfen, sofern ein „B" im Behindertenausweis steht.

Kostenloser Regional- und Nahverkehr für Behinderte

Auch wenn manche Städte, was den Ausbau des barrierefreien ÖPNV angeht, noch nicht ganz so weit sind wie andere, so wächst doch das Angebot an entsprechenden Verbindungen stetig. Zu verdanken haben wir diesen Umstand der Gesetzgebung mit verpflichtenden „rechtlichen Vorgaben für die Barrierefreiheit des öffentlichen Personennahverkehrs".

Grundlage bilden übergeordnet die europäische Behindertenrechtskonvention und in Deutschland das Personenbeförderungsgesetz (PBeFG).

Ratgeber / Berichte barrierefreie Reisen

Berichte über barrierefreie und rollstuhlgerechte Reisen

Erfahrungsberichte zu barrierefreien Reisen in Deutschland, Europa und der Welt

Seit nunmehr über 37 Jahren steht das Thema ‚Reisen mit Mobilitätsbehinderung' bei unserem Familienunternehmen, der Escales GmbH, an erster Stelle. Wir haben auf diesem Gebiet Pionierarbeit geleistet, indem wir als erster Anbieter umfassende Informationen zu rollstuhlgerechten Unterkünften in Deutschland und Europa gesammelt und öffentlich verfügbar gemacht haben. Neben diesen umfassenden Recherchen zur Eignung von Unterkünften für Rollstuhlfahrer haben wir unser Angebot in Form von ausführlichen Reiseberichten Jahr für Jahr erweitert. Nicht nur die Unterkünfte selbst, sondern auch die Umgebung und Freizeitmöglichkeiten für Menschen mit Mobilitätsbehinderung wurden so zunehmend zum Thema. Noch heute bereisen wir für Sie die Welt und berichten detailliert von unseren Erfahrungen in Sachen Barrierefreiheit. Veröffentlicht werden diese Reiseberichte in unserem Magazin Rollstuhl-Kurier, das viermal jährlich in einem Umfang von 84 bis 100 Seiten erscheint. Der Rollstuhl-Kurier wurde im Jahr 2020 inhaltlich völlig neu konzipiert und überzeugt jetzt mit neuem, zeitgemäßen und noch besser lesbaren Layout. Als eine der umfangreichsten Fach-

Ratgeber / Berichte barrierefreie Reisen

zeitschriften auf dem Markt punkten wir mit vielfältigen Themen, wobei das Schwerpunktthema Reisen in der Regel auf 20-30 Seiten präsentiert wird. Hier finden Sie neben sehr detaillierten Reiseberichten regelmäßig viele nützliche Tipps, Interviews und Empfehlungen. Dabei gilt für Reiseberichte dasselbe wie für alle anderen Rubriken: Jeder Beitrag ist exklusiv für unsere Abonnenten recherchiert und verfasst. Dem geschulten Auge unserer Reporter entgeht kaum ein relevantes Detail. Auch wenn dies nicht immer für jede Behinderung wichtig sein muss, kann es Sie im Zweifelsfall vor bösen Überraschungen auf Reisen bewahren.

Doch nicht nur in Sachen Reiseberichte sticht unser Magazin hervor. Sie finden darin zu nahezu allen Lebensbereichen exklusive Berichte, Interviews, Hilfestellungen und Tipps – beispielsweise zu den Themen Hilfsmittel, neue Techniken, medizinischer Fortschritt oder konkrete gesundheitsvorbeugende Maßnahmen für Rollstuhlfahrer oder Mobilitätsbehinderte.

Einen besonderen Schwerpunkt bilden die Themen Arbeit, Integration sowie die selbst illustrierten besonderen Reportagen und Berichte unserer Redakteure. Dazu gibt es Tests von behindertengerecht umgebauten PKW, Literaturempfehlungen und Hinweise auf neue Ansprüche, die durch Gesetzesänderungen entstehen können.

Tipp:

Wer sich von dem Magazin Rollstuhl-Kurier überzeugen lassen möchte, kann sich den Buchpreis von Handicapped-Reisen als Nicht-Abonnent im ersten Jahr auf das Abo gutschreiben lassen und es somit sehr günstig beziehen.

Weitere Infos erhalten Sie telefonisch unter 040 261 00 360 oder im Internet unter www.rollstuhl-kurier.de.

Für wen sind Reiseberichte sinnvoll?

Grundsätzlich sind Reiseberichte von geschulten Redakteuren für alle Menschen mit Mobilitätsbehinderung von Nutzen – und zwar vor allem dann, wenn Sie keine bösen Überraschungen im Urlaub oder in der Unterkunft erleben wollen. Wir haben über die Jahrzehnte schon viel Positives erlebt, aber auch so manch eine negative Erfahrung machen müssen. Über diese Erlebnisse und Erfahrungen berichten wir und schildern konkret und detailliert, was Sie auf Ihrer Reise und am Zielort erwartet. Auf der Basis einer umfassenden Recherche überprüfen wir grundsätzlich immer die Gegebenheiten und Möglichkeiten vor Ort und liefern Ihnen eine Zusammenfassung des Erlebten.

Natürlich macht das Internet es heutzutage möglich, sich auch selbstständig auf eine Reise vorzubereiten. Allerdings kann man sich gerade bei ausländischen Tourismus-Anbietern leider nicht immer auf offizielle Informationen verlassen. Die vermeintlich rollstuhlgerechte Unterkunft, das barrierefreie Museum, der inklusive Wanderweg oder die Hafenrundfahrt für alle stellen sich am Ende manchmal als doch nicht geeignet heraus, was dann vor Ort für große Enttäuschung sorgt. Wer mit uns und unseren Berichten reist, weiß dagegen von Anfang an, was auf ihn oder sie zukommt und kann sich ggf. vorbereiten.

Nun läuft man nicht grundsätzlich immer Gefahr, aufgrund von Fehlinformationen einen Teil der Urlaubsplanung über Bord werfen zu müssen. Auch wollen wir Ihnen keine Angst davor machen, sich selbst Informationen zu suchen und aktiv zu werden. Gerade in Deutschland stellen regionale wie überregionale Tourismusverbände in aller Regel sehr zuverlässige Informationen zusammen, auf die man sich verlassen kann. Auch bei den im Buch Handicapped-Reisen enthaltenen touristischen Beschreibungen von Regionen oder Bundesländern können Sie von der Korrektheit der Angaben ausgehen.

Doch seien Sie immer darauf gefasst, dass es vor Ort auch einmal nicht so aussehen kann wie erwartet. Wer also aufgrund einer Behinderung nicht so einfach umdisponieren kann, sollte sich im Vorfeld stets gut informieren – und genau dabei sind wir behilflich. Über die Jahre sind viele unserer Leser unseren Empfehlungen gefolgt, haben unsere Reisen nacherlebt und wunderschöne Urlaube in der ganzen Welt verbracht.

Ratgeber / Berichte barrierefreie Reisen

Bei Erfahrungsberichten von Betroffenen, die Sie in Foren oder Social-Media-Quellen im Internet finden, sollten Sie auf wichtige Details in der Berichterstattung achten und deren Aussagekraft und Relevanz hinsichtlich der eigenen Belange prüfen. Auch wenn solche Berichte grundsätzlich gut gemeint sind und Ihnen damit geholfen werden kann, fehlen bei den Beschreibungen oft wichtige Details zur Barrierefreiheit. Unsere Rollstuhl-Kurier-Redaktion hat schon Zuschriften erhalten, aus denen man z.T. kaum herauslesen konnte, dass es sich um den Reisebericht eines Betroffenen handelte. Auch wenn größere Hindernisse (wie z.B. „leider gibt es hier kein Rolli-WC") i.d.R. Erwähnung finden, ist das lange nicht immer der Fall. Im schlimmsten Fall fehlen Angaben bei der Beschreibung einer Unterkunft oder einer Attraktion, die Ihnen die Nutzung des Angebotes kompliziert oder unmöglich machen.

Doch warum thematisieren Betroffene diese Gegebenheiten nicht in ihrem Bericht? Die Gründe für ein gewisses Informationsungleichgewicht bei Berichten von ungeschulten Betroffenen liegen auf der Hand.

Zunächst einmal sind nicht alle Behinderungen gleich: Je nach Krankheitsbild oder Diagnose liegen unterschiedliche Beweglichkeitseigenschaften vor. Dazu verfügen Mobilitätseingeschränkte auch über unterschiedliche Hilfsmittel, die sich für ein bestimmtes Gelände oder gewisse Barrieren gut oder weniger gut eignen können. Hinzu kommt die persönliche Fitness und Motivation. Schreibt hier ein 25-jähriger Athlet, der im Aktiv-Rollstuhl sitzt, oder eine 70-jährige Dame, die mit dem Elektrorollstuhl unterwegs ist? Beim Bericht der älteren Dame können Sie davon ausgehen, dass auch kleinere Barrieren Erwähnung finden, die auf der Reise Umstände verursacht haben. Beim Athleten hingegen eher nicht.

Das Beispiel des jungen Athleten ist aus der Wirklichkeit genommen: Er ist viel unterwegs und schreibt regelmäßig in einem Forum über seine Erfahrungen. Wie auch andere Betroffene kennt er natürlich die üblichen Barrieren des Alltags: fehlende abgesenkte Bordsteine, zu schmale Türen, kein Rolli-WC oder gar ein paar Stufen. Doch stellen diese Barrieren für ihn nur bedingt ein Hindernis dar. Voller Reiselust und Tatendrang hopst er im Vertrauen auf seine gute körperliche Verfassung mit dem Rollstuhl von einem Bordstein herunter. Nicht erwähnenswert, kein Problem und weiter geht's. Auch ein paar Stufen kann man problemlos hinunterfahren, und die kleine Treppe am Eingang des Restaurants kann uns die Reisebegleitung hochziehen…

Im Zweifelsfall wird unser junger Athlet den Weg beispielsweise zu einem von ihm besuchten Museum gar nicht näher beschreiben, da er davon ausgeht, dass jeder Betroffene die alltäglichen Barrieren kennt und irgendwie überwinden kann. Fehlen solche Elemente in Reisebeschreibungen, sollten Sie daher hellhörig werden. Denn nicht jeder kann so agieren wie unser Beispielathlet. Selbst wenn der abgesenkte Bordstein nur eine Straße weiter zu finden ist, kann das für den einen oder anderen schon zum Problem werden, das den Tag nicht unbedingt versüßt. Achten Sie also in Fremdbeiträgen unbedingt darauf, wie detailreich die Barrierefreiheit beschrieben wird. Auch wenn alles tipp-topp ist, sollte der Leser darüber informiert werden. Andernfalls können Sie nicht sicher sein, ob Sie nicht doch Barrieren erwarten.

Warum Sie auf professionelle Redaktionen setzen können

Für viele Betroffene zählen kleine Details. Auch wenn diese nicht für jeden relevant sind, stören Sie in keinem Fall. Genau hier unterscheiden sich Beiträge, die durch professionelle Reiseredakteure erstellt wurden, von allgemeinen Berichten, die man online findet. In den Reportagen des Rollstuhl-Kuriers messen wir die Türbreiten besuchter Freizeiteinrichtungen und Unterkünfte nach, überprüfen, ob es ein rollstuhlgerechtes WC gibt und versichern uns, dass alle relevanten Bereiche wirklich stufenlos erreichbar sind.

Wie sieht der Weg zum Ziel aus? Erwarten mich abgesenkte Bordsteine oder muss ich irgendwo mit Treppen rechnen und einen Umweg fahren? Was ist mit Geländeeigenschaften? Es erwartet Sie Kopfsteinpflaster in der Altstadt, in anderen Bereichen ist jedoch alles ebenerdig und ruckelfrei befahrbar. Das Museum hat Treppen am Haupteingang, kann aber über eine Rampe am Hintereingang befahren werden. Diese und viele weitere Details finden Sie in Berichten von professionellen Reiseredaktionen. Einerseits können Sie damit sicher beurteilen, ob die beschriebene Reise zu ihren Ansprüchen passt. Andererseits wollen wir Ihnen mit dem Aufgezeigten aber auch Mut machen, auf Reisen zu gehen, die Welt zu erkunden und sich zu erholen!

Ratgeber / Berichte barrierefreie Reisen

Vielfältige Reiseberichte aus Deutschland und der Welt

Neben dem Rollstuhl-Kurier gibt es in Deutschland mittlerweile auch andere Verlage, die sich mit dem Thema Reisen mit Behinderung beschäftigen. Das ist gut so, denn so werden immer mehr Reiseziele im Hinblick auf ihre Barrierefreiheit untersucht. Als erster Anbieter in diesem Segment auf dem Markt kann der Rollstuhl-Kurier auf über 37 Jahre Erfahrung und Reiseberichte aus vielen Ländern zurückblicken. Mit Ausnahme der Antarktis waren wir schon auf allen Kontinenten, in Afrika ebenso wie in Neuseeland, Australien, Asien, Nord- und Südamerika. Viele abenteuerlustige LeserInnen haben unser Informationsangebot genutzt und sind den von der Redaktion beschriebenen Zielen teilweise bis ans andere Ende der Welt hinterher gereist.

Allerdings sind Fern- und lange Flugreisen strapaziös und nicht für jeden Menschen mit Handicap das Richtige. Mit Blick auf die Bedürfnisse der Leser stehen daher Deutschlandreisen und das nähere europäische Ausland häufiger auf dem Programm. Auch vor dem Hintergrund der anhaltenden Corona-Pandemie sowie der Klimaveränderung rücken Ziele in Deutschland zunehmend in den Fokus der Redaktion.

In Deutschland und Europa erwartet Sie eine unglaubliche landschaftliche Vielfalt, die zudem gut erreichbar und oft barrierefrei erschlossen ist: idyllische Seenlandschaften, atemberaubende Berge mit steilen Wasserfällen und klaren Gebirgsseen, ausgedehnte Wälder, verworrene Täler mit sprudelnden Flüssen und weiße Sandstrände mit türkisem Wasser. Wenn man nicht gerade die Savanne mit Elefanten und Giraffen oder den tropischen Regenwald sucht, gibt es viele gute Gründe, sich im Urlaub erst einmal vor den eigenen Toren umzuschauen.

Urlaub mit Pflege und Betreuung

Wo und wie erhalte ich Pflege im Urlaub? Welche Erholungsangebote gibt es in Deutschland für Pflegebedürftige und deren Angehörige? Was muss ich bei der Buchung einer Unterkunft sowie vor Antritt des Urlaubs beachten? Wer übernimmt die Kosten für Pflege im Urlaub, und was muss ich allgemein beim Thema Pflege beachten? Dies und vieles mehr erfahren Sie im Folgenden.

Unterkünfte in Deutschland mit Pflegeangebot

Wie finde ich Unterkünfte mit Angeboten für Pflegebedürftige?

Das Angebot an Ferienanlagen und Hotels, die Angebote für Pflegebedürftige und pflegende Angehörige bereithalten, nimmt glücklicherweise langsam zu. Zwar gibt es entsprechende Hotels nicht wie Sand am Meer, dennoch können auch Sie in passenden Häusern gemeinsam mit Ihren Liebsten eine sorgenfreie und entspannende Urlaubszeit verbringen.

In unserem Reiseratgeber Handicapped-Reisen beschreiben wir rund 30 Hotels, die entsprechende Angebote bereithalten. Eine Übersicht mit Seitenhinweisen finden Sie im Extra-Verzeichnis am Ende des Buches.

Auch auf unserem Onlineportal www.rolli-hotels.de finden Sie ein breites Angebot an Unterkünften mit Pflege- und Betreuungsleistungen. Wenn Sie auf der Startseite sind, klicken Sie auf den Unterpunkt „Reiseziele". Nun wählen Sie den Filter „Unterkunft" und aktivieren unter „Geeignet für" den Haken bei „Pflegebedürftige". Klicken Sie danach aus dem Fenster heraus oder bestätigen Sie Ihre Eingabe mit „Enter", um sich die Ergebnisse anzeigen zu lassen. Wenn Sie mögen, können Sie oben unter „Wohin soll es gehen" die Ergebnisse auch noch nach Bundesländern eingrenzen.

Da unser Angebot auf der Onlineseite allerdings noch im Ausbau ist, empfehlen wir Ihnen, zunächst etwas weiträumiger zu suchen. Mit dem o.g. Filter werden Ihnen online alle Anbieter angezeigt, bei denen ein Aufenthalt mit pflegebedürftigen Personen grundsätzlich möglich ist.

Wollen Sie die Auswahl auf Betriebe eingrenzen, die auch selbst Pflege oder Betreuung anbieten oder die diesbezüglich mit ortsnahen Pflegediensten kooperieren, so müssen Sie einen weiteren Filter aktivieren. Klicken Sie auf den Filterbereich „Angebot vor Ort" und scrollen Sie zum Bereich „Dienstleistungen". Aktivieren Sie hier den Filter „Pflege vor Ort" und bestätigen Sie die Eingabe erneut. Nun werden Ihnen alle Ergebnisse angezeigt, die entsprechende Angebote für Pflegebedürftige und ihre Angehörigen haben. Sollten Sie weder in unserem Ratgeber noch in unserem Onlineportal eine passende Unterkunft finden, müssen Sie allgemein online nach speziellen Angeboten suchen.

Leider gibt es praktisch keine Datenbanken oder Verzeichnisse, wie wir sie im Bereich Pflege anbieten. Es bietet sich daher eine allgemeine Suche nach „Pflegehotels" in Kombination mit der „Lokalität", die Sie bereisen wollen an, wie z.B. „Pflegehotel Ostsee". Die Logarithmen der Suchmaschinen sind mittlerweile so intelligent, dass Ihnen auch Treffer in der Nähe Ihres Zieles angezeigt werden, falls es kein entsprechendes Angebot am Wunschort gibt.

Ratgeber / Urlaub mit Pflege

Kriterien von Pflegehotels

Nicht jedes Hotel, das die Bezeichnung „Pflegehotel" führt, passt auch zu Ihren Anforderungen. In Deutschland nimmt das Angebot an Unterkünften, die sich z.T. sogar auf spezielle Krankheitsbilder wie Parkinson, Multiple-Sklerose, Demenz, geriatrische Erkrankungen oder Senioren mit Pflegebedarf spezialisiert haben, stetig zu.

Eine solche Spezialisierung auf Ihre Krankheit oder Behinderung ist nicht unbedingt eine Voraussetzung bei der Auswahl einer für Sie geeigneten Unterkunft. Allerdings sollten Sie, um Enttäuschungen zu vermeiden, unbedingt im Vorfeld prüfen, ob das Hotel die Anforderungen, die Sie an die Pflege wie auch an Erholungsangebote stellen, auch erfüllen kann. Um welche Anforderungen es sich hierbei handeln kann und worauf es bei der Auswahl einer passenden Unterkunft ankommen kann, haben wir im Kapitel „Reisevorbereitung und Tipps" (S. 10) genauer behandelt.

Unterstützung und Tipps: Urlaub mit Pflege

Sowohl pflegende Angehörige als auch die Pflegebedürftigen selbst stoßen psychisch und physisch oft an Ihre Grenzen. Umso wichtiger sind bewusste Auszeiten. Machen Sie gemeinsam mit Ihren Liebsten oder allein Urlaub und schalten Sie ab. Pflegehotels bieten Betreuung für die Pflegeperson und ermöglichen es den pflegenden Angehörigen, Erholungsangebote vor Ort zu nutzen. Begleitete Freizeitangebote auch für die Pflegebedürftigen ergänzen das Angebot.

Nicht nur den Pflegenden, auch der Pflegeperson kann ein Tapetenwechsel zu neuen Kräften verhelfen und guttun. Reden Sie darüber und planen Sie gemeinsam. Eine Zeit, in der beide Seiten Entlastung und Erholung erfahren, ist wichtig. Schließlich hat der Pflegebedürftige nichts davon, wenn Sie wegen Überlastung irgendwann zusammenbrechen und dauerhaft ausfallen. Doch welche Möglichkeiten gibt es, und wie werden Sie vom Gesetzgeber unterstützt?

Mit der Verhinderungspflege (auch Ersatz- oder Urlaubspflege genannt) haben pflegende Angehörige die Möglichkeit, eine Kostenübernahme von alternativen Pflegeleistungen für maximal sechs Wochen (42 Tage) im Jahr zu erhalten. Die Verhinderungspflege muss dabei nicht tageweise, sondern kann auch stundenweise in Anspruch genommen werden.

Verhinderungspflege-Leistungen stehen Ihnen in folgenden Fällen zu:

1. Sie machen alleine Urlaub – z.B. wenn die Pflegeperson nicht mitreisen möchte und eine Pflegekraft Sie zu Hause vertreten muss.

2. Sie machen zusammen mit der Pflegeperson Urlaub. Eine Pflegefachkraft übernimmt die Pflege sowie Betreuung und somit auch Aktivitäten mit der Pflegeperson. Sie haben so die Möglichkeit, vor Ort selbst Erholungsangebote zu nutzen.

3. Sie sind durch Termine oder Krankheit verhindert und benötigen eine Pflegekraft, die für Sie einspringt.

Voraussetzungen für Verhinderungspflege

In vielen Quellen im Internet finden sich Falschinformationen hinsichtlich der Voraussetzungen für den Bezug von Verhinderungspflege. Missverständnisse entstehen auch durch unklare Formulierungen in den Antragsformularen der Pflegekassen, wonach „die Pflegeperson den Pflegebedürftigen seit mindestens sechs Monaten" gepflegt haben muss. Dass diese Pflegeperson aber nicht der Angehörige selbst gewesen sein muss, wissen die wenigsten. Übernehmen Angehörige die Pflege, können Mittel durch die Verhinderungspflege auch dann in Anspruch genommen werden, wenn die Pflege in den letzten sechs Monaten beispielsweise durch einen Pflegedienst sichergestellt wurde.

Für alle Pflegegrade ab Stufe 2 besteht Anspruch auf Verhinderungspflege. Die Verhinderungspflege (Ersatzpflege) kann von externen Dienstleistern, Bekannten oder Nachbarn sowie von Pflegepersonen durchgeführt werden, die bis zum zweiten Grad mit der zu pflegenden Person verwandt sind. Nur dann werden die Kosten komplett anerkannt und bis zum Höchstbetrag erstattet. Bei Verwandten zweiten Grades kann allerdings nicht der volle Betrag geltend gemacht werden. In diesen Fällen wird lediglich maximal der anderthalbfache Betrag des Pflegegeldes gezahlt. Beachten Sie, dass zum Zeitpunkt der Inanspruchnahme die Einstufung in einen Pflegegrad vorliegen muss. Sollten Sie beispielsweise seit dem März eines Jahres Pflegeleistungen eines Anbieters beziehen und im August den Antrag auf Einstufung des Pflegegrades stellen, könnten Sie als Pflegeperson bei erfolgter Einstufung des Pflegebedürftigen ab September die Verhinderungspflege in Anspruch nehmen. Lassen Sie sich zum Nachweis über die erbrachten Pflegeleistungen eine Bestätigung des Anbieters geben, sofern Sie in den vergangenen sechs Monaten nicht selbst gepflegt haben.

Verjährungsfristen für Verhinderungspflege

In Deutschland haben etwa zwei Millionen Familien Anspruch auf Verhinderungspflege. Abgerufen werden die Leistungen allerdings nur von etwa 1,3 Millionen Menschen. Für die übrigen Familien sind die gesetzlichen Verjährungsfristen der Verhinderungspflege Gold wert: Der Gesetzgeber sieht nämlich vor, dass ein Anspruch auf Kostenbeteiligung auch Jahre später noch geltend gemacht werden kann.

In der gesetzlichen Pflegeversicherung verfällt der rückwirkende Anspruch auf die Leistungen der Verhinderungspflege erst nach vier Jahren mit Ablauf des Kalenderjahres (§ 25 SGB IV und §45 SGB I). Bei den privaten Pflegeversicherungen beträgt die Verjährungsfrist drei Jahre (§ 195 BGB). Sollten Sie also bereits seit drei, vier oder mehr Jahren für die Pflege einer Pflegeperson aufkommen und in diesen Jahren beispielsweise externe Dienstleister in Anspruch genommen haben, so können Sie diese Kosten rückwirkend bei der Pflegeversicherung einreichen und geltend machen.

Machen Sie sich keine Sorgen, wenn ihnen Abrechnungsbelege fehlen. Unternehmen sind dazu verpflichtet, Belege mindestens zehn Jahre lang aufzuheben. Man wird Ihnen also auch Rechnungen, die längere Zeit zurückliegen, im Nachhinein in Kopie zukommen lassen können. Für die Zukunft sollten Sie aber grundsätzlich alle Kosten dokumentieren, die im Zusammenhang mit der Pflege entstehen, und die entsprechenden Belege sammeln.

Im Folgenden ein konkretes Beispiel: Seit drei Jahren liegt für einen Familienangehörigen Pflegegrad 3 vor. Seit zwei Jahren haben Sie im Herbst mit der ganzen Familie und dem Pflegebedürftigen 14 Tage lang Urlaub in einem Pflegehotel im Schwarzwald gemacht. Vor Ort hat ein Pflegedienst die Pflege und Betreuung übernommen, damit Sie sich vom Pflegealltag erholen konnten. Die so entstandenen Kosten haben Sie selbst getragen, da Sie nicht wussten, dass sich diese Aufwendungen mit der Verhinderungspflege verrechnen lassen. Fordern Sie nun also die Belege von den Pflege- und Betreuungsaufwendungen an und beantragen Sie bei der Pflegekasse eine rückwirkende Kostenbeteiligung.

Höhe der Verhinderungspflege

Insgesamt können für Pflegebedürftige ab Pflegegrad 2 bis zu 1.612 Euro für Ersatzpflegeleistungen pro Kalenderjahr von der Pflegeversicherung übernommen und gezahlt werden. Ersatzpflegekräfte sind oft sehr teuer, weshalb viele diese Leistungen als zu gering erachten. Im weltweiten Vergleich stehen Sie hiermit allerdings sehr gut da. Die Leistungen lassen sich zudem auch noch etwas aufstocken. So können auch nicht abgerufene Leistungen der Kurzzeitpflege zur Verhinderungspflege hinzugerechnet werden (umgekehrt im Übrigen genauso).

Weitere Entlastungsleistungen für den Urlaub

Während mit der Verhinderungspflege wirklich nur Pflegeleistungen abgerechnet werden können, haben Sie die Möglichkeit, Unterkunft und Verpflegung über sogenannte Entlastungsleistungen zu finanzieren. Die Verhinderungspflege kann im Urlaub nur für Dienstleistungen mit konkretem Pflegebezug aufgebracht werden. Je nach Pflegegrad liegen die Kosten dafür in Pflegehotels irgendwo zwischen 60 und 110 Euro am Tag. Die Kosten für den Aufenthalt selbst, also für Übernachtung, Verpflegung, Investitionsaufwendungen der Hotels und Urlaubsprogramm, müssen Pflegebedürftige und pflegende Angehörige selbst aufbringen und bezahlen. Eine Möglichkeit der Kostenübernahme oder Beteiligung besteht aber mit dem sogenannten Entlastungsbetrag.

Beim Entlastungsbetrag handelt es sich um eine monatliche Pauschale in Höhe von 125 Euro, auf die Sie bei allen fünf Pflegestufen Anspruch haben. Diese Pauschale kann beispielsweise für die Alltagsunterstützung (z.B. Einkaufshilfe), für Dienstleistungen im Haushalt (z.B. Putzhilfe), für Begleitungen oder Betreuung, die Kurzzeitpflege oder eben auch für Kosten verwendet werden, die im Zusammenhang mit Übernachtung und Verpflegung im Urlaub entstehen.

Maximal können Sie 50 Prozent des Kurzzeitpflegegeldes (ebenfalls 1.612 Euro), also 806 Euro, von nicht abgerufenen Leistungen der Kurzzeitpflege geltend machen und für die Verhinderungspflege verwenden. Die Verhinderungspflege kann so auf einen Gesamtbetrag von 2.418 Euro erhöht werden. Als Finanzierungsmöglichkeit für einen gemeinsamen Urlaub eignet sich das Kurzzeitpflegebudget allerdings nicht, da es nur für stationäre Pflegeeinrichtungen aufgebracht werden darf. Und wie verhält es sich mit dem Pflegegeld, während Sie die Verhinderungspflege in Anspruch nehmen?

Auch dieses können Sie in Ihre Urlaubskalkulation mit einfließen lassen, denn das Pflegegeld wird z.T. weitergezahlt. Sollten Sie weniger als acht Stunden am Tag verhindert sein (z.B. wegen eines Termins), wird das Pflegegeld zu 100 Prozent weitergezahlt. Bei längerer Abwesenheit bzw. Verhinderung erhält die Pflegeperson während der Verhinderungs- oder Ersatzpflege die Hälfte des Pflegegeldes. In der Regel geben die Pflegepersonen dieses Geld an die pflegenden Familienangehörigen weiter. Fahren Sie zusammen in Urlaub, können Sie also auch mit dem Pflegegeld kalkulieren. Wichtig ist schließlich auch zu wissen, dass die Beiträge für die Renten- und Arbeitslosenversicherung während der Verhinderungspflege regulär von der Pflegekasse weitergezahlt werden.

Ratgeber / Urlaub mit Pflege

Muss ich für Pflegekassen in Vorleistung gehen?

Ja und Nein. In der Regel gehen Sie bei den Pflegekassen für Kosten, die bei Kurzzeit-, Verhinderungspflege oder durch Entlastungsleistungen entstehen, dann in Vorkasse, wenn die beauftragten Dienstleister oder Beherbergungsbetriebe den Abrechnungsservice nicht für Sie übernehmen können oder wollen.

Aber auch wer kein entsprechendes finanzielles Polster hat, sollte nicht verzweifeln. Viele Anbieter übernehmen mittlerweile die Kommunikation und Abrechnung mit den Pflegekassen, seien es die Unterkünfte, wenn es um eine Beteiligung an den Kosten für Übernachtung und Verpflegung im Rahmen des Entlastungsbeitrages geht, oder die Pflegedienste vor Ort, wenn es sich um Pflegeleistungen im Rahmen der Verhinderungspflege handelt. Wichtig ist nur, dass Sie diesen Abrechnungsservice als Kriterium bei der Wahl des richtigen Hotels oder Dienstleisters berücksichtigen, und dass Sie in Ihrer Kalkulation berücksichtigen, dass Angehörige regulär zahlen müssen.

Fragen Sie also unbedingt rechtzeitig vor der Reise an, ob das Hotel oder der Pflegeanbieter die Kostenabwicklung über die Pflegekasse für Sie übernehmen kann. In der Regel müssen Sie dann eine Abtretungserklärung ausfüllen und unterschreiben, damit der Betrieb in Ihrem Namen tätig werden kann. So können Sie vermeiden, in Vorkasse gehen zu müssen. Wer selbst in Vorleistung gehen kann und den Überblick über die erhaltenen Leistungen behalten möchte, lässt sich eine entsprechende Rechnung durch die Unterkunft ausstellen.

Wichtig ist, dass auf diesen Rechnungen Unterkunft und Verpflegung einerseits und Pflegekosten andererseits separat ausgewiesen werden, damit die Kostenpunkte korrekt den Fördergeldern zugeordnet werden können. Die Antragsformulare für die verschiedenen Erstattungsmöglichkeiten erhalten Sie von Ihrer zuständigen Pflegekasse, wo Sie diese auch zusammen mit Ihrer Rechnung über die Auslagen einreichen.

Welche Voraussetzungen müssen Unterkünfte erfüllen, damit der Entlastungsbeitrag zur Finanzierung von Kost und Logis im Urlaub genutzt werden kann? Diese Frage hat uns die Beratungsstelle compass für Privatversicherte beantwortet. Grundsätzlich müssen Unterkünfte „nach Landesrecht anerkannte Angebote zur Unterstützung im Alltag" bereitstellen können (§45b SGB XI). Wer den Entlastungsbeitrag also zu diesem Zwecke ansparen und nutzen will, muss sich versichern, dass der gewünschte Beherbergungsbetrieb diese Voraussetzungen erfüllt.

Da man mit 125 Euro meist nicht mehr als ein oder zwei Übernachtungen mit Halbpension bezahlen kann, können Sie die Entlastungsbeträge auch „ansparen", und zwar über maximal anderthalb Jahre.

Beispiel: Im Januar eines Jahres erfolgte die Einstufung der Pflegeperson in einen Pflegegrad. Mitte des Jahres lesen Sie diesen Beitrag und planen nun im Oktober einen zweiwöchigen Urlaub in einem Pflegehotel, da Sie den Entlastungbeitrag noch nicht genutzt haben. Der Übernachtungspreis mit Frühstück liegt bei 60 Euro pro Person. Für Vollpension zahlen Sie einen Aufschlag von 25 Euro. Die Kosten pro Person liegen am Tag also bei 85 Euro; im gesamten Reisezeitraum von 14 Tagen fallen 1.190 Euro pro Person an. Im Oktober werden Sie bereits 10 Mal 125 Euro, also 1.250 Euro Entlastungsbeiträge angespart haben.

Die angesparten Beträge reichen also theoretisch aus, um Unterkunft und Verpflegung der Pflegeperson zu bezahlen. Reisen Sie als pflegende Person mit, müssten Sie allerdings selbst für Kost und Logie aufkommen.

Wann verfällt der Anspruch auf Entlastungsleistungen?

Die Beträge für die Entlastungsleistungen können über ein Jahr angespart werden und müssen bis Mitte des darauffolgenden Jahres (also Juni) abgerufen werden. Werden die Beträge nicht abgerufen, verfallen die Entlastungsbeiträge der zwölf Monate aus dem Vorjahr im Juni des Folgejahres. Falls Sie diese Mittel nicht für den Urlaub benötigen, bietet es sich also an, sie anderweitig abzurufen und sich damit etwas Gutes zu tun.

Ratgeber / Urlaub mit Pflege

Budget-Übersicht bewahren

Damit Sie nicht die Übersicht über offene Beträge aus den Fördermöglichkeiten verlieren, empfehlen wir Ihnen unbedingt, Buch darüber zu führen. Budgetplaner für die Fördertöpfe aus den Pflegekassen finden sich im Internet. Ansonsten reichen Zettel und Stift oder ein Word- oder Excel-Programm auf Ihrem PC auch aus. Legen Sie sich eine Tabelle an und gleichen Sie die ihnen zustehenden Leistungen mit den bereits abgerufenen Mitteln ab. Haben Sie beispielsweise in der Mitte des Jahres bereits 1.000 Euro Verhinderungspflege bei der Pflegekasse abgerechnet, bleiben Ihnen noch 612 Euro. Je nachdem, wieviel Geld bereits für Kurzzeitpflege ausgegeben wurde, könnten Sie weitere 806 Euro aus diesem Topf für die Verhinderungspflege verwenden. Dafür müssten Sie also auch wissen, wie viel Budget Ihnen noch bei der Kurzzeitpflege bleibt.

Eine Kostenübersicht ist essenziell, damit es am Ende nicht zu bösen Überraschungen kommt und Sie auch wirklich alle Mittel abrufen können, die Ihnen zustehen. Wer ohne Plan vorgeht, läuft am Ende Gefahr, zu viel auszugeben und die Rechnung z.T. selbst begleichen zu müssen. Umgekehrt ist es natürlich auch ärgerlich, wenn Sie wegen mangelnder Übersicht Leistungen nicht abrufen. Sollten Sie bislang keine Liste geführt haben, so können Sie Ihr offenes Budget jederzeit auch bei den Pflegekassen erfragen.

Pflege im Urlaub oder zu Hause planen

Ob Sie zusammen mit der zu pflegenden Person reisen oder sich eine Auszeit ganz allein gönnen: In jedem Fall sollten Sie mit der Planung beider Szenarien rechtzeitig beginnen.

Auch wenn es sich bei dem ausgewählten Betrieb um ein spezielles Hotel für Pflegebedürftige und Angehörige handelt, müssen Sie im Vorfeld prüfen, ob der Betrieb Ihre Anforderungen erfüllt. Dazu müssen Sie i.d.R. Kontakt mit der Unterkunft oder dem eingesetzten Pflegedienst aufnehmen. Mit diesem sollten Sie sehr detailliert besprechen, wie Ihr normaler Alltag in der Pflege aussieht, welcher Pflegegrad vorliegt, wobei Hilfe benötigt wird usw. So kann der Pflegeaufwand vorher besser ermittelt werden, und Sie sehen, ob die Dienstleistung in Ihr Budget passt. Zudem bringen Sie so in Erfahrung, ob alle Pflegeleistungen, die im Urlaub wichtig sind, auch abgedeckt werden können. Gerade bei höheren Pflegegraden kann es vorkommen, dass nicht immer alle benötigten Leistungen angeboten werden.

Sofern Sie alleine verreisen wollen oder müssen, ist ebenfalls eine detaillierte Planung und Koordination mit der Ersatzpflegekraft nötig.

In der Pflege herrscht in Deutschland zunehmend ein Fachkräftemangel. Eine kurzfristige Organisation sollten Sie also nach Möglichkeit vermeiden, wenn Sie Nerven sparen wollen. Vor allem, wenn Sie eine längere Reise planen, sollten Sie sich rechtzeitig um die Ersatzpflege kümmern, damit sie die Reise auch antreten können. Neben der Pflege zu Hause mit einem Pflegedienst kann auch die Kurzzeitpflege in einem Pflegeheim in Frage kommen. Wie Sie die Ersatzpflege gestalten, besprechen Sie am besten gemeinsam mit allen Beteiligten. Wichtig ist auf jeden Fall, dass vor der verbindlichen Buchung eines Urlaubs die Pflegeumstände geklärt sind.

Kurzzeitpflege für Urlaubsplanung

Bei der Kurzzeitpflege handelt es sich um ein weiteres finanzielles Unterstützungselement, auf welches Sie Anspruch haben, wenn Sie die Pflege und Betreuung zu Hause als Angehöriger in einem bestimmten Zeitraum nicht selbst erbringen können. Die Gründe hierfür können vielfältig sein, die Kurzzeitpflege selbst kann aber nicht für einen gemeinsamen Urlaub mit dem Pflegebedürftigen verwendet werden:

1. Nach einem Unfall oder Krankheit ist die Wohnung noch nicht behindertengerecht umgebaut oder eingerichtet. Während dieser Zeit muss die Pflegeperson in einer Pflegeeinrichtung unterkommen.

2. Ein mobiler Pflegedienst oder Bekannte können die Betreuung während Ihrer Abwesenheit zu Hause nicht sicherstellen.

3. Die Pflegeperson möchte allein Urlaub machen und kann die Versorgung des Pflegebedürftigen nicht anders sicherstellen als über eine Pflegeeinrichtung.

4. Die Pflegeperson begibt sich selbst in eine Rehamaßnahme, in diesem Fall gilt eine Ausnahmeregelung (s.u.).

Genau wie bei der Verhinderungspflege beträgt der Jahresbetrag für die Kurzzeitpflege 1.612 Euro bei den Pflegegraden 2 bis 5 und kann für maximal acht Wochen in Anspruch genommen werden. Die Kosten für Pflegeeinrichtungen liegen im Tagessatz je nach

Ratgeber / Urlaub mit Pflege

Checkliste Urlaub mit Pflege

Im Folgenden finden Sie eine Übersicht der wichtigsten Fragen und Aspekte, auf die Sie bei der Urlaubsplanung mit Pflege achten sollten:

- [ ] 1. Wie hoch werden die Kosten für die Verhinderungspflege im Urlaub sein? Reicht mein Budget dafür aus?

- [ ] 2. Kann ich auf Geld für die Kurzzeitpflege verzichten und nicht abgerufene Mittel für die Verhinderungspflege einplanen, oder umgekehrt?

- [ ] 3. Kann ich den Entlastungsbeitrag bei der Unterkunft für die Kosten von Unterbringung und Verpflegung der Pflegeperson geltend machen?

- [ ] 4. Prüfen Sie in Rücksprache mit den Beteiligten, also Pflegehotel- oder Unterkunft mit Pflegeangebot, ggf. externem Pflegedienst sowie Ihrer Pflegeversicherung, ob die Beteiligten zertifiziert sind, um die Kosten bei Verhinderungs-, Kurzzeitpflege oder dem Entlastungsgeld geltend machen zu können.

- [ ] 5. Klären Sie rechtzeitig vor der Buchung einer Pflegeunterkunft, ob diese den Bedarf an Pflege- und Betreuung während Ihres gesamten Aufenthaltes sicherstellen kann. Ggf. müssen Sie dies mit dem dort tätigen Pflegedienstleister klären.

- [ ] 6. Falls Sie allein Urlaub machen, klären Sie, wie die Pflegeperson während Ihrer Abwesenheit betreut werden will. Kommt eventuell auch ein stationärer Aufenthalt und die Abwicklung über das Kurzzeitpflegekontingent in Frage?

- [ ] 7. Prüfen Sie, ob die Unterkunft hinsichtlich der Barrierefreiheit zu Ihren Ansprüchen passt (Badezimmer, Zimmer, öffentliche Bereiche etc.)

- [ ] 8. Gibt es genügend Freizeitangebote für Sie und die Pflegeperson in der Unterkunft oder der näheren Umgebung?

- [ ] 9. Je nachdem, wie Sie anreisen: Können Sie die Versorgung mit den wichtigsten Hilfsmitteln vor Ort sicherstellen? Manche Unterkünfte bieten auch einen Hilfsmittelverleih an, oft in Kooperation mit örtlichen Sanitätshäusern.

- [ ] 10. Reisen Sie mit dem eigenen PKW an, denken Sie an den Behindertenparkausweis.

- [ ] 11. Arztberichte, Vorsorgevollmacht und Patientenverfügung sollten ebenfalls im Gepäck sein. In Notfällen können Sie oder die ersatzweise behandelnden Ärzte gezielter wichtige Entscheidungen über die Behandlung treffen.

- [ ] 12. Stellen Sie die Medikamentenversorgung während des Aufenthaltes sicher. Denken Sie ggf. auch an Rezepte für medizinische und therapeutische Anwendungen.

Pflegegrad zwischen 60 und 100 Euro. Aufenthalte von acht Wochen können mit dem gegebenen Budget in der Regel nicht erreicht werden. Bundesweit gibt es starke Preisunterschiede. Je nach Region reicht das Kurzzeitpflegegeld für einen Aufenthalt von ca. 16 bis maximal 26 Tagen im Jahr. Wer darüber hinaus einen stationären Pflegebedarf hat, muss diesen aus eigener Tasche bezahlen.

Da die Kurzzeitpflege zweckgebunden ist, kann das zur Verfügung stehende Geld nur für stationäre Aufenthalte in Einrichtungen verwendet werden. Ein gemeinsamer Urlaub mit dem Pflegebedürftigen kann damit also nicht finanziert werden. Die Mittel geben allerdings dem Pflegenden die Möglichkeit, den Angehörigen in gute Hände zu geben, während man selbst Ruhe und Entspannung vom Pflegealltag im Urlaub sucht. Die Mittel der Kurzzeitpflege können um das Entlastungsgeld (125 Euro pro Monat) und um den kompletten Betrag aus der Verhinderungspflege (1.612 Euro im Jahr) aufgestockt werden, wodurch die acht Wochen stationärer Aufenthalt theoretisch erreicht werden können.

Neben der Verwendung für stationäre Pflegeeinrichtungen sieht der Bund auch eine mögliche Verwendung des Kurzzeitpflegegeldes für Einrichtungen vor, in denen der pflegende Angehörige selbst Vorsorge- oder Rehabilitationsmaßnahmen in Anspruch nimmt, „die aber keine Zulassung zur pflegerischen Versorgung nach dem SGB XI haben". Die pflegebedürftige Person hat in diesem Fall Anspruch auf Leistungen der Kurzzeitpflege in dieser Rehabilitationseinrichtung, sofern während der Reha des pflegenden Angehörigen eine Unterbringung und Pflege der pflegebedürftigen Person in derselben Einrichtung erforderlich ist.

Achtung Kostenfalle: Kurzzeitpflege kann auch ärztlich verordnet werden. Auch wenn eine solche Verordnung den Anschein erweckt, dass der länger angeordnete Pflegeaufenthalt aufgrund der Verschreibung kostenfrei sei, müssen Sie selbst zahlen, sobald das Kurzzeitpflegebudget überschritten ist. Sind die 1.612 Euro also aufgebraucht und es sind keine Mittel aus Verhinderungspflege und Entlastungsbeitrag übrig, müssen Sie selbst die Differenz zur Rechnung der Pflegeeinrichtung übernehmen.

Mit den obigen Beiträgen zur Verhinderungs- und Kurzzeitpflege sowie zum Entlastungsgeld haben wir versucht, Ihnen einen bestmöglichen Überblick der aktuellen Fördermöglichkeiten zu geben, die Ihnen bei der Finanzierung Ihres Urlaubes mit Pflege helfen können. Die Informationen hierzu wurden sorgfältig bei Privatanbietern, Pflegekassen und Bundesseiten recherchiert. Konkrete Fragen und Unklarheiten wurden uns kompetent von der zertifizierten Beratungsstelle compass, der langjährigen Pflegeberaterin Madeleine Melzig von Familocare sowie am Telefon von verschiedenen Pflegekassen beantwortet.

Da das Thema sehr komplex ist, können wir, auch wenn wir zum Zeitpunkt der Erhebung im Oktober 2020 von einer korrekten Darstellung der gesetzlichen Möglichkeiten und Ansprüche ausgehen, keine Gewähr für die Vollständigkeit und Korrektheit aller Angaben übernehmen. Zudem können sich Gesetze und Regelungen ändern. Daher sollten Sie sich in jedem Fall vor einer geplanten Reise weitergehend informieren. Auch wenn Ihnen die Pflegeversicherung Auskunft geben kann, empfiehlt es sich oft, Kontakt zu einer professionellen Pflegeberatung aufzunehmen.

Ratgeber / Urlaub mit Pflege

Informationen zur kostenlosen und kostenpflichtigen Pflegeberatung

Vorteile von Pflegeberatungen

Die Inanspruchnahme einer professionellen Pflegeberatung lohnt sich in jedem Fall, denn mit den in unseren Beiträgen dargestellten finanziellen Hilfestellungen zum Thema Reisen für Menschen mit Pflegebedarf wird längst nicht das gesamte Spektrum an Hilfen für pflegende Angehörige und Pflegebedürftige abgedeckt. Wer nicht gerade in Vollzeit Regelungen und Gesetze zum Thema Pflege studieren und sichten kann, ist häufig mit der Thematik überfordert und hat oft keinen Überblick über alle Möglichkeiten, Ansprüche und Anforderungen. Im Fall der Fälle sollten Sie sich daher unbedingt beraten lassen.

Das Thema Pflege ist sehr komplex. Betroffene und Angehörige haben selten die Möglichkeit oder die Geduld, sich hier umfassend einzuarbeiten und zu informieren. Andere Sorgen stehen im Vordergrund. Genau hier kommen kostenfreie oder private Beratungsstellen ins Spiel. Schon kleine Fehler bei Anträgen oder beispielsweise Argumentationen gegenüber dem medizinischen Dienst der Krankenkassen können sich zumindest vorübergehend negativ auf Ihre Versorgung auswirken. Dazu sollte es besser nicht kommen, denn die Folgen sind häufig Widerspruchsverfahren, die sich in die Länge ziehen und Verzögerungen bei der Versorgung mit notwendigen Hilfen bedeuten.

Von Beratungsleistungen profitieren grundsätzlich sowohl Angehörige, die schon länger pflegen, als auch Menschen, die neu mit dieser Situation konfrontiert sind, wo also ggf. noch keine Einstufung in einen Pflegegrad erfolgt ist. Seien Sie versichert, die Pflegeberatungen sind auf Ihrer Seite und setzen ihr umfangreiches Fachwissen ein, um für Sie die bestmögliche Versorgung sicherzustellen.

Bei den auf der folgenden Seite aufgelisteten Vorteilen handelt es sich nicht immer um Leistungen, die auch von kostenfreien Beratungsstellen abgedeckt werden. Sollte es Punkte geben, die besonders wichtig für Sie sind, müssen Sie dies mit Ihren Anbietern klären und ggf. einen kostenpflichtigen privaten Beratungsdienst einschalten, der i.d.R. die umfassendsten Hilfestellungen anbietet:

1. Vorteile vor Einstufung in Pflegegrad:

Hilfe bei der Antragsstellung der Pflegegrad-Einstufung bei der Krankenkasse durch den medizinischen Dienst.

Vorbereitung auf die Begutachtung durch den medizinischen Dienst, Hilfe bei Argumentationen zur korrekten Einstufung z.T. mit Unterstützung beim Termin vor Ort durch die Pflegeberatung (i.d.R. bei Privatanbietern).

Hilfe bei Widerspruchsverfahren, falls das Gutachten des medizinischen Dienstes zu falscher Einschätzung und damit Einstufung in zu geringen Pflegegrad kommt.

Kompetente Beratung zu Ansprüchen, Fragen, Anforderungen in der Pflege sowie Hilfe bei der Organisation.

Hilfestellung und Beratung zur Einrichtung des Haushaltes im Hinblick auf pflegefreundliche Umgebung.

Hilfe bei Organisation und Durchführung von Schulungen, Kursen, Lehrgängen außer Haus oder zuhause, um die Anforderungen zum Pflegen zu erfüllen.

2. Vorteile vor / nach Einstufung in Pflegegrad:

Unterstützung bei der Planung des Pflegealltags und Setzen von konkreten Zielen, die Sie erreichen wollen.

Beratung zu Ansprüchen auf Hilfsmittel, Pflegehilfsmittel, medizinische Hilfsmittel, die Sie benötigen, um die Versorgung des Pflegebedürftigen sicherstellen zu können und um mobil zu bleiben.

Beratung bei der Entscheidung über die Art der Pflege (z.B. stationär, teilstationär, 24-Stundenpflege, Pflege zu Hause) sowie zu Betreuung und Unterstützungsangebote durch Assistenten, Alltags- und Haushaltshilfen, Pflegedienste, Sozialarbeiter usw.

Hilfe bei Anträgen zu Unterstützungsleistungen und bei der entsprechenden Argumentation.

Krankheitsspezifische Pflege-, Vorsorge- und Vorsorge- und Versorgungsberatung sowie Anleitung und Hilfe bei konkreten Krankheitsbildern.

Regelmäßige Kontrolle des Gesundheitszustands des Pflegebedürftigen. Je nach Pflegegrad variieren die Intervalle und sind vorgeschrieben.

Was kostet professionelle Pflegeberatung?

In Deutschland haben alle Pflegebedürftigen und deren Angehörige das Recht auf eine kostenfreie Pflegeberatung (§ 7b SGB XI). Wichtig ist, dass es sich bei der von Ihnen ausgewählten Beratung um eine anerkannte und zertifizierte Stelle handelt, welche die entstandenen Kosten für die Beratung mit der Krankenkasse abrechnen kann und die gesetzlichen Anforderungen an Beratungsleistungen (§ 7a SGB XI) erfüllt. Lassen Sie sich dies also unbedingt von Ihrem Beratungsdienstleister bestätigen. Eine Zertifizierung nach § 7a ist nicht nur Voraussetzung für eine mögliche Kostenübernahmen, sondern auch essenziell für eine wirklich fachgerechte und damit hilfreiche Beratung.

Leider gibt es nach Aussage von Madeleine Melzig von Familocare auch unter Beratern „viele schwarze Schafe, die bei wenigen Jahren Erfahrung (z.T. nur als selbst Pflegender) und ohne entsprechende Qualifizierung" Beratungsdienste teuer anbieten, ohne wirklich dafür geeignet zu sein. „Im Zweifel stellen diese Dienste dann

Ratgeber / Urlaub mit Pflege

keine große Hilfe dar", so Melzig, und „im Anschluss erhalten Sie eine Rechnung, die Sie noch nicht einmal geltend machen können." Denn leider werden Kosten von privaten Beratern oft nicht von den Kassen anerkannt – auch wenn private Beratungen durchaus ihre Vorteile haben.

Private Pflegeberater – nicht immer kostenfrei, aber manchmal sinnvoll

Obwohl die gesetzlichen Vorgaben zur Beratung eigentlich eindeutig sind, weigern sich einige Krankenkassen mitunter, die Dienste von qualifizierten privaten Beratern anzuerkennen. Beratungshonorare liegen bei ca. 80 Euro pro Stunde. Der Grund für die teilweise mangelnde Bereitschaft der Kassen, die Kosten privater Berater zu übernehmen, dürfte darin zu suchen sein, dass die Krankenkassen selbst Beratungsstellen anbieten, allen voran die deutschlandweiten Pflegestützpunkte. Diese werden von den Kassen finanziert, und so will man, dass vorrangig diese Angebote genutzt werden.

Zu kritisieren ist hier allerdings, dass man bei den Pflegestützpunkten, deren Beratungsleistungen von den Kassen finanziert werden, nicht wirklich von Unabhängigkeit sprechen kann. Anders als bei einem privaten Berater liegt ein Interessenkonflikt vor, denn schließlich geht eine umfassendere Beratung häufig mit einer besseren Versorgung und damit auch mit höheren Kosten für die Pflegekasse einher. Allerdings kann man nicht alle kostenfreien Beratungsangebote über einen Kamm scheren. Wir haben in vielen Telefonaten mit Pflegekassen und Pflegestützpunkten einen überwiegend positiven Eindruck gewonnen. Die Ansprechpartner wussten, wovon Sie reden und machten einen einfühlsamen, bemühten und engagierten Eindruck.

Auch Madeleine Melzig weiß die Arbeit der Kollegen aus den Stützpunkten oder von größeren Anbietern mit Rahmenverträgen über Beratungsleistungen durch geschultes Personal zu schätzen. Sie selbst hat viel Erfahrung als Angestellte in der Beratung bei Spektrumk sammeln können, bevor Sie sich selbstständig machte. Der Dienstleister ist im Auftrag von Pflegeversicherungen, unter anderem der Techniker-Krankenkasse, beratend tätig, und er berät laut Melzig „gut und nah an den Bedürfnissen und Sorgen von Betroffenen".

Wie andere selbstständige Berater hat Madeleine Melzig aber erkannt, dass eine umfassendere Betreuung von vielen Kunden gewünscht wird, und dass man dafür auch gerne etwas mehr zahlt. In manchen Fällen kann eine private Einzelbetreuung, auch wenn die Kosten ggf. nicht übernommen werden, viel Last von den Schultern nehmen.

Ein Vorteil von privaten Beratern, die Sie in aller Regel zu Hause aufsuchen, ist dabei die größere Kundennähe. Zwar werden Hausbesuche auch von den Kassen und ihren Beratern angeboten, allerdings in einem wesentlich geringeren Umfang. Die Barmer z.B. gewährt Ihnen einmal im Halbjahr eine häusliche Beratung durch einen Pflegedienst. Stützpunkte beraten i.d.R. nur telefonisch, per Mail oder vor Ort am Stützpunkt selbst. Hausbesuche sind hier die Ausnahme.

Private Berater können Ihnen außerdem dabei helfen, Fehler zu vermeiden und Ihre Ansprüche schneller durchzusetzen. Auch bei Gutachterterminen können private Berater vor Ort sein und Sie unterstützen.

Dieser Service wird von den kostenfreien Stellen der Kassen und den Pflegestützpunkten i.d.R. nicht angeboten und ist durchaus sinnvoll. Denn viele Betroffene erkennen den eigenen Bedarf nicht richtig, und auch der medizinische Dienst kann nicht immer alles fachgerecht beurteilen. Vor allem dann, wenn Betroffene nicht wissen, welche Informationen für die Einstufung in einen Pflegegrad relevant sind, kann es schnell zu einer falschen Einstufung kommen, die sich auf die Höhe Ihrer zukünftigen Bezüge auswirkt.

Abschließend gilt: Lassen Sie sich auf jeden Fall beraten, denn ohne Beratung passieren häufig Fehler, die teuer werden können. Sollten Sie mit den vorgegebenen kostenfreien Angeboten der Krankenkassen nicht zurechtkommen, empfehlen wir Ihnen, sich privat beraten zu lassen. Ob die Kosten in Ihrem Fall übernommen werden oder nicht, hängt neben den notwendigen Zertifizierungen des privaten Beraters auch von der Gesetzgebung im Bundesland, dem Vorhandensein von Rahmenverträgen und der Handhabung Ihrer Krankenkasse ab. Auch die Frage, wie lange zertifizierte Berater bereits tätig sind, scheint sich auf die Kostenübernahmebereitschaft auszuwirken. So schilderte Madeleine Melzig, dass die Pflegekassen ihre Beratungshonorare nach Jahren der Beratung immer häufiger übernehmen.

Wie finde ich zertifizierte Pflegeberatungen?

Wer nach einer privaten Beratung sucht, sollte sich bei Pflegestützpunkten erkundigen, online auf die Suche gehen und sich in seinem Umfeld informieren. Kosten, Umfang der Beratung und Abrechnungsmöglichkeiten mit den Kassen können variieren. Beachten Sie unbedingt, dass die gesetzlichen Anforderungen bei privaten Beratern erfüllt werden müssen und dass diese nicht zu weit von Ihrem Wohnsitz entfernt ansässig sind, da Anreise und Beratung sonst zu aufwendig wären.

Die Pflegeversicherungen stellen auf ihren Webseiten Übersichten von Pflegeberatungen und Pflegestützpunkten bereit, die kostenfreie Beratungen für gesetzlich Versicherte anbieten. Alle Anbieter, die Sie bei den Pflegekassen finden, sind zertifiziert, können fachgerecht beraten und rechnen direkt mit den Kassen ab.

Auch ein telefonischer Kontakt zu Ihrer Pflegekasse kann empfehlenswert sein, denn es ist von Vorteil, sich Beratungsstellen aufgeben zu lassen, die nicht allzu weit vom eigenen oder Pflegewohnsitz entfernt sind. Die Sachbearbeiter können Ihnen die Kontaktdaten dann am Telefon nennen, per Email oder mit der Post zusenden. Halten Sie für die Kontaktaufnahme Ihre Versichertennummer bereit. Privatversicherte können den Beratungsdienst compass nutzen. Dieser steht Ihnen montags bis freitags von 8 bis 19 Uhr und samstags von 10 bis 16 Uhr unter 0800 101 88 00 zur Verfügung.

Unter www.compass-pflegeberatung.de können Sie sich vorab informieren oder über das Kontaktformular um einen Rückruf oder Beratungstermin bitten. Auch mit compass waren wir im Gespräch und wurden kompetent zu Sachfragen beraten. Privatversicherte erhalten über compass einen sehr umfangreichen kostenfreien Beratungsservice mit Beratung vor Ort. Um die Leistung in Anspruch nehmen zu können, reicht es, wenn der Pflegebedürftige privatversichert ist.

Ratgeber / Urlaub mit Pflege

Wichtige Kontakte für Betroffene

Sich als Pflegebedürftiger oder Angehöriger Unterstützung zu holen ist wichtig. In Deutschland gibt es zum Glück ein ausgezeichnetes Netzwerk an sozialen Dienstleistern und Vereinen, die eine kostenfreie Beratung bei Anliegen aller Art anbieten und Betroffenen mit Rat und Tat zur Seite stehen. Die sozialen Organisationen arbeiten i.d.R. mit ehrenamtlichen Mitgliedern, die über ein breites Spektrum an Qualifikationen verfügen und Ihnen z.T. auch aus eigener Erfahrung gute Ratschläge mit auf den Weg geben können.

Wir haben auf den nachfolgenden Seiten einige wichtige Adressen zusammengestellt, die je nach Thema eine Anlaufstelle für Sie sein können.

Weitere Angebote für Pflegebedürftige und Behinderte

Natürlich gibt es neben den hier erwähnten sozialen Vereinen, Verbänden und Einrichtungen noch viele weitere vorbildliche Projekte und Unterstützungsangebote für Pflegebedürftige und Urlaubssuchende. Wir können an dieser Stelle nicht das ganze Spektrum vielfältiger Angebote abbilden, haben aber versucht, Ihnen einen ersten Einblick in die Möglichkeiten und einige wichtige Kontakte mit auf den Weg zu geben. Grundsätzlich werden alle Beiträge regelmäßig aktualisiert und um weitere wichtige Kontakte für Sie ergänzt. Sollten Sie diesbezüglich eine besondere Empfehlung für uns haben, melden Sie sich gern telefonisch unter 040 261 00 360 oder schreiben Sie eine Mail an info@escales.de.

Ratgeber / Urlaub mit Pflege

Reiseberatung für Alle vom Reisemaulwurf /Gepflegt reisen: „Jeder kann reisen", egal ob behindert, schwer krank oder pflegebedürftig. Diese Philosophie des gemeinnützigen Vereins Reisemaulwurf wird für jeden, der den Wunsch nach Weite und Erholung verspürt, praktisch umgesetzt. Eine Krankheit oder Behinderung kann dabei zwar als Hindernis wahrgenommen werden, sollte aber den Reiseplänen letztlich nicht im Wege stehen.

„Nehmen Sie Kontakt auf und lassen Sie sich Ängste nehmen, denn wirklich jeder kann reisen", so der ehrenamtliche Berater Andre Scholz. Scholz ist selbst pflegender Angehöriger und examinierter Altenpfleger. Sein Internetportal Reisemaulwurf wurde erst kürzlich für den Marie Simon Pflegepreis nominiert. Es bietet kostenlose Beratung und ein Netzwerk an Reiseanbietern und Hotels, mit deren Hilfe man sich manch einen Traum erfüllen kann. Die schönsten Reiseziele liegen dabei häufig gar nicht weit weg von zu Hause, direkt vor der Tür.

Reisemaulwurf Kontakt:
Tel: 0179 593 54 04
Email: info@reisemaulwurf.de
Web: www.reisemaulwurf.de

Psychologische Online-Beratung: Pflege bedeutet Belastung. Sowohl pflegende Angehörige als auch die Pflegebedürftigen kommen häufig an Ihre Grenzen. Die Auswirkungen sind vielfältig, körperlich oder mental. Einfach nur über Probleme zu reden kann genauso helfen, wie gute Ratschläge in die Tat umzusetzen. Einen besonderen Service für Pflegebedürftige und pflegende Angehörige bietet das gemeinnützige Portal www.pflegen-und-leben.de. Lassen Sie sich hier kostenfrei und anonym von Psychologen beraten. Im Portal können Sie sich ganz einfach registrieren und loslegen. Anliegen und Sorgen können Sie entweder schriftlich oder im Videochat äußern. Die Psychologen antworten innerhalb einer Woche oder vereinbaren einen Termin für einen Videoanruf, wo Sie Ihre Sorgen im persönlichen Gespräch loswerden können.

Psychologische Online-Beratung Kontakt
Web: www.pflegen-und-leben.de

Wir Pflegen e. V.: Die Interessen von Pflegebedürftigen und deren Angehörigen zu stärken ist eines der Hauptziele von Wir Pflegen e. V. Die Arbeit von pflegenden Angehörigen verdient mehr Wertschätzung und vor allem mehr Mitspracherecht. Pflegende Angehörige arbeiten in aller Regel unentgeltlich und z.T. unter schlechten Bedingungen. „Wir Pflegen" bietet Ihnen in einem deutschlandweiten Netzwerk kompetente Anlaufstellen für Fragen und Sorgen aller Art.

Mitglieder erhalten außerdem regelmäßig Informationen und Updates, die auch Ihre Pflegesituation betreffen könnten. Für nur einen geringen Jahresbeitrag ist die Mitgliedschaft und damit Teilhabe am Netzwerk mit Kontakten und Informationen möglich. Zudem gewinnen die Forderungen, die der Verein an die Politik richtet, mit jedem neuen Mitglied an Gewicht.

Wir Pflegen e. V. Kontakt:
Web: www.wir-pflegen.net
Email: info@wir-pflegen.net
Tel.: 030 4597 5750

Sozialverband Deutschland (SoVD): Der SoVD zählt zu den ältesten und mit 570.000 Mitgliedern auch zu den größten Sozialverbänden in Deutschland. Mit seinen rund 20.000 ehrenamtlichen und 700 festangestellten Mitarbeitern setzt sich der SoVD aktiv für soziale Gerechtigkeit, somit auch für die Belange von Menschen mit Behinderung, Senioren und sozial Benachteiligte ein. Auch beim SoVD können Sie sich zum Thema Pflege kompetent beraten lassen. Zu allen von uns genannten Fragestellungen stehen Ihnen Fachleute des Sozialverbandes mit Rat und Tat zur Seite. Wie beantrage ich einen Pflegegrad? Was kann ich tun, wenn dieser abgelehnt oder als zu niedrig eingestuft wurde? Bei diesen und vielen weiteren Fragen hilft der Sozialverband weiter. Wie bei allen anderen Anliegen und Kontakten, die wir Ihnen präsentieren, gilt: Keine falsche Bescheidenheit, lassen Sie sich helfen, fragen schadet nicht. Genau dafür sind diese Vereinigungen da. Der SoVD hilft im Übrigen auch bei Fragen rund um die Hilfsmittelversorgung, bei der Beantragung von Dokumenten oder anderen Anliegen rund um das Thema Behinderung oder Nachteilsausgleich.

Den SoVD erreichen Sie telefonisch unter 030 / 72 62 22 0 oder per Mail an kontakt@sovd.de.

Bei Problemen „Pflege in Not": Wer sich, aus welchen Gründen auch immer, mit der Pflege emotional oder körperlich überfordert fühlt, findet einen kompetenten Ansprechpartner bei Pflege in Not. Auch das Thema Gewalt in der Pflege ist hier kein Tabu. Sie können vertraulich mit geschultem Personal sprechen und kostenfrei psychologische Beratung anfordern. Ob Sie sich als Pflegender oder als Pflegebedürftiger selbst melden spielt hierbei keine Rolle. Das Team von Pflege in Not besteht aus einer Sozialpädagogin, einer Psychologin, einem Krankenpfleger und Krankenpflegerin sowie weiteren qualifizierten ehrenamtlichen Helfern.

„Pflege in Not" Kontakt:
Tel.: 030 69 59 89 89
Email: pflege-in-not@diakonie-stadtmitte.de
Web: www.pflege-in-not.de

Montags, Mittwochs und Freitags 10:00-12:00 Uhr, Dienstags von 14:00-16:00 Uhr

Ergänzende unabhängige Teilhabeberatung (EUTB): In Deutschland gibt es insgesamt 750 EUTB-Stellen, die Menschen mit Beeinträchtigungen aller Art mit Rat und Tat zur Seite stehen. Wie der Name schon sagt, ist die Beratung unabhängig und darüber hinaus kostenlos. Man hilft vielfältig weiter, berät zu Ansprüchen und Rechten und vermittelt wichtige Kontakte für Ihre Belange, sei es bei Fragen des Urlaubs, der Hilfe bei Anträgen oder der Pflege. Die Leistungen der unabhängigen Teilhabeberatung stehen jedem offen, auch Angehörigen oder Bekannten von Menschen mit Handicap. Auf der Homepage können Sie nach Beratungsstellen in Ihrem Bundesland suchen und diese telefonisch wie auch per Email kontaktieren.

Wer mit der Suche nach der für ihn oder sie zuständigen EUTB-Stell im Internet überfordert ist, kann sich den Kontakt auch von der Fachstelle Teilhabeberatung aufgeben lassen. Diese bietet zwar keine Beratung, man vermittelt Ihnen aber die entsprechende Beratungsstelle der EUTB.

Ergänzende unabhängige Teilhabeberatung Kontakt:
Tel: 030 284 09 140 und 030 284 09 139
Email: fachstelle@teilhabeberatung.de
Web: www.teilhabeberatung.de

Pflegeberatung bei Verbund Pflegehilfe: Als eine der am besten bewerteten Pflegeberatungen in Deutschland gilt der TÜV-geprüfte Verbund Pflegehilfe. Als Betroffener können Sie hier Ihr Recht auf eine Pflegeberatung einfordern und sich kostenlos an allen Wochentagen zwischen 8 und 20 Uhr beraten lassen. Auch hier weiß man zu allen pflegespezifischen Themen Rat und vermittelt Sie außerdem aktiv an Dienstleister, wenn es um Unterstützungsleistungen für die Pflege oder den Alltag geht.

Pflegeberatung bei Verbund Pflegehilfe Kontakt
Servicehotline kostenfrei unter 06131 49 32 039.

Pausentaste – Für Jugendliche und Eltern: In Deutschland leben geschätzt 500.000 Kinder, die bei der Pflege eines Angehörigen helfen oder dadurch verstärkt Aufgaben im Haushalt übernehmen müssen. Ob pflegebedürftige Geschwister oder Großeltern, die zu Hause versorgt werden müssen: Pflege bedeutet für alle Beteiligten ein Mehr an Arbeit und oft auch eine hohe emotionale Belastung. Sorgen, Ängste und Nöte der Kinder geraten dabei häufig aus dem Fokus.

Die Initiative Pausentaste wurde vom Bundesfamilienministerium ins Leben gerufen und unterstützt Kinder und Jugendliche in schwierigen Lebenslagen sowie deren Angehörige. Ob die Sorgen und Nöte durch die Pflege eines Betroffenen entstehen oder durch eine Suchterkrankung, einen Todesfall oder die unheilbare Erkrankung eines Angehörigen, spielt dabei keine Rolle. Telefonisch werden junge Menschen und Jugendliche von Menschen beraten, die ähnliche oder gleiche Erfahrungen im Leben machen mussten oder sich in einer entsprechenden Situation befinden. Das Idee dahinter: Sorgen zu teilen kann Last abnehmen und stärken.

Pausentaste – für Jugendliche und Eltern, Kontakt:
Kinder und Jugendliche können sich montags bis samstags zwischen 14 und 20 Uhr kostenfrei vom Handy oder Festnetz aus unter der Nummer 116 111 melden. Und auch für Eltern, denen alles zu viel wird, gibt es kostenfreie Seelsorge- und Beratungsmöglichkeiten. Das Elterntelefon ist ebenfalls kostenfrei montags bis freitags zwischen 9 und 17 Uhr erreichbar unter 0800 111 0 550.

Ratgeber / Urlaub mit Pflege

AWO-Angebot für Familien mit Demenzkranken und behinderten Kindern: Familien, die sich um pflegebedürftige Demenzkranke kümmern oder behinderte Kinder betreuen, können Angebote der Arbeiterwohlfahrt in Anspruch nehmen. Insgesamt stehen Betroffenen drei Ferieneinrichtungen an der Nordsee, an der Ostsee und im Thüringer Wald zur Verfügung. Im Mittelpunkt steht dabei die Entlastung und Erholung der pflegenden Familienangehörigen. Während die Pflegepersonen betreut, gepflegt und mit eigenen Tagesprogrammpunkten unterhalten werden, gibt es bei der AWO eine Vielfalt an Ausflugs- und Erholungsprogrammpunkten für den Rest der Familie.

Die AWO Sano unterstützt zudem Menschen mit Behinderung und sozial benachteiligte Personen, die Urlaub machen wollen. Auch wenn die im Internet ausgeschriebenen Preise auf den ersten Blick nicht sonderlich günstig scheinen, sollten Sie den Hinweis über „Vergünstigungen" für Familien oder Betroffene mit kleinem Einkommen nicht übersehen.

Wir haben uns mit dem AWO-Haus im Thüringer Wald in Verbindung gesetzt, um zu prüfen, was genau dies bedeutet. Die vergünstigten Preise werden nicht offiziell ausgeschrieben. Entsprechende Konditionen finden Sie bei Interesse aber im zugesandten Buchungsformular wieder.

Bei einen Aufenthalt in der Thüringer AWO-Ferienanlage zahlen Sie beispielsweise regulär pro Person für eine Übernachtung inkl. Vollpension je nach Saison 72 Euro (im Winter) oder 66 Euro (andere Jahreszeiten). Im vergünstigten Tarif zahlen Sie knapp 17 % weniger, d.h. 60 Euro (im Winter) oder 55 Euro (andere Jahreszeiten) pro Nacht. Für eine Vollpensions-Verpflegung inklusive Unterkunft ist das dann schon sehr günstig. Noch günstiger geht es, wenn Ihnen ein ausgediegenes Frühstück reicht und Sie mittags ohnehin Ausflüge planen. Hier können Sie dann nochmal ca. 8 Euro pro Übernachtung sparen. Die Preise der anderen Einrichtungen liegen uns nicht vor, allerdings kann man von ähnlichen Vergünstigungen ausgehen.

In Anspruch nehmen können die vergünstigten Leistungen der AWO Menschen mit einem gültigen Schwerbehindertenausweis, mit einem ärztlichen Attest über Erholungsbedürftigkeit oder Menschen im unteren Einkommensbereich. Die vergünstigten Konditionen gelten hier zudem für alle Mitreisenden. Planen Sie also einen Urlaub mit der ganzen Familie beispielsweise mit einem demenzkranken Angehörigen oder einem behinderten Kind, genügt die Vorlage des Behindertenausweises, um für die ganze Gruppe Anspruch auf die günstigen Konditionen zu haben.

Ein weiterer Pluspunkt der AWO-Einrichtungen ist, dass man sich hier mit Pflege und Betreuung gut auskennt. Die Thüringer Internetseite wirbt sogar damit, dass der Pflegedienst die Abrechnung mit der Krankenkasse über den Anspruch auf die Verhinderungspflege für Sie übernehmen und die Betreuungsleistung so finanziert werden kann. Die Einrichtungen selbst sind weitestgehend barrierefrei konzipiert und mit den üblichen Pflegehilfsmitteln ausgestattet. Mehr Informationen erhalten Sie im direkten Kontakt mit den Einrichtungen.

Rechtliche Vertretung beim VDK: Im Jahr 1950 ursprünglich als „Verband der Kriegsbeschädigten, Kriegshinterbliebenen und Sozialrentner Deutschlands e. V." gegründet, vertritt der Verband VDK längst deutschlandweit die Interessen von Menschen mit Behinderung, Pflegebedürftigen und allgemein sozial benachteiligten Menschen. Der Verein finanziert sich u.a. durch Spenden und Mitgliedsbeiträge. Auch wenn die Mitgliedschaft mit Kosten verbunden ist, sind diese im Vergleich zu den Leistungen, die Sie als Mitglied erhalten, verschwindend gering. Die Mitgliedsbeiträge liegen zwischen fünf und sieben Euro im Monat, je nach Landesverband kann es Unterschiede geben.

Mitglieder des VdK profitieren nicht nur von einer umfangreichen Rechtsberatung, man vertritt die Rechte der Mitglieder auch aktiv vor Gericht und geht mit ihnen in Widerspruchs- und Klageverfahren bis zur letzten Instanz. Hierfür und in allen anderen Fragen stehen den Mitgliedern u.a. Sozialrechtsexperten und Anwälte mit entsprechenden Fachkenntnissen zur Verfügung.

Eine Mitgliedschaft im VDK lohnt sich wirklich, denn Widersprüche von Kranken- oder Pflegekassen beispielsweise bei der Bewilligung von dringend benötigen Hilfsmitteln oder Sachleistungen sind keine Seltenheit. Häufig knicken Betroffene dann ein und lassen sich von dem Widerspruch abschrecken. „Dann habe ich da wohl keinen Anspruch drauf", ist eine nicht selten zu hörende Schlussfolgerung. Dass Sie jedoch durchaus einen Anspruch haben könnten, und der Bedarf seitens der Kasse lediglich nicht richtig erkannt wird, ist vielen nicht klar. Manch einer sieht im Widerspruchsgebaren der Kassen sogar eine gewisse Systematik mit dem Ziel, die Kosten im Bereich Hilfsmittelversorgung zu senken.

Ratgeber / Urlaub mit Pflege

Gerade Menschen, die bereits seit vielen Jahren auf Hilfsmittel angewiesen sind, haben in der Regel schon oft Erfahrungen mit abgelehnten Anträgen machen müssen. Wer ausreichend Kraft, Fachkenntnisse und gute Hilfsmittelberater hat, der kommt häufig auch selbst zum Ziel. Doch manchmal kommt man allein nicht weiter. Der VDK analysiert mit Ihnen, inwiefern Ihr Anspruch gerechtfertigt ist, hilft bei Anträgen und Widersprüchen und klagt im Zweifel auch für Sie gegen ungerechtfertigte Ablehnungen der Kassen. In diesem Fall werden Sie froh sein, auf die kostenfreie professionelle Rechtsvertretung im Rahmen Ihrer Mitgliedschaft zurückgreifen zu können. Der VDK ist der größte Sozialverband in Deutschland, über zwei Millionen Mitglieder profitieren bereits von den Leistungen des Verbandes.

VDK Kontakt:
Verband-Zentrale Tel.: 030 92 105 800
Email: kontakt@vdk.de
Web: www.vdk.de (hier erfahren Sie auch, welcher Landesverband für Sie zuständig ist.)

Diakonie und andere Hilfswerke in Deutschland: Weitere Anlaufstellen für Hilfestellung und bei Problemen aller Art finden Sie beim sozialen Dienst, bei den Diakonien und den Kirchen. Die evangelischen Kirchen bieten häufig ein breites Spektrum an Gesprächsangeboten und praktischer Unterstützung für sozial benachteiligte oder Menschen in schwierigen Lebenslagen. Zögern Sie also nicht, Kontakt zu Ihrer Gemeinde vor Ort aufzunehmen. Auch Hilfestellungen für Pflegebedürftige, die Urlaub suchen, können je nach Gemeinde im Programm stehen.

Die wohl bekanntesten sozialen Hilfswerke der katholischen Kirche sind der Caritas-Verband und die Malteser. Auch Freizeiteinrichtungen für Menschen mit Behinderung, Pflege- oder Betreuungsbedarf werden von der katholischen Kirche unterstützt und finanziert. Zum Teil werden auch günstige Gruppenreisen für behinderte Menschen angeboten, die einen Urlaub auch mit geringem Budget ermöglichen. Mehr erfahren Sie auch in diesen Fällen bei Ihrer Gemeinde, dem Caritas-Verband oder bei den Maltesern vor Ort.

Neben den katholischen und evangelischen Einrichtungen, die sich für sozial benachteiligte Menschen einsetzen, bieten nahezu alle Glaubensrichtungen sozial benachteiligten Menschen Hilfe in unterschiedlichsten Formen an. So können Sie sich beispielsweise auch in Ihrer Moschee oder Synagoge nach sozialen Angeboten oder Unterstützungsmöglichkeiten erkundigen. Im Grundsatz gilt für alle Hilfsangebote, dass Sie diese unabhängig von Ihrer Konfession in Anspruch nehmen können. Da christlich orientierte Hilfsorganisationen in Deutschland dominieren, brauchen Sie also auch mit anderen Überzeugungen nicht davor zurückzuschrecken, diese Angebote in Anspruch zu nehmen.

Ratgeber / Schwerbehindertenausweis

Schwerbehindertenausweis in Deutschland und Europa

Beim Schwerbehindertenausweis gibt es in Deutschland und in Europa einige Unterschiede – bislang sind die Regelungen nicht überall einheitlich. Auch beim Thema Parken ist es mit zwei unterschiedlichen Ausweisdokumenten, dem deutschen und dem europäischen Behindertenparkausweis, wieder einmal etwas komplizierter.

Wie erhalte ich den deutschen Schwerbehindertenausweis?

In Deutschland werden die Schwerbehindertenausweise meist durch die Versorgungsämter ausgestellt. Der Behinderte muss hier einen förmlichen Antrag stellen. Da oft Monate für die Bearbeitungszeit vergehen und es auf viele wichtige Details ankommt, holen Sie sich am besten Hilfe beim Ausfüllen des Antrags. Sozialverbände wie der VDK, der SoVD oder EUTB-Stellen können Ihnen behilflich sein, ebenso Selbsthilfegruppen oder Bekannte. Auch sind Stellungnahmen und Befunde Ihrer behandelnden Ärzte notwendig.

Vermeiden Sie Fehler bei der Antragstellung und machen Sie nicht aus falscher Bescheidenheit oder Scham unzutreffende Angaben. Denn je mehr „Hilfsbedürftigkeit" Sie vorenthalten, desto geringer fällt der festgestellte Grad der Behinderung durch das Amt aus – und das kann sich finanziell auswirken.

Ab einem Behinderungsgrad von 50 oder mehr haben Sie das Recht auf Erstellung des Ausweises und können damit von zahlreichen Vorteilen, auch bei der Freizeitgestaltung, profitieren.

Welche Vorteile bringt der deutsche Schwerbehindertenausweis?

Vorab gesagt: jede Menge, und die sollten Sie auch nutzen. Leider wollen sich in Deutschland nach wie vor zahlreiche Menschen nicht eingestehen, dass sie auf Grund ihrer Behinderung erheblich eingeschränkt sind. Diesen Umstand will man schon gar nicht amtlich, in Form eines Schwerbehindertenausweises, bestätigt bekommen. Doch wer so denkt, dem entgeht bares Geld. Zu den finanziellen Vorteilen gehören u.a. die Befreiung von der KFZ-Steuer, Sonderregelungen bei der Einkommenssteuer, die berufliche Absicherung durch den besonderen Kündigungsschutz und die Möglichkeit, einen Großteil der öffentlichen Verkehrsmittel entweder gänzlich (ÖPNV, Regional- und Nahverkehr) oder teilweise kostenfrei nutzen zu können. Insofern: Machen Sie ihre Ansprüche geltend. Zum Thema ÖPNV-Nutzung und den hier gegebenen Möglichkeiten im Zusammenhang mit dem Schwerbehindertenausweis finden Sie im Kapitel „Barrierefreie Anreisemöglichkeiten" ausführliche Informationen. Gerade reiselustige Schwerbehinderte können hier besonders profitieren.

Richtig lohnen kann sich der Schwerbehindertenausweis auch beim Autokauf, denn einige Hersteller bieten einen Sonderrabatt für Menschen mit Behinderung an. Auch was den Umbau anbelangt brauchen Sie den Schwerbehindertenausweis, denn eine Kostenübernahme oder Zuschüsse können Sie nur dann in Anspruch nehmen, wenn Sie belegen können, dass Sie auf besondere Ausstattungen oder Fahrhilfen angewiesen sind. Neben diesen Zuschüssen und Vorteilen gibt es für Schwerbehinderte weitere durch das Gesetz geregelte Nachteilsausgleiche, die ebenfalls nur in Anspruch genommen können, wenn die Behinderung amtlich gemacht wurde und Sie sich als schwerbehindert ausweisen können.

Ratgeber / Schwerbehindertenausweis

Vergünstigungen bei Freizeitaktivitäten

Auch im Freizeitbereich wollen Sie den Schwerbehindertenausweis nicht missen. Denn zumindest in Deutschland haben Schwerbehinderte in aller Regel kostenlos oder mindestens vergünstigt Zutritt zu Museen, Freizeitparks, Kultureinrichtungen oder Sehenswürdigkeiten privater oder öffentlicher Hand. Häufig können statt oder zusätzlich zu der Vergünstigung auch Begleitpersonen kostenfrei mitgenommen werden, sofern der Bedarf für eine Begleitperson im Ausweis ausgeschrieben ist. Haben Sie Ihren Schwerbehindertenausweis beim Besuch von Freizeiteinrichtungen also stets zur Hand und fragen Sie nach Vergünstigungen, falls solche nicht ausgeschrieben sind.

Kann ich den Schwerbehindertenausweis im Ausland nutzen?

Diese Frage muss vorbehaltlich verneint werden. Der deutsche Schwerbehindertenausweis ist in keinem europäischen oder anderen Land der Welt ein anerkanntes Ausweisdokument. Aus diesem Grund können Sie im Ausland leider nicht davon ausgehen, wie in Deutschland Vergünstigungen bei Freizeit- oder Kultureinrichtungen zu erhalten. Allerdings ist der deutsche Ausweis neben dem (allgemein anerkannten) europäischen Behinderten-Parkausweis derzeit das einzige Dokument, mit dem Sie im Ausland versuchen können, Ihre Behinderung nachzuweisen.

Bis es zu einer einheitlichen Lösung in Europa gekommen ist, sollten Sie Ihren Ausweis daher mitführen und es im Zweifel damit versuchen. Häufig bestehen in unseren Nachbarländern vergleichbare Regelungen für Rabatte und Vergünstigungen. Das Vorzeigen des Ausweises ist vielerorts eine Formalität, auf die auch schon mal verzichtet wird, wenn die Behinderung offensichtlich ist. Wer sich also in einem Land bewegt, in dem es ähnliche Vergünstigungen gibt wie in Deutschland, und mit dem Rollstuhl vorfährt, der kann hoffen, dass man im Zweifel auch den deutschen Ausweis akzeptiert. Diesen kann man sich übrigens auch mit englischen Beschreibungen ausstellen lassen. Nehmen Sie den Ausweis also auf jeden Fall mit und versuchen Sie ihr Glück, schaden wird es nicht.

Wann kommt es zu einer europäischen Lösung für den Behindertenausweis?

So wie es aussieht, hoffentlich schon bald. Von 2016 bis 2019 wurde in einem Pilotprojekt ein einheitliches System, die sogenannte „EU Disability Card", in acht europäischen Mitgliedsstaaten getestet und erprobt (Belgien, Zypern, Estland, Finnland, Italien, Malta, Rumänien und Slowenien).

Das Ziel war, ein einheitliches Ausweis-System zu schaffen, mit dem behinderte Menschen in ganz Europa von Vergünstigungen und Vorteilen im Verkehrswesen sowie bei Freizeit- und Kultureinrichtungen profitieren können. Als Vorbild diente der einheitliche Standard des europäischen Behindertenparkausweises. Das Pilotprojekt wurde bereits abgeschlossen und befindet sich (Stand August 2021) in der Auswertungsphase.

Wir können nur hoffen, dass man zu positiven Resultaten kommt und zeitnah ein einheitliches System einführt, das behinderten Reisenden im Ausland hilft. Mit der Aktualisierung unseres Ratgebers Ende 2022 werden wir Sie auf dem Laufenden halten.

Parkausweise für Menschen mit Handicap

Das Thema Parken ist für viele Menschen mit Mobilitätsbehinderungen besonders wichtig. Sowohl der deutsche als auch der europäische Behinderten-Parkausweis bringen Ihnen einige Vorteile und Erleichterungen, wenn Sie mit Ihrem behindertengerechten PKW unterwegs sind. Sie profitieren von zahlreichen Sonderrechten, und zwar sowohl unterwegs als auch in Ihrer Wohnumgebung. Sollten Sie noch keinen Behinderten-Parkausweis besitzen oder bislang lediglich die deutsche Variante nutzen, lohnt es sich, einen Blick in dieses Kapitel zu werfen.

Zwei Parkausweise für Behinderte in Deutschland

Um besondere Rechte wie zum Beispiel das gebührenfreie Parken auf ausgewiesenen Parkplätzen mit Parkuhren oder Parkscheinautomaten in Anspruch nehmen zu können, reicht der Schwerbehindertenausweis nicht aus – Sie brauchen einen speziellen Behinderten Parkausweis. In Deutschland gibt es zwei gültige und anwendbare Versionen davon: die deutsche (orange) und die europäische (blaue). Die beiden Ausweise unterscheiden sich sowohl hinsichtlich der Kriterien bei der Beantragung als auch im Hinblick auf die damit verbundenen Rechte, Möglichkeiten und Sonderbefugnisse.

Vorteile des europäischen Behindertenausweises

Vor allem zwei Unterschiede machen den europäischen Behinderten-Parkausweis grundsätzlich attraktiver als den deutschen:

1. Nur mit dem europäischen Behinderten-Parkausweis dürfen Sie auf ausgewiesenen Behindertenparkplätzen (blaues Schild mit Rolli-Symbol) parken. Wer mit dem orangen Parkausweis entsprechend ausgewiesene Parkplätze nutzt, riskiert ein Bußgeld oder wird sogar abgeschleppt.

2. Mit dem blauen Ausweis können Sie in ganz Europa und darüber hinaus sogar mittlerweile in Nicht-EU-Staaten von weitestgehend einheitlichen Rechten beim Parken ausgehen – weitestgehend, da es je nach EU-Reiseland leichte Abweichungen von den hier beschriebenen deutschen Regelungen geben kann. Informieren Sie sich vor der Reise, ob es Abweichungen im Zielland gibt. Schwerbehinderte, die ihren Urlaub gern in anderen europäischen Staaten verbringen, sollten auf jeden Fall versuchen, den europäischen Ausweis zu beziehen. Denn im Ausland ist die deutsche Version nicht gültig, haben Sie nur diese, müssen Sie im Ausland parken wie jeder andere auch.

Übereinstimmende Erleichterungen bei beiden Parkausweisen:

Mit den Nutzungsrechten von Behindertenparkplätzen und der europaweiten Gültigkeit von Sonderrechten beim Parken haben Sie beim europäischen Parkausweis also eindeutig mehr Möglichkeiten. Dies hat seinen Grund: Denn den blauen Ausweis erhalten Sie nur mit erheblichen Beeinträchtigungen. Die Voraussetzungen zum Beziehen des europäischen Ausweises sind also bedeutend strenger. Sollten Sie diese Voraussetzungen nicht erfüllen, lohnt sich die Beantragung des deutschen Parkausweises für behinderte Menschen. Auch mit diesem erhalten Sie Sonderbefugnisse, die sich beim Reisen in Deutschland oder beim Fortbewegen in Ihrer Heimat lohnen. Folgende Befugnisse und Vorteile erhalten Sie in Deutschland mit beiden Ausweisen:

1. Mit beiden Parkausweisen können Sie bis zu drei Stunden im eingeschränkten Halteverbot parken. Voraussetzung ist die Platzierung einer gut sichtbaren Parkscheibe vorne im Fenster Ihres PKWs.

2. In Zonenhalteverboten dürfen Sie über die zugelassene Zeit parken.

3. Auch auf Parkplätzen mit limitierten Parkzeiten können Sie über das Limit hinaus unbegrenzt parken.

4. Während der ausgeschriebenen Lade-und Lieferzeiten dürfen Sie in Fußgängerbereichen oder -zonen parken.

5. In verkehrsberuhigten Bereichen können Sie auch außerhalb von ausgewiesenen Parkplätzen parken, sofern Sie den Verkehrsfluss anderer PKW nicht negativ beeinflussen.

6. Auch auf ausgeschriebenen Anwohnerparkplätzen dürfen Sie bis zu drei Stunden parken.

7. Auf ausgewiesenen gebührenpflichtigen Parkplätzen (Parkuhr oder Parkscheinautomat) können Sie gebührenfrei und ohne zeitliche Begrenzung parken.

Auch der orange deutsche Parkausweis verhilft Ihnen also zu einigem Komfort. Gerade für städtereisende Menschen mit Handicap ergeben sich aus diesen Sonderparkrechten einige Erleichterungen wie auch Einsparungen. Denken Sie aber immer daran, Ihr Parken mit einer Parkscheibe zu dokumentieren. Andernfalls besteht die Gefahr, dass Sie trotz ausgelegtem Parkausweis ein Bußgeld riskieren oder im schlimmsten Fall abgeschleppt werden. Abschließend sollten Sie noch beachten, dass Sonderparkrechte i.d.R. nur im öffentlichen Raum gelten. Befinden Sie sich auf Grundstücken von Privatanbietern, wie z.B. Supermärkten, können Regelungen und Bedingungen abweichen und vom Grundstücksinhaber oder Pächter selbst festgelegt werden.

Voraussetzungen für die Beantragung der Behinderten-Parkausweise

Für beide Parkausweis-Versionen muss bei Beantragung ein Schwerbehindertenausweis vorliegen. Den blauen, europaweit gültigen und komfortableren Behinderten-Parkausweis können Menschen mit einer „außergewöhnlichen Gehbehinderung" (Vermerk aG), blinde Menschen (Vermerk BL), Contergan-Geschädigte oder Personen mit ähnlich starken Einschränkungen (z.B. Armamputationen) beantragen. Unsere rollstuhlfahrenden Kund*innen und Leser*innen sollten hier also keinerlei Schwierigkeiten haben.

Der orange, nur in Deutschland gültige Behinderten-Parkausweisaus ist in erheblich mehr Fällen beziehbar, z.B. bei leichteren Gehbehinderungen und sonstigen Einschränkungen oder Krankheitsbildern. Eine vollständige Auflistung der Voraussetzungen würde den Rahmen dieses Beitrages sprengen, eine entsprechende Auskunft erhalten Sie bei Ihrem zuständigen Amt. Zuständig sind i.d.R. die (Straßen-)Verkehrsämter, in Ausnahmen aber auch das Ordnungsamt oder andere Ämter. Auch die sozialen Beratungsstellen können Ihnen bei der Prüfung der Voraussetzungen wie auch bei der Beantragung helfen.

Neben dem ausgefüllten Antragsformular benötigen Sie ein Passfoto (nur beim EU-Ausweis), eine Kopie des Schwerbehindertenausweises mit Merkzeichen, eine Kopie des Feststellungsbescheides vom Versorgungsamt (hier wird der Grad der Behinderung mit Merkzeichen beschrieben), ggf. eine Gleichstellungsbescheinigung vom Versorgungsamt, eine Kopie des Personalausweises und Vorsorgevollmachten, sofern Sie im Namen eines Pflegebedürftigen die Beantragung übernehmen.

Parkausweise für Pflegebedürftige und Kinder

Ein Behinderten-Parkausweis kann auch auf ein Kind mit Behinderung oder auf einen Pflegebedürftigen ausgestellt werden! Für die Beantragung und Ausstellung eines Behinderten-Parkausweises muss keine Fahrtauglichkeit (Führerschein) vorliegen. Bei behinderten Kindern können sich die Eltern um die Antragstellung kümmern. Auch bei Pflegebedürftigen kann dies ein Angehöriger tun, sofern die entsprechende Vorsorgevollmacht vorliegt. Nutzen sie diese Möglichkeit vor allem dann, wenn Sie regelmäßig Fahrten mit dem Betroffenen unternehmen.

Natürlich dürfen Sie den Ausweis mit den Sonderparkrechten nicht missbrauchen und nur bei gemeinsamen Fahrten nutzen. Auch bei Besorgungsfahrten für die betreffende Person müssen Sie auf die Sonderrechte verzichten, sofern diese nicht dabei ist. Die Behinderten-Parkausweise sind auf Personen und nicht auf einzelne PKW zugelassen. Das bedeutet, dass Sie den Ausweis in jedem beliebigen Fahrzeug verwenden dürfen, das Sie zusammen mit der eingeschränkten Person nutzen. Planen Sie also beispielsweise einen Urlaub in Italien, fliegen zum Ziel und mieten vor Ort einen behindertengerechten PKW, können Sie den europäischen Parkausweis mitnehmen und dort verwenden.

i **Kosten und Dauer der Beantragung von Parkausweisen**

Die Beantragung und der Erhalt sowohl des deutschen als auch des europäischen Behinderten-Parkausweises sind kostenlos. Neben dem vergleichsweise geringen bürokratischen Aufwand müssen Sie lediglich etwas Geduld mitbringen. Vom Tag der Beantragung an dauert es etwa vier Wochen, bis Sie Ihren neuen Behinderten-Parkausweis erhalten und nutzen können.

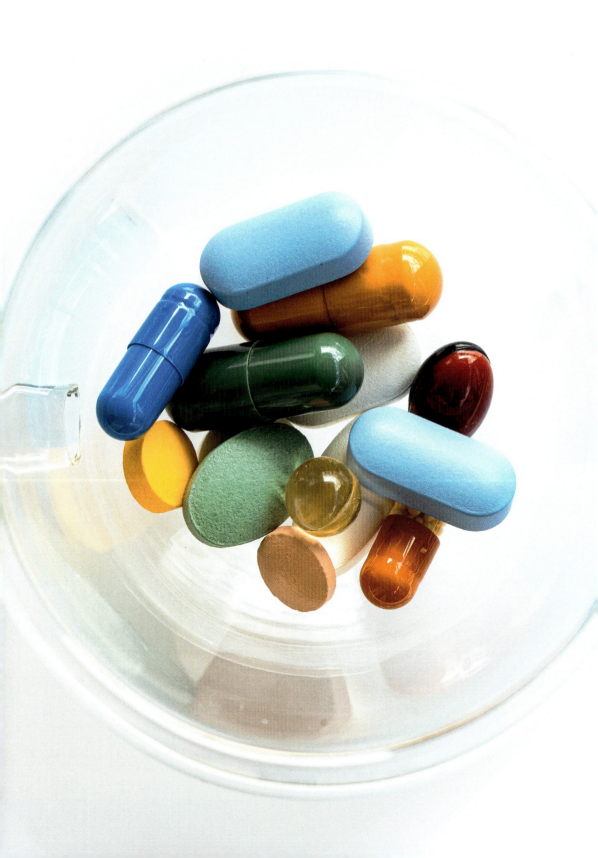

Medikamente im Urlaub

Wie bereits im Kapitel „Urlaub mit Pflege und Betreuung" aufgeführt, sollten Sie sicher stellen, dass Sie alle notwendigen Medikamente im Urlaub dabei haben. Dennoch kann es vorkommen, dass man Medikamente vergisst. Auch kann in Ausnahmefällen Gepäck verlorengehen. Wer sich innerhalb Deutschlands bewegt, kann notfalls einen Arzt in der Nähe des Urlaubsortes aufsuchen, ohne dass große Mehrkosten für die Ersatzverschreibung entstehen. Alternativ kann Ihr behandelnder Arzt auch ein Ersatzrezept ausstellen und es Ihnen oder einer Apotheke in der Nähe zukommen lassen.

Anders sieht es aus, wenn Sie im Ausland unterwegs sind. Hier sollten Sie sich vor allem dann absichern, wenn Sie auf die regelmäßige Einnahme von Medikamenten angewiesen sind. Denn im europäischen Ausland sind nicht unbedingt alle Arzneimittel verfügbar, und wenn, sind sie oft nur in anderen Zusammensetzungen und Dosierungen erhältlich. Ein Umstieg auf andere Medikamente oder andere Zusammensetzungen kann zu Komplikationen führen und ist somit möglichst zu vermeiden. Der Verlust von Medikamenten ist zwar nicht wahrscheinlich, für den Fall der Fälle sollten Sie aber vorbereitet sein – wie, zeigen wir Ihnen in den folgenden Beiträgen.

Medikamente nicht im Auto deponieren

Wer mit dem eigenen PKW ins Ausland reist, hat sein Gepäck in der Regel stets in der Nähe. Ein Verlust des Gepäcks während der Anreise ist unwahrscheinlich. Vor Ort sollten Sie allerdings einige Vorsichtsmaßnahmen treffen. Je nachdem, in welchem Land und in welchen Ortschaften Sie sich aufhalten, sollten Sie Ihren Medikamentenvorrat nicht im Auto lagern. Nehmen Sie Ihre Tagesration bei Ausflügen am besten mit ins Handgepäck und lassen Sie den Rest im Hotelzimmer oder der Ferienwohnung. Zum einen kann es im Auto gerade im Sommer oft so heiß werden, dass Medikamente verderben. Vor allem aber besteht die Gefahr eines Diebstahls.

Natürlich sind Sie auch in Deutschland nicht vor Diebstahl geschützt. Allein hierzulande werden laut einer Statistik des ADAC (2019) 39 Autos täglich gestohlen. Je nachdem, um welche Delikte es geht, kommen einfache Diebstähle, Autoaufbrüche und Autodiebstähle allerdings in anderen Ländern häufiger vor – gerade auch in beliebten Ferienländern wie Italien, Spanien oder Frankreich (Umfrage AXA-Versicherung 2015). Wo und wann Sie einen Autodiebstahl- oder Aufbruch riskieren, hängt noch von vielen anderen Faktoren ab. So steigt die Wahrscheinlichkeit in großen Metropolen (z.B. Berlin, London, Paris), und auch die Automarke hat einen nicht unbeträchtlichen Einfluss auf das Diebstahlrisiko. Nehmen Sie Medikamente und auch wichtige Dokumente beim Verlassen des PKW im Urlaub also am besten immer mit, und lassen Sie, um das Risiko für den Autoaufbruch zu senken, grundsätzlich keine Taschen und Wertgegenstände offen sichtbar auf Sitzen im PKW liegen.

Ratgeber / Medikamente im Urlaub

Medikamentenversorgung bei Flugreisen sicherstellen

Wer eine Flugreise ins Ausland plant, sollte sich doppelt absichern, vor allem, wenn er oder sie in Drittländer reist. Aber auch innerhalb Europas kann es vorkommen, dass Ihr Medikament am Zielort nicht verfügbar ist. Der Verlust eines aufgegebenen Koffers im Flugzeug ist zwar unwahrscheinlich, aber nicht ausgeschlossen. Als erste Vorsichtsmaßnahme gilt daher: Verstauen Sie Ihren Vorrat an Medikamenten nicht in einem einzigen Koffer.

Viele Fluggesellschaften begrenzen die Mengen an Medikamenten, die Sie im Handgepäck mit an Bord nehmen dürfen. In der Regel gilt: Mit an Bord darf nur die Menge, die Sie für den Flug benötigen. Für Spritzen muss eine Bestätigung vom Arzt vorliegen, diese sollten Sie auch vorher bei der Fluggesellschaft anmelden. Auch für Medikamente, die unter das Betäubungsmittelgesetz fallen, muss eine ärztliche Bescheinigung über die Notwendigkeit der Einnahme vorhanden sein. Bei Flüssigkeiten darf nicht mehr als 100 ml ins Handgepäck. Achten Sie bei flüssigen Medikamenten außerdem darauf, dass diese auch maximal in einem 100 ml Gefäß mitgenommen werden dürfen. Ein halb leeres 200 ml-Gefäß ist nicht erlaubt! Sollte die Menge an flüssigen Medikamenten, die Sie während des Fluges benötigen, die 100 ml Grenze überschreiten, benötigen Sie unbedingt eine ärztliche Bescheinigung. In diesem Fall dürfen Sie die vom Arzt ausgewiesene Menge auch im Handgepäck befördern.

Doch was tun, wenn die Menge, die Sie ins Handgepäck nehmen dürfen, nicht als Absicherung reicht? Wer regelmäßig nur 1-2 Tabletten einnehmen muss, kann es durchaus mit dem Handgepäck versuchen. Es ist zwar immer noch nicht „legal", aber bei kleineren Mengen an Tabletten (1-2 Packungen) gibt es in der Regel keine Scherereien. Verstehen Sie dies aber nicht als offizielle Empfehlung: Wenn Sie Pech haben, erwischen Sie einen Kontrolleur, der einen schlechten Tag hat und Ihnen die Medikamente abnimmt. Wer den legalen Weg beschreiten möchte und von vielen verschiedenen Arzneimitteln abhängig ist, sollte einen anderen Plan verfolgen.

Medikamente verschicken lassen und Ersatzrezepte

Zum einen gehört eine ausreichende Menge Medikamente für den Urlaub in den Koffer. Zudem sollten Sie aber ein Backup vorab mit der Post verschicken. Aber Achtung: Verschreibungspflichtige Medikamente dürfen Privatpersonen nicht selbst postalisch aufgeben. Dies müssen Ärzte oder Apotheken mit einer entsprechenden Versandhandelserlaubnis für Sie tun. Sprechen Sie daher zunächst mit Ihrem behandelnden Arzt, erzählen Sie ihm von Ihren Auslandsplänen und erläutern Sie, dass Sie vor Ort Ersatzmedikamente für den Fall benötigen, dass der Koffer unterwegs verloren geht. Das ist i.d.R. kein Problem, und bei Medikamenten, die überlebenswichtig sind oder beispielsweise temperiert sein müssen, auch die einzige Möglichkeit. Der Arzt kann sich nun für Sie um den Versand des entsprechenden Medikaments kümmern oder Ihnen eine Apotheke empfehlen, die eine Versanderlaubnis besitzt.

Sollte es Ihre Medikamente allerdings im Ankunftsland in der gleichen Dosierung und Zusammensetzung geben, wäre dieser Aufwand nicht zu empfehlen. Hier würde es ausreichen, ein Ersatzrezept mitzuführen, welches Sie im Notfall einlösen können. Diesbezüglich müssen Sie sich natürlich rechtzeitig informieren. Lassen Sie durch Ihren Arzt oder Ihre Apotheke prüfen, ob Ihr Medikament in einer zugelassenen Apotheke am Reiseziel erhältlich ist, und nehmen Sie in diesem Fall das Ersatzrezept im Handgepäck mit.

Kosten von Medikamenten und Behandlungen im Ausland

Eine ärztliche Behandlung im Ausland, auch innerhalb Europas, kann schnell sehr teuer werden. Lassen Sie sich nicht täuschen: Informationen im Netz lesen sich häufig so, als wären sämtliche Behandlungskosten im Ausland durch die Europäische Versichertenkarte gedeckt. Dies ist nicht der Fall! Grundsätzlich haben Sie mit Ihrer deutschen Krankenversicherungskarte zwar das Recht, in allen EU-Ländern behandelt zu werden. Auf der offiziellen Seite der europäischen Union steht deutlich, dass Sie „Anspruch auf medizinisch notwendige Leistungen des öffentlichen Gesundheitswesens haben", und zwar „zu denselben Bedingungen und Kosten (in einigen Ländern kostenlos) wie die Versicherten des jeweiligen Landes". Eine kostenlose Behandlung ist aber ausdrücklich nicht garantiert. Je nach EU-Land und besuchtem Arzt kann es im Ausland andere Regelungen und Regelsätze zu Kostenerstattungen geben.

Ratgeber / Medikamente im Urlaub

Die deutsche Gesundheitskarte ist gleichzeitig auch die EHIC (European Health Insurance Card), was im Kleingedruckten auf den Gesundheitskarten vermerkt ist. Die Versichertenkarte gehört für behinderte wie nicht-behinderte EU-Reisende also unbedingt mit ins Gepäck. Je nach Quelle finden sich für diese Europäische Krankenversicherungskarte synonyme Abkürzungen wie EVAK oder EKVK. Selbst auf der offiziellen Internetseite der EU werden unterschiedliche Abkürzungen verwendet. Was die Kosten für Behandlungen angeht, so beschreibt die europäische Union eine mögliche Erstattung in Abhängigkeit der „Regeln und Sätze des Landes, in dem die Behandlung erfolgte". Ist ein Eigenanteil in dem bereisten Land üblich, tragen Sie diesen (i.d.R.) in der hier üblichen Höhe selbst.

Weiter hängt die Kostenerstattung durch die deutsche gesetzliche Krankenversicherung von den aktuellen Regelsätzen der Behandlungskosten im eigenen Land ab. Dies bedeutet. Sollte die Behandlung oder das Medikament im Ausland teurer sein als in Deutschland, müssen Sie für die Differenz aufkommen. Deutsche Krankenkassen haben zwar im Ausland (vor allem in Europa) ein Netzwerk an Ärzten, welche Behandlungen vertraglich nach festgelegten Regelsätzen durchführen. Allerdings findet man Vertragspartner immer noch selten und häufig nur in Großstädten. Die DAK teilte uns telefonisch mit, dass Ärzte mit deutschen Abrechnungsübereinkommen auch in Europa immer noch rar sind. Hinzu kommt, dass man im Notfall den kürzesten Weg bevorzugt und sich eine lange Anreise zum Arzt lieber sparen möchte. In aller Regel landet man so bei Ärzten ohne entsprechende Behandlungsübereinkommen. Dort wird man Sie als Privatpatient behandeln und entsprechend abrechnen.

Privatbehandlungen sind bekanntlich auch in Deutschland in aller Regel teurer, als es die Regelsätze der gesetzlichen Kassen vorsehen. Doch werden Sie in Deutschland als gesetzlich Versicherter auch nur als solcher behandelt. Nie würden Sie eine Abrechnung wie ein Privatversicherter erhalten. Mit den Abrechnungen für Behandlungskosten haben Sie als gesetzlich Versicherter in Deutschland i.d.R. nichts am Hut. Anders im Ausland: Für die Arztkosten müssen Sie in aller Regel selbst in Vorkasse gehen. Achten Sie im Fall der Fälle darauf, sich eine Rechnung für die Krankenkasse zur Kostenbeteiligung oder -übernahme aushändigen lassen, und zwar unabhängig davon, ob Sie eine Zusatzkrankenversicherung abgeschlossen haben oder nicht. Denn auch Zusatzversicherer benötigen zur Kostenerstattung Nachweise.

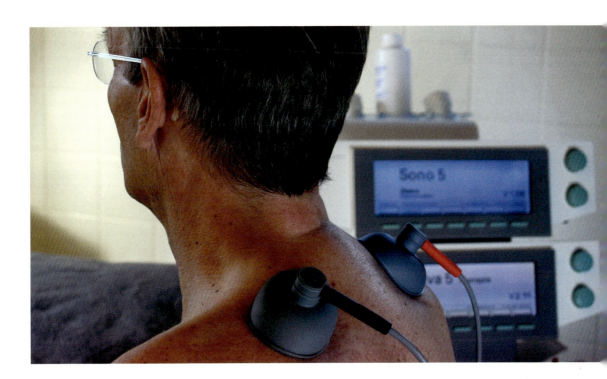

Ratgeber / Medikamente im Urlaub

Wie viel höher sind die Behandlungskosten im Ausland?

Vor allem in Südeuropa, so die DAK, sind Privatbehandlungskosten häufig um ein Vielfaches höher als in Deutschland. Fünf- bis sechsmal höhere Behandlungskosten sind leider keine Seltenheit. Natürlich variieren die Kosten von Land zu Land, und es hängt auch vom Arzt und dem Problem ab, mit dem Sie vorstellig werden. Aus dem Ruder laufen können Kosten vor allem dann, wenn es Sie so richtig erwischt hat, wenn Sie öfter beim Arzt vorstellig werden müssen und die Behandlung aufwendiger wird. Aber auch kleinere Beträge sind ärgerlich und vermeidbar.

Einer unserer Kollegen hat 2020 Erfahrung mit dem Thema Kostenerstattung bei Auslandsbehandlungen sammeln können. Ein kurzer Arztbesuch in der Schweiz, ca. zehn Minuten Behandlung mit Medikamentenverschreibung, führte zu einem Eigenanteil von 120 Euro, den die Kasse nicht übernommen hat. Hätte der Kollege eine Zusatzkrankenversicherung abgeschlossen, wäre er mit dem Betrag von 120 Euro fünf bis zehn Jahre lang umfangreich im Ausland krankenschutzversichert. Gerade Menschen mit Immunschwächen und chronischen Erkrankungen sollten an einer Zusatzversicherung daher auf keinen Fall sparen. Doch auch völlig gesunden Menschen mit (oder ohne) Behinderung empfehlen wir, sich mit dem Thema Auslandskrankenschutz auseinanderzusetzen. Weitere Informationen finden Sie in unseren detaillierteren Beiträgen zu Auslandskrankenversicherungen.

Weitere Maßnahmen zur Absicherung im Urlaub

Neben dem Krankenschutz im Ausland und den bereits beschriebenen Möglichkeiten, die Medikamentenversorgung bei Flugreisen oder anderweitig sicherzustellen, gilt es noch einige andere Dinge zu beachten:

Namen und Zusammensetzung des Medikaments: Halten Sie in Ihrem Reisegepäck oder aber abgespeichert auf Ihrem Smartphone die wichtigsten Details zu Ihren Medikamenten fest. Notieren Sie also entweder den Namen und die Angaben zu den Wirkstoffen oder machen Sie Fotos von Medikamentenverpackung und ggf. dem Beipackzettel. Auch wenn Sie sich diese Informationen theoretisch von Ihrem Arzt zukommen lassen könnten, gibt es Situationen, in denen Sie vielleicht nicht die Zeit dafür haben. Und auch Arztpraxen haben schließlich nicht rund um die Uhr geöffnet. Im Notfall kann ein behandelnder Arzt im Ausland sich so schneller ein Bild von Ihnen machen. Es macht auch durchaus Sinn, wenn mindestens einer Ihrer Mitreisenden über die von Ihnen benötigten Medikamente Bescheid weiß.

Denken Sie daran, Arztbriefe, Vorsorgevollmachen oder Patientenverfügungen mit in den Urlaub zu nehmen. Dies ist vor allem zu empfehlen, wenn Sie pflegebedürftig sind oder unter bestimmten seltenen oder chronischen Erkrankungen leiden. Im Notfall können behandelnde Ärzte im Ausland schneller eingreifen und wichtige Zeit zur Klärung der richtigen Behandlungsform und Medikation sparen.

Wie bereits erwähnt, müssen Sie nicht in allen Fällen Ersatzmedikamente mit in den Urlaub nehmen. Je nach EU-Land kann es sein, dass es Ihr Medikament im Ausland in gleicher Zusammensetzung gibt. In diesem Fall kann auch ein in Deutschland ausgestelltes Rezept vor Ort eingelöst werden. Informieren Sie sich hierzu aber rechtzeitig im Vorfeld bei einer Apotheke in der Nähe Ihrer Unterkunft. Zu Beginn der Corona-Pandemie gab es beispielsweise bei bestimmten Medikamenten z.T. erhebliche Engpässe, da diese häufig im Ausland produziert werden.

Auch wenn es etwas umständlich erscheint, können Sie sich vor einer Reise von Ihrer Krankenkasse einen Vertragspartner am Zielort aufgeben lassen. Sollten Sie keine zusätzliche Auslandskrankenversicherung abschließen wollen, wissen Sie dann immerhin, an wen Sie sich wenden können. Allerdings müssen Sie im Fall der Fälle mit einer längeren Anfahrt rechnen. Gerade für Rollstuhlfahrer oder mobilitätsbehinderte Menschen kann dies sehr umständlich sein.

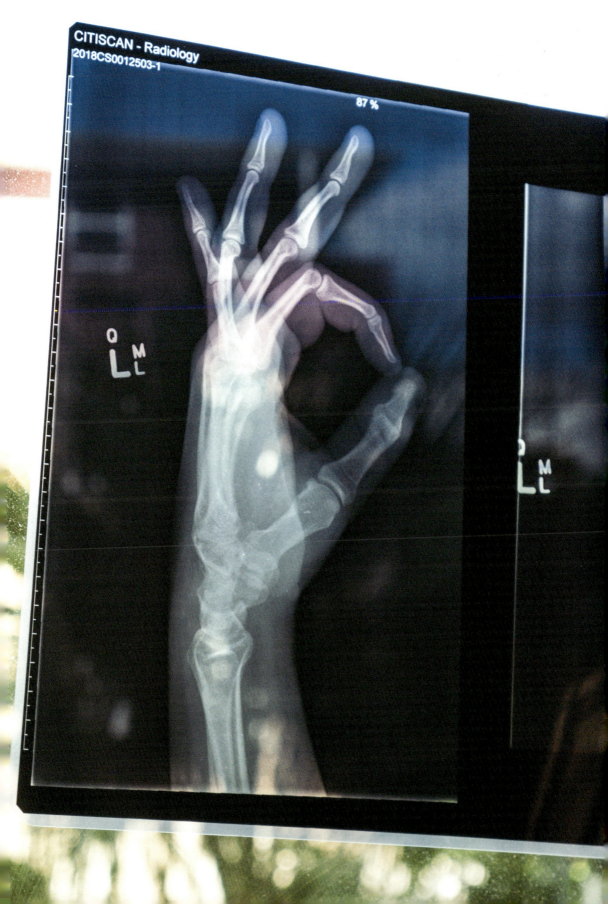

Ratgeber / Impfen

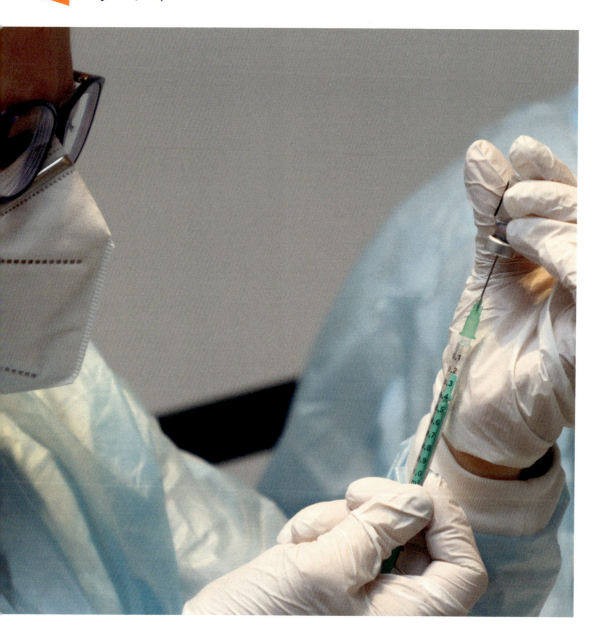

Impfen: Reisemedizinische Beratung

Die Reise ist gebucht, die Vorfreude wächst. Spätestens jetzt ist es an der Zeit, sich um die Urlaubsvorbereitung zu kümmern. Dazu gehört auch die Gesundheitsvorsorge während der Reise. Was gehört in die Reiseapotheke? Habe ich alle notwendigen Medikamente in ausreichender Menge dabei? Welches Risiko für tropische oder Mittelmeer-Erkrankungen besteht am Zielort? Wie kann ich mich unterwegs vor Viren, Bakterien und Parasiten schützen? Gibt es Impfungen oder andere sinnvolle prophylaktische Maßnahmen?

Beratung vor der Reise

Viele Hausarztpraxen bieten eine reisemedizinische Beratung an. Die ist zwar eine Privatleistung, in der Regel aber günstiger als die Beratung in einem tropenmedizinischen Institut oder einer tropenmedizinischen Praxis. Sprechen Sie Ihren Hausarzt oder Ihre Hausärztin einfach darauf an. Tipp: Viele Krankenkassen erstatten die Kosten für Reiseimpfungen und die entsprechende Beratung! Auch große Reiseausstatter bieten oft eine reisemedizinische Sprechstunde in ihren Filialen an. Zu einer guten reisemedizinischen Beratung gehört die Aufklärung über häufige und seltene (tropische) Erkrankungen in Ihrem Reiseland. Sie erfahren, wie Sie sich davor schützen können und wie Sie sich im Falle einer Erkrankung ggf. am besten verhalten.

Wann sollte ich mich beraten lassen?

Ob in der Tropenmedizin, beim Outdoor-Ausrüster oder in der Hausarztpraxis, machen Sie den ersten Beratungstermin am besten, sobald Ihr Reiseziel feststeht, spätestens aber drei Monate vor der geplanten Reise. Geben Sie das Reiseziel bei der Terminvereinbarung an. Manche Impfungen müssen mehrfach gegeben werden, um den vollen Immunschutz zu erreichen. Einige müssen in der Apotheke womöglich erst bestellt werden. Es gibt auch Impfungen wie Gelbfieber, die nur in speziellen Zentren erfolgen dürfen. Eventuell sind mehrere Impfungen notwendig, die besser mit größerem Abstand vertragen werden. Es ist grundsätzlich empfehlenswert, genug Zeit mitzubringen, um das bestmögliche Impfschema besprechen und umsetzen zu können.

Die Grundimpfungen

Jede reisemedizinische Beratung beginnt mit einem Check Ihres Impfpasses. Sind Sie gegen die gängigen „Kinderkrankheiten" geimpft? Sind die Impfungen, soweit nötig, aufgefrischt? In anderen Ländern ist die Gesundheitsversorgung oft nicht so gut wie in Deutschland. Auch wenn hierzulande kaum noch Menschen an Tetanus oder Masern sterben, so können diese Erkrankungen in anderen Ländern aufgrund mangelnder Aufklärung und schlechterer Versorgung zum Tod oder einer lebenslangen Behinderung mit Einschränkungen und Schmerz führen. Das Risiko, sich damit anzustecken, ist gerade in Entwicklungsländern deutlich höher als in Deutschland. Daher gilt es, Standardimpfungen wie Tetanus, Diphterie, Polio, Pertussis, Masern, Mumps und Röteln zu prüfen und ggf. aufzufrischen, bevor nach spezielleren Krankheiten gefragt wird.

Nun wird es individueller

Wie reisen Sie? Was ist Ihr Ziel? Wo liegen Ihre Risiken? Je nach Reiseland gibt es Impfungen, die jedem empfohlen werden, weil das Risiko hoch ist, daran zu erkranken. In manchen Ländern sind Impfungen gegen bestimmte Krankheiten Pflicht, etwa gegen Gelbfieber. Andere Impfungen werden lediglich empfohlen. In vielen Fällen kommt die Erkrankung zwar generell in dem Reiseland vor, aber nicht so häufig, so dass jeder für sich abwägen kann, ob er oder sie das Risiko eingehen oder sich schützen will. Die Entscheidung ist meist auch abhängig von der genauen Reiseroute, der Jahreszeit, der Reiseart oder dem individuellen Risiko.

In Südafrika ist beispielsweise im Krüger Nationalpark das Risiko, sich mit Malaria anzustecken, in manchen Monaten deutlich höher als im Rest des Landes, denn Mücken haben nicht das ganze Jahr über Saison. Wer engen Kontakt mit streunenden Katzen und Hunden pflegt, dem ist eine Tollwutimpfung auch im Mittelmeerraum eher zu empfehlen als jemandem, der in einem klimatisierten Luxusresort auf den Seychellen residiert und nicht mal in die Nähe von Streunern kommt

Reiseimpfungen

Ihr Arzt oder Ihre Ärztin wird Sie also zu den für Ihr Reiseziel empfohlenen und angebotenen Impfungen beraten. Manche sind dabei eine gängige Empfehlung. In vielen Ländern ist beispielsweise das Risiko recht hoch, sich mit Hepatitis A anzustecken, da die Viren aufgrund der örtlichen Hygiene und des Klimas gehäuft im Trinkwasser und in zahlreichen Lebensmitteln vorkommen. Der Verzehr von Schalentieren, Salaten und Getränken mit Eiswürfeln ist ein häufiger Übertragungsweg. Dies gilt übrigens auch in vielen europäischen Ländern.

Andere Impfungen richten sich nach Ihrem individuellen Risiko. Wenn sie abseits der Touristenzentren unterwegs sind und einfacher übernachten, haben Sie zum Beispiel in manchen Gegenden Asiens ein höheres Risiko für die Japanische Enzephalitis, für eine Typhusinfektion oder Tierbisse mit Tollwutübertragung. Bei einem Strandurlaub in Clubanlagen spielen diese Krankheiten eine untergeordnete Rolle.

Ratgeber / Impfen

Was muss ich wegen meiner Behinderung beachten?

Eine Gehbehinderung bedeutet nicht per se ein schlechteres Immunsystem oder ein erhöhtes Risiko für schwere Verläufe von Krankheiten. Es sind eher die individuelle Krankengeschichte und die persönlichen Vorerkrankungen, die einen eventuell anfälliger machen und dazu führen können, dass man sich besser absichern und schützen muss. Bei einer Fernreise gilt es jedoch immer zu bedenken, dass das Gesundheitssystem eventuell schlechter ausgebaut oder weniger gut für Menschen mit Gehbehinderung zugänglich sein kann.

Nehmen wir zum Beispiel die Tollwutimpfung. Gegen Tollwut gibt es kein Heilmittel, ohne Impfung ist sie tödlich. Und Tollwut existiert in nahezu allen südlichen Ländern. Aber: Eine rechtzeitige Impfung nach einem Biss reicht aus. Deshalb gibt es für viele Länder eine „Kann"-Empfehlung. In den touristischen Gebieten Thailands sind die Krankenhäuser beispielsweise medizinisch recht gut ausgestattet, der Impfstoff kann dort meist schnell besorgt werden.

Stellen wir uns vor, Sie gehen von einem Hotelurlaub aus und streicheln nicht gern die Streuner am Strand. Sie entscheiden sich also gegen die Impfung – sind ja immerhin drei Spritzen und auch teuer. Nun machen Sie einen Ausflug zu einem Tempel, kaufen sich ein Eis, und schon sind Sie umringt von einer Horde Affen, die Ihnen Ihre Leckerei klauen wollen. So ein Vorfall ist keine Seltenheit, Tempelaffen haben keine Scheu vor Menschen und sind mitunter wirklich aggressiv. Am Ende haben Sie ein Eis weniger und einen blutigen Kratzer an der Hand. Biss oder Pfotenhieb?

Sie brauchen nun sehr schnell, am besten binnen 24 Stunden, die erste Impfung, die zweite drei Tage später. Jedes Mal müssen Sie in ein Krankenhaus, das groß genug ist und den Impfstoff besorgen kann. Die Anreise als Rollifahrer ist mitunter schwierig und teuer, da die örtlichen Verkehrsmittel oft nicht barrierefrei sind. Definitiv sind Sie mindestens zwei volle Tage Ihres Urlaubes mit dem Thema beschäftigt. Für all diese Leistungen treten Sie in Vorkasse, denn die meisten Auslands-Krankenversicherungen erstatten die Kosten erst hinterher. Gesetzliche Krankenversicherungen zahlen für Behandlungen in Drittländern ohnehin in der Regel nicht.

Wichtigster Schutz: Expositionsprophylaxe

Dass Mücken zu den häufigsten Überträgern tropischer Krankheiten zählen, ist kein Geheimnis. Malaria ist nur eine der schweren Erkrankungen, die durch die blutsaugenden Insekten übertragen werden. Auch die meisten hämorrhagischen Fieber gehören dazu. Leider gibt es dagegen keine Heilmittel oder Impfungen, es hilft nur, sich vor einer Übertragung zu schützen. Wie genau, wird Ihre Ärztin oder Ihr Arzt Ihnen erklären. Pauschal lässt sich sagen, dass die meisten der übertragenden Mückenarten vor allem in der Dämmerung stechen. Hält man sich in diesem Zeitraum eher drinnen auf, trägt lange Kleidung, nutzt Mückenspray und schläft unter Moskitonetzen, so kann man das Risiko einer Übertragung deutlich reduzieren.

Nicht nur Mücken, auch anderes Getier kann unangenehme Krankheiten übertragen. In zahlreichen afrikanischen, arabischen und asiatischen Ländern ist z.B. die Schistosomiasis eine weit verbreitete und häufige Erkrankung. Sie wird auch Bilharziose genannt. Die Parasiten, eine Saugwürmer-Art, arbeiten sich durch die

Ratgeber / Impfen

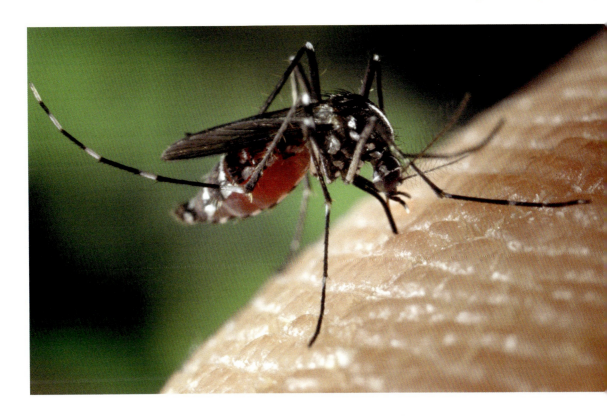

Haut in den Körper, während Sie im Süßwasser baden. Diese Parasiten gibt es auch in manchen europäischen Ländern, zum Beispiel auf Korsika. Das sollte man vor der Reise wissen, bevor man in einen hübschen erfrischenden See springt.

Reiseapotheke: Die Basics

Eine Reiseapotheke gehört bei jeder längeren Reise in den Koffer oder Rucksack. Der genaue Inhalt hängt natürlich individuell von den Reisenden und ihrer Reiseart, ihren Risiken und Vorerkrankungen ab. Hier folgt eine kleine Checkliste der wesentlichen Mittel, die auf jeden Fall dabei sein sollten.

Pflaster und Verbandsmaterialien dürfen in keiner Reiseapotheke fehlen. Je mehr Sie draußen unterwegs sind und je ferner der Zivilisation, desto umfangreicher sollten Sie ausgerüstet sein. Dabei bitte das Desinfektionsspray für Schleimhäute und das Desinfektionsmittel für Ihre Hände vor dem Verarzten nicht vergessen (es sind unterschiedliche Sprays!). Hierzu gehören Pinzette, Verbandschere und ggf. eine Wund- und Heilsalbe. Gerade bei Querschnittlähmung sind auch spezielle Pflaster für leichte Druckgeschwüre ein wichtiger Bestandteil Ihrer Reiseausrüstung.

Ein Vorrat an Schmerzmitteln, die Sie vertragen, gehört ebenfalls in die Reiseapotheke, sei es Paracetamol, Ibuprofen oder Aspirin. Bedarfsmedikation richtet sich sehr danach, wofür Sie anfällig sind und was Sie dann gewöhnlich einnehmen. Auch wenn Sie in warme Länder reisen, erkälten sich manche unterwegs oder vor Ort, zum Beispiel aufgrund der Klimaanlagen. Beliebt in Reiseapotheken sind daher Nasenspray und Halslutschtabletten. Mückenschutz, Sonnenmilch und Après Sun gehören für viele Reisende ebenfalls zur notwendigen Ausstattung.

Zusätzlich müssen natürlich Ihre gewohnten Medikamente in ausreichender Dosis dabei sein. Tipp: Planen Sie ein paar mehr ein, als Sie Urlaubstage haben, für den Fall, dass Sie welche verlieren oder dass sich die Rückreise verzögert.

Ratgeber / Impfen

Achtung: Lassen Sie die Finger soweit irgend möglich von „Durchfallstoppern"! Ob Sie sich mit Viren, Bakterien oder Parasiten infizieren: Was raus muss, muss raus. Durchfallstopper heilen nicht die Auslöser, sondern lähmen nur die Darmmuskeln und unterbinden den Abtransport der Erreger. Das kann zu Komplikationen führen. Auch wenn Durchfallmittel in der Werbung angepriesen werden und manche Apotheken sie gern verkaufen, ärztlicherseits wird davon abgeraten. Sie sind schneller wieder gesund, wenn Sie darauf verzichten und die Keime schneller ausscheiden. Die einzige Daseinsberechtigung für Durchfallstopper ist eine notwendige Reise, zum Beispiel zu ärztlicher Behandlung. Beim Backpacken im Dschungel können Sie eine kleine Packung mitnehmen, um im Falle einer schweren Infektion besser die nächste Klinik erreichen zu können. Ansonsten besser darauf verzichten.

Ebenfalls oft angepriesen und meist unnötig sind Elektrolyte. Sie sind sehr teuer und werden nur gebraucht, wenn jemand wirklich zu krank ist, um selbst Salze und Zucker zu sich zu nehmen. Nur: Wer es über Tage nicht schafft, auch nur eine Banane (Glukose und Kalium) und eine Hand voll Salzstangen bei sich zu behalten, der braucht sowieso ärztliche Behandlung und Zufuhr von Flüssigkeit über die Venen. Dass man genügend Wasser plus Elektrolyte aufnehmen kann, aber keine Prise Salz und Zucker dazu schafft, kommt sehr selten vor. Auch hier kann sich eine Mitnahme allenfalls lohnen, wenn Sie sehr fern jeglicher Zivilisation sind. Die meisten Elektrolytlösungen werden aber entweder später vernichtet oder unnötigerweise bei Durchfall genommen, in dem Glauben, den Körper hiermit zu unterstützen.

Tipp: Salz und Zucker werden im Darm zusammen aufgenommen. Daher kommt das Hausmittel Salzstangen und Banane oder Banane und Cola. Wenn letzteres, dann bitte ein Zuckergetränk ohne Kohlensäure, sonst wird der Darm zusätzlich angeregt.

Medikamentöse Prophylaxe oder „Stand-by"-Medikation?

Je nachdem, wie hoch das Risiko vor Ort ist, sich mit einer gewissen Erkrankung anzustecken, könnte eine Prophylaxe oder eine für den Notfall mitzuführende Bedarfsmedikation Thema werden. Am gängigsten ist eine ärztliche Beratung hierzu bei Malaria.

Gegen Malaria können Sie sich nicht impfen lassen. Wird das Risiko, an Malaria zu erkranken, in Ihrer Reiseregion als sehr hoch eingeschätzt, so wird ein Medikament empfohlen, das eine Ausbreitung der Parasiten in Ihrem Blut nach einem Stich verhindert. Je nach Medikation (sie richtet sich unter anderem nach dem Gebiet, in das Sie reisen, sowie nach der Dauer und Ihren individuellen Vorerkrankungen und Veranlagungen) startet man einige Tage vor der Reise mit den Tabletten, um Schutz aufzubauen, und nimmt sie bis einige Tage danach, um auch bei Stichen an den letzten Tagen geschützt zu sein.

Wenn das Risiko für eine Ansteckung als gering eingestuft wird, Sie aber in Gegenden ohne gute ärztliche Versorgung reisen, kann eine sogenannte „Stand-by"-Medikation sinnvoll sein. Sie nehmen dann ein Medikament gegen Malaria mit und nehmen es auf Verdacht ein, sofern sie mit ernstlichen Symptomen wie etwa Fieber und Schwäche erkranken. Dies soll überbrückend helfen, damit Sie stabil genug werden, um die nächstgelegene Klinik für Diagnostik und Therapie zu erreichen.

Hinweis: Atteste für das Flugzeug

Je nachdem, wohin Sie reisen und wieviele Medikamente Sie mitnehmen müssen, kann es sinnvoll sein, sich einen Medikationsplan aus Ihrer Hausarztpraxis mit Praxisstempel mitzunehmen. Bei einer großen Menge an Tabletten oder gar Spritzen sowie Mitnahme im Handgepäck empfiehlt sich ein ärztliches Attest auf Englisch, wo die einzelnen Präparate namentlich aufgelistet sind.

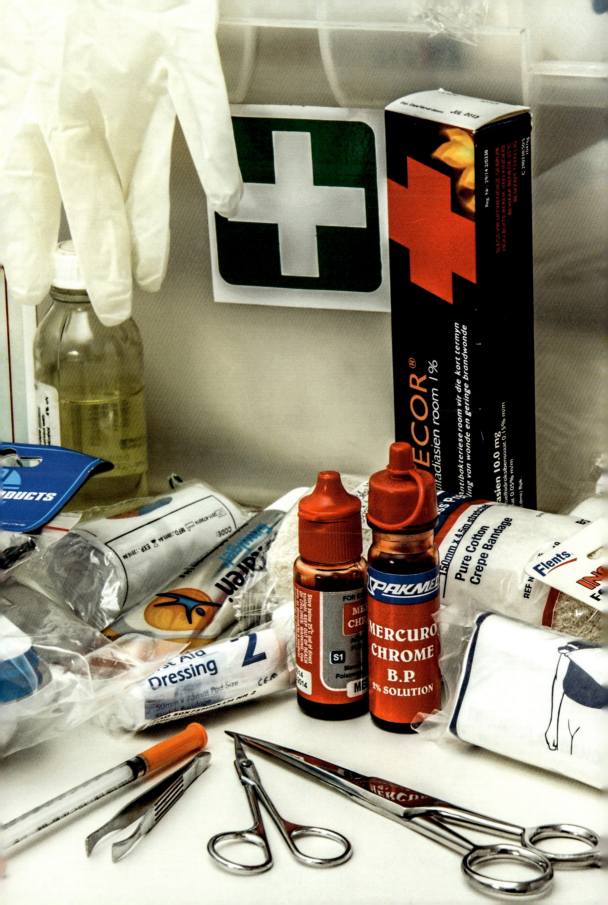

Ratgeber / Krankenversicherung

Auslandskrankenversicherung für Menschen mit Behinderung

Nicht selten erkranken Menschen im Urlaub. Wie im Beitrag „Kosten von Medikamenten und Behandlungen im Ausland" beschrieben, sind Behandlungskosten im Ausland oftmals höher als in Deutschland und werden i.d.R. nur teilweise von den Krankenkassen übernommen.

Gerade Menschen mit chronischen Erkrankungen, seltenen Krankheiten oder Immunstörungen sollten daher unbedingt eine Auslandskrankenversicherung abschließen. Grundsätzlich empfehlen wir jedem, eine Zusatzversicherung abzuschließen. Selbst wenn Sie einen Arzt im Ausland nur für Kleinigkeiten aufsuchen müssen, können Zusatzkosten entstehen, die eine Versicherung über Jahre bis Jahrzehnte bezahlt machen.

Die Konditionen der Anbieter sind allgemein überaus günstig, und das, was Ihnen im Fall der Fälle an Leistungen zusteht, ist enorm. Wir haben uns genauer mit dem Thema Auslandskrankenschutz beschäftigt und nennen Ihnen in diesem Artikel neben gängigen Leistungen und Vorteilen auch beispielhaft ein paar Anbieter mit aktuellen Preisen und Kontaktdaten.

Vorab soll gesagt sein, dass auch Menschen mit schweren Erkrankungen nicht vor einer Auslandsreise zurückschrecken müssen. Mit dem richtigen Versicherungspaket müssen Sie nicht mit Extrakosten rechnen. Sollte ein Notfall eintreten und eine Behandlung im Ausland nicht möglich sein oder sollte ein Transport in eine Spezialklinik nötig werden, ist in aller Regel auch der Krankentransport mit dem Helikopter oder einem Spezialflugzeug inklusive. Ohne Zusatzversicherung zahlen Sie den Privatjet oder Helikopter hingegen selbst. Doch auch bei Kleinigkeiten springen die Versicherungen ein.

Teilweise Ausnahmen bei chronischen Erkrankungen

Für Menschen mit chronischen oder seltenen Erkrankungen gibt es z.T. Einschränkungen beim Versicherungsschutz. Nicht alle Auslandskrankenversicherungen zahlen Behandlungskosten, die im Zusammenhang mit einer Vorerkrankung im Ausland entstehen. „Nicht alle" heißt aber immerhin, dass es auch für diese Menschen die Möglichkeit einer Auslandskrankenversicherung gibt. Bevor Sie eine Reiseversicherung abschließen, sollten Sie dies also unbedingt klären

Sie können entweder gezielt bei den Anbietern nachfragen oder nach einem möglichen Ausschlusskriterium im Kleingedruckten der Versicherungspolice suchen. Das Kleingedruckte bzw. die Versicherungsbedingungen sollten Sie in jedem Fall prüfen. Auch wenn Ihnen ein Berater am Telefon eine positive Auskunft gibt, schadet ein Blick in die Vertragsbedingungen nicht und spart Ihnen im Zweifel jede Menge Ärger und Kosten. Im Beitrag „Nachgefragt: Für chronisch Kranke und Pflegebedürftige" haben wir uns diesbezüglich genauer informiert.

Kein Auslandskrankenschutz möglich, was dann?

Wer aufgrund einer schweren Behinderung, einer Immunstörung, einer chronischen oder seltenen Erkrankung keinen Versicherungsanbieter findet, der für Auslandsaufenthalte krankenversichert, hat noch eine andere Option und muss den Traum der Auslandsreise nicht aufgeben.

Bei Reisen innerhalb der EU sind Sie ja immerhin bis zur Höhe der im Reiseland üblichen Behandlungskosten abgesichert, wie im Kapitel „Kosten von Medikamenten

Ratgeber / Krankenversicherung

und Behandlungen im Ausland" beschrieben. Auch das kann ohne Zusatzversicherung teuer werden, allerdings wird wenigstens ein Teil der Behandlungskosten übernommen. In Drittländern besteht in der Regel hingegen kein Anspruch auf eine Kostenbeteiligung Ihrer gesetzlichen Krankenversicherung. Hier ist eine Zusatzkrankenversicherung also unbedingt notwendig. Findet sich allerdings aufgrund einer Krankheit oder des Alters kein Versicherer für eine Reise in ein Drittland, kann – so das Bundesgesundheitsministerium auf seiner Webseite – unter bestimmten Voraussetzungen die Regelung zu den Behandlungskosten in Europa übernommen werden. Auch in diesem Fall können Sie also die Behandlungskosten in einem Drittland bei Ihrer Krankenkasse nachträglich einreichen, und es werden Ihnen die Kosten ersetzt, die für eine entsprechende Behandlung hierzulande angefallen wären.

Um diese Regelung in Anspruch nehmen zu können, müssen Sie allerdings „die Ablehnung der privaten Krankenversicherung vor dem Reiseantritt gegenüber der Kasse nachweisen". Der Kontakt zur eigenen gesetzlichen Krankenkasse ist also zwingend notwendig. Schicken Sie die Ablehnung eines oder aller angefragten Privatkrankenversicherer an Ihre Kasse und warten Sie auf die Bestätigung, damit die Regelung in Kraft tritt. Diese Regelung gilt für maximal 6 Wochen pro Kalenderjahr, ist aber eine gute Möglichkeit, sich wenigstens in Teilen abzusichern.

Welche Leistungen biete Auslandskrankenversicherungen?

Das Spektrum der Leistungen ist vielfältig. Wir listen Ihnen in den folgenden Beiträgen die wesentlichen auf, die Versicherungen häufig im Gepäck haben. Dabei haben wir uns an drei großen Auslandskrankenversicherungen orientiert. Im Verhältnis zu den teilweise sehr geringen Jahresbeiträgen ist das Leistungsspektrum beeindruckend, Preis und Leistung stehen definitiv in einem guten Verhältnis. Dies gilt vor allem dann, wenn man bedenkt, dass komplizierte Krankheitsverläufe mit unvorhergesehenem Krankenrücktransport ohne entsprechende Absicherung ein finanzielles Desaster darstellen können.

Übernahme der Behandlungs- und Medikamentenkosten

Standardmäßig übernehmen alle Auslandskrankenversicherungen sämtliche Kosten, die im Ausland durch Behandlung und für Medikamente entstehen. Auch wenn die bekanntesten Reiseländer bei den Versicherungen i.d.R. inkludiert sind, müssen Sie im Vorfeld aber immer prüfen, ob Ihr Reiseland inbegriffen ist. Meist gibt es nur wenige Ausnahmen bzw. Länder, in denen die Auslandskrankenversicherung nicht für Krankheits- und Medikamentenkosten aufkommt. Diese Ausnahmen können von Versicherung zu Versicherung variieren.

Auch in Sachen Bezahlung unterscheiden sich die Anbieter. So gibt es Versicherungen, bei denen Sie in Vorkasse gehen müssen, während andere Anbieter direkt mit den Leistungserbringern abrechnen. Wer ein kleines Budget hat, sollte bei der Wahl des Anbieters darauf achten, dass dieser die Bezahlung des Arztes für Sie regelt.

Bei den allermeisten Krankenversicherungen haben Sie die freie Wahl, zu welchem Arzt Sie gehen möchten. Nehmen Sie bei einer Krankheit oder einem Unfall aber sicherheitshalber mit Ihrer Versicherung Kontakt auf. Vor allem bei teuren Behandlungen sollten Sie Ihre Versicherung im Vorfeld informieren, wenn es Ihr Gesundheitszustand zulässt. Einige wenige Anbieter schreiben dies sogar vor.

Ratgeber / Krankenversicherung

Rücktransport nach Deutschland

Ein Krankenrücktransport ist zwar nur sehr selten notwendig, kann Sie allerdings im Fall der Fälle ohne Zusatzversicherung teuer zu stehen kommen. Der Rücktransport per Hubschrauber oder Flugzeug nach Deutschland wird von den deutschen gesetzlichen Krankenkassen grundsätzlich nicht bezahlt. In Ausnahmefällen kann dieser aber sinnvoll oder sogar lebensnotwendig sein. In aller Regel finden sich Formulierungen bei den Versicherern, die besagen, dass ein Rücktransport „medizinisch notwendig" sein muss. Auch wenn eine Operation oder Behandlung so kompliziert ist, dass diese nur in einer deutschen Spezialklinik erfolgen kann, wird man Sie auf dem schnellsten Weg und somit per Flugzeug befördern.

Ein weiterer Fall, bei dem die Notwendigkeit für einen Rücktransport gegeben sein kann, liegt dann vor, wenn es in dem Reiseland keine ausreichende medizinische Infrastruktur gibt oder wenn die Standards der Behandlung nicht denjenigen in Deutschland entsprechen, so dass Ihr Überleben oder eine schnelle Genesung nicht sichergestellt werden kann. Welche Anbieter leisten den Rücktransport? Viele Versicherer haben diese Option mittlerweile in Ihren Leistungskatalog aufgenommen, aber eben nicht alle. Sie müssen in jedem Fall selbst prüfen, ob Ihre Versicherung einen Krankenrücktransport gewährleistet und ob es Länder gibt, die davon ausgenommen sind. Kontrollieren Sie auch unbedingt die Deckungssummen Ihrer Anbieter. Auch hier gibt es Unterschiede. Gemeint ist der maximale Betrag, bis zu dem eine Versicherung die Kosten für den Rücktransport übernimmt. Diese Kosten variieren je nach Reiseland und hängen im Wesentlichen von der Entfernung bzw. Strecke für den Rücktransport ab.

Für eine Bergrettung per Helikopter in Österreich läuft der Kostenzähler des Helikopters beispielsweise im Minutentakt und liegt bei ca. 89 Euro pro Minute. Der Rücktransport aus weit entfernten Ländern wird i.d.R. mit Spezialflugzeugen durchgeführt. Laut ADAC liegen die Kosten für einen Rücktransport von den Kanaren oder aus Ägypten bei 45.000 Euro, aus Mexiko bei

Ratgeber / Krankenversicherung

70.000 Euro und aus Asien, Neuseeland oder Australien bei bis zu 130.000 Euro. Solche Summen ist man zwar bereit zu zahlen, wenn es um das eigene Leben oder dasjenige eines Verwandten geht, allerdings kann diese finanzielle Belastung durchaus eine persönliche Privatinsolvenz zur Folge haben, oder aber man muss sein Leben lang den Rettungsflug abbezahlen. Wer sich darüber im Klaren ist, wird vermutlich nicht lange zögern, vor der Reise eine Zusatzversicherung abzuschließen.

Versicherungsschutz häufig bei Aufenthaltsdauer begrenzt

Langzeiturlauber mit oder ohne Behinderung müssen genau prüfen, für welche Zeiträume im Ausland Versicherungsschutz besteht. Die meisten Versicherungen begrenzen die Dauer der einzelnen Auslandsaufenthalte. Bei vielen Anbietern greift der Schutz nur, wenn Sie sich nicht länger als zehn Wochen im Ausland aufhalten. Das bedeutet: Nach der zehnten Woche sind Sie nicht mehr versichert. Wenn dann etwas passiert, kommen Sie selbst für die Kosten auf. Bei einigen Anbietern liegen sogar wesentlich kürzere Zeiträume vor. Wer also im Ausland überwintern möchte oder einen Langzeiturlaub plant, muss dies bei der Wahl der Versicherung unbedingt berücksichtigen. Viele Versicherer bieten für diese Fälle spezielle Langzeitversicherungen an. Da bei solchen Langzeitaufenthalten die Wahrscheinlichkeit einer Erkrankung größer ist, sind die Tarife hier erheblich teurer.

Trotzdem sollten Sie nicht vor dem Abschluss einer entsprechenden Versicherung zurückschrecken. Betrachten wir das Risiko, im Zeitraum eines Jahres zu erkranken. Das statistische Bundesamt hat hierzu Zahlen veröffentlicht. Im Jahr 2019 waren deutsche Arbeitnehmer durchschnittlich 10,9 Tage krankgeschrieben. Hierbei handelt es sich um reine Durchschnittswerte, die nichts über die Art der Erkrankung aussagen. Im Einzelfall kann eine Erkrankung also auch deutlich länger dauern. Wer also aus beruflichen Gründen viel Zeit im Ausland verbringt, wer genug Rente hat, um sich mal hier und mal dort aufzuhalten oder wer sich vielleicht den Traum einer Weltreise erfüllt, der sollte keinesfalls die höheren Tarife scheuen. Was Langzeittarife ungefähr kosten, ersehen Sie aus den unten angegebenen Konditionen der von uns betrachteten Auslandskrankenversicherungen.

Was kosten Auslandskrankenversicherungen?

Wie bei den meisten Versicherungen variieren die Preise stark. Zum Teil erhalten Sie Jahresversicherungen schon für eine einmalige Gebühr von unter zehn Euro. Der Preis hängt wie bei anderen Dienstleistungen oder Produkten auch von den enthaltenen oder nicht enthaltenen Leistungen ab. Wesentliche Einflussfaktoren für den Preis sind u.a. die Anzahl und das Alter der versicherten Personen, der Schutz bezogen auf einzelne Länder oder ganze Reiseregionen (Europa oder weltweit), die Dauer der Reise, für die Sie abgesichert sind, die Deckungshöhe für Rücktransporte sowie mögliche Zusatzoptionen und andere Komfortleistungen.

Wichtig ist, dass Sie sich vor einer Reise oder im Hinblick auf Ihr gewohntes Reiseverhalten mit diesen Optionen beschäftigen und einen Tarif wählen, der zu Ihnen und Ihrer Reise passt. So können Zusatzoptionen wie Reiserücktrittskosten-Versicherungen gerade in ungewissen Zeiten wie der derzeitigen Corona-Pandemielage sinnvoll sein. Auch für behinderte Menschen mit wiederkehrenden gesundheitlichen Problemen kann sich eine Zusatzleistung schnell bezahlt machen. Achten Sie bei der Wahl der Versicherung immer auch auf das Kleingedruckte. Von Versicherungen, die eine Eigen- oder Selbstbeteiligung bei Behandlungskosten vorsehen, sollten Sie Abstand nehmen. Vermeintlich günstige Lockangebote sind im Krankheitsfall um einiges teurer als vergleichbare Angebote ohne Selbstbeteiligung. Letztere liegen für einen Einzelauslandskrankenschutz etwa bei zehn Euro im Jahr, Familientarife etwa zwischen 20 und 30 Euro.

Zusatz- und Komfortoptionen

Neben dem Kernstück der Kostenübernahme bei Rücktransport und Behandlung gibt es je nach Anbieter zahlreiche weitere Optionen, die Sinn machen und Ihnen im Krankheitsfall ein gutes Gefühl geben können. So bieten manche Versicherer an, die Kommunikation mit Ihrem behandelnden Arzt in Deutschland zu übernehmen, vermitteln deutsch oder englisch sprechende Ärzte im Ausland, zahlen auch bei akuten Zahnbeschwerden, garantieren Privatbehandlungen in Krankenhäusern, lassen per Express Medikamente aus Deutschland kommen, springen für Sie bei der Abrechnung ein, bieten – wenn gewünscht – eine Langzeitversicherung für längere Reisen an oder kümmern sich im schlimmsten Fall auch um die Bestattung oder die Rückführung aus dem Reiseland.

Eine der sinnvollsten Zusatzoptionen für den erkrankten Betroffenen ist sicher die Kostenübernahme für den Besuch durch Familie oder Angehörige. So kommen einige Anbieter bis zu einem bestimmten Betrag für die Reisekosten und die krankenhausnahen Hotelübernachtungen für Angehörige auf, falls der betroffene Versicherte längere Zeit im Krankenhaus bleiben muss. Im Fall der Fälle müssen Sie so nicht allein bleiben. Einige Versicherer haben Ihre Bedingungen auch an die Corona-Pandemie angepasst. Man gewährt Ihnen umfangreichen Schutz, sollten Sie sich im Ausland mit Corona infizieren und eine Behandlung notwendig werden.

Auch die häufig angebotenen Familientarife sind eine willkommene Zusatzoption. Rollstuhlfahrer oder behinderte Menschen mit chronischen Erkrankungen sollten allerdings auch bei den Familienversicherungen im Kleingedruckten nachschauen, ob Behandlungskosten im Ausland auf Grund von Vorerkrankungen übernommen werden. Sollte dies nicht ausgeschlossen sein, können Sie guten Gewissens eine Familienversicherung abschließen. Zu einem im Vergleich zu personenbezogenen Einzel-Policen günstigeren Tarif versichern Sie so Ihren Lebenspartner und die Kinder einfach mit. Bis zu welchem Alter Kinder in der Familienversicherung mitversichert sind, können Sie anhand Ihrer Police überprüfen. Familienversicherungen greifen im Übrigen i.d.R. auch dann, wenn die Familienmitglieder allein reisen.

Ratgeber / Versicherungen Vergleich

Anbietervergleich Auslandskrankenversicherungen

HUK-Coburg-, ERGO- oder ADAC-Auslandskrankenversicherung? Anbieter die gut bis sehr gut in Tests abschneiden, unterscheiden sich häufig nur gering in Preis und Leistung. Doch auf kleinste Unterschiede kann es durchaus ankommen. Auch das Kleingedruckte mit Vertragsbedingungen muss neben Reisedauer, Art und Ziel im Zusammenhang mit der Versicherungswahl berücksichtigt werden.

Wir haben für Sie beispielhaft drei verschiedene Auslandskrankenversicherungen mit ihren jeweiligen Leistungen verglichen. Dabei haben wir uns Angebote der HUK-Coburg, der ERGO und des ADAC genauer angeschaut. Die im Folgenden genannten Beiträge geben Ihnen die Möglichkeit, Preise und Leistungen zu vergleichen, ersetzen aber in keinem Fall eine eigenständige Recherche mit Leistungs- sowie Preisvergleichen und der Betrachtung möglicher Leistungsausschlüsse oder Haftungsgrenzen. Die Beschreibungen der Leistungen sind stark gekürzt und erheben nicht den Anspruch auf Vollständigkeit. Dennoch gehen wir davon aus, zum Zeitpunkt der Erhebung im November 2020 ein repräsentatives Bild der Leistungen der Anbieter erstellt zu haben.

Natürlich ist der Auslandskrankenversicherungsmarkt andernorts noch viel umfangreicher dargestellt. Stiftung Warentest hat beispielsweise im Jahr 2020 die Angebote von 92 Versicherungen in Deutschland miteinander verglichen. Je nach Lebenslage und Anforderungen an einen Auslandskrankenschutz kann es durchaus Angebote geben, die günstiger oder besser für Sie geeignet sind als unsere Beispielversicherer. Bei der eigenen Recherche können bestimmte Indikatoren helfen, gute und seriöse Anbieter ausfindig zu machen. Als Kriterien für eine erste Vorauswahl können der Bekanntheitsgrad der Versicherung, das Informationsangebot im Internet, Kunden-Bewertungen sowie Preisvergleichsseiten oder Testberichte dienlich sein. Mit Anbietern, die bei Vergleichen von bekannten (und am besten auch unabhängigen) Institutionen wie der Stiftung Warentest gut abschneiden, können Sie in der Regel kaum etwas falsch machen.

Ratgeber / Versicherungen Vergleich

Egal für welchen Anbieter Sie sich am Ende entscheiden, vor Ihrer Reise sollten Sie immer das Vorgehen im Krankheitsfall klären. Hier gibt es z.T. erhebliche Unterschiede. So setzen einige Anbieter für eine Kostenübernahme voraus, dass Sie sich im Krankheitsfall melden, bei anderen ist dies nicht notwendig. Bei schweren Erkrankungen, Unfällen oder einem Rücktransport ist eine Kontaktaufnahme allerdings die Regel. Hier darf nichts ohne Rücksprache geschehen. Auch die Rechnungen von Ärzten oder Krankenhäusern müssen bestimmte Vorgaben erfüllen, auf die Sie achten sollten, damit die Versicherung die Kosten problemlos übernimmt. Häufig müssen folgende Informationen auf Rechnungen enthalten sein: Ihr vollständiger Name, das Behandlungsdatum, der Behandlungsgrund, die erbrachten Leistungen, die vollständige Adresse des Arztes und/oder die Fachrichtung. Machen Sie von allen Belegen sicherheitshalber eine Kopie oder fotografieren Sie diese vor dem Versand der Originale an Ihre Auslandskrankenversicherung.

Lassen Sie die Finger von Angeboten, bei denen sie keine detaillierten Versicherungsbedingungen finden können. Diese Bedingungen sind essenziell, wenn es darum geht, die Versprechen der Versicherer zu überprüfen. Details zu Leistungsausschlüssen, Beteiligungsobergrenzen oder einer möglichen Selbstbeteiligung können Sie i.d.R. nur hier finden. Wer diese Informationen versteckt, nur schwer zugänglich macht oder gar bei Angebotsübermittlung nicht mitsendet, macht dies unter Umständen nicht ohne Grund – kein gutes Zeichen. Auch sollten die Versicherungsbedingungen nicht zu umfangreich sein. 10-20 Seiten sind durchaus normal. Von Anbietern, die ihre Versicherungsbedingungen ins Unermessliche ziehen, würden wir Abstand nehmen. In der Regel finden Sie hier nicht ein Mehr an Leistungen im Vergleich zu seriösen Mitbewerbern, sondern lediglich jede Menge Wenn und Aber. Viel zu umfangreiche Versicherungsbedingungen riechen förmlich nach versteckten Leistungsausschlüssen, lassen Sie hier also am besten die Finger weg.

Bei den von uns beispielhaft gewählten Anbietern haben wir nach versteckten Klauseln gesucht, die bei einer chronischen Krankheit oder Pflegebedürftigkeit auf einen Versicherungsausschluss im Krankheitsfall hinweisen könnten. Dennoch müssen Sie diese Angaben in jedem Fall selbst recherchieren. Ebenfalls geben wir keine Gewähr über die Vollständigkeit und Korrektheit der hier präsentierten Angaben. Die Beispiele sollen Ihnen lediglich einen Eindruck der Preise und Leistungen vermitteln.

HUK-Coburg Auslandskrankenschutz

Die Versicherung wirbt auf ihrer Homepage als eine von sechs Versicherungen mit der Auszeichnung „Fairster privater Krankenversicherer" durch das Magazin Focus. Eine durchaus akzeptable Referenz, die uns zu einem genaueren Blick bewegt hat.

Die Leistungen scheinen auf den ersten Blick sehr umfangreich und sind zu einem fairen Preis zu haben. Einzelpersonen erhalten den Jahresschutz für 9,70 Euro in der Standardvariante (ab dem 70. Lebensjahr 31 Euro) und für 14,80 Euro in der Comfort-Variante, für Familien kostet die Versicherung 24,90 Euro bzw. 33,60 Euro im Jahr, jeweils ohne Selbstbeteiligung. Bei Standard- und Comfort-Variante sind sie weltweit versichert (bei USA-, Russland- und Ukraineaufenthalten müssen Sie vorher in Kontakt treten) und für 56 Tage pro Reise abgesichert. Sollten eine Krankheit oder ein Unfall innerhalb der 56 Tage eintreten und Sie aufgrund der notwendigen Behandlung länger im Ausland bleiben müssen, schreibt die HUK ausdrücklich, dass man in diesem Fall auch nach Verstreichen der Frist für die Kosten aufkommt.

Die Leistungen der Standard- und Comfort-Variante der HUK-Coburg beinhalten u.a. die ambulante und stationäre Behandlung, Vermittlung deutsch- oder englischsprachiger Ärzte, eventuell Kontaktherstellung zwischen deutschem und ausländischem Arzt, Kosten

von verordneten Medikamenten, Verbandsmitteln und Hilfsmitteln, private Unterbringung im Krankenhaus, Krankentransport und Krankenrücktransport, Bestattungskosten oder Überführung zur Bestattung nach Deutschland. Etwas verunsichert hat uns allerdings die Formulierung der Kostenübernahme bei Behandlungskosten „in voller Höhe, wenn diese für das Reiseland angemessen ist". Wie dies auszulegen ist, bleibt offen, dies sollten Sie selbst prüfen.

Die Comfort-Variante ist vor allem für Familien empfehlenswert. Hier werden beispielsweise Kosten für die Unterbringung, Verpflegung und Betreuung von Kindern übernommen, sollten sich die Eltern in stationärer Behandlung befinden. Verunglückt ein allein reisendes Kind im Ausland und muss länger als fünf Tage im Krankenhaus bleiben, übernimmt man außerdem die Anreisekosten. Weitere, nicht kinderbezogene Zusatzleistungen im Unterschied zur Standardversicherung sind die Übernahme von Such-, Rettungs- oder Bergungseinsätzen bis 10.000 Euro. Bei der Bestattung im Ausland ist die Höhe der Bestattungskosten nicht auf maximal 10.000 Euro festgelegt, sondern „bis zur Höhe, die bei einer Überführung entstanden wären". Beim medizinisch notwendigen Rücktransport nach Deutschland sind außerdem die Kosten einer Begleitperson eines minderjährigen oder behinderten Menschen inklusive.

Auch die Rückfahrtkosten vom Krankenhaus zum Hotel, falls der Urlaub fortgesetzt wird, werden bei der Comfort-Version gezahlt.

Wir haben in den aktuellen Vertragsbedingungen (abgerufen am 24.08.2021) nach möglichen Ausschlusskriterien für chronisch kranke Menschen, Pflegebedürftige und Menschen mit Behinderung geschaut und konnten hier keine wesentlichen Einschränkungen finden. Einschränkend erfolgt lediglich der verständliche Hinweis, dass die Versicherung nicht greift, sollte eine Krankheit im Vorfeld diagnostiziert worden und klar gewesen sein, dass eine Behandlung während des Auslandsaufenthalts nötig werden würde. Diese Einschränkung findet sich in der gleichen Form auch bei der ERGO- und dem ADAC. Eine Ausnahme für die Übernahme absehbarer Behandlungskosten durch eine chronische Erkrankung wird bei der HUK-Coburg dann gemacht, „wenn die versicherte Person die Auslandsreise wegen des Todes ihres Ehegatten oder ihres Lebenspartners oder eines Verwandten ersten Grades unternommen hat." Außerdem greifen die Leistungen nicht „bei einer durch Pflegebedürftigkeit oder Verwahrung bedingten Unterbringung."

Langzeitversicherung über die HUK-Coburg: Für Langzeitaufenthalte gibt es bei der HUK keine Familien-, sondern lediglich Individualversicherungen. Unterschieden wird zwischen weltweitem Versicherungsschutz und einem günstigeren Tarif, der Reisen nach Kanada und in die USA ausschließt (günstigere Tarife). Bis zum 59. Lebensjahr werden pro Aufenthaltstag im Ausland 4,60 bzw. 2,10 Euro berechnet. Auf 365 Tage gesehen würden Sie also im Jahr bei 1679 bzw. 766,50 Euro liegen. Vom 60. Bis 69. Lebensjahr wird es teurer. Jeder Tag kostet dann 6,90 bzw. 5,20 Euro. Ab dem 70. Lebensjahr sind es sogar 10,50 bzw. 6,90 Euro pro Tag. Bei allen Langzeittarifen wird eine Mindestaufenthaltszeit von 57 Tagen berechnet. Sie zahlen also immer für mindestens 57 Tage, auch wenn Sie nur 50 Tage im Ausland sind. Bezogen auf die erhöhte Wahrscheinlichkeit, bei Langzeitaufenthalten zu erkranken, finden wir diese Preise durchaus angemessen. Auch die Tarife für Langzeitversicherungen des ADAC und der ERGO liegen in einem ähnlichen Preissegment.

Alles in allem macht die Versicherung der HUK einen soliden Eindruck und scheint auch für chronisch erkrankte oder pflegebedürftige Menschen geeignet zu sein. Informationen zur HUK erhalten Sie im Internet unter www.huk.de, per Telefon unter 0800 21 53 153 (kostenlos aus dem deutschen Telefonnetz).

ADAC-Auslandskrankenschutz

Die Krankenversicherung des ADAC liegt preislich nicht ganz so günstig. Hier gibt es drei verschiedene Varianten (Basis, Exklusiv und Premium). Bei unserer Leistungsbetrachtung bleiben wir bei der Basisversion, da diese preislich am ehesten mit anderen Anbietern vergleichbar ist. Auch wenn die teureren Varianten ganz nette Zusatzleistungen enthalten, gehen wir an dieser Stelle nicht weiter auf diese ein. Auch die ADAC-Auslandskrankenversicherungen gehören zu den Focus-Testsiegern 2020. Außerdem schnitt die ADAC-Versicherung für Einzel-Auslandskrankenversicherungen bei einem Test von Stiftung Warentest (Juni 2021) mit „Sehr gut (0,9)" ab.

Preislich liegt die Basis-Auslandskrankenversicherung des ADAC bei 16,90 Euro ohne Selbstbeteiligung. Für Basis- und Plusmitglieder sind alle Tarife vergünstigt, der Basiskrankenschutz um bis zu 5 Euro, der Premiumkrankenschutz um bis zu 16 Euro. Ab dem 66. Lebensjahr steigt der Jahresbeitrag der Basisversicherung auf 32,10 Euro, ab dem 76. Lebensjahr auf 51,30 Euro. Auch beim ADAC werden ambulante und stationäre Behandlungskosten übernommen, ebenso wie einfache zahnärztliche Behandlungen sowie Medikamente und Hilfsmittel, die im Ausland verschrieben werden. Zusätzlich übernimmt der ADAC allerdings auch Anreisekosten zum Arzt bis maximal 1.000 Euro. Des weiteren sind der Krankenrücktransport (aus eigener ADAC-Luftflotte), Bergungskosten (bis 10.000 Euro), die Telefonkosten im Versicherungsfall, Überführung im Todesfall und ein medizinischer Auskunftsservice über Impfempfehlungen in Ihrem Reiseland vor Reiseantritt enthalten.

Im Kapitel „Barrierefreie Anreisemöglichkeiten" haben wir uns mit den Möglichkeiten der Mobilitätsabsicherung beschäftigt, wenn man mit dem eigenen PKW unterwegs ist. Für Rollstuhlfahrer oder mobilitätsbehinderte Europareisende bietet sich in diesem Zusammenhang eine ADAC-Plusmitgliedschaft für 94 Euro an. Bezogen auf die Absicherung im Krankheitsfall haben Sie im Rahmen dieser Mitgliedschaft den Vorteil, dass der ADAC für die Kosten der Anreise und Übernachtung von Verwandten bis zu 1.000 Euro aufkommt. Die Plusmitgliedschaft ersetzt allerdings keinesfalls eine Auslandskrankenversicherung, da hier Behandlungskosten nicht inklusive sind. Auch in der Basiskrankenversicherung des ADAC ist der Krankenbesuch mit bis zu 1.000 Euro geregelt, was wir als durchaus gute Zusatzleistung empfinden.

Bei den Ausschlusskriterien in den Versicherungsbedingungen gibt es einen kleinen Vorteil für chronisch Kranke. Hier haben wir den Zusatz gefunden, dass „Mehraufwendungen für eine medizinisch notwendige Heilbehandlung im Ausland, die aufgrund einer Verschlechterung dieser chronischen Erkrankung erforderlich werden" (Absatz 3.3.) bezahlt werden. Diesen Zusatz halten wir für sehr wichtig. Vergleichbare Formulierungen konnten wir bei der ERGO und HUK nicht finden. Weniger gut scheinen die Vertragsbedingungen beim ADAC allerdings für Pflegebedürftige zu sein. Hier gibt es leider einen klaren Ausschluss: „Für alle während einer Pflegebedürftigkeit oder Verwahrung anfallenden Behandlungs- oder Unterbringungskosten" besteht ein Leistungsausschluss. Dies liest sich so, als würden die Behandlungskosten von Pflegebedürftigen nicht übernommen, auch wenn die Erkrankung nicht aus der Pflegebedürftigkeit resultiert.

Noch im vergangenen Jahr waren die Langzeit-Tarife der ADAC-Versicherung im Vergleich mit der Ergo und der HUK nur bei den unter 27-Jährigen wettbewerbsfähig. Nach Tariferhöhungen bei den beiden Mitbewerbern steht der Langzeittarif des ADAC nun besser dar. Unter 27-Jährige kommen mit einem Jahresbeitrag von lediglich 456,30 Euro für einen weltweiten Versicherungsschutz (beim ADAC immer inklusive USA und Kanada) sogar erheblich günstiger weg als bei den Konkurrenten (HUK 1679 bzw. 766,50 Euro, Ergo 550 Euro). Auch bis zum 66. Lebensjahr liegt der Jahrestarif mit 718,80 Euro weit unter denjenigen der Mitbewerber. Lediglich bei unter 55-Jährigen, die die USA und Kanada als Langzeit-Reiseländer ausschließen, ist die Ergo tariflich noch attraktiver als der ADAC (mehr dazu im Ergo-Beitrag). Ab dem 55. Lebensjahr sind die Langzeitversicherungsoptionen des ADAC im Vergleich zu HUK und ERGO mit Abstand am günstigsten.

Kontakt

Weitere Infos auch telefonisch:
ERGO (DKV) 0800 3746 033
ADAC 0800 510 11 12
HUK 0800 2153 153

DKV (ERGO) - Auslandskrankenschutz

Als letztes haben wir uns für unseren Vergleich die Leistungen der DKV, eines Tochterunternehmens der ERGO, angeschaut. Stiftung Warentest hat die Auslandskrankenversicherung der DKV auch im Jahr 2021 im Vergleich von 92 Versicherungen für Einzel-Auslandskrankenversicherungen mit der Note sehr gut (0,6) zum Testsieger gekürt. Die Einzelversicherung liegt bis zum Erreichen des 65. Lebensjahres bei 9,90 Euro, zwischen 65 und 69 Jahren bei 19,90 Euro und ab 70 Jahren bei 34,90 Euro. Für Familien bis 64 Jahre (Eltern) gibt es den Auslandsschutz bereits ab 19,80 Euro. Auch die ERGO bietet, unabhängig von der DKV, eine Reisekrankenversicherung an. Von den Konditionen her ist diese weniger attraktiv, achten Sie also darauf, die DKV-Version der ERGO rauszusuchen.

Bei der DKV erwartet Sie ein ähnlich umfangreiches Leistungsspektrum wie bei den anderen untersuchten Versicherern. Behandlungskosten (ambulant, stationär und zahnärztlich) und Kosten für Medikamente und Hilfsmittel werden übernommen. Der Transport zum nächstgelegenen Krankenhaus oder der Transfer in eine Spezialklinik inklusive Rückholung aus dem Ausland, falls notwendig oder sinnvoll, sind ebenfalls inbegriffen. Bestattungskosten im Reiseland (oder Überführungskosten) sowie Such- und Rettungskosten sind auch hier mit bis zu 10.000 Euro gedeckt. Inbegriffen sind auch Telefonkosten, die im Versicherungsfall anfallen.

Als Zusatzleistungen im Vergleich zur HUK werden bei der DKV die Kosten für eine Kinderbetreuung übernommen, sollten Sie allein erziehend sein und im Urlaub mit Ihrem Kind verunglücken oder für längere Zeit in ein Krankenhaus müssen (auch beim ADAC). So können Sie sicher sein, dass Ihr Kind in dieser Zeit in guten Händen ist und man für die Betreuungskosten aufkommt. Ähnliches gilt auch im umgekehrten Fall: Sollte Ihr Kind ins Krankenhaus müssen, können Sie sich auf Kosten der Versicherung im Krankenhaus unterbringen lassen.

Auch bei der DKV gibt es günstige Bedingungen für Menschen mit Vorerkrankungen. Wie auch beim ADAC werden Behandlungskosten bezahlt, falls durch Verschlechterung der Krankheit im Ausland eine Behandlung notwendig wird. Bei den Bedingungen für Pflegebedürftige liegt die DKV im Mittelfeld. Es findet sich kein so allgemeiner Leistungsausschluss der Behandlungskosten von Pflegebedürftigen wie beim ADAC, allerdings besteht ein Leistungsausschluss bei „einer durch Pflege-Bedürftigkeit (…) bedingten Behandlung oder Unterbringung" (Kapitel 1.7.) Bei der HUK findet sich diese Formulierung ohne den Zusatz „Behandlungskosten". Dennoch scheint nach unserem Verständnis hier der Pflegebedürftige bei normalen Krankheiten abgesichert zu sein.

Langzeitversicherung: Die DKV verweist beim Thema Langzeitkrankenschutz auf die Ergo, da man hier keine separaten Policen, sondern nur diejenigen des Mutterkonzerns anbietet. Wer als Langzeit-Reiseland die USA und Kanada ausschließen kann, kommt bis zum 55. Lebensjahr bei der Ergo am günstigsten weg. Für 12 Monate Auslandskrankenschutz in Europa zahlen Sie bis zum 25. Lebensjahr lediglich 275 Euro (ADAC 456,30 Euro, HUK 766,50 Euro), bis zum 55. Lebensjahr bei Langzeit-Europaaufenthalten 420 Euro (ADAC 718,80 Euro, HUK 766,50 Euro). Weltweit ohne Kanada und USA kostet es bis zum 25. Lebensjahr 420 Euro (ADAC 456,30 Euro, Huk 766,50 Euro) und bis zum 55. Lebensjahr 600 Euro (ADAC auch hier 718,80 Euro und HUK wieder 766,50 Euro). Ab dem 56. Lebensjahr können Sie sich bei der ERGO nicht mehr langzeitversichern.

Insgesamt unterscheiden sich die von uns geprüften Angebote nur minimal. Alle Anbieter machen einen soliden Eindruck, wie bei der Auswahl von Testsiegern der Stiftung Warentest und der Zeitschrift Focus nicht anders zu erwarten. Erstaunlich fanden wir, dass die Vertragsbedingungen der betrachteten Versicherer mit Leistungs- und Ausschlussbeschreibungen z.T. identisch formuliert waren. Hier und da lassen sich kleine, ganz nette Zusätze finden, die andere Marktteilnehmer vielleicht nicht bieten, die allerdings durch andere Leistungen wieder wettgemacht werden. Die Grundausstattung mit der Übernahme von Behandlungs- und Medikamentenkosten sowie einer Rücktransportgarantie bei medizinischer Notwendigkeit ohne Kostenlimit ist bei jeder Auslandskrankenversicherung ein Muss, bei unseren Kandidaten gegeben und bewahrt Sie vor dem Schlimmsten.

Pflegebedürftigen und chronisch kranken Menschen raten wir in jedem Fall, sich im Vorfeld genau über etwaige Leistungsausschlüsse zu informieren. Zwar haben wir die diesbezüglichen Vertragsbedingungen für Sie zitiert, allerdings ist die genaue Interpretation Auslegungssache. Zudem können sich Versicherungsbedingungen im Lauf der Zeit ändern. Klären Sie im Vorfeld schriftlich mit Ihrer Versicherung, in welchen Fällen von Pflegebedürftigkeit oder chronischer Erkrankung für die Kosten einer Behandlung im Ausland aufgekommen wird und wann nicht.

Nachgefragt: Für chronisch Kranke und Pflegebedürftige

Um Ihnen zu verdeutlichen, weshalb es besonders für chronisch kranke oder pflegebedürftige Menschen wichtig ist, konkrete Einzelanfragen zu Leistungsausschlüssen zu stellen, haben wir uns diese Mühe für Sie gemacht und bei der ERGO angeklopft. Nachdem wir die Vertragsbedingungen der DKV- und ERGO-Auslandskrankenversicherung durchgeblättert hatten, wollten wir wissen, ob wir diese Bedingungen richtig verstanden hatten. Das Ergebnis: Unsere Auffassungen wurden teilweise bestätigt, teilweise aber auch eingeschränkt bzw. ergänzt.

Bereits am Telefon wurde deutlich, dass wir die Regelung hinsichtlich chronischer Erkrankungen grundsätzlich richtig verstanden hatten. Bei einer Verschlechterung der Erkrankung im Urlaub komme man auch bei chronisch Kranken für die Behandlungskosten auf. Per Email wurde dann ergänzt, dass: „bei einer chronischen Erkrankung, die jedoch nicht ständiger ärztlicher Behandlung bedarf (bei Krebserkrankungen innerhalb der letzten zwei Jahre kein Rezidiv eingetreten ist), sich die versicherte Person ab einer Woche vor Reisebeginn vom behandelnden Arzt eine Unbedenklichkeitsbescheinigung einholen kann."

Das „kann" am Ende machte uns etwas stutzig. Außerdem wunderten wir uns, warum wir diesen Zusatz nicht in den Vertragsbedingungen finden konnten. Dies zeigt, wie wichtig es ist, im konkreten Fall nachzufragen (am besten schriftlich). In diesem besonderen Fall müssen Sie also unter Umständen Ihren Arzt einbeziehen und um eine Unbedenklichkeitserklärung für die Auslandskrankenversicherung ersuchen. Wir vermuten ähnliche Regelungen bei anderen Versicherern, schließlich will man sich dort im Falle eines höheren Risikos absichern. Klären Sie daher im Zuge der Reiseplanung und vor Versicherungsabschluss mit Ihrem Arzt, ob er eine solche Unbedenklichkeitsbescheinigung ausstellen kann oder ob er bei Ihrer Behinderung oder Erkrankung Bedenken hat. Auch wenn das „kann" in der Formulierung darauf hinzudeuten scheint, dass eine solche Erklärung nicht obligatorisch ist, schadet es sicher nicht, sich vor Reiseantritt ein Attest ausstellen zu lassen.

Telefonisch haben wir uns auch noch einmal über Auslandsreisen von pflegebedürftigen Personen informiert. Unser Verständnis der Versicherungsbedingungen erwies sich als korrekt: Kosten für Behandlung oder Unterbringung, die im Urlaub durch die Pflegebedürftigkeit entstehen, werden nicht übernommen, Behandlungs- oder Unterbringungskosten, die nichts mit der Pflegebedürftigkeit zu tun haben, allerdings schon. „Erkrankt die pflegebedürftige Person beispielsweise an einem schweren Magen-Darm-Infekt, resultiert diese Erkrankung nicht aus der Pflegebedürftigkeit und die Kosten für die Behandlung (ggf. auch stationär) werden übernommen" – so ein Berater der ERGO am Telefon. Lassen Sie sich auch zum Thema Versicherungsschutz für Pflegebedürftige etwaige Fragen schriftlich beantworten, am besten anhand von Fallbeispielen („was wäre, wenn…"). Dies gilt insbesondere für die ADAC-Versicherung, in deren Bedingungen ein allgemeiner Leistungsausschluss für Behandlungskosten von Pflegebedürftigen verzeichnet ist.

Ratgeber / Reiserücktrittskosten-Versicherungen

Reiserücktrittskosten-Versicherungen

Auch unter unserer überwiegend rollstuhlfahrenden Leserschaft gibt es viele reiselustige Weltenbummler. Rollstuhlfahrer, Menschen mit anderen Mobilitätsbehinderungen, Senioren, Pflegebedürftige oder chronisch Kranke können sich dabei ebenso absichern wie jeder andere auch. Allerdings gilt es einiges zu beachten.

Wann greift die Versicherung, was kostet sie und bis zu welcher Höhe wird ein Schaden ersetzt? Was sind typische Leistungen, was eher selten versicherte Fälle? Welche Zusatzleistungen sind sinnvoll? Und welche Nachweispflicht besteht im Schadensfall?

Im Folgenden haben wir hierzu Informationen zusammengestellt. Vorweg sei gesagt, dass es einige Leistungsausschlusskriterien gibt, die für Pflegebedürftige und chronisch Kranke problematisch sein können. Diese sollten daher vor einem Abschluss genau hinschauen.

Um uns ein repräsentatives Bild der Leistungen oder Ausschlusskriterien von Reiserücktrittskosten-Versicherungen machen zu können, haben wir auch hier drei verschiedene Anbieter kontaktiert: Die ERGO, die Hanse-Merkur und Travel Secure. Alle drei haben bei Testergebnissen, u.a. von Stiftung Warentest, gut bis sehr gut abgeschnitten.

Ein genauer Blick auf die Versicherungsbedingungen offenbarte Details zu den Versprechungen und Rahmenbedingungen der Verträge, offene Fragen wurden per Telefon und Email geklärt.

Die Darstellung der Leistungen ist bewusst allgemein gehalten, nur vereinzelt verweisen wir konkret auf einen der Versicherer. Wer sich für eine Reiserücktrittskosten-Versicherung interessiert, sollte sich grundsätzlich selbst umfassend über die Angebote und Leistungen informieren. Trotz sorgfältiger Recherche können wir keine Garantie für die Korrektheit aller Angaben übernehmen.

Wann greifen Reiserücktritts-kosten-Versicherungen?

Wie der Name schon sagt, greifen Reiserücktrittskosten-Versicherungen dann, wenn eine Reise aus bestimmten Gründen nicht angetreten werden kann oder sich der Reiseantritt verzögert. In solchen Fällen können erhebliche Kosten entstehen. Der Versicherungsschutz beginnt bei Buchung (online oder im Reisebüro) und endet mit dem Antritt der Reise, zum Beispiel bei Abflug. Treten während der Reise Ereignisse ein, aufgrund derer der Urlaub unplanmäßig abgebrochen werden muss, kommt die Rücktrittskosten-Versicherung nicht für den Schaden auf. Für diese Fälle gibt es Reiseabbruch-Versicherungen, die z.T. auch in Kombination mit Reiserücktrittsversicherungen angeboten werden.

Typische Leistungen von Reiserücktrittskosten-Versicherern

Wie auch beim Thema Auslandskranken-Versicherung sind sich Leistungsspektrum und Ausschlusskriterien der Anbieter in wesentlichen Punkten sehr ähnlich. Im Folgenden listen wir typische Leistungen einer Reiserücktrittskosten-Versicherung auf, die unbedingt enthalten sein sollten und anhand derer Sie gute Versicherer erkennen können. Diese Leistungen werden im Zusammenhang mit Ereignissen beschrieben, die zur Stornierung einer Reise oder deren Verzögerung führen können. Es handelt sich hierbei um vergleichsweise häufig eintretende Ereignisse, die ohne Versicherungsschutz viel Geld kosten können.

Ratgeber / Reiserücktrittskosten-Versicherungen

Erkrankungen, Unfälle oder Tod: Diese Ereignisse mit ihren Folgen sollten in jeder Reiserücktrittskosten-Versicherung enthalten sein. Bei einer schweren Erkrankung oder einem Unfall vor Reisebeginn kann das Antreten der Reise für Sie unmöglich werden. In diesem Fall zahlt die Reiserücktrittskosten-Versicherung. Nette Zusatzoption: Bei manchen Versicherern haben Sie die Möglichkeit, erst kurz vor Reiseantritt zu entscheiden, ob die Reise möglich ist. Die Option, bis kurz vor Reisebeginn mit einer Stornierung zu warten, wird nicht von allen Versicherern angeboten, da die Stornokosten hier oftmals schon dem vollen Reisepreis entsprechen.

Beispiel: Sie haben eine rollstuhlgerechte Kreuzfahrt inklusive Ausflugsprogramm gebucht. Zehn Tage vor Abflug in die Karibik fangen Sie sich eine schwere Grippe ein. Zu diesem Zeitpunkt ist nicht sicher, wie die Krankheit verläuft und ob Sie die Reise antreten können. Sie kontaktieren die Versicherung und melden den Versicherungsfall. Je nach Anbieter kann es sein, dass Ihnen nach Rücksprache mit z.T. hauseigenen Ärzten angeboten wird, abzuwarten, ob Ihr Zustand in neun Tagen die Reise möglich macht.

Sollte dies nicht der Fall sein, trägt die Versicherung die Stornogebühren bis zur vereinbarten Höhe, auch wenn die Stornogebühren einen Tag vor Reisebeginn wesentlich höher ausfallen als zehn Tage davor. Natürlich sind Sie auch bei einem Unfall oder einer Erkrankung versichert, die sehr kurz vor Reisebeginn eintritt, also wenn das Verhinderungsereignis wenige Tage vorher oder am Tag der Abreise liegt. Auch bei Ereignissen wie dem Tod eines Familienangehörigen sollte die Versicherung greifen, denn in so einem Fall kommt ein Urlaub in aller Regel nicht in Frage.

Familie muss inklusive sein: Nehmen wir wieder das Beispiel der rollstuhlgerechten Kreuzfahrt, die Sie zusammen mit Ihrem Partner und den Kindern antreten wollen. Erkrankt eines der Kinder kurz vor der Reise oder hat einen Unfall, können Sie die Reise nicht antreten. Auch in diesem Fall zahlen die meisten Reiserücktrittskosten-Versicherungen. Faktisch wären Sie zwar in der Lage zu reisen, doch das Kind kann nicht zurückgelassen werden.

Diese Regelung greift i.d.R. bei Familienangehörigen, d.h. bei Eltern oder Schwiegereltern, Kindern und Enkelkindern, Geschwistern sowie natürlich Ehe- oder Lebenspartnern. Doch Achtung: Auf Seiten der Versicherer liest es sich oft so, als wären auch die Ausfallkosten für Flug und Reise der restlichen Familie abgedeckt. Dies ist bei Einzeltarifen jedoch meist nicht der Fall! Der Versicherer erstattet in diesen Fällen nur die Kosten der versicherten Person und nicht diejenigen der ganzen Familie. Falls Ihr Ehepartner die Reise also ebenso storniert, bleiben Sie auf den Gebühren für den Partner und die Kinder sitzen. Lediglich Ihr Anteil als versicherte Person wird dann übernommen. Schließen Sie daher in jedem Fall eine Familienversicherung ab, damit die Kosten aller angehörigen Personen im Schadensfall übernommen werden. Dies gilt auch für alle anderen hier gelisteten Versicherungsfälle. Alle Mitreisenden müssen namentlich genannt und versichert sein.

Verkehrsmittelverspätungen: Fast jeder Betroffene kennt den Stress kurz vor dem Abflug mit dem Rollstuhl in den Urlaub. Mit der deutschen Bahn, einem Regionalzug oder der S-Bahn soll es Richtung Flughafen gehen, und dann lässt der Zug auf sich warten. Auch wenn Sie für diesen Fall vorbereitet sind und einen zeitlichen Puffer haben, kann dieser nicht ausreichen. Mit jeder Minute steigt die Nervosität. Was, wenn auch der Anschlusszug ausfällt oder Verspätung hat? Was ist mit den endlosen Schlangen am Check-in im Flughafen? Im ungünstigsten Fall verpassen Sie durch ein verspätetes Verkehrsmittel auf dem Weg zum Abflughafen Ihren Flieger.

Reiserücktrittsversicherungen können Sie in diesem Fall schützen. Denn ein verpasster Flieger verursacht nicht nur Stress, sondern auch zusätzliche Kosten. Je weiter Ihr Reiseziel in der Ferne liegt, desto teurer kann es werden. Noch ärgerlicher wird es, wenn dadurch eine Reisegruppe oder gar ein Kreuzfahrtschiff verpasst wird. Doch auch hier heißt es aufgepasst und genau hingeschaut.

Versicherungen haften verständlicherweise nicht bei fahrlässiger Planung mit viel zu wenig Puffer. Bei der Ergo und der Hanse-Merkur kommt man beispielsweise für einen entstandenen Schaden „bei einer Verspätung eines innerdeutschen öffentlichen Verkehrsmittels um mehr als zwei Stunden oder dessen Ausfall" auf. Planen Sie also bei der Anreise zum Abflughafen mindestens so viel Zeit ein, dass der Ausfall oder die zweistündige

Ratgeber / Reiserücktrittskosten-Versicherungen

Verspätung eines Zuges nicht dazu führt, dass Sie den Flieger verpassen. Ansonsten zahlt die Reiserücktrittsversicherung nicht.

In den Versicherungsbedingungen von Travel Secure konnten wir diese Zweistundenregelung nicht finden. Auf den ersten Blick scheint es hier so, als würde man für zusätzliche Anreisekosten auch dann aufkommen, wenn ein Verkehrsmittel mit weniger als 2 Stunden Verspätung dazu führt, dass Sie beispielsweise einen Flug verpassen. Auf Nachfrage heißt es beim Unternehmen, dass man selbstverständlich davon ausgeht, dass der Reisende ausreichend Zeit einplant, um Verspätungen bis zu zwei Stunden kompensieren zu können. Dies würde man im Einzelfall prüfen und ggf. kulant regeln. Wir verstehen das so, dass man hier gewillt ist, kleine Abweichungen zu akzeptieren.

Ein weiteres Thema ist die Höhe der erstatteten Zusatzkosten, die beispielsweise entstehen, wenn Sie einen Flug durch die Verspätung eines anderen Verkehrsmittels verpassen. Die erstattungsfähigen Kosten variieren hier je nach Versicherung und Tarif. Bestimmte Ereignisse werden in den Versicherungsbedingungen z.T. ausdrücklich genannt und mit Höchstbeträgen beziffert, die zumindest bei den o.g. Versicherern ausreichend hoch zu sein scheinen. Beachten Sie allerdings, dass Sie bei privater Anreise mit dem PKW in der Regel nicht versichert sind, wenn Sie z.B. den Abflug aufgrund eines Staus verpassen. Zwar gibt es Versicherer, die bei einem folgenschweren Stau für Sie in die Haftung gehen, dies ist aber eher selten der Fall.

Arbeitsplatzwechsel oder -verlust: Nahezu alle Anbieter zahlen, wenn Sie eine Reise aufgrund eines Arbeitsplatzwechsels oder -verlusts nicht antreten können. Wechseln Sie den Arbeitgeber, durchlaufen Sie in aller Regel eine längere Probezeit. In dieser Probezeit können Sie normalerweise keinen Urlaub nehmen. Beim Verlust des Arbeitsplatzes rückt oft die finanzielle Frage in den Vordergrund, zum anderen besteht meist der Wunsch, möglichst zeitnah eine neue Stelle zu finden. Man braucht Zeit für die Suche, Bewerbungen und schließlich Vorstellungsgespräche, zu denen man unter Umständen kurzfristig eingeladen wird. Zudem fühlen sich viele Menschen nicht wohl bei dem Gedanken, den neuen Arbeitgeber ggf. auf längere Zeit vertrösten zu müssen. Dies gilt insbesondere für Menschen mit Behinderung, die es auf dem Stellenmarkt trotz z.T. höherer Qualifikationen immer noch schwerer haben als nicht behinderte Mitbewerber.

Testvergleiche ERGO, Travel, Hanse
https://www.reiseversicherung-vergleich.info/reiseruecktrittsversicherung-vergleich/Versicherungsbedingungen:
https://www.travelsecure.de/bedingungen/AVB_RR.pdf

Schäden am Eigentum: Sinnvoll und eigentlich immer abgedeckt ist der Reiserücktritt für den Fall, dass Ihr Eigentum schwere Schäden erleidet. Schwere Schäden am Eigentum können aus verschiedenen Gründen entstehen, die bei jeder Versicherung in den Bedingungen beschrieben sind. Dazu gehören beispielsweise Schäden durch Feuer, Explosion, Sturm, Blitzschlag oder das Einwirken Dritter. Bei der Travel Secure ist die Liste der eingeschlossene Schadensursachen am längsten (u.a. alle hier genannten). Meist ist auch die Höhe des Schadens beziffert, der eintreten muss, damit ein Versicherungsfall vorliegt. Bei der Travel Secure beträgt die Mindestschadenhöhe 5.000 Euro, bei der Hanse-Merkur 2.500 Euro. Bei der Ergo konnten wir keine Angaben finden.

Schwangerschaft und Impfkomplikationen: Eine Schwangerschaft oder Impfkomplikationen können dazu führen, dass eine Reise nicht angetreten werden kann oder sollte. Nahezu alle Anbieter versichern den Reiserücktritt aus diesen Gründen und kommen dann für die Stornokosten bis zur vereinbarten Höhe auf. Versichert ist i.d.R. sowohl die eintretende Schwangerschaft als auch eine Schwangerschaftskomplikation. Ebenfalls von der Reise zurücktreten können Sie einer Impfunverträglichkeit kurz vor Reiseantritt.

Ratgeber / Reiserücktrittskosten-Versicherungen

Selten versicherte Fälle

Wirklich gute Reiserücktrittsversicherungen erkennen Sie an den umfassenden Leistungen bzw. den vielen verschiedenen Ereignissen, bei denen Sie einen Reiserücktritt geltend machen können. Eher selten versicherte Reiserücktrittsgründe sind der Bruch von Prothesen, der Ausfall eines Herzschrittmachers, eine Scheidung, die Adoption eines Kindes, ein unerwarteter Organspende-Termin oder die Wiederholung von Prüfungsleistungen. All diese bei Mitbewerbern eher selten abgesicherten Fälle sind bei Travel Secure versichert. Darüber hinaus war Travel Secure in den Jahren 2018 bis 2021 Testsieger in nahezu allen Reiserücktritts-Versicherungskategorien bei Stiftung-Warentest. Doch auch die Versicherungsbedingungen der Ergo und Hanse-Merkur können sich sehen lassen, viele der hier aufgezählten Ausnahmefälle sind dort ebenfalls enthalten.

Nette Zusatz-Leistungen

Stiftung Warentest testet jährlich über hundert Reiserücktrittsversicherungen, die z.T. mit sehr spezifischen Leistungen punkten. Es lohnt sich also, für besondere Fälle die richtige Versicherung zu suchen, die eine entsprechende Absicherung bietet. Zu den besonderen Leistungen der drei von uns betrachteten Anbieter gehören: die Lockerung von implantierten Gelenken, konjunkturbedingte Kurzarbeit, eine gerichtliche Vorladung, Verlust des Reisepasses oder Personalausweises, Beginn des Freiwilligendienstes, des Freiwilligen Sozialen Jahres oder des Freiwilligen Ökologischen Jahres, Wiederholung einer nicht bestandenen Prüfung, Austritt aus dem Klassenverband bei Schulkindern (Klassenreise versichert), die Nichtversetzung eines Schulkindes (Klassenreise versichert), wenn ein zur Reise angemeldetes Haustier schwer erkrankt oder stirbt.

Bitte beachten Sie, dass es einige Leistungen gibt, die nur bei dem einen oder anderen Anbieter vorkommen. Überprüfen Sie vor einem Abschluss auf jeden Fall die Leistungskonditionen! In den Versicherungsbedingungen sind viele der hier genannten Punkte ausführlicher beschrieben und z.T. mit Einschränkungen versehen.

Leistungsobergrenzen und Selbstbeteiligung

Reiserücktrittsversicherungen werden mit oder ohne Selbstbeteiligung angeboten. Ohne Selbstbeteiligung sind die Gebühren geringer. Je nach Tarif und Anbieter gibt es bei bestimmten Schadenfällen auch Obergrenzen, also Maximalbeträge, die ausgezahlt werden. So kann es eine maximale Höhe für die Erstattung von Anreisekosten, für Kreuzfahrten oder für die Gesamtreisekosten geben. Bei vielen Versicherungen können Sie die Versicherungssummen selbst festlegen, d.h. Sie geben an, bis zu welcher Höhe Sie im Versicherungsfall entschädigt werden wollen. So können Sie individuell entscheiden, ob Sie sich gänzlich oder nur z.T. absichern wollen.

Kosten von Reiserücktritts-Versicherungen

Die Kosten einer Reiserücktrittskosten-Versicherung hängen vom Reisepreis, von der Anzahl der versicherten Personen, dem Reiseland und eventuellen Zusatzoptionen beim Versicherungsschutz ab. Sie erhalten einzelne Versicherungen im besten Fall schon ab fünf Euro. Wollen Sie eine Luxusreise versichern, kann dies auch schon mal 100 Euro pro Person kosten. Aufgepasst bei günstigen Pauschalangeboten. Diese sind häufig mit niedrigen Leistungsobergrenzen ausgestattet. Wer seine Reise korrekt versichern möchte, muss in aller Regel den Reisezeitraum, die Anzahl der zu versichernden Personen und den Preis der Reise angeben. Mit diesen Angaben erhalten Sie dann ein Versicherungspaket, das auf Ihre Reise zugeschnitten ist und ggf. in vollem Umfang die Stornokosten erstattet.

Bei großen Versicherern wie Travel Secure, der Ergo und Hanse Merkur können Sie Online-Rechner verwenden, die zuverlässig Auskunft über den Versicherungspreis geben, wenn Sie bestimmte Eckdaten eingeben.

Wir bleiben bei der rollstuhlgerechten Kreuzfahrt und haben für diesen konkreten Fall die Konditionen verglichen. In unserem Beispiel reisen Sie im Rollstuhl mit PartnerIn und zwei Kindern. Sie erfüllen sich den Traum einer Karibik-Kreuzfahrt mit der AIDA. Diese buchen Sie direkt bei der Kreuzfahrtgesellschaft für 14 Tage, inklusive Flug vom 14.09. bis zum 28.09.2022. Der Reisepreis für zwei Erwachsene und zwei Kinder liegt bei 6.600 Euro. Sie wollen eine Rücktrittsversicherung ohne Selbstbeteiligung. Am 25.08.2021 haben wir mit diesen Angaben bei den genannten Versicherern folgende Online-Preisauskünfte erhalten:

Ratgeber / Reiserücktrittskosten-Versicherungen

1. Travel Secure: Umfangreichste Preis- und Zusatzoptionen. Einmalige Reiserücktrittsversicherung 242 Euro (295 Euro ohne SB), Jahresversicherung 242 Euro (300 Euro ohne SB inklusive Reiseabbruch-, Auslandskranken- und Gepäckversicherung. Weitere Zusatzoptionen online buchbar.

2. Ergo: Einmalige Reiserücktrittsversicherung 267 Euro (359 Euro ohne SB inklusive Reiseabbruch), Jahresversicherung 224 Euro (269 Euro mit SB und inklusive Reiseabbruch-, Auslandskrankenschutz- und Gepäckversicherung (309 Euro ohne SB).

3. Hanse-Merkur: Einmalige Reiserücktrittsversicherung 289 Euro, Jahresversicherung 249 Euro (keine Option mit oder ohne SB wählbar). Sonstige Angebote: Jahresschutz Reiserücktritt inklusive Reiseabbruchversicherung 259 Euro.

Am Beispiel unserer Muster-Rolli-Familie wird deutlich, dass die drei betrachteten Versicherungen sich preislich und in den Leistungen kaum unterscheiden. Generell gilt, dass Jahrestarife häufig nur unbedeutend teurer sind als Einzelreiseversicherungen. Zum Teil erhalten Sie die Jahres-Reiserücktrittsversicherungen sogar deutlich günstiger als Einzel-Reiseversicherungen. Zudem versucht man mit attraktiven Kombinationsangeboten zu locken. Häufig werden Rundum-sorglos-Pakete mit Reiserücktritt-, Reiseabbruch-, Auslandskranken- und Gepäckversicherung angeboten. Bei der Auswahl eines Versicherers für verschiedene Leistungen können Sie also Geld sparen, indem Sie von Rabatten durch Kombiangebote profitieren. Einen Ansprechpartner für alle Fälle zu haben, spart zudem Aufwand in der Unterlagenorganisation.

Beim Rücktrittsschutz für Senioren gibt es, ähnlich wie beim Auslandskrankenschutz, einen Aufpreis ab einem bestimmten Alter. Bei der Ergo und Travel Secure beginnen höhere Tarife ab einem Alter von 65 Jahren. Wir haben beim Onlinerechner der ERGO zwei Senioren (über 65) und zwei Kinder (bis 25) mit den identischen Reisedetails wie im Beispiel oben angegeben (Preis, Zeitraum etc.). Mit Selbstbeteiligung zahlen Sie im einfachen Jahresschutz 269 Euro (ohne SB 469 Euro), bei einmaliger Rücktrittsversicherung 267 Euro mit Selbstbeteiligung (ohne SB 477 Euro).

Ratgeber / Reiserücktrittskosten-Versicherungen

Leistungsausschlüsse bei Pflegebedürftigkeit und chronischer Krankheit

Wie schon bei den Auslandskrankenversicherungen gibt es auch bei Reiserücktrittsversicherungen Leistungsausschlusskriterien. Generell ergeben sich Ausschlussgründe aus nicht aufgeführten Rücktrittsgründen: Was nicht konkret in den Versicherungsbedingungen als Grund für einen Reiserücktritt genannt ist, zählt auch nicht als solcher. Weitere Ausschlussgründe können Pflegebedürftige und Menschen mit chronischen Erkrankungen betreffen. Während wir zum Thema Pflegebedürftigkeit in den Versicherungsbedingungen der von uns verglichenen Anbieter keine wesentlichen Leistungsausschlüsse finden konnten, sind im Fall von Vorerkrankungen Leistungseinschränkungen die Regel.

Der diesbezügliche Wortlaut ist bei Ergo, Travel-Secure und Hanse-Merkur nahezu identisch. So ist bei allen Versicherern die Verschlechterung einer bestehenden Vorerkrankung nur bedingt abgesichert: „Versichert ist auch die unerwartete Verschlechterung einer bereits bestehenden Erkrankung. Die Verschlechterung einer bereits bestehenden Erkrankung ist dann unerwartet, wenn in den letzten sechs Monaten vor Versicherungsabschluss (oder Reiseantritt) keine Behandlung erfolgte. Nicht als Behandlung zählen Kontrolluntersuchungen, regelmäßige Medikamenteneinnahme in eingestellter Dosierung sowie Dialysen" (Zitat aus den Ergo-Rücktrittsbedingungen).

Eine weitere konkrete Einschränkung findet sich bei der Hanse-Merkur. Leiden Sie „unter einer Erkrankung, bei der Schübe ein charakteristisches Merkmal des Verlaufs sind (z. B. Multiple Sklerose, Morbus Crohn)" und wurde für diese Erkrankung in den letzten sechs Monaten vor Reiseantritt eine Behandlung durchgeführt, sind Sie nicht versichert.

Auch wenn wir die Versicherungsbedingungen mit großer Sorgfalt durchgesehen haben, können wir keine Garantie für die Vollständigkeit und Korrektheit der hier getroffenen Angaben übernehmen. Insbesondere wenn Sie an einer chronischen Erkrankung leiden und eine Rücktrittsversicherung abschließen wollen, ist der persönliche Kontakt mit einem Versicherungsberater und der schriftliche Austausch unbedingt zu empfehlen. Die eigene Recherche sowie eine Kontaktaufnahme und gezieltes Nachfragen bei Versicherungsberatern ersetzt der Beitrag in keinem Fall.

Wann lohnt sich eine Reiserücktrittskosten-Versicherung

Im Abschnitt „Kosten von Reiserücktritts-Versicherungen" haben wir mit einer barrierefreien Karibikkreuzfahrt eine verhältnismäßig teure Reise als Beispiel gewählt, deren Absicherung mit bis zu 300 Euro entsprechend zu Buche schlägt.

Ein wesentlicher Preisfaktor ist auch die Anzahl der versicherten Personen, denn mit jedem Reiseteilnehmer steigt das Risiko, dass einer von ihnen kurz vor der Reise erkrankt oder aus sonstigen Gründen die Reise nicht antreten kann. Vermutlich aus diesem Grund werden in den Versicherungsbedingungen Reiseteilnehmer generell und unabhängig von Alter, Gesundheitszustand oder Geschlecht als „Risikopersonen" bezeichnet. Preiswerter wird es bei einem geringeren Reisepreis, bei einer geringeren Anzahl versicherter Personen oder mit einem kostengünstigen Jahrestarif, der mehrere Reisen abdeckt.

Natürlich ist das Risiko, kurz vor einer Reise zu erkranken, gering. Doch auch andere Umstände können einen geplanten Reiseantritt unmöglich machen. Letztlich bleibt es jedem selbst überlassen, dieses Risiko zu bewerten. Es kann durchaus sein, dass Sie nie Gebrauch von einer Reiserücktrittskosten-Versicherung machen. Andererseits kann sich diese, je nach Reisepreis und Personenanzahl, schon beim einmaligen Gebrauch für viele Jahre auszahlen. In folgenden Fällen kann ein erhöhtes Risiko bestehen und ein Abschluss sinnvoll sein:

Ratgeber / Reiserücktrittskosten-Versicherungen

Familien mit Kindern: Gerade junge oder einkommensschwächere Familien müssen oft lange für den Urlaub sparen. Umso schwerer wiegt hier eine kurzfristige Reisestornierung. Wenige Wochen vor der Reise liegen die Storno-Kosten nicht selten bei 100 Prozent des Reisepreises. Das kann weh tun. Hinzu kommt, dass Kleinkinder häufiger an Infektionen leiden als Erwachsene (ca. fünfmal so häufig). Auch wenn schwere Verläufe eher selten sind und damit nicht immer ein Rücktrittsgrund vorliegt, kann es auch mal anders kommen. Auch Unfälle kommen bei Kindern häufiger vor. Das Bundesgesundheitsministerium schätzt, dass bei Kindern von 1 bis 17 Jahren etwa 1,84 Millionen Unfallverletzungen jährlich im Krankenhaus oder in Arztpraxen behandelt werden müssen. Zum Glück verlaufen die meisten dieser Unfälle glimpflich, so dass kein Reiserücktrittsgrund vorliegt.

Vielreisende: Wer häufig allein im Rollstuhl oder mit der Familie reist, kann ebenfalls gut mit einer Rücktrittsversicherung beraten sein. Auch mit zunehmender Anzahl an Reisen steigt das Risiko, einmal eine Reise nicht antreten zu können. Jahresversicherungen sind kaum teurer als Einzel-Rücktrittsversicherungen und gelten für beliebig viele Reisen innerhalb eines Jahres.

Hierbei gilt es zu beachten, welche Höchstsumme versichert sein soll. Bei Abschluss einer Jahresversicherung müssen Sie Angaben zum Reisepreis machen. Der hier anzugebende Preis bezieht sich nicht auf die Summe aller Reisen in einem Jahr, sondern auf den versicherten Höchstbetrag für einen einzelnen Schadenfall. Dieser gilt auch für alle folgenden Reisen.

Die Summe, die bei Vertragsabschluss als Reisepreis angegeben wird, ist also die Summe, mit der alle anderen Reisen maximal abgesichert werden. In unserem Beispiel der barrierefreien Karibikkreuzfahrt kostet die Reise 6.600 Euro. Wird dieser Preis als Deckungsbetrag für die Jahresversicherung angegeben, sind alle im Jahr erfolgenden Reisen bis zu dieser Höhe versichert. Verlängern Sie nach einem Jahr Ihren Versicherungsschutz, was häufig automatisch erfolgt, und buchen erneut eine Kreuzfahrt, so ist diese nur über 6.600 Euro abgesichert. Ist die neue Kreuzfahrt teurer, muss die Differenz zwischen den versicherten 6.600 Euro und dem neuen Reisepreis im Stornofall selbst gezahlt werden.

Teure Rollstuhl-Reisen: Besonders teure Reisen bedeuten besonders hohe Rücktrittskosten. Bei einer Weltreise im Rollstuhl, einer barrierefreien Safari in Kenia oder einem Aufenthalt in einem Luxushotel in Monaco können je nach Reise viele tausend Euro pro Person anfallen. Einige hundert Euro für eine Reiserücktrittskosten-Versicherung sollten dann auch noch erübrigt werden können. Gerade wer sich vielleicht einen lang ersehnten Traum erfüllt und eventuell viele Jahre darauf hingearbeitet und gespart hat, sollte hier nichts dem Zufall überlassen.

Corona-Schutz: Die von uns aufgeführten Versicherer bieten auch Reiserücktrittsschutz im Zusammenhang mit Ereignissen infolge der Corona-Pandemie an. Diese Optionen sind entweder bereits in den Tarifen enthalten oder können gegen Gebühr hinzugebucht werden. In den Vertragsbedingungen von Rücktrittsversicherern sind Infektionen infolge von Pandemien ohne Buchung dieser Zusatzoption regulär nicht versichert. Bei allen betrachteten Versicherern wird sogar die häuslich angeordnete Quarantäne beim Corona-Zusatzschutz als Reiserücktrittsgrund akzeptiert.

Im Hinblick auf schwankende Infektionszahlen in Deutschland ist dies keine schlechte Option. Eine Quarantäne-Anordnung ist auch bei einem größeren Personenkreis und bei Familien mit vielen Kindern wahrscheinlicher.

Nicht versichert sind Sie beim Corona-Zusatzschutz allerdings dann, wenn Ihr Urlaubsgebiet als Risikogebiet klassifiziert oder ein Einreiseverbot verhängt wurde. Auch persönliche Gründe wie die Angst vor einer Ansteckung oder die Ablehnung der Maskenpflicht zählen nicht als versicherte Rücktrittsgründe. In diesen Fällen müssen Sie sich an den Reiseveranstalter oder die gebuchte barrierefreie Unterkunft wenden und auf Kulanz hoffen.

Ratgeber / Reiserücktrittskosten-Versicherungen

Nachweispflicht

Bei allen Ereignissen, die zu einem Reiserücktritt führen können, besteht eine Nachweispflicht. Mit dieser schützen sich Versicherer berechtigterweise vor Kosten und vor Menschen, die spontan die Lust am Reisen verlieren. Die von Ihnen eingereichten Dokumente werden vertraulich behandelt und nicht an Dritte weitergeben. Bei gängigen Rücktrittsgründen müssen Sie folgende Dokumente einreichen:

1. Bei schwerer Erkrankung eine ärztliche Bescheinigung der Reiseunfähigkeit

2. Bei einer Corona-Infektion einen Nachweis mit Testergebnis

3. Bei Arbeitsplatzwechsel eine Bestätigung des Arbeitgebers

4. Bei Arbeitsplatzverlust eine Kopie der Kündigung

5. Bei einem Eigentumsschaden eine Auflistung entstandener Schäden und ggf. eine Versicherungsbescheinigung

6. Bei einer Verkehrsmittelverspätung eine Verspätungsbescheinigung der Betreiberfirma (z.B. Deutsche Bahn – die eigene Dokumentation mit Fotos zur Absicherung kann auch helfen)

7. Bei Tod eines Angehörigen die Sterbeurkunde

8. Bei einer gerichtlichen Vorladung, sofern versichert, eine Kopie der Vorladung

9. Bei einer Prüfungsleistung, sofern versichert, einen Nachweis über den Prüfungstermin

10. Bei einer Scheidung, sofern versichert, die Scheidungsklage

Anzeige

Reiseglück oder nur Glück gehabt?

Was immer auf Reisen passiert – wir schützen Sie und helfen weiter.

Für alle Reiseziele und jede Situation haben wir den passenden Versicherungsschutz.

Mehr erfahren Sie auf www.ergo.de

Ratgeber / Reiseabbruchskosten-Versicherungen

Reiseabbruch-Versicherungen

In der vergangenen Ausgabe von Handicapped-Reisen hatten wir angekündigt, das Thema Reiseabbruch-Versicherung genauer zu behandeln. Diese gehört wie die Auslandskrankenschutz-, Reiserücktritts- und Gepäckversicherung zur Gruppe der Reiseversicherungen. Auch wenn wir kein Freund von Überversicherung sind, lohnt ein Blick auf die Leistungen und vor allem die Preise. Denn einen Reiseabbruchschutz bekommt man bei Abschluss einer Reiserücktritts-Versicherung gegen geringe Gebühr, oder sogar ohne Aufpreis, hinzu.

Ratgeber / Reiseabbruchskosten-Versicherungen

Was sind Reiseabbruch-Versicherungen?

Wie der Name schon sagt, sichern Reiseabbruch-Versicherungen Sie für den Fall ab, dass Sie Ihren angetretenen Urlaub vorzeitig beenden müssen. Wie bei den Reiserücktritts-Versicherungen zählen die Anbieter hierfür in ihren Leistungsbeschreibungen die versicherten Gründe auf, bei denen Sie vorzeitig abreisen können und man Ihnen den entstandenen Schaden ersetzt. Nicht aufgeführte Reiseabbruch-Gründe sind nicht versichert.

Was zahlt die Reiseabbruchversicherung?

Reiseabbruch-Versicherungen sollten immer für die entstandenen Umbuchungskosten aufkommen, beispielsweise für einen Rückflug, wenn Sie vorzeitig abreisen müssen und den ursprünglichen Flug nicht antreten können. Gerade bei Fernreisen kann das teuer werden.

Gute Versicherer kümmern sich sogar um die Organisation des Alternativfluges und bieten auch darüber hinaus Erstattungen an. So sollten auch nicht in Anspruch genommene, aber bezahlte Leistungen für den Urlaub anteilig erstattet werden. Müssen Sie beispielsweise nach sieben von 14 Tagen Hotelaufenthalt abreisen, sollte man auch für die bezahlten, aber nicht in Anspruch genommenen Übernachtungen vom Hotel sowie die entsprechenden Verpflegungsaufwendungen aufkommen. Gleiches sollte für gebuchte Ausflüge oder andere Leistungen gelten, sofern diese bereits bezahlt sind und sich nicht mehr stornieren lassen.

Im Übrigen zahlen manche Versicherer auch dann, wenn Sie länger am Urlaubsort bleiben müssen. Dies kann beispielsweise durch Krankheit oder eine Naturkatastrophe eintreten, die eine Rückreise zum geplanten Zeitpunkt verhindern.

Im besten Leistungsbereich für Anbieter befinden Sie sich, wenn Sie wegen einer Krankheit im Urlaub erst verspätet zu einer Rundreise oder einer Kreuzfahrt antreten können und man in diesem Fall auch die Nachreisekosten übernimmt.

Beispiel: Sie planen drei Wochen Urlaub: eine Woche Hotel in Florida, anschließend zwei Wochen Kreuzfahrt. In Florida werden Sie krank und können die Kreuzfahrt erst sieben Tage später antreten. Das Schiff wartet aber natürlich nicht. Gute Versicherungen zahlen Ihnen nach Genesung den Flug und das Hotel, um Ihr Kreuzfahrtschiff nachträglich an einem Zwischenstopp zu erreichen.

Welche Abbruchgründe sind versichert?

Es gibt eine Reihe von Abbruchgründen, die jede Versicherung abdecken sollte, und zwar nicht allein bei Ihnen, sondern auch bei Risikopersonen wie nahen Angehörigen oder Verwandten. Die gängigsten Reiseabbruch-Gründe sind:

- Wenn Sie oder ein naher Angehöriger einen schweren Unfall erleiden oder ein naher Angehöriger verstirbt

- Wenn Sie und nahe Angehörige unerwartet schwer erkranken.

Was als unerwartet und schwer gilt, beschreiben wir im folgenden Abschnitt

- Wenn Unverträglichkeiten als Folge einer vor dem Urlaub vollzogenen Impfung auftreten

- Wenn Sie den Arbeitsplatz verlieren oder eine neue Stelle antreten müssen

- Wenn es zu unvorhersehbaren Schwangerschaftskomplikationen kommt

- Oder wenn Ihr Eigentum in der Heimat durch Elementarereignisse oder das Einwirken Dritter erheblichen Schaden erleidet und zur Klärung Ihre Anwesenheit erforderlich ist

Die hier genannten Abbruchgründe zählen zu den gängigsten. Darüber hinaus bieten viele Versicherer natürlich noch weitere an. Wir haben uns die Versicherungsbedingungen der Ergo und von Travelsecure im Bereich Reiseabbruch-Versicherung diesbezüglich etwas genauer angeschaut. Die meisten zusätzlichen Versicherungsgründe finden sich bei der Ergo: Neben den oben genannten zählen unter anderem Wiederholungsleistungen bei Prüfungen (sofern unerwartet), der Verlust eines Ausweisdokumentes (sofern dies für die Reisefortsetzung nötig ist), eine gerichtliche Ladung, eintretende Kurzarbeit, die Lockerung von Implantaten oder der Bruch von Prothesen, ein Termin zur Organspende oder die Adoption eines Kindes dazu.

Ratgeber / Reiseabbruchskosten-Versicherungen

Unerwartet und schwere Erkrankung?

Der Reiseabbruch aufgrund einer unerwarteten und schweren Erkrankung ist bei nahezu allen Reiseabbruch-Versicherungen versichert. Laut Stiftung Warentest liegt hier aber auch das höchste Streitpotenzial. Denn für den Verbraucher ist oft nicht klar, was genau als „unerwartet" und was als „schwer" gilt, wann genau also die Kosten für den vorzeitigen Reiseabbruch erstattet werden. Je nachdem, für welche Versicherung Sie sich entscheiden, sollten Sie hier also genau nachlesen. Sie können sicher sein, dass keine Versicherung Reiseabbruchkosten wegen eines kleinen Schnupfens des zu Hause gebliebenen Gatten übernimmt.

Je genauer die Versicherung „unerwartet" und „schwer" in Ihren Bedingungen definiert, umso besser. Während bei Travelsecure eine unerwartete und schwere Erkrankung dann vorliegt, „wenn aus dem stabilen Zustand des Wohlbefindens und der Reisefähigkeit heraus konkrete Krankheitssymptome auftreten", die Sie an der Fortführung der Reise hindern oder „Anlass zum Abbruch" geben, und somit eigentlich alle Fragen offen bleiben, ist die Ergo in ihren Bedingungen etwas genauer. Hier findet sich auch ein wichtiger Zusatz für Menschen mit chronischen Erkrankungen.

Bei der Ergo sind Krankheiten dann unerwartet, wenn Sie erstmals bei der Reise auftreten. Allerdings sind auch bestehende (chronische) Krankheiten versichert, sofern es im Urlaub zu einer Verschlechterung kommt und „in den letzten sechs Monaten vor Antritt der Reise keine Behandlung erfolgte". Pluspunkt also für die Ergo und für Menschen mit bestehenden Erkrankungen! Nicht als Behandlung zählen hier „Kontrolluntersuchungen, regelmäßige Medikamenteneinnahmen sowie Dialysen". Als schwer gilt eine Krankheit dann, wenn „die vor Abbruch der Reise ärztlich attestierte gesundheitliche Beeinträchtigung so stark ist, dass die Reise nicht planmäßig beendet werden kann."

Während die ERGO klar auf einen notwendigen, vor Reiseabbruch zu erfolgenden, Arztbesuch sowie eine attestierte Reiseunfähigkeit verweist, bleibt dies bei anderen Versicherern nicht selten offen. Dies bedeutet aber nicht, dass ein anderer Versicherer solche Nachweise nach bzw. vor einem Reiseabbruch nicht auch verlangen kann. Schließlich ist dies eine legitime Form der Absicherung für den Versicherer vor Simulanten und vorgeschobenen Gründen.

Das müssen Sie beachten!

Neben dem beschriebenen Arztbesuch und einer Attestierung der Reiseunfähigkeit gilt es einige weitere Dinge zu beachten. Zeichnet sich ein möglicher Versicherungsfall ab, dürfen Sie nicht zögern, da hierdurch nicht selten höhere Schäden entstehen. Dies kann einer Versicherung Grund zur Reklamation oder Beanstandung geben. Rufen Sie also die Stornoberatung der Versicherung an, schildern Sie die aktuellen Umstände und lassen Sie sich immer alles im Nachgang schriftlich bestätigen.

Wenn Sie Ihre Versicherungspolice mit Vertragsdaten und Versicherungsnummer nicht zur Hand haben, ist das in der Regel kein Problem. Denn mit einem Abgleich Ihrer persönlichen und reisespezifischen Daten ist es in der Regel möglich, Sie zuordnen und beraten zu können. Vergessen Sie dann auch nicht, die Versicherung über Entwicklungen auf dem Laufenden zu halten. Je mehr Sie kommunizieren, desto besser wird Ihnen geholfen und desto eher können Sie von einer unkomplizierten Abwicklung des Schadenfalls ausgehen.

Was kostet eine Reiseabbruchversicherung?

Wer eine Reiserücktritts-Versicherung abschließt, bekommt den Reiseabbruch in aller Regel sehr kostengünstig dazu. Kostengünstig kann bei geringem Reisepreis Mehrkosten von lediglich einem Euro bedeuten. Einzeln lassen sich Reiseabbruch-Versicherungen dagegen meist gar nicht buchen. Es gibt allerdings auch Anbieter, wie beispielsweise die ERGO, welche Reiserücktritts-Versicherungen grundsätzlich immer mit Reiseabbruchschutz anbieten. Hier lassen sich die Tarife naturgemäß nicht voneinander trennen. Auch Stiftung Warentest empfiehlt die Kombination von Reiserücktritts- und Reiseabbruchversicherung.

Bei anderen Anbietern, wie beispielsweise Travelsecure, sind Jahresversicherungen, bei denen neben dem Reiserücktritts- und Reiseabbruchschutz noch eine Auslandskranken- und eine Gepäckversicherung inklusive sind, wesentlich günstiger als Einmal- oder Einzeltarife. Auch bei der ERGO ist dies der Fall. Im Kapitel über Reiserücktritts-Versicherungen wird dies im Beitrag „Kosten von Reiserücktritts-Versicherungen" deutlich gemacht.

Anzeige

Der Rollstuhl-Kurier erscheint viermal im Jahr. Alle Ausgaben enthalten informative Berichte, klärende Interviews und lebendige Porträts aus Rubriken wie Reise, Leben, Veranstaltungen, Sport und Kultur.

Das Magazin informiert über rechtliche und technische Entwicklungen, über Hilfsangebote und Innovationen aus den Bereichen Gesundheit und Forschung. Reportagen aus allen Bereichen der Gesellschaft liefern Anregungen zur eigenen Lebensgestaltung.

Mehr zum Rollstuhl-Kurier unter www.rollstuhl-kurier.de
Kontakt: Escales-Verlag, Telefon: 040 261 003 60

Basis-Abo 24,00 € pro Jahr

Premium-Abo 39,00 € pro Jahr

Preise für **4 Heftausgaben** inkl. Versandkosten innerhalb Deutschlands.

Im Premium-Abo ist der jährlich erscheinende Reiseguide **Handicapped-Reisen** enthalten.

Tipp:

Informationen zum Gelände gibt es z.B. online bei Google Street View. Es schadet aber auch nicht, vor Reisantritt beim Vermieter anzufragen, wie die Umgebung des Urlaubsorts hinsichtlich bestimmter Merkmale aussieht.

Das richtige Hilfsmittel für den Urlaub

Menschen mit Behinderung, allen voran mobilitätsbehinderte Menschen wie Rollstuhlfahrer, tun gut daran, im Zuge der Reiseplanung einen kritischen Blick auf den eigenen Hilfsmittelbestand zu werfen. Dabei sollte geprüft werden, ob das eigene Hilfsmittel für die Geländeanforderungen in der gebuchten Ferienregion geeignet ist.

Im Folgenden gehen wir genauer auf typische Landschaften und Urlaubsarten ein, die i.d.R. bestimmte Hilfsmittel voraussetzen, und beschreiben diese Hilfsmittel hinsichtlich ihrer Eignung für bestimmte Geländeeigenschaften. Wir richten uns damit vor allem an unerfahrene Rollstuhlfahrer und Menschen, die erst seit kurzem in der Mobilität eingeschränkt sind. Eine fachgerechte Beratung im Sanitätshaus oder beim Hersteller einer bestimmten Mobilitätshilfe können diese Beiträge allerdings nicht ersetzen. Hier geht es vielmehr um Grundlagenwissen und um allgemeine Anforderungen, die Ihnen bei der Suche nach dem richtigen Hilfsmittel helfen können.

Vermieter befragen

Eine gute Reisevorbereitung ist für Rollstuhlfahrer ein Muss. Dazu gehört auch die Recherche, wie das Gelände am Urlaubsort beschaffen ist. Die erste Adresse ist hier der Vermieter, also das rollstuhlgerechte Hotel, die barrierefreie Ferienwohnung oder der barrierefreie Bauernhof. Auch wenn man sich in vermeintlich flachen Gegenden aufhält, kann es sein, dass die rollstuhlgerechte Unterkunft in einer Senke mit etwas Gefälle liegt. Ländliche Wanderwege können sich bei nassem Wetter in Schlammstrecken verwandeln, und selbst dort, wo man keine Berge vermutet, erwartet einen vielleicht eine hügelige Umgebung. Vermeiden Sie böse Überraschungen und fragen Sie im Vorfeld nach. Unterkünfte, die in Handicapped-Reisen oder auf www.rolli-hotels.de verzeichnet sind, haben seit vielen Jahren Erfahrung mit der Vermietung an Rollstuhlfahrer und Menschen, die nicht gut zu Fuß sind, und beantworten Ihre Fragen gern. Zu erwähnen, dass man auf einen Rollstuhl angewiesen ist, kann dabei sogar noch zu anderen wertvollen Informationen führen.

Jeder Jeck ist anders, und auch Rollstuhlfahrer ist nicht gleich Rollstuhlfahrer. Verschiedene Menschen verfügen über unterschiedliche Mobilitätsmöglichkeiten, Kräfte oder Strategien der Hindernisbewältigung. Gerade, wenn man besonders immobil ist und keine elektrischen Hilfen besitzt, schadet dieser Hinweis beim Anbieter nicht. Gleiches gilt für fitte Aktivrollstuhlfahrer, denn auch hier kommt man je nach Gelände schnell an seine Grenzen. Fragen Sie also, ob es in der Umgebung erwähnenswerte Gefälle, Hügel oder gar Berge gibt. Wie sehen die Wege im Dorf oder der Altstadt aus, gibt es Kopfsteinpflaster, sind die Wanderwege ausgebaut und befahrbar? Sie können so aus erster Hand ein verlässliches Bild bekommen.

Achtung: Bei Betrieben mit größerem Personalbestand kann es vorkommen, dass Sie an ungeschultes oder unerfahrenes Personal geraten, dem Barrieren in der Umgebung nicht bewusst sind. Ein Rezeptionist, der bislang nur wenig Erfahrung mit Rollstuhlfahrern sammeln konnte, wird sich im Zweifelsfall nicht ausreichend in Ihre Lage hineinversetzen können. Für ihn stellt beispielsweise die Steigung der Hotelauffahrt keine Barriere dar, da er noch nie darüber nachgedacht hat, und so wird er sie möglicherweise nicht erwähnen. Auch wenn es immer wieder ärgerlich ist: Solche Dinge kommen vor, und sie sind zu entschuldigen, denn sie geschehen i.d.R. nicht in böser Absicht. Nutzen Sie daher zur Sicherheit auch alle anderen Möglichkeiten, sich über die Gegebenheiten vor Ort zu informieren.

Anzeige

Scewo BRO
Elektrorollstuhl. Die neue Generation.

«Die Angst, spontan etwas zu unternehmen, fällt mit BRO weg. Früher mussten wir unsere Ausflüge immer ganz genau planen und auch die Restaurants immer im Vorhinein heraussuchen. Heute besuche ich Katakomben, gehe auf Golfplätze und kann Produzent*innen besuchen, deren Lokalitäten nur über eine Treppe erreichbar sind.»

Weitere Geschichten findest Du unter:
www.scewo.com/erfahrungsberichte/

QR-Code scannen

scewo

Geländeeigenschaften über Google Street View

Einen zuverlässigen Eindruck der Umgebung Ihres Urlaubsortes erhalten Sie mit Hilfe von Google Street View. Vor allem Rollstuhlfahrer profitieren von dieser Anwendung, denn mit wenigen Klicks kann man sich durch Straßen und Orte navigieren, als wäre man selbst vor Ort. Denjenigen, die mit dieser Anwendung von Google bislang nicht vertraut sind, erklären wir hier kurz die mit Google Maps verknüpfte Option. Google startete in den frühen 2000er Jahren eine weltweite Kampagne zur Visualisierung von Umgebungsdaten mit Spezialkameras und Fahrzeugen. Ziel war es, an allen mit dem Auto erreichbaren Orten dreidimensionale Bilder und Rundgänge zu ermöglichen, so als wären Sie selbst vor Ort. Weltweit kamen Fahrzeuge mit speziellen 360 Grad-Kameras zum Einsatz, die alle befahrbaren Wege und Straßen abfuhren und die Umgebung dokumentierten. Seit 2007 ist nahezu die gesamte USA erfasst, seit 2008 große Teile Europas und auch anderer Länder der Welt. Mit Google Street View können virtuell Straßen und Wege abgegangen werden. So haben Sie die Möglichkeit, sich einen Überblick der landschaftlichen Gegebenheiten zu verschaffen.

In Deutschland ist das Angebot an Umgebungsdaten allerdings begrenzt. Die strengen Datenschutzrichtlinien veranlassten Google dazu, die Erfassung Deutschlands im Jahr 2011 einzustellen. Vor allem größere Städte waren bis dahin zwar nahezu vollständig erfasst, kleinere Ortschaften und viele Urlaubsregionen allerdings nicht. Nützlich ist Street View daher vor allem bei einem geplanten Urlaub im Ausland. Die USA und andere europäische Länder wurden flächendeckend erfasst. Hier gibt es kaum noch Ortschaften oder Straßen, zu denen Sie keine Umgebungsansichten abrufen können. Sollten Sie wissen wollen, was Sie vor Ort mit dem Rollstuhl erwartet, können Sie die Anwendung nutzen und nach Ihrem Urlaubsort suchen.

Öffnen Sie dazu in Ihrem Internetbrowser Google Maps und geben den Zielort Ihrer Reise ein. Öffnen Sie die Menü-Registerkarte und wählen Sie die Street View-Option aus. Ob Daten vorliegen, erkennen Sie dann daran, dass Straßen in der Übersichtskarte blau oder hellblau hinterlegt sind. Diese Straßen können Sie dann auswählen (anklicken) und virtuell, also in 3D, abgehen. Alternativ können Sie in der Kartenansicht das kleine Männchen-Symbol unten rechts im Fenster mit der Maus an den gewünschten Ort ziehen.

Google Street View können Sie sich auch auf Ihr Smartphone laden. Die App ist für Android und IOS kostenfrei erhältlich. Ganz nett ist zudem die Verknüpfung mit Daten von privaten Nutzern. Sie können von selbst besuchten interessanten Orten mit der Panoramafunktion Ihres Smartphones Bilder erstellen und der Allgemeinheit zur Verfügung stellen. Auf Google Maps finden sich von Nutzern aus aller Welt teils sehr beeindruckende 360-Grad Aufnahmen. Mit dieser Zusatzoption werden vor allem Landschaften jenseits der befahrbaren Straßen erschlossen und visualisiert.

Hilfsmittel für die Berge

Berge gelten in vielen Kulturen als heilig. Moses begegnete Jahwe auf dem Sinai, die alten Griechen glaubten an einen Wohnort der Götter auf dem Bergmassiv des Olymp. Die Tibeter verehren den Kailash, die australischen Anangu den Uluru, besser bekannt als Ayer's Rock und die Japaner den Fuji – jeder Kontinent hat seinen Götterberg. Manche darf man besteigen, andere besser nicht. So oder so verbindet man Berge mit Erhabenheit, sie stehen für Freiheit, Ewigkeit und das große Ganze. Kein Wunder also, dass es seit der Erfindung des Alpinismus in der frühen Neuzeit immer mehr Menschen ins Gebirge zieht. So manch einen Besucher bringt der Blick auf die Berge oder vom Gipfel herab ins Tal zum Innehalten.

Dank immer besser befestigter Wege und ausgebauter Mountainbike-Routen, teils bis hinauf in Gipfelregionen, können auch Rollstuhlfahrer mit dem richtigen Equipment die Bergwelt erleben. In vielen europäischen Staaten, allen voran in Deutschland, Österreich und der Schweiz, sind zudem viele Bergbahnen für Rollstuhlfahrer zugänglich. Einige in „Handicapped-Reisen" verzeichnete Vermieter, beispielsweise in Bayern, haben gute Tipps und Empfehlungen zu barrierefreien Bergbahnen vor Ort. Doch zurück zum Hilfsmittel. Worauf es hier ankommt, liegt eigentlich auf der Hand. Egal ob Berg oder Hügel: Ohne elektrische Unterstützung können Sie sich in unebenem Gelände nicht fortbewegen.

Schon eine einzige fünf- oder zehnprozentige Steigung ist für viele aus eigener Kraft nicht zu bewältigen, an eine längere Wanderung ist meist nicht zu denken. Dank fortschreitender Innovationen auf dem Hilfsmittelmarkt und zunehmend leistungsstärkerer Akku-Systeme können mit Unterstützung allerdings immer größere Entfernungen, auch mit teils sehr starken Steigungen, im Rollstuhl zurückgelegt werden.

Ratgeber / Hilfsmittel Urlaub

Richtig ausgerüstet, gibt es viele Unternehmungen und Ausflugsziele, die mit dem Rollstuhl in den Bergen machbar sind. Eine beliebte Form der Unterstützung, auf die Rollstuhlfahrer in allen Ländern zurückgreifen, sind elektrische Zughilfen. Diese werden als externer Antrieb an den Aktiv-Rollstuhl gekoppelt. In einem Sanitätshaus kann hierfür die Anpassung erfolgen. Alternativen zur Zughilfe sind Elektrorollstühle, Segways oder muskelkraftverstärkende Hilfsmittel.

Zughilfen für jede Bergfahrt

Zughilfen ziehen Sie in jedem Gelände über einen i.d.R. vierrädrigen Zusatz-Antrieb vor Ihrem Rollstuhl. Über einen am Rahmen befestigten Knotenpunkt sind Sie mit dem Zuggerät verbunden. Gesteuert wird meist über einen verlängerten Griff mit Handhalterung, ähnlich wie bei einem Lenkrad, der von der Maschine vor Ihnen zum Rollstuhl führt. In der Höhe sind die Funktionsgriffe an die Sitzhöhe anpassbar. Mit Links- oder Rechtsbewegungen geben Sie die Richtung vor, können Gas geben, Bremsen und Licht einstellen. Moderne Hilfen sind so konstruiert, dass der Akku bei abfälligem Gelände Strom zurückgewinnt. Auch das Bergabfahren ist aufgrund des hohen Eigengewichts und guter Bremsen ohne Risiko möglich. Der Vorteil von Zuggeräten besteht in der Verstaubarkeit. Mit einer Rampe oder einem entsprechenden Lift am Auto kann die Zughilfe problemlos im PKW verladen und transportiert werden. Wer in einem Restaurant rasten möchte, kann sich einfach entkoppeln und mit dem Rollstuhl ins Lokal fahren. In manchen Fällen kann es empfehlenswert sein, zusätzlich die Bereifung Ihres Rollstuhls an das Gelände anzupassen. Wer auf Wanderwegen im Gebirge unterwegs ist, ist mit etwas Profil an den Reifen besser beraten. Natürlich eignen sich Zughilfen auch für Wanderungen im Flachland. Hier können Sie sogar erheblich größere Distanzen zurücklegen, da Bergfahrten wesentlich mehr Akkuleistung in Anspruch nehmen. Mit Zughilfen können auch Hindernisse wie Bordsteinkanten mühelos überwunden werden.

Ratgeber / Hilfsmittel Urlaub

Elektrorollstühle und Scooter

Elektrorollstühle oder Elektromobile (auch Scooter) können sich ebenfalls für Bergfahrten eignen. Die Zeitschrift Computerbild testete Elektrorollstühle verschiedener Hersteller im Juli/August 2021 hinsichtlich verschiedener Merkmale und Anforderungen. Laut Testbericht erzielten „die meisten elektrischen Rollstühle eine durchschnittliche Reichweite von 40 Kilometern".

Da keine Informationen über die Testumgebung genannt wurden und wir somit von Normalbedingungen bzw. weitestgehend flachen Teststrecken ausgehen, sollten Sie auch in den Bergen über eine ausreichende Reichweite für Wanderungen verfügen. Selbst wenn sich die Reichweite in bergigen Umgebungen auf die Hälfte, also 20 Kilometer, reduziert, kann man hiermit durchaus schöne Ausflüge machen.

Wem das nicht reicht, der hat die Möglichkeit, seine Reichweite durch die Mitnahme eines Ersatz-Akkus zu erhöhen, sofern Sie über ein Modell mit herausnehmbarem Akku verfügen. Da die Akkus ein hohes Eigengewicht haben, extra Kosten bedeuten und unhandlich sind, sollte dies im Einzelfall entschieden werden.

Elektrorollstühle sind i.d.R. nicht für so starke Steigungen bzw. Gefälle ausgelegt wie Zughilfen. Mit Zughilfen können laut Herstellerangaben Steigungen von bis zu 20 Prozent gemeistert werden. Solche Extreme begegnen Ihnen aber selbst im Gebirge eher selten auf Wanderungen.

Die Schwerpunkte von Elektrorollstühlen sind bewusst sehr tief gelegt. In Kombination mit einem hohen Eigengewicht haben Sie daher eine sehr gute Bodenhaftung, wodurch je nach Modell auch hier sogar Passagen von bis zu 20 Prozent Steigung möglich sein können. Moderne Elektrorollstühle verfügen außerdem über Kippschutzsysteme. Hier befinden sich an den Hauptvorder- oder Hinterradreifen zusätzliche kleine Stütz-Rollen, die ausfahren, sollte ein kritischer Neigungspunkt überschritten werden. Dieser Zusatz bietet mehr Sicherheit und kann empfehlenswert sein.

Teilunterstützungs-Systeme

Des weiteren gibt es auch noch elektrische Unterstützungssysteme, die in den Bergen zum Einsatz kommen können, indem sie Ihre eigene Körperkraft verstärken. Ähnlich wie man es von E-Bikes kennt, gibt es unterschiedlich starke Unterstützungsstufen, die hinzugeschaltet werden. So kann selbst bei kleinem eigenem Impuls Fahrt so aufgenommen werden, als würde man geradeaus und nicht bergauf fahren. Es gibt Systeme, die über kaum sichtbare Antriebswellen zwischen den Reifen des Aktiv-Rollstuhls oder direkt an den Reifen integriert werden, um den Antrieb über die eigene Muskelkraft zu verstärken oder impulsloses Fahren zu ermöglichen.

Für Berge bzw. steilere Passagen eignen sich diese Systeme allerdings nur bedingt, da der Schwerpunkt, anders als bei Elektrorollstühlen und Zughilfen, höher liegt, wodurch die Kippgefahr bei steilen Passagen steigt. Aufgrund ihres geringeren Eigengewichts haben diese Systeme auch weniger Bodenhaftung, was je nach Witterung und Bodenbelag entscheidend sein kann. Sehr komfortabel sind diese Systeme allerdings für Alltags- und Spazierfahrten, wo sie durchaus auch längere Strecken durchhalten.

Anders verhält es sich bei Handbikes. Hartgesottene Sportler fahren mit guten Handbikes auch ohne elektrische Unterstützung bergauf. Im Magazin „Rollstuhl-Kurier" wurde vor einigen Jahren sogar über eine Alpenüberquerung mit Handbike berichtet. Doch auch für Normalsterbliche gilt: Wer sportlich ist und sich auf der Wanderung in den Bergen etwas auspowern möchte, kann auf ein Handbike mit elektrischer Unterstützung zurückgreifen.

Ähnlich wie Zuggeräte werden Handbikes vor dem Rollstuhl eingespannt und am Rollstuhl selbst fixiert. Gelenkt wird auch hier mit Links- und Rechtsimpulsen über Ihren Handantrieb. Wie beim Fahrrad strampeln Sie, an Stelle der Beine allerdings mit den Armen, um eine Vorwärtsbewegung einzuleiten. Handbikes bringen ebenfalls ein relativ hohes Eigengewicht mit, wodurch eine gute Haftung und Bremsleistung sichergestellt ist. Teilunterstützungssysteme jeder Art eignen sich grundsätzlich auch sehr gut für Fahrten im flachen Gelände.

Segways mit guter Oberkörperfunktion

Zu guter Letzt kommen wir auf Rollstuhl-Segways zu sprechen. Wer die Funktionsweise dieser Technik nicht kennt, kann sich im Beitrag „Hilfsmittel für den Strandurlaub" informieren. Auch Segways eignen sich hervorragend für Fahrten im Gebirge. Breite Reifen und leistungsstarke Akkus ermöglichen komfortable Touren von bis zu 38 Kilometern, auch bei Fahrten mit steileren Abschnitten. Zu berücksichtigen ist hier, dass eine gute Oberkörperfunktion für die Sicherheit beim Bergauffahren empfehlenswert und bei steilen Passagen Voraussetzung ist.

Segways werden über eine Lenkstange gesteuert. Die Richtung, in die diese bewegt wird, gibt die Richtung vor. Je stärker der Winkel, desto mehr wird beschleunigt. Beim Vorwärtsfahren bewirkt ein starker Impuls der Lenkstange nach vorn also mehr Tempo. Bei besonders steilen Passagen muss der Nutzer in der Lage sein, den Oberkörper der Steigung entgegenzusetzen, sich also leicht nach vorn zu beugen, um ausreichend Impuls zu geben und die Balance zu halten.

Reichweite elektrischer Hilfsmittel

Welche Reichweiten haben die verschiedenen elektrischen Hilfsmittel? Das kommt drauf an: Wer sich ohne eigene Kräfte fortbewegen will oder muss und große Distanzen zurücklegen möchte, ist gerade in den Bergen mit Zughilfen sicher am besten beraten. Wie auch bei Elektrorollstühlen oder Scootern variiert deren Reichweite je nach Hersteller und Preis. Produkte können i.d.R. in verschiedenen Leistungsausführungen und Akkuvarianten gekauft oder gemietet werden. In flachem Gelände sind Reichweiten von bis zu 40 Kilometer möglich. Beachten Sie aber, dass die Reichweitenangaben in den Produktbeschreibungen sich auf Normalgelände beziehen. Das bedeutet meist: Freie Fahrt in ebenem, flachem Gelände.

Anders sieht es oft aus, wenn man Steigungen oder unebenen Untergrund bewältigen muss. Das ist keine Böswilligkeit, sondern einfach üblich, da man schließlich irgendwo anfangen muss zu messen. Gute Sanitätshäuser oder Produktberater der Hilfsmittelhersteller können aber auch zuverlässig Auskunft über Reichweiten unter anderen Bedingungen geben. Wer in einem Sanitätshaus in Bayern oder in der Schweiz ein Hilfsmittel ausleiht, wird meist sehr genau über die Reichweite am Berg informiert, da diese Information sicherheitsrelevant ist. Eine weitere Möglichkeit, sich über die effektive Reichweite eines Hilfsmittels zu informieren, sind Behindertengruppen in den sozialen Medien. Fragen Sie in der Community, wer Erfahrung mit dem Hilfsmittel in den Bergen hat.

Je unwegsamer und steiler das Gelände ist, desto eher sind größere Zughilfen wie der Minitrac, der Speedy Elektra oder der Schweizer Swiss-Trac zu empfehlen. Ein hohes Eigengewicht durch leistungsstarke Motoren und Akkus sowie profilstarke Vier-Rad-Bereifungen sorgen für die entscheidende gute Bodenhaftung im Gelände. Auch was die Bremsleistung angeht, sind Sie mit einer etwas größeren Maschine gut beraten.

In Foren und Erfahrungsberichten wird beim Mini- oder Swiss-Trac von einer Bergreichweite mit bis zu 25 Kilometern gesprochen. Ob diese Angaben der Realität entsprechen, können wir nicht bewerten. Sicher ist: Kaum ein Fußgänger wird diese Distanz mit Ihnen zu Fuß zurücklegen wollen oder können. Und: Ein Hersteller wie Swiss-Trac, der seinen Sitz in der Schweiz hat, ist vermutlich nicht der schlechteste Ansprechpartner, wenn es um zuverlässige Hilfen für die Fortbewegung in den Bergen geht. Doch auch andere Marken zeichnen sich durch hohe Qualität aus. Informieren Sie sich über Foren, Social Media oder Testberichte im Internet.

Ratgeber / Hilfsmittel Urlaub

Hilfsmittel für den Strandurlaub

Strand, Sonne und Meer. Diese Urlaubsform steht bei den Deutschen hoch im Kurs. Laut einer auf Statista veröffentlichten Umfrage ist der Sonnen- und Badeurlaub die beliebteste Urlaubsform der Deutschen. Über 39 Prozent aller Befragten gaben an, diese Form des Urlaubes zu bevorzugen. Rollstuhlfahrer stehen am Strand aber vor zweierlei Problemen. Sich mit einem normalen Rollstuhl im Sand zu bewegen, ist auf Grund der geringen Reifenoberfläche nahezu unmöglich. Zu schnell graben sich die Räder ein und man kommt ohne fremde Hilfe nicht voran. Die andere Schwierigkeit: Wie komme ich ins Wasser?

Zughilfen bis zu einem gewissen Grad geeignet

Betrachten wir zunächst die Fortbewegung auf dem Sand. Was Sie hier benötigen, ist jede Menge Reifenprofil. Eine Möglichkeit, sich am Strand mit dem Rollstuhl fortzubewegen, ist die Verwendung einer Zughilfe. Diese sollte allerdings breite Reifen, ein ordentliches Profil und ein relativ hohes Eigengewicht für guten Grip haben.

Je nachdem, wie fein der Sand ist, auf dem sich fortbewegt wird, kommt man mit einer Zughilfe oft sehr gut voran. Je feiner der Sand, desto eher ist man allerdings auf eine angepasste Bereifung des eigenen Rollstuhls angewiesen. Breitere und profilstarke Rollstuhlreifen sind hier zu empfehlen, da Sie sonst Gefahr laufen, sich trotz leistungsstarker Zughilfe mit dem Rollstuhl einzugraben. Bei sehr feinem Sand und einem hohen Eigengewicht des Fahrers kann man trotz allem an die Grenzen des Machbaren kommen.

Ein Rollstuhl-Segway als Strandgefährte

Hervorragend für Strandfahrten eignen sich Rollstuhl-Segways, sofern diese herstellerseits auch für Sandfahrten konzipiert wurden. Diese sind in den Standardausführungen bereits mit sehr breiten und profilstarken Reifen bestückt, was zur besseren Steuerung und Gleichgewichtsfindung auch notwendig ist. Wer noch nie einen Rollstuhl-Segway gesehen hat, kann sich diese Wundergefährten im Prinzip wie einen Rollstuhl mit überdimensioniert breiten und etwas kleineren Reifen vorstellen. Sie sitzen etwas über den Reifen, haben eine kleine, je nach Modell mehr oder weniger komfortable Rückenlehne und eine Lenkstange, mit der Bewegungsimpulse gegeben werden. Die Richtung, in der man die Lenkstange bewegt, gibt auch die Fahrtrichtung vor. Impulse nach vorne steuern nach vorn, Bewegungen nach hinten zurück, und eine seitliche Drehung im 90-Grad-Winkel bewirkt eine Kehrtwende auf der Stelle.

Um eine solche Kehrtwende zu ermöglichen, sind die Reifen der Segways mit Einzelantrieben ausgestattet. Diese Eigenschaft ist auch für eine Fahrt im Sand von Vorteil. Über computergesteuerte, intelligente Gleichgewichtssysteme wird das Gerät ständig neu ausbalanciert. Das Gleichgewicht zu halten ist also dank innovativer Technik kein Problem. Das Gefährt kann von sich aus nicht kippen. Und auch im normalen Fahrbetrieb schafft man es kaum, ein Segway außer

Kontrolle zu bringen, es sei denn, man bringt das Gerät auf Höchstleistung und steuert es mit bis zu 25 Stundenkilometern in eine enge Kurve. Doch wir gehen von vernünftigen Fahrern aus.

Segways haben Ihren Preis, der bei 13.000 Euro gerade mal anfängt. Da es Rolli-Segways noch nicht lange auf dem Markt gibt, werden auch gebrauchte Modelle oft teuer gehandelt. Sie müssen also ein kleines Vermögen anlegen – ein gebrauchtes Auto bekommen Sie wesentlich günstiger. Aber die Technik und die Möglichkeiten, die ein Segway Ihnen eröffnet, sprechen für sich. Teilweise bieten Sanitätshäuser Rollstuhl-Segways auch im Verleih an. Sollte dies nicht offiziell auf der Homepage eines Sanitätshauses ausgeschrieben sein, kann eine individuelle Anfrage nicht schaden, sofern das betreffende Sanitätshaus Segways führt. Auch Segways können in der Regel über Schienen in einen Kofferraum im Auto verladen werden.

Und wie komme ich mit dem Rollstuhl ins Wasser?

Die gängigste Methode ist der Wasserzugang mit einem Strandrollstuhl. Strandrollstühle haben ballonartige Reifen und können schwimmen. Die großen Reifen ermöglichen eine Fortbewegung am Strand, allerdings sind Sie auf Schiebehilfe angewiesen, denn der eigene Antrieb ist i.d.R. nicht möglich. Äußerlich erinnern die Strandrollstühle an Strandliegen. Genau für diese Funktion sind die Strandgefährten auch bestens geeignet. Der Sitz befindet sich sehr flach über dem Boden, so dass Sie selbst aussetzen oder bereits im flachen Wasser herausgleiten können. Salz oder Süßwasser schaden diesen Rollstühlen nicht.

Strandrollstühle sind neu ab ca. 1000 Euro erhältlich und können gut demontiert und verstaut werden. Ein Kauf lohnt sich für Rollstuhlfahrer, die regelmäßig mit der Familie am Strand Urlaub machen oder gar in Strandnähe wohnen. Hotels oder Unterkünfte in Strandnähe, die sich auf die Beherbergung von Rollstuhlfahrern spezialisiert haben, stellen Ihnen Strandrollstühle häufig zur Verfügung. Sollte Ihre Unterkunft nicht mit einem solchen Hilfsmittel dienen können, versuchen Sie Ihr Glück bei einem Sanitätshaus.

Neben den hier beschriebenen, weit verbreiteten Strandrollstühlen, die einer Liege ähneln und sich durch die ballonartigen Reifen auszeichnen, gibt es auch noch andere technische Lösungen für einen Zugang ins erfrischende Blau. Informieren Sie sich am besten über Ihr Sanitätshaus. Letztlich gibt es an manchen Stränden auch fest montierte Einstiegshilfen, um ins Wasser zu gelangen, allerdings sind diese eher selten.

Hilfsmittel für den Schnee

Urlaub im Schnee – das ist leider nur etwas für Fußgänger. Zumindest denken oder glauben dies häufig unerfahrene und neue Rollstuhlfahrer. Die gute Nachricht: Nein, auch Rollstuhlfahrer können Schneewanderungen unternehmen und sogar Skifahren. Die „schlechte" Nachricht: Sie benötigen natürlich die passenden Hilfsmittel oder müssen Ihr eigenes Hilfsmittel umrüsten lassen. Dann steht dem Winterurlaub in Österreich, in den bayrischen Bergen oder in der Schweiz nichts mehr im Wege.

Probleme für Rollstühle im Schnee

In weiten Teilen Deutschlands fällt im Winter kaum noch Schnee, so dass Menschen, die erst seit Kurzem auf einen Rollstuhl angewiesen sind, oft kaum Erfahrung mit dem kalten weißen Hindernis haben. Wer einmal eine Schneephase im Rollstuhl miterlebt hat, der kennt die typischen Probleme, von denen gerade manuelle Rollstühle häufig betroffen sind. Die kleinen Vorderräder versinken oder verhaken schnell, Bordsteine oder Steigungen zu erklimmen ist bei Glätte regelrecht gefährlich, und die Fortbewegung allgemein erschwert. Gerade bei matschigem oder frischem Schnee braucht man selbst fürs Geradeausfahren wesentlich mehr Kraft. Doch ist das kein Grund zu verzweifeln. Mit den richtigen Hilfen können Sie auch bei manuellen Geräten für Abhilfe sorgen, und für bestimmte elektrische Hilfen ist Schnee auch kein Problem.

Ratgeber / Hilfsmittel Urlaub

Schnee-Erweiterungen für Manuelle Rollstühle: Das A und O für einen manuellen Rollstuhl im Winter sind zunächst breitere und profilstarke Reifen. Diese können sich auch bei Wanderungen, beim Aufenthalt in den Bergen oder am Strand rechnen. Überflüssig sind breite Ersatzreifen für reiselustige Rollstuhlfahrer daher in keinem Fall. Betrachten Sie das Zweit- oder Drittpaar wie ein zusätzliches Paar Schuhe für bestimmte Situationen. Eine breite und mit Noppen bestückte Reifenoberfläche ist notwendig, um am Boden für den nötigen Halt zu sorgen und die Kraftübertragung beim Antreiben mit den Armen sicherzustellen. Das Durchdrehen der Räder wird so verhindert, und auch kleine Steigungen sind kein Problem.

Für einen Schneeurlaub mit dem eigenen Rollstuhl sind entsprechende Reifen also ein Muss. Um das Versinken der Stützrollen zu verhindern, gibt es auf dem Hilfsmittelmarkt verschiedene Möglichkeiten. Eine davon sind Vorspannräder, die ähnlich wie Zuggeräte oder Handbikes vor dem Rollstuhl eingeklemmt werden und mit einer kleinen Lenkstange versehen sind. Festgefahrener Schnee, aber auch Schneematsch oder Neuschnee kann aufgrund der erweiterten Auflagefläche des breiteren Zusatzrades leichter befahren werden.

Wheelblades für Schneefahrten im Rollstuhl: Eine weitere Option sind Kufen-Aufsätze für die Vorderräder. Diese Innovation wurde von der Schweizer Firma Wheelblades auf den Markt gebracht. Die kompakten Kufen fungieren wie Mini-Ski und können mit wenigen Handgriffen an die Vorderreifen geklemmt werden. Sie nehmen nicht viel Platz ein und lassen sich gut transportieren. Dennoch wird ausreichend Auflagefläche geboten. Ein Versinken der Vorderräder wird durch die hohe Auflagefläche vermieden. Über zwei Laufkanäle an der Unterseite wird durch Schneekomprimierung das Spurhalten der Wheelblades sichergestellt, ähnlich wie beim Fahren auf Schienen. Somit kann der Rollstuhl auch über den Schnee gleiten und gefahrlos für leichte Bergabfahrten genutzt werden. Im Internet und auf Youtube finden sich Videos, die die Funktionsweise erklären und den Umgang mit der Erfindung zeigen. Wheelblades gibt es in verschiedenen Größen, die XL-Variante ist auch für Rollatoren oder Kinderwagen geeignet. Der Erfinder der Wheelblades, Patrick Mayer, ist seit einem Snowboard-Unfall selbst auf einen Rollstuhl angewiesen. Seine Idee, mit der er auch anderen Betroffenen hilft, beruht auf Erfahrung mit dem Sport im Schnee. Neben den Wheelblades hat er auch den sogenannten Safety Foot erfunden. Hierbei handelt es sich um eine Lösung für typische Gehhilfen-Probleme. Patrick Mayer kann sich mittlerweile auch auf Krücken fortbewegen.

Unterarmstützen und Gehstöcke sind an den Enden, die auf dem Boden aufliegen, allerdings starr, unbeweglich und haben wenig Auflagefläche bzw. Profil. Für seine Wanderungen in den Schweizer Bergen waren sie nicht geeignet, wodurch die Idee für den Safety Foot entstand. Normale Krücken und Gehstöcke rutschen in unwegsamerem Gelände und auf Schnee zu schnell weg. Der Safety Foot ist ein Adapter für die Gehhilfe, welcher wie die Wheelblades mit wenigen Handgriffen an den Enden der Gehhilfe befestigt wird. Er bietet mit vier Auflageflächen und einem flexiblem Gelenkkopf genügend Halt für Gehhilfen in jedem Gelände. Je nach Version kosten Wheelblades zwischen 120 und 209 Euro als Paar. Den Safety Foot gibt es bereits für 49,90 Euro als Paar oder für 26,90 Euro im Einzelstück für beispielsweise Gehstöcke. Informationen erhalten Sie im Internet unter www.wheelblades.com oder per Email an info@wheelblades.ch.

Ratgeber / Hilfsmittel Urlaub

Schlitten fahren im Rollstuhl: Neben Erweiterungen, die das eigenständige Fortbewegen im Schnee mit dem manuellen Rollstuhl erleichtern, gibt es auch Zusätze, die den kompletten Rollstuhl zum Schlitten umfunktionieren. Im Prinzip wird der Rollstuhl mitsamt Vorder- und Hinterreifen auf ein Kufen-System geschnallt. Der klare Nachteil hier: Je nach Schienensystem sind Sie auf eine Schiebehilfe angewiesen. Es gibt allerdings auch mobile Kufen, die Sie selbstständig arretieren können. Der Rollstuhlfahrer fährt auf den Ski und klippt die Reifen über Fixierungssysteme fest. Gibt es in Ihrem Urlaubsort einen Lift, der Sie oben auf die Rodelpiste bringt, brauchen Sie Ihre Mitreisenden nicht bemühen: Mit dem selbst arretierbaren Schienensystem sind Sie autark. Hiermit haben Sie ein nützliches Hilfsmittel, bei dem Spaßhaben vorprogrammiert ist.

Ski-Fahren für Rollstuhlfahrer: Je nach Region gehören Skiferien in Deutschland zum Jahreslauf dazu wie Ostern oder Weihnachten. Wer nach einem Unfall auf einen Rollstuhl angewiesen ist und vorher begeisterter Skifahrer war, kann dies in vielen Fällen auch bleiben. Vor allem für Menschen, die sich nach wie vor einer guten Oberkörperfunktion erfreuen, gibt es eine Lösung: Der sogenannte Mono-Ski ermöglicht es mit etwas Übung wie bisher alle Pisten in Ski-Gebieten zu befahren. Auf einem etwas breiteren Ski befindet sich hier ein integriertes Sitzsystem. Kurven werden wie gewohnt über Oberkörperbewegungen eingeleitet. Zur Stabilität halten Sie Skistöcke in den Händen, mit denen Sie sich abstützen können und die am Ende mit flexiblen Kufen versehen sind.

Monoski-Geräte gibt es auch für Passivfahrer, also für Menschen ohne ausreichende Oberkörper- oder Armfunktion. Hier sitzt der Rollstuhlfahrer auf und wird bei der Abfahrt von einem Skifahrer hinter dem Mono-Ski über eine Lenkstange geführt. Hierfür braucht es erfahrene Skifahrer und genügend Übung im Umgang mit dem Doppelgespann. Schwarze und rote Pisten sollten in dieser Kombination vermieden werden. Immerhin lässt sich aber der Traum eines Winterurlaubs mit Pistenabfahrt so wieder ermöglichen. Die Geräte haben ihren Preis, können aber bei bestimmten Fachhändlern auch für den Skiurlaub ausgeliehen werden.

Mit Zuggeräten durch den Schnee: Eine Fahrt durch den Schnee kann mit Zuggeräten ermöglicht werden. Wie bei nahezu allen Hilfsmitteln ist die Machbarkeit allerdings von der Art des Schnees abhängig. Verfügt man nicht gerade über ein Raupenfahrzeug, kann zu viel und zu hoher Neuschnee für Zuggeräte genauso zum Problem werden wie für manuelle Rollstühle, Segways und Elektrorollstühle. Bewegen Sie sich allerdings in Skigebieten, verkehren in der Regel genug Skifahrer, Fahrzeuge oder Wanderer auf den verschneiten Wegen, so dass Sie ausreichend komprimierten Schnee vorfinden, auf dem die Zughilfen ausreichend Halt finden. Auch etwas Neuschnee stellt für die meisten Hilfen kein großes Problem dar.

Bei den Zuggeräten kommt es auf die Bereifung an. Häufig gehören profilstarke Reifen zur Standardausführung. Mit dem hohen Eigengewicht kann so genug Haftung auf der Schneedecke erzeugt werden. Sollte die Bereifung nicht geeignet sein, kann eine passende Bereifung beim Hersteller angefragt werden.

Beim Hersteller Swiss-Trac bietet man beispielsweise gegen Aufpreis ein Winter-Kit an. Hier können spezielle Schneereifen mit Spikes ausgestattet und geliefert werden. Es besteht auch die Möglichkeit, die Zughilfe mit Schneeketten zu versehen. Grundsätzlich gilt: Wer sich mit Zughilfe im Schnee bewegt, sollte auch die passende Rollstuhlbereifung haben. Breite Reifen mit gutem Profil verhindern ein Steckenbleiben und sparen Akkuleistung.

Mit dem Elektrorollstuhl durch den Schnee: Auch mit einem Elektrorollstuhl sind Fahrten durch den Schnee möglich. Durch die serienmäßig breiteren Reifen ist häufig schon genügend Auflagefläche gegeben, um nicht zu versinken. Allerdings reicht das Profil der Standardausführungen meist nicht aus, um wirklich gut voranzukommen. Je nach Hersteller oder Modell kann der Rollstuhl auch mit wintergeeigneten Reifen ausgestattet werden. Hierfür wenden Sie sich an den Hersteller oder das Sanitätshaus.

Selbst wenn es keine Hersteller-Lösung gibt: Nicht aufgeben. Reifen gibt es in allen Größen und Formaten bei Reifenhändlern. Gute Produktberater können häufig improvisieren und Reifen anderer Hersteller verwenden. Die Werkstatt eines guten Sanitätshauses sollte hier weiterhelfen können. Die Investition in ein Zweitpaar Elektrorollstuhl-Reifen lohnt nicht nur für den Winterurlaub. Diese Reifen können genauso bei Fahrten durch den Schlamm, durch den Wald und auf Wanderungen in den Bergen eingesetzt werden. Gut eingetretene Schneewege stellen mit der richtigen Bereifung kein Problem für viele Elektrorollstühle dar.

Segways und Raupenfahrzeuge – der Ziesel: Auch Segways gibt es mit Bereifungen, die eine Fortbewegung im Schnee ermöglichen. Für noch mehr Halt auf glattem Untergrund können sie auch mit Schneeketten bestückt werden. Segways gehören mit zu den teuersten Hilfsmitteln, sind aber auch sehr vielseitig einsetzbar.

Neben Segways gibt es noch diverse andere Mobilitätslösungen für den Schnee. Hierbei handelt es sich um speziell für Schnee oder besonders unwegsames Gelände entwickelte Raupenfahrzeuge wie beispielsweise den Ziesel. Mit diesem können nahezu alle Steigungen und zum Teil sogar Tiefschnee überwunden werden. Für Normalverdiener sind diese Spezialfahrzeuge leider kaum erschwinglich. Ein weiterer Nachteil von Raupenfahrzeugen ist die kaum gegebene Transportfähigkeit. Sie sind häufig größer als Quads und können ohne Anhänger nicht transportiert werden.

Ist man einmal unterwegs, ist mit Fahrzeugen wie dem Ziesel zumindest eines vorprogrammiert: nahezu unbegrenzte Mobilität und jede Menge Spaß, denn fast jedes Gelände kann befahren werden. Entwickelt wurde der Ziesel von der österreichischen Firma Mattro. Die Standardausführung fängt bei etwa 20.000 Euro an und kommt zunehmend auch in der Landwirtschaft, wie zum Beispiel beim Weinanbau in steilen Hanglagen, zum Einsatz. Hochleistungs-Akkus mit bis zu 10,8 kWh sorgen dafür, dass der kleine Gigant mühelos vier Stunden läuft.

Auch wenn man sich den Ziesel privat nicht unbedingt leisten kann, gibt es Möglichkeiten, das Raupenfahrzeug zu nutzen. Neben Adventure-Anbietern gibt es vor allem in bergigen Regionen in Österreich und der Schweiz zunehmend Hotels, die ihren Gästen einen Ziesel gegen eine (allerdings nicht unbeträchtliche) Leihgebühr zur Verfügung stellen.

Ratgeber / Hilfsmittel Urlaub

Hilfsmittel für tropisches Klima

Länder mit tropischem Klima zu bereisen ist faszinierend. Bestimmte Vegetationsformen findet man nur hier vor, die bekannteste ist mit Sicherheit der tropische Regenwald. Tropisches Klima wird häufig mit einer hohen Luftfeuchtigkeit, Temperatur und regelmäßigen Niederschlägen in Verbindung gebracht. Doch die Tropen unterteilen sich in drei verschiedene Vegetationszonen: die immer feuchten, wechselfeuchten und trockenen Tropen. Gemeinsam ist allen ein stets warmes Klima mit z.T. sehr geringen Temperaturschwankungen über das Jahr. Rollstuhlfahrer, die es in die Tropen zieht, sollten sich im Vorfeld Gedanken über die Belastung und Eignung des eigenen Hilfsmittels machen. Hitze und hohe Luftfeuchtigkeit können vor allem elektrischen Hilfen sehr zu schaffen machen.

Viele bei uns übliche Hilfsmittel wurden für hiesige Wetterbedingungen – oder zumindest für den europäischen Raum – entwickelt, konzipiert und hier getestet. Extreme Wettereinflüsse sind zwar Teil der Belastungstests vor Markteinführung, tropische Klimaeinflüsse allerdings eher nicht. Generell ist davon auszugehen, dass hochwertig verarbeitete Produkte mit besser abgedichteten Stromkreisen sowie solche mit weniger elektrischen Zusatzfunktionen vorteilhafter sind, da diese weniger Angriffsflächen für Defekte bieten.

Risiken für Hilfsmittel in den Feucht-Tropen

Leider gibt es keine systematischen Tests von Hilfsmitteln unter extremen (tropischen) Wetterbedingungen. Das größte Risiko für elektrische Hilfen ist die hohe Luftfeuchtigkeit. Sättigungswerte der Luft von 70-90 Prozent Feuchtigkeit sind in feucht tropischen Klimazonen keine Seltenheit, und Feuchtigkeit verträgt sich nicht gut mit Elektrik. Korrosion und sogar Kurzschlüsse können die Folge sein, wenn sich feuchte Luft den Weg zu empfindlichen Bauteilen bahnt.

Wie gut Ihr Hilfsmittel hoher Luftfeuchtigkeit trotzt, hängt von der Verarbeitung und den verbauten Funktionen ab. Anfälliger sind Hilfsmittel mit vielen elektrischen Zusatzfunktionen. Je mehr Stromkreise verbaut sind, desto größer ist das Risiko, dass Feuchtigkeit eindringen kann. Hilfen, die im Wesentlichen der Fortbewegung dienen, dürften unproblematischer sein. Eine hochwertige Verarbeitung kann empfindliche Teile vor dem Eindringen von Wasser, auch in Form von Wasserdampf, schützen.

Erfahrung Dritter und von Fachhändlern

Eignet sich das eigene Hilfsmittel für extreme Klimaeinflüsse wie in den Tropen? Diese Frage sollten Sie Ihrem Sanitätsfachhändler oder noch besser dem Hersteller Ihrer elektrischen Hilfe im Vorfeld der Reise stellen. Beide werden ein ehrliches Interesse daran haben, dass Sie nicht mitten im Dschungel mit Ihrem Elektrorollstuhl liegen bleiben. Auch wenn man Ihnen keine Garantie geben wird, erhalten Sie möglicherweise wichtige Informationen. Hat ein Kunde bereits Erfahrung mit dem Modell in den Tropen gesammelt, und wenn ja, welche? Wo gibt es ggf. Reparaturmöglichkeiten? Der Kontakt zum Fachhändler ist auch von Vorteil, weil man Sie für den Fall beraten kann, dass es im Urlaub zu einem Defekt kommt.

Neben dem Kontakt mit dem Fachhändler und/oder Hersteller bietet es sich an, auch in den sozialen Netzwerken nach Informationen zu suchen. Fragen Sie die Community, ob jemand bereits Erfahrung mit Ihrem Rollstuhlmodell oder der Zughilfe im Tropenurlaub hat sammeln können. Reisen in tropische Gebiete werden zunehmend auch von Reiseveranstaltern mit Rollstuhlgruppen angeboten. Auch hier können Sie nach Erfahrungen fragen.

Ratgeber / Hilfsmittel Urlaub

Hilfsmittel für (Wald-) Wanderungen

Spaziergänge durch die Natur am Urlaubsort gehören für viele Reisende zum Standardprogramm, und zwar nicht nur im Ausland. In Zeiten der Pandemie entdecken viele Menschen wieder die Vorzüge heimischer Urlaubsregionen. Landschaftlich hat Deutschland einiges zu bieten, und für viele Naturerlebnisse braucht man keine Grenzen zu passieren. Auch Städte- und Kulturreisende kommen hierzulande auf ihre Kosten. Schon in Vor-Corona-Zeiten boomte nicht nur bei Rollstuhlreisenden der Deutschlandtourismus. Im Jahr 2019 erreichte der deutsche Tourismus dem statistischen Bundesamt zufolge mit fast 500 Millionen Übernachtungen im zehnten Jahr in Folge einen neuen Rekordwert. Mit rund 98 Milliarden Euro Umsatz im Gastgewerbe und einem Anteil von ca. 8,6 Prozent am Bruttoinlandsprodukt ist der Tourismus in Deutschland einer der wichtigsten Wirtschaftszweige.

Wanderungen durch die Natur sind für Menschen, die auf einen Rollstuhl angewiesen sind, ebenso möglich wie für jeden anderen auch. Die Wanderroute zu kennen, ist dabei von Vorteil. Wer sich im Urlaubsgebiet nicht auskennt, findet Informationen zur Beschaffenheit der Wege beim Tourismusamt oder Vermieter. Glücklicherweise ist der barrierefreie Tourismus hierzulande auf einem guten Weg. Im Reiseteil dieses Buches haben wir in der Einführung zu den einzelnen Urlaubsregionen oder Bundesländern insbesondere jene Tourismusorganisationen verzeichnet, die viel Wert auf barrierefreie Angebote legen. Dabei geht es zum einen um die Erschließung, zum anderen um die Dokumentierung von Angeboten vor Ort. In Gegenden, wo die Tourismuszentralen nicht helfen können, weiß häufig der Vermieter weiter.

Wanderungen durch Wälder stellen bei trockenem Wetter in der Regel kein großes Problem für Rollstuhlfahrer dar. Waldwege sind meist gut gepflegt, nur in seltenen Fällen stößt man auf Abschnitte, wo ein Weiterrollen nicht möglich ist. Ein Vorankommen in der Ebene ist mit einem manuellen Rollstuhl in der Regel kein Problem. Wer gerne ausgiebige Wanderungen unternimmt, kann, wenn die eigene Muskelkraft nicht reicht, über elektrische Unterstützung nachdenken. Hierfür eignen sich nahezu alle Hilfsmittel von reinen Impulsgebern (Muskelkraftunterstützung) bis hin zur vollständig elektrischen Fortbewegungsmitteln. Auch Handbikes ohne elektrische Hilfen eignen sich im Flachland hervorragend für Touren aller Art.

Regenwetter kann die Wanderung im Rollstuhl erschweren. Nach regenreichen Tagen verwandeln sich Waldwege häufig in Schlammpisten, die ein Vorwärtskommen erschweren oder unmöglich machen, selbst wenn am Tag der Wanderung selbst die Sonne scheint. Im Wald verdunstet Wasser aufgrund der Schatten- und Kühle spendenden Vegetation langsamer als in der offenen Landschaft. Auch Tage nach dem Regen können Sie daher noch auf erschwerende Verhältnisse stoßen. Je nach Krankheitsbild oder Behinderungsursache können die Kräfte bei etwas mehr Bodenwiderstand dann schon nicht mehr ausreichend sein.

Doch auch wer sich guter Kräfte erfreut, hat nicht immer Interesse an sportlichen Höchstleistungen im Urlaub. Fahren im Schlamm ist anstrengend. Jeder Rollifahrer sollte für Fälle wie diese auf unterstützende Hilfen zurückgreifen können. Der Weg zu einem elektrischen Hilfsmittel über die Kostenträger kann lang und beschwerlich sein, doch er lohnt sich. Mit elektrischen Hilfen sind Sie in vielen Fällen unabhängiger, freier in Ihren Entscheidungen und vor allem mobiler.

Hilfsmittel für den Urlaub mieten

Wer feststellt, dass eigene Hilfsmittel für den Wunschurlaub nicht in Frage kommen, der kann sich passende Hilfen mieten. Häufig handelt es sich hierbei um elektrische Hilfen, die das Zurücklegen längerer Strecken oder das Befahren unwegsamer Gelände ermöglichen.

Im Alltag werden diese speziellen Hilfsmittel meist nicht benötigt. Mit Aktivrollstühlen oder Handbikes findet man sich im flachen Gelände und in Städten wunderbar zurecht und tut gleichzeitig etwas für seine Fitness. Sofern Sie im Alltag nicht auf elektrische Hilfen angewiesen sind, werden die Kosten daher i.d.R. nicht erstattet. Wer sich den Luxus einer selbst bezahlten Anschaffung nicht leisten kann oder will, der kann für den Urlaub auf elektrische Leihhilfsmittel zurückgreifen.

Doch nicht nur elektrische Hilfen fallen in diese Kategorie. Auch im manuellen Bereich, bei Freizeithilfen, wird häufig geliehen. Freizeithilfsmittel werden bis auf wenige Ausnahmen grundsätzlich nicht von den Kostenträgern finanziert. Ein Handbike, Sport- oder Strandrollstuhl beispielsweise muss in aller Regel selbst bezahlt werden. Für einen Urlaub macht der Kauf solcher Hilfen keinen Sinn, denn diese kosten viel Geld und nehmen danach ungenutzt viel Stauraum ein. Geliehen werden kann nahezu alles, was an Hilfen auf dem Markt ist, und zwar nicht nur manuelle und elektrische Mobilitäts- und Freizeithilfsmittel, sondern auch Pflegehilfsmittel wie Pflegebetten, Patienten- und Badewannenlifter sowie sonstiges Zubehör.

Wie komme ich an ein Leihhilfsmittel?

Am unkompliziertesten ist das Leihen in einem Sanitätshaus am Urlaubsort. So sparen Sie sich die Mühen des Transports oder die Kosten eines Vorab-Versands. Doch nicht alle Sanitätshäuser bieten einen Leihservice für Hilfsmittel an, und manche verleihen nur bestimmte Produktklassen. Die telefonische oder Internet-Recherche nach einem urlaubsnahen Sanitätshaus steht also an erster Stelle. Sind Sie fündig geworden, folgt der Telefonkontakt, bei dem geprüft wird, ob das benötigte Hilfsmittel verliehen wird. Welchen Anforderungen die Hilfe genügen muss, sollte bereits im Vorfeld geklärt worden sein. Eine andere Möglichkeit, ein Leihhilfsmittel zu finden, führt über den Vermieter der behindertengerechten Unterkunft. Zwar sind die wenigsten Vermieter selbst mit Hilfsmitteln für den Verleih ausgestattet, doch wissen sie häufig, an wen Sie sich vor Ort wenden können. In „Handicapped-Reisen" finden Sie eine Reihe von Anbietern, die viel Erfahrung bei der Vermietung an Menschen mit Handicap haben. Diese können i.d.R. Kontakte zu Anbietern für den Hilfsmittelverleih herstellen.

Mittlerweile gibt es auch zahlreiche Online-Anbieter, die sich auf die Vermietung von Hilfsmitteln spezialisiert haben. Meist gibt es hierfür regionale Einschränkungen. So werden Bundesländer oder Städte genannt, die beliefert werden oder eben nicht. Bei der Online-Suche geben Sie in der Suchmaschine am besten den Ort oder das Bundesland zusammen mit dem Wunsch „Hilfsmittel mieten" an. Alternativ können Sie auf den Portalen auch gezielt nach dem gewünschten Hilfsmittel suchen und schauen, ob es zum Verleih am Urlaubsort angeboten wird. Bei vielen Online-Anbietern handelt es sich um Vermittler, die keinen eigenen Bestand haben, sondern mit Sanitätshäusern zusammenarbeiten. Andere führen eigene Bestände, sind dann aber häufig einfach Sanitätshäuser, die sich auf den Verleih spezialisiert haben. Der Preisvergleich von Anbietern kann sich durchaus lohnen, denn die Preise variieren z.T. sehr stark.

Ratgeber / Hilfsmittel mieten

Wie kommt das Leihhilfsmittel zu meiner Unterkunft?

Je nach Entfernung des Sanitätshauses zu Ihrem rollstuhlgerechten Feriendomizil bieten Verleiher meist auch einen Bringservice für Leihhilfsmittel an. Bei bestimmten Entfernungen und Hilfsmitteln geht es oft gar nicht anders, da längst nicht alle behindertengerechten PKW für den Transport einer großen Hilfe (z.B. eines Elektrorollis) ausgelegt sind. Wer einen Kombi oder Kleinbus fährt, kommt allerdings meist gut zurecht. Muss der Vermieter keine allzu weiten Strecken zurücklegen, sind die Gebühren für den Bringservice überschaubar. Sollte möglicherweise Anpassungsbedarf bestehen, kann ein Besuch beim Sanitätshaus im Vorfeld empfehlenswert sein. Erledigt werden kann dies bei der Anreise oder, wenn es nicht auf ein bis zwei Tage ohne Zusatzhilfe ankommt, nach der Ankunft. Teilweise können Anpassungen auch bei Gestellung der Hilfe in Ihrer Unterkunft erfolgen. Über die diesbezüglichen Möglichkeiten lassen Sie sich vom Vermieter beraten.

Was kostet ein Leihhilfsmittel?

Die Kosten eines Leihhilfsmittels sind zunächst einmal von Modell und Leistung abhängig. Markenprodukte kosten mehr als Chinafabrikate, wobei auch letztere eine gute Leistung bringen können. Betrachtet man z.B. einen Elektrorollstuhl, so spielen Faktoren wie Akkulaufzeit, Geschwindigkeit und zurücklegbare Distanz ebenso eine Rolle wie das Gewicht und die Transportfähigkeit. Faltbare Elektrorollstühle können i.d.R. auch ohne Rampe im Kofferraum verladen werden. Wer Ausflugsziele mit dem Auto ansteuern und die Mobilitätshilfe dabeihaben möchte, ist mit einer faltbaren Variante sicher gut beraten. Ein weiterer Kostenfaktor ist die Mietdauer. Allgemein gilt, dass es bei längerer Mietdauer günstiger wird. Einmalige Pauschalen für Reinigung und Lieferung fallen nämlich unabhängig von der Mietdauer an. Wir haben bei verschiedenen Online-Anbietern beispielhaft Preisauskünfte eingeholt.

Elektrorollstühle werden schon mit Tagespauschalen von 15 Euro und in der faltbaren Version ab 27 Euro angeboten. Scooter oder auch Elektromobile erhalten Sie ab 13 Euro pro Tag, Badewannenlifter ab 10 Euro, Patientenlifter ab 15 Euro, Pflegebetten ab 15 Euro.

Die hier genannten Grundpreise beziehen sich auf einfache Produktausführungen, die völlig ausreichend sein können. Hochwertigere Produktausführungen können bis zu dreimal so viel kosten. Auch Rollatoren, Treppen-Lifter, manuelle Rollstühle und andere Hilfen findet man bei den Anbietern im Verleih. Die Liefergebühren variieren je nach Anbieter zwischen 25 und 150 Euro.

Erkundigen Sie sich vor Vertragsabschluss, ob Zusatzkosten für die Reinigung im Mietpreis inbegriffen sind. Zum Teil sind diese im Mietpreis inbegriffen, mitunter werden sie auch als gesonderte Pauschalen angegeben. Ein zweiter Blick und eine Berechnung der durchschnittlichen Kosten lohnen sich bei vermeintlich hohen Preisen und längerer Mietdauer. Bei einem Vermieter kostete ein Elektrorollstuhl für eine Woche 168 Euro Miete, zzgl. 149 Euro Liefer- und Reinigungspauschale, insgesamt also 317 Euro. Der Preis für 14 Tagen Miete lag bei 224 Euro, bei gleichbleibender Liefer- und Reinigungsgebühr. Während die Miete für eine Woche relativ teuer erschien, ergab sich bei 14-tägiger Miete mit einem durchschnittlichen Tagespreis von 26,64 Euro inklusive Lieferung, Abholung und Reinigung ein wesentlich attraktiveres Angebot.

Beim Thema Freizeithilfen und elektrische Zughilfen konnten die von uns recherchierten Online-Anbieter übrigens nicht punkten: In diesem Bereich gab es keine Angebote. Bei gezielter Suche nach Leih-Handbikes oder anderen Zughilfen wird man allerdings schnell fündig. Allgemein gilt: Je spezieller das Thema und je konkreter die Markenwünsche für das Hilfsmittel, desto erfolgversprechender wird der direkte Kontakt zum Sanitätshaus oder zum Hersteller sein.

Das Deutsche Rote Kreuz (DRK) hilft

Beim DRK können Hilfsmittel geliehen, vermittelt oder es kann bei deren Finanzierung geholfen werden. Im eigenen Bestand befinden sich einfache Hilfen wie Toilettenstühle, Faltrollstühle, Lifter, Badewannensitze und Duschstühle. Preislich liegen diese zwischen drei und vier Euro Leihgebühr pro Tag zzgl. einmaliger Leihpauschale von sechs Euro. Beim DRK ist man auch behilflich, wenn die gewünschte Hilfe, wie z.B. ein Elektrorollstuhl, nicht im eigenen Bestand ist. Man sucht für Sie online nach Kontakten, gibt diese weiter oder besorgt die Hilfe direkt für Sie. Deutschlandweit hilft man Ihnen 24-Stunden täglich kostenfrei unter Tel. 08000 365 000 weiter.

Ratgeber / Behinderten-WC's

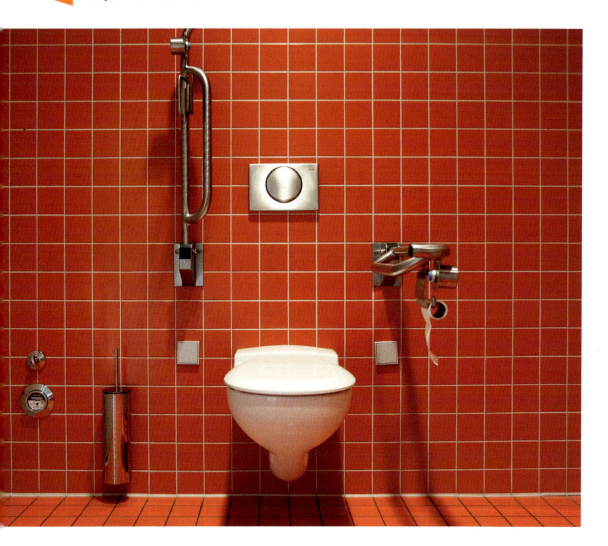

Euroschlüssel und Toiletten für Rollstuhlfahrer

Ein Problem, das viele Rollstuhlfahrer beim Reisen und auch im Alltag beschäftigt, ist die Suche nach einem sauberen, behindertengerechten WC. Eine Lösung für dieses Problem ist der Euroschlüssel, auch bekannt als Euro-Behinderten-WC-Schlüssel oder Euro-WC-Schlüssel. Viele kennen ihn, viele haben ihn, und niemand will ihn missen. Wer nicht weiß, was sich hinter diesem kleinen Schlüssel verbirgt, dem geben wir an dieser Stelle eine kurze Einführung.

Ratgeber / Behinderten-WC's

So kommen Sie an den Euroschlüssel

Der Euroschlüssel kann beim CBF Darmstadt bestellt werden und kostet 23 Euro inklusive Versand. Mehr Infos unter www.cbf-da.de, per Email an bestellung@cbf-darmstadt.de oder telefonisch unter 06151 8122-0.

Der Euroschlüssel

Der Euroschlüssel, der nur an bestimmte Personenkreise ausgegeben wird, wurde 1986 vom CBF Darmstadt, dem „Club Behinderter und ihrer Freunde in Darmstadt und Umgebung e. V.", eingeführt. Bis zu diesem Zeitpunkt konnten öffentliche Behinderten-WCs von jedermann betreten und genutzt werden. Das Problem: An öffentlichen Plätzen wie Bahnhöfen, Tankstellen, aber auch in Fußgängerzonen, Museen und Behörden, hinterlassen viele Menschen die Toiletten in einem Zustand, der die Nutzung teils unerträglich macht. Daher entschloss man sich, diese öffentlichen Behinderten-WCs nur für diejenigen zugänglich zu machen, die den Zugang wirklich benötigen.

So wurde ein einheitliches Schließ-System mit nur einem Schlüssel eingeführt, dem Euroschlüssel. Natürlich gibt es auch unter Rollstuhlfahrern Menschen, die eine Toilette nicht in übergabefreundlichem Zustand hinterlassen. Dennoch hat sich die Sauberkeit in den meisten Behinderten-Toiletten seitdem erheblich gebessert, denn die meisten Nutzer wissen das Angebot zu schätzen und hinterlassen die Toiletten so, wie sie sie vorzufinden wünschen. In Deutschland sind Euroschlüssel-Toiletten besonders weit verbreitet, doch das System wird zunehmend auch im Ausland genutzt. Insgesamt gibt es schon über 12.000 Standorte, und es kommen kontinuierlich neue, nur mit dem Euroschlüssel nutzbare Rollstuhl-WCs hinzu.

Mit welcher Behinderung kann der Euroschlüssel bestellt werden?

Der Personenkreis, der den Euroschlüssel nutzen darf, ist begrenzt. Dazu gehören neben Rollstuhlfahrern auch Menschen, die auf Grund anderer Behinderungen auf die Nutzung von behindertengerechten Toiletten angewiesen sind. Hierzu zählen Menschen mit außergewöhnlicher Geh- oder Mobilitätsbehinderung, Stomaträger, Blinde, hilfsbedürftige Schwerbehinderte, Menschen, die an Multipler Sklerose, Morbus Crohn oder Colitis ulcerosa erkrankt sind, sowie Menschen mit chronischen Blasen- und Darmerkrankungen. Als Nachweis müssen Sie den Schwerbehindertenausweis vorlegen, welcher eines der Merkzeichen aG, B, H, BL oder die Merkzeichen G oder GdB ab 70 und aufwärts enthalten muss.

Wie finde ich Toiletten für den Euroschlüssel?

Auch hierfür hat der CBF-Darmstadt eine Lösung. Mit dem Buch „Der Locus" erhalten Sie vom Verein ein Verzeichnis, in dem die Euroschlüssel-Toiletten nach Ort und Standort aufgelistet sind. Das Buch liegt in der fünften Auflage vor und verzeichnet Toiletten an über 12.000 Standorten in Deutschland und Europa. Bestellt werden kann es für acht Euro inklusive Versand direkt beim Verein. Der Verein arbeitet derzeit auch an einer digitalen Lösung für das Verzeichnis. Die App „Weg zum Örtchen" wird auf allen Smartphones laufen und die Suche in Zukunft weiter erleichtern.

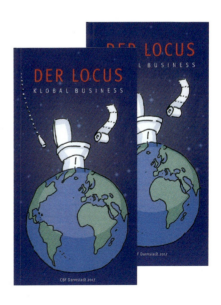

Ratgeber / Freizeitgestaltung mit Handycap

Freizeitgestaltung mit Handicap

Auch für Körperbehinderte und Rollstuhlfahrer gibt es jede Menge zu erleben.

Im Zuge der Umsetzung der Europäischen Behindertenrechtskonvention werden mehr und mehr Sehenswürdigkeiten und beliebte Urlaubsbeschäftigungen für Menschen mit Handicap erschlossen. Aber auch unabhängig vom Gesetzgeber rückt das Thema „Freizeitgestaltung für Alle" zunehmend ins Bewusstsein der Menschen und damit auch der Betreiber von Freizeiteinrichtungen.

Bis es jedoch eine wirklich flächendeckende Versorgung mit barrierefreien Vergnügungsangeboten für Menschen mit Handicap gibt, müssen Sie noch selbst aktiv werden und sich auf die Suche nach rollstuhlgerechten Restaurants, Parks, Museen, Kulturstätten, Wanderwegen usw. begeben. Das größte Problem ist dabei oft nicht das fehlende Angebot, sondern die Tatsache, dass die barrierefreien Angebote häufig unzureichend dokumentiert sind.

Informationen von Tourismuszentralen

Eine Möglichkeit, sich über barrierefreie Angebote am Urlaubsort zu informieren, ist der Besuch einer regionalen Tourismuszentrale. Auch die Tourismusinformationen kümmern sich zunehmend um Menschen mit Handicap. Bestehende Angebote werden erfasst und neue Angebote geschaffen. Natürlich gibt es noch viel Potenzial nach oben, aber wir stehen ja gerade erst am Anfang. Auch überregional tut sich einiges. Unter dem Namen „Reisen für Alle" hat es sich z.B. der Verein „Deutsches Seminar für Tourismus Berlin e. V." zur Aufgabe gemacht, deutschlandweit nach barrierefreien Angeboten zu suchen und diese zu dokumentieren. Eine Beschreibung des Konzeptes von „Reisen für Alle" finden Sie im Kapitel „Reiseveranstalter und Vereine".

Einige Kooperationspartner von „Reisen für Alle", die besonders viel Wert darauf legen, Menschen mit Handicap touristische Informationen zur Barrierefreiheit zur Verfügung zu stellen, haben wir im Reiseteil dieses Buches in der Einführung zu den einzelnen Urlaubsregionen verzeichnet. Bei diesen Kooperationspartnern finden Sie Informationen zu Angeboten, die mit Handicap machbar sind und sich auch für Rollstuhlfahrer eignen können. Dieses Angebot wird in den kommenden Jahren ausgebaut, damit wir Ihnen im Ratgeber „Handicapped-Reisen" in Zukunft hoffentlich ein flächendeckendes Bild aller Möglichkeiten der Freizeitgestaltung mit Handicap präsentieren können.

Informationen der Vermieter

Viele Unterkünfte, die Sie in „Handicapped-Reisen" finden, haben sich komplett auf die Beherbergung von Rollstuhlfahrern eingestellt. Mit etlichen Anbietern rollstuhlgerechter Ferienwohnungen, Hotels, Pensionen oder Bauernhöfe arbeiten wir seit Jahren zusammen. Diese Vermieter können i.d.R. sehr gut über rollstuhlgeeignete Angebote informieren. Wo gibt es barrierefreie Restaurants? Ist die Kirche mit dem Rollstuhl befahrbar, und kann man im Museum eine Rollstuhltoilette nutzen? All dies wissen die meisten unserer Vermieter aufgrund ihrer jahrelangen Erfahrung mit behinderten Reisenden.

Natürlich hat jeder Betrieb irgendwann einmal angefangen, die Türen für Rollstuhlfahrer und Menschen mit Behinderung zu öffnen – manche früher, andere später. Erfreulicherweise kommen auch jedes Jahr neue Vermieter dazu. Nicht alle Unterkunftsgeber können daher in jeder Situation konkret Auskunft geben oder helfen. Doch auch wenn es vielleicht noch an Erfahrung fehlt, kann die Unterkunft selbst trotzdem wunderbar für einen behinderten Menschen geeignet sein.

Ratgeber / Freizeitgestaltung mit Handycap

Recherche zu behindertengerechten Freizeitmöglichkeiten

Kann der Vermieter nicht helfen, beginnt die eigene Recherche. Dies klingt nach viel Arbeit, der Aufwand ist aber meist überschaubar und die notwendigen Informationen sind schnell zusammengetragen. Der Rechercheaufwand steigt allerdings mit dem Anspruch und gewünschten Umfang des Urlaubsprogramms.

Doch vergessen Sie nicht, auch andere Reisende recherchieren, unabhängig von einer Behinderung, was es vor Ort so alles zu besichtigen gibt. Darauf können Sie zurückgreifen. Wenn Sie auf der Homepage einer Attraktion oder eines Restaurants keine Infos zur Barrierefreiheit finden, müssen Sie nur noch den Hörer in die Hand nehmen oder eine E-Mail schreiben. So gibt es Sehenswürdigkeiten, die Barrierefreiheit zwar nicht gesondert ausschreiben, aber trotzdem für einen Rollstuhlfahrer gut zu besichtigen sind.

Die Recherche beginnt also damit, zunächst die touristischen Angebote der besuchten Region, der Stadt oder des Ortes ausfindig zu machen. Finden sich Dinge, die das Interesse wecken, ist der schnellste und einfachste Weg, den Betreiber anzurufen. Die meisten Auskünfte am Telefon sind zuverlässig.

Fragen Sie aber nicht einfach nur, ob die Einrichtung behindertengerecht sei. Nicht jeder versteht die Bedeutung dieses Begriffes so, wie man es selber meint oder benötigt. Fragen Sie gezielt nach den Dingen, auf die es für Sie ankommt, beispielsweise: „Komme ich ohne Stufen in alle Etagen des Museums?". Es gibt Rollstuhlfahrer, die nicht mehr als einen ebenerdigen Zugang benötigen, um glücklich zu sein; andere haben weitere Bedürfnisse. Manche Sehenswürdigkeiten, z.B. Schlösser, sind vielleicht auch dann einen Besuch wert, wenn das Innere nicht mit dem Rollstuhl befahrbar ist. Genauso kann man mit Gewinn ein Museum besuchen, selbst wenn einer von vielen Bereichen (noch) nicht barrierefrei erreichbar ist.

Ratgeber / Freizeitgestaltung & Sport

Freizeitaktivitäten & Sport

Undenkbar von der Freizeit zu trennen ist für viele Menschen der Sport. Ob mit oder ohne Handicap, sportliche Aktivitäten sind Balsam für Körper und Geist. Menschen, die sich neu mit einer Behinderung konfrontiert sehen, haben häufig noch keine Vorstellung von den umfassenden Angeboten und Möglichkeiten, die sich ihnen bieten.

Ratgeber / Freizeitgestaltung & Sport

Das ist kein Wunder, denn bisher war das Thema Sport mit Behinderung ihnen fremd. Ihr ganzes bisheriges Leben lang haben sie bekannte Sportarten aus einer zweibeinigen Perspektive heraus betrachtet, die ihnen nun suggeriert: Immer braucht man diese Beine, nun kann ich wirklich nix mehr machen.

Falsch! Wer die Paralympics in Tokio im Spätsommer 2021 mitverfolgt hat, weiß, wovon wir reden. Selbst stärkste Einschränkungen können Sie nicht hindern, wenn Sie nur wollen.

Dieses Kapitel haben wir geschrieben, um Ihnen zu zeigen, dass der Großteil aller bekannten sportlichen Aktivitäten auch mit Handicap oder im Rollstuhl sitzend ausgeübt werden kann. Und nicht nur das, es gibt auch Sportarten, die speziell für Menschen mit Behinderung entwickelt wurden und in Fußgängerkreisen weitestgehend unbekannt sind. Ob jung oder alt, für jeden ist etwas dabei.

Im Folgenden geben wir Ihnen einen Überblick der bekannten Breitensportarten und stellen auch extremere Formen sportlicher Freizeitbeschäftigung mit Handicap vor. Hier dürften auch bereits sportlich aktive Rollifahrer noch den einen oder anderen Aha-Effekt erleben. Selbst in unserer Redaktion gab es solche Überraschungsmomente!

Wir hoffen, Sie mit den folgenden Beiträgen neugierig zu machen und vielleicht etwas dazu beizutragen, dass Sie eine neue, spannende und erfüllende Freizeitbeschäftigung finden.

Bodensport-Arten

Bodensportarten für Menschen mit Körperbehinderung gibt es massenweise. Eigentlich können alle Sportarten weiter ausgeübt werden, die es auch für nicht behinderte Menschen gibt. Wir unterteilen die am Boden stattfindenden Behinderten-Sportarten in drei Kategorien.

Zum einen gibt es die „regulären" Behinderten-Sportarten, an denen man ohne jede Anpassung teilnehmen kann. Diesen Sport können Sie, unabhängig von der Einschränkung und oftmals auch vom Alter, mit dem regulären, für diese Sportart vorgesehen Equipment machen. Dann gibt es „abgewandelte" Behinderten-Sportarten, bei denen entweder spezielle Hilfsmittel oder Abwandlungen des Zubehörs und/oder des Regelwerkes notwendig sind, damit auch Rollifahrer sie ausüben können. Zu guter Letzt stellen wir Ihnen „spezifische" Behinderten-Sportarten vor, die speziell für Menschen mit Handicap entwickelt wurden und in Fußgängerkreisen eher nicht ausgeübt werden.

Reguläre Behinderten-Sportarten

Viele Sportarten können Sie auch als Mensch mit Körperbehinderung ohne besonderes Zubehör oder die Anpassung von Hilfsmitteln ausüben. Dazu gehören, in alphabetischer Reihenfolge, Billard, Boccia, Boßeln, Kegeln, Bowling, Para-Climbing, Bogenschießen, Sportschießen, Rudern, Segeln, Kanufahren, Rollstuhltanz, Rollatortanz, Rollstuhl-Leichtathletik (je nach Disziplin), Tischtennis, Sitzvolleyball, Rollstuhlbadminton, Rollstuhlfechten, Blindenfußball, Sitzfußball und bestimmte Kampfsportarten.

Wie sie sehen, ist die Liste der Sportarten lang, die Sie auch ohne spezielles Zubehör durchführen können. Nicht als spezielles Zubehör gelten natürlich Dinge, die auch Fußgänger benötigen, wie Bälle, Schläger oder beispielsweise ein Kanu. Viele der oben aufgeführten Sportarten, etwa Billard, Tischtennis, Boccia, Boßeln, Badminton, Rollator- oder Rollstuhltanz, lassen sich auch im Alter, mit Glasknochen oder bei geringen Restkräften vollziehen. Oberkörper und Arme kommen hier allerdings immer zum Einsatz.

Für Menschen, die ab dem Hals gelähmt sind, lohnt ein Blick auf die weiter unten in den beiden anderen Bodensportkategorien vorgestellten Sportarten. Da sich die meisten aufgeführten Sportarten von selbst erklären, gehen wir hier lediglich kurz auf Sitzvolley- und Sitzfußball ein.

Sitzfußball: Sitzfußball wurde für Menschen mit Beinamputation und funktionierender Oberkörperfunktion entwickelt. Für gewöhnlich spielen Sie in der Halle. Die Tore sind 3 Meter breit, und auch das Feld ist mit maximal 28 mal 14 Metern wesentlich kleiner als beim normalen Fußball. Verständlich, da Sie sich mit den Armen robbend über den Boden bewegen und mit dem verbleibenden Bein seitlich schießen. Gespielt wird mit einem 6-köpfigen Team pro Seite. Eine Halbzeit dauert in der Regel zwölf Minuten.

Ratgeber / Freizeitgestaltung & Sport

Sitzvolleyball: Sitzvolleyball ist für Rollstuhlfahrer und Menschen mit geringen Restgehkräften geeignet, da die Beine hier gar nicht zum Einsatz kommen. Gespielt wird im Sitzen, den Bewegungsradius bestimmen Sie durch Robben und Rutschen mit den Armen. Ansonsten sind die Regeln nahezu dieselben wie bei der Fußgänger-Version: Erlaubt sind maximal drei Ballberührungen, bis der Ball zum gegnerischen Team gespielt werden muss. Den Boden berühren darf der Ball dabei nicht.

Natürlich ist die Netzhöhe angepasst, bei den Frauen beträgt sie maximal 1,05 Meter, bei den Herren maximal 1,15 Meter. Auch das Spielfeld ist mit maximal 9 mal 9 Metern erheblich kleiner als beim regulären Volleyball. In Anfänger oder Hobbygruppen können die Abmessungen auch mal nur 5 mal 6 Meter betragen.

Abgewandelte Behinderten-Sportarten

Anders als bei den regulären Behinderten-Sportarten sind bei den abgewandelten Behinderten-Sportarten nicht nur die Regeln angepasst, sondern es ist zusätzlich besonderes Zubehör, ein spezielles Hilfsmittel oder die Anpassung eines Hilfsmittels notwendig. Diese Unterscheidung ist deshalb so wichtig, da die Ausübung dieser Sportarten im Vergleich zur Fußgänger-Version teils erheblich höhere finanzielle Aufwendungen bedeuten kann. Je nach Sportart wird spezielles Zubehör allerdings nicht selten auch von Vereinen gestellt. Zu den abgewandelten Sportarten gehören Blindenbaseball, Rollstuhlbasketball, Rollstuhlhandball, Rollstuhlrugby, Rollstuhlfußball, Rollstuhl-Tennis, Elektrorollstuhlfußball und -Hockey, Para-Eishockey (auch Sledge-Hockey), Rollstuhlcurling, Rollstuhlskaten, Rollstuhl-Leichtathletik (je nach Disziplin), Para-Cycling und Rollstuhlgolf. Auf einige der hier aufgeführten Sportarten gehen wir im Folgenden etwas näher ein.

Basketball-, Handball, Fußball und Rugby: Diese Sportarten finden in der Halle statt. Für den Spielbetrieb werden spezielle Sportrollstühle benötigt, denn Straßenrollstühle sind in der Halle in aller Regel nicht zulässig. Ein Grund hierfür sind die unterschiedlichen Reifenprofile. So wird bei regulären Straßenreifen-Profilen von Rollstühlen wesentlich weicheres Material verwendet. Im Alltag hat dies einen sinnvollen federnden Effekt beim Fahren. In der Halle hingegen löst sich bei starken Bremsen schnell Profil vom Reifen und färbt auf dem Hallenboden ab. Diese Verschmutzungen sind nur schwer zu beseitigen, weshalb private Rollstühle in der Halle häufig tabu sind. Weitere Aspekte, die einen Sportrollstuhl bei diesen Sportarten unverzichtbar machen, sind die Sicherheit und das bessere Handling.

Sportrollstühle sind erheblich leichter, wodurch schneller beschleunigt werden kann. Dies wird vor allem durch leichtere Materialien wie Aluminium oder Carbon ermöglicht. Zum schnelleren Beschleunigen sind Sportrollstühle zusätzlich mit Greifreifen ausgestattet, da die Reifenprofile selbst sehr dünn sind und wenig Halt für die Finger bieten. Durch eine schräge Reifenstellung, dem sogenannten positiven Sturz, wird außerdem bei schnellem Fahren die Kippgefahr in Kurven minimiert und das Wenden erleichtert. Ein Speichenschutz wird vor allem beim körperbetonten Rollstuhl-Rugby angebracht, um Hände und Gerätschaften bei starken Aufprällen zu schützen.

Ebenfalls für die Sicherheit unabdingbar sind sogenannte Rammbügel. Diese befinden sich im Fußbereich und verhindern beim Aufprallen Verletzungen an Füßen und Beinen. Kommt es doch zum Sturz, ist der Rollstuhlfahrer durch einen Anschnallgurt gesichert. Dieser sorgt auch für mehr Stabilität beim Fahren und ein allgemein besseres Handling.

All diese Besonderheiten haben leider ihren Preis. Zwar findet man online schon versandfertige Modelle ab 800 Euro, doch ist der Kauf eines Sportrollstuhls ohne Anpassung oder zumindest Sitzprobe nicht zu empfehlen. Anpassungen sind notwendig und sollten fachmännisch durchgeführt werden. Selten erhalten Sie so einen individuell angepassten Stuhl unter 2.000 Euro. Nach oben gibt es keine Grenzen. Leider werden Sportrollstühle nur in den seltensten Fällen von den Kostenträgern übernommen, dies haben wir detaillierter im Beitrag „Kostenübernahme bei Freizeithilfsmitteln" beschrieben. In Vereinen finden sich zwar häufig Leih-Sportrollstühle, ob diese allerdings auch zu Ihren Körpermaßen passen, ist eine andere Frage.

Wer Interesse an einer der oben beschriebenen Sportarten hat, kann sich im Beitrag „Sportgruppe finden oder eröffnen" über Angebote in seiner Nähe informieren. Das Regelwerk der einzelnen Sportarten wurde für Rollifahrer angepasst. Der Spaß ist vorprogrammiert, sodass sogar mehr und mehr Fußgänger aktiv bei den Rollstuhlsportgruppen einsteigen.

Elektrorollstuhlfußball- und Hockey: Hier kommen wir zu zwei abgewandelten Sportarten, die auch von Tetraplegikern mit sehr geringen bis keinen Restkräften in den Gliedmaßen durchgeführt werden können. Bei beiden Sportarten nutzen Sie Ihren eigenen Elektrorollstuhl. Ein Rammbügel im Fußbereich schützt Rollstuhl, Füße und Beine vor Zusammenstößen. Die Regelwerke beider Sportarten wurden, mit vielen Besonderheiten, für den Spielbetrieb im Elektrorollstuhl angepasst. Nationale wie internationale Turniere werden auch in diesen Sportarten ausgetragen.

Beim E-Fußball wird der Rammbügel auch für ein gezielteres Schießen benötigt. Das Spielfeld misst maximal 30 mal 18 Meter und die Torbreite beträgt 8 Meter. Natürlich sind auch die hier zum Einsatz kommenden Elektro-Bälle wesentlich größer als reguläre Fußbälle. Ein Team besteht aus vier Spielern. Wie beim Fußball gewinnt das Team, welches die meisten Bälle mit den E-Rollis ins gegnerische Tor drückt oder schießt.

Beim E-Hockey ist der Ball ebenfalls größer als beim regulären Hockey. Das Spielfeld beträgt hier 26 mal 16 Meter und ist mit einer 20 cm hohen Bande umgeben. Diese hindert den Ball daran, vom Spielfeld zu rutschen. Das Tor ist 2,50 Meter breit. Jeder der vier Feldspieler hat die Wahl zwischen einem Handschläger und einem am Rollstuhl fest montierten Schläger. Schlägermontagen am Rammbügel eignen sich für Tetraplegiker ohne Restkräfte in den Gliedmaßen.

Rollstuhltennis: Auch beim Rollstuhltennis wird ein Sportrollstuhl benötigt. Hier allerdings nicht, um eine Verschmutzung der Halle zu vermeiden, sondern weil zusätzliche Beweglichkeit und Schnelligkeit von Nöten sind, um den Ball besser erreichen zu können. Rollstuhltennis unterscheidet sich nur in einem Punkt von der Fußgänger-Version: In der Rolli-Variante darf der Ball vor dem Spieler ganze zwei Mal den Boden berühren. Eine gute Oberkörperfunktion und Fitness sind hier unabdingbar.

Ratgeber / Freizeitgestaltung & Sport

Para-Eishockey (Sledge-Hockey): Hier wird es schon etwas ausgefallener, was spezielles Equipment angeht. Beim Para-Eishockey benötigen Sie zunächst einen Schlitten. Dieser besteht aus einer individuell angepassten Sitzschale, einem Gerüst und einem Kufen-Block. Auch hier schützt das Gerüst bei Zusammenstößen, die, wie beim regulärem Eishockey, nicht eben selten vorkommen. Kleine Rangeleien zwischen den Spielern gegnerischer Teams stehen ebenso auf der Tagesordnung. Der Kufen-Block besteht aus zwei Schienen, um das Gleichgewicht auch sitzend besser halten zu können.

Im Gegensatz zum normalen Hockey werden zwei Schläger geführt, in jeder Hand einer. Diese sind erheblich kürzer und haben drei Funktionen: Sie stabilisieren durch Aufstützen beim Fahren und in Kurvenlage, sind Antriebsmittel und Schlagwerkzeug für den Puck. Um ein schnelles Antreiben zu ermöglichen, sind die Rückseiten der Schläger mit Spikes versehen. Auf der Vorderseite befinden sich die breiten, gebogenen Schlägerflächen. Para-Eishockey ist ein sehr schneller und körperbetonter Sport, der unglaublich spannend anzusehen ist. Die Regeln entsprechen dem regulären Eishockey.

Rollstuhlcurling: Wie Para-Eishockey findet auch Rollstuhl-Curling auf dem Eis statt. In Deutschland wird der Sport offiziell erst seit 2003 von Menschen mit Behinderung als Mannschaftssport betrieben. Zusätzliches Equipment benötigen Sie hier nur in Form des so genannten Sticks. Mit diesem wird der 20 Kilo schwere Curling-Stein aus dem Rollstuhl heraus auf dem Eis angestoßen. Ziel dabei ist es, diesen am Ende der 43 Meter langen Eisbahn in einem Zielkreis zu platzieren. Es gewinnt das Team, welches am Ende mehr Spielsteine im Zielbereich hat. Gegnerische Spielsteine dürfen dabei jederzeit durch eigene Steine entfernt werden.

Um mehr Stabilität beim Abstoß zu haben, werden die Stoßspieler in der Regel durch einen weiteren Mitspieler von hinten fixiert. Im Gegensatz zur Fußgängerversion kommen beim Rollstuhl-Curling keine Wischer zum Einsatz. Fußgänger können durch das Wischen auf dem Eis vor dem sich bewegenden Stein Geschwindigkeit und Verlauf des Steins noch nach dem Stoß beeinflussen.

Rollstuhlgolf: Auch Menschen, die im Rollstuhl sitzen, können noch Golf spielen. Wer bis zu seiner Behinderung passionierter Golfspieler war und nach wie vor mit einer gesunden Oberkörperfunktion gesegnet ist, kann seinen Sport weiterverfolgen. Leider ist Golf im Allgemeinen auch schon ohne den benötigten Spezial-Golfstuhl ein recht teurer Sport, was Gebühren und Mitgliedschaften bei Vereinen angeht. Der spezielle Golf-Rollstuhl, „Paramobile" oder je nach Anbieter auch Paragolfer genannt, wurde von einem querschnittsgelähmten Golfer entwickelt, der seinen Sport nach seinem Unfall unbedingt weiterspielen wollte.

Beim Paramobile handelt es sich um einen massiven dreirädrigen Elektro-Rollstuhl, der dank seiner profilstarken breiten Bereifung und einer hohen Akkuleistung geländefähig ist. Auch Fahrten über Sand sind hier möglich. Das Paramobile kann somit auch außerhalb des Golfplatzes sinnvoll eingesetzt werden. Mit bis zu 35 Kilometern Reichweite können sogar längere Ausflüge unternommen werden. Der Sitz des Paramobile ist mit einer elektrischen Aufrichtfunktion versehen. So wird der Golfer, mit einem Fixiergurt versehen, in eine senkrechte Abschlagstellung gebracht. Durch das hohe Eigengewicht von 180 Kilo und die längliche Form des Paramobile wird ein fester Stand ermöglicht und das Kippen bei kraftvollen Abschlägen verhindert. Manche Golfclubs haben das Paramobile bereits im eigenen Bestand, wodurch die eigene Anschaffung nicht immer zwingend notwendig ist.

Rollstuhlskaten: Skaten ist eine Sportart, die eher von jüngeren Menschen praktiziert wird. Dies verhält sich auch bei Menschen mit Behinderung nicht anders, da eine gewisse Fitness von Nöten ist und Stürze mit dem Rollstuhl, gerade im Anfängerbereich, an der Tagesordnung sind. Wer also den Adrenalinkick sucht, keine Angst davor hat, sich in einer Halfpipe in die Tiefe zu stürzen und blaue Flecken und Abschürfungen in Kauf nimmt, ist hier genau richtig.

Auch beim Rollstuhlskaten benötigen Sie speziell angepasste Sportrollstühle. Im Gegensatz zu den typischen Basketball- oder Rugbysportstühlen haben die Skaterollstühle in der Regel einen geraden Radstand. An der Stelle der kleinen Stützrollen sitzen gefederte Skaterollen. Skaterollstühle müssen fest verschweißt und robust verarbeitet sein. Verstärkte Fußleisten und Rahmenelemente werden zum Grinden benötigt. Auch ein Anschnallgurt muss vorhanden sein, um den Rollstuhl besser kontrollieren zu können.

Ratgeber / Freizeitgestaltung & Sport

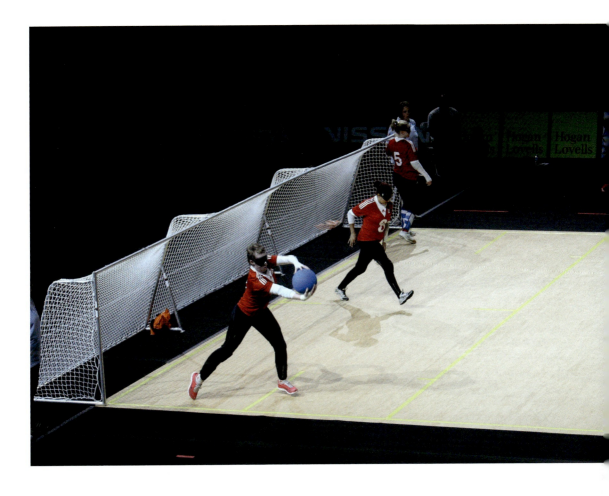

Spezifische Behinderten-Sportarten

Zu guter Letzt kommen wir zu Sportarten, die speziell für Menschen mit Behinderung konzipiert worden sind. Diese Sportarten lassen sich also nicht, oder nur im weitesten Sinne, aus bestehenden Sportarten ableiten. So gibt es kaum Übereinstimmungen beim Regelwerk, Spielfeldaufbau und Zubehör. Speziell für sehbehinderte Menschen wurden die Sportarten Goalball, Torball und Tischball entwickelt. Sitzball hingegen ist eine Sportart, die ohne den Einsatz von Beinen im Sitzen gespielt werden kann.

Goalball und Torball für Sehbehinderte: Beide Sportarten wurden für Menschen mit Sehbehinderung und Blinde entwickelt und konzipiert. Regeln und Zubehör gleichen sich, lediglich der Aufbau und die Größe des Spielfeldes sowie die Spielzeit sind unterschiedlich.

Außerdem ist Goalball im Gegensatz zum Torball eine paralympische Disziplin. Da hier Spieler mit unterschiedlich starken Sehbehinderungen teilnehmen können, ist das Tragen von undurchsichtigen Brillen häufig vorgeschrieben, um für Chancengleichheit zu sorgen.

Bei beiden Sportarten wird mit jeweils drei Spielern gegeneinander angetreten. Ziel des Spiels ist es, mit einem abwechselnd geworfenen Hartgummiball Tore zu erzielen. Der Ball darf dabei nur flach über den Boden geworfen oder geschleudert werden. Um den Ball besser orten und somit auch halten zu können, ist dieser im Inneren mit kleinen Glöckchen gefüllt. Bei beiden Versionen erstreckt sich das Tor über die gesamte Spielfeldbreite und ist somit entweder 7 oder 9 Meter breit und 1,30 Meter hoch. Alle Spieler sind in den Abwehrphasen Torhüter und in den Angriffsphasen Werfer. Für den Spielbetrieb in der Halle muss absolute Stille herrschen.

Tischball für Sehbehinderte: Auch beim Tischball werden undurchsichtige Brillen getragen, da selbst ein geringes Sehvermögen einen Vorteil bei diesem Spiel bedeuten kann. Beim Tischball handelt es sich um eine Mischung aus Tischkicker und Tischtennis. Gespielt wird auf einer quadratischen Holzplatte mit 3,66 Metern Länge und 1,21 Metern Breite. Die Ecken der Platte sind abgerundet. Damit der Ball nicht vom Spielfeld fallen kann, ist der Tisch von einer 14 cm hohen Bande umgeben.

Mittig befindet sich ein Netz in Form eines 10-20 cm hohen Brettes. Dieses ist so angebracht, dass der Spielball (Tischball) problemlos unter dem Netz durchpasst, den Gegenspieler bei zu starken Abschlägen aber vor dem Ball schützt. Auf beiden Spielfeldseiten platziert sich ein Spieler vor seinem Tor. Mit einem quadratischen, etwa 23 cm langen und 9 cm hohen Schläger wird versucht, den Tischball in das Tor des Kontrahenten zu schlagen. Der Tischball besteht aus Kunststoff, hat einen Durchmesser von 6 cm und ist im Inneren mit Metallstiften gefüllt. So kann der Ball über das Gehör geortet werden.

Sitzball: Deutschlandweit gibt es etwa 150 aktive Sitzballmannschaften, in denen nicht behinderte und behinderte Menschen zum Spielen zusammenkommen. Auch außerhalb Deutschlands ist Sitzball weit verbreitet, es werden auch internationale Turniere und Weltmeisterschaften ausgetragen. Die Sportart ähnelt etwas dem Volleyball oder Sitzvolleyball. Auch hier wird mit einem Volleyball gespielt, allerdings unterscheiden sich Regeln und Spielfeldabgrenzungen erheblich. Fußgänger haben beim Sitzball einen leichten Vorteil, da der Einsatz der Beine am Boden zum schnelleren Bewegen grundsätzlich erlaubt ist.

Beim Sitzball treten zwei Mannschaften mit je fünf Feldspielern auf einem Spielfeld mit zehn Metern Länge und acht Metern Breite gegeneinander an. Das Spielfeld wird in der Mitte durch eine Linie am Boden geteilt. Über der Mittellinie am Boden wird ein zweifarbig gestreiftes Band auf etwa einem Meter Höhe über das Spielfeld gespannt. Der Spielball muss stets über das Band in das gegnerische Feld gespielt werden. Wie beim Volleyball dürfen maximal drei Spieler Kontakt mit dem Ball haben, bevor dieser zum Gegner gespielt werden muss. Der Ball darf allerdings zwischen allen Spielerkontakten einmal den Boden berühren. Bei der Angabe ist dies sogar Pflicht. Anders als beim Volleyball darf dasjenige Team mit der Angabe beginnen, welches den letzten Punkt verloren hat. Gepunktet wird immer dann, wenn ein Ball nicht über das Mittelband zurück zum Gegner gelangt oder ins Aus geschlagen wird.

Sportgruppe finden oder eröffnen!

Leider gibt es, gerade im ländlichen Raum, häufig nur wenige Angebote und Behindertensportgruppen, die ohne lange Anreise erreicht werden können. Doch die Angebote wachsen stetig, nicht zuletzt aufgrund von Eigeninitiativen und Sportlern, die dies durch das Eröffnen einer neuen Sparte in ihrem Landkreis ändern möchten. Zögern Sie also nicht, selbst aktiv zu werden! Doch zunächst gilt es einen Blick auf die eigene Umgebung zu werfen. Vielleicht gibt es ja bereits eine Sportgruppe in Ihrer Nähe. Wer gut mit dem Internet kann, sollte zunächst einmal allgemein nach „Behinderten-" oder „Rollstuhlsport" in seiner Nähe googeln. Natürlich geht auch die direkte Suche nach der Wunsch-Sportart.

Deutscher Behindertensportverband e. V. (DBS)

Kommen Sie hier nicht weiter, melden Sie sich einfach bei der Para-Sport-Abteilung des Deutschen Behindertensportverbandes e. V. (DBS). Diese wirbt aktiv damit, Behinderten- und Rollstuhlsportgruppen für Sie in der Nähe Ihres Wohnortes zu finden und Ihnen die nötigen Kontakte zu vermitteln. Wir haben hier mit einer sehr netten und kompetenten Dame gesprochen und uns für Sie informiert. Telefonisch erreichen Sie die Parasport-Abteilung unter 02234 600 00. Per Email schreiben Sie an info@parasport.de, oder Sie besuchen die Homepage unter www.parasport.de.

Deutscher Behindertensportverband e.V.
National Paralympic Committee Germany

Deutscher Rollstuhl-Sportverband e. V. (DRS)

Ein weiterer kompetenter Ansprechpartner, der Ihnen bei der Suche nach einer Sportart samt Mannschaft helfen kann, ist der Deutsche Rollstuhl-Sportverband. Unter www.drs.org/vereinslandkarte/ finden Sie eine Deutschlandkarte, auf der alle Vereine mit Rollstuhl-Sportangeboten verzeichnet sind. Alternativ können Sie sich unter www.drs.org/verein-finden/ Ihr Bundesland mit Vereinen sortiert nach Postleitzahlen sowie direkten Verlinkungen der Vereinswebseiten anzeigen lassen. Je nach Region ist die Dichte angebotener Behindertensportarten recht beachtlich. Wer seinen Lieblingssport hier nicht findet, kann schauen, ob man sich nicht vielleicht auch mit einer der anderen Sportarten anfreunden kann.

Kostenübernahme bei Freizeithilfsmitteln

Gerade bei Sportarten, für die beispielsweise spezielle Sportrollstühle angeschafft werden müssen, sind Menschen mit Behinderung mit wesentlich höheren Kosten konfrontiert als nicht behinderte Menschen. Doch wer zahlt für diese Gerätschaften? Für Hilfsmittel, die in erster Linie der Ausübung einer bestimmten Freizeitaktivität dienen, bestand in Deutschland bislang keine Leistungspflicht der Kostenträger. Wer sich eingehender mit der Thematik notwendiger, aber nicht erfolgter Versorgung mit Hilfsmitteln und den damit verbundenen negativen sozialen wie auch gesamtwirtschaftlichen Effekten beschäftigen möchte, dem sei die Studie „Von einer Volkswirtschaft der Lebensqualität" unseres Autoren und Herausgebers Pascal Escales empfohlen. Doch zurück zum aktuellen Stand in Sachen Versorgung mit Freizeithilfsmitteln.

Wer bis dato einen Sportrollstuhl benötigte, hatte schlechte Karten und musste sich auf lange und aufwändige Widerspruchsverfahren einstellen. Über psychologische Gutachten waren die Erfolgsaussichten noch am wahrscheinlichsten. Lediglich bei Kindern, die einen Sportrollstuhl zur Teilnahme am Sportunterricht benötigten, war die Finanzierung durch einen Kostenträger mit weniger Widerstand möglich und die Versorgung wahrscheinlicher. Mit einem Urteil des Mannheimer Sozialgerichtes gibt es nun allerdings Grund zur Hoffnung. Dieses befand am 04.02.2020 erstmals, dass die Versorgung eines 28-jährigen querschnittgelähmten Mannes mit einem Sportrollstuhl erfolgen muss.

Laut den Mannheimer Sozialrichtern gehören sportliche Beschäftigung und die Teilnahme an Vereinssportarten in Deutschland zum „normalen gesellschaftlichen Leben" dazu und „dienen somit dem Leben in der Gemeinschaft". Die Anschaffung und Versorgung mit einem Sportrollstuhl gehöre somit zu den Aufgaben der Eingliederungshilfe und müsse vom Sozialamt, nicht der Krankenkasse, übernommen werden. Das Urteil gibt Grund zur Hoffnung und eröffnet neue Möglichkeiten und Argumentationsansätze.

Mit Widersprüchen und langen Verfahren müssen Sie zum jetzigen Zeitpunkt dennoch rechnen. Gute Sanitätshäuser sollten Sie kompetent beraten können, Sie auf dem Weg zum Freizeithilfsmittel begleiten und Ihnen die richtigen Argumente, zu jedem Bearbeitungsstand, gegenüber dem Kostenträger liefern. Ist dies nicht der Fall, oder ist das Sanitätshaus der Meinung, Ihr Antrag auf Kostenübernahme habe keine Aussicht auf Erfolg, holen Sie sich unbedingt eine Zweit- oder sogar Drittmeinung ein. Hierbei empfiehlt sich der Kontakt zu Beratungsstellen wie dem VDK, dem SoVD oder den EUTB-Stellen. Teilt man hier nicht die Auffassung des Sanitätshauses, gibt es die Aussicht auf Erfolg, auch wenn der Weg zum Handbike oder Sportrollstuhl lang sein kann. Der Wechsel zu einem Sanitätshaus, das an die Versorgung mit dem Wunschhilfsmittel glaubt, kann dann ebenfalls empfehlenswert sein.

Ratgeber / Richtiges Gepäck

Das richtige Gepäck für Mobilitätsbehinderte

Bei der Planung der Anreise gehört für Menschen mit Behinderung auch die Gepäckorganisation dazu. Wer mit Familie oder Freunden reist, kommt in der Regel gut zurecht: Man hat Hilfe beim Ein- und Ausladen, beim Transport und beim Tragen der Gepäckstücke.

Doch auch Menschen mit Behinderung reisen mitunter allein. Insbesondere Rollstuhlfahrern stellt sich dann die Frage: „Wie bekomme ich mein Gepäck in den Urlaub"? Je länger die Reise dauert und je mehr Dinge transportiert werden müssen, desto dringlicher ist es, hier eine gute Lösung zu finden. In diesem Kapitel geht es um Möglichkeiten und Lösungen, angefangen bei einfachen Eigenlösungen, über Gepäckanhänger für den Rollstuhl, bis hin zu autonom fahrenden Koffern und dem Vorab-Versand mit dem Paketdienst.

Koffer, Taschen und Rucksäcke für Rückenlehnen

Eine kompakte und für Kurzaufenthalte geeignete Lösung sind Rückenlehnen-Koffer oder Taschen. Diese verfügen über Halterungen auf der Rückseite, mit denen das Gepäckstück an der Lehne hinter dem Rollstuhl über den Haltegriffen befestigt werden kann. Es gibt Reisetaschen, die speziell für diesen Zweck hergestellt werden und auch Ihren Preis haben. Das Fassungsvermögen dieser Gepäckstücke ist allerdings überschaubar, so dass sie auch auf dem Schoss transportiert werden könnten. Andererseits kann eine Rückenlehnentasche in Kombination mit einem weiteren Gepäckstück auf dem Schoß in manchen Fällen schon ausreichend für den Urlaub sein. Improvisieren kann hier Geld sparen, denn eine „Spezialanfertigung" muss es nicht immer sein. Reguläre Rucksäcke oder kleine Reisetaschen mit entsprechenden Griffen oder Henkeln können meist genauso gut hinter dem Rollstuhl befestigt werden. Achten Sie nur darauf, dass alles möglichst gut sitzt, damit sich lose Bänder nicht in den Reifen verhaken und man die Tasche nicht einfach wegreißen kann.

Gepäck mit dem Paketservice schicken

Eine praktische, komfortable und nicht allzu teure Möglichkeit, sein Gepäck in den Urlaub zu bekommen, ist der Versand mit einem Paketdienst. Dieser kann zum einen für allein reisende Menschen mit Behinderung sinnvoll sein, zum anderen aber auch Gepäckgebühren bei der Airline sparen. Wird die erlaubte Anzahl von Gepäckstücken überschritten, wird es nämlich teuer. Bei der Lufthansa werden schon bei Inlandsflügen Gebühren von 70 Euro für jedes zusätzliche Gepäckstück berechnet. Je weiter Ihr Reiseziel entfernt liegt, desto höher sind die Gebühren. Je nach Fluggesellschaft und Gepäckmaßen kann Übergepäck mehr oder weniger kosten. Bei sperrigen Gepäckstücken wird es schnell sehr teuer. Beachten Sie aber, dass Sie als Rollstuhlfahrer mehr Freigepäckstücke befördern dürfen und auch Zweithilfsmittel kostenfrei aufgeben können. Mehr dazu finden Sie im Kapitel „Barrierefreie Anreisemöglichkeiten" im Beitrag „Mitnahme von Rollstühlen und Hilfsmitteln im Flugzeug" (S. 402). Beim Versand des Reisegepäcks über Paketdienste bewegen Sie sich meist bei Gebühren um die 16 Euro.

Auf den Webseiten von Hermes und DHL wird beispielsweise aktiv für den Reisegepäckversand geworben. Die maximalen Abmessungen für das Gepäckstück bei beiden Anbietern betragen 120 x 60 x 60cm. Hermes differenziert nicht weiter, bei DHL können auch kleinere Gepäckstücke gegen geringere Gebühr aufgegeben werden. Auch Übermaße sind möglich, allerdings verdoppeln sich die Frachtpreise dann schnell. Doch selbst bei sperrigem Gepäck spart man beim Paketdienst im Vergleich zur Fluggesellschaft. Die oben genannten maximalen Abmessungen übersteigen nur die wenigsten Gepäckstücke, Nachmessen kann aber trotzdem nicht schaden. Preislich liegen beide Anbieter nah beisammen. Bis zu einem Maximalgewicht von 31,5 Kg kostet die Sendung bei DHL 16,49 Euro, bei Hermes 18,95 Euro (Stand August 2021). Im Preis von Hermes ist allerdings schon die Abholung des Reisegepäcks von zu Hause inbegriffen, die man bei DHL extra buchen kann – so oder so kein schlechter Service für mobilitätsbehinderte Menschen.

Schaden am Reisegepäck oder der Verlust ist bei Hermes mit 1000 Euro versichert, bei DHL mit 500 Euro. Höhere Gepäckversicherungen können bei den Anbietern gegen Gebühr abgeschlossen werden. Auch wenn Sie versichert sind, sollten Sie keine Wertsachen im Koffer verschicken, denn der Ärger bei Verlust oder Diebstahl ist groß. Zur Sicherheit bietet es sich in jedem Fall an, Reißverschlüsse mit kleinen Schlössern zu versehen. Diebstahl bei Gepäck-, Waren- oder Briefsendungen kommt leider immer öfter vor. Auch wenn die Fallzahlen noch nicht statistisch erfasst werden, spricht die Polizeigewerkschaft von einem zunehmenden Problem und stellt fest, dass „die Post (…) keine sichere Angelegenheit mehr" sei. Wer also seinen Laptop oder andere Wertsachen im Reisegepäck aufgeben will, sollte die Sendung ausreichend versichern.

Ein Gepäckversand muss im Vorfeld mit der Unterkunft abgesprochen werden. Bei behindertengerechten Hotels oder Pensionen ist dies meist problemlos möglich. Bei Ferienwohnungen kann es etwas komplizierter werden. Ist die Wohnung vor Ihrer Ankunft anderweitig belegt, und wohnt der Vermieter nicht in der Nähe, gibt es vielleicht anderswo Abstellmöglichkeiten. Dies gilt es abzuklären, ebenso wie das Timing des Versands. Bei den meisten Unterkünften können Sie Ihr Gepäck so versenden, dass es zwei bis drei Tage vor Ihrer Anreise ankommt. Auf diese Weise haben Sie einen Puffer für Verspätungen bei der Zustellung. Innerhalb Deutschlands und Europas ist auf die Zustellangaben der Anbieter häufig Verlass. In Drittländern oder bei weiter entfernten Zielen kooperieren die Paketdienste dagegen meist mit lokalen Zustellern. Nicht überall ist die Postinfrastruktur so gut wie in Europa, so dass Gepäcksendungen auch mal mit etwas Verspätung eintreffen können. Egal wohin man sein Gepäck versendet, man sollte so packen, dass man die ersten ein bis zwei Tage auch mit dem Handgepäck überstehen könnte.

Koffer per Anhängerkupplung am Rollstuhl

Wenn es um den Transport größerer Gepäckstücke geht, gibt es durchaus auch sinnvolle innovative Lösungen. Dazu gehören Koffersysteme für Aktiv- wie auch für Passivfahrer, die mit einer Art Anhängerkupplung am Rollstuhl befestigt werden. Wir haben uns als Beispiel das Koffertransportmodell der Firma Rehability aus Heidelberg angeschaut. Auf der Rückseite des Rollstuhls wird hier zunächst eine Haltestange am Rahmen befestigt. An dieser befindet sich die Kupplung für den Transportwagen des Koffers.

Wie bei Kupplungssystemen üblich, ist die Arretierung nicht starr, sondern reagiert über einen Gelenkkopf dynamisch auf Bewegungsänderungen. Dadurch ist sichergestellt, dass der Koffer auch bei Richtungsänderungen aus dem Stand nicht zur Seite kippt. Der Transportwagen eignet sich für große Koffer oder Reisetaschen und ähnelt einer Sackkarre. Diese wird schräg angewinkelt an die Kupplung gedockt und bewegt sich wie ein Fahrradanhänger auf zwei großen Rädern. Theoretisch können so auch Hindernisse wie Bordsteinkanten überwunden werden. Auch große Gepäckstücke können problemlos befestigt und gezogen werden. Die Breite des Rollstuhls überschreitet der Transportanhänger nicht. Sie können in Ihrem Reha-Fachhandel vor Ort fragen, ob dieses System für Ihr Hilfsmittel geeignet ist oder ob es entsprechende Lösungen oder Koffersysteme mit Kupplungen für Ihren Rollstuhl gibt.

Autonome Koffer

Hier wird es spannend. Was genau ist ein autonomer Koffer? Nun, hierbei handelt es sich um Koffersysteme, die dem Besitzer auf Schritt und Tritt folgen. Mittlerweile gibt es mehrere Anbieter für diese Innovation auf dem Markt. Wir haben uns Testvideos und Produktpräsentationen angeschaut, die überzeugen konnten. Die Koffer schaffen es tatsächlich, dem Besitzer zuverlässig zu folgen und Hindernissen auszuweichen. Dabei werden etwa 1,5 Meter Abstand gehalten. Laut Herstellerangaben schaffen die meisten Modelle mit ihren Akkuleistungen Reichweiten bis zu 20 Km. Die Koffer sind dabei nicht schwerer als andere Koffer und werden per Smartphone-App an den Benutzer gebunden.

Für Rollstuhlfahrer können autonome Koffer einen Mehrwert bieten, allerdings sind sie nicht günstig. Kleinere Versionen fangen bei 350 Euro an, größere Versionen können um die 1.200 Euro kosten. Für ein zuverlässiges Tracking sind die Koffer mit eigenen Sim-Karten und Bluetooth ausgestattet. Bei Diebstahl lassen sich die meisten Geräte gut tracken. Entfernt der Koffer sich zu weit vom Eigentümer, erhält man eine Warnmeldung auf das Smartphone, sodass man nicht ständig hinter sich schauen muss, ob der kleine Gefährte noch da ist. Nett ist außerdem, dass man mit den Koffern zugleich leistungsstarke Powerbanks mit sich führt, die das Aufladen beispielsweise von Smartphones ermöglichen. In unwegsamem Gelände werden die Koffer allerdings Schwierigkeiten haben. Auch können Bordsteine oder kleine Kanten nicht überwunden werden, da auf den üblichen kleinen Kofferrollen gefahren wird.

Anzeige

VERZEICHNIS PFLEGE & BETREUUNG

Die hier aufgeführten Häuser verfügen über höhenverstellbare Betten / Pflegebetten und bieten Pflege und Betreuung für Behinderte und Pflegebedürftige während des Urlaubs an oder können diese organisieren. Einige Häuser bieten sogar Pflege und Betreuung rund um die Uhr an, damit Angehörige, die das ganze Jahr über die Pflege ausüben, während des Urlaubs entlastet werden.

Ausführlichere Informationen sind den Texten der Vermieter zu entnehmen. Vorherige Absprachen über den erforderlichen Umfang der Pflegeleistungen sollten sehr rechtzeitig mit den Häusern und den zuständigen Kostenträgern (z.B. mit der Pflegekasse wegen der Kostenübernahme für die Pflegeleistungen am Urlaubsort) getroffen werden.

Über diese Auflistung hinaus weisen zusätzlich zahlreiche Unterkünfte in diesem Buch auf ortsansässige, mobile Pflegedienste hin, die bei Bedarf bestellt werden können. Im Ratgeber-Kapitel „Urlaub mit Pflege und Betreuung" erhalten Sie zusätzlich ausführliche Informationen beispielsweise zur Reiseorganisation und gesetzlichen Ansprüchen für Urlaub mit Pflegeleistungen.

Baden-Württemberg

S. 33	Landhotel Allgäuer Hof	Wolfegg-Alttann
S. 36	BSK Gästehaus	Krautheim
S. 40–41	Das Bad Peterstal GesundheitsHotel	Bad Peterstal-Griesbach
S. 46–47	Hofgut Himmelreich	Kirchzarten
S. 49	Waldpension Hengsthof	Oberkirch-Odsbach
S. 53	Kurgarten-Hotel	Wolfach
S. 54–55	Hotel Schwarzwaldgasthof Rößle	Todtmoos

Bayern

S. 70–71	Ferienhaus „Viktoria"	Oberstdorf-Rubi
S. 72	Ferienwohnung „Viktoria"	Oberstdorf-Rubi
S. 74–75	Hotel „Viktoria"	Oberstdorf-Rubi
S. 76–77	Landhaus „Viktoria"	Oberstdorf-Rubi
S. 84	Ferienwohnung an der Kopfweide	Bad Staffelstein
S. 86	Historikhotel Klosterbräu	Ebrach
S. 120–121	Caritashotel St. Elisabeth	Altötting
S. 122	Ferienhaus Bruckhuberhof	Bad Birnbach
S. 129	Hotel garni Sterff	Seeshaupt
S. 132	Ferienwohnungen Paternoster	Regen
S. 133	Hotel INCLUDIO	Regensburg

Berlin

S. 140–141	Jugendgästehaus Hauptbahnhof	Berlin

Verzeichnis / Pflege & Betreuung

Brandenburg

S. 149	Hotel Am Schlosspark	Dahme
S. 154–155	Elsterpark	Herzberg
S. 162–163	Seehotel Rheinsberg	Rheinsberg

Hamburg

S. 178	PIERDREI Hotel	Hamburg

Hessen

S. 184	Hotel im Kornspeicher	Marburg
S. 186	Vogelsbergdorf	Herbstein

Mecklenburg-Vorpommern

S. 197	Ferienwohnung Sommertag	Ostseebad Baabe
S. 199	Ferienapartment „Nordstern" Villa Wauzi	Ostseebad Baabe
S. 214–215	Hotel Strand26	Ostseebad Nienhagen

Niedersachsen

S. 236–237	Heidehotel Bad Bevensen	Bad Bevensen
S. 240	Haasehof	Sittensen
S. 241	Ferien-Hof Meinerdingen	Walsrode-Meinerdingen
S. 243	Appartement Am Seeufer	Bad Zwischenahn
S. 244–245	Dünenhof Ferienhotel	Cuxhaven
S. 248	Ferienwohnung kleine Auszeit	Cuxhaven-Duhnen
S. 248	Hof am Turm	Krummhörn-Pilsum
S. 250	Ferienhaus „Deichschlösschen"	Neßmersiel

Nordrhein-Westfalen

S. 264–265	Hotel NeuHaus	Dortmund
S. 270–271	Appartement-Hotel Restaurant Seeblick	Gronau
S. 287	Alte Lübber Volksschule	Hille

Rheinland-Pfalz

S. 295	Ferienwohnung Am Kapellchen	Bad Breisig
S. 296–297	Ringhotel Haus Oberwinter	Remagen
S. 304–305	Weingutshotel Sankt Michael	Wintrich / Mosel

Saarland

S. 312	Ferienwohnung Bernd und Marita Heisel	Mettlach

Verzeichnis / Pflege & Betreuung

Sachsen

S. 323	Hotel garni Sonnenhof	Moritzburg
S. 324	Pension BRITTA	Radebeul-Lindenau (bei Dresden)
S. 328–329	Waldpark Grünheide	Auerbach
S. 330	Hotel Regenbogenhaus	Freiberg
S. 331	Gasthaus Zur Rosenaue	Thermalbad Wiesenbad

Schleswig-Holstein

S. 346–347	Ferienhaus Garding	Garding
S. 348–349	Urlaubs- und Früchtehof Schmörholm	Leck
S. 355	Ferienwohnung an der Vogelfluglinie	Heiligenhafen
S. 359	Ferienwohnung A+A Jungk	Neustadt-Pelzerhaken/Ostsee

Thüringen

S. 378–379	AWO SANO Thüringen	Oberhof
S. 380–381	Schlosshotel Am Hainich	Hörselberg-Hainich

Niederlande

S. 406–407	Apartmentanlage „De Egmonden"	Egmond aan Zee
S. 408–409	Ferienhaus Utopima	Hoofddorp

Österreich

S. 424–425	Stadthotel brunner	Schladming
S. 430–431	Hotel Bräuwirt	Kirchberg (Tirol)

Schweiz

S. 433	Ferienhotel Bodensee	Berlingen

Spanien

S. 434–435	Holiday Home Thomas	Els Poblets/Alicante
S. 438–441	Kurhotel Mar Y Sol	Los Cristianos/Teneriffa

Verzeichnis / Unterkünfte Gruppen

UNTERKÜNFTE FÜR GRUPPEN

Die hier aufgeführten Hotels und Unterkünfte sind auch für Gruppen geeignet. Nähere Informationen entnehmen Sie bitte der genaueren Beschreibung gemäß der Seitenhinweise oder kontaktieren die Vermieter telefonisch.

Baden-Württemberg

S. 32	Urlaubshof Scherer	Deggenhausertal
S. 33	Landhotel Allgäuer Hof	Wolfegg-Alttann
S. 40–41	Das Bad Peterstal GesunsheitsHotel	Bad Peterstal-Griesbach
S. 43	Landgasthof Adler-Pelzmühle	Biederbach
S. 46–47	Hofgut Himmelreich	Kirchzarten
S. 48	Ferienbauernhof Breigenhof	Oberharmersbach
S. 49	Waldpension Hengsthof	Oberkirch-Ödsbach
S. 53	Kurgarten-Hotel	Wolfach
S. 36	BSK Gästehaus	Krautheim
S. 37	Hotel-Restaurant Anne-Sophie	Künzelsau
S. 54–55	Hotel Schwarzwaldgasthof Rößle	Todtmoos

Bayern

S. 66–67	Allgäu ART Hotel	Kempten
S. 69	Landhaus Bauer	Oberstdorf
S. 74–75	Hotel „Viktoria"	Oberstdorf-Rubi
S. 70–71	Ferienhaus „Viktoria"	Oberstdorf-Rubi
S. 72	Ferienwohnung „Viktoria"	Oberstdorf-Rubi
S. 76–77	Landhaus „Viktoria"	Oberstdorf-Rubi
S. 78–79	Kolping-Allgäuhaus	Wertach
S. 82–83	Best Western Plus	Bad Staffelstein
S. 86	Historikhotel „Klosterbäu"	Ebrach
S. 91	Gasthof Alte Post	Obertrubach
S. 94	Sonnenhotel Weingut Römmert	Volkach
S. 113	Lichtblick Hotel	Alling
S. 119	Hotel Zur Post	Rohrdorf
S. 120–121	Caritashotel St. Elisabeth	Altötting
S. 133	Hotel INCLUDIO	Regensburg

Verzeichnis / Unterkünfte Gruppen

Berlin

S. 352	Steigenberger Hotel am Kanzleramt	Berlin
S. 140–141	Jugendgästehaus Hauptbahnhof	Berlin

Brandenburg

S. 149	Hotel Am Schlosspark	Dahme
S. 154–155	Elster Park	Herzberg
S. 156	Erlebnishof Beitsch	Sonnewalde
S. 162–163	Seehotel Rheinsberg	Rheinsberg

Hamburg

S. 178	PIERDREI Hotel	Hamburg

Hessen

S. 184	Hotel im Kornspeicher	Marburg
S. 187	Vogelsbergdorf	Herbstein

Mecklenburg-Vorpommern

S. 196	Gesundheitshotel Villa Sano	Ostseebad Baabe/Rügen
S. 201	Gasthaus Pension „Zur Schaabe"	Glowe/Rügen
S. 205	Casa Familia	Usedom Zinnowitz/Insel Usedom
S. 207	Müritzparadies	Boeker Mühle
S. 213	Ostsee Villa Anika	Ostseebad Kühlungsborn
S. 214–215	Hotel Strand26	Ostseebad Nienhagen
S. 217	Hotel Rügenblick	Stralsund

Niedersachsen

S. 236–237	Heidehotel Bad Bevensen	Bad Bevensen
S. 240	Haasehof	Sittensen
S. 241	Ferien-Hof Meinerdingen	Walsrode-Meinerdingen
S. 244–245	Dünenhof Ferienhotel	Cuxhaven
S. 253	Landferienhof Garbert	Wilsum
S. 388	Dorf Wangerland	Hohenkirchen-Wangerland

Verzeichnis / Unterkünfte Gruppen

Nordrhein-Westfalen

S. 269	Ferienhof Rustemeier	Altenberge
S. 270–271	Appartement-Hotel Restaurant Seeblick	Gronau
S. 287	Alte Lübber Volksschule	Hille
S. 264–265	Hotel Neuhaus	Dortmund
S. 285	IN VIA Hotel	Paderborn
S. 284	Wilhelm Kliewer Haus	Mönchengladbach
S. 286	Matthias-Claudius-Haus	Meschede-Eversberg

Rheinland-Pfalz

S. 296–297	Ringhotel Haus Oberwinter	Remagen
S. 302–303	Hotel-Restaurant Waldesblick	Lahr
S. 304–305	Weingutshotel Sankt Michael	Wintrich

Sachsen

S. 322	Hotel Martha Dresden	Dresden
S. 328–329	Waldpark Grünheide	Auerbach
S. 330	Hotel Regenbogenhaus	Freiberg
S. 331	Gasthaus Zur Rosenaue	Thermalbad Wiesenbad

Schleswig-Holstein

S. 344–345	Haus Jasmin	Büsum
S. 348–349	Urlaubs- und Früchtehof Schmörholm	Leck
S. 350	Thormählenhof	Nordstrand
S. 351	Ferienhof Kerstin-T. Jürgensen	West-Bargum
S. 360	Hof Ulrich	Offendorf-Ratekau
S. 390	Theodor-Schwartz-Haus	Travemünde-Brodten

Thüringen

S. 371	Bildungs- und Ferienstätte Eichsfeld	Uder
S. 377	Landgasthof Alter Bahnhof	Heyerode
S. 378–379	AWO SANO Thüringen	Oberhof
S. 383	Manoah Häuser am See	Zeulenroda-Triebes
S. 380–381	Schlosshotel Am Hainich	Hörselberg-Hainich

Italien

S. 394–395	Centro Ferie Salvatore	San Felice Circeo
S. 398	Hotel Alpin	Pflerschtal/Südtirol

Verzeichnis / Unterkünfte Gruppen

Niederlande

S. 406–407	Apartmentanlage „De Egmonden"	Egmond aan Zee

Österreich

S. 417	Hotel eduCARE	Treffen bei Villach
S. 424–425	Stadthotel brunner	Schladming
S. 428–429	Hotel Weisseespitze	Kaunertal
S. 430–431	Hotel Bräuwirt	Kirchberg

Schweiz

S. 433	Ferienhotel Bodensee	Berlingen

Spanien / Festland

S. 434–435	Holiday Home Thomas	Els Poblets/Alicante

Spanien / Kanarische Inseln

S. 438–441	Kurhotel Mar Y Sol	Los Cristianos/Teneriffa

Verzeichnis / Orte

ORTSVERZEICHNIS

Ortsverzeichnis
Im nachfolgenden Ortsverzeichnis wird hinter den aufgeführten Orts- und Städtenamen in gesetzter Klammer abgekürzt auf das zugehörige Bundesland hingewiesen.
Hier die Bedeutung der verwendeten Abkürzungen für die Bundesländer:

BW	= Baden-Württemberg
BY	= Bayern
BE	= Berlin
BB	= Brandenburg
HB	= Bremen
HH	= Hamburg
HE	= Hessen
MV	= Mecklenburg-Vorpommern
NI	= Niedersachsen
NW	= Nordrhein-Westfalen
RP	= Rheinland-Pfalz
SL	= Saarland
SN	= Sachsen
SH	= Schleswig-Holstein
TH	= Thüringen

A

Ainring (BY), S. 110-111
Alicante (Spanien), S. 434-435
Alling (BY), S. 113
Altenberge (NW), S. 269
Altötting (BY), S. 120-121
Alttann (BW), S. 33
Amrum (Insel) (SH), S. 340-341
Auerbach (SN), S. 328-329

B

Baabe/Rügen (MV), S. 184
Bad Bevensen (NI), S. 236-237
Bad Birnbach (BY), S. 122
Bad Breisig (RP), S. 295
Bad Füssing (BY), S. 116
Bad Harzburg (NI), S. 229
Bad Mergentheim (BW), S. 35
Bad Peterstal-Griesbach (BW), S. 40-41
Bad Staffelstein (BY), S. 82-83, 84
Bad Wildungen (HE), S. 387
Bad Windsheim (BY), S. 385
Bad Zwischenahn (NI), S. 243, 388
Bankholzen (BW), S. 30-31
Banzkow (MV), S. 221
Behringen (TH), S. 380-381
Bergen-Geyern (BY), S. 85
Berlin (BE), S. 140-141, 386
Berlingen (Schweiz), S. 433
Biburg (BY), S. 88-89
Biederbach (BW), S. 43
Boeker Mühle (MV), S. 207
Boltenhagen (MV), S. 210-211
Brodten (SH), S. 390
Büsum (SH), S. 344-345

C

Celle (NI), S. 238
Cuxhaven (NI), S. 244-245, 247, 248

D

Dachau (BY), S. 102
Dämmerwald (NW), S. 388
Dahme (BB), S. 149
Deggenhausertal (BW), S. 32
Diani-Beach (Kenia), S. 402-403
Diera-Zehren (SN), S. 390
Dortmund (NW), S. 260-267

Verzeichnis / Orte

Dresden (SN), S. 322
Duhnen (NI), S. 248

E

Ebrach (BY), S. 88
Egmond aan Zee (Nordholland), S. 406–407
Ekern (Ni), S. 388
Els Poblets (Spanien), S. 434–435
Erfurt (TH), S. 374, 375
Eversberg (NW), S. 286

F

Feldberg (MV), S. 389
Freiberg (SN), S. 330
Freiburg (BW), S. 44–45
Förrien (Ni), S. 251

G

Garding (SH), S. 346–347
Gemünden (BY), S. 386
Glowe/Rügen (MV), S. 201
Göhren/Rügen (MV), S. 200
Gossensass (Italien), S. 398
Grömitz (SH), S. 354
Gronau (NW), S. 270–271, 272
Groß Wittensee (SH), S. 389
Gunzenhausen (BY), S. 95
Güstrow (MV), S. 219

H

Haidmühle (BY), S. 385
Hainich (TH), S. 380-381
Hamburg (HH), S. 178
Harsefeld (NI), S. 387
Havelaue (BB), S. 138
Heiligenhafen (SH), S. 355–357, 389
Herbstein (HE), S. 154
Herbsthausen (BW), S. 35
Heringsdorf (MV), S. 204
Herzberg (BB), S. 154-155
Heyerode (TH), S. 377
Hildesheim (NI), S. 387
Hille (NW), S. 287
Hirschbach (BY), S. 98
Hörselberg (TH), S. 380-381

Hohenkirchen (NI), S. 388
Hoofddorp (Nordholland), S. 408–409
Horsdorf (BY), S. 81
Hude-Wüsting (NI), S. 387

I

Immenstadt-Stein (BY), S. 65

K

Kaltern (Italien), 400–401
Kaunertal (Österreich), S. 428–429
Kempten (BY), S. 66-67
Kiel (SH), S. 358, 390
Kirchberg (Österreich), S. 430–431
Kirchzarten (BW), S. 46–47
Köln (NW), S. 388
Krautheim (BW), S. 36
Krummhörn (NI), S. 249
Kühlungsborn (MV), S. 212, 213
Künzelsau (BW), S. 37

L

Lahr (RP), S. 302–303
Lanzarote (Spanien), S. 437
La Palma (Spanien), S. 442
Leck (SH), S. 348-349
Leipzig (SN), S. 325
Lindenau (SN), S. 324
Los Cristianos (Spanien), S. 438–441

M

Marburg (HE), S. 184
Meinerdingen (NI), S. 241
Mendig (RP), S. 299
Meschede-Eversberg (NW), S. 286
Mettlach (SL), S. 312
Minsen-Förrien (NI), S. 251
Mönchengladbach (NW), S. 284
Moos (BW), S. 30-31
Moritzburg (SN), S. 323
München (BY), S. 128
Münster (NRW), S. 388

Verzeichnis / Orte

N

Natz (Italien), S. 357
Nebel (SH), S. 340
Nennslingen (BY), S. 106
Neßmersiel (NI), S. 250
Neuenhagen (BB), S. 386
Neureichenau (BY), S. 386
Neustadt-Pelzerhaken (SH), S. 359
Nienhagen (MV), S. 214
Nordstrand (SH), S. 350
Nürburg (RP), S. 389

O

Oberharmersbach (BW), S. 48
Oberhof (TH), S. 378–379
Oberkirch (BW), S. 49
Oberstdorf (BY), S. 69, 70–77
Obertrubach (BY), S. 91
Österreich S. 362
Offendorf (SH), S. 360
Oldenburg (NI), S. 387
Ostseebad Baabe (MV), S. 196–199
Ostseebad Boltenhagen (MV), S. 170
Ostseebad Göhren (MV), S. 187
Ostseebad Kühlungsborn (MV), S. 212, 213
Ostseebad Nienhagen (MV), S. 214–215
Ostseebad Zinnowitz (MV), S. 189
Ostseeheilbad Zingst (MV), S. 178

P

Paderborn (NRW), S. 285
Pelzerhaken (SH), S. 359
Pflerschtal/Südtirol (Italien), S. 398
Pforzheim-Hohenwart (BW), S. 385
Pfronten (BY), S. 385
Pilsum (NI), S. 248
Puntagorda (Spanien), S. 442

R

Radebeul-Lindenau (Bei Dresden) (SN), S. 324
Ratekau (SH), S. 360
Regen (BY), S. 132
Regensburg (BY), S. 133
Remagen (RP), S. 296–297

Rheinsberg (BB), S. 162–163
Rohrdorf (BY), S. 119
Rostock (MV), S. 389
Rubi (BY), S. 70–77
Rysum (NI), S. 249

S

San Felice (Italien), S. 394–395
Sasbachwalden (BW), S. 50–51
Scheidegg (BY), S. 385
Schermbeck (NW), S. 388
Schladming (Österreich), S. 424–425
Schönhagen (SH), S. 361
Seeshaupt (BY), S. 129
Seevetal (Ni), S. 239
Sittensen (NI), S. 240
Sonnewalde (BB), S. 156
Spanien, S. 376
Stammbach (BY), S. 94
St. Goar (RP), S. 301
St. Peter (BW), S. 52
Stein (BY), S. 59
Stralsund (MV), S. 217
Straubing (BY), S. 106
Strodehne (BB), S. 150–151
Süddorf/Amrum (SH), S. 340–341

T

Teneriffa (Spanien), S. 438–441
Tetenbüll (SH), S. 390
Teupitz (BB), S. 158–159
Thermalbad Wiesenbad (SN), S. 331
Tinnum/Sylt (SH), S. 363
Todtmoos (BW), S. 54–55
Travemünde (SH), S. 390
Treffen bei Villach (Österreich), S. 417
Triebes (TH), S. 382, 383

U

Uder (TH), S. 371
Usedom (Insel), S. 202–203

Verzeichnis / Orte

V

Vreden (NW), S. 278, 279, 280
Volkach (BY), 94

W

Walsrode (NI), S. 241
Wangerland (NI), S. 251, 388
Wertach (BY), S. 78-79
West-Bargum (SH), S. 351
Wetzlar (HE), S. 185
Wisch (SH), S. 390
Wiesenbad (SN), S. 331
Wilsum (NI), S. 253
Wintrich/Mosel (RP), S. 304--305
Wolfach (BW), S. 53
Wolfegg (BW), S. 33

Z

Zeulenroda (TH), S. 382, 383
Zingst (MV), S. 216
Zinnowitz (MV), S. 205

Quellenverzeichnis / Bild- & Textnachweise

BILD- UND TEXTNACHWEISE

*Sortierung nach Reihenfolge

Unterkünfte und Ferienregionen in Deutschland

Baden-Württemberg

Baden-Württemberg © Tourismusverband Baden-Württemberg
BW barrierefrei © Tourismusverband Baden-Württemberg
Stuttgart Fernsehturm © Tourismusverband Baden-Württemberg
Region Bodensee © xuuxuu_Pixabay
fall © Walter Kärcher_Pixabay
Brauchtum Schwarzwald © Tourismusverband Baden-Württemberg
triberg © OmaUte auf Pixabay

Bayern

Edelbrandsommelière Franziska Bischof ©Bayern.by/ Florian Trykowski
Nationalpark Bayrischer Wald, Rangerin Kristin Biebl ©Bayern.by/Gert Krautbauer
Königssee ©Bayern.by-Gert Krautbauer
Oberbayern, Berchtesgadener Land Almbetrieb ©Bayern.by /Peter von Albert
Netzwerk Museen: Bildrechte © erlebe.bayern
Freilichtmuseum Fladungen, Schafe © erlebe.bayern
neuschwanstein_2 © Jörg Vieli auf Pixabay
viehscheid im Oberallgäu © Petra Faltermaier auf Pixabay
Nürnberg © Leonhard Niederwimmer auf Pixabay
Baumwipfelpfad_Steigerwald © GabiHa auf Pixabay
Fränkische Schweiz teufelshöhle © SilvanaGodoy auf Pixabay
Fichtelsee © Tourismusverband & Marketing GmbH Ochsenkopf / Fotografin Paula Bartels
donaudurchbruch-USA © Reiseblogger auf Pixabay
barrierefrei um den arbersee ©woidlife photopgrahy
arbersee barrierefrei © woidlife photography
wolf im tierfreigehege_©woidlife photography
glashütte joska ©woidlife photography
Bayerische Küche ©woidlife photography
restaurant viechtach©bauernfeind, alfons
Kloster Weltenburg © Tourismusverband im Landkreis Kelheim e. V., Fotograf Rainer Schneck
straubing©Zephyr01 auf Pixabay
berchtesgaden © gameness auf Pixabay
upper-bavaria © Chiemsee2016 auf Pixabay
Bilder Alpenregion Tegernsee Schliersee © Alpenregion Tegernsee Schliersee, Urs Golling
lake © Manfred Antranias Zimmer auf Pixabay
oberbayern_herzogstand © RitaE auf Pixabay
Schloss Herrenchiemsee © Chiemsee-Alpenland Tourismus, Bayerische Schlösserverwaltung
Schlossmauer © Stadt Dachau
regensburg © RitaE auf Pixabay
Bad Füssing Barrierefrei ©Tourismus Bad Füssing

Berlin

Panorama vom Humboldt Forum und dem Berliner Dom © visitBerlin, Foto: Mo Wüstenhagen
Mitte, Regierungsviertel © visitBerlin, Foto: Dagmar Schwelle
Marzahn © visitBerlin, Foto: Dagmar Schwelle

Brandenburg

Grienericksee_Schloss_Rheinsberg ©TMB Fotoarchiv Steffen Lehmann
Hausboot_Dahme_Seenland_©_TMB_Fotoarchiv_Yorck_Maecke
Alligator_©_TMB_Fotoarchiv_Yorck_Maecke
FlaemingSkate_©_TMB_Fotoarchiv_Yorck_Maecke
Impressionistische Landschaftsmalerei im Museum Barberini (Claude Monet: Villen in Bordighera, 1884, Öl auf Leinwand, 60 x 74 cm, Sammlung Hasso Plattner)
Brandenburg_fuer_alle_2021_3_Faecher
Havelland © Bild von SylviaWetzel auf Pixabay
Handbike-Tour am Gräbendorfer See ©Tourismusverband Lausitzer Seenland, Nada Quenzel
Bild © Peter H auf Pixabay
hafendorf Rheinsberg_Bild von Ulrich Dregler auf Pixabay
Bremer Flusspromenade „Schlachte" © AdobeStock
Bremer Stadtmusikanten © WFB Michael Bahlo
Bremer Schnoorviertel © WFB Jonas Ginter
Mit dem Rollstuhl an den Strand © Tanja Albert_Erlebnis Bremerhaven GmbH
Schulschiff Deutschland © Dagmar Brandenburg_Erlebnis Bremerhaven GmbH
bremen-Bild von Nicole Pankalla auf Pixabay
Bild von Peter H auf Pixabay

Hamburg

Hamburger Landungsbrücken © hamburg Tourismus
Auf dem Fischmarkt © HH-Lukas Kapfer
Sicht auf die Hafencity und Elbphilharmonie © HH-Lukas Kapfer
In der Speicherstadt © HH-Lukas Kapfer
In der U-Bahn Station HafenCity-Universitaet © HH-Lukas Kapfer
Sammlung Kunsthalle © HH-Lukas Kapfer
hamburg © Monika Neumann auf Pixabay

Hessen

Hessen © HA Hessen Tourismus / Foto: Roman Knie
Wetzlar-14-1024-Stadtführungsgruppe Kornmarkt-16-DK © HA Hessen Tourismus
Herbstein Bismarkturm © Andy M. auf Pixabay

Mecklenburg-Vorpommern

Barrierefreier Steg in der Mecklenburgischen Seenplatte © TMV/Ulrich
Barrierefrei unterwegs in der Mecklenburgischen Seenplatte © TMV/Ulrich
Baumwipfelpfad Prora auf Rügen © TMV/Ulrich
kreidefelsen-rügen©Steffen Wachsmuth auf Pixabay
seebrücke_usedom © skuter56 auf Pixabay
mecklenburgische Seenplatte_pee1213 auf Pixabay
Ostsee © Peggy Choucair auf Pixabay
schloss Guestro_kreativ049 auf Pixabay
Schloss Schwerin_Doreen Eschler auf Pixabay

Niedersachsen

Stimmungsbild Einleitung © Christian Bierwagen
Kurpark Bad Bevensen ©Bad Bevensen Marketing, Nina Lüdemann
Langeoog 3 © DZT_Jens Wegener
BWP5_ohneFahne_bearbeitet © Niedersachsen Tourismus
Fachwerk in Wolfenbüttel © Christian Bierwagen
Felsspalte im Harz © Thomas B. auf Pixabay
Blick vom Wilseder Berg_© Lüneburger Heide GmbH_Markus Tiemann
Gäste im Rollstuhl im Kurpark_4 © BBM Markus Tiemann
Jod-Sole-Therme_Barrierefreie Sauna_1 © BMM Markus Tiemann_kl
Barrierefreies Kurhaus © BBM Markus Tiemann
DSC_7315 © MarTiem_BB
Kaffeestube im Hof_Urlaubsgäste_3 (c) BBM Markus Tiemann
Ostfriesland_Neuharlingersiel © DZT_Jens Wegener
Nordsee Ostfriesland © Markus Fischer auf Pixabay
emsland-hüven © MissBrisby auf Pixabay

Nordrhein-Westfalen

Teutoburger Wald_Detmold_Hermannsdenkmal_0014 -® Tourismus NRW e. V.
Dortmund City © Hans Jürgen Landes
Erläuterungen in Braille-Schrift © Deutsches Fußballmuseum

Quellenverzeichnis / Bild- & Textnachweise

Brauerei-Museum © DORTMUNDtourismus
Deutsches Fußballmuseum © DORTMUNDtourismus
Kokerei Hansa © Markus Bollen
Konzertsaal © Konzerthaus Dortmund
Ballett Dortmund © Leszek Januszewski
Zeche Zollern © Hudemann
Münsterland_Dülmen_Wildpferde_0044 © Tourismus NRW e. V. (A1) Natur
Schlosspark nordkirchen © Peter H auf Pixabay
Tour Vreden fuer Alle © Olaf E. Rehmert
Vreden_StadtrundgangFuerAlle © Vreden Stadtmarketing
Vreden ist bunt für Alle © Vreden Stadtmarketing
Radfahren für Alle Vreden © Vreden Stadtmarketing
Vreden Stadtrundgang Magd © Vreden Stadtmarketing
Schloss Hülshoff © Willi Heidelbach auf Pixabay
Reisen für Alle, freepik

Rheinland-Pfalz
Aussichtsplattform Windklang, Hunsrück © Rheinland Pfalz Tourismus
Moselschleife in Bremm © Rheinland Pfalz Tourismus
Aussichtsplattform Eyberg, Dahn_Dominik Ketz_Pfalz Touristik e. V.
Ahrtal © Thomas B. auf Pixabay
© Herbert Aust auf Pixabay
castle © Thomas B. auf Pixabay

Saarland
Mettlach – Baumwipfelpfad ©Jens Wegener
Saarlandmuseum © Marc Schweitzer
Ottweiler Stadtführung © Marc Schweitzer
volklinger-hut © Bild von Jürgen Zimmer auf Pixabay

Sachsen
Stadtsilhouette Dresden ©R. Balasko
Basteibrücke ©TMGS/K. Fouad Vollmer
Bootsfahrt in Leipzig ©LTM/Philipp Kirschner
Bergmannsparade Bergstadtfest Freiberg ©TMGS
dresden © Richti05 auf Pixabay
3478_Bad Elster-20150617_0199©Katja Fouad Vollmer

Sachsen-Anhalt / Magdeburg
Magdeburger Dom mit Wasserspielen © Tourismus Marketing
Stadtansicht auf den Magdeburger Dom und die Elbe © Tourismus Marketing
Die Grüne Zitadelle von Magdeburg © Tourismus Marketing
Stadtführung in der Grünen Zitadelle von Magdeburg © Tourismus Marketing
Streichelgehege im Magdeburger Zoo © Tourismus Marketing
Kloster Unerer Lieben Frauen © Tourismus Marketing

Schleswig-holstein
Lübeck Rathaus © LTM/ U. Freitag
Haus auf Amrum © Bild von Chorengel auf Pixabay
lighthouse © Wolfgang Claussen auf Pixabay
Holsteinische Schweiz_Steg Plöner See ©
Hallog hooge warft in friesland © falco auf Pixabay

Thüringen
Baumkronenpfad im Nationalpark Hainich ©Nationalpark Hainich – Verwaltung/Thomas Stephan
Krämerbrücke Erfurt ©Thüringer Tourismus GmbH/Toma Babovic
Goethe Büsten im Goethe-Nationalmuseum Weimar ©Thüringer Tourismus GmbH/Maik Schuck
eichsfeld duderstadt-Bild von Manno auf Pixabay
Stadtansichten_Altstadt_Fischmarkt_Dom und St. Severi_2020_© Stadtverwaltung Erfurt
Wartburg in Eisenach ©Thüringer Tourismus GmbH/Anna-Lena Tham-

Latium
street © Bild von djedj auf Pixabay

Südtirol
south-tyrol © Andreas Glöckner auf Pixabay

Nordholland
holland©Helena Volpi auf Pixabay

Kärnten
Fotos © Stabentheiner/Kärnten Werbung/Arge Naturerleben

Steiermark
Bildrechte © Steiermark Tourismus/Tom Lamm

Tirol
tirol-tannheimertal©flyupmike auf Pixabay

Bodensee
thurgau-Berlingen © Marcel Langthim auf Pixabay

Kanaren
mediterranean © M W auf Pixabay

Reiseratgeber

Reisevorbereitung und Tipps für Behinderte
Dokumente Packen ©Unsplash
ConvertKit©pixabay

Barrierefreie Anreise- und Fortbewegungsmöglichkeiten
Straße © pasja1000 auf Pixabay
Anreise ADAC © Pixabay, markus roider
Anreise Vollkasko © Pixabay, Marcel Langthim
train © Bild von Markus Spiske auf Pixabay
ohnetitel©Tony Prats auf Pixabay
ohnetitel©S. Hermann & F. Richter auf Pixabay
ohnetitel©Bild von JUNO KWON auf Pixabay
airport ©
Anreise Flugzeug Batterie © Unsplash, Kumpan Electric
box-feuerfest © supervennix auf Pixabay
Reisebus © Trond Abrahamsen auf Pixabay
Flixbus © Flixbus
Reisebus © Freedommail auf Pixabay
Öffentliche erkehrsmittel © MichaelGaida auf Pixabay
Hauptbahhof © Kookay auf Pixabay

Barrierefreie und Rollstuhlgerechte Reiseberichte
Reiseberichte © Escales GmbH (2),
Reiseberichte © Escales GmbH

Urlaub mit Pflege und Betreuung
Pflege Unterstützung und Tipps © Unsplash
Neil Thomas, Pflege Vorteile Beratung © Pixabay
truthseeker08 auf Pixabay-2
Birgit Böllinger auf Pixabay
Bild von Sozavisimost auf Pixabay
Steve Buissinne auf Pixabay
Gundula Vogel auf Pixabay
Logo Caritas © Caritas
Logo Malteser © Malteser

Schwerbehindertenausweis in deutschland und europa
Vorteile Schwerbehindertenausweis ©Unsplash, Nathan Anderson
Schwerbehindertenausweis ©Grégory ROOSE auf Pixabay

Medikamente Im Urlaub
Medikamente im Urlaub © Unsplash, Adam Nieścioruk
ohnetitel © TheDigitalWay auf Pixabay
Behandlungskosten ©Pixabay, Jenny Friedrichs
Behandlung © Unsplash, Owen Beard,

Impfen: Reisemedizinische Beratung
ohnetitel ©DoroT Schenk auf Pixabay
ohnetitel ©Ulrike Leone auf Pixabay
ohnetitel ©Welcome to all and thank you for your visit ! auf Pixabay,
ohnetitel ©Steve Buissinne auf Pixabay

Auslandskrankenversicherung für Menschen mit Behinderung
ohnetitel ©Gerd Altmann auf Pixabay
Vertrag 3 © Pixabay, Gerd Altmann
Luftrettung 3 © Unsplash, Yoshiki 787
Kosten © Unsplash, Fabian Blank

Quellenverzeichnis / Bild- & Textnachweise

ohnetitel ©bertholdbrodersen auf Pixabay,

Anbietervergleich Auslandskrankenversicherung

Krankenkarte 2© Pixabay, Michael Schwarzenberger
ohnetitel©Ulrike Leone auf Pixabay
©alanbatt auf Pixabay
Ergo Versicherung © Pixabay, MichaelGaida

Reiserücktrittsversicherungen

ohnetitel©ptra auf Pixabay
Edar auf Pixabay_2

Reiseabbruchversicherungen

airport © Rudy and Peter Skitterians auf Pixabay

Das richtige Hilfsmittel für den Urlaub

IMG_4826
©Daniel and Jacob Fernandez auf Pixabay
Copiright © ATEC Ingenieurbüro AG 2020 (7)
SWT-1 Front schwarz-black-1
Copiright © ATEC Ingenieurbüro AG 2020 (11)
Bild 169 Copiright ©MATTRO
©grebmot auf Pixabay
©Hans Braxmeier auf Pixabay,
Copiright © ATEC Ingenieurbüro AG 2020 (13)

Hilfsmittel für den Urlaub mieten

T©Pixabay Dimitris Vetsikas
©Sabine van Erp auf Pixabay

Euroschlüssel und Toiletten für Rollstuhlfahrer

©Chris Keller auf Pixabay
Der Locus © CBF Darmstadt

Freizeitgestaltung mit Handicap

©klimkin auf Pixabay

Freizeitaktivitäten und Sport

Bild © Steve Bidmead auf Pixabay
basketball © Bild von David Mark auf Pixabay
goalball © Bild von amcnaught auf Pixabay
Logo Deutscher Behindertensportverband e. V. © Deutscher Behinderten-sportverband e. V.
Logo deutscher Rollstuhl-Sportverband e. V. © Logo deutscher Rollstuhl-Sportverband e. V.

Das richtige Gepäck für Mobilitätsbehinderte

©ivabalk auf Pixabay